紹興縣志資料

6

紹興大典

史部

中華書局

第一輯　塘閘彙記

李生翁題

中華民國二十七年十月

紹興縣修志委員會刊

紹興縣志資料第一輯

塘閘彙記目錄

頁數

記塘工

段塘身案　十三

塘閘關係吾邑水利至鉅既往事實參考不厭求詳故取本會已搜集之資料輯爲塘閘彙記凡已見於舊志及閘務全書者不錄以節篇幅又塘閘利害連帶紹蕭兩縣故雖隷蕭邑之事亦酌錄之近日又得此項資料不少當輯續編更望吾邑人士多賜教益俾成完書

王世裕編

塘閘彙記

記塘工

錄浙江續通志稿海塘志

乾隆元年三月初五日奉上諭朕聞浙江紹興府屬山陰會稽蕭山餘姚上虞五縣有沿江海隄岸工程向係附近里民按照田畝派費修築而地棍衙役於中包攬分肥用少報多甚為民累嗣經督臣李衞檄行府縣定議每畝捐錢二文至五文不等合計五縣共捐二千九百六十餘千計值銀三千餘兩民累較前減輕而胥吏等仍不免有借端苛索之事朕以愛養百姓為心欲使閭閻毫無科擾著將按畝派錢之例即行停止其堤岸工程遇有應修段落着地方大員委員確估於存公項內動支銀兩興修報部核永著為例

十二年奏准紹興所屬塘工令紹興府水利通判兼管

十九年奏准裁江海防道蕭山山陰會稽三縣塘工歸甯紹台道管轄將北岸海防通判改為南塘通判移紮紹興之三江城專管南岸塘工凡有塘工各縣所設之巡檢典史聽同知通判稽察調遣

二十三年奏准山陰縣宋家漊大池頭一帶添建石塘二十九丈並於塘外塡砌塊石

三十二年奏准山陰會稽蕭山餘姚上虞五縣典史兼管塘工改派各該縣管理

五十三年山陰縣境內宋家漊外圍外受二字號土塘長三十七丈九尺下睦二字號土塘長三十八丈五尺改築柴脚土塘外堆塊石排樁擁護

嘉慶四年山陰縣境內南塘頭眞志滿三字號土塘五十丈改建柴塘

五年命字號石塘外建砌單坦二十丈

十二年山陰三江閘等處動守眞三字號及面洛二字號柴土塘堤被冲塌六十八丈一律建築柴塘

道光元年奏准浙江山陰縣境內宋家漊盤頭各工東西兩首姑伯比兒孔懷等號坍卸九十丈並坍陷姑伯叔猶等號原堆塊石六十四丈一尺其比兒孔懷四號柴塘五十八丈塘外無塊石擁護坍卸更甚姑比等號柴塘九十丈照舊拆讓並於塘外一律添砌塊石一百二十丈一尺加釘排樁以防冲潰

二年上諭帥承瀛奏修築塘堤工程一摺浙江山陰縣三江閘塘堤坐當潮汐頂冲現在坍卸並神字號須改柴塘外拋堆塊石以資捍衞經該撫委員勘估亟應修築所有估需工料銀二千一百四十九兩零着准其在藩庫新工經費項下借支俟收有景工生息契牙雜稅銀兩即行提

還歸欵

三年上諭帥承瀛奏請修復改建會稽縣境內塘堤各工一摺浙江會稽縣中巷一帶塘堤攸關民舍田廬保障據該撫查明坍卸屬實自應及早修築所有估需工料銀二千四百八十四兩零著照所請准其於藩庫新工經費欵內先借給興辦　又諭浙江紹興府屬山陰會稽蕭山餘姚上虞等五縣境內濱臨江海之柴土塿石各塘間段坍卸經該撫委員分案履勘查明久逾保固例限自應分別改建築復俾民田廬舍得資捍衛所有估需土方工料銀二萬八百一十餘兩應由西湖景工生息奧牙雜稅等籌撥給辦惟本欵現無存銀着照例先於藩庫新工經費欵內如數借支即飭各該廳員認眞妥速辦理仍俟收有紹興南塘等欵銀兩即行提還歸欵

十二年九月巡撫富呢阿奏紹興府屬之山陰會稽蕭山上虞四縣各稟報八月十九至二十一等日颶風猛雨潮勢洶湧冲坍土石塘堤更有山潮二水陡發冲通土塘

咸豐元年巡撫吳文鎔奏准山陰縣境內修築魚鱗條石塘四十二丈坦水九十二丈柴塘一百丈貼近三江閘之湖河地方挑挖沙淤以資泄水會稽縣境內龍王蕩寶山寺等處塘基冲缺另行修築石塘二十八丈四尺土塘一千六百三十四丈三尺

五年議准紹興府屬之海石塘藏閏二字號坍卸四十丈將塘基移進改建餘字號二十丈從底拆砌修復

錄蕭山縣志稿水利門

明史河渠志成化七年潮決錢塘江岸及山陰會稽蕭山上虞乍浦瀝海二所錢清諸場命侍郎李顒修築

嘉靖十八年六月六日水自西江塘入蕭山大囪延及山會二邑協力築之基闊七丈身高二丈有奇收頂三丈南自傅家山嘴北盡四都半爿山橫亙二十餘里自是始免水患通判周督築勒碑紀其事

萬歷三十四年北海塘圮協山會修築　按縣境西北兩方逼近江海築塘以禦之在西者曰西江塘在北者曰北海塘皆自西興永興閘起西江塘自閘而南以至麻溪北海自塘而東以至瓜瀝西興爲兩塘交界之處

崇禎十五年五月梅雨江水泛溢西江塘圮田不盡淹六月十六日復溢府及山會蕭三縣親詣塘缺督修

康熙二十一年五月連雨十七日陳塘潰衝沒山陰高田臨浦廟

二十五年六月江塘漲張家樞塘壞巡撫金公鋐檄本府三縣會議修築江塘本縣得利田輸銀二千兩山會協輸銀二千兩鹽道府三縣官共捐銀二千兩

三十一年六月楊樹灣於家池項家缺塘陷知縣劉儼請築備塘巡撫張公鵬翮檄署府事處州同知夏宗堯山陰知縣遲燾會稽知縣王鳳采等會議共築備塘三百二十八丈

道光十四年北海塘圮王石渠創議自西興至來家塘止建石塘數百丈並於衝要處設立盤頭隨謁郡守會商山會士紳定議按畝徵捐山會每畝六十文蕭山每畝七十文通詳立案

同治四年五月西北兩塘均決西江塘自麻溪壩至長河一帶共坍三十餘處計七百餘丈巡撫馬端愍公具奏委臬司段光清督修共需錢二十餘萬串先借撥紹釐八萬串動工不敷之欵由山會蕭三縣沾水利田畝開捐撥用並歸還釐欵

十二年九月巡撫衞公奏紹屬塘工緊要援案籌辦畝捐及歲修經費以山會蕭得沾水利田共計一百十二萬畝有奇每畝徵銀一錢五分遞至一錢四釐不等酌中核算每銀一兩約計田七畝左右每兩帶收錢三百五十文山會以一年爲限蕭山以兩年爲限

十三年山邑麻溪閘諸姑兩字號冲坍約三四十丈又孫家埭楊家濱均有坍缺共修費一萬二千餘串

宣統二年修北海塘山會紳周光煦言寶華張嘉謀邑紳王燮陽王贊昌林國楨承修

毛甡撰兩浙巡撫金公重修西江塘碑記 清康熙二十六年

浙江爲三江之一自姑蔑導坎歷婺州睦州以迄章安而陡作一折謂之浙江蕭山西南偏則折流之衝也其水北注滸浙抵所衝而詘而之西於是築塘以捍之以其地之在縣西也名西江塘明正統間魏公文靖躬修之歷一百餘年逮天啓改元秋潦水暴漲決塘而奔民之骴衣漂漂者相望千里顧隨決隨築不致大壞今則五年之間且兩決矣先是二十一年決二百餘丈山會蕭三縣盡成澤國鄉官姚總制捐貲修之至二十六年決二十餘丈急春夏間復決三十餘丈非前此壇堅而今壇疏也又非壇之者不力也前此北注滸滸以漸而殺其折也勾而不矩勾而不矩則水少力水少力則增防易固今則折流之西抱者有沙生脅間水之循沙而折者沙轉出則水轉㳅水轉猛則向之挽彊以西者今徑矢而東而於是承之者以橫亙尺土當長江徑矢之衝初如擅闔繼如擣匼下穴而上齧欲其壇之久難矣大中丞開府金公視猶己溺一日檄三下舉三縣民生嘻嘻處堂者而公悉驚爲灼體剖膚之痛先審料形勢若潭頭若張家堰若上落埠若諸暨瀆若於池若大小門臼歷求其受患之故且務極根柢必以築老塘勿僅築備塘爲斷曰不見夫塞河者乎河之患未有減於江然而先之以石菑石菑者石臿也繼以楗楗杙也下淇園之竹以爲楗是也而後加之以籍籍者欑木而橫之者也而後塡之以竹落竹落者河隄使者刳大竹爲落實以石夾船而沈之是也夫如是而工亦幾矣徒以老塘柢深虛擲民間金僅築備塘此費棄止啼耳且棄民田棄廬舍何益自今伊始毋怙舊毋憚煩毋補苴目前而隳棄永久牘十上十反甚至集官民里老共議可否必各使心伏令畫押上乃衆議嗜然反謂築備塘便何也以爲河隄無正衝者旁決易補而正衝難塞一也且河身高於隄其決也隄耳此則江深而隄高隄亙於地抵衝者以地不以隄故當其衝時先齧其隄地而後隄隨之以傾方春水發隄地如蟻潭不特捧土難塞即塡以巨舟投以籠石隨濤而捲等於飄蓬故菑楗之設但施於隄而不施於築隄之地所謂不與水爭地其說二也且水能決隄不能決地地藉隄以禦漲水耳能遜地於水地不即潰則隄不即壞其說三夫江流有定而沙之遷徙有定乎沙徙西則西衝徙東

則東衝築一定之塘不能抵數徙之衝保無東向之沙不仍徙而之西乎其說四要之皆非公意也是何也則以公意在久遠而順民之情則仍近於補苴也乃塘工所需有云得利民田者民利之民自築之蕭山得利田計十六萬畝而山會二縣計一百萬畝有奇則其利六倍於蕭然且蕭山地高而山會地下傾瀉之害亦復不啻數倍天下未有利參而功慳禍重而救反輕者考之嘉靖間三縣通修曾無氏印今則山會合金僅足抵蕭山之一似乎畸重乃公復如傷爲念惟恐民力之或不足旣已議輸四千金蕭山半之山會二縣共半之而公特倡率司道捐金二千却三縣之半計程立簿猶恐董之非人則其工不固且或來中飽之患復簡屬吏之廉能而勤愼者共推郡司馬馮君會馮君以淸軍兼攝水利遂董其事塘距水五丈底七丈頟二丈高一丈五尺長二百一十丈有奇餘悉增庳培簿內桓而外殺甃之椽之諒工役勤惰而親爲之犒計樬若干土若干谿與石若干自二十五年十月至二十六年三月凡六閱月工成夫方州大臣興利除害固屬本分然往往視爲故事遇修輸所關一委之都水聽其便宜從未有己溺己飢如公者且民利民築嚮有成例而公以冰淸之操却苞絕匭然且惟恐民力之或竭爲之割臘而剖腊以資于成繼此者可風已公諱鉉字冶公別字悚存壬辰進士由內翰林起家改祭酒歷按察布政二司使進兵部侍郎巡撫福建調繁爲今官頌曰於越同利有如三江北流而折在餘暨傍潟修匒匌江姊洞湟緜地逆防民爲鯉魴我公仁愛宛如身創負土作埭捐金捍防前者策堰纑山仲房我公嗣輿以頡以頏公之功德煌煌版章祇此澤闓一何汪洋沙漫可泐江頹可擋公恩蕩蕩千秋勿忘

姚夔撰重修越郡石塘紀略 清順治年

於越澤國也自郡城東百里抵曹江爲四明孔道西百里抵錢淸爲武林孔道中蓄鑑湖之水由三江閘歸海然則舟楫之利居人享之而輿馬往來正不可無周行以通之也石塘一線綿亙二百里由來尚矣明季湛然和尚修築非不堅固大率因循舊制寬不踰丈鼎革之初山海未靖重煩宵旰之憂謀及師旅之事浹尋之徑僅通商賈如欲並轡聯鑣固有難言馳騁者矣當時仰承功令培高增闊計日告成何暇謀及永久哉十餘年來風浪摧殘湍流漱激根脚旣虛傾圮日甚徒步當前思揭厲而不能呼舟楫而不至目前之溺孰爲拯者進同學余子涵赤而籌之匪杞人之憂實由己之患也始難之終任之未暇鳩工先謀經費矣一言經費必出勸輸矣於是習宗異目以佛法勸倪子涵初以醫勸仲父佑之以上中下三則勸余以百緣勸而涵赤則總司其出納運籌之事興作漸久風聲漸遠於是讀書設道者爭出其文章以勸里中耆素各就親知以勸住僧就檀越以勸募僧以行脚勸近者以碗飯勸遠者以廚米勸少者錙銖多積緡貫非不無脛而來接踵而至然而工程繁鉅精衛難塡成效莫臻中阻不得余子謂予曰將何以善後也哉人之欲善誰不如我要不如其好名之心爲更切也今貧富皆有捐輸而多寡略無分辨勇往之念用是闌删矣爰就石刊石塡丹炳日捐一丈者列名一丈之內捐十丈百丈者列名十丈百丈之內舟楫往來萬目共賞而一時之慕義樂施者無不絡繹奔赴一而再再而且三少而多多而且倍遂使二百里之危塘八年而告成事雖曰衆手移山然而余子之心良亦苦矣故於落成之日爲紀其大略云

蟶江石塘頌德碑 清乾隆二年

蟶江古渡也利涉往來無間日夕而吾王氏之居者千家障江之隄自昔以土每遇秋濤噴薄往往潰決泛溢自會邑而外山陰蕭山敗禾稼漂室廬其害蔓延加以頃歲北岸沙漲潮汐趨南江岸日益頹削一線之隄蓋岌乎殆哉乾隆丁巳廣元曾侯以名孝廉來知邑事步歷江涘覩危險形勢卽爲非易石不可己未夏爲上請撫憲委員勘實入告遂得俞旨而侯之勤瘁自是始矣夫土塘之築肇自宋元雖卑狹不宜剗削侯乃帖石北面以禦衝激東起魚池西至萬勝尼庵爲丈六百九十需帑計二萬有奇椿用巨木石必鈞鈐下迤上銳中實外堅與土塘相依倚而培薄增高上平如砥由江北望之延袤矗立隱若石城卽其西次險土塘高闊亦加半於舊用是知江濟之永奠而侯之績爲不可泯也蓋侯之督建是塘也鳩工庀材綜核譏飭其間蒙霜露櫛沐風雨身履查勘者殆無虛旬且委用親信不假吏胥故許許登登聲聞千里聚數百人不稍喧擾而冒功者亦絕無一人蓋自己未初秋殆今庚申冬仲纔歲餘而功竟自非精誠幹敏其孰能以辦此昔者郡侯俞公患潮之爲斯土厲也徘徊隄上思爲易石而難於上請訖以不就今侯惠養我人底茲茂績向非聖天子之恩膏無由竭其忠愛然簿書紛沓使少憚勞瘁而弗克躬親其能於旬歲間不靡帑不勞民捍大患而登之袵席哉然則謂帝力者詎能忘侯之勤而三邑之蒙庥尤吾聚族於斯者爲深且切也是烏容以無頌

頌曰維茲蟶浦地迫海涘山陰蕭邑內連鏡水昔遇水祲西成伊邇風號恣怒潮入如矢桑田滄海直須臾耳況乎沙岸近更傾圮父老望洋惴慄湍駛渺然土隄匪石奚恃天生我侯來自玉壘作我父母政行化美謂此江塘宜急改理爰請開府上達玉几帝曰俞哉民德須弭我侯焦勞於是焉始恩波霶霈督築敢弛萬株伐木先固基址千斧開山運石日至工親爲鳩材自爲庀單舸飛棹指示移晷涷雨裳濡嚴霜體被里犬不驚歡聲載起歲月幾何東西迤邐高高蕩蕩金城百雉訝此海湄天移峴巃夫何狂瀾猶驚深豕三邑耕桑萬家庇倚維昔漳河西門暨史（二字闕）南陽召父堪紀邑有賢侯績可鼎峙吾人蔭德愛踰毛裏竊比桐鄉稱祝千祀採辭上聞天顏應喜

魯雒生撰重修火神塘記 中華民國二年

浦陽之濱自臨浦至尖山塘圩緜亙約十七里強皆民塘也而火神塘爲其一塘之外積沙纍其東曰燕子窩曰老鷹嘴曰李家匯名曰三大匯燕子窩處上游之顛老鷹嘴踞其中李家匯居其下故三匯之中李家嘴距塘近而貽患爲最烈上游諸義浦三江之水瀰瀉而下如高屋之建瓴燕子窩阻之老鷹嘴又阻之迨逼近臨浦而李家嘴又阻之加以錢塘之潮逆流而上於是乎上流之水怒不可洩而以雷霆萬鈞之勢使陳舊衰朽之塘身受之岌岌乎火神塘其危哉天樂中鄉之民離塘最近而受禍最鉅塘故爲鄉人私財所築數百年來不耗官家一文錢努力奔走疲於修繕私人之力有限而江水之險無窮其爲患也可謂鉅矣民國二年紹蕭二縣公民籲於官廳屈民政長批令紹縣知事籌欵會同西

江塘局長郤文鎔從事修葺火神塘是爲動用公欵之第一次嗟乎西江塘者紹蕭人民生死之關鍵也而火神塘者西江塘之屏蔽也傳曰輔車相依又曰唇亡則齒寒天樂中鄉之民勤於此塘者無所不用其極蓋使兩縣之民受其利而不自知者垂數百年焉民國四年秋冬之交水勢應殺而反漲火神塘驟然卸陷者十之五秋實既燼而農力已疲哀哉吾鄉之人也公民湯兆法等暨臨浦商務分會經理呂祖楣等以其事先後狀於官巡按使屈公映光都督呂公公望皆能知民疾苦飭所司就地方公欵酌量補助而都督呂公又捐俸二千元委都督府顧問官袁鍾瑞覺欵興修並責成紹蕭知事籌欵解用同時紹蕭知事請於上官以風災工賑欵項儘數撥作修築火神塘費上官可之遂於民國五年某月鳩工興修培土以增其高拋石以固其基補苴綴拾歷數閱月而後成督工者爲袁鍾瑞董其事者爲湯壽嵒呂祖楣驗收工程者爲王濟組是役也亦地方樂利之本也不可以不記

湯壽嵒撰重修火神塘記 中華民國十一年四月

當諸義浦三江水建瓴而下錢江潮逆流而上奔騰澎湃雷霆萬鈞受其衝者厥惟火神塘火神塘者西江塘之屏蔽也亦紹蕭兩縣人民廬墓田禾牲畜之保障也火神塘若不幸而潰決禍必嫁西江塘西江塘不幸而潰決禍且延於紹蕭全境然則火神塘之所繫亦重矣哉是塘向由鄉民集衆以築拮据奔走財殫力痡者先後已數百年紹蕭人民隱蒙其利而不知所以爲之者亦數百年公家漠然無絲毫費第坐視吾鄉民之自爲精衞而已民國二年始得請公款以修之五年復修之詳見魯君維生記然其所爲修者培土下樁外無他事紹蕭父老以爲西江塘自愼字起至夫字止綿亙八千三百三十五尺屹立不動固於苞桑實惟火神塘爲之衞唇亡則齒寒藩籬不謹而欲求固其門戶是不智利溥兩縣使天樂鄉民獨任其勞苦是不公遂乃合詞籲省吏告中央政府請改火神塘爲官塘修必以公欵與西江塘無異視制爲例報曰可是役也澹沈災紓民困彰公道一舉而三善具焉豈非懿歟壽嵒生長是鄉歲往來於是塘無慮數十百次若乃江流盛漲橫擊逆衝或潮汎大至搏躍過顙或風雨交作侵蝕浸灌惟茲一綫危塘傾陷可以立待我鄉人惴惴焉若大難之將臨扶老携幼負土壅護汗淚併下冀保喘息可謂極人世之憂勞今而後其庶幾免乎是塘向無字號今以全塘四百七十八丈編爲官字一號起至二十四號止其間官字一號至十號之二百丈內築半石塘外築坦水十年十一月紹蕭塘工局長鍾壽康派技士戚孔懷興修今年四月竣十一號至二十號有土塘一百九十四丈八年八月鍾局長派工程員周炳炎興修十二月竣至省署委西江塘工局長邵文鎔所興修者時在民國三年魯君已詳記其事計土塘八十四丈今編入官字二十一號至二十四號謹備書之俾後來者可以攷焉

葛陛綸撰修築天樂中鄉江塘記 中華民國四年

天樂中鄉江塘之在外者曰泗洲塘曰沈家渡塘（又稱西徐坂塘）曰茅潭塘塘隨江道曲屈共長十二里有奇其內築杜衖庵塘珊山廟塘下

郘塘茅山塘重蔽之旹取弦勢短於外塘三之二悉由民力自成官不過問清同治初江潮俱毓水决外塘入犯内塘下郘塘適當衝而决决處深激爲潭不可測塘長等每有事於塘必提議修築下郘塘事輒以潭深不可施工止歲癸丑上距下郘塘决口之歲已四十八年於時麻溪壩奉部令廢改爲橋中鄉水利漸有起色前鄉董湯農先先生乃倡議修築下郘塘邀集四十八村父老於杜家衖村之珊山廟以三事付議公决一修築江塘内外孰先二捐派塘費範圍孰準三塘費捐數多寡孰宜僉議曰宜先修築下郘内塘塘費派捐宜以從前江塘决口被害之處爲準工程艱巨費不足不克底於成凡田一畝宜捐費五百文議既定往視决處果極深不可施工乃議移入舊决處二百步内之坂田上起築首尾與舊塘衔接而避出舊决處取直徑計百丈自下郘村口東北起至磡頭顏村之北磡止十月某日興工凡竹木灰石畚鍤簹索一切需用之具先數日咸備人夫大集各應其用無患不給一日數十役一役數十人各舉其事無有不稱凡泥均挖取於對塘各田塘底面積步之可三十餘畝多近塘各村居戸產咸願割讓以便工成其舍己從人勇於公益也如此新塘全身計合英尺長一千另六十三尺高十尺而闊十五尺底闊四十六尺以英尺計算者因塘工係浙路工程師陳叔胤君勘定而又相助爲理也下郘新塘既成遂分工修葺泗洲塘杜衖庵塘珊山廟塘茅山塘加高培厚彌隙添樁工費與新塘埒次年春一律完工高大堅實視西江官塘有過之無不及實維紹蕭二縣之外障詎獨一鄉蒙其利哉是役也湯農先先生始終總其成佐之者浙路工程師陳君及同里諸先生農先先生家距塘約七八里星出月歸無弛晴雨事無纖鉅必躬必親募資不及濟用則農先先生任墊發以周轉之盡心力與財力爲地方謀樂利宜乎人謀畢協各能分盡其心力以相與有成也

附護塘禁約

爲公衆議决永遠禁止事竊吾鄉自麻溪改橋以來所有重要塘圩及時籌欵建築補種竹木以期鞏固而垂久遠業經稟縣存案並通告各處諒爲諸父老兄弟所深悉近查隣塘各村間有不明利害之人擅敢牧放牛羊隨意踐蹋殊非保衞塘隄之道爲此特於四月初二日在劉公祠演戲全臺重申嚴禁務祈各村父老兄弟互相勸勉一律保護勿再摧殘則竹木得期其成蔭而塘圩亦因之而堅固嗣後再有故意違禁者一經察獲無論何人照後規例議罰决不寬貸特此禁約

一所禁地點泗洲塘杜隆庵塘珊山廟至茅山廟塘新閘橋兩面至茅山閘北首推猪録塘以及下溋湖塘一帶塘上竹木不得摧殘沿塘河泥亦不得挖取

一茅山除顏姓已山外統在禁界之内非特不准造葬併不准帶刀入山

一犯禁之人重則送縣究治輕則罰戲酬神

一來社報告者視犯禁之輕重議賞

民國四年五月日䕫社事務所白

趙文璧與紹興府知府俞卿論西江塘塘工書　清康熙　年

五月間蕭邑西江塘壞洪水滔天某於次日乘船出東門登高而望陸地行舟桑田變海眞所謂蕩蕩懷山襄陵者其時衆謀修築之事而某以僕僕風塵久役於外於本邑水利茫然不知加以先人來歸窀穸刻無寧晷今得少暇考之舊志參之輿論稍知綱要其修築事宜已具合邑公呈當事自有主裁但猶有二事工程之緩急未定捐輸之銀錢未具不得不煩老祖臺之主張者敢爲左右陳之夫坍缺之當急築者人盡知之有未坍之塘假若可緩而急宜修補者人不盡知也蓋徽婺合衢處杭嚴諸水直衝而下環蕭山之西南折而東入海者大江也概浦江合富陽山陰諸水屈曲而下環蕭山之東南折北而入海者小江也二江原自分道而流自明代成化年間太守浮梁戴公憂小江爲山蕭二縣之害築塞臨浦麻溪二壩使小江不復由故道而鑿斷磧堰引小江以入於大江於是兩江渾而爲一而漁浦上下十餘里間適値其會合之地匯成巨浸浩瀚汪洋而孔家埠汪家堰小門臼大門臼上塘嘴張家堰諸處正當其衝一帶塘甚低薄極爲危險今歲幸不衝決淺見之人遂謂此數處且可恃以無恐不必興工但責成來年分段歲修者增卑培薄足可了事此等議論極足動聽然極爲誤事夫衣袽不戒則萬斛之舟可沈蟻穴不塞則千丈之隄立潰皆機伏於隱微而禍生於所忽也此數處塘內卽八十里之湘湖萬一決入則江湖相連勢益洶湧浩無津涯將必湖塘盡倒方憂水患旋患旱災方治江防又繕湖隄安得有如許物力乎況氣再鼓而必衰力長用而必竭今年不了以待來年今人不爲以待後人今日之苟且安保後日之不因循今人之泄泄安保後人之不沓沓乎此事尙未有歸一之論所謂工程之緩急未定者此也若夫蕭邑據東浙上游西自西興東至曹娥一水直達而地勢西高東下朝浸蕭山夕及山會理固然也故水旱蓄泄三縣每相灌輸同病相憐同患相恤譬之同舟而遇風秦越之人相捄如左右手矣蓋西江塘所以捍外水也萬一決溢則三縣皆有沉溺之害三江閘所以泄內水也萬一壅塞則三縣皆有泛濫之憂所以三江造閘時蕭山幇工幇費而西江塘山會之協濟始於明嘉靖時蕭山田少而獨任其半山會田多而合任其半此舊例也迄今不廢載在志書可考並非無稽近聞三縣會看會稽咨公有本縣自有海塘無暇旁及且以往年蕭山不幇修三江閘爲責竊以爲過矣幸今歲坍缺猶少水勢猶緩且在二麥旣登之後禾苗初插之時故蕭山雖已大擾而山會尙得晏然猶可買苗補種設其缺口加多圮在六月山會亦難免沉霧洪水一過烈日熯之苗且立槁秧無可覓其爲二邑害可勝言耶所以從前協濟歷有年所二令不曾存此疆彼界之見上官何曾受截鶴續鳧之譏良有見於此也若往歲之不肯修三江閘者亦自有故蓋蕭邑原有協濟銀兩每歲解府收貯存積以備修葺塘閘之用此項歷年未動何容重出況無病而服藥不飢而強食非徒無益而且有害閘並無傾覆之形何煩修築之勞無端光棍獻謀有司過聽將以萬姓之膏血充奸徒之囊橐所以敝邑貢生來爾繩發憤具呈上臺得以中止官吏不知省多少追呼閭里不知省多少箠撻而閘固依然無恙是二縣所當尸而祝之者奈何反借以爲口實耶値此亟宜修舉之時尙未有歸一之論則所謂捐輸之銀錢未具者此也此二事非得老祖臺主持於上則縣父母難以奉行於下工無自而興功無自而就故敢竭愚夫之千慮以備智者之一擇焉

任濬撰會稽邑侯張公捍海紀事碑 清雍正七年

古會稽郡澤國也自故明太守湯公建閘於三江口山會蕭三邑得以時瀦瀉安居粒石者二百餘年會邑濱海而十四都之李木橋中市龍王堂白米堰新沙諸處尤當衝激舊築百丈石塘以禦之而官塘迤北又有食字號田若干頃故又築備塘於其外且以固石塘也備塘之外漸有淤漲鹺使者令竈戶墾種按畝陞課灶戶鳩工築堤以防潮汐久之地日增而堤日擴曩之備塘日侵月削不復顧問矣詎知滄桑倏變前之屢漲而屢築者悉付之海若惟灶戶所築以防潮汐之堤補偏救弊幸而僅存但海波澒洞力可排山每遇春秋二汛岌岌乎有朝不保暮之憂雍正甲辰七月冲沒尤甚我邑侯張公念切民瘼謂此堤一決則百丈塘不足恃而附近之田園廬舍不保且三江之出不及決口之入瀰漫滔天而山會蕭俱不能無虞擬於竈地土厚之處復築備塘一帶如車之有輔齒之有脣庶可恃以無恐白其事於郡伯特公許之丙午之三月旬有一日涕淚以禱於神乃發丁夫按畝分築東西綿亙得弓一千六百五十縱而高得尺十橫而廣得弓六巔則半之間有濱江深塹非一丸泥可塞者則捐俸購椿簰以填築之而舊塘及百丈塘皆益加高廣新舊映帶屹若重城陽侯當不能肆其虐矣第塘以外陞課地畝日爲海潮所嚙坍坼殆盡復捐俸鑄鐵牛以鎮於中市之北奈水勢未殺而嚙者如故勢漸近則患漸迫是新舊土塘與百丈石塘尙難永固也蓋新嵊之水由會邑之東南下歸西北而海潮則由會邑之西北上達東南自淤在塘角則潮折而斜趨東北山水因之而會邑之新沙李木橋諸處亦日瀕於危春秋二汛海潮與山水相薄而又濟以颶風之力鼓怒溢浪其決壞塘堤易若駭鯨之裂細網能保吾民之不魚乎按故明司李劉公決北岸之淤使山水從東南直瀉西北而水潮自西北直上東南上下吞吐安流中道然則欲使地無坍坼之虞塘無衝決之患舍此則其道無由侯循例請諸各憲會罣誤中止制府李公知侯賢題留原任兼篆海防分憲曰以此汲汲迺別緩急請先撥項疏濬虞邑前江相對之塘角淤沙己酉二月旬有七日會邑始興大工侯戴星渡江躬親率作上接虞邑百官金鷄山南之老江口下對僤山斜北虞邑開掘之新江口袤延得弓一千四百有奇計丈八百八十有零我十三四五六都向稱塘都計圖一十有二每圖分段十圖立董事段立甲首董事總其成甲首分其任每甲分濬六丈有七闊得弓十底減三之一深得尺十每計一丈需工四十每工給銀五分如併日而作值則倍之灶戶另作一圖法亦如之上下江口倍令開闊使易受水其難以丈尺課程者計工授值條分縷析臂運指隨畚鍤之聲殷殷如雷動制府於撥項外復索羨贏以濟不給督役張少甫諱永年昃不暇食夕不告勸兼以俸入犒勸役夫又何怪乎趨事者之雲集而恐後耶夫亦我侯之治行素能得乎上下之心其所以感動斯民者匪伊朝夕矣下汛後南北口外俱有沙塗攔截水道而南口爲甚計長百六十餘丈潮之由港以外達者勢既渙而不能揚之使去五月間山水迅發砂壓轉石則駭浪浮空又不能抑之使深當事者慮焉募夫開濬施以鍫钁不可即入入則膠不可急出間有挖至數尺或移夜或經汛復如故郡伯顧公觸暑枉勘檄後郭幷力協濬濬已復故董事議設椿簰以斜攔其水勢使鼓怒而作濤彼必不能據地而相抗侯白之郡伯乃購竹木每間五尺植一木椿椿可丈五六尺聚五六人踞而搖之旋下上餘三之一副以竹椿長短如木椿中實以簰環簇固之計用椿五百餘十簰百二十餘丈水潮上下匯入江口水以下溜而彌急沙隨水汰而就深纔之秋雨連綿山流奔注椿簰挾浮沙俱去口以內口以外遂成洪流而滄桑遞變向之日嚙而棄於海而爲盤潙汙瀦者漸有不可方舟處矣夫自漢以來歲遭河決糜內府金錢動以十百萬計而言治水者

大率以塡以築因時補救而已未有上不耗國下不病民昔爲修禿治瘍今爲拯溺療飢卒能捍大甾鍾大利惠此三邑如我侯者且前江諸處決則湖海相連而由廣而姚皆爲巨浸而今咸登衽席是澤又不獨在三邑也其至計豈僅不出湯劉下已哉是月也分濬之處踰旬而告竣閱六月而流始暢董事若朱濬佳字鱗飛沈士球字揚彩許士和字在茲皆不辭暑雨而楊明宗字昭侯章永培字子樂霑體塗足尤仔肩其任濬亦居隣鮫室敢憚勤勞外掾金琮金寧遠各挾己貲竭蹶辦公皆體我侯之志以勷厥事者也於戲得湯公而鑑湖之利興得劉公而海潮之患息湯公累膺錫典於今爲烈劉公亦立祠貎相歷久不替若我侯之濬江泄海俾新舊土石塘之屹若重城者庶可永保無虞其功德實可並垂不朽方冀其永涖茲土惠我無疆何遽以老病告休攀臥無從耶爰書其顚末勒諸貞珉俾後之職斯土者守爲前型而我子孫黎庶知安瀾之慶所由來有自云

按侯諱我觀字昭民別字省齋山西絳州太平縣東敬人生於康熙壬寅十二月十二日中癸酉科鄉試揀選知縣勅授文林郎知會稽縣事於康熙五十九年三月間涖任政聲卓越爲上游所器重雍正四年三月以詿誤罷職五年又三月復留原任兼署寧紹台分府印務盜息風淳幾於道不拾遺七年又七月以老且病告休闔邑士民公籲郡伯仰冀據情轉請恩予臥理郡伯殊深維縶之心奈以委驗得實遂侯志民甚惜之於屠家埠之北仍劉侯故祠而更新之貎侯相與劉侯並峙焉時己酉陽月日也任濬又識〔此碑嵌東廂壁中〕

紹興府知府溥熹覆浙撫札查西北兩塘工程及經費文 清宣統二年十月

敬稟者宣統二年八月二十六日奉憲台札開案查前據該府稟報興修西江北海兩塘估計工段字號丈尺工料銀圓籌辦情形當經批司核復飭遵嗣據蕭山縣稟報西江北海愛育芥薑等字號於三月十三日開工六月間又據蕭山縣稟報周垂等九字號先釘排樁以固塘身一面購料預備興修等情又經批示在案茲查開工以來已閱半載有餘此項塘工有無完竣未據稟報殊屬不解該府有督修之責豈容塘董任意延玩該府縣等玩視民瘼於此可見除前稟批飭將蕭山翁令記過示懲外札府立即親詣工次查明各段字號究竟有無修竣如尚有已估未修之工應即責令各塘董務於冬令一律修竣具報並將動支銀圓分晰造册詳銷毋任浮濫是爲至要再前次呈送估計册內開列各塘或載字號或書土名均未一律載明字號易於含混至西江北海等塘是否均以千字文編號無從考察嗣後勘估各工須將西江北海兩塘分案稟報將土名與字號分晰註明以免朦混影射之弊所有每年稟報秋汛安瀾工程穩固近已視爲循例具文殊非核實之道茲特擬就表式隨文札發卽由該府轉飭各縣按照表式查明境內各塘逐欵塡註加繪詳細塘圖詳候核奪以後按年照此辦理毋違切切等因奉此查西江北海兩塘爲山會蕭三縣生民財產之保障關係至重前因塘堤坍卸亟須修辦經傳紳賚予核實估計共需工料錢一萬八千六百八十一千四百四十五文造具清册呈經前署府包守於本年三月初旬督同三縣官紳親詣工次按段履勘當以西江之平章愛育及北海之棠重芥薑等號塘堤尤爲危險遂公同議決於是月十三日由平章愛育等號先行開工撥給工料錢三千串責成段董分段承修旋因霪雨日久致稽工作而

北海塘即士名月華壩之周發商湯坐朝問道等號塘身又險象迭現且時值農忙招工非易由蕭山縣翁令會紳商榷擬預備物料隨時搶護並補漏培高爲暫救目前之計稟經包守撥給工料錢一千六百十五千文繼以該處父老僉謂對岸杭州沙渚盛漲潮勢洶湧恐非補塞培高所能濟事復經官紳決議將建造護塘之疏樁改爲密樁並丟放坦水以期一勞永逸計共需工料錢四千八百二十七千九百四十三文除前領錢一千六百十五千外實給錢三千二百十二千九百四十三文並由府札委經歷龔振瀛前往監修詎月華壩正在施工其毗連之垂拱平章愛五號因被秋潮衝激塘身復岌岌可危即經包守飭縣赶緊搶救防護並照會山會塘董星夜赴蕭會商辦法剋期修築以資抵禦綜計先後由府撥給及續蕭翁令稟經包守批准給發口修珍李奈菜重芥薑等號工料錢一千六百四十八千二百一十文共已撥給錢九千四百七十六千一百五十三文均在山會蕭三縣畝捐塘閘經費項下動支在卷查畢隨即於九月初九日輕輿減從親詣蕭邑查勘西江北海兩塘均係用千字文編號自西興之鐵陵關爲始循序而下鐵陵關以北大字號起至山陰縣屬之梅嶺黨山龍師火帝等號爲北海塘鐵陵關以南天字號起至麻溪閘之諸姑伯等號爲西江塘每字分界豎有石碑其中碑石亦間有重複殘缺者三月間稟報開工之西江塘平章愛育等號約長八千丈其做法係排釘樁木加放坦水現已什九修竣日內即可完工察看工料尚屬核實北海塘俞家潭之珍李柰菜重芥薑等號係按照傳紳原估辦法加土培高業經一律完竣工程亦頗稱堅固又月華壩即周發商湯坐朝問道等號約長一百八九十丈其間或排釘木樁丟放坦水或翻掘塘身重築新土或添築護塘或加土培高一切工作核與原估辦法均屬符合但樁內坦水石尚未一律安放當經知府面諭塘董務於十月內赶修完固造册報銷以竟全功至毗連月華壩之垂拱平章愛等號塘堤因塘外餘沙逐漸坍削江水已逼近塘身八月間翁令所稟該塘危險情形自係實在與三月間開工之平章愛育等號亦有西江北海之分值此秋汛已過冬令水涸之時正可興工修築已由知府諭令會同各塘董赶緊商定辦法開明榜示招工投票公估造具工料細數表遵飭分案稟報請款興修總期費不虛糜工歸實際上副憲台軫念民瘼慎重塘工之至意除將奉頒表式分飭各屬查明境內各塘逐欵塡註並繪圖同送外合將遵飭履勘西江北海兩塘已修未修各工程繪圖貼說肅泐稟呈仰祈大人督核示遵再蕭山縣翁令在該縣勸學所息借洋七千元究竟已未動用未據報告容俟飭查明確再行稟陳合併聲明

紹興縣議會咨紹興縣知事請勘修東塘垂拱兩字號文 中華民國六年

爲咨請事九月二十日准孫端鄉議會呈稱照東塘垂拱兩號坐落敝鄉七都三圖後桑盆憩龍菴地方上年屢次出險曾經稟請勘估撥欵興修嗣因嘯唫鄉粥廠欵無所出呈由前民政長程批准移緩就急將修塘經費五百元移撥僅將塘工略事補苴歷經呈報在案前月廿八九號新嵊山洪順流而下水勢急湍塘下新培之土業已冲刷殆盡本月十七八號大雨連朝益以東北風怒吼激起秋潮上冲下頂塘身泥土漸就剝蝕情形岌岌可危若不亟請搶修後患實不忍言理合呈請提議牒縣勘估搶修以保田廬而衛民生實紉公誼須至呈者等由准此當經印

剮配布公同會議查孫端鄉垂拱兩字號塘身泥漸剝蝕岌岌可危卽出險工未便因大汛已過暫爲緩圖自應咨縣知照本縣塘閘局理事查勘估修以資保障業經表決多數贊成相應咨請貴知事查照執行

紹興縣議會呈浙江都督民政司請迅派員興修西江塘文 中華民國元年

爲呈請事竊照西江塘歸王一體等字號相繼坍陷倒卸當經據情通報一面籌辦搶險嗣奉民政司司長委員蒞工查勘知工程浩大稟奉撥修洋六萬元令由知事電知在案旋因搶修將竣急須開辦大工經紹蕭兩縣議會電請撥欵承都督暨民政司電復西江塘大修工程應由司勘明遴選熟悉工程人員辦理等因仰見關懷民瘼擘畫周詳紹蕭生靈同聲額首但自奉命以來引領西望幾匝月矣農民催詢於途地方自治職董又復函牘交馳謂此塘延不修固東作雖竟秋成難保值上年軍旅飢饉之後復何堪重遭浩刦皇急之狀莫可名言敝會對茲險工益覺夙夜憂心初以爲已築柴土兩塘暫可權濟目前不意舊歷七月汛期由會派員視察據稱搶築險工僅恃柴土風烈浪湧實難鞏固如歸王二字之土塘已崩化有四五丈之多壹字盤頭前因失修已化滄海以致遐邇兩字舊土塘皆大受影響鳴鳳字號亦節節可危若不亟修石塘轉瞬舊歷八月大汛將何恃而不恐縱或苟免一時來年上游春水衝擊決難保其無事等語竊念敝會爲全縣代表是塘繫兩邑命脈當此存亡危急之際不作疾痛之呼則危而不持顛而不扶將焉用此議事會哉況在上級官廳初蒙委估繼蒙撥款終蒙勘辦亦稔知利害相關非同細故已力任其擔負然事機危迫至此奚可稍事遷延自宜亟圖進行以全危局除呈請民政司迅遴幹員勘辦外相應備文呈請都督督核速賜飭司派員勘明撥欵興修無任感盼

紹蕭兩縣水利聯合研究會議決保護西塘臣字號盤頭辦法案 中華民國五年六月

按西塘臣字號盤頭向東南傾側現狀危險兩縣塘閘局照舊搶險添拋坦水不意該處水深溜急屢拋屢坍量其潮汛最小時之水量計離盤頭八尺之處深一丈一尺離二丈處深三丈離三丈處深三丈七尺離四丈處深五丈四尺如此情形誠恐精衛填海成效難收實無善策經蕭局呈請兩縣公署交付本會研究辦法並據蕭局汪理事面稱與浙江水利委員會技正林君大同研求辦法林君謂可用長五丈之松椿釘於周圍內拋亂石以護根脚等語查西塘工程艱難之處純在水量過深與塘外坦坡壁立及水溜湍急三端故無論拋亂石坦水放條石坦水非有木椿關欄於外終難免坍陷之患欲排木椿則長至五丈之木椿非就地椿夫所能排釘節經本會再三研究苦無善策今承林技正指示倘雇用他處椿工包打或能辦到爰於第三次常會提議共同研究議決如左

一議西塘臣字號盤頭新拋坦水復行坍矬共同研究保護辦法再三討論擬照水利委員會林君大同前與汪理事面述辦法用長五丈松椿釘於周圍內拋亂石以護根脚惟此項工程必需機器非就地椿夫所能勝任現擬派本會會員李培初何丙藻赴杭往商林君代爲僱工包打

俟商妥後卽行開辦其餘工程仍歸兩局自行辦理

按是案經第三次常會議決後節經商承林君代爲僱工來蕭估計函送草圖估單前來爰於第四次常會交各會員傳閱交換意見卽行議定如左

一議臣字盤頭所有林委員來函草圖估單應卽印刷分布俟下次開會時再行討論

嗣於第五次常會將各工開來包工估單逐一審查尙有疑點甚多並經實地測探江邊坍剩亂石甚夥施工頗難當經議定如左

一議臣字盤頭准歸吳文斌承包惟須問明距離盤脚幾丈立樁其樁規定用長五丈者幾枝略短者幾枝兩毗排樁樁與樁距離若干前後毗距離若干樁內究用何料塡築貼樁可否用石一毗樁外戧石高闊各若干保固幾年擔保何家支欵分若干期以何時爲期限何時完工如逾期不完工扣費若干到限無完工希望者全數賠償損失等項先行傳其來工逐一詳答俟下次開會決議

旋據工頭再三測探因塘身外坦底脚坍剩亂石條石陷入底沙者甚多排樁勢難深入若將立樁之處所有石塊盡行撈起非特工大費鉅且亦斷難撈盡致各工頭均不肯承認包打議遂中止節經本會各會員每於開常會時研究再三終無妥善方法至第十一次常會復由會員臨時動議共同研究始議定如左

一議由會員臨時動議西塘臣字盤頭霉汎秋汎相繼將至前經本會迭次研究迄無妥善方法致無結果此次共同議定擬用石刺菱在盤頭周圍三丈外塡底以作關欄上拋毛石坦水兩傍添築鴈翅以托水勢應由本會函請兩縣知事令行兩縣塘閘局估計興辦藉作治標計畫

紹蕭兩縣水利聯合研究會審議公民孫衡等及陸履松等建議在半爿山上下建築石盤頭案

中華民國五年十月

按本案准蕭山縣公署轉據長安鄉士民孫衡等聯名稟請在西江塘半爿山上下建兩石盤頭以資捍衛等情並具稟民政廳長奉批令飭水利委員林察勘具復旋又飭測繪員吳福保會同蕭理事何丙藻前往半爿山上下詳細測勘一面先後函致紹局理事交會研究當卽印刷配布提交第七次常會僉以東江嘴沙地內本會主張自老墈村西首至大王浦開掘引河一案尙未實行半爿山上下並無水溜頂衝塘外沙地尙多並不吃緊似可暫從緩議故議決如左

一議孫衡等請在半爿山上下建築石盤頭一案俟開掘大王浦案解決後再行籌辦

嗣又准紹興縣公署公函以據蕭山縣公民陸履松等二百五十八人聯名稟稱淸光緒十三年泥塘坍進後遂卽被山潮兩水沖刷至光緒二十七年迄今半爿山一帶橫斜七八里不惟稅地坍淨卽自認民田亦已坍去現時江水離塘闊處僅八十餘丈狹處不過五六十丈水深數丈沿岸無灘形同壁立等語准經印刷配布交第九次常會討論以塘外沙地坍漲靡常該處沙地較前坍削固屬實情然三塘險要工程甚多實

係無暇顧及開掘大王浦引河問題尚未確定該處不致發生何等急工故議決如左

一議陸履松等請在𡵓山建築盤頭一案查此案與第七次常會所議孫衡等稟請之件情事相同應仍照前次議定俟大王浦開掘支港問題解決後再行籌議

紹蕭兩縣水利聯合研究會審議紹蕭大塽善後事宜案 中華民國六年六月

按本案由蕭山縣塘閘局理事轉奉蕭山縣公署第九十二號訓令內開以據公民李介福稟請將大塽善後事宜檢同圖說並細則十四條發交蕭局理事提交本會核議前來當經印刷配布提議於第十一次常會請衆討論僉以是項大塽關係兩縣塘外沙地範圍甚廣向章以塽內得利地畝出資自築該公民所擬細則十四條志在維持永久誠美意也惟其中辦法似欠明瞭該處各地情形性質當分數種非就地士紳不能悉其底蘊應由官廳督率就地公正士紳妥爲協議辦理庶不致有隔閡之處故議決如左

一議蕭山縣知事諮詢公民李介福擬具紹蕭大塽善後細則十四條一案經本會共同討論應由紹蕭兩縣知事協議辦理本會未便懸虛研究

六年五月二十一日准紹蕭兩縣公署會銜公函內開以紹蕭大塽善後事宜關係兩縣水利自應詳加審愼會同查議以臻周妥並將抄摺圖說函送貴會查照希即於來月常會時提議決定並望見復核辦實紉公誼此致並送抄摺圖說各一份等由到會准此爰即印刷配布提交第十三次常會復經詳細研究議決如左

一議紹蕭大塽善後事宜蕭屬朱茂林案一段據公民李介福條陳善後細則多有未洽處惟歲修經費由得利地畝之完納官租者分則籌捐似屬可辦即出有大工亦應於得利地畝之完納官租者籌欵興築不得動用地方公欵以清界限紹轄一段內有場地應請紹興縣知事會商三江場知事查核辦理至舉董一層由兩縣各別自行委任俾專責成

六年八月三十日據朱茂林案內沙地業戶公民謝海山周維新等以公民李介福原擬未洽習慣難移呈請擬歸業戶自行籌修等情陳請本會審議前來據經印刷配布提交第十六次常會經衆討論僉以是案於第十三次常會議決時本以其善後細則多有未洽本會並不贊同並已於第十一次常會議決由紹蕭兩縣知事協議辦理有案故議決如左

一議人民謝海山等呈請朱茂林案沙地大塽擬歸業戶自行籌修一案此案前准蕭山縣知事諮詢據公民李介福擬具善後細則案內已於第十一次常會議決由紹蕭兩縣知事協議辦理現經本會據案審議仍應函請紹蕭兩縣知事併案核辦

紹蕭兩縣水利聯合研究會議決省長公署令飭本會會同塘閘局將西塘垂拱字號工程實地察勘另籌培補塘根辦法案 中華民國六年七月

按本案准紹興縣公署函開六年六月二十日奉省長公署第八九九七號指令紹蕭兩縣署會呈查復垂拱二字號工程未便改抛坦水由內開呈悉查此案前據該兩縣知事會呈以垂拱二字號塘身開裂勢將坍陷已非抛護亂石所能補救擬請變更計劃幫闊附土以防潰決等情前來經前民政廳令准在案惟塘工坍損多由根脚鬆動所致據稱現在該處塘根已呈壁削之狀則其根脚之病較諸塘面開裂尤爲危險當以培補塘根爲治本之圖而幫闊附土猶屬治標之策須一面赶辦坦水培補塘根一面幫闊附土以防潰決兼籌並顧方稱完全從前所辦抛投亂石坦水隨抛隨失洵非善策應即飭由兩縣水利聯合研究會會同塘閘局實地察勘悉心考求另籌培補塘根辦法呈候核奪仰即遵照此令等因奉此查西塘垂拱字號工程辦理經年原擬搶抛亂石坦水以資救護嗣因根土日削塘面開裂形勢異常危險非抛坦水所能奏效經兩縣塘閘理事呈明變更計畫擬於舊塘內坡加寬附土藉資捍禦由縣轉奉省署核示照准並以垂字號塘上民房有礙施工疊經示諭遷讓迺該處人民延未遵行並有來愼生等多名節次具呈請求仍抛坦水並以前情迭赴省垣呈奉令行遵照本年五月間爰由本署會同蕭署將該處工程未便改抛坦水情形呈復省長在案玆奉指令前因自應遵辦除咨會蕭山縣知事並令塘閘局理事查照外相應摘叙案由照錄會呈備函奉布即祈貴會察照辦理見復爲荷此致並附發照抄原呈錄後

附錄紹蕭兩縣知事會呈原文

呈爲會查垂拱二字號工程未便改抛坦水謹會銜具復仰祈鑒核令遵事案奉鈞署第一七〇一號訓令開案據蕭山來愼生等呈稱云云切切此令等因下縣奉此竊查此案上年先後奉到前民政廳第五一五號及七三四號訓令正在會商核辦間適又奉前民政廳第八六〇號令知以蕭山來愼生等請加寬附土一法改抛坦水已呈奉省長指令應毋庸置議等因遵經知事等分令兩縣塘閘局積極進行旋以附塘民房未即遷讓難於興工又經會示催遷各在案奉令前因知事等遵即切實查明垂拱二字塘工上年曾經紹局抛石一千七百九十六萬三千三百斤蕭局抛石三百二十二萬五千八百三十斤因各該塘水深浪急垂字塘根尤爲壁削僅事抛石如投虛牝實屬無效故議變更工程分別加寬附土幫闊塘身免致出險附塘居民因憚於遷讓苟安目前屢起反對殊不思該塘爲紹蕭兩縣人民田廬保障目下情勢已極危險所幸未出險工尚可先事綢繆冀圖永固及出巨險附塘居民縱可臨事遷避而險工搶護非能倉卒補苴災禍所及何堪設想自應遵照前民政廳呈奉指令俾符原案而重塘工所有查明垂拱二字工程未便改抛坦水緣由理合會銜備文呈復仰祈鈞長鑒核指令祇遵實爲公便謹呈浙江省長齊紹興縣知事宋承家　蕭山縣知事王右庚

遵經本會推定會員陳玉許枚王燮陽林國楨韓頤前往該處會同兩縣塘閘局理事實地察勘旋據會勘員陳玉等報告書稱會勘得西塘垂拱二字號塘根鬆動已成壁削之狀現時江水較淺察看前抛坦石二千餘萬斤僅有少數露出水面測量塘面至塘脚水面計深一丈七尺從塘脚橫量至坦水一丈外水深一丈二丈外水深二丈三丈外水深三丈四丈五丈外水深四丈五丈水底成層累階級之形塘上房屋櫛比會員等察看情形欲遵省令外抛坦水內加附土均多窒礙應如何辦理之處請開會討論從長集議解決等語到會卽將各件印刷配布於第十

四次常會悉心考求籌議培補塘根之策僉以該處工程險在塘根鬆動今欲培補塘根自非從根基上着想不可現查會員報告該處塘身外坦形同階級層累而下其坡面又若壁削所拋坦石僅存少數則其病在水深溜急外無關攔若排釘木椿以關攔坦石則因舊拋坦石留存尚多欲藉以補苴塘根之罅漏則不足而阻礙椿木之安排則有餘是培補工程之根基已屬無可憑藉更何望有培補之功耶若放平坦脚則查會員報告就水量較淺時測量離塘身一丈處水深一丈離二丈處水深二丈離三丈處水深三丈離四丈五丈處水深四丈五丈如此深量即使毫無坦石留存木椿亦難排釘如必欲培補塘根實無良策本會研究所得用石刺菱作坦水關攔方法甫在試用成效未收未敢主張無已祇得急治其標內加附土藉資出險時抵禦耳議決如左

一議准紹興縣公署轉奉省長令飭本會會同塘閘局將西塘垂拱字號工程實地察勘另籌培補塘根辦法一案經會員等會同塘閘局實地測勘報告到會僉謂塘根外坦已成階形壁立拋擲亂石勢仍隨拋隨走如釘排椿因其壁立階形兼有留存亂石水量又深亦屬無濟是培補塘根實無善策惟有先治其標預防坍陷決議加培附土藉資抵禦應由本會詳叙研究情形抄同報告書函復兩縣知事呈省核辦

旋准紹興縣公署函開逕啓者查西塘垂拱二字號變更工程案內奉省長指令轉由貴會察勘考求另籌培補塘根辦法呈候核奪等因即經函准議復此案討論結果仍以加寬附土爲言隨由紹蕭兩公署轉呈請照原案進行茲准蕭山縣知事轉奉省長指令內開如呈辦理等因奉此除令行紹塘閘局知照外相應函達查照爲荷此致等因到會備案

紹蕭兩縣水利聯合研究會籌議紹蕭兩縣塘閘治標治本計畫案 中華民國六年十月

按本案於六年十月十八日准蕭山縣公署函開頃接紹蕭兩縣水利聯合研究會會員湯建中韓頣何兆棠李培初汪望庚何丙藻函稱邇來紹蕭塘閘迭出險工兩縣地方各機關及人民因經費支絀均擬請官廳設法主持會員等負研究水利責任對於各塘工程治標治本均須切實計畫以備長官採擇爲此具陳意見敢祈知事提交兩縣水利聯合研究會迅速定期特開會研究等語相應提交貴會希即查照集會研究爲荷此致等由到會准此當經本會於十月二十三日在蕭山縣塘閘局開特別會印刷配布付衆研究僉以紹蕭塘閘同時迭出險工關繫至爲險要即將各塘閘詳細情形詢由兩縣塘閘局理事當場報告並將兩局理事所擬治標治本兩種辦法逐項審查詳細研究議決如左

一議蕭山縣知事交議准本會會員湯建中等函請籌議兩縣塘閘治標治本計畫一案現經集議僉以東西北三塘險工疊出應宿閘年久失修滲漏不堪在在均關緊要不得不搶先救護其治標方法業由兩縣塘閘局理事逐段勘明條舉辦法均屬妥當本會俱表贊同惟治本計畫東北兩塘苟能按照現事搶護尚可暫緩時日從長計議而西塘則危險急迫施工較難搶護固刻不可緩而治本方法實難緩圖現在兩縣塘閘局理事所議自礫山起至牛丬山止另築石塘一道仍屬治標之計蓋塘身不能與水勢爭持塘身退一步則水勢必隨而進迫仍難一勞永逸倘非治本之法治本維何非分流殺勢開掘自老墈村西首至大王浦引河不可况另築石塘需欵約二三百萬元開掘引河約計工程並賠

償損失不過數十萬元事半功倍是爲上策應函請紹蕭兩縣知事會銜轉呈省長察核採擇施行

附錄紹蕭兩縣塘閘局理事所擬治標治本計畫呈文及清摺

竊紹興蕭山兩縣東西濱曹娥錢塘兩江北濱浙海地勢低窪古稱澤國全賴東江西江北海三塘亙續二百數十里屏蔽三面以捍禦外水應宿等閘以蓄洩內水兼捍拒潮汐爲紹蕭人民生存之保障卽國家賦稅產出之根基關係至爲重大查西江塘之出險由於上游金華衢州嚴州徽州四舊府屬及諸暨義烏浦江三縣來水匯合於錢塘沙之東江嘴激成勁溜直射塘身根底漱空危機四伏百孔千瘡補救無術民國元年歸王鳴鳳四字號石塘並壹字號石盤頭同時坍陷二年六月間平章愛三字號石塘坍沒六十丈塘上民房及塘身土石均陷入江心而測原塘底水量尙深二丈四五尺現在讓國垂拱體率賓等字號塘身又各出險工壹字盤頭尙未建復而臣字盤頭復低陷外欹如此狀況危險萬分欲謀持久計畫惟有自半爿山起至小礫山止在殘塘以內闢基新建一塘約長十里但此項基址均係民間私有糧田且多村落什房卽使仿照鐵路辦法定價收買工長費鉅連土木石工等總非二三百萬元不可其餘自半爿山迤北之土塘蹟堰山迤南之土石塘臨浦戴家橋迤東之塊石塘均因年久失修坍塌缺陷亦應分別修築除另建新塘不計外連讓國等七字號暨壹字臣字盤頭總計約需經費十二萬元之則此西塘之情形也北塘蕭屬自發字起至鳴字止共二十八號塘外坦水早被怒潮捲去其間如戎羌歸王鳴等字號並長山閘橫壩各處塘身一律出險在在均關急要不得不於日前同時並舉分頭搶護紹屬自五字起至端字止共六十一號並磨邑華三字號塘身亦均坍化低陷急宜修復總計約需經費八萬元之則此北塘之情形也東塘火帝鳥官等字塘身大半坍入江中危險萬狀現時正在興工其餘自宣字起至壹字止共二十四號土石塘低陷兼有貛洞木字起至女字止共二十號塘石腐爛外凸形字起至終字止共八十號土塘低狹幷有貛洞氣字起至往字止共十九號正値潮洪頂衝急宜改建石塘觀字起至明字止共四十三號因曹娥鐵橋橫阻山水宣洩不易時有漫溢之患既字起至槀字止共十號塘身低陷均宜加高土石總計約需經費三十五萬五千餘元此東塘之情形也又應宿大閘二十八洞梭墩滲漏如篩夏秋農田需水之時閉蓄無效潮汐暴漲之時捍拒無功閘內河水已含鹹質既礙飲料復傷田禾急宜修築約計需費二三十萬元左右此應宿閘之情形也查兩縣原定隨糧附加塘閘經費紹縣每兩計洋七分年不過七千餘元蕭縣每兩計百文年不過一千數百元而每畝六十文之特別捐因人民無力負擔已於本年停止徵收溯自民國元年至今東西北三塘連年搶修不敷過鉅紹縣則借撥備荒特捐已達五萬數千元無從歸墊蕭縣則輾轉移挪迄未着落似此剜肉補瘡後難爲繼今又險工疊出刻不容緩欲辦則經費無着不辦潰決堪虞遠考同治四年洪水氾濫東西北三塘同時潰決紹蕭兩縣水漲與城牆相齊人命牲畜淹斃無算廬墓毀損亦難數計田禾無收國稅無着雖經動撥國帑分頭搶修而地方元氣因此大傷與近時魯直河決災偏天津後先一轍邇來三塘險工層見疊出地方財力羅掘已空理事等本鮮學識更難爲無米之炊如果坐誤時機則兩縣課稅不保人民損害至巨何堪任此重咎查乾隆元年紹興府屬沿江沿海堤岸工程曾動支公項與修同治四年三塘搶修工程暨民國元年西塘歸王鳴鳳四字號大工所需經費亦均由公家支發此次各項險工人民無力負擔惟有請求長官主持撥欵

派員分頭搶護，爲此繕具紹蕭兩縣塘閘險要工程清摺，備文呈請仰祈鈞長知事鑒核，俯賜轉呈省長暨會稽道道尹，准予援照浙西海甯等處塘工成例辦法，准將紹蕭塘閘工程改歸官廳主持，應需常年及治本各經費統由國庫支發，至現在搶險急工，迫不及待，並請首先核發，以濟眉急，一面並乞據情咨陳大部立案，以昭大公而弭水患，誠爲德公兩便，除呈蕭山紹興縣知事外，謹呈浙江省長齊、紹興蕭山縣知事宋、殷

紹興塘閘局理事何兆棠、李培初，蕭山塘閘局理事汪望庚、何丙藻，中華民國六年十月日

謹將紹蕭兩縣塘閘險要工程約舉大概繕摺呈電

西塘險工

一讓國字號計長四十丈，石塘矬陷五六尺不等，水深四丈有餘，岌岌可危，臨江擬拋毛石坦水，約需洋二萬元

一垂拱字號計長四十丈，水底陡塹形如梯級，水深四五丈不等，塘底漱空，面現裂紋數道，深不可測，危險萬分，前次呈請加築後戧，係因無欵可籌，暫作權宜防險之計，若期耐久，非將塘址讓進建築新石塘不可，約需工料洋二萬餘元，臨江應加拋亂石坦水，俟新塘築成再行相機酌估，爲數亦屬不貲

一臣字盤頭向多漏洞，其頭已向外傾側，水深五丈有餘，前次呈報擬用石刺㚇攔護亂石坦水，約計洋八千元之則，亦因經費爲難，無從着手

一壹字盤頭挑上游山水，藉保閘堰一帶塘身，最爲得力，自民國元年坍沒無存，後因無款重建，至塘身節節冲激，危險日增，現擬照舊建築，約需洋三萬元

一體率賓字號計長六十丈，正受東江嘴迴旋山水之衝激，塘外坦脚無存，水深五丈，左右塘身塌矬，險象日增，擬築新石塘，約需工料洋二萬餘元

以上自讓國字起至垂拱字止，塘底均被山洪江潮漱空，所擬各險工修估價目係暫濟目前辦法，如須經久，非自半爿山起至小礫山止一律退後另築新塘不可，工段綿長，所費不貲，若照現勢而論治本清源，舍開掘大王浦別無萬全之策

一半爿山迤北土塘計長四十餘丈，多年失修，塘基塌平，急宜加培幫闊，約需洋六七百元

一自蹟堰山馨字起至新凉亭隳字止，及若言初令所籍無竟等字號共二十一號，約長四百餘丈，土石塘塌矬，翻做工料約需洋四千餘元

一自臨浦萬安橋之所字起至雙塘灣之傅字止，共四十號，約長八百丈，因年久失修，塘身塊石多處向外坍落，塘面亦經矬陷，宜早修復，以防不測，約需洋八千元

北塘險工

一月華壩發號起至鳴字號止，計長五百六十丈，臨江坦水均被潮浪冲去，擬照舊修復，約用木石工料洋四萬元

一戎羌字號計長四十丈，潮流頂衝，塘身臌擠坍缺，現擬建築新石塘，約需工料洋五千餘元

一歸王鳴字號計長六十丈，潮流頂衝，現用舊石椿柴暫時搶護，擬建築新石塘，約需工料洋三萬餘元

一長山閘橫壩內臨深河被潮冲塌約長十六丈現在急宜搶護約需工料洋一千五百元
一五字號起至端字號止共六十一字號土石塘年久失修面土低陷擬加土三尺約需洋二千元
一靡邑華字號塘身坍化頗甚急宜修復以資保障估工計洋三百五十餘元

東塘險工

一火帝鳥官四字號石塘計長八十丈低矬外側山洪潮汐均係頂衝現在拆建新石塘以及修整周發等十四字石坦水共需洋二萬四千元零

一官人兩字號石塘約長三十丈內無整石底無樁木四年間風潮突起附土被刷殆盡雖經搶修未能持久現在人字號有到底大穿洞一個底毗塘石被水呼吸欲出官字西首已形低陷事屬連帶岌岌可危擬一律拆造計用樁木條石盤肚石及附加土并做坦水等約共需洋一萬五千元

一官字號向有盤頭業已坍倒此處現被潮水頂衝極稱險要擬仍築盤頭一座周圍長三十丈計用樁木條石盤肚石等共需洋一萬元

一宜字號起至壹字號止計二十四字土石塘年久失修面土低陷兼有獾洞不少且北岸沙塗日漲塘外沙地日坍此處爲山洪潮汐頂衝形勢吃重迭准該處紳民函請興修宜一律培土三尺並將獾洞統加翻掘約共需洋七千餘元

一木字號起至女字號止共二十字石塘其條石多腐爛外凸現在遼江疏通山水直射該塘適頂其衝急須修整以防不測約需洋四千元

一形字號起至終字號止共八十字土塘年久失修塘身低狹且有獾洞多處擬將土塘加高幫闊並將獾洞統加翻掘約共需洋二萬元

一氣字號起至往字號止共十九字土塘此處潮水由北而南正值頂衝甚屬吃緊四年風潮被刷殆盡幾致決口擬一律改建石塘以資抵禦計塘長四百二十丈約用樁木條石盤肚石及加培附土等共需洋二十萬元

一曹娥下沙觀字號起至明字號止計四十三字每字以二十丈計之計長八百六十丈因鐵橋橫阻江心山水宣洩不易時有滿塘之患擬加高條石三毗如係土塘者則加土計用條石盤肚石及加附土等約需洋一萬五千元

一瀝海所姚家埠石塘既字號起至藁字號止計十字年久失修塘身低陷雖於四年間風潮後略加修培而逼近江流時受潮激情形甚屬險要擬用條石盤肚石加高石塘併幫闊附土等約共需洋六萬元

一三江應宿閘爲紹蕭兩縣洩水總尾閭關係最爲重大定章五十年一修自前清道光以來失修八十餘年現在二十八洞梭礅損漏如篩非大修不足以保衞兩縣生命財產據鄉民紛紛請求興工急不及待查修閘向章均用高錫灌入漏縫以彌罅隙近來錫價過昂並內外籌築攔潮攔水等六七壩水旴勢猛工難費鉅恐非二三十萬元不能施工

以上各處係已經發見險象者而言至工程較小之處尙未列入而其他應從根本解決爲永久計劃之處尤爲繁夥亦不在內要之三塘工程

關係兩縣人民生命財産一旦潰決盡成汪洋近觀天津水災尤爲前車之鑒地方財力幾何丁此重大險要工程同時並見委實無力負擔兩縣人民迫於生死鉅患不得不籲求長官俯賜維持准予援照浙西海寧等塘成案轉呈中央收歸官辦以拯危殆以圖永久則兩邑人民同感再生之德於無旣矣謹具略

紹蕭兩縣水利聯合研究會議決朱嗣琦等陳請趕修北海塘案 中華民國九年十一月

按是案於九年十一月十六日第二十五次常會提出議決如左

一議朱嗣琦等說帖請議趕修北海塘一案僉謂新安龍泉仁化三鄉毗連之各北塘塘身本極卑薄近爲坍江逼近實係危險萬分應函請紹蕭兩縣公署呈請紹蕭塘閘局長如該各鄉北塘已入原計劃大工之内乞派員勘估赶修若未計劃入内請迅速派員履勘估工追加劃入大工之内趕緊修築此議

附錄說帖

具說帖公民朱嗣琦方體仁蔡殿昇宣文淵夏慶琳楊世傑陳學禮周震襄等爲泥塘危險民命攸關請求派員勘修以保田廬事竊自富陽諸暨徽江之水直瀉錢江每逢山水暴發水勢衝激故蕭山紹興之農田民居皆藉西江北海二塘爲之保障其北海泥塘之外沙鄉田地向有二三十里纔臨江岸由是無人注意近年潮勢猖獗愈坍愈近江已近塘每逢潮水漲時水與塘平昔年冲成漏洞數處幸賴就近居民搶險填築得以苟安今庚屢瀕於危斯塘條石甚少泥築居多且塘身不高面沙之塘脚現遭潮水衝刷泥漸坍削公民等田廬民命危似累卵一聞怒潮聲旺心膽爲碎履霜知堅冰之至兔死起狐狸之悲目睹危狀害切眉睫倘使壅於上聞不幾有負社會將來一經坍陷一日兩潮紹蕭地方咸成澤國若言修築非先請派員履勘不可緣工程浩大糜欵必巨趁此刻老塘未坍之前尚可從容修築則事半工倍工程亦稍能節省且免兩縣糜爛流離之禍除公呈省長暨縣知事外爲此謹具說帖公請水利會會長查核議修得以轉危爲安實爲公便須至說帖者中華民國九年十一月

紹蕭兩縣水利聯合研究會議決孫思生等陳請修築長山以東至龕山一帶北塘案 中華民國十年十一月

按是案於十年十一月十六日第二十七次常會提出議決如左

一議孫思生等陳請復議修築長山以東至龕山一帶北塘案僉謂長山以東至龕山各處泥塘塘身本極卑薄現在漲沙坍盡逼近塘脚險象較前尤甚前經二十五次二十六次常會提議轉請塘工局派員勘估與修并入夾濱各塘工程一律辦理至今已閱年餘迄未履勘未便再事躭延應請兩縣公署查照第二十五次第二十六次常會公民朱嗣琦等陳請及本會會員許枚等提議請求修築各議決案轉請省長令飭紹蕭塘閘工程總局迅速派員履勘併入大工計劃之内仿照大小潭蝍浦等處工程提前修築以弭隱患此議

附錄致兩縣公署函

逕啓者本月十六日敝會舉行常會據蕭山縣仁化鄉農民孫思生等龍泉鄉農民邵順和等合詞陳請內稱思生等世居本邑東區仁化龍泉兩鄉沿塘一帶是處塘堤自荏山即長山東起至龕山止皆在北海塘範圍之內向以土塘居多數前以塘外漲有沙地數十里爲之屏蔽故置該塘工程於不問民國初年西江坍動逐漸東趨現已攔入龕赭二鄉逼近北海塘身自民國五年以來因塘身低薄年久失修每遇山洪海潮盛漲之時常有漫溢潰决之患即今年夏秋兩季雨水過多海水漲滿過塘幸經思生等沿塘各居民羣往搶護在塘上加築子埂得免潰决然已危險萬狀迄今思之猶心惴惴也思生等以村居近塘利害切身一經出險首當其衝上年曾經商請地方紳民具書陳請貴會即蒙開會議决咨請紹蕭兩縣公署轉呈省長令飭紹蕭塘工局丁前局長履勘興修在案不意丁前局長置諸腦後遷延多時並不到塘履勘旋即交卸現在局長更易事成隔膜以最急最要之工程竟成冰擱竊思西江北海兩塘爲紹蕭兩縣人民田園廬墓保障今北海塘因塘身低薄時遭漫溢若不急謀補救擇要建築石塘并將土塘低薄之處一律加高培厚設有不測則兩縣盡成澤國貽害何堪設想爲此聯名陳請貴會准即開會復議轉請迅速勘辦無任公感等情到會當經印刷案由分佈開會研究僉謂長山以東至龕山各處泥塘塘身本極卑薄現在漲沙坍盡逼近塘脚險象較前尤甚前經二十五二十六兩次常會提議轉請塘工局勘估并入夾濱等處各塘工程一律辦理迄今事隔年餘未經履勘如果再事躭延設有不測非特搶護較難而禍患擴大工程較巨應請兩縣公署查照前兩次常會公民朱嗣琦等陳請及本會會員許枚等提議請求併案修築各議决案轉呈省長令飭紹蕭塘閘工程總局迅速派員履勘併入大工計畫之內仿照大小潭𨞰浦等處工程提前修築一面轉請局長即行估辦以期迅速而弭隱患爲此除函請

紹興蕭山縣公署外用特函請貴知事查照請即分別轉呈實爲公感此致

紹興蕭山縣知事余莊紹蕭兩縣水利聯合研究會會長余大鈞莊綸儀中華民國十年十一月二十五日

紹蕭兩縣水利聯合研究會議决火神塘移石栽桑案 中華民國五年八月

按本案五年八月二日准紹興縣公署函開奉民政廳第一三四五號飭開案奉都督批發委員袁鍾瑞詳爲復丈火神西江兩塘敬陳二策請飭縣會同塘閘局籌辦由內開呈悉所陳移立號石內塘種桑二策爲一勞永逸之計用意甚善仰民政廳分飭蕭紹兩縣會同塘閘局協議籌辦此批抄詳發等因奉此除分飭外合亟抄發原呈飭仰該知事會同蕭山縣知事督同兩縣塘閘局暨水利研究會協議籌辦具復察奪切切此飭等因到縣奉此除飭塘閘局理事遵照協議並函致蕭山縣知事一體分行照辦外用特備函奉達貴會查照辦理爲要此致並抄送原呈一件等由到會准此查閱火神塘監工委員都督府法律顧問袁鍾瑞原呈所陳二策一曰移立號石二曰內塘種桑其主張理由略謂西江塘自臨浦鎮後市梢戴家橋量起經與推豬𤤤衙接處至蔴溪橋連該橋東西兩坍及由裏壩兜至戴家橋共計一萬一千五百零三英尺火神塘

自該鎭火神廟曁起繞新閘頭沿茅山閘劉公祠至推猪鏍與西塘銜接處止及後塘頭三百英尺共計四千九百七十英尺是火神塘僅得百分之四十三三既有火神塘爲外障嗣後祇修火神塘足矣西江塘似可毋庸再修公家可節省經費不少請將該火神塘改爲官堤以西塘所立號石順次移立於火神塘歸入西江塘塘工項下辦理以垂永久此一策也西江塘該處一段既有火神塘爲外障自與別段接近江水者情形不同則此段自覺無足重輕修之固可不必廢之亦屬可惜擬將西江塘自戴家橋外起蔴溪橋止兩傍栽種桑樹卽化無用爲有用亦興利之一端以每年所收利益爲火神塘歲修經費洵屬一舉兩得此亦一策也等語並據紹興塘閘局理事兼本會會員何兆棠李培初備具意見書前來本會當將各件一一併印刷分布於第五次常會提議經衆研究議決如左

一議火神塘如歸官欵官辦本會應卽贊成如歸入西江塘工項下辦理兩塘範圍各別未便贊成至移釘號石及廢塘種桑二策應請均免置議所有理由根據紹興塘閘局理事提出之意見書

附錄紹興塘閘局理事提出之意見書

奉飭協議火神塘監工委員袁鍾瑞條陳移立號石種桑興利二策一案今奉省長以據火神塘監工委員袁鍾瑞條陳移立號石種桑興利二策檄飭協議籌辦等因足徵省長審愼周詳之至意夫塘有官私之別又有公私之分所謂官塘者出官欵以修之者也如民間自修者均謂之私塘此國家對於民間之塘之名稱也第民間之私塘亦自有別吾紹蕭東西北三塘綿亙二百餘里竭兩縣之財力以修築之以防不測緣關係紹蕭數百萬之生靈財產是可知三塘者兩縣之公塘也若論塘外包塘其必有沙地之處或千數百畝集貲而築一道或數千百畝集貲而築一道其關係以塘爲限僅止一隅紹蕭兩縣人民對於此等包塘向均目之爲私塘故私塘中又有公私之分也火神塘貼鄰浦陽江由該處之千餘畝田產集貲自築卽屬私塘若可移釘號石改私爲公吾恐沿塘如火神塘者不一而足援引請求勢難偏側卽令一律加徵塘捐姑毋論沙地與湖田糧賦輕重各別而辦理亦多窒礙矧工程難以預定所出之捐又不能指定所用之處近年來西江塘險工迭出東北兩塘亦有工程紹蕭兩縣已覺力不能支豈能再加此負擔哉民國二年間朱將軍應大樂鄉人裘垚等之請檄飭兩縣修理火神塘嗣經縣議會陳明不能承認之理由由紹縣陸前知事轉呈蒙另委邵文鎔承修動支省欵追後以支用之欵責令兩縣籌還又經紹縣自治辦公處委員續陳難以承認等情呈經金前知事轉呈俯准在案前者紹蕭兩縣議會又欲思以西江塘歸爲官欵官辦援本省海寧塘之案迭次請求於省長並復請求於省議會雖經省議會議准而在省欵支出由省委員辦理者僅得歸王鳴鳳四字工程此外則仍兩縣自籌所以然者以向係民間自辦耳袁委員所引直隸山西河南改民地爲官堤成例如能將西江塘火神塘一律改爲官塘是最爲吾兩縣人民所朝夕盼禱者也惟西江塘火神塘歷來如此爭議可知省中不肯將西江塘改爲官辦者無非拘定私塘二字而況西江塘與火神塘同爲私塘之中亦有公私之分其性質天然不同其辦法自有向章可守更難以遽行變更合而爲一袁委員殆未知火神塘之向不歸官故有此議也又塘外沙地三塘如火神塘者甚多而較闊於火神塘者亦復不少北塘之丁家堰童家搭東塘之枯渚杜浦等村塘外沙地約有一二十里或四五里之遙其包塘者二三道少

者一二道形勢穩固豈遜於火神塘乎去年夏間風潮爲災包塘冲决者十之八九而紹蕭數千百萬之生靈財産幸賴此一線塘堤爲之屏蔽得保無虞此曷故哉緣包塘全用沙土性極鬆不足以恃不若公塘之用田土或用條石爲之者之堅實是未便棄堅實之塘而恃沙土之塘且火神塘之沙田亦遠不及丁家堰等村塘外之闊以彼例此愼終等字號之西江塘斷不可以言廢也又塘外沙地坍漲靡常其他姑毋論矣以現今之新林周莫家港等村塘外言此處熟地向有五六十里之遙其間村落市鎭極夥亦有包塘爲之外藩而形勢之穩固亦豈遜於火神塘乎近年來沙地逐坍幾及龕山爲人料所不及而潮水又到公塘塘沿該處人民急急然籌修私塘以圖自衛而蕭山塘閘局亦從事修整新林周龕山等處北塘矣且公塘在老地塡築基礎較實不若私塘之築於漲沙之上沙地既如是之不足恃則築於沙地上之私塘夫豈反可以恃乎火神塘現在情形雖可無虞坍卸然以新林周等村之塘外沙地比例觀之愼終等字號之西江塘尤不可以言廢也至栽桑原與實業之一種然栽桑於塘之上極不相宜者也塘必期其堅實必使之罅隙無漏所恐涓涓不塞成爲江河而種桑則反是士必刨之鬆使其根易於發展姚江鄉首創塘上種桑始則由縣議會以大損塘堤議决拔除去年秋間勘塘委員俞偉目擊情形亦深不以爲然詳奉屈巡按使批縣勒令拔除旋屈巡按使以據該鄉自治委員施仁稟陳緣由批縣暫緩拔除由縣隨時察看此外不得起而效尤各等因又經紹縣自治辦公處會同塘閘局以急宜整頓塘堤案內詳奉屈巡按使飭縣查覆各在案是塘上種桑久爲人民所反對亦爲功令所禁止者也上述各端本諸往議證以現情愼終等字號之西江塘與火神塘其不能更改之原因既如是而塘上之不能種桑又如彼用特詳揭理由請民政廳轉請督軍收回成命以保公塘紹蕭幸甚是否有當應請諸君核議施行具意見書紹興塘閘局理事紹蕭水利研究會會員何兆棠李培初

六年二月一日准紹興縣知事金函開案奉省長公署第五號指令兩縣會呈火神塘工程用欵不敷臨浦商會不認籌還如何辦理請示由內開呈悉查紹蕭火神塘工前經令飭該知事等協議改爲公塘歸併西江塘工辦理有案此項墊欵臨浦商會既不認籌還而商借之欵催索甚急斷難久延應即在兩縣西江塘工經費項下尅日照數撥解以清墊欵等因奉此查修築火神塘一案先奉前省長呂捐發經費銀二千元並由紹蕭兩縣署會撥前發風災案內工賑銀九百五十元其餘不足之數原議由臨浦商會就地籌集嗣因該地商民不認籌繳經監工委員袁鍾瑞呈奉前省長呂以塘工告竣該處商民受絕大利益何得以欵無可籌遽請免繳指令轉飭遵照而臨浦商會復以該地商民無力負擔復請轉呈各在案茲經呈奉指令前因復查蕭紹兩縣署西江塘工均無餘欵存儲礙難照撥第墊欵久懸勢不得不另籌撥還之法卷查上年九月間奉前民政廳第六二九號訓令飭將火神塘協議改爲公塘等因曾由宋前知事函知貴會會同紹蕭塘閘局議復在案尚未復到今此項墊欵計銀六百九十六元三角六分五釐究應如何另行籌撥之處應請併案核議除函致蕭署查照並令行紹局理事遵辦外相應函達貴會查照希即將前奉省令將火神塘協議改爲公塘一案暨此項不敷墊欵應作何另行籌撥尅日會同紹蕭兩局理事併案協議見復以便核辦幸勿稍稽此致等由准經於第十次常會交議議决如左

一議火神塘應否改爲紹蕭公塘歸入西江塘工項下辦理一案僉謂西江塘在紹蕭兩縣塘內人民視爲公塘在官廳視爲兩縣人民之私塘

而火神塘則天樂鄉人民視爲公塘紹蕭兩縣塘內人民視爲天樂一鄉之私塘範圍各別負擔亦異所有不能贊成改爲公塘理由已於本會第五次常會記事錄報明在案惟以水利利害研究之火神塘不承認爲公塘於塘內農田水利有西塘保障毫無損害如果認火神塘爲公塘則塘內農田水利之利害關係如故而塘內人民反多一重負擔是以仍照前次議決不承認火神塘爲紹蕭兩縣之公塘以情理論東西北三塘爲紹蕭兩縣塘內人民共同出資經營自衞之政策火神塘可否歸入西塘辦理須得塘內人民之同意應待兩縣縣議會恢復後請兩縣知事咨交議決

紹蕭兩縣水利聯合研究會議決韓松等陳請義橋新壩塘堤危險改建石塘案 中華民國十年十二月

按是案於十年十二月十六日第二十八次常會提出議決如左

一議韓松等陳請義橋新壩塘堤危險改建石塘一案僉謂此塘年久失修若不趕速勘辦改建設遇倒坍貽害匪淺應請兩縣公署會呈省長轉飭紹蕭塘工局派員勘估興辦其經費請准照韓松等所請在於盈餘項下支撥倘無盈餘並懇將奬券延長數期以資挹注此議

附錄縣公署來函

蕭山縣公署第一〇二號公函

逕啓者本年十二月三日據義橋鄉選民韓松韓庚韓毓岱韓稽禹倪偉倪則賢倪賡孺等聯名呈稱爲塘堤傾圮田廬攸關籲請俯准核轉迅予改築石塘以垂久遠而安閭閻事竊本邑義橋新壩兩區塘堤上接臨浦下連聞堰爲舊山會蕭三縣之保障關係何等重要自義橋富家山起至新壩磧堰山止係德字號至清字號計塘路五里有奇前清光緒二十七年洪水爲災塘幾不保幸附近居民協力救護得免坍覆其時雖承盟邑尊實地履勘事終寢擱迨民國紀元松等力請汪韓二理事設法修築旋蒙復稱經費無着從緩計議迄今已屆十稔並不實行興築忍令該塘塘身日形坍卸設遇金衢嚴三府山水陡發與潮水相激勢必盡行倒沒松等生長於斯言之不寒而慄且查該塘失修已有十七八年之久兼以錢江振興諸杭三埠輪船往來一日三次致該塘濕日競父陰是忠盡等字號內塘面雖存塘脚實已鬆動其險象殆顯而易見一經派員逐段查勘亦知非改築石塘不足以垂久遠而安閭閻松等目擊情形田廬所在勢瀕於危爲保全紹蕭兩縣人民利益起見不得不呈請鈞署俯准核轉動工興築藉資保障雖修築塘堤以經費爲要件紹蕭塘工奬券辦理有年所積儲金原爲預備地方工程之用該塘亦紹蕭塘工之一部當然事同一律萬不能任其長此傾圮貽附近居民時抱危險之虞除一面呈請省長核辦外理合據實籲請鑒察迅予核轉施行不勝迫切待命之至等情到縣據此除批以呈悉案關塘堤事屬重要既據並呈省長應俟指令遵行一面該公民等速具陳請書請求紹蕭兩縣水利聯合研究會於常會之期提出會議並由本公署備文函請俟議決後再予轉呈可也此批等詞發掛外相應函請貴會查照希即於常會之期將此案提前會議見復爲荷此致紹蕭兩縣水利聯合研究會蕭山縣知事莊綸儀中華民國十年十二月八日

紹蕭兩縣水利聯合研究會議决孔廣裕等陳請興修西塘磧堰山凉亭至覺海寺一段塘身案 中華民國十三年三月

按是案於十三年三月十六日第三十四次常會提出議决如左

一議苧蘿鄉公民孔廣裕等請修西塘磧堰山凉亭至覺海寺前一段自淵字起竟字止塘身坍陷一案議由本會函請兩縣公署轉咨紹蕭塘閘工程局趕速估修以防意外而免危險

附錄孔廣裕等呈請書

竊公民等距蕭署三十里苧蘿鄉分住前孔後孔柏山陳譚家埭詹家埭等村落聚族而居耕田而食全賴西江塘爲保障因民國十年時磧堰山東段石塘修葺完善後而接連臨浦之泥塘竟置之不修當由公民等環叩前省長迅飭修理業蒙批飭紹蕭塘閘工程局查勘估計興修並於十一年四月間飭縣撥欵照辦在案嗣後不知若何原因仍復中止公民翹首望治迄今三年之久並無影響上年霪雨爲災颶風肆虐山洪順注江潮逆湧民村左近之西塘自磧堰山迤東之凉亭起至覺海寺前止坍陷之處不一而足皆由公民召集各村鄉民羣策羣力盡夜救治幸未潰决至救護所用之物品損失已不可計算此皆由官塘未修所致然猶幸不爲魚鼈失物固不足計也迨至去年秋季本縣縣參兩會電請修葺杳無回信今春汛已屆雨水延綿民心甚爲惶恐轉瞬即至耕種時節尤以塘圩爲根本若再延宕不修將來水汛驟發勢必不可收拾後患何堪設想除呈省長本縣縣議會紹蕭塘閘工程局外謹請紹蕭水利聯合研究會提議施行

浙江總司令盧香亭 省長夏超令籌募游民工廠基金債券事務局局長鄭雲鵬籌募正副塘工債券興修聞家堰地方塘工文 中華民國十五年七月

案據省議會議員陳宰埏等呈稱竊紹興與鄰邑蕭山接壤而治三面臨江全賴東西北三塘以爲保障塘長三百里向來土石相間地方擔任歲修遇有大工則奏撥國帑派員督修自前清同治四年西塘出險撥欵大修以後歷四五十年幸告無事至民國初年聞家堰地方塘身傾陷蒙前都督蔣籌撥正欵委邵紳文鎔監修一次五六年間全塘又見危險復蒙齊前省長電陳院部派員履勘設立紹蕭塘工局委鍾紳壽康長局事特籌鉅欵修築歷數年之久費洋百數十萬元將工程分別最要次要次第修竣此爲紹蕭兩邑塘工近百年中之大略情形也惟是水勢既變遷無定沙地亦坍漲靡常三五年前塘外護沙廣袤至數十里者現均被水衝沒逼近塘身致前之視爲無關緊要者今以接近江潮險工

迭見本年六月二十八九等日霪雨連朝西江及北海兩塘外水高越塘面激盪飛騰致北海塘之樓下陳附近地方决口多處自西至北綿亙數十里土塘突然蝕漏缺陷者多至一百餘處石塘經此次水勢披激中有罅漏而底脚鬆動者更難枚舉東塘方面塘身低窪幸此次潮流在北僅塘外遭水塘內未經淹入若遇嵊江水漲則彼處塘身大半土工傾陷亦易目前治標之策雖由兩縣塘閘局搶險修補而存欵有限僅救一時轉瞬秋潮伏汛勢更洶湧萬一被衝出險再釀巨災不但人民之生命財產盡付洪流卽國家正供亦何從出宰埏等一再籌商非請籌撥鉅欵援照歷届成案派委大員仍設紹蕭塘工局就根本上大加修築或將泥塘改建石塘不足以專責成而資永久爲此呈請察核籌撥鉅欵派員督辦不勝迫切待命之至等情據此查紹蕭兩縣東西北三面環水全賴江海塘爲之保障關係甚大此次海塘决口險工林立自宜規復原有紹蕭塘閘工程局專責辦理至所需經費值此庫欵奇絀國省兩稅一時均難籌措惟有援照原辦塘工奬券成例按月籌募正副塘工債券各一期以資工用其債券卽由該局發行惟添募債券事務加繁應委任會辦一員以資襄理除令紹興縣知事轉行陳議員等知照暨任命曹豫謙爲紹蕭塘閘工程局局長並任命錢顯曾爲該局會辦外合亟令仰該局長遵照尅日擬具籌募塘閘工程債券辦法呈候核奪此令

紹蕭塘閘工程局局長曹豫謙呈總司令部省長公署設處開辦文 十五年八月

呈爲呈報設立籌備處並啓用關防日期仰祈備案事本年七月二十八日奉總司令省長會令以此次紹蕭兩縣塘堤决口險工林立自宜規復舊制設局專職辦理所有紹蕭塘閘工程局局長一職查有該員堪以委充飭卽尅日設局開辦並將局內編制暨應需局用擬具清摺呈送核奪等因奉此豫謙猥以菲材謬蒙知遇自當矢勤矢愼服務梓鄉以仰副鈞座保衛民生之至意惟是紹蕭東西北各塘綿亙二百餘里滲漏蝕陷在在皆是自宜分別緩急次第興修現値着手伊始舉凡延聘人員採辦材料均須在省接洽遂於本月一日暫賃許衙巷就養堂房屋先設籌備處藉利進行一俟佈置就緒卽行正式成立正具報間續奉省鈞署頒發關防一顆遵於本月七日謹敬啓用除將編制章程暨局用預算另文呈核並分呈外所有在省設立籌備處暨啓用關防日期理合具文呈請總司令省長鑒核備案謹呈

又呈浙江省政府請令飭紹蕭兩縣知事息借商款文 十五年八月

敬呈者豫謙猥以菲材謬蒙委任辦理紹蕭塘閘工程事宜亟應尅日設局開辦惟查蕭屬北塘决口四處以樓下陳一處口門爲最大計闊十一丈有零其車盤頭郭家埠灣頭徐三處亦近十丈又紹屬北塘攝職從政存五字潮流所過適當其衝三年內竟兩次出險情形亦甚危急此外北塘自黃公溇起至西興止西塘自龍口閘起至新壩止蝕漏殘圮多至一百四十餘處雖倉猝之間未能提出全部計畫但就目前必需之欵至少在十萬元以上若待塘工新券收入再行着手施工實爲緩不濟急擬懇分令紹蕭兩縣知事先行息借商欵各五萬元卽以塘工劵奬餘作抵是否可行理合呈請鈞座鑒核示遵除呈省長總司令外謹呈

紹蕭塘閘工程局呈報視察北塘情形文 十五年九月

呈爲北海塘形勢險要謹將視察情形先行具報事竊維紹蕭古稱澤國東西北三面沿海濱江僅特一線長堤爲之屛障往時出險地點每在東江西江兩塘是以時賢對於防禦工程特別注意至若北海塘外漲沙多或二三十里少亦十餘里距海旣遠墾築兼施久已阡陌相連成爲巨鎭非如東西江塘之與水爭衡也距本年夏霪雨連朝山洪暴發富春浦陽之水幷流而下受江潮之頂托乃橫溢而爲患向稱險要之東西江塘雖有蟄陷尙幸無恙獨北海塘自樓下陳以西車盤頭以東十里間同時决口四處自十餘丈至七八丈不特塘內外一片汪洋卽內河港汊亦復彌漫無際有同巨浸豫謙奉命後周歷北塘自西興天字號起至瓜瀝叔字號止爲蕭山縣境又自瓜瀝相近天字號起至宋家漊相近氣字號止爲紹興縣境相距七八十里其間塘身或高下懸殊或土石殘剝非有巨大之歎不能爲久遠之規謹將歷史沿革及現在狀況爲總司令省長陳之塘之建築始自何代無可考證惟唐書地理志開元十年令李俊之大歷十年觀察使皇甫温太和六年令李左次先後增修此爲紹蕭海塘見諸記載之始及宋嘉定年間潰決五千餘丈守趙彥倓重築兼修補六千餘丈砌以石者三之一此後潮汛往來坍漲靡定降及明季遂爲倭寇出沒之所其地之濱海可知彼時塘外尙屬滷地漸次畜水養淡開墾成熟入淸後始有灶牧之分至康熙年間颶風大作塘岸盡頽守俞卿竭數年之力大加修築壘石者四十餘里自是厥後增築石塘之案志不絕書迄於今北塘全部在龕山以東者石塘爲多在龕山以西者土塘爲多此歷史之沿革也至於現在狀況則較前大異蕭轄之龕山棉桑遍地出產富饒無論已卽紹轄之馬鞍黨山一帶以及紹蕭分轄之瓜瀝等處亦復人烟稠密熙攘往來凡生於斯長於斯衣食於斯者咸以塘爲通衢幾忘其捍衞之用此次潰决坍圮固由風挾濤力如排山倒蛺而來無堅弗摧無遠弗屆亦因龕茌航塢諸山水値暴雨之後逆流橫注有以致之夫內水主洩外水主遏古今不刊之論也洩之道在閘遏之道在塘未有塘身不固而能捍禦水患者北塘之受病其原因不止一端外沙水勢高出海面每恃港灣爲之宣洩凡逼近塘脚處深或數丈闊且數倍駭浪驚濤易被剝蝕此受病之原因一塘以內原有護地侵佔無餘取土塘邊久成汀沼木樁盡露土脚刷空此受病之原因二船貨盤塘無一定地點塘身愈低駁運愈易貪目前之小利貽將來之大患此受病之原因三夾塘而居有同街市遇有罅縫無從檢查甚致背塘築屋於屋後塘面分植竹木根深土裂鼴鼠穴之此受病之原因四夾灶東西二三十里間塘上七塚纍纍幾無餘隙或有主或無主視同義地數且逾萬其他各處亦未能免此受病之原因五塘長名目早已無存塘夫則未給工資如同虛設甚有借護爲名間施敲詐者此受病之原因六綜此六因而害遂不可勝言矣夫滄海桑田本多變幻朝潮夕汐互有盈虛必執一成不易之說謂沙漲必不再坍潮遠必不復至則又何解於今日之冲決乎况近年以來上游之東江嘴則灘塗突出逼近之錢塘江則沙埂中阻水流易向已成東坍西漲之勢必待危及全塘始圖補救亦已晚矣抑豫謙更有言者自古無固定不變之潮流亦無歷久不敝之石質北塘建築石工咸在百年以上受苔蘚之侵嚙經霜雪之摧殘大都碎裂頹崩不成片段論其功用尙不如新築之土塘猶能捍禦於一時也卽如此次决口四處其在車盤頭者實爲石塘是其明證豫謙

奉委籌辦職在宣防既不敢急切以圖功亦何忍敷衍而塞責惟有就其受病所在徐圖整理庶有以慰憲廑於萬一除將決口各處施工計劃另行送核並分呈外所有視察北塘情形理合呈請省長總司令鑒核謹呈

紹蕭塘閘工程局呈報本局經過暨現辦情形並規劃進行程序列表請核文 十六年四月

呈爲報明職局經過暨現辦情形並規畫進行程序列表送請鑒核事本年四月十日奉鈞會第二九二號訓令照得政治革新建設事業百端待理所有本省關於塘工水利各項事宜自應悉心籌劃積極進行以圖發展該局成立有年整理改良刻不容緩亟應將經過情形現在狀況詳細查明並將進行程序預爲規劃分別列表尅日呈報以便查核除分行外合亟令仰該局長即便遵照辦理此令等因查紹蕭兩邑江海塘堤專屬紹邑者爲東江塘專屬蕭邑者爲西江塘分屬紹蕭兩邑者爲北海塘清制由紹興府直接管理民國紀元改由兩縣各自推舉理事任歲修保護之責而受成於兩縣知事其後各塘相繼出險經士紳之呼籲當道之主持成立紹蕭塘閘工程局並發行塘工獎券以盈餘撥充經費自民國七年至十三年先後用款一百二十餘萬險要工程大致告竣仍回復理事制維持現狀上年夏霪雨兼旬山洪暴發海潮怒湧北塘遽告潰決西塘亦見坍陷兩縣士紳奔走呼號力主規復專局要求撥款興修省中以無款可撥決議仍發塘工債券並先向杭紹中國銀行借款十萬元即以獎餘作抵此職局之經過情形也局長於上年七月奉夏前省長委任即偕工程人員馳赴北海塘周歷履勘察得該塘受病之原因凡六已於呈報視察北塘文內詳細具陳至於決口處所一爲車盤頭一爲郭家埠一爲樓下陳內外均臨深河宜建全石塘護以石坦一爲灣頭徐則內濱河外臨池宜建半石塘當就地勢適中之蕭山縣境新發王郎籌備設局於九月十六日成立先後將車盤頭郭家埠灣頭徐三處計畫圖表分別呈送車盤頭一處先於十月十日施工其餘各處原擬次第進行適逢戰事停頓致車盤頭工程未能尅期竣事而郭家埠一段亦復遲至本年三月十七日甫經着手實出諸當時意料之外復查上四處地點均在龕荏兩山之間原有土塘東西近二十里日久坍塌詢諸就地人士咸謂上次海水暴漲越過塘面尺餘此次改築石塘每段僅數十丈若不將其餘土塘同時修復仍屬功虧一簣是以上年十一月間復經詳敘施工計畫呈奉核准此項土工其始受軍事影響入春以來又因雨水過多以致已完之工不及四分之一此職局之現在狀況也竊謂海塘工程關係人民之生命財產非有的實款項不足以言培修尤非有常設機關不足以言管理職局開辦之始僅領到借款十萬元自債券停辦後已借之款尚在虛懸未來之款更無把握以故任職後僅能儘此十萬元就目前最要之工如上所述者酌量分配雅不敢侈言計劃然如北塘三江東門外攝至存字號一百二十丈土塘三年內兩次出險已於摺呈息借商款案內聲明又如西塘小礫山以下之石塘石坦半爿山以下之土塘盤頭均有必須修築情形亦於視察西塘案內聲明徒以術乏點金不得不留以有待茲奉明令將進行程序預爲規畫此實紹蕭士紳所禱祀以求者亟應列表先行呈送其東塘應修工段以及三江應宿大閘年久失修應如何審慎估計之處容俟博訪周諮另行具報抑局長更有請者紹蕭東西北三塘綿亙二百餘里如工程局之外不設其他分理機關必有鞭長莫及之慮前就三塘形勢劃分爲東

西兩區訂立管理處章程十二條並請將此項經費列入國家預算作爲常設機關俾司管理防護之責祇以限於預算東區僅劃分爲七段二十四嵐西區僅劃分爲六段二十一嵐平均每段管理員約管十餘里每嵐塘夫約管五六里薪工微薄路線綿長仍慮無以經久值茲政治革新關於建設事業宜有遠大之圖此又鈞令所謂整理改良刻不容緩者也理合附具意見並連同各工段計畫表呈請鈞會鑒核令遵謹呈

紹蕭塘閘工程局各工段計畫表

塘名	地段字號	工別	丈尺	估數	說明
北塘	車盤頭	石塘	四十丈	一萬八千四百七十七元六角	此段估計圖表早經呈送係十五年十月十日施工中間適逢戰事條石塊石運輸阻滯入春後雨多晴少工作進行因之遲緩現在由丁石業經砌完蓋石亦將告竣塘後附土已塡三分之二
北塘	車盤頭	坦水	四十丈	二千九百四十六元四角	坦水泥業將挖竣杉樁亦釘五分之四不日即可砌石
北塘	郭家埠	石塘	十八丈	六千一百四十四元	此段估計圖表早經呈送係十六年三月十七日施工外壩已用塘土築成如天時晴霽再有一星期即可釘樁
北塘	郭家埠	坦水	十八丈	一千三百四十一元四角	須待石塘築成方能施工
北塘	灣頭徐	半石塘	二十三丈	四千五百五十二元二角九分	此段估計圖表早經呈送木石各料亦漸預備兩星期後當可施工
北塘	樓下陳	石塘	三十三丈	一萬四千元	此段計劃圖與車盤頭一段同前經呈送在案刻正辦理估計表上列係約計數
北塘	樓下陳	坦水	卅三丈	二千五百元	同前
北塘	龕山至荏山	土塘	三千四百丈	二萬六十元	每丈平均加土十五方每方三角六分計銀一萬八千三百六十元又每丈加挖掘草皮及拆放路石小工一工每工五角計銀一千七百元兩共二萬六十元係十五年十一月呈准分段開工適逢戰事入春後又多雨晴少以致工作遲緩未及四分之一

北塘	三江攝至存字石塘	一百二十丈	五萬五千元	此段適臨閘港三年內兩次出險必須改築石塘石坦祗以工需浩繁未經籌定是以未即繪圖設計上列係比照車盤頭一段工程約略估計
北塘	三江攝至存字坦水	一百二十丈	九千元	同前
西塘	半爿山至龍口土塘	三千六百丈	二萬一千六百元	此段純係土塘並無字號或塘身低薄或坡度坍削或外傍溝河或內濱池沼前清咸豐同治光緒年間屢次出險亟應加高培厚並於接連溝河各處加釘排樁以防霉汛每丈平均以六元計約需洋如上數
西塘	曹家里一帶亂石盤頭	三座	二千元	該處亂石盤頭三座係就地人民自行建築前以欵絀停辦由曹永蘭等請求酌撥到局當經轉呈量予補助二千元
西塘	文昌閣皇字坦水	二十丈	三千元	
西塘	大廟前讓國字坦水	十丈	一千五百元	
西塘	大廟前有虞字坦水	八丈	一千二百元	
西塘	大廟前愛字坦水	二十丈	三千元	
西塘	大廟前臣伏字坦水	四十丈	六千元	
西塘	西汪橋體率字坦水	五十五丈	八千二百五十元	
西塘	西汪橋鳳字坦水	五十丈	二千二百五十元	
西塘	西汪橋白字坦水	三十丈	四千五百元	查西塘自皇字迄白字坦水二百丈漸已陷落露出坦樁尺餘其故由于上江山水受海潮頂託每遇屈曲則回湍激射旁搜下注輒成潭穴始而危在石坦繼將嚙及塘根此時宜將陷落之處加以整理並於其外加拋塊石以護其根前經面囑西區虞主任測丈水量深度據報最淺者爲一丈二尺最深者爲三丈六尺平均折半作爲深二丈四尺如於原有石坦外拋成面闊一丈底寬二丈之塊石坦水約每丈需塊石三十六方所慮

						者塊石投入深水分量減輕易被捲去似應查照方數酌加四成計每丈實需塊石五十方每方以三元計算每丈約需洋一百五十元
西塘	西汪橋	賓字	石塘	四十丈	二萬元	查西汪橋一帶邵前局長築混凝土塘係歸字號起鍾前局長築由丁石塘係率字號止中間賓字號尚有老塘約四十丈形勢傾圮似應改築石塘石坦以期鞏固每丈每石以五百元計約需欵如上數
西塘	西汪橋	賓字	坦水	四十丈	三千二百元	每丈石坦以八十元計約需欵如上數
西塘	西汪橋	鳴鳳字	盤頭	一座	四萬元	此段係邵前局長所築之混凝土塘為富春浦陽兩江匯流衝擊地點形勢至為重要亟應建築盤頭以殺水勢前經測丈江深約在三丈以外擬築五丈半徑盤頭一座連左右兩翼共長二十二丈下以塊石疊成上砌條石十畀並於盤頭以外加拋塊石坦水期臻鞏固計需塊石一萬方條石五百丈底石一百餘塊約計需欵如上數

施工細則

挖土

由工程師指定相當地點規畫寬深及坡度尺寸挖掘至適合工作之高低為度其底面務須一律平整不得此高彼低其堆土地點亦須由工程人員指定不得隨意傾棄

釘樁

用二丈樁木按照底樁圖樣尺寸排釘梅花樁樁面高度須在水平樁五寸以內務須距離均勻不得參差歪斜未釘之前由監工員將樁木兩端烙印督同管工監視釘竣將樁頂鋸至與水平樁等齊

次挖樁縫泥深一尺三四寸樁縫內緊嵌石塊用木夯搗實露出樁頂三四寸

拌混凝土砌塘底

混凝土用一三六配合即水泥一成黃沙三成寸半石子六成寸半石子須用筐在水中洗淨

黃沙一項除帶泥者不用外其帶有細石塊雜物者須篩過再洗

拌時先將水泥黃沙按成調勻和成純一顏色復將寸半石子六成攤開將已經拌成之水泥黃沙勻鋪石上用噴水壺隨噴隨翻以均勻為度愈快愈好並注意漿水不使過燥過薄

拌成後卽由竹筐抬至工場傾入高一尺闊八尺之模板內用平鏊鏊平再用小木夯夯實以漿水向上爲度但爲時不得逾二十分鐘俟四五日凝固後作爲第一層之塘底再在上面砌第二層

第二層之砌法與第一層同但模板寬度改爲七尺按圖與下層比較計外面縮進六寸裏面縮進四寸砌成後再照圖樣安放條石

安放條石

在混凝土上安放條石照圖一丁一由逐層整砌一律清做（不用石片塞墊不用灰沙膠黏）砌縫擠緊須彼此密切不得缺角離縫

由石長五尺高一尺二寸闊一尺前面及左右上下均細鑿光後面粗鑿光丁石長四尺五寸至五尺五寸高闊同由石頂面及左右上下均細鑿光離頂面二寸處左右兩邊各鑿成一寸深之直角光潔子口使丁石與由石扣緊每隔一層縱橫交互均成直綫

上下兩丁石之間用墊石墊平其腹肚照圖中尺寸用塊石塡齊逐層整砌其塡法須審定石塊方向依次排列以便交互湊合塊石隙縫中用白灰一成黃沙三成之厚灰沙同砌砌至三尺寬爲度務使凝成整塊堅實耐久不得鬆隙免致外水漏入此外塊石如砌糊然不用灰沙塊石之外則塡以乾土逐層夯實

塘之上面舖長五尺闊厚各一尺之蓋面石應細鑿光照圖安放一律清做（與丁由石同）須平整密合砌縫尤宜光潔擠緊不得缺角離縫

以上石料鑿光後須經監工員驗明合用始得安放

紹蕭塘閘工程局呈報視察東蒿各塘情形文 十六年五月

呈爲報明視察東蒿各塘情形仰祈鑒核事職局前奉政務委員會令查塘工經過情形現在狀況以及進行計畫等因當就西北兩塘先行規畫列表呈送並聲明東塘應修工段容另文具報在案查東塘屬舊會稽縣管轄自大池盤頭天字起迄曹娥鬱字止共四百十九字又自曹娥樓字起迄上虞交界之梁湖溪明字止共四十二字別爲曹塘實則東塘之一小部分若蒿塘則居東塘之南自天字迄盈字共十字在蒿山鳳山之間上置旱閘二座爲紹台往來之道行旅出入有同通衢一遇山洪則閉閘以防浸灌是以地雖屬於上虞而塘則隸諸會邑蓋會邑地居下游東關陶堰各村所恃以屏障者卽在此一線之堤也塘以內里許有清水閘備旱潦啓閉考其時必在築塘之先自塘成而閘遂廢棄前人有議移閘於塘上者如明崇禎間余忠節煌有建蒿閘以救會邑旱災之議清同治間旅京紹紳有開蒿閘以刷三江淤沙之議格於衆議不行及光緒年間蒿塘決口鍾紳念祖會郡紳參前議以家貲在鳳山麓盈字土塘建閘三門自己亥興工迄辛丑蕆事意在借清刷濁並備旱災率以外低內高雖成而無裨於用局長親詣視察該塘距江不及一里江水上受剡溪下通曹娥西北流而入於海實爲東塘門戶惜蒿山障其前灘淺岸仄流不能暢往往橫溢堤壩民國十一年新嵊山洪驟發高與塘平幸免潰決其餘年分遇夏令暴雨時亦冲及塘腰旱閘卽須置板非放晴三五日不易退去塘內附近居民有歸咎於曹娥之火車路者以爲蒿居曹之上游距曹僅十餘里往時曹江南岸一片沙磧每値蒿水大

漲專江不能容納尙有沙磧任其泛濫自車路橫歹江邊橋磡兀立江上尾閭受病則上游必遭橫決咸主將蕎口二百丈土塘改築石塘以期一勞永逸秖以國庫支絀籌措維艱爲急則治標計宜將旱閘量予修砌加高並由東區主任查明經管閘板之過塘行責成認眞辦理庶足以資保障至於東塘各段如鎭塘殿業經前塘閘理事改築石塘如曹娥如西湖底如蟶浦如大小潭如大池盤頭均經前局改築石塘其餘土亦由前紹興縣知事於民國十年間呈奉省署核准在奬券項下借撥二萬元分交各塘董擇要培修果使江水悉循故道則塘身自保無虞而無如其不可能也誠以江流則變遷靡定沙磧則坍漲無常昔之溜在中泓者不數年間卽漸趨南岸此次局長偕同東區主任逐段查勘發見險工兩處其一爲賀盤自川字起迄令字止共二十四字江心發生沙嘴逼溜南趨原有老沙逐漸坍沒僅存三四十丈該處塘董曾於三年前呈請縣署派員勘修及職局成立又申前請局長覆勘結果以全段建築石塘爲上策以東西兩端建築盤頭爲中策若夫加土培補僅能補苴一時爲策之最下者其一爲楝樹下鳴鳳在竹等字業已着塘流水縱一時不及改建石塘亦宜乘伏汛以前趕行救護業由局長令行東區主任擬具搶險辦法另文呈請核示總之紹蕭塘工綿長二百餘里而前借之欵僅十萬元工程迭出分配爲難局長責在宣防自當熟權利害勉維現狀理合先將視察情形呈請鈞會鑒核謹呈

紹蕭塘閘工程局呈報覆估東區搶修北塘仕至存字土塘工程文 十六年五月

呈爲東區搶修北塘仕至存字土塘敬將職局覆估情形報祈鑒核備案事竊查紹屬北塘三江東門外攝至存字土塘內濱深河外臨閘港三年內兩次出險亟應改建石塘藉資捍禦曾於摺呈息借商欵覽擬送各工段計畫表文內先後呈明各在案値茲霉汛在卽迭據報告該段塘外原有搶險樁縫泥土被潮捲去囓及塘根勢甚危險卽經電令東區任主任督同工務員查丈估計設法先行搶修旋據覆稱就仕攝職從政存六字號塘身逐一勘丈明確造具工料估册計洋二千六百餘元當由局長率同該主任暨工程師親詣覆勘查得該處閘港日來愈逼愈近潮水日夕頂托塘脚多被刷空若不於此時相機防護轉眴卽屆霉汛潰決堪虞茲决定該處塘面不足二丈者補足二丈坦坡一二其在二丈以外者亦將坦坡改爲一二藉避冲刷仕字與石塘接連處改用舊有坦石疊成盤頭式外石內泥南北闊二丈二尺東西長二丈二尺其形爲圓徑四分之一至杉椿現値極昂應於頂冲處釘二丈樁圍一丈二尺五寸至一尺四寸梢徑三寸約三百六十枝出土三尺其餘次要處釘丈四樁圍九尺五寸至一丈零五寸梢徑二寸五分約八百枝出土二尺約計工料共需銀二千元比較原估減削六百餘元卽在職局借欵項下如數支給責令該主任尅日施工一俟工竣派員驗收再請核銷理合具文呈請鈞會鑒核備案謹呈

道墟塘董章思永等呈紹蕭塘閘工程局爲東塘日坍請委勘興修文 十六年二月

呈爲東塘逼近江流日漸坍陷應請鑒核委勘迅予開工興修事竊道墟鄉地處江濱東爲東關西係嘯唫同賴一線塘堤藉資保障故塘堤稍

有疏虞則受害不堪設想與其臨時遇險有措手不及之虞孰若未雨綢繆收防患未然之效塘董等忝任本鄉塘務歷有年所責重才疏深懼隕越惟有奮勉從公爲桑梓盡義務亦卽爲局長寄耳目也奉職以來不時輪流巡勘塘身如有損毀及應修應築各事隨時具呈報告不敢壅於上聞貽誤事機茲查東塘賀盤村與東關所管之塘堤毗連自言字起至令字止計十二字號年久失修塘身既狹塘泥甚鬆且逼近江流每遇盛漲及怒潮衝擊時水幾逼越江面實屬危險萬分塘董等目覩心驚隨時督飭各塘夫加意巡視毋稍疏忽幷籌欵置辦袋簟等及一切搶險必需之物預備應用目下雖未出險慮難長此安全自上年春間呈請縣署後雖蒙派委履勘因欵絀久未興工嗣經具呈催修多次奉指令候轉令塘閘理事赶緊復勘舉辦等因是陳情之公牘雖經迭呈而當局之籌維仍屬有待伏思塘堤事關民命田廬一隅出險足以牽動全局上述十二字號如欲爲治本之謀似應改建石塘庶可一勞而永逸然限於經費暫作治標之計能將塘身增高加闊遇緊要處排釘木樁亦可有備而無患又查言字東首容止若業四字號經塘董等詳加察勘亦有損漏惟未經呈報縣局有案敢乞併案辦理履勘修整應懇局長察核施行塘董等生長斯土休戚相關心以爲危何敢安於緘默上辜層憲仁愛之眞誠下負同里族鄰之督責爲此具呈請求局長俯賜鑒核調閱底案迅予委員勘明剋日開工興修實爲德便除呈明縣署轉請外謹呈

會稽縣知縣王安世築塞小金海塘橋洞碑文 康熙六年正月

紹興府會稽縣爲違制開掘海塘引潮大害地方□□憲嚴斬梟蠹以□國本以活民命事奉本府信牌水利廳信票蒙分守寧紹台道王憲牌浙江等處提刑按察使司馮憲檄奉總督浙江部院兵部尚書趙巡撫浙江部院工部尚書將浙江巡鹽監察御史雷批據本縣八都里長石茂仁卽石之貞等呈前事內稱紹郡八邑半屬海濱山會兩縣尤切邊隅其間國賦所出民生所立全賴官塘依作長城上古築沙成隄歷判易□□石工程莫計金錢無算題定隨損隨修不許私行挖掘刊載誌書炳若日星塘以內謂之民田塘以外謂之灶地民田種禾輸糧灶地攤晒辦課民灶迥別塘界攸分□典永定亙古不易仁等祖居會稽八都地方倚江枕海藉塘爲命禍遭□灶欺□民藉不諳灶例詐稱升科將沙地私墾肥田一千四百餘畝不納民糧不當民差胆將千古老塘東西開挖水上建高橋下立繩隄內河掘通海面舟楫出入無忌風潮一起直貫內地良田萬頃連遭患害去年八月初二日怒潮衝嚙橋石悉行漂散禾稻盡被淹沒週圍數十餘里顆粒無收三月間蒙部撫二院牌行前守王挨查修築老幼歡騰不期灶梟朋比舞弊隱留□穴瞞官不塞本年七月初五日風兇發海潮□橋復貫河水高數丈男婦幾同魚鱉里遞□之貞等以潮水由橋復入等□呈報守憲王批邊海石塘民命攸關豈宜私留一穴仰會稽縣察例築塞報蒙本府夏批仰會稽縣委官督築速竣報蒙水利廳楊批仰縣親臨踏勘果係私開穴竇有妨人命禾稼卽嚴令固築具文速報各到縣蒙本縣出示曉諭撥夫築塞而梟棍張振吾王禹賓魏大符陳鍾林王岳等身雖灶籍窟無立錐機乘奉憲批築視爲生涯煽□五十四灶百有餘人公然傳□按畝科歛使費撈誣呈首石之貞以婪秀謀塞希圖倒陷不思此橋不塞樂土必爲□□□□盡□流民伏乞□□俯□□古之誌書鹺制與詭揑之升科案示孰眞孰僞數萬

頃之民田額賦與千餘畝之沙地徵稅孰多孰寡況民田條糧之外額有秋南二米灶地不入黃册並無粒米交官民田正供之外例有編甲値口灶產不載役書曾無半畝當差田糧地稅霄壤相懸以私害公天理不容且灶地攤晒之後可種花荳築塘仍然無礙民田必植禾苗別無他業沾潮立行朽爛開塘於灶無益於民有損築塘於民除害於灶無虧通潮正是通海害民總是害國號憲嚴批固築早杜民殃等情蒙督撫趙批海塘原無開挖通舟之理仰紹守道從公勘明報奪蒙撫憲蔣批仰紹守道查勘確議速報蒙鹽憲雷批守紹道究報三詞俱蒙批送守道蒙守憲王俱轉檄水利廳楊勘審蒙口口水利廳即會同本口口務細勘口口根究明確申詳本道本道更親行提審逐一研訊備探輿情議留霪洞詳覆口院蒙督憲趙批據詳塞橋以防潮患留霪以灌灶田果民灶兩便如詳行繳蒙撫憲蔣批塞橋以防潮患留霪洞以灌灶田既經各官踏勘明悉民灶允服如詳永遵不得私行開掘蒙鹽憲雷批塞橋以防潮患留霪以灌灶田兩便似屬應從但陳鍾林麗詞失宜輿控欵貼告之王岳均應究懲該道律擬確招候部撫二院批行繳但本道業蒙部撫工院批允即申請鹽憲寬恩免擬蒙鹽院雷復批塞橋防患留霪灌田既經部撫二院批允如詳口口口陳鍾林麗詞誑捏口口捏欵貼告健訟刁風漸不可長按察司究擬招報隨蒙臬憲行提一干人犯究審擬罪而本縣即委捕衙撥夫築塞豈灶梟口衆拒官抗撓不口口口豪口護塚等事朦控鹽憲雷批據呈存橋口閘啓閉以時潮口可口口口可溉誠民灶兩便口道口守紹道速督建閘併吊臬司詞案彙結在案仍通詳二院批示永杜爭端繳而石之貞等復以開塘通海滅旨抗斷等事遍控各憲內開沿海官塘關係最大低狹口口加培開挖奚免重罪今口京畿口顧疏稱千丈之塘一蟻穴口口口現奉嚴旨修葺天下隄防挨查潰決處所年終造册報部分別官箴在案口小金團海塘蒙奉各憲反覆詳勘已蒙三院再四批築張振吾王岳賓閔口榮等百計具院拒官抗塞反以保橋改閘朦誑鹽憲希圖口霧迷天險口堪仍通舟楫疏口三縣地方伏祈憲天查明前案口飭口築勒石永禁等情蒙水利廳楊批塞橋留霪灶民兩利既經三院允詳自當速築以衞民生張振吾等藐視憲批阻撓朦控仰縣親督速築報蒙撫憲蔣批已經三院批定之案如果仍復開塘許徑赴鹽院並蒙雷批守紹道幷查報蒙督憲趙批海塘原無造閘通舟之理仰紹守道查明原案飭督固築以杜潮患勒石永禁繳批發到道轉行到府檄行到縣口本縣遵即轉委糧衙趙驥親詣小金團地方撥夫築塞口口口本縣具有築完口口口口口口模呈送各憲口驗口口口明批准在案蒙此口口遵憲勒石嚴禁掘挖口除口口口口口口口不朽云「石之貞號瑄侯辛卯孝廉北都生長京師中式北籍甫歸故里兩罹潮害毅然舉此功非渺少」

南塘通判陳榮甲詳藩司請懲民人擅掘塘脚文附批 清光緒三十四年五月

案據通判衙門八段夫俞芳達稟稱山邑西塘下地方西首詩字號塘隄有就地不法民人盧如立將該號塘脚擅自開掘搬運護泥砌塡屋基見阻不採稟請究禁等情查塘隄爲保障民命護泥係塘身要衞最期根脚鞏固抵禦坍缺固屬唇齒相依何堪任被開掘茲盧如立竟以開掘運泥殊屬大干例禁當即輕輿減從親詣察勘勘得所稟該處詩字號塘脚果被開掘闊一丈一尺零深三尺零塘根畢露盧如立塡砌屋基多

間委係搬運該塘護泥砌塡建造同梓里老詢詰彰然膂闢罔顧大局有干法紀且是塘內外逼近鄉河設有疎虞害非淺鮮比經飭傳訊令修整以資鞏固去後旋據該差以盧如立恃蠻抗傳稟復前來查盧如立始則不採理阻繼則恃蠻抗傳似此任意違禁實屬胆玩已極按之該犯仕近沙僻慣合刁奸難保不無於中相助爲非巧鑽護符若不嚴加懲創兼恐紛紛覬覦效尤胡底刁蔓愈熾通判責司塘防深爲堪虞理合據情詳請仰祈憲台俯賜察核迅速檄飭府縣嚴提不法民人盧如立到案詰究互謀照例分別懲辦一面將開挖護泥之塘脚如故修整以衞塘身而昭儆戒

附藩司批

據詳民人盧如立開掘山邑西塘下地方西首詩字號塘脚護泥搬塡屋基既據該倅親詣勘明飭傳修復何得抗違不採殊屬胆玩仰紹興府卽飭山陰縣查勘明確如果屬實應卽勒令將開掘之處塡復完固從嚴懲究以儆不法而重塘隄據實稟復詧奪

紹蕭兩縣水利聯合研究會議決整頓護塘地案 中華民國五年七月

按本會據會員陳玉陳騷王一寒湯建中何兆棠李培初等提出議案內稱紹蕭負江挾海地極低窪所持以保障全局者實惟塘堤是賴而塘堤之得以捍衞又惟以護塘餘地爲之屏蔽故塘堤鞏固則野盡沃土塘堤決裂則闔境淪胥關繫之重莫逾於此惟查近年以來各處護塘餘地大半均被侵佔或有近塘塡基任意建築者或在附塘播種疏鬆塘脚者甚至沿塘一帶坟塚林立始則破塘埋棺刨土作坑繼因棺木朽腐穿成空穴者危害情形殊難言狀本會旣以研究水利爲職務欲保水利務除水害緊要根本自應保全塘堤爲重然欲保全塘堤必須將護塘餘地先請紹蕭兩縣知事迅派幹員赶緊勘丈明確劃清界限切實整頓務使已佔之處嚴加取締未佔各地永申厲禁用特提出議案應請公同研究共加討論以除水害而保水利紹蕭幸甚等語當經印刷配布宣付第四次常會會議經衆研究議決如左

一議護塘地爲保護塘堤之必要欲期鞏固塘堤自非整頓護塘地不可以近今之蹧蹋日甚一若不知有從前規定丈尺者尤非嚴加取締不可現經本會將提議之案公同討論表決通過擬請兩縣知事轉詳財政廳卽飭清理官產處幸勿視護塘餘地爲公產誤行標賣一面由縣派員前往勘丈明確後商訂取締章程再行辦理

節錄重訂淸理紹屬沙地章程

第九條　各縣場沙地不分民戶灶戶舊升新漲塘內塘外應一律報繳領照但有關護塘製鹽等用者得由各事務所所長會同縣場知事勘明酌留若干劃清界址詳報立案

六年七月十三日准紹興縣知事宋函開逕啓者案照護塘餘地原爲塘堤之保障關係極爲重要前淸時代對於近塘造屋以及盜葬私墾曾經縣諸禁令乃人民不顧公益仍不免自便私圖民國改革以還發生違禁建築及任意侵佔者亦數見不鮮上年貴會提出保存護塘餘地議

案報由紹蕭兩公署援引前清塘內外一律留出二十弓之舊制呈奉省長指令有案今本公署又於吉生布廠在北塘歲字號護塘餘地建築案內奉文督局規定劃後不論遠近以及塘地現象若何塘內外如有餘地一律照舊制留出二十弓以爲護塘地面如有不遵規定距離丈尺從事建築或盜葬坟墓發掘種植及其他種種妨礙情事一經塘閘局報告卽由官廳嚴予制裁其現已建築牆屋將來如有拆卸重行建築者卽責令該屋主恪遵規定護塘丈尺辦理合將核議辦法專案請示玆於本年七月十日奉省長公署第九八二四號指令內開呈悉仰卽咨行蕭山縣會銜布告一體遵辦以重塘堤等因除令行塘閘局遵照並會同蕭山縣知事遵令布告外相應函達貴會請煩查照爲荷此致又於是年七月二十三日准紹興縣知事宋函開逕啓者案查前准貴會提議保存護塘餘地事業經敝公署於吉生布廠在北塘建築案內遵奉省令飭由紹塘閘局規定護塘丈尺並限制情形呈經核准布告並函達貴會查照玆據紹塘閘局理事按照結束保護塘地原案擬具取締章程八條呈請立案前來查保衛塘地與水利有密切關係紹理事所擬取締辦法是否悉臻妥協有無應行增損之處事關兩縣用特照錄章程一份函達貴會查照希卽於下屆開會時公同議決見復過署以便轉呈省長核定無任切盼此致計函送章程一份各等由准此當經於第十五次常會印刷分布詳加討論僉謂蕭山境內西北兩塘市鎭村落較紹屬爲多此項取締章程非詳細研究審愼核定不足以昭公允而資信守決定第十五次常會作爲交換意見到會各員各將印刷文件帶回詳加研究俟下屆開會繼續會議等語旋准紹興縣知事宋函開以據蕭山西北鄉沿塘各村民人賀景運等以規定護塘丈尺並取締章程於沿塘鄉民殊多窒礙稟請牽由舊章取消前議等情前來據此查此案提議本旨無非爲保護兩縣人民生命財產起見因欲謀多數者久遠之安全未免涉及少數者一時之痛苦勢所必至理有固然但兩利取重兩害從輕自惟有將前項章程詳細研究審愼核定俾痛苦得以減殺而安全仍克永保斯爲盡善除稟批示外相應抄錄原稟函達貴會查核於會議時藉備參考此致並抄送原稟一紙等由准此復於本會第十六次常會繼續討論議決如左

一議繼續第十五次常會議訂取締護塘地章程經本會議決是項章程十條函請兩縣知事轉呈省長核准公布並分報鹽運使暨清理官產處存案

附錄　取締護塘地章程

（一）護塘地遵照定案塘內外各以距塘脚二十弓爲界限

（二）護塘地內不論官私有田地屋基均受本章程拘束

（三）塘上及護塘地內舊有房屋滷池糞池並其他等物現時暫准免予拆墥倘因塘工必要時應立卽拆除塡塞

（四）護塘地內不論田地如係民間私產執有契串者仍歸民間管業但祇能耕種不准有新建築毀掘等事（如起屋造坟掘池及其他損害之類）倘有違犯應卽勒令恢復原狀其情節較重者並處以相當之懲罰

（五）塘上及護塘地內舊有滷池糞池及其他損害等物如因塘工拆除及倒坍廢棄者一概不准修復

（六）塘上及護塘地內所有房屋遇修葺時應報明縣署勘明確無損礙准予出具保固切結照舊修葺

（七）沿塘一帶除向有護塘餘地各處（如董家塔丁家堰等處）外其有新漲沙地或係坍而復漲者丈出二十弓爲護塘地

（八）此項餘地爲護塘之必要如係官有當永遠保存不得以官產標賣

（九）前列各條東西北三塘均適用之

（十）此項取締章程由兩縣公署核轉奉准後出示通告並分報鹽運使暨清理官產處存案作爲永遠定案

紹蕭兩縣水利聯合研究會議決來錦藩等陳請塘上房屋原基原造修改議案案 中華民國九年十二月

按是案於九年十二月十六日第二十六次常會提出議決如左

一議來錦藩等請願塘上房屋原基原造修改議案一案僉謂塘上房屋與塘工有種種妨礙前經議定取締護塘地章程如因塘工拆除及倒坍廢棄者一概不准修復來錦藩等請原基原造與議案違反礙難照行亦未便因個人私意遽行修改議案應行却下一面函知兩縣公署查照備案

紹蕭兩縣水利聯合研究會議決整頓護塘地案 中華民國十三年三月

按是案於十三年三月十六日第三十四次常會提出議決如左

一議整頓護塘地案前經本會於民國六年第十五十六兩次常會根據紹蕭沙地章程第九條規定議訂取締護塘地章程十條函請兩縣公署轉呈省長核准公布並分報財政廳鹽運使暨清理官產處存案並由兩縣知事出示布告各在案茲聞是項護塘餘地有人覬覦希圖朦准承買應即查照前次議決原案取締護塘章程第七第八兩條函請兩縣公署轉呈省長暨財政廳仍照原案保存不得以官產標賣

紹興縣議會咨紹興縣知事勒令禁合浦鄉萬聖庵官塘開設行壩文 中華民國十二年

案准敝會阮議員廷藩提出禁合浦鄉萬聖庵官塘開掘設壩案內開官塘爲人民保障議會爲人民代表難安緘默茲有金阿水在稱浦草字號官塘沿土名萬聖庵地方毀掘塘堤開設行壩雖歷經合浦嘯唫兩鄉自治委員王長慶等稟准官廳已奉批示切實查禁而金阿水開設行壩依然如故官塘之實受損害亦依然如故查偁浦萬聖庵附近一帶均屬土塘本爲潮汐冲激之要區又爲湯浦等處山水下瀉之總匯關係重大不忍膜視爲此提議等由准經提付大會討論僉謂查合浦鄉萬聖庵一帶土塘爲山洪潮汐冲激之處地方至爲重要正宜設法保護豈可任人剝損乃金阿水圖一己私利在於塘堤緊要處所開掘設壩不顧公益忍心害理莫此爲甚既經嘯唫合浦兩鄉自治委員稟准官廳查

禁有案而金阿水開掘如故應由本會函請公署弔銷行照勒令停閉並令恢復掘毀原狀以保塘堤而免尤效等語表決一致通過相應函請貴公署查照原案迅將該處金阿水所設過塘牙行勒令停閉弔銷行照並令將毀掘塘身恢復原狀以保塘堤一面希將辦理情形見覆是所至盼（查是案由顧知事派警將金阿水所設行壩封禁）

東區管理處條陳責成塘夫照章割草挑土築塘管見兩端請核示文 十五年十二月

呈爲呈請事查紹屬各塘塘夫向來不給工食故雖有管塘之名而無護塘之實今蒙鈞長明定規章實事求是所有塘夫概給工食竊以爲既給工食則應責成塘夫者有二端焉塘上生長之草本以護塘然塘面之草無所用之向因該草刈割爲塘夫津貼故任其長成莫或過問萋萋滿塘高出於人或遇潮汛泛濫之時欲視塘身之有無罅漏獾猪之有無巢穴實令人無從下手爲今之計似宜將塘外之草照舊章於立冬後刈割塘內之草照舊章於霉汛前刈割塘面之草則責成塘夫隨時割去不準長至一尺以上俾巡視者既不礙於巡行而塘身之一切情形亦得隨時查察此其一也土牛爲搶險之預備關係塘務最爲緊要然東北兩塘一帶有土牛者殊屬寥寥宜責成塘夫分作三年每字挑土牛五個每個底方長一丈二尺闊八尺頂方長四尺闊二尺高五尺計十兩方第一年責成塘夫先將舊有塘身須補葺者一律補葺完訖再築土牛一個第二年第三年各分挑兩個或遇搶險時甲段土牛不足得借用乙段土牛事後由雙方管理員商承主任酌給挑築津貼是每塘夫一名假定管五十字平均計算約每年須挑土二百方每方以三角計須銀六十元該塘夫一年工食祇七十二元似未免失之太苛第爲之細算塘夫看塘以外仍可兼理農工事業且此項土牛限三年每字挑築五個爲止此後不再增加但每年於土牛坍陷者添補之塘身有水溜者修葺之則三年之後該塘夫既可不勞而獲而搶險之土亦有備無患矣此其二也以上二端愚陋之見是否有當伏祈裁奪示遵謹呈

紹蕭塘閘工程局呈省政府爲船貨違禁盤塘請嚴令禁止文 十六年七月

呈爲船貨違禁盤塘請嚴令禁止事竊職局管轄江海塘堤關於船貨起運駁卸向有指定地點東區管理處主任轉據三江應宿閘兼北塘第六段管理員張光耀呈稱七月四日午後一時光耀巡視塘身見閘務公所後面夏字號塘停泊鹽船一艘挑夫掘毀塘身開掘階級挑運鹽包過塘當經光耀勸阻挑夫紛紛逃散船內尚存鹽拾四包當着塘夫往請駐紮三江城內緝私第五營第二隊第六棚長蔡伯仲將鹽十四包如數點交經蔡伯仲領收出立收訖字據一面將船扣留已經呈報該船於翌日夜間駛去詎本月十日上午一時光耀自丁家堰巡塘至閘務公所後面夏字號仍見停泊鹽船一艘挑夫二十餘人紛紛挑運鹽包過塘經應宿閘而去當經光耀勸令以後切勿損害塘身私擅過塘詎有緝私營第五營第二隊第六棚棚長蔡伯仲率領緝私營兵士八人洶洶趕到向光耀百般辱駡光耀見無可理喻即回閘務公所查職段所管塘堤向不准開設埠頭私擅過塘今該緝私營棚長蔡伯仲蠻橫不法強干例禁實屬辦理爲難等語查北塘三江一帶塘堤並無正式埠頭無論

紹興縣志資料 第一輯 塘閘彙記

何種貨物均不准擅自盤運此次緝私營隊横加干預若不嚴行禁止則將來各種貨船均可相率效尤設有疏虞誰負其責除指令外理合據情呈請鑒核令行該管機關迅行申禁並予處分以重塘政謹呈

紹蕭塘閘工程局會縣勒石永禁附塘堆積木石各料文 十六年二月

爲會銜布告泐石永禁事本年八月二十日奉省長公署第七一一九號指令本知事等會銜呈覆勘明楊錫頤呈控木商堆積木料佔用塘身一案情形由內開既據查明該木行等實有堆積木料塘身受損情事自應勒令遷移永遠禁止仰該知事等會同紹蕭塘閘工程局局長辦理可也此令等因又奉會稽道尹第一四七九號指令同前由內開呈悉據擬勒令各該木行將堆築木料倉屋一律拆遷嗣後不准再行堆築違則拘案罰辦並會銜布告泐石永禁辦法甚合應即切實辦理並隨時查察毋令陽奉陰違是爲至要此令等因各到縣奉此查此案前據蕭邑公民來燕及田履耕等分別來署呈控並由紹邑公民楊錫頤控奉省長暨道尹令飭查明核辦等因業經本知事等親詣閘家堰勘得永和人和餘記森茂等四戶木行在該塘戎羌平章愛等字號堆積木料並建造倉屋屬實森茂木行且有擅築石墈情事當以該塘曾於民國二年間倒坍一次形勢極爲危險當時搶修施工頗感困難迨工程告竣曾由本公署等給示泐石永禁造屋搭廠以及排列坑基等項有案乃該木行等竟專圖一己之便利不顧公衆之大害在塘上私堆木料並造屋築墈致塘身被壓受損無怪兩邑人民嘖有煩言擬請將各該木行所堆木料及倉屋石墈一律勒令拆遷嗣後不准再行私堆私築違則拘案懲罰並會銜布告泐石申禁以垂久遠等語呈請核示在案茲奉前因除勒令永和等木行將木料及倉屋石墈一律拆遷外合行會銜布告勒石永禁仰該處商民人等一體遵照須知西江塘爲兩縣田廬之保障關係何等重大自此次布告申禁之後務須恪守禁令不得再有堆積木料造屋搭廠以及私擅築墈或排列坑基等情事倘敢故違定即拘案懲罰不稍寬貸其各凜遵毋違切切特此布告

又會縣示禁瀝海塘不得埋棺開路及縱放牛羊文 十六年二月

爲會銜布告事案據東區塘閘管理處主任任元炳呈稱竊主任於月前帶同職員巡視所轄塘堤當查紹屬瀝海塘一帶塘身本屬狹窄乃附近居民或擅開私路或縱放牛羊任意踐踏不顧利害甚有挖掘塘身埋葬孩棺各字塘內孩棺纍纍不可勝計此等孩棺概係薄板所製一年半載破朽以後即成空穴因而塘身坍陷破損不堪言狀主任職在管理未敢緘默理合呈請布告嚴禁以固塘堤等情據此查沿江沿海各塘爲地方保障前清於私葬偷掘禁例綦嚴據呈各節殊屬藐視功令除飭隨時查報外合亟會銜布告爲此示仰該處居民人等一體知悉爾等須知塘堤爲人民財產所繫凡屬附近居民尤宜保護愛惜所有從前已埋之棺已開之路能於一個月內遷出挑補如原者此次不究既往倘經布告以後仍敢埋棺開路牧放牛羊以及種種損害塘堤情事一經查實或被告發定即提案嚴究不貸其各凜遵毋違特此布告

越昌墾植公司代表金乙麟呈第三區行政督察專員請示禁道墟等處私掘塘堤文（中華民國二十五年四月）

竊越昌墾植公司籌備處在紹屬道墟黃草廟對岸沿宋家地對塗趙村渡上倉角咸家池謝家地海茶高嚴家坵下廟車家浦等處沙地雇工建築塘堤預備開墾詎被就地及對江上虞縣屬無知之徒聚衆掘毀塘堤除呈奉東關區署派警查拘到解送法院歸案治罪外內尚有四近無賴不明事理散布謠言煽惑鄉愚誠恐復釀事端於本年四月十七日呈請鈞署頒發布告以杜儆禍而維產權各等情於同年五月廿八日奉建字第四三〇號批示內開呈悉已令東關區署暨上虞縣政府查明制止矣所請出示曉諭暫毋庸議亦足見慎重將事之本旨呈請人於此勢有不能已於言者竊謂制止云者爲發生事端之際臨時之救濟非預防之辦法也國家統治人民一方既原非希望人民之犯罰一方亦非必待產權人損失以後始予補救呈請人本此主旨故請頒發布告以期防患於未然而免無知鄉愚受人煽惑誤蹈法網雖出示之後容或仍有違抗致干法紀第在政府則既出示在先自已盡開導之責任此頒發布告似不宜緩議也呈請人之產證及預備開墾之地畝已奉令行東關區署查明確屬實在呈復在案此項產權之授予關係政府信用及納稅義務保護設不周密則非但政府之標賣升科不足以取信於人即催征賦稅亦難免於義不合現既查明產權屬實則頒發布告似應准予所請者也呈請人已築之塘被呂慶元等聚衆掘毀案經紹興地方法院判決科刑主文係被告等共同毀損他人所有物一罪各處罰金十元如不納各准以一元折算一日易服勞役在既往被告固屬咎由自取第後來之覆轍何妨懲前毖後杜漸防微以見政府愛民以德之至意此徵諸事實似於頒發布告勢屬必要者也查民國二十四年五月三十一日公布之修正浙江省墾荒地辦法對於公私荒地之開墾既設有獎懲之規定其九條且明載各縣政府對於公私有荒地之開墾應充分注意保護與考察可見政府提倡實業不遺餘力今呈請人雇工築塘預備開墾私有沙地仰體督墾辦法之本旨即無呂慶元等聚衆毀抗之發見亦應予以出示保護況既有肇事之經過尤不宜不予明白曉諭杜來者而使呈請人有欲墾不能之困難此頒發布告似又不應緩議者也總上管見竊以謂給示曉諭爲行政機關防患未然之責任遇事制止爲臨時救濟之方法依法究懲爲事後之補救各有效用不能偏廢如果事前可防而不防必待臨時之制止或事後之究懲未免於教民以正之旨不符爲此瀆請給示曉諭以維治安

附賀專員批

查墾荒築塘係屬正當事業聚衆掘毀實屬不法行爲據呈前情除批示外合行出示布告仰該處居民人等一體知照嗣後勿得聚衆阻撓掘毀堤塘致干法辦此布

塘閘工程處函請取締妨礙海塘建築物

中華民國二十六年六月紹蕭塘閘工程處據第三區區務員李松齡報告曹娥太平橋灣頭陸字號海塘近有印培增在塘上私建五豐過塘

行王公茂埠頭有沈姓私建房屋均在開工進行並謂曹娥一段石塘塘身既高形勢又極險要勢難任其造築應迅速函請紹興縣府電飭東關區署派幹員到場督拆以免效尤工程處據報後即函請縣府令飭東關區署查勘並派第五科技士駱錦奎前往曹娥履勘據其查勘所得經過五豐過塘行在太平橋所建樓屋三間與塘僅距離四尺且建築無規律現工程處擬在該處建築旱壩一座將塘身之本來高度以百分之四陂度延長至三公尺六應將該屋以左首爲標準拆進一公尺以利塘壩駱技士於查勘之餘已面令該行主於三日內自動拆除並令曹娥派出所警士趙柏齡督促辦理云（見報載）

東區管理處北塘報告書 十六年三月

號別	塘別	塘身高闊	沙磧遠近	江流形勢	備考
天	石塘	闊二丈九尺高九尺	塘外熟地四十里	江流向西	塘內脚有屋內外大小坟四十一穴又石路各一條天字起至山西閘玉字號止塘上坟壟纍纍前次巡視時塘上蘆葦長草尚未割盡故塘高闊均未量准此次係勘該塘外畀塘石均多傾欹兼塘身多被塘上做坟掘陷竟有至六七丈者少亦一二丈不等深陷或有至四五尺者屢禁無效查塘外沙地長至四五十里煙灶繁盛貧戶死亡即在塘上埋葬成爲習慣非塘內多設義葬殊慮無法禁止
地	同上	闊二丈七尺高九尺	同上	同上	塘內脚有屋面有大小坟七穴又串路一條
元	同上	闊二丈一尺高七尺	同上	同上	塘內脚有屋面有坟三十七穴內路一條外路二條樹根一個
黃	同上	闊二丈三尺高一丈	同上	同上	塘內脚有河面有坟大小三十一穴內外石路各一條
宇	同上	闊二丈四尺	同上	同上	塘內脚有坟有河面有大小坟三穴串路四條內路二條外路三條樹根三個（宇字碑缺）
宙	同上	闊二丈四尺高九尺	同上	同上	塘內係河內外塘面大小坟七十五穴外路一條
日	同上	闊二丈三尺高一丈	同上	同上	塘內臨河面有大小坟五六十穴浮厝一具外泥路一條

月　同上　闊一丈七尺高一丈　同上　同上　塘內臨池內外身大小坟五十餘穴
盈　同上　闊一丈九尺高一丈　同上　同上　塘內民房竹園面有坟九穴
辰　同上　闊二丈高七尺　同上　同上　塘內外脚民房竹園又石串路一條內泥路一條黃公河埠一個
宿　同上　闊一丈八尺高七尺　同上　同上　塘內有屋面有厠所三間串路一條內外石路各一條泥坟二穴地名黃公漊烟灶約百餘戶
列　同上　闊二丈一尺高七尺　同上　同上　塘面住屋十餘間卽黃公埠頭又石串路二條
張　同上　闊一丈九尺高九尺　同上　同上　塘內臨河面有坟三十一穴內身多種作并石路一條　張字碑缺
寒　同上　闊二丈七尺高九尺　同上　同上　塘內田并石路一條塘身有坟三十六穴
來　同上　闊二丈四尺高九尺　同上　同上　塘內河并石路一條坟四十穴浮厝一具十五年五月間搶修二丈　來字碑缺
暑　同上　闊一丈八尺高一丈　同上　同上　塘內臨漊內外坟四十七穴內石路一條
往　同上　闊二丈四尺高一丈　同上　同上　塘內臨漊內外坟二十九穴內石路一條　往字碑缺
秋　同上　闊一丈八尺高九尺　同上　同上　塘內臨河面有坟大小二十六穴內身有金池庵
收　同上　闊二丈三尺高九尺　同上　同上　塘內臨河面有泥坟四十七穴　收字碑缺
冬　同上　闊二丈七尺高九尺　同上　同上　塘內臨河面有坟三十一穴面泥多被刨土做坟故有陷潰多處
藏　同上　闊二丈三尺高八尺　同上　同上　塘內臨漊身有坟大小三十二穴
閏　同上　闊三丈二尺高一丈　同上　同上　塘內臨漊面有大小坟十一穴內有路一條　閏字碑缺
成　同上　闊二丈七尺高九尺　塘外熟地三十餘里　同上　塘面有草舍內外身多坟石串路一條
歲　土塘　闊三丈九尺高一丈　同上　同上　塘內脚係吉生布廠內外身大小坟二十八穴內路一條
律　同上　闊二丈七尺高八尺　同上　同上　塘內屋并地竹園面有坟二十六穴
呂　同上　闊二丈七尺高七尺　同上　同上　塘內屋面有坟三十穴內泥路二條外泥路一條

調 同上 兩面多坟高闊無從量處 同上 同上 塘內瀵內外坟大小五十七穴內石路一條串路一條

陽 同上 闊一丈六尺高六尺 同上 同上 塘內屋幷坟四十七穴內外石路各一條

雲 同上 闊一丈五尺 同上 同上 塘內瀵面有路亭一間民房草舍十餘間廁所肥缸六只石串路一條內石路一條

騰 同上 面闊二丈一尺高四尺五寸 同上 同上 塘內瀵外井柳一排內有民房草舍幷石路一條坟一穴

致 同上 面闊一丈八尺五寸塘高四尺 同上 同上 塘內河內脚有屋坟十七穴內路一條外路二條 致字碑缺

雨 同上 面闊一丈九尺塘高五尺 同上 同上 塘內地幷有坟三穴內有竹園石串路一條

結 同上 面闊一丈七尺塘高五尺 同上 同上 塘內地串路一條內泥路一條又多竹園民房又坟十五穴 地名後渡 結露倒置

露 同上 面闊二丈四尺高無量處 同上 同上 塘內脚多民房石串路二條內外泥路各一條

爲 同上 面闊二丈五尺高五尺 同上 同上 塘內係屋近河幷有井柳一排石串路一條內路三條外有破瀘池

霜 同上 面闊一丈塘高五尺 同上 同上 塘內係河幷石串路一條內外多瀘池樹根三個地名山西埠

金 同上 面闊一丈一尺高八尺 同上 同上 塘內外脚係屋幷瀘池石串路一條內外石路三條內路一條 金字碑缺

生 同上 面闊一丈高六尺外塘脚掘坍 同上 同上 塘內河內外泥路各一條 生字碑缺

麗 同上 面闊一丈二尺塘高九尺塘面外傾塘脚掘坍 同上 同上 塘內河身及面大小坟四十八穴桕樹一株

水 同上 面闊一丈二尺高八尺五寸 同上 同上 塘內河塘面做坟塘脚掘陷有坟四十六穴外路一條

玉 石塘 面闊一丈二尺塘高九尺五寸 同上 同上 塘內河面有山西閘一座卽在玉字之尾迤東大河山脚有念功祠外路一條大小坟四十八穴

出 同上 闊二丈二尺高八尺 同上 同上 塘內脚有毛石牆迤西卽大和山脚幷大小坟三十六穴內

泥路一條外石路一條地名西塘下烟灶二百左右

崑 同上 闊一丈高一丈二尺 同上 同上 塘內外竹園民房外石路二條內石路一條大小坟三十五穴

岡 同上 闊一丈四尺高一丈四尺 同上 同上 塘內外丼及面大小坟三十三穴

劍 石塘 闊一丈七尺高一丈 塘外熟地三十里 同上 塘內地丼屋面有肥缸六只草舍每面各兩間石串路一條內外路各一條坟八穴 劍字碑缺

號 同上 闊九尺高無量處 同上 同上 塘內外皆河埠面有民房茶店厠所一間內臨河石串路一條內石路三條

巨 同上 闊一丈六尺高一丈 同上 同上 塘內泥坟十五穴內泥路一條柏樹一株

闕 同上 闊一丈四尺高一丈 同上 同上 塘面坟三十一穴內河丼石路一條外泥路一條地名馮家塘頭煙灶四十餘戶

珠 同上 闊一丈七尺高八尺 同上 同上 塘內田丼石串路一條坟三十一穴

稱 同上 闊一丈六尺高一丈 同上 同上 塘內田丼屋內路一條外石路二條坟十七穴面多海蘆

夜 同上 闊一丈五尺高九尺 同上 同上 塘內田丼坟十五穴

光 同上 闊一丈九尺高八尺 同上 同上 塘內田丼石路一條坟大小二十七穴地名白洋道士漊

果 同上 闊二丈一尺高一丈 同上 同上 塘內田外石路一條坟大小二十七穴

珍 同上 闊一丈八尺高一丈 同上 同上 塘內田丼石路一條坟大小三十穴

李 同上 闊一丈七尺高一丈 同上 同上 塘內河丼坟大小十三穴地名蔡家漊

奈 同上 闊二丈五尺高九尺 同上 同上 塘內河丼坟大小十穴

菜 土塘 闊一丈四尺高八尺 同上 同上 塘內河石路內外各一條大小坟四十一穴

重 同上 闊一丈三尺高八尺 同上 同上 塘內河石串路一條外井柳一排坟四穴地名蔡家塘烟灶近百戶

芥 同上 闊一丈三尺高四尺 同上 同上 塘內係河

薑 同上 闊一丈三尺高八尺 同上 同上 塘內河石串路一條坟一穴

海 同上 闊一丈五尺高七尺 同上 同上 塘內河面有大小坟四十四穴 海字碑缺

鹹 同上 闊一丈三尺高六尺 同上 同上 塘內河外面有義塚碑一塊大小坟不計

河 同上 闊一丈五尺高八尺 同上 同上 塘內河串路一條大小坟不計 河字碑缺

淡 同上 闊二丈三尺高八尺 同上 同上 塘內河石串路一條坟多不計外有梅蔭庵一所 淡字碑缺

鱗 同上 闊一丈五尺高四尺 同上 同上 塘內河泥串路一條坟三穴地名梅林烟灶四十餘戶 鱗字碑缺

潛 同上 闊一丈九尺 同上 同上 塘內屋兩邊皆民房草舍石串路一條坟十五穴樹根八個

羽 同上 闊一丈四尺高四尺 同上 同上 塘內外脚皆屋石串路二條外樹根一排

翔 同上 闊一丈一尺 同上 同上 塘內河外泥路一條大小坟四十二穴

龍 同上 闊一丈三尺高八尺 同上 同上 塘內河外泥路一條大小坟五十九穴碑缺

師 同上 闊一丈七尺高七尺 同上 同上 塘內河外泥路一條大小坟八十穴

火 同上 闊一丈七尺高七尺 同上 同上 塘內河外泥路一條地名井樹頭碑缺

帝 同上 闊一丈三尺高九尺 同上 同上 塘內河兩邊皆民房外石路三條內有蓮池庵關帝廟又大小坟二十四穴

鳥 同上 闊一丈高無量處 同上 同上 塘內外多民房滷池肥缸草舍并石串路一條內石路二條外石路一條

官 同上 闊一丈五尺高無量處 同上 同上 塘內民房內外石路各一條地名黨山煙灶不計

人 同上 闊一丈六尺高五尺 同上 同上 塘內民房外泥路一條碑缺

皇 同上 闊二丈二尺高五尺 同上 同上 塘內民房內泥石路各一條

始 同上 闊一丈六尺高四尺 同上 同上 塘內民房肥缸厠所并石路一條外泥路二條碑缺

制 同上 闊一丈七尺 同上 同上 塘內多民房肥缸厠所內外石路各一條碑缺

文 同上 闊一丈高無量處 同上 同上 塘上係黨山市鎮兩邊店屋內石路二條外石路一條

字 同上 闊一丈高無量處 同上 同上 塘上係黨山市鎮兩邊店屋內外石路各一條

乃 同上 闊一丈高無量處 同上 同上 塘上係黨山市鎮兩邊店屋內石路三條外石路一條碑缺

服 石塘 闊一丈四尺高七尺 同上 同上 塘內外皆民房內有濾池一排內石路二條外石路一條內泥路一條坟九穴碑缺

衣 同上 闊一丈五尺高九尺 同上 同上 塘內河外有耶穌教堂一所內外石路各一條大小坟十九穴碑倒

裳 同上 闊一丈八尺高九尺 同上 同上 塘內脚有雷殿內外路各一條大小坟三十一穴碑缺

推 同上 闊一丈八尺高一丈 同上 同上 塘內河內外路各一條大小坟二十五穴

位 同上 闊二丈高一丈 同上 同上 塘內河并大小坟三十五穴

讓 同上 闊二丈五尺高一丈 同上 同上 塘內河并泥石路各一條大小坟四十二穴

國 同上 闊一丈五尺高一丈 同上 同上 塘內河并泥路一條外石路一條大小坟二十九穴

有 同上 闊一丈七尺高八尺 同上 同上 塘內河并石路一條坟大小三十七穴

虞 同上 闊二丈高九尺 同上 同上 塘內河外泥路一條大小坟三十九穴

陶 同上 闊一丈九尺高九尺 同上 同上 塘內河外路一條大小坟三十八穴碑缺

唐 同上 闊一丈九尺高七尺 同上 同上 塘內脚多肥缸石串路二條內石路一條地名園前埠煙灶七八十戶碑缺

民 同上 闊八尺高七尺 同上 同上 塘內河并小坟二穴碑缺

伐 同上 闊二丈二尺高一丈 同上 同上 塘內河面有孩坟二十一穴碑缺

周 同上 闊一丈三尺高一丈 同上 同上 塘內河并小坟十九穴碑缺

發 同上 闊一丈四尺高一丈 同上 同上 塘內河并坟九穴碑缺

商 同上 闊一丈八尺高六尺 同上 同上 塘內民房外濾池內外泥石路各二條大小坟十三穴碑缺

湯 同上 闊一丈四尺高九尺 同上 同上 塘內河并石路二條外泥路一條大小坟二十四穴浮厝六具

坐 同上 闊一丈九尺高一丈 同上 同上 塘內河內脚有三官殿一座外石路一條大小坟三十一穴

朝 同上 闊二丈一尺高一丈 同上 同上 塘內河并大小坟十六穴

問 同上 闊二丈六尺高一丈三尺同上 同上 塘內河外石路一條坟六穴

道 同上 闊二丈三尺高一丈三尺同上 同上 塘內外皆民房石串路一條內石路一條坟二穴地名盛五
村大埠頭碑缺

垂 同上 闊一丈八尺 同上 同上 塘內有屋外泥路一條大小坟二十一穴浮厝一具碑缺

拱 同上 闊二丈高一丈 同上 同上 塘內有屋有河外脚草舍內石路一條外泥路一條碑缺

平 同上 闊二丈五尺高一丈 同上 同上 塘內河大小坟二十三穴

章 同上 闊二丈五尺高一丈二尺同上 同上 塘內河大小坟三十一穴

愛 同上 闊二丈四尺高一丈 同上 同上 塘內河外泥路一條面孩棺四十四穴浮厝一具

育 同上 闊二丈高一丈二尺 同上 同上 塘內河石串路一條面孩棺十九穴

黎 同上 闊二丈一尺高一丈 同上 同上 塘內河并有木樁一排又大小坟十六穴浮厝一具

首 同上 闊一丈七尺高一丈 同上 同上 塘內河面有大小坟二十六穴

臣 同上 闊二丈高九尺五寸 同上 同上 塘內田外泥路一條并大小坟四十穴

伏 同上 闊二丈六尺高一丈 同上 同上 塘內田并有大小坟四十六穴

戎 同上 闊二丈二尺高一丈三尺同上 同上 塘內河外脚包殿內脚滷池石串路一條內泥路一條大小
坟三十五穴

羌 同上 闊二丈一尺高一丈二尺同上 同上 塘內臨河并內外泥石路各一條又大小坟四十一穴塘面
挖掘做坟破壞不堪蓋塘石均已內傾

遐 同上 闊二丈四尺高一丈三尺同上 同上 塘內田并石路一條外泥路一條大小坟四十七穴

邇 同上 闊二丈五尺高一丈二尺同上 同上 塘內有地并石路一條又大小坟十七穴碑缺

壹 同上 闊二丈五尺高一丈三尺同上 同上 塘內田并大小坟三十七穴碑缺

體 同上 闊二丈高一丈 同上 同上 塘內田并串路一條又大小坟十九穴碑缺

率 同上 闊二丈高一丈一尺 同上 同上 塘內田并泥路一條又大小坟二十四穴

賓 同上 闊二丈六尺高一丈 同上 同上 塘內有河外泥路一條又大小坟二十一穴碑缺

歸 同上 闊一丈八尺高六尺 同上 同上 塘內河并大小坟二十八穴

字號	塘	闊高			備考
王	同上	闊二丈五尺高一丈	同上	同上	塘內河幷泥路一條外石路一條又大小坟四十六穴
鳴	同上	闊一丈八尺高七尺	同上	同上	塘內河係大林埠頭面有石路亭一所石串路二條幷大小坟十一穴碑缺
鳳	同上	闊一丈五尺高一丈	同上	同上	塘內河石串路二條幷大小坟二十七穴碑缺
在	同上	闊二丈五尺高七尺	同上	同上	塘內有屋幷大小坟二十三穴碑缺
竹	同上	闊二丈九尺高九尺	同上	同上	塘內屋面有路亭三間幷樹二株內石路一條外泥路一條又大小坟十八穴
白	同上	闊二丈一尺高一丈	同上	同上	塘內屋幷大小坟四十一穴碑缺
駒	同上	闊一丈七尺高一丈	同上	同上	塘內田幷石串路一條又大小坟十五穴碑缺
食	同上	闊一丈九尺高七尺	同上	同上	塘內屋幷竹園內外石路各二條又大小坟十一穴
場	同上	闊二丈高五尺五寸	同上	同上	塘內田外皆民房石串路一條面有草舍廁所又坟六穴地名鎮龍殿碑缺
化	同上	闊一丈七尺高四尺	同上	同上	塘內田內外皆民房面有草舍廁所石串路一條坟三穴
被	同上	闊二丈高五尺	同上	同上	塘內河外有商店十餘家石串路一條大小坟二十九穴
艸	同上	闊一丈九尺高一丈	同上	同上	塘內脚竹園外石路各一條又坟七穴
木	同上	闊一丈六尺高一丈	同上	同上	塘內河內泥石路各一條又大小坟三十一穴
賴	同上	闊二丈二尺高七尺	同上	同上	塘內近河外泥路二條又大小坟二十八穴
及	土塘	闊一丈三尺高九尺	同上	同上	塘內田外泥路二條又大小坟三十穴
萬	同上	闊一丈四尺高一丈	同上	同上	塘內河幷串路一條內石路一條又大小坟二十四穴
方	同上	闊一丈五尺高九尺	同上	同上	塘內近河泥串路一條又大小坟二十九穴
蓋	同上	闊一丈四尺高九尺	同上	同上	塘內近河泥串路一條又大小坟三十一穴
此	同上	闊一丈五尺高九尺	同上	同上	塘內河外泥路一條又大小坟三十六穴碑缺
身	同上	闊一丈五尺高八尺	同上	同上	塘內河幷大小坟三十一穴
髮	同上	闊一丈三尺高九尺	同上	同上	塘內河泥串路一條又大小坟十九穴

四　同上　闊一丈一尺高五尺　塘外熟地二十餘里　同上　塘內屋面有石柱廿根內外石路各一條又有井柳一排塘外竹園草舍民房地名夾灶烟灶約三百戶

大　同上　闊一丈六尺高五尺　同上　同上　塘內民房外竹園草舍又有來因寺一所內外石路各二條地名夾灶碑缺

五　半土石塘　闊一丈四尺高六尺　同上　同上　塘內民外竹園草舍又有竹邑井柳并泥路一條又大小坟十四穴碑缺

常　石塘　闊二丈四尺高一丈　同上　同上　塘內屋并石路二條外泥路一條又大小坟二十一穴

恭　同上　闊二丈五尺高八尺　同上　同上　塘內屋泥串路一條又大小坟十三穴碑缺

惟　同上　闊一丈四尺高一丈　同上　同上　塘內屋石串路一條又坟七穴碑缺

鞠　同上　闊一丈四尺高八尺　同上　同上　塘內屋并石路一條又大小坟十三穴碑缺

養　同上　闊一丈七尺高八尺　同上　同上　塘內屋并河內石路一條又大小坟三十五穴

豈　同上　闊二丈四尺高九尺　同上　同上　塘內河并泥路一條石串路一條又大小坟四十二穴

敢　同上　闊二丈二尺高六尺　同上　同上　塘內有竹并泥路一條又坟十一穴

女　同上　闊二丈三尺高八尺　同上　同上　塘內有屋有竹并串路一條

慕　同上　闊一丈四尺高九尺　同上　同上　塘內河并石路一條泥路二條又大小坟四十二穴

貞　同上　闊二丈四尺高九尺　同上　同上　塘內河外泥路一條內脚大楝樹一株又大小坟五十八穴碑缺

潔　同上　闊一丈九尺高九尺　同上　同上　塘內河并大小坟五十八穴碑缺

男　同上　闊二丈二尺高一丈　同上　同上　塘內河并大小坟三十五穴

效　同上　闊一丈四尺高九尺　同上　同上　塘內草舍滷池又石路一條外泥路一條又串路一條地名夾濱小橋頭碑缺

才　同上　闊一丈六尺高六尺　同上　同上　塘內河并石路一條又大小坟二十三穴碑缺

良　同上　闊一丈七尺高九尺　同上　同上　塘內河外泥路一條并孩棺二十一穴碑缺

知　同上　闊一丈九尺高九尺　同上　同上　塘內河面有孩棺四十九穴碑缺

過 同上 闊一丈七尺高七尺 同上 同上 塘內河并大小坟三十二穴碑缺

必 同上 闊一丈八尺高八尺 同上 同上 塘內屋內外泥路各一條面有石柱十餘根并大小坟五十三穴碑缺

改 同上 闊一丈七尺高八尺 同上 同上 塘內屋并斜串路一條內石路一條又大小坟十七穴碑缺

得 同上 闊一丈八尺高七尺 同上 同上 塘內河并有竹園又坟七穴碑缺

能 同上 闊一丈六尺高七尺 同上 同上 塘內河面有孩坟三十七穴碑缺

莫 同上 闊一丈一尺高八尺 同上 同上 塘內屋并竹園面孩坟三十四穴地名夾濱村烟灶約百戶碑缺

忘 同上 闊二丈二尺高七尺 同上 同上 塘內民房面多店屋并有涼亭一座內石路二條外石路一條係夾濱村市碑無

罔 同王 闊一丈八尺 同上 同上 塘內民房草舍竹園內泥石路各一條又坟三穴碑缺

談 同上 闊一丈七尺高五尺 同上 同上 塘內河泥路一條又大小坟四十一穴碑缺

彼 同上 闊一丈四尺高五尺 同上 同上 塘內屋面有濾溝一條內係滷池斜串路一條又大小坟六十四穴碑缺

短 同上 闊二丈四尺高七尺 同上 同上 塘內脚有竹園石串路一條又大小坟三十一穴碑缺

靡 同上 闊二丈二尺高六尺 同上 同上 塘內屋脚有竹園內泥路一條又大小坟六十一穴

恃 同上 闊一丈五尺高七尺 同上 同上 塘內河面孩棺六十八穴碑缺

己 同上 闊二丈高七尺 同上 同上 塘內脚及面均種竹并石路二條外石路一條面孩棺五十七穴碑缺

長 同上 闊二丈七尺高七尺 同上 同上 塘內屋并石路一條內多滷池民房地名直湖頭面孩棺七十八穴碑缺

信 同上 闊二丈五尺高八尺 同上 江流向東 塘內屋內石路一條外泥路一條面孩棺十四穴

使 同上 闊二丈九尺高七尺 同上 同上 塘內屋內外泥路各一條碑缺

可 同上 闊二丈高四尺 同上 同上 塘內外民房面有廁所內新開路一條石串路一條內石路

一條碑缺

復 同上 闊二丈高四尺 同上 同上 塘內屋面多店鋪廁所內石路二條碑缺

器 同上 闊一丈四尺高九尺 同上 同上 塘內屋并多草舍滷池內石路二條碑缺

欲 同上 闊一丈一尺高九尺 同上 同上 塘內屋內外石路各一條又坟七穴碑缺

難 同上 闊一丈高八尺 同上 同上 塘內河內石路三條外泥路一條碑缺

量 同上 闊二丈一尺高七尺 同上 同上 塘內屋面路亭三間內石路一條

墨 同上 闊二丈四尺高六尺 同上 同上 塘內河并石路二條碑缺

悲 同上 闊二丈四尺高五尺 同上 同上 塘內河內外石路各一條外泥路一條面孩棺七穴碑缺

絲 同上 闊二丈五尺高七尺 同上 同上 塘內河內石路二條面孩棺八十三穴碑缺

染 同上 闊二丈三尺高七尺 同上 同上 塘內河面有孩棺五十九穴碑缺

詩 同上 闊二丈一尺高八尺 同上 同上 塘內河面有孩棺五十七穴碑缺

讚 同上 闊二丈七尺高七尺 同上 同上 塘內河面有孩棺八十四穴碑缺

羔 同上 塘身高闊無量處 同上 同上 同上

羊 同上 闊三丈六尺高七尺 同上 同上 塘內屋并大樹五株內石路一條大小坟八十一穴

景 同上 闊二丈九尺高六尺 同上 同上 塘內屋面有茶亭兩間串路一條內外石路各一條又坟五穴

行 同上 闊二丈五尺高六尺 同上 同上 塘內屋外草舍民房內外路各二條又坟三穴

維 同上 闊二丈四尺高六尺 同上 同上 塘內皆民房串路一條內泥路一條碑缺

賢 同上 闊二丈一尺高六尺 同上 同上 塘內皆民房內石路二條外泥路一條碑缺

克 同上 闊一丈九尺高六尺 同上 同上 塘內皆民房串路一條內石路二條

念 同上 闊一丈九尺高七尺 同上 同上 塘內皆民房碑缺

作 同上 闊一丈八尺高七尺 塘外沙地約里許 同上 塘內民房并串路一條面有種作

聖 同上 闊一丈九尺高六尺 同上 同上 塘內民房面有種作內泥路一條

德 同上 闊一丈五尺高八尺 同上 同上 塘內民房并串路一條內外石路各一條地名西塘下烟灶

約五六十戶碑缺

建	同	上	闊一丈五尺高五尺	同	上	同上	塘內民房滷池內石泥路各一條
名	同	上	闊二丈三尺高八尺	同	上	同上	塘內民房并石路一條外泥路一條又大小坟二十一穴
立	同	上	闊一丈八尺高六尺	同	上	同上	塘內近河并脚有大樹三株大小坟五十六穴碑缺
形	同	上	闊一丈六尺高五尺	同	上	同上	塘內河外路一條又大小坟四十九穴碑缺
端	同	上	闊二丈七尺高六尺	同	上	同上	塘內河又大小坟五十一穴
表	同	上	闊二丈九尺高六尺	同	上	同上	塘內近河并大小坟六十五穴
正	同	上	闊二丈高四尺	同	上	同上	塘內近河外泥路二條大小坟四十二穴碑缺
谷	同	上	闊二丈八尺高七尺	同	上	同上	塘內河并石路一條又坟二穴
傳	同	上	闊二丈五尺	同	上	同上	塘內近河并串路一條內石路一條地名亹家埓烟灶約三十餘戶
聲	同	上	闊二丈四尺	同	上	同上	塘身內外皆店舖面有東岳廟又民房五間內石路二條外有滷池
堂	同	上	闊二丈四尺	塘外沙地約廿餘丈		同上	塘身兩邊皆民房外滷池泥石串路各一條
習	同	上	闊二丈一尺	同	上	同上	塘身兩邊皆民房泥串路一條又坟一穴
聽	同	上	闊二丈高四尺五寸	同	上	同上	塘內河并坟六穴
因	同	上	闊二丈高四尺五寸	塘外臨江		同上	塘內河并泥路二條又大小坟五十八穴碑缺
積	同	上	闊二丈二尺高五尺	同	上	同上	塘內河并有藕池又大小坟三十五穴碑缺
福	同	上	闊一丈四尺高四尺	同	上	同上	塘內河并泥路一條又大小坟四十一穴碑缺
緣	同	上	闊二丈二尺高七尺	同	上	同上	塘內河并泥路一條內脚有種作又大小坟三十穴碑缺
善	同	上	闊二丈一尺高一丈	同	上	同上	塘內河面有姚家埠三眼閘一座閘屋基三間又坟四穴
慶	同	上	闊二丈八尺高九尺	同	上	同上	塘內地內泥路一條
尺	同	上	闊三丈高一丈一尺	同	上	同上	塘內有河有地并泥路一條
壁	同	上	闊四丈六尺高九尺	同	上	同上	塘內係河并石路一條

非 同上 闊四丈九尺高九尺 同上 同上 塘內係河
寶 同上 闊六丈四尺高七尺 同上 同上 同上
寸 同上 闊五丈高七尺五寸 同上 同上 同上
陰 同上 闊四丈三尺高九尺 同上 同上 同上
是 同上 闊四丈五尺高九尺 同上 同上 同上
競 同上 闊三丈一尺高八尺 同上 同上 同上
資 同上 闊四丈二尺高八尺 同上 同上 塘內河幷多大樹
父 同上 闊二丈高九尺 同上 同上 塘內民房幷石泥路各一條
事 同上 闊二丈七尺高八尺 塘外臨江 同上 塘內近河幷泥串路一條內泥路一條
君 同上 闊三丈高七尺 同上 同上 塘內係屋內石路二條老泥坟一穴地名丁家堰
曰 同上 闊五丈九尺高九尺 同上 同上 塘內係屋幷石路一條內有岳廟幷丁局長紫芳修塘碑石一塊
嚴 同上 闊三丈五尺高九尺 同上 同上 塘內皆民房內石路一條幷滷池一埭草舍二間
與 同上 闊二丈五尺高九尺 同上 同上 塘內皆民房尙有滷溝兩埭內有滷池幷石路一條泥路一條
敬 同上 闊二丈二尺高七尺 同上 同上 塘內民房幷有種作
孝 同上 闊二丈高七尺 同上 同上 塘內臨河
當 同上 闊一丈八尺高九尺 同上 同上 同上
竭 同上 闊二丈九尺高九尺 同上 同上 塘內臨河內有木椿一排
力 同上 闊三丈二尺高一丈 同上 同上 同上
忠 同上 闊三丈五尺高九尺 同上 同上 同上
則 同上 闊二丈五尺高九尺 同上 同上 同上
盡 同上 闊二丈二尺高八尺 同上 同上 塘內臨河
命 同上 闊二丈四尺高八尺 同上 同上 同上

臨　同上　闊二丈高九尺　同上　同上　同上
深　同上　闊一丈九尺高九尺　同上　同上　塘內臨河內脚泥路一條又大樟樹一株
履　同上　闊一丈七尺高一丈　同上　同上　塘內民房內石路一條泥路二條地名新盛煙灶約百戶
薄　同上　闊一丈六尺高一丈　同上　同上　塘內屋內石路一條
夙　同上　闊二丈二尺高一丈　同上　同上　塘內臨河內石路一條碑缺
興　同上　闊二丈高一丈　同上　同上　同上
溫　同上　闊二丈六尺高一丈　同上　同上　塘內係屋
凊　同上　闊二丈一尺高一丈　同上　同上　塘內係田內泥路一條地名南塘頭
似　石塘　闊二丈一尺高一丈　同上　同上　塘內臨河石路一條外泥路一條似字誤斯字
蘭　土半石塘　闊二丈九尺高二丈　塘外沙地約二十丈　同上　塘內係屋近河內石路一條外泥路二條樹根四個
斯　同上　闊一丈二尺高九尺　同上　同上　塘內臨河內泥路一條樹根十三個斯字誤似字
馨　同上　闊一丈五尺高九尺　同上　同上　塘內臨河外泥路一條塘身有種作處并樹根三個
如　同上　闊七尺高九尺　同上　同上　塘內臨河外泥路一條
松　同上　闊一丈二尺高九尺　同上　同上　塘內臨河外泥路一條又樹根三個
之　同上　闊二丈高八尺　同上　同上　塘內係田外泥路一條
盛　同上　闊一丈二尺高七尺　同上　同上　塘內係田串路一條樹根三個地名荳腐坂
心　同上　闊二丈五尺高五尺　同上　同上　塘內係田內泥路一條樹根一個
動　同上　闊二丈高七尺　同上　同上　塘內係田內外泥路各一條
神　同上　闊二丈高四尺五寸　同上　同上　塘內係田外泥路一條
守　同上　闊一丈六尺高五尺　同上　同上　塘內係田內泥路一條又樹根二個
眞　同上　闊一丈高五尺　塘外沙地約里許　江流向東　塘內係田并河外坵路一條碑倒塘下
志　同上　闊一丈九尺高五尺　同上　同上　塘內係河外泥路一條并孩棺八穴
滿　同上　闊二丈高五尺　同上　同上　塘內係河面孩棺三穴

物 同上 闊一丈九尺高五尺 同上 同上 塘內係河面孩棺九穴
意 同上 闊一丈九尺高四尺 同上 同上 塘內係河外埑路一條內泥路一條面孩棺十九穴碑缺
移 移字碑避去
堅 同上 闊一丈九尺高五尺 同上 同上 塘內係河幷泥串路一條面孩棺二十五穴
持 土塘 闊一丈五尺高五尺 同上 同上 塘內係河幷泥串路一條面孩棺十五穴
雅 同上 闊一丈八尺高六尺 同上 同上 塘內係河幷泥串路一條內外皆草舍
操 同上 闊一丈九尺高七尺 同上 同上 塘內係河塘上有刷沙閘一座外泥路一條
好 土塘 闊二丈高四尺 同上 同上 塘內係河外泥路一條又樹根四個
爵 同上 闊一丈一尺高五尺 同上 同上 塘內係河外泥路一條
自 同上 闊一丈五尺高五尺 塘外沙地二十餘丈 同上 塘內係河外新開路一條又多樹根
縻 半石土塘 闊一丈一尺高五尺 同上 同上 塘內係河
都 石塘 闊三丈一尺高八尺 同上 同上 同上
邑 同上 闊二丈九尺高八尺 同上 同上 同上
華 同上 闊二丈二尺高九尺 同上 同上 同上
夏 同上 闊二丈高八尺五寸 同上 同上 同上
東 同上 闊二丈二尺高九尺 同上 同上 同上
西 同上 闊二丈四尺高八尺 同上 同上 塘內係田內泥路一條
二 同上 闊二丈七尺高五尺 同上 同上 同上
京 同上 闊二丈五尺高六尺 同上 同上 塘內係田內泥路二條
面 同上 闊一丈六尺高六尺 同上 同上 塘內係田內外泥路各一條
洛 同上 闊一丈九尺高六尺 同上 同上 塘內係田面有三江大閘及要關莫神廟一座泥路一條內有老土塘一埭
安 同上 闊一丈四尺高七尺 同上 同上 塘內係三江脚內外泥路各二條面有孩棺七穴

定	同上	闊一丈二尺高七尺	同上	同上	塘內係三江脚外泥路一條又樹根二個
篤	同上	闊一丈三尺高八尺	同上	同上	塘內有溝外泥路一條面孩棺二穴碑缺
初	同上	闊一丈一尺高七尺	同上	同上	塘內有溝內外泥路各一條內石路一條外脚柏樹一株
誠	同上	闊一丈四尺高七尺	塘外沙地約一里上	同上	塘內有溝外泥路二條又樹根三個外脚柏樹一株
美	同上	闊一丈三尺高八尺	同上	同上	塘內有溝外泥路二條內泥路一條又樹根五個
愼	同上	闊一丈三尺高七尺	同上	同上	塘內有溝外泥路三條內泥路一條面孩棺三穴
終	同上	闊一丈三尺高八尺	同上	同上	塘內有溝外坵泥路各一條外脚柏樹一株碑缺
宜	同上	闊一丈三尺高九尺	同上	同上	塘內有溝內外泥路各一條塘底有霧洞一個
令	半石塘	闊一丈五尺高九尺	同上	同上	塘內有溝外泥石路二條內泥路一條內脚孩棺十二穴樹根十六個
榮	同上	闊一丈六尺高七尺	同上	同上	塘內有溝外脚石槨三具坟多樹根碑缺
業	土塘	闊一丈四尺高八尺	同上	同上	塘內係地內外泥路各一條內石路一條
所	同上	闊一丈七尺高七尺	同上	同上	塘內係地外泥路二條內泥路一條塘下有霧洞一個
基	同上	闊一丈六尺高一丈	同上	同上	塘內係河幷泥路一條內脚係有刺柴
籍	同上	闊一丈六尺高一丈	同上	同上	塘內係河外坵路一條內泥路二條外脚多刺柴
甚	同上	闊一丈六尺高一丈	同上	同上	塘內臨河外泥路二條外脚多刺柴幷有椿一排
無	同上	闊一丈九尺高九尺	同上	同上	塘內臨河外坵路一條內泥路二條內脚有種作
竟	同上	闊一丈一尺高五尺	同上	同上	塘內近河外多民房內草舍幷石串路一條內泥路一條
學	同上	闊一丈高五尺	同上	同上	塘內臨河幷有木椿一排幷串路一條外泥路一條又楝樹二株
優	同上	闊一丈高六尺	同上	同上	塘內係河內有木椿一排外泥路二條
登	同上	闊一丈高七尺	塘外沙地四五十丈	同上	塘內臨河外泥路二條內脚木椿一排
仕	同上	闊一丈一尺高七尺	同上	同上	塘內臨河內密椿一排外泥路二條坵路一條
攝	同上	闊一丈三尺高八尺	同上	同上	塘內外泥路一條

職同上　闊一丈六尺高七尺　同上　同上　塘內內泥路一條

從同上　闊二丈二尺高九尺　塘外沙地四五十丈　同上　塘內臨河內木樁各一排

政同上　闊一丈九尺高一丈　同上　同上　塘內臨河內外密樁各一排內泥路一條

存半土石塘　闊一丈九尺高一丈　同上　同上　塘內臨河內泥路二條

以石塘　闊二丈三尺高一丈　同上　同上　塘內係地

甘同上　闊二丈九尺高一丈　同上　同上　塘內近河

棠同上　闊三丈一尺高一丈三尺同上　同上　塘內臨河外密樁一排

而同上　闊二丈四尺高一丈　塘外臨江　同上　塘內臨河外密樁一排內石路一條泥路二條

益同上　闊一丈七尺高一丈四尺同上　同上　塘內近河面有官橋三眼閘一座內泥路一條

詠同上　闊四丈高一丈一尺　同上　同上　塘內近河內泥路一條

樂同上　闊二丈七尺高一丈　同上　同上　同上

殊同上　闊二丈一尺高一丈三尺同上　同上　塘內臨河面有孩棺四穴

貴同上　闊二丈三尺高一丈　同上　同上　塘內臨河面有孩棺二穴

禮同上　闊一丈九尺高一丈三尺同上　同上　塘內臨河幷泥路一條面有泥坟二穴

別同上　闊二丈三尺高一丈　同上　同上　塘內臨河

尊同上　闊二丈高一丈三尺　同上　同上　塘內臨河內泥石路各一條內有草舍一間滷池三埭面有孩棺一穴

卑同上　闊二丈二尺高一丈　同上　同上　塘內臨河幷坟一穴浮厝三具內脚有滷池二處

上同上　闊二丈三尺高一丈四尺同上　同上　塘內臨河泥石路各一條內脚有草舍滷池幷浮厝一具

和同上　闊三丈二尺高一丈五尺同上　同上　塘內係地內石路一條內脚有民房滷池幷多刺柴

下同上　闊二丈六尺高一丈六尺塘外沙地約三十丈　同上　塘內脚係屋幷泥路一條多刺柴

睦同上　闊三丈六尺高一丈六尺同上　同上　塘內係地幷孩棺三穴多刺柴碑缺

儀同上　闊三丈二尺高一丈四尺同上　同上　塘內係地多刺柴

東區管理處巡塘報告書（東塘）十六年三月

節 同上 闊三丈六尺高一丈四尺 同上 同上 塘內係地并泥路三條有樹根多刺柴

勿 同上 闊三丈一尺高一丈三尺 同上 同上 塘內係地并泥路一條有樹根多刺柴

次 同上 闊三丈四尺高一丈四尺 同上 同上 同上

造 同上 闊三丈四尺高一丈四尺 同上 同上 塘內係地并泥路一條孩棺一穴多刺柴樹根

惻 同上 闊三丈四尺高一丈四尺 同上 同上 塘內係地多刺柴樹根

隱 同上 闊三丈四尺高一丈四尺 同上 同上 塘內係地并泥路一條孩棺二穴多刺柴樹根

慈 同上 闊三丈二尺高一丈四尺 同上 同上 塘內係地并泥路一條又坟一穴多刺柴樹根內有種作

仁 同上 闊三丈三尺高一丈三尺 同上 同上 塘內係地并泥路一條泥坟四穴仁字誤刻慈字

規 同上 闊三丈一尺高一丈三尺 同上 同上 塘內係地泥路一條又孩棺五穴

箴 同上 闊三丈三尺高一丈三尺 同上 同上 塘內係地內身柏樹樹根多刺柴又孩棺三穴

磨 同上 闊三丈三尺高一丈三尺 同上 同上 塘內係地面孩棺四穴

切 同上 闊三丈三尺高一丈四尺 同上 同上 塘內係地并泥路一條大小坟十四穴內有柏樹多樹根刺柴

分 同上 闊三丈一尺高一丈三尺 同上 同上 同上

投 同上 闊三丈二尺高一丈 同上 同上 塘內係地內身柏樹種作并孩坟十三穴地名大池盤頭碑缺

友 同上 闊三丈一尺高一丈 同上 同上 塘內係地內脚柏樹并種作孩棺十三穴碑缺

交 同上 闊三丈高一丈二尺 同上 同上 塘內係地內有柏樹并孩棺七穴

枝 同上 闊二丈九尺高九尺 塘外浮沙約二十丈 上 同上 塘內係地內有柏樹并孩棺三穴

連 同上 闊四丈一尺高一丈三尺 同上 同上 塘內有竹并草舍又泥路一條

弟 同上 闊三丈二尺高一丈 同上 同上 塘內係地并石路一條泥路二條孩棺二穴

同 同上 闊四丈一尺高九尺 同上 同上 塘內係地并泥路一條孩棺一穴

氣 同上 闊四丈一尺高一丈 同上 同上 塘內係地

號	塘別	塘身高闊	沙磧遠近	江流形勢	備考
天	石塘	闊四丈三尺高一丈	塘外臨江	江流向東	塘內係地幷泥路二條 天字起至往字頭止係前局長鍾新修
地	同上	闊四丈五尺高一丈	同上	同上	塘內係田幷泥路一條
元	同上	闊三丈六尺高一丈	同上	同上	同上
黃	同上	闊三丈六尺高一丈	同上	同上	同上
宇	同上	闊三丈七尺高一丈	同上	同上	塘內係田幷泥路二條
宙	同上	闊四丈三尺高一丈	同上	同上	塘內係地幷泥路一條多刺柴
日	同上	闊四丈三尺高一丈	同上	同上	塘內係地幷泥路一條多刺柴
月	同上	闊四丈四尺高一丈	同上	同上	塘內係地幷泥路二條內脚多石槨孩棺五穴多刺柴
盈	同上	闊四丈四尺高一丈	同上	同上	塘內係地幷泥路一條多刺柴多坟槨
昃	同上	闊四丈二尺高一丈	同上	同上	塘內係地幷石路一條泥路二條內脚多刺柴坟槨
辰	同上	闊三丈四尺高一尺	同上	同上	塘內係地幷多刺柴
宿	同上	闊三丈六尺高一尺	同上	同上	塘內係地幷泥路一條孩棺五穴多刺柴
列	同上	闊三丈五尺高一丈	塘外沙地約三十丈	同上	塘內係地幷泥路一條孩棺二穴多刺柴
張	同上	闊四丈一尺高一丈	同上	同上	塘內係地幷孩棺七穴多刺柴
寒	同上	闊三丈六尺高一丈	同上	同上	塘內係地幷泥路一條孩棺四穴多刺柴
來	同上	闊三丈九尺高一丈	同上	同上	塘內係地幷泥路一條孩棺三穴多刺柴
暑	同上	闊三丈九尺高一丈	同上	同上	塘內係地幷泥路一條
往	同上	闊三丈四尺高一丈	同上	同上	塘內係屋幷串路一條塘上茶亭三間地名大潭
秋	同上	闊二丈三尺	同上	同上	塘內係屋幷串路一條外泥路二條內石路一條外脚民房 又有石槨二穴
收	同上	闊一丈四尺高八尺	塘外沙地二十丈	同上	塘內係地外泥路二條
冬	同上	闊一丈五尺高七尺	同上	同上	塘內係地內外泥路各二條坟二穴

藏 同上 闊一丈四尺高一丈 塘外沙地五十丈 同上 塘內係地幷泥路一條低坟一穴

閏 同上 闊一丈六尺高一丈 同 上同上 塘內係地幷泥路一條

餘 同上 闊一丈六尺高一丈 同 上同上 塘內係田幷泥路二條外坵路一條多刺柴

成 同上 闊一丈五尺高一丈 同 上同上 塘內係田幷泥路一條

歲 同上 闊一丈五尺高一丈 同 上同上 塘內係田串路一條內路二條碑缺

律 同上 闊一丈五尺高一丈 同 上同上 塘內係田幷泥路一條外池一個孩棺四穴

呂 同上 闊一丈七尺高九尺 同 上同上 塘內係田幷石路一條外有池一個石槨十二穴浮厝二具又內泥路一條

調 同上 闊一丈七尺高一丈 同 上同上 塘內係田石串路一條內外泥路各二條內多石槨浮厝一具又內泥路一條

陽 同上 闊二丈高四尺 同 上同上 塘內係田石串路二條內石路二條外泥路一條內脚民房面有柴蓬一間外恆泰鹽舍地名直落施

雲 同上 闊二丈四尺 同 上同上 塘內臨河幷石路二條泥串路一條碑無

騰 同上 闊三丈三尺 同 上同上 塘內係河幷石路二條外王萬豐鹽舍面有柴蓬一個

致 同上 面闊三丈 同 上同上 塘內係河內脚木椿一排石路二條又石埠頭一個外恆升鹽舍面有柴蓬一個溝一埭

雨 同上 闊三丈高無量處 塘外沙地五十丈 同上 塘內係河內脚木椿一排石路二條又石埠頭一個外恆升鹽舍面柴蓬一個滷溝一埭

露 同上 闊一丈四尺高九尺 同 上同上 塘內係河內脚木椿一排內外泥路各一條雨露碑皆缺

結 同上 闊一丈三尺高一丈 同 上同上 塘內係河內石路一條外坵路一條石槨一穴內多刺柴碑無

爲 同上 闊一丈三尺高一丈一尺 同 上同上 塘內係河內脚密椿一排坟四穴楝樹一株多刺柴

霜 同上 闊一丈五尺高一丈 同 上同上 塘內係河幷有密椿一排石槨一穴孩棺二穴多樹根刺柴碑無

紹興縣志資料 第一輯 塘閘彙記

金 同上 闊一丈七尺高一丈二尺同上同上 塘內係河并有密椿一排又泥坟二穴

生 同上 闊一丈五尺高一丈三尺同上同上 塘內係河并有密椿外坵路一條內泥路一條低坟一穴

麗 同上 闊一丈三尺高一丈同上同上 塘內係河并有密椿一排外泥路一條多刺柴碑無

水 同上 闊一丈七尺高一丈同上同上 同上

玉 同上 闊一丈二尺高一丈二尺同上同上 塘內外泥路各一條新開路一條

出 同上 闊一丈六尺高一丈二尺同上同上 塘內係河并密椿一排外泥路二條多刺柴

崑 同上 闊一丈六尺高一丈二尺塘外沙地四十丈同上同上 塘內係田并泥路二條外泥路一條多刺柴

崗 同上 闊一丈六尺高一丈二尺同上同上 塘內係田外泥路一條多刺柴

劍 同上 闊一丈四尺高九尺同上同上 塘內係田外泥路一條內多石槨孩棺五穴多刺柴

號 同上 闊一丈六尺高一丈一尺同上同上 同上

巨 同上 闊一丈三尺高九尺同上同上 塘內係田內石路一條多刺柴

闕 同上 闊一丈四尺高一丈同上同上 塘內係田內泥路一條浮厝三具多刺柴

珠 同上 闊一丈三尺高一丈塘外沙地三十丈同上同上 塘內係田并串路一條石槨六穴

稱 同上 闊一丈五尺高九尺同上同上 塘內係田串路一條坵路一條內泥路一條多刺柴地名嚴浦茶亭

夜 同上 闊一丈二尺高一丈同上同上 塘內係河并密椿一排

光 同上 闊一丈三尺高九尺同上同上 塘內係河并密椿一排外坵路一條內泥路一條多刺柴

果 同上 闊一丈三尺高一丈一尺塘外沙地四十丈同上同上 塘內係河外泥路一條多刺柴碑無

珍 同上 闊一丈二尺高一丈同上同上 塘內係河內泥路一條多刺柴碑無

李 同上 闊一丈三尺高一丈二尺同上同上 塘內係田外泥路二條內泥路一條浮厝一穴

柰 同上 闊一丈二尺高一丈三尺同上同上 塘內係田外泥路二條內泥路一條多刺柴孩棺三穴

菜 同上 闊一丈四尺高一丈二尺同上同上 塘內係田外泥路一條多刺柴孩棺四穴

重 同上 闊一丈四尺高一丈同上同上 塘內係田外泥路一條多刺柴

芥 半石塘 闊一丈四尺高一丈同上同上 塘內係田內石路一條外泥路二條刺柴甚多

薑 同 上 闊一丈五尺高一丈一尺同 上 同 上 塘內係田幷新開路一條孩棺一穴多刺柴
海 同 上 闊一丈五尺高一丈 同 上 同 上 塘內係田外泥路一條孩棺四穴多刺柴
鹹 同 上 闊一丈五尺高一丈 同 上 同 上 塘內係田幷串路一條低坟二穴
河 同 上 闊一丈三尺高一丈 塘外沙地二十丈 同 上 塘內係田內泥路一條
淡 同 上 闊一丈三尺高一丈 同 上 同 上 塘內係田內石路一條外坵路一條
鱗 同 上 闊一丈五尺高一丈 塘外沙地約十丈 同 上 塘內係田幷有草舍外坵路一條石路一條內泥路一條碑缺
潛 同 上 闊一丈四尺高九尺 同 上 同 上 塘內係田內有草舍幷坵路一條內石路一條
羽 同 上 闊一丈四尺高九尺 同 上 同 上 塘內係田外有草舍斜串路一條外石路石椰一穴碑倒塘下
翔 同 上 闊一丈三尺高八尺 同 上 同 上 塘內有屋外有民房草舍泥石串路各一條外石路一條
龍 同 上 闊一丈二尺高六尺 同 上 同 上 塘內有屋泥石串路各一條內外泥石路各一條
師 同 上 闊一丈五尺高七尺五寸塘外臨江 同 上 塘內是屋外脚有草舍內石路三條外石路二條泥路一條
火 石塘 闊二丈四尺高一丈二尺同 上 同 上 塘內係屋泥串路一條內石泥路各二條地名鎮塘殿
帝 同 上 闊二丈五尺高一丈二尺同 上 同 上 塘內民房幷石路三條 民國二年何李二理事新修石塘
鳥 同 上 闊三丈一尺高一丈二尺同 上 同 上 塘內滷池二十八口滷溝一條福寧茶亭五間內石路四條
官 同 上 闊二丈三尺高一丈二尺同 上 同 上 塘內滷池三十九口滷溝六條內路四條
人 同 上 闊二丈三尺高一丈二尺同 上 同 上 塘內係屋多肥缸內石路二條
皇 半石塘 闊一丈八尺高一丈三尺同 上 同 上 塘內係田內泥路一條低坟二穴樹根六個
始 同 上 闊二丈二尺高一丈三尺同 上 同 上 塘內係田幷石路一條
制 同 上 闊一丈八尺高一丈 同 上 同 上 塘內係田
文 同 上 闊一丈六尺高一丈四尺同 上 同 上 同上
字 同 上 闊一丈六尺高一丈四尺同 上 同 上 塘內有瀵內石路一條石椰一穴坟一穴
乃 同 上 闊三丈高一丈四尺 同 上 同 上 塘內近河

服 同上 闊一丈四尺高同 同 上 同 上 塘內係河幷泥路一條石樃一穴浮厝一具

衣 半石塘 闊二丈四尺高一丈二尺同 上 同 上 塘內臨河外石路一條泥路一條內石路一條顧德興壩埠一個大吉菴盤頭石樃五穴

裳 同上 闊一丈七尺高六尺 同 上 同 上 塘內臨河面有石埠一個石樃二十二穴外係餘濟鹽廠

推 同上 闊一丈五尺 同 上 同 上 塘內臨河石樃二十二穴石埠一個

位 同上 闊二丈一尺 塘外沙地五十丈 上 同 上 塘內臨河石埠一個多石樃面多洋參青外係浙東公廠

讓 同上 闊一丈六尺 塘外浮沙五十丈 江流向東 塘內係河內泥路三條坟二穴多石樃

國 同上 闊一丈七尺 同 上 同 上 塘內是河幷泥路一條石埠一個外公盛廠屋

有 同上 闊一丈二尺高一丈一尺同 上 同 上 塘內是河幷內外泥路各一條壩埠一個坟一穴多石樃外王愼泰行多刺柴

虞 同上 闊一丈三尺高一丈二尺同 上 同 上 塘內係田外坵路一條內泥路一條坟二穴多石樃樹根刺柴

陶 同上 闊一丈三尺高一丈二尺同 上 同 上 塘內係田內外坵路各一條坟一穴石樃十二穴有永泰行埠

唐 同上 闊一丈五尺高一丈一尺同 上 同 上 塘內係河沈德興壩路一條多石樃樹根刺柴

弔 同上 闊一丈九尺 同 上 同 上 塘內是河麥邊壩埠一個內泥路一條石樃九穴外身麥邊棧房

民 同上 闊一丈一尺 同 上 同 上 塘內係河永泰三聯泰行埠各一個內外石路四條多石樃刺柴外有草舍

伐 同上 闊一丈五尺 同 上 同 上 塘內係河內泥路一條外脚草舍多刺柴

罪 石塘 闊一丈八尺 同 上 同 上 塘內係屋沈德興沈祥興壩路各一條塘上密堆松柴塘下灑海分關

周 同上 闊三丈七尺高一丈一尺塘外沙地約五十丈 同 上 塘內係屋內泥石路各一條多石樃

發 同上 闊一丈九尺高一丈 同 上 同 上 塘內係瀵多石樃

商 同上 闊七尺高一丈三尺 同 上同上 塘內係瀼面有茶亭五間民房六間內石路一條多石㮴

湯 同上 闊一丈七尺 同 上同上 塘內係瀼面有民房十餘間肥缸十餘只內外石路各一條

坐 同上 闊一丈七尺高六尺 塘外臨江 同上 塘內係瀼內張神殿湯公祠外面馬福昌酒店內石路一條多石㮴刺柴

朝 同上 闊一丈三尺高五尺 同 上同上 塘內臨河內外泥路各三條多石㮴刺柴外有草舍

問 半石塘 闊一丈七尺高一丈二尺同 上同上 塘內係河內泥石路各一條問字起至愛字止係鍾局長新修半石塘

道 同上 闊一丈八尺高一丈一尺同 上同上 塘內係河孩棺六穴

垂 同上 闊一丈九尺高一丈二尺同 上同上 塘內係河丼石路一條有石㮴孩棺四穴內有起龍庵多蘆根

拱 同上 闊二丈高一丈三尺 同 上同上 塘內係河石㮴五穴孩棺三穴蘆根多

平 同上 闊二丈八尺高一丈二尺同 上同上 塘內係河丼泥路一條多石㮴刺柴

章 同上 闊二丈七尺高一丈 同 上同上 塘內係河多石㮴

愛 同上 闊二丈高一丈一尺 塘外浮沙十丈 上同上 塘內係河泥串路一條內石路一條多石㮴刺柴孩棺六穴

育 土塘 闊一丈六尺高一丈 同 上同上 塘內係河串路一條孩棺三穴

黎 同上 闊一丈八尺高一丈 同 上同上 塘內係河外坵路一條石㮴孩棺各三穴

首 同上 闊一丈七尺高一丈 同 上同上 塘內係河外坵路一條內多石㮴坟二穴多刺柴樹根

臣 同上 闊一丈六尺高一丈 同 上同上 塘內係河外坵路一條內石路二條樹根蘆根甚多

伏 同上 闊一丈五尺高三尺 同 上同上 塘內係河王愼泰協泰興壩路各一條外石路一條內外身多民房樹根蘆根

戎 同上 闊一丈五尺高七尺 同 上同上 塘內係河協泰興壩路一條石㮴十四穴

羌 同上 闊一丈三尺高九尺 同 上同上 塘內係河王懋昌壩路一條石路一條石㮴四穴孩棺一穴多刺柴

遐 同上 闊一丈四尺高八尺 同 上同上 塘內係河外泥路一條多樹根刺柴

迴 同上 闊一丈六尺高七尺 同上 同上 塘內係河內木樁外坵路一條多蘆根剌柴

壹 同上 闊一丈四尺高六尺五寸塘外沙地約十丈 江流西北 塘內係河外泥路一條泥坟三穴

體 同上 闊一丈六尺高七尺 同上 同上 塘內係河多樹根蘆根

率 同上 闊一丈九尺高八尺 同上 同上 塘內係河外泥路一條石槨一穴泥坟五穴浮厝三具多樹根蘆根

賓 同上 闊一丈七尺高六尺 同上 同上 塘內係河外泥路一條內外楝樹各一株又泥坟五穴

歸 同上 闊一丈八尺高一丈二尺 同上 同上 塘內係河內楝柏樹各一株并泥路一條沈德興泥壩路一條又楝樹三株眼閘一座

王 同上 闊一丈三尺 同上 同上 塘內係河內外石路各一條串路一條內泥路一條蘆根多根

鳴 同上 闊一丈四尺高四尺 同上 同上 塘內外皆民房內石路一條外路二條內脚多坟槨樹根蘆根

鳳 同上 闊一丈七尺高一丈三尺 同上 同上 塘內係田內路二條外路一條面石槨三穴孩棺一穴多樹根蘆根

在 同上 闊一丈七尺高一丈 同上 同上 塘內係地內外路各一條面有石槨二穴坟一穴孩棺三穴多樹根蘆根

竹 同上 闊一丈八尺高一丈 同上 同上 塘內係地面有石槨二穴孩棺五穴多樹根蘆根

白 同上 闊一丈九尺高一丈 同上 同上 塘內係地內外路各一條石槨三穴內脚槨多孩棺二穴浮厝三具多樹根蘆根

駒 同上 闊一丈八尺高一丈 同上 同上 塘內係地外坵路一條內脚石槨十穴面有孩棺二穴浮厝三穴多樹根蘆根

食 同上 闊一丈八尺高一丈 塘外浮沙六丈 江流西北 塘內係田并孩棺一穴多樹根蘆根碑缺

場 同上 闊一丈七尺高一丈一尺 同上 同上 塘內係河內外路各一條石槨四穴場化兩字塘內係河前表誤寫係田宜更正且此兩字內臨深河塘外沙脚不過六丈內塘身及脚均多坍陷急宜修築

化	同　上	闊一丈八尺高一丈	塘外浮沙十丈	上　同　上	塘內係河外路一條
被	同　上	闊一丈九尺高九尺	同	上　同　上	塘內係河內外路各一條面大小石槨九穴孩棺六穴
艸	同　上	闊一丈九尺高七尺	同	上　同　上	塘內係河內路一條多蘆根
木	同　上	闊二丈二尺高九尺	同	上　同　上	塘內有萬聖庵串路一條內脚多坟槨內身又石槨五穴孩棺一穴多蘆根
賴	同　上	闊二丈八尺高九尺	同	上　同　上	塘內係田外路一條內路二條面石槨孩棺各二穴蘆根極多
及	同　上	闊二丈八尺高九尺	同	上　同　上	塘內係田內脚多坟槨
萬	半石塘	闊二丈七尺高九尺	同	上　同　上	塘內係田外路一條內脚多坟槨
方	同　上	闊二丈一尺高一丈	同	上　同　上	塘內係田內外路各一條內脚多坟槨樹根刺柴蘆根
蓋	同　上	闊二丈五尺高九尺	塘外浮沙六丈	同　上	塘內係田外路一條內脚多坟槨孩棺二穴多刺柴樹根蘆根
此	同　上	闊二丈七尺高一丈	同	上　同　上	塘內係田并路一條內脚多坟槨孩棺四穴多樹根刺柴蘆根
身	同　上	闊二丈六尺高一丈	塘外浮沙約七丈	同　上	塘內係田內脚多坟槨孩棺二穴
髮	同　上	闊二丈三尺高一丈	同	上　同　上	塘內係田并路一條內脚多坟槨浮厝三具
四	同　上	闊二丈三尺高一丈一尺	同	上　同　上	塘內係田內路一條面磚石槨四穴孩棺七穴多刺柴
大	同　上	闊二丈高九尺五寸	塘外浮沙約三丈	同　上	塘內係田內石路一條外路二條內脚多坟槨面有石槨七穴又多肥缸多刺柴蘆根
五	同　上	闊五丈九尺高一丈二尺	塘外臨江	同　上	塘內民房面有大王廟茶亭三間內路五條石槨一穴
常	同　上	闊一丈二尺高一丈三尺	同	上　同　上	塘內外皆民房內路一條多蘆根
恭	同　上	闊一丈六尺高一丈二尺	同	上　同　上	塘內脚多坟槨并路三條多蘆根
惟	同　上	闊高同上	同	上　同　上	塘內脚多坟槨孩棺二穴多蘆根
鞠	同　上	闊二丈六尺高一丈二尺	同	上　同　上	塘內係田內路一條石槨十四穴坟二穴浮厝七具孩棺二

穴、

養 同上 闊一丈九尺高一丈三尺同上 同上 塘內係田幷泥坆二穴孩棺一穴

豈 半石塘 闊一丈九尺高一丈二尺塘外浮沙約二丈 同上 塘內係田內路二條石槨十一穴浮厝二具孩棺三穴多樹根刺柴

敢 同上 闊一丈六尺高一丈二尺同上 同上 塘內係田內脚多坆槨孩棺一穴有樹根刺柴

女 同上 闊一丈四尺高一丈二尺同上 同上 塘內係田內脚多坆槨孩棺一穴內路一條外路二條

慕 同上 闊一丈六尺高一丈 同上 同上 塘內係田外路一條樹根八個

貞 同上 闊一丈四尺高一丈 同上 同上 塘內係田內外路各一條石槨二具浮厝一具

潔 同上 闊一丈四尺高一丈 塘外浮沙約五丈上 同上 同上

男 同上 同上 同上 同上 塘內係田內路一條外路二條內脚多坆槨

效 同上 闊一丈七尺高九尺 同上 同上 塘上有會龍庵茶亭三間內外民房內路四條外路一條地名車家浦

才 同上 闊一丈九尺 同上 同上 塘內脚多石槨壩路二條內石路一條外皆民房地名車家浦煙灶約百餘戶

良 同上 闊一丈七尺高九尺 同上 同上 塘內係地幷路一條內脚多坆幷面有石槨一具孩棺四穴

知 同上 闊一丈六尺高一丈 同上 同上 塘內係地幷路一條孩棺三穴

過 同上 同上 同上 同上 塘內係地幷路一條內脚多坆樹根一個

必 同上 闊一丈六尺高九尺 同上 同上 塘內係地內路一條內脚多坆

改 同上 闊一丈八尺高一丈 同上 同上 塘內係地內外路各一條多坆

得 同上 闊一丈五尺高一丈 塘外浮沙約十丈上 同上 塘內係地內串路一條

能 同上 闊一丈五尺高五尺五寸同上 同上 塘內民房外路三條內路二條面有路亭三間地名徐家堰煙灶約四十餘戶

莫 同上 闊一丈九尺高九尺 同上 同上 塘內係地外路一條

忘 同上 闊一丈四尺高一丈一尺同上 同上 塘內係田內外路各二條

字號	塘式	尺寸	塘外	江流	塘內
罔	土塘	闊一丈四尺高一丈	塘外浮沙三十丈	同上	塘內脚多坟外路一條孩棺一穴
談	同上	闊一丈四尺高一丈	同上	同上	塘內係田幷犀斜串路一條孩棺三穴
彼	同上	闊一丈八尺高一丈	同上	同上	塘內係田內路一條孩棺五穴多坟碑無
短	同上	同上	同上	同上	塘內係田內外路各一條內脚多坟
靡	同上	闊一丈六尺高一丈	塘外沙地約五十丈	同上	塘內脚多坟內外路各一條孩棺二穴
恃	同上	闊一丈五尺高一丈	同上	同上	塘內係田內外路各一條坟一穴孩棺七具
己	同上	闊二丈一尺高一丈	塘外沙地約半里	同上	塘內係河幷密樁一排斜串路一條孩棺二穴多樹根
長	同上	闊二丈一尺高九尺	同上	同上	塘內係河幷密樁一排外路一條孩棺五穴
信	同上	闊一丈九尺高五尺	同上	同上	塘內係河串路二條外路一條地名嘯唫下廟
使	同上	闊一丈七尺高五尺	同上	同上	塘內民房外草舍內路三條外路二條
可	同上	闊一丈一尺	同上	同上	塘內外民房內路三條串路一條
復	同上	闊一丈五尺高八尺	同上	同上	塘內係地外路一條浮厝一具孩棺六穴
器	同上	闊一丈五尺高一丈	同上	同上	塘內係地內脚多坟面浮厝一具孩棺六穴
欲	同上	闊一丈六尺高九尺	同上	同上	塘內係地外路一條柏樹一株內脚多坟
難	同上	闊一丈四尺高七尺	同上	同上	塘內係田並路二條內脚多坟面坟四穴石槨一具柏樹二株孩棺五穴
量	同上	闊一丈三尺高八尺	同上	同上	塘內係田內外路各二條內外脚多坟孩棺八穴碑無
墨	同上	闊一丈四尺高七尺	塘外沙地約里許	江流西北	塘內係田幷路二條內脚多坟面石槨一具坟四穴柏樹二株孩棺五穴
絲	同上	闊一丈三尺高八尺	同上	同上	塘內係田內外路各一條塘內外脚多坟孩棺八穴
染	同上	闊一丈六尺高八尺	同上	同上	塘內係地內脚多坟孩棺十一穴
詩	同上	闊一丈三尺高八尺	同上	同上	塘內係河幷犀斜串路一條面坟二穴孩棺七穴多樹根
讚	同上	闊一丈七尺高九尺	同上	同上	塘內民房內外路各一條串路一條石槨一具多樹根
羔	同上	闊一丈九尺高九尺	塘外沙地約三里	同上	塘內民房面有路亭三間又大樹三株外路四條內路一條

羊 同上 闊一丈四尺高七尺 同上 同上 塘內民房內路四條外路三條
景 同上 闊一丈七尺 同上 同上 塘內民房外路一條內石路二條
行 同上 闊一丈四尺高七尺 同上 同上 塘內民房幷近河內石路二條外有肥缸一排
維 同上 闊一丈六尺高九尺 同上 同上 塘內係屋外路一條內路六條
賢 同上 闊二丈四尺 同上 同上 塘內係田外路二條內脚多肥缸孩棺一穴樹根十個
克 同上 闊一丈四尺高八尺 同上 同上 塘內係田斜串路一條浮厝二具坟幷孩棺各三穴多樹根
念 同上 闊一丈七尺高九尺 塘外沙地約三四里 同上 塘內係田內路一條浮厝三具坟五穴孩棺九穴多樹根蘆根
作 同上 闊一丈四尺高八尺 同上 同上 塘內係田內路一條浮厝五具坟六穴孩棺二穴地名青山脚
聖 同上 闊一丈八尺高六尺 同上 同上 塘內係地多坟幷浮厝
德 同上 闊一丈五尺高六尺 同上 同上 塘內係地串路一條外泥路一條坟二穴浮厝三具孩棺多
建 同上 闊一丈七尺高七尺 同上 同上 塘內係田內路二條外路一條浮厝二具多孩棺樹根
名 同上 闊一丈六尺高七尺 同上 同上 塘內係田外泥路二條坟二穴孩棺十七穴外楝樹一株
立 同上 同上 同上 同上 塘內係田串路一條外泥路二條
形 同上 闊一丈二尺高五尺 同上 同上 塘內係田外石路四條內石路二條泥路一條
端 同上 闊一丈高四尺五寸 同上 同上 塘內係河外路五條內路四條
表 同上 闊六尺高四尺 同上 同上 塘內係屋內外路各二條外泥路一條
正 同上 闊一丈六尺高八尺 同上 同上 塘內係河內舊木樁一排幷路一條外路三條幷有民房內柳楝樹各一株
谷 同上 闊一丈九尺 同上 同上 塘內係田幷屋內石路三條外石路四條
傳 同上 闊一丈三尺高五尺 塘外沙地三里 同上 塘內係屋內外石路各一條外有三聚亭一座幷民房
聲 同上 闊二丈三尺高七尺 同上 同上 塘內係屋幷路三條樹根三個碑斷
虛 同上 闊一丈六尺高七尺 同上 同上 塘內係田外路一條樹根蘆根多地名杜浦煙灶約百餘戶

堂　同上　闊一丈二尺高七尺　同上　同上　塘內係田內路一條孩棺三穴多樹蘆等根
習　同上　闊一丈六尺高一丈　同上　同上　塘內係田近河外路一條多樹蘆根
聽　同上　闊一丈四尺高九尺　同上　同上　塘內係田多樹根蘆根
禍　同上　闊一丈五尺高一丈　同上　同上　塘內係田外路一條樹根七個
因　同上　闊二丈高一丈一尺　同上　同上　塘內係田內外泥路各一條孩棺一穴多樹根
惡　同上　闊一丈六尺高一丈　同上　同上　塘內係田外路一條孩棺七穴樹根一個
積　同上　闊一丈七尺高八尺　同上　同上　塘內係田幷路一條樹根十二個多蘆根
福　同上　闊一丈六尺高一丈　同上　同上　塘內係田斜串路一條內路一條樹根七個孩棺二穴多樹根
緣　同上　闊一丈八尺高八尺　同上　同上　塘內係田樹根八個多蘆根
善　同上　闊一丈六尺高八尺　同上　同上　塘內係田外路一條樹根二個多蘆根
慶　同上　闊一丈五尺高八尺　同上　同上　塘內係田內有張神廟內石路二條外石路一條樹根八個多蘆根
尺　同上　濶三丈高一丈　同上　同上　塘內係田面有黃草瀝廢閘一座內泥石路各一條樹根一個
璧　同上　闊一丈四尺高一丈　同上　同上　塘內係田孩棺三穴
非　同上　闊一丈六尺高一丈　同上　同上　塘內係田外路二條孩棺五穴多樹根
寶　同上　闊一丈五尺高九尺　同上　同上　塘內係田內外路各一條孩棺二穴
寸　同上　闊一丈六尺高一丈　同上　同上　塘內係田斜串路一條孩棺一穴
陰　同上　闊一丈七尺高一丈二尺　同上　同上　塘內係田內路一條樹根六個
是　同上　闊一丈七尺高一丈　同上　同上　塘內係田外路一條樹根三個
競　同上　闊一丈七尺高一丈　同上　同上　塘內係田內外路各一條斜串路一條
資　同上　闊二丈五尺高一丈　同上　同上　塘內係河有舊木樁一排內石串路各一條幷枯楝樹一株
父　同上　闊二丈高九尺五寸　同上　同上　塘內係田內石路一條面有大連香樹一株周圍一丈零五

寸地名楊家塘煙灶三十餘

事 同上 闊一丈九尺高一丈 同上 同上 塘內係田外路一條內脚浮厝八具孩棺七穴內外樹根二十個

君 同上 闊二丈三尺高一丈 同上 同上 塘內係田內串路各一條樹根五個

曰 同上 闊一丈八尺高一丈 同上 同上 塘內係田內路一條樹根二個

嚴 同上 闊一丈七尺高一丈 同上 同上 塘內係田外路一條樹根四個

與 同上 闊一丈五尺高一丈 同上 同上 塘內係田內外泥路各一條孩棺一穴樹根蘆根多

敬 同上 闊二丈三尺高一丈 同上 同上 塘內有溝內路一條內外樹根甚多孩棺二穴

孝 同上 闊一丈九尺高一丈 同上 同上 塘內係田內路一條樹根十一個多刺柴

當 同上 闊一丈八尺高一丈 同上 同上 塘內係田外石路一條內石路二條面有大楝樹一株地名瀝泗有張神殿又多蘆根

竭 同上 闊一丈四尺高九尺 同上 同上 塘內係田串路一條宜挑平外脚樟樹一株竭字碑誤寫是字

力 同上 闊一丈二尺高九尺 同上 同上 塘內係田串路一條宜挑平外脚樟樹一株多蘆根樹根

忠 同上 闊一丈七尺高九尺 同上 同上 塘內係田內外多樹根

則 同上 闊一丈九尺高九尺 同上 同上 塘內係田內外樹根多

盡 同上 闊一丈九尺高九尺 同上 同上 塘內係田孩棺五穴

命 同上 闊一丈七尺高一丈 同上 同上 塘內係田內路二條外路一條串路一條宜挑平多蘆根

臨 同上 闊一丈二尺高一丈 同上 同上 塘內係田內路一條孩棺一穴

深 同上 闊一丈四尺高九尺 同上 同上 塘內係田多樹根刺柴蘆根

履 同上 闊一丈三尺高八尺 同上 同上 塘內係田內路一條孩棺一穴多蘆根

薄 同上 闊一丈五尺高九尺 同上 同上 同上

夙 同上 闊一丈六尺高九尺 同上 同上 塘內係田內路一條串路一條孩棺一穴

興 同上 闊二丈高一丈 同上 同上 塘內係田外路一條孩棺二穴多刺柴地名賣鹽漊

温	同上	闊一丈七尺高八尺	同上	同上	塘内係田内路一條多樹根刺柴
凊	同上	闊一丈四尺高八尺	同上	同上	同上
似	同上	同上	同上	同上	同上
蘭	同上	闊一丈六尺高八尺	同上	同上	塘内係田地名瀝泗村烟灶約二百餘戸
斯	同上	闊一丈六尺高八尺	同上	同上	塘内係田内外路各一條多刺柴樹根
馨	同上	闊二丈高八尺	同上	同上	塘内係田斜串路一條多樹根刺柴
如	同上	闊一丈四尺高九尺	同上	同上	塘内係田内脚舊木樁一排外路一條孩棺二穴樹根二個多刺柴
松	半石塘	闊一丈一尺高九尺	同上	同上	塘内係河内脚有舊木樁一排
之	同上	闊一丈五尺高九尺	塘外沙地約百丈	同上	塘内係田内路二條多樹根刺柴
盛	同上	闊一丈二尺高九尺	同上	同上	塘内係田孩棺一穴多樹根刺柴
川	同上	闊三丈高九尺	同上	同上	塘内係田内路一條串路一條樹根刺柴多
流	同上	闊一丈五尺高一丈	同上	同上	塘内係田枯楝樹一株孩棺一穴多樹根刺柴
不	同上	闊一丈八尺高九尺	同上	同上	塘内係溝外路一條多樹根刺柴
息	同上	闊一丈五尺高九尺	塘外沙地五十丈	同上	塘内係溝多樹根刺柴地名馬王漊煙灶約五十餘戸
淵	同上	闊一丈四尺高一丈	同上	同上	塘内係河内密樁一排内外路各一條樹根刺柴甚多
澄	同上	闊一丈八尺高一丈一尺	同上	同上	塘内係河内脚密樁一排内路一條多樹根刺柴
取	同上	闊一丈五尺高一丈	同上	同上	塘内係河内脚密樁一排内外路各一條多樹根刺柴
暎	同上	闊一丈六尺高九尺	同上	同上	塘内係田外路二條多刺柴樹根
容	同上	闊一丈六尺高一丈	同上	同上	塘内係田多樹根刺柴
止	同上	闊二丈高一丈	同上	同上	塘内係田幷路一條樹根刺柴多
若	同上	闊一丈五尺高九尺	同上	同上	塘内係田幷路一條多樹根刺柴地名楊樹漊烟灶約六十餘戸
思	同上	闊一丈三尺高九尺	塘外沙地三十丈	同上	塘内係田内脚坟四穴外路一條多刺柴樹根

言 同上 闊二丈四尺高九尺 同上 同上 塘內係田孩棺一穴多樹根刺柴

辭 同上 闊一丈五尺高九尺 同上 同上 塘內係田斜串路一條內泥路二條多樹根刺柴

安 同上 闊一丈六尺高九尺 同上 同上 塘內係田多樹根刺柴

定 同上 闊二丈四尺高九尺 同上 同上 塘內係田內脚坟二穴多樹根刺柴

篤 同上 闊一丈七尺高九尺 同上 同上 塘內係田內路一條多樹根刺柴

初 同上 闊一丈六尺高九尺 同上 同上 塘內係田多樹根刺柴

誠 同上 闊一丈八尺高一丈一尺 同上 同上 同上

美 同上 同上 同上 同上 塘內係田內路四條外路一條樹根刺柴多係韓家濱沙地

慎 同上 闊一丈九尺高九尺 同上 同上 塘內係田幷有王殿一座外有竹

終 同上 闊一丈六尺高九尺 同上 同上 塘內係田內外有竹幷柳楝樹各一株內外路各一條

宜 同上 闊一丈九尺高九尺 同上 同上 塘內係河有密椿一排內外路各一條

令 同上 闊一丈二尺高一丈一尺 同上 同上 塘內係河樹根十二個

榮 同上 闊二丈四尺高一丈 同上 同上 塘內係田內脚浮厝三具

業 同上 闊二丈八尺高九尺 同上 同上 塘內係田樹根三個多刺柴

所 同上 闊二丈五尺高一丈一尺 同上 同上 塘內係田內路一條樹根四個

基 同上 闊二丈九尺高一丈 同上 同上 塘內係田多刺柴

籍 同上 闊二丈四尺高一丈 同上 同上 塘內係田

甚 同上 闊二丈六尺高一丈 同上 同上 塘內係田樹根十五個多刺柴

竟 同上 闊二丈七尺高一丈 塘外沙地五十丈 同上 塘內係田多刺柴

學 同上 闊三丈一尺高一丈 同上 同上 塘內係田內外路各一條樹根五個多刺柴

優 同上 闊二丈二尺高一丈 同上 同上 塘內係田外路一條

登 同上 闊二丈二尺高一丈 同上 同上 塘內係田

仕 同上 闊二丈四尺高一丈一尺 同上 同上 塘內係田內路一條樹根一個多刺柴

攝 同上 闊二丈四尺高九尺 同上 同上 塘內係田內脚坟四穴孩棺一穴

職 同上 闊二丈五尺高八尺 塘外沙地十丈 同上 塘內係田
從 同上 闊二丈四尺高一丈 同上 同上 塘內係田串路泥路一條塘面西湖三眼閘一座
政 同上 闊二丈二尺高七尺 同上 同上 塘內係田串路一條內泥路一條柏樹一株樹根十八個
存 同上 闊二丈高八尺 塘外沙地百丈 同上 塘內係田內路一條樹根十二個
以 同上 同上 同上 同上 塘內係田外路一條樹根九個
甘 同上 闊一丈九尺高八尺 同上 同上 塘內係田外路一條樹根刺柴甚多
棠 同上 闊二丈一尺高八尺 同上 同上 塘內係田樹根刺柴多
去 同上 闊一丈九尺高八尺 同上 同上 塘內係田外路一條柏樹一株孩棺二穴樹根刺柴甚多地名塘角
而 同上 同上 同上 同上 塘內係田串路一條多樹根刺柴
益 同上 闊二丈高九尺 同上 同上 塘內係田多刺柴樹根
詠 同上 闊二丈二尺高九尺 同上 同上 塘內係田串路一條孩棺一穴多刺柴樹根
樂 同上 闊二丈二尺高一丈 同上 同上 塘內係田孩棺二穴多樹根刺柴
殊 同上 闊二丈一尺高一丈 同上 同上 塘內係田多樹根刺柴
貴 土塘 同上 同上 同上 塘內係田外路一條多樹根刺柴
禮 同上 闊二丈一尺高九尺 同上 同上 塘內係田外路二條多樹根刺柴
別 同上 同上 同上 同上 塘內係田坵路一條
尊 同上 同上 塘外沙地約半里 同上 塘內係田內路一條外路二條孩棺二穴多樹根刺柴
卑 同上 闊一丈一尺高一丈 同上 同上 塘內係田孩棺二穴多刺柴
上 土塘 闊二丈一尺高一丈 塘外沙地半里 同上 塘內係田內外泥路各一條多樹根刺柴
和 同上 闊二丈一尺高一丈一尺 同上 同上 塘內係田外路一條
下 同上 闊一丈六尺高一丈 同上 同上 塘內係田內外泥路各一條外有竹園地名塘角多樹根
睦 同上 闊一丈八尺高八尺 塘外沙地五里 同上 塘內外脚有竹園石串路一條石路三條內有塘角社廟外有民房

夫 同上 闊一丈六尺高七尺 同上 同上 塘內係河有廟內脚竹園外路一條坟一穴多樹根

唱 同上 闊二丈一尺高一丈 同上 同上 塘內種竹并路一條多樹根

婦 同上 闊二丈一尺高一丈 同上 同上 塘內民房外泥路二條內泥石路各一條樹根三個地名小金家

隨 同上 闊二丈二尺高一丈三尺 同上 同上 塘內係田串路一條坟二穴樹根三個

外 同上 闊二丈一尺高一丈三尺 同上 同上 塘內係田串路一條樹根五個坟二穴

受 同上 闊二丈一尺高一丈一尺 同上 同上 塘內係田串路一條樹根八個地名大金家

傅 同上 闊二丈四尺高一丈四尺 同上 同上 塘內係田并屋又有竹內石路一條樹根十一個

訓 同上 闊二丈四尺高一丈四尺 同上 同上 塘內係田并有竹內外泥路各一條孩棺二穴

入 同上 闊二丈二尺高一丈二尺 同上 同上 塘內係田并屋又有竹內石路一條樹根二十三個孩棺二穴

奉 同上 同上 同上 同上 塘內係田樹根十五個

母 同上 同上 同上 同上 塘內係田樹根十一個

儀 同上 同上 同上 同上 塘內係田樹根八個多刺柴

諸 同上 闊一丈九尺高七尺 同上 同上 塘內係田內外泥路各一條樹根八個塘外有會龍廟

姑 同上 闊二丈一尺高七尺 同上 同上 塘內係田內外泥路各一條樹根五個

伯 同上 闊二丈高一丈二尺 同上 同上 塘內係田外路一條孩棺四穴樹根十八個

叔 同上 闊一丈九尺高一丈 同上 同上 塘內係田連理柏樹一株樹根十二個地名徐家塘

猶 同上 闊二丈一尺高一丈二尺 同上 同上 塘內係河內泥路四條外一條石路一條內有草舍地名潭底面闊二丈九尺多樹根

子 同上 闊二丈一尺高一丈 同上 同上 塘內係田外路一條多樹根刺柴孩棺十四穴

比 同上 闊二丈高一丈二尺 同上 同上 塘內係田樹根五個孩棺五穴

兒 同上 闊二丈高一丈一尺 同上 同上 塘內係田樹根六個孩棺三穴

孔 同上 闊二丈一尺高一丈 同上 同上 塘內係田外路一條多樹根三個

懷　同上　闊二丈二尺高一丈二尺同上　同上　塘內係田內路一條孩棺一穴樹根十六個地名中庵煙灶約百餘戶

兄　同上　闊二丈一尺高一丈一尺同上　同上　塘內係田樹根十二個多刺柴

弟　同上　闊二丈三尺高一丈二尺同上　同上　塘內係田樹根十一個多刺柴

同　同上　闊二丈高一丈一尺　同上　同上　塘內係田

氣　同上　闊二丈高一丈二尺　同上　同上　塘內係田幷樹根十二個

連　同上　闊二丈二尺高一丈二尺同上　同上　塘內係田串路一條孩棺四穴

枝　同上　闊二丈高一丈一尺　同上　同上　塘內係田孩棺二穴多樹根刺柴

交　同上　闊二丈二尺高一丈一尺同上　同上　塘內係田多樹根刺柴內路一條地名梁巷煙灶約三百多戶

友　同上　闊二丈二尺高一丈一尺同上　同上　塘內係田多樹根刺柴

投　同上　闊二丈一尺高一丈一尺同上　同上　塘內係田斜串路一條外泥路一條幷有豐山庵

分　同上　闊二丈一尺高一丈一尺同上　同上　塘內係田多樹根刺柴

切　同上　闊二丈二尺高一丈四尺同上　同上　塘內係田串路二條孩棺一穴

磨　同上　闊二丈一尺高一丈二尺同上　同上　塘內係田外泥路一條地名新沙

箴　同上　闊一丈八尺高一丈二尺同上　同上　塘內係田內外路各二條孩棺七穴

規　同上　闊二丈一尺高一丈二尺同上　同上　塘內係田外路一條孩棺四穴

仁　同上　闊二丈三尺高一丈二尺同上　同上　塘內係田幷路一條孩棺三穴

慈　同上　闊一丈八尺高一丈四尺同上　同上　塘內係田內路一條孩棺一穴

隱　同上　闊一丈九尺高一丈四尺同上　同上　塘內係田幷路一條

惻　同上　闊二丈二尺高一丈三尺同上　同上　塘內係田外路一條樹根一個

造　同上　闊二丈五尺高一丈五尺同上　同上　塘內係田多刺柴樹根廿一個

次　同上　闊二丈高一丈五尺　同上　同上　塘內係田外泥路一條多樹根刺柴內倒塘潭

弗　同上　闊二丈六尺高一丈四尺同上　同上　塘內係田內泥路一條多樹根刺柴

離 同上 闊一丈九尺高一丈五尺同 上 同 上 塘內係田斜串路一條樹根四個
節 同上 闊一丈九尺高一丈四尺同 上 同 上 塘內係田孩棺三穴樹根十六個
義 同上 闊二丈高一丈五尺 同 上 同 上 塘內係田樹根十四個內倒塘潭
廉 同上 闊三丈高一丈五尺 同 上 同 上 塘內係田地名屠家埠孩棺二穴
退 同上 闊二丈高一丈六尺 同 上 同 上 塘內係田斜串路一條孩棺一穴
沛 同上 闊一丈八尺高一丈六尺同 上 同 上 塘內係田刺柴多樹根六個內倒塘潭
匪 同上 闊二丈四尺高一丈六尺同 上 同 上 塘內係田串路一條
性 同上 闊一丈八尺高一丈五尺同 上 同 上 塘內係田斜串路一條樹根一個
靜 同上 闊二丈六尺高一丈六尺同 上 同 上 塘內係田樹根七個
情 同上 闊二丈六尺高一丈四尺同 上 同 上 塘內係田外泥路一條
逸 同上 闊二丈四尺高一丈四尺同 上 同 上 塘內係田樹根五個
心 同上 闊一丈七尺高一丈六尺同 上 同 上 塘內係田外泥路二條內泥路三條樹根十五個
動 同上 闊一丈九尺高一丈五尺同 上 同 上 塘內係田斜串路一條樹根七個
神 同上 闊二丈高一丈四尺 同 上 同 上 塘內係田內路一條地名白米堰
疲 同上 闊二丈八尺高一丈五尺同 上 同 上 塘內係田串路一條孩棺一穴塘下有霔洞一個
守 同上 闊二丈高一丈四尺 同 上 同 上 塘內係田孩棺一穴
眞 同上 闊二丈高一丈五尺 同 上 同 上 塘內係田內外路各一條樹根五個
志 半石塘 闊二丈六尺高一丈 同 上 同 上 塘內係田孩棺一穴
滿 同上 闊二丈四尺高一丈一尺同 上 同 上 塘內係田外路一條多刺柴樹根
逐 同上 闊二丈二尺高一丈二尺同 上 同 上 塘內係田串路一條孩棺一穴多刺柴樹根
物 同上 闊一丈六尺高一丈三尺同 上 同 上 塘內係田內路一條孩棺一穴
意 同上 闊二丈四尺高一丈二尺同 上 同 上 塘內係田內路一條多刺柴樹根
移 同上 闊二丈六尺高一丈 同 上 同 上 塘內係田外路一條多樹根刺柴
堅 同上 闊三丈高一丈一尺 同 上 同 上 塘內係田多樹根刺柴

持 同上 闊二丈七尺高一丈 同上 同上 塘內係田外路一條地名龍王塘
固 同上 闊一丈七尺高一丈 同上 同上 塘內係田
雅 土塘 闊一丈六尺高一丈二尺 同上 同上 塘內係田多樹根刺柴孩棺一穴
操 同上 同上 同上 同上 塘內係田孩棺四穴多樹根刺柴
好 同上 同上 同上 同上 塘內係田面有鐵牛頭一個串路一條地名中墅
爵 同上 闊一丈五尺高一丈三尺 同上 同上 塘內係田多蘆根
自 同上 闊一丈五尺高一丈三尺 同上 同上 同上
縻 同上 闊一丈七尺高一丈三尺 同上 同上 塘內係田串路一條多樹根蘆根
都 同上 闊一丈七尺高一丈三尺 同上 同上 塘內係田多樹根蘆根刺柴
邑 同上 闊一丈九尺高一丈三尺 同上 同上 同上
華 同上 闊一丈九尺高一丈三尺 同上 同上 同上
夏 同上 闊一丈八尺高一丈七尺 同上 同上 同上
東 同上 闊二丈高一丈三尺 同上 同上 同上
西 同上 闊一丈七尺高一丈 同上 同上 同上
二 同上 闊一丈六尺高一丈三尺 同上 同上 塘內係田串路一條多樹根蘆根刺柴內裏木橋
京 同上 闊一丈九尺高一丈三尺 同上 同上 塘內係田樹根十二個孩棺三穴
背 同上 闊一丈八尺高一丈 同上 同上 塘內係田斜串路一條孩棺三穴多樹根刺柴
邙 同上 闊一丈八尺高一丈 同上 同上 塘內係田樹根七個有蘆根
面 同上 闊二丈高一丈一尺 同上 同上 塘內係田多樹根蘆根
洛 同上 闊一丈六尺高一丈二尺 同上 同上 塘內係田內路一條孩棺三穴多樹根刺柴
浮 同上 闊一丈八尺高一丈二尺 同上 同上 塘內係河孩棺一穴多樹根刺柴
渭 同上 闊一丈七尺高一丈 同上 同上 塘內係河外路一條多樹根刺柴
據 同上 闊二丈高一丈二尺 同上 同上 塘內係田孩棺二穴多樹根刺柴
涇 同上 闊二丈三尺高一丈三尺 同上 同上 塘內係田外坵路一條內泥路一條多樹根刺柴

宮　同　上　闊二丈二尺高一丈四尺同　上　同　上　塘內係田內路一條孩棺二穴多樹根刺柴
殿　同　上　闊二丈一尺高一丈三尺同　上　同　上　塘內係田外路一條孩棺六穴樹根十個
盤　同　上　闊二丈一尺高一丈　同　上　同　上　塘內係田內路二條孩棺七穴樹根甚多
鬱　同　上　闊二丈三尺高一丈二尺同　上　同　上　塘內係田多樹根蘆根孩棺七穴

東塘調查錄

東塘卽官塘自車家浦慕字號起至沽渚聖字號止所經過村落自車家浦以下曰徐家堰曰怡隆竣曰沽渚以迄道墟偁山之麓宋時塘在今塘之內半里許現尚留殘址數段後因墾田日多塘向外移卽今日之塘是也其塘初建時期已不可考近始於民國七年及十五年十六年間先後由紹蕭塘工處各增修一次塘身平均高一丈三尺基闊四丈五尺面闊一丈五尺共長九百二十丈均係土塘民十六年塘工處報告書中載女字起至忘字止一段半係石塘實屬錯誤現因潮流冲激勢頗危岌惟在官塘外北面一帶多有民人自築之子塘其輔益官塘實非淺鮮茲備述於下

(一)建塘亦稱下廟直塘在鄔家林家張家等地此塘旣禦潮患又爲至瀝海鄉及上虞崧厦等處往來要道建於清道光年間重修於宣統年間高與闊均約一丈迨民國二十二年秋汛是塘被潮冲坍致遭水患現僅存與官塘相接之一小段矣

(二)沙田直塘　十六溝地直塘　大漢塘　包江塘均爲各家姓地除包江塘外其他塘堤因外地逐漲重築子塘本塘日漸減削惟包江塘屢經重修

(三)稅地橫塘原爲稅地因潮水向內冲激不已建此橫塘以保稅地而護官塘建於民國二十二年高一丈面闊亦一丈基闊三丈六尺現尚完好

(四)鎭海直塘在潘家地自建塘坍後起築此塘以擋潮保東南一帶之沙地建時在民國二十二年寬闊與稅地橫塘同惟地當潮水正冲屢毀屢修實爲過江要道

綜上各子塘均由漲沙地產者自動集資興築費用頗鉅旣係沙地之種物住民又可充備塘而護官塘利益甚大關係亦重（採訪）

曹娥塘調查錄

曹娥塘自白米堰疲字號起明字號止計字八十一每字均立勒石一方計長一千六百念丈高約一丈餘闊二丈而自鼓字號起至明字號因瀕曹江每遇春秋水汛時被冲毁故於清光緒年間改建石塘計四百丈又曹娥塘飛字起民國十年紹興余知事請款興修塘高二尺塘董王

樹槐朱士行徐繩宗等監修（採訪）

嘯唫鎭之徐家堰車家浦調查錄

徐家堰在嘯唫鎭西北能字號碑處是石質南北向傳係淸乾嘉間塘外浮沙日漲地勢變遷改在楝樹下築閘此堰遂廢平爲塘身現堰之基石尙存

車家浦在嘯唫鎭極西北角才良二字號碑處南北向民元以來塘外沙地逐坍江道漸逼塘身而莠民奸商時有開壩設行之事迭經就地士紳請官禁止塘上向有禁碑屢毁屢立僅存民國十年紹興縣知事余大鈞及民國十九年紹興縣長湯日新二碑現壩已塡塞惟石砌尙存塘上有護塘公所房屋五間

車家浦塘上禁碑云爲出示永禁事案奉浙江省民政廳第七七一一號指令本政府呈一件呈爲勘明車家浦塘面擬定辦法請賜察核由內開呈悉此案旣據飭查明確設立過塘行損害塘身有礙水利所擬將該協濟過塘行將旱閘塡塞不准再開原有護塘公所房屋照舊保存不得侵佔各節准予照辦除函財政廳外仰卽知照此令等因奉此卽經查明該處塘堤迭經永禁開掘有案可稽合亟出示永禁此布中華民國十九年四月勒石縣長湯日新

又民國十年有知事余大鈞禁碑一塊字跡已多剝蝕難辨（採訪）

北海塘調查錄

北海塘宋嘉定年間太守趙彥倓所建隆興中給事中吳芾重加浚疊明宏治間易以石正德七年爲風潮所壞復以土築之嘉靖十二年又易以石淸康熙丙申知府俞卿加以修理雍正二年七月十六日又爲風潮冲壞次第修築之至最近修整完好茲將調查所得備載於下

沿塘地名　山祇庵王公溇盛陵大河山西塘下蔡家塘頭梅林黨山圓前大埠頭五丈村鎭龍殿夾灶夾濱直河頭西塘下童家塔姚家埠丁家堰新城南塘頭刷沙閘新塘登三江塘嶺宜橋閘眞武殿大池盤頭直樂施

沿塘字號　自山祇庵天字號起至大池盤頭氣字號止共三百四十七個字號（字號按千字文句依次排記每隔二十丈一字號）

沿革　咸豐四年邑字號起至京字號止共計一百四十丈改建柴塘爲石脚土塘民國九年自姚家埠閘慶字號偏東起至嚴字號毗連與字號止於舊塘外加築新條石釘油塘合計長二百八十二丈四尺高一丈四尺塘面寬三丈至四五丈不等民十一年自岑山脚麋字號起至夏字號止改建石脚土塘爲條石釘油塘計長一百八十公尺高四公尺塘面寬五公尺民十四年塘身西首仕字號起至存字號止改土塘爲洋灰斜坡塘（無石）計長二百九十公尺斜坡高六公尺半民二十年南塘頭似至蘭字號土塘改砌塊石洋灰斜坡塘計長二十九公尺坡高

七公尺八塘面寬五公尺

修築時期　咸豐四年修逸字號柴塘十丈高一丈餘塘面闊一丈餘七年修落字號起至似字號止條石塘一百丈高一丈四五尺塘面一丈五尺民國十八年修賴字號起至四字號止土塘一百六十丈竟字號起至仕字號止土塘八十五丈民十九年修莫字號起至收字號止石塘一百六十丈民廿二年修巳字號起至維字號止石塘四百丈塘面及內坡加高培厚民廿四年修珠字號起至淡字號止石塘土塘共三百二十丈塘面及坡均加高培厚

高闊長度　天字號起至氣字號止共長六千九百四十丈約合華里三十八里半全塘高一丈四尺至二丈不等闊一丈五尺至三丈餘不等

備塘　自山祇庵天字號起至竜家搭傳字號止塘外均有成熟沙地約距海沿三十餘里或十餘里五六里不等俱有禦潮備塘（採訪）

記閘務

韓振撰紹興縣三江閘考

紹興府山陰會稽蕭山三縣皆係濱海其形內高外低會上游諸郡之水出三江口而注諸海三江者曹娥江錢清江浙江也曹娥江歸西匯觜是爲東江錢清江出閘歸東龕觜是爲西小江其東海之西北上流即爲浙江至東西二沙觜入東海三縣內地之水由三江口以出海海之潮汐亦由三江以入內地其潮汐之來也擁沙以入其退也停沙而出迨至日久沙擁成阜當其霪雨浹旬水不得洩則泛濫爲患及至決沙而出水無所蓄又傾瀉可虞漢唐以來建閘二十餘所雖稍殺水勢而未據要津恆有決築之勞而患不能弭明嘉靖中紹興知府湯公紹恩審度沿海知三江口者內河外海之關鍵也欲閘之而苦湖撼沙鬆基難成立乃近裏相度見浮山之東西兩岸有交牙狀掘地則石骨橫亙數十丈此又三江口以內之關鍵而天然閘基也乃建二十八洞大閘以扼之果屹然安固兼築塘四百餘丈以捍海潮由是而二邑之水總會於斯潦則洩旱則閉有利無患蓋數百年於茲矣然爲日既久膠石灰秫漸剝潮汛日夜震盪砥不能無泐址不能無圮其後蕭余姚姜諸公相繼修之而潮泥壅塞疏濬無策甚有以閘爲不可修不能修不必修者其說固悖謬即主修者亦未得其病之由蓋壞閘之弊不一而莫甚於啓閉乖方與沙港開直之二端夫昔人定啓開之制也版必厚闊環必堅鐵至水則以按時啓閉其啓也必稽底板之多寡而盡去之使水勢湍急沙得隨潮以出入其閉也又必實以沙土塞以草薪故秋潮雖大而沙無從入今乃啓閉聽之閘夫則於深闊難啓之版往往不盡起以致渾沙下積而外漁人又賂掌閘者遲閉以致涸而害農且填土多不實又無草薪補其滲漏幷有閘版缺而不全者所以雖不啓之時而潮沙嘗得乘隙以入夫安得不淤乎此壞閘之大弊一也凡水之曲折以趨海者其性則然故中江以浙名而東西二小江亦以九曲名昔時兩沙觜東西交亙以環衛海塘故海口關鎖周密潮來自下蓋山起濤頭一從二觜外溯錢塘江而西一從二觜內分往曹娥及錢清諸江以曲九曲而至閘是海離閘遠

而曲多曲多故來緩而退有力來緩則挾沙少退有力則刷沙速且遇內水發時外潮初入則東江清水逼入西江濁流既無從進而潮愈不迫故到閘爲時甚久且沙地堅實萑葦茂密皆可以禦渾潮古人猶築二隄以補九曲之不足豈無深意焉故語云三灣抵一閘良不誣也自嚵䴕兩沙日坍日狹南北一望僅里許海口關鎖已無潮固可以長驅直入矣乃司濬者不察所以致淤之由反以舊曲難通更將兩曲逼近之處而開直之以省挑濬之力小民貪淤地之利竈戶幸免涉江曬鹽之勞而閘身之受患與鹹水之害田罔有過而問者也此壞閘之大弊又一也如是而欲去淤閘之二弊以收捍蓄之全功豈能無浮議之阻撓乎夫閘潦而啓不時則海畝者竊決塘竊則罪故海民謗無閘則海魚入潮河魚入汐閘則否故內外漁𦉪閘者謗宅是者閘阻潮汐吐吞改水順逆關廢興故宅是者亦謗況計閘之無淤必塞直以就曲則竈丁曬鹽必渡江往來故擅牢盆之利者亦謗雖然唯謗之是畏必非有意於民瘼者也夫誠有意於民瘼卽百口謗且不避況異日必萬口頌乎是以愚民可與樂成難以圖始麛裘衮衣褚伍誨殖是所賴實心任事與久大之利者（見經世文編）

胡廷俊譔增建均水諸閘記 清康熙四年

治地之宜莫先於平水土所謂平者無高無下咸各得其所而無旱澇之患者也吾紹興爲浙省之東郡山會爲紹興之宗邑倚萬疊之峯巒臨歸墟之滄海潮汐隨氣升降東自蟶浦進於曹娥江注於東小江而止西自鼈門進於錢塘江灌於西小江而止此越國之大形勢也山有源泉之脈脈而溢出於三十六帶之溪溪有流泉之混混而充滿於三百餘里之湖灌溉九千餘頃之田此足國之大功利也不虞宋眞宗時勢家占湖爲田水無瀦蓄之處一遇烈風淫雨水如龍馬奔騰田無高下皆爲魚鼈游息之場由小江而復歸大海其能速退乎故開攔江壩以洩之開之數日築之月餘而後復其故疆二邑之水已涸矣故守臣先後建閘如龕山陡亹諸處時開時閉以除其患其間有便於低田而不便於高田利於上鄉而不利於下鄉嘉靖中郡守篤齋湯公復於三江建閘二十八洞立準則以斂散其水水得其平而後田畝高低皆獲其利近年以來飢歲相仍固曰天時使然然濱海黃雲被野邊山赤土飛埃下田近水高田立涸江村沈公康熙四年乙巳秋來等守吾邦心乎民病而不少安粥自經度乃於朱儲涇瀆倉塘丁瀆夾篷各建一閘不加木板於其上以爲開閉乃置石堰於其下以爲疏咽水漲時自堰盤剝其下由舊閘以歸海水退時自堰障住其上溉民田以利民卓立宏規而不盡革乎舊制此萬世之利也昔禹之治水順下而已今之所爲無土之隄不板之閘神乎有夏之緒餘也木石之費公悉自置之不數月而功成民享其利而不知爲之者衆欲立石以紀其事且爲後來者式承公聞而止之曰吾之所爲不過因前人之已爲而折衷之小小補塞其罅漏而已功何與焉越之士大夫益嘉公不自有其功而功終莫之能掩也因屬予爲記予曰然公雖不自有其功而功之在於吾民者其利無窮也功及於吾民而吾民喜得公倘後來繼公者皆如公之勤施於民則吾民之利賴於公者抑何窮哉公蘇之吳江人名啟字子田江村其號云（見張川胡氏譜廷俊字載歌）

王衍梅跋鉛山先生請重修應宿閘書 清乾隆六年

紹興縣志資料 第一輯 塘閘彙記

鉛山先生兩貽甯紹台潘蘭谷觀察書請重修吾鄉三江應宿閘前書略云閘此都老成人言應宿閘石脚鬆弛坼罅如裂繒雖兩板層蔽而奔瀾激箭透漏洩噴縷縷焉及此不重加修建它日之禍烈矣再書略云此閘自康熙二十一年經制府姚公捐修至十年前太守舒甯安與德山陰令萬以敦因士民請修兩次妥議垂成而各官以升擢去遂延至今時潰敗日甚其前此建議時有蕭山蔡某倡而讀者也忽持彼邑前翰林毛甡所著三不修之說力梗衆議曰不必修不能修不可修大約以此閘爲姚制軍修壞立論按毛甡所著之書言僞而辯記醜而博平生以詆毁先儒爲能其奴視朱子幾同仇敵及病危日自嚼其舌稱快舌盡乃死其人很愎無賴可知所言偏僻何足爲重況姚公籍本山陰當時幾經集議始爲舉行豈智出毛甡下乎在當日蕭山之人總以此閘切膚山會於彼上游無涉故欲吝其財與力耳豈知水性無分於東西彼爲海潮者果不能西流而上溯乎末又自記云此書庚寅三月中再達觀察觀察覆劄亦懇摯旋移嘉湖道去而七月廿三颶風作矣蕭山沿海居民遂成魚鼈興利除害蓋有天焉可慨也是時先生年四十六主講蕺山證人書院其於富若貴淡焉冥焉而拳拳利濟之心隨地觸發有出於不能已者乾隆己卯鄉先輩修撰茹公棻外舅前甘泉令陳公太初復議重修上書於制府覺羅吉公慶時又有以毛甡之說來梗者大藩稼軒汪公志伊竟如所請浹日而檄下動帑勸捐自秋徂冬數閱月而功成其石脚之鬆者插之泐者新之鐵之寒者膠液而融之湅以苧麻周以純灰千辟而萬灌之凡洞二十有八有細罅必鍼之啓閉以時渟泄有法而先生二十年前所謂潰敗決裂者至是而屹若崇墉焉方創修時庸夫販豎吻喻喻如箕舌張妄云湯公水星手搬神跡不宜騷動一目之儒又以毛甡鴻博必非無見恐一壞於制府再壞於狀元而同事諸公毅然不顧鳩工而落之厥後年穀豐收以倍旱乾水潦無虞方稍稍感重修之德於不逮嗟乎仁人君子達而在上興閭閻咨疾苦課耕桑敦孝弟力行而不怠退而居下不以聲色田園自娛而孳孳於農疇水洫之大防此成已及物之當然非吾儒分外事也不然先生一寄公耳足迹所至曾何毛髮切於其膚而一議修蕭山富家池石塘再請修三江應宿閘何其不憚煩哉當時事雖不果行所謂仁人之言其利也溥後之君子卽指先生兩書以駁毛甡三不修之說而果於必行余時據席隅而觀焉蓋不自知其何以尊先生而薄西河也爲人上者其可不留意乎哉嗟乎讀是書湯公神靈亦當爲吾越士民稱歎矣

齊召南撰豐安閘碑 清康熙四十三年

會稽山水之區離治百二十里二十四都二三圖附都民居十數村地連上嵊田百餘頃會稽居其七三面崇山下連大江上接新嵊夏秋霖雨山水潮汐搏擊漫溢十日不雨溝洫直瀉涸可立待水旱頻仍素稱患田康熙三十一年前令王君名風采築堤南山建盈丈小閘民懷其德曰王公閘都人於南又築廟湖唐家二堤捍衞然災祲屢告歲每不登彭君元瑋公來宰會邑籌策者十年往來審視見東隅雄雌二象山對峙中流曰爲石灘實新嵊二水湧注江潮出入之門其下石根突兀建閘茲地備蓄洩而禦潮汐利益甚大謀於邑紳司馬章君與彼都人士咸歡樂從捐醵三千金同署上令吳君嵊令黃君請命署太守高公今太守鄒公轉告兩臺暨藩臬監司均曰可甲申之春擇吉舉行採石於山者千計

取土於阜者萬計爲閘縱十三丈三尺橫一丈五尺高二丈有奇設閘啓閉並兩山坪築堤以防旁溢舊堤缺陷者塌削者悉增土俾高厚重關壘障屹然完備八月上澣告成命名曰豐安閘祀茲土年豐民安亦父母斯民之意是役也成之者郡守無錫鄒公主之者邑令南昌彭君董其事者邑紳司馬章君踴躍而攻之者范洋各莊之里正也告竣不二日淋雨適至潮汐驟漲閘外江水汪洋閘內嘉禾遍野向稱患田今爲沃壤民感頌明德思永誌不忘予爲記俾刻於石

彭公自豐安閘告成之後轉陞杭州西防分府士民以公禦災捍患立祠報享恭請華誕公謙冲不受懸牌批示本縣忝任名邦涖茲十載毫無寸功於民即該地閘工亦賴衆志堅成得以利賴今汝等歸功於令殊見諄誠但返衷實抱自愧耳惟願爾等從此長慶豐年享太平盛世之福家給人足孝友成家勤儉立業俾號仁里永稱樂土則令心更爲欣慰矣不在祀禱之虛詞也各勉之毋忽（見八鄭鄭氏譜）

會稽縣知縣王風采撰九湖患田王公閘碑記　清康熙三十三年

范洋在邑之東南百里許隸廿四都與上虞錯壤土雖瘠民甚勤惜三面週之以山而一面當水道之衝中如釜底水高於田每一霖雨洪濤巨浪自新嵊百里震撼奔駛而來其入也如建瓴其出也非激行不可故水瀦而不流禾苗豐若荇藻或旱乾之年猶可薄登若五風十雨乃民間樂事而范洋之民獨疾首蹙額束手待斃諺云十年九不收此地是也故明嘉靖間以里民鄭江六叩閽故得減糧免徭崇禎末年太守王諱期昇者從里民請謀築堤以捍之建閘以通塞之堤將成而閘未十分之二以陞遷去工遂寢數十年來其堤漸爲洪水所齧而閘則蕩然無復存矣庚午秋歲大祲余募米次第賑濟及其地里人涕泗爲余言余曰爾等剝膚害計畝捐貲一成而享其利何弗爲里人曰人無所賴於田或償逋或賤値於富者富者田連阡陌都不以爲意貧者又力薄不能支故惟取數於天受困於地今願藉公力命闔邑建之則易易余笑曰兩圖之利害而波及闔邑可乎且以堤限之可矣何閘爲里人曰有閘則內之水大洩之水小瀦之外山水至禁之山水退而潮水至通之除內外之害收內外之利閘之爲功大矣哉因慨然曰余涖會數年於民尺寸無所補與其爲子孫謀曷若爲爾父老謀於是捐貲鳩工閘乃成嗚呼中庸所謂贊化育大則天地平成小亦可以川原奠位但慮人因小而弗爲或吝而不肯爲遂置民瘼於不關文可與畫竹尺寸而有尋丈之勢誰謂大小不可參觀耶今日建斯閘者余力也閘之萬年不敗奠如磐石者後之官斯土者力也是役也防於壬申春初落成於癸酉春暮閘之石與工約費二百餘金不派不募余所捐也堤之工計田出夫里人所助也董其事踴躍急公不辭勞怨者鄭震明等也所利之田會邑思章范字等號七千一百三十一畝上虞皇字號八百餘畝也告成之日里人請顏其名曰王公閘余謝不敢里人謂茲閘公捐建也舍公無以名余固辭不得遂因之時康熙三十三年歲次甲戌八月穀旦賜進士第文林郎知會稽縣事王風采立（見八鄭鄭氏譜）

會稽邑侯王公捐俸築堤碑記　清康熙三十七年

會稽縣治東南百有餘里地名范洋界在會虞嵊之交有會邑白杜滄范車瀝思大章字號名曰九湖字分九號共田七千一百餘畝上虞皇字號田八百餘畝三面倚山一面臨江總匯新嵊之水江道要衝夏秋霖雨諸水時至百川沸騰則汪洋澎湃衝入其中輒瀰潮連月田疇禾黍淹沒腐爛十秋不獲一收其地之民不得享農田之利而徒受有田之累也久矣故明正德年間居民鄭江六叩閽得稍減賦役崇禎年間郡守王公名期昇者從里儒之請築堤以捍水害建閘以通蓄洩工未及竣旋以陞任報罷里儒沈可立痛功不就抱鬱而歿靈爽不昧化爲山鳥春夏之間晝夜悲鳴呼王公閘不止里人憐之乃與江六並祀焉我朝康熙三十一年會稽邑侯王公名風采號隨菴本籍楚黃以己未科進士知會邑事因賑饑親臨范洋始得田土歷年無收情狀與里民鄭震明等度地量費謀築堤建閘慨然捐俸鳩工伐石建閘一區潦則閉閘以捍衝激旱則啓板以通潮汐啓閉以時蓄洩有備歷年三載閱工兩番不費公帑只勞民力千萬年兩邑難治之積患一旦可甦民困地方平安莫不舉手加額曰是非王公之力不至此遂呼其堤曰王公堤潭曰王公潭閘曰王公閘俱繫之以王公猶西湖之蘇堤西陵之梁堰使千萬世後佩公之恩誦公之德於不衰也三縣喧傳事聞於余董事等不以余爲不敏囑余作文以記之余思不朽之業以待不朽之人爲之也故麻溪築壩而鑑湖八百里之利以興三江建閘而山會蕭三縣之田遂稔使其時無馬公暨湯公爲之勞心焦思建此不朽之業則山會蕭三邑八百里之水鄉澤國安知其不同於范洋之區至今猶爲積患耶又何火耕水耨以耘以耔玉粒山峙之足云哉是漢之馬公明之湯公今之王公皆天生不朽之人建此不朽之業後先媲美今古同符粒我蒸民垂之於萬世而不朽也余因爲之記冀附其名於不朽云爾賜進士出身內閣撰文中書舍人欽點翰林史館同直丁卯科鄉試治年家弟范嘉業頓首拜 撰時大清康熙三十七年歲次戊寅季春之吉二十四都一二三圖并附都衆董事等感恩同立（見八鄭鄭氏譜）

八鄭水利記

患田自優恤以後薄賦免徭民困稍甦而土性瘠薄地勢卑窪水旱頻仍邑侯王公諱風采捐俸築堤建王公閘於患田之南以備旱潦而將家山係水口要道未有防禦爲患如故乾隆廿八年邑侯彭公諱元瑋相度地勢進將家山里許曰烏石灘兩山對峙有石骨橫亙江底壘石畾土建豐安閘三洞而江潮遂難入矣自是以來水患獲減但外漲雖除而內漲猶未免也每當春雨山水驟發內注九湖田禾稚弱未堪淹沒歲歲兩種工本亦重至陰雨連綿之候山水大作外潮亦至閘門難啓內水不洩經五六日而田禾亦無收矣故議者曰欲得九湖之無害須於王公閘添置數洞牢固堅緻更將內外出水河道濬之使深內水驟下則由此以洩之江潮逆來閉豐安閘以禦之斯內外無虞而豐年可望矣噫此論雖善吾安能起王彭二君於九原而爲之哉（見八鄭鄭氏譜）

朱阜譔重建山西閘碑記 清康熙庚午年

聞之有補於天地曰功有裨於世教曰名爲百姓驅害曰德爲百姓興利曰澤功名德澤能久而不弊者未有不崇其報而隆其享者也吾越素稱澤國鑑湖之汪洋蓋八百里焉自春秋以暨漢唐嘗與海潮通唐祠部郎中張公築鑑湖以禦水患海水始與湖水分而民得以餘力治田植禾八百之巨浸多爲良田張公亦爲越神而司天下之水繼之者爲宋太守馬公亦有功於湖湖傍故有馬公廟延及有明水患又作嘉靖丙申之間被災尤甚蜀篤齋湯公守越憫越人之阽危乃相厥地形高下建閘於三江之口爲廿八穴命名應宿又按五行之次立石則水以資蓄洩數百年來民受其利立廟三江與張公馬公後先相望我朝康熙庚午秋霪雨浹旬水患復作阡陌溝塍咸爲洪波巨浸三江大閘二十八穴盡啓猶不能洩其怒且外沙壅於水道其勢不能驟平太守李公拯溺爲心惠愛黎庶必欲爲越民永弭其災乃於山會蕭三邑水勢下流得白洋龜山舊所謂山西閘故址歲久圮傾僅存其名然實與三江應宿相爲表裏公乃相度地宜捐俸修建復於閘西增建二穴以廣水道備禦潦年俾民不魚而且爲之設啓閉之方置專司之役其規模制度一一倣之三江後三江而啓先三江而閉佐應宿之成功而勗助其不逮又懼其不克垂之永久也爲捐置元字號沙田一畝歲取土壤以塡築罅漏置長特改三號江田三十畝歲取租息以供其修葺取蕭山之民壯四名山陰之民壯二名以供夫役於閘邊建屋三間以爲夫役栖息之所而專董其事於白洋之巡司法良而政美患息而民利吾越人是以得永免於水災初公之作此閘也吾越民惑於陰陽風水之言或以爲水勢過洩則旱乾之災必多或以爲水泉不聚則財貨之藏必空公獨毅然不疑以興利驅害之責爲己任必欲有裨於天地有裨於民物而後即安及公去任而水復大漲賴山西之閘以佐三江而田禾累歲豐稔益信公之德澤爲深且遠也吾越民之幸有神君而沐其惠夫豈細歟夫有利宜興有弊宜革此居官之事也有功必報有德必酬此吾民之分也郡民感公之惠即於閘上建立長生祠以致祝頌報享之心阜郡人也沐惠亦與桑梓同故樂於爲文以記之俾後之賢者毋廢前人之功以永爲此邦之利非吾越人之厚幸歟李公諱鐸字長白號天民以賢能奉特調杭州府方施澤於民以濟時行道云（見白洋朱氏譜阜字印山記在白雲庵閘石質高約丈五尺寬約二丈在大和鄉）

孫德祖撰會稽鍾公祠碑記

古聖王之制祭祀也能禦大災則祀之能捍大患則祀之是故禹修鄭水之功而冥勤水官記以爲皆有功烈於民著在祭法此則會稽鍾公所以有祠於縣蒿壩也會稽分紹興府治之東並山陰爲附郭縣西竟蕭山南枕山而北帶海水利通三縣爲一自明太守湯公作應宿閘於山陰之三江場樹水則爲之程潦啓旱閉以筦蓄洩之鍵兼建清水閘於會稽之蒿壩引剡江開其源東首北尾以劑水旱之平訖明季入國朝而三縣公其利湯公故有祠於三江於今列祀典焉中間清水閘廢猶恃蒿壩霪洞存什一於千百久之而霪洞亦湮於是乎有尾閭而亡喉舌應宿不能以時開放江潮挾泥沙日再至輒渟淤閘以外沙磧縣亙常二三十里歲恆雨水亡所洩從事開濬卒不敵潮汐之所挾朝增夕長人力窮而淫潦之災亡時不有其爲三縣之患於是乎大同治中嘗議復清水閘閘址久爲民居成市集道謀而不潰於成迄今又再更星紀近歲鍾

紹興縣志資料 第一輯 塘閘彙記

公官成歸林下乃會郡紳參前議審形勢得地於故閘偏右鳳山之麓是宜改建三門之新閘仍內購民田百餘畝開水道百九十餘丈而外迎剡江開水道四百餘丈以引來源俾內河水常有餘應宿不致久閉得長流以爲出口刷沙之用其成效可必焉然而工浩費鉅籌之不易則經始亡期公獨以三縣民生之休慼毅然肩之一身由郡邑大夫達於行省請以私財應亟需刻期徵役始己亥秋八月辛巳迄辛丑冬十二月庚戌閱八百八十有餘日大工告蕆而湯公之遺規復三縣之水災澹方事之殷也意大利人闚伺我三門灣浙海戒嚴公奉省檄主全浙行營營務兼統台防全軍扼守甯紹台三郡瀕海要害馳驅鞅掌以積勞沒王事蓋閘未觀成沒而猶覩也公繼室黄夫人賓率公子德銘撤環瑱斥服用以濟之凡爲緡錢三萬三千五百有奇胥取給於鍾氏復念公之忠愛君國既家食而每飯不忘目擊時艱帑絀輒願毁家以紓難加之此役所以保衞桑梓三縣實利賴之誼不以還支發煩當路申請舉全數效樂輸以遂公未竟之志前護撫翁公既上其事奉恩綸表宅里通三縣士庶深惟自茲以往畝田宅宅食公之德於無窮者非百世祀亡以慰萬家尸祝之忱此蒿壩鍾公祠所由作也公諱念祖號厚堂咸豐中遊學滇南會有回逆之變以國子生投筆從戎隸前督部岑襄勤公部下總戎行當前敵大小百數十戰一解省圍三禽逆首收復府廳州縣名城十數肅淸全滇積功累任令長牧守仕至監司晉崇階加勇號歲丙戌正任鹽法道俸滿入覲道出上海金創舉發得請開缺養傷里居十有餘稔直海疆事棘力疾視師焦勞致劇以庚子春二月壬午告終里第得年六十有八傾城巷祭窮鄉野哭備哀榮云公既歿之明年冬十有二月祠宇落成記所謂有功烈於民者公實當之徵諸報功之典公且廟食於滇其在斯祠尤禮之以義起者也惟公有靈尚其永綏於斯並三江之崇祀湯公者北東相望享烝嘗於弗替哉光緒三十有二年太歲丙午春王正月三縣士民公同立石

王念祖議重修茅山閘記 清道光七年

劉戢山先生移壩之策阻於任氏既不得行乃慨然有茅山建閘之議其計畫具詳於先生建茅山閘記中不具贅先是成化間知府戴公琥於茅山之西築閘二洞以節宣江潮久之閘圮至是先生乃改築三洞皆以尋爲度高視舊增四之一甃其上半內外皆設霪門中施版幹以便啓閉事詳紹興府志道光六年邑侯石公同福以茅山閘傾漏懼爲民患集紳耆議修復苦無要領里中戴山金先生與張海尊趙庚張慶增裘用賓金雲亭金文治諸國泰金躍諸先生合力董其事醵資興修於道光七年二月十五日興工先期築禦潮截洪二壩皆告成時石公以卓異引見周君鑣蒞任詳請開麻溪壩洩山水出三江十月十六日拆舊閘十二日定閘基壘石六尺江潮大漲內外土壩同時陷決有魚名斜鯁者千萬爲羣交岸爲穴已成之工瞬息毀壞遂祭於蕺山先生廟爲文以禱之至道光八年四月遂告成功閘身長八尺高二丈二尺闊三丈六尺自底至面疊石十九層霪洞三各闊八尺洞旁立石鑿槽施板以資啓閉閘旁建劉公祠歲時祭享又建小屋兩楹安宿閘夫里人有碑記修閘事綦詳附載於後

據調查茅山閘外江水及上中天樂兩鄉山水合流入麻溪經浴美施閘東流轉屠家埭過西施廟經簑衣港過安橋繞柳家塘出鮎魚嘴入

西小江其另一流出李家閘入西小江又所西鄉諸溪流由青化山越王崢等各高山發源匯入天井浜合衆流出柳塘閘經過閘山下出洞橋入西小江故西小江分紹蕭兩縣上面所述即其來源之大概情形也

石韞玉撰重修茅山閘碑 清道光八年

昔管夷吾之論水利也曰水者地之血氣如筋脈之流通者也是以聖人之治於世也其樞在水是說既傳故後世談治術者必曰水利夫水之爲利於民誠大矣然亦未嘗無害田疇之灌溉舟楫之游泳是其利也天有霪雨之災地有懷襄之眚是其害也袪其害而收其利是非人力不爲功山陰爲紹興負郭之邑所轄有天樂鄉其地瀕江往時爲潮汐汎濫之地明時劉宗周公創議建茅山閘以拒江潮於是天樂鄉等八坂共田壹萬貳千貳百餘畝始可種作其事垂今將二百年歲月既久閘座傾頽前功將棄予長子同福於道光某年移宰斯邑因邑人之請相度厥址諮諸父老及時修建適有武生金鰲請任其事爰庀工鳩材諏吉興工閘身長八丈高二丈二尺闊三丈八尺自底至面疊石十九層霪洞三每洞闊八尺洞旁立石鑿槽施板以爲啓閉之用閘旁建劉公祠歲時祭享以申邑人報本追遠之志又建小屋兩楹安宿閘夫自七年七月起至八年四月告成凡用金錢六百有奇金生獨捐二百金其餘則各塘長按畝歛錢以足成之功既竣邑人請勒碑紀其事竊謂世間事作之難而守之尤不易也此閘自念臺先生議建以來論者謂其捍御江潮保護汙田二百餘頃歲納其稼給萬人之食其利溥矣而更有利焉者歲旱則收外江之潮可以資灌溉之利水溢則洩內河之溜可以免昏墊之災是在司其事者善爲啓閉而已如是而一方之民享其利消其害庶不負先賢創建之苦心而此日邑人修舉之勞亦久而不廢也是爲記

金躍撰重修茅山閘碑 清道光八年

麻溪自古不通江潮與諸義浦三縣之水合流而聚於鑑湖前明天順間塞麻溪開磧堰決三縣之水注於錢江由是江潮逆流而上與三縣之水相衝激而天樂一都半之地遂爲巨浸太守戴公琥築閘於江岸以禦江潮稍可耕種然而閘小地曠堤堰不堅時有潰決之患十歲九荒不堪其苦先賢劉忠介公遭明季之亂不獲大用退居於越思有以展其經濟以垂裕於萬世於是憫一方之顛覆籌山陰會稽蕭山三縣之利害而移戴公之閘改築於茅山茅山者西接江塘南帶鄭家塘山水之扼要而山會蕭三縣之所恃以爲呼吸者也時有不知誰何之任三宅倡麻溪永不可開之說致三縣之民不獲實受其利而天樂一都半之水終爲麻溪所阻不得洩往往溢入田廬至十餘日不退幸恃茅山閘爲外衞俟江潮交洩之日放乾河道以待山洪而山洪之爲害少減較之十歲九荒時已不啻起死人而骨肉之矣劉公以經世名賢遭時不遇退而爲一鄉一郡之民興其利而除其害其心亦良苦矣而猶阻於邪說卒不得行此劉子所爲痛哭流涕而託諸空言以俟百世之聖人復起也然自有此閘而天樂一都半之民已沐其恩矣立廟閘左歲時必祝之此民之心也二百年來閘已滲溜前邑侯石君恐先賢之遺蹟就圮也急命與

修選董事五人按畝醵費以附居近閘者總其事開工之後石侯以卓異陞任周侯來蒞茲土下車卽經理閘務工程更選三人共任其事以訖於成功工成父老命躍曰茅山閘幸告成矣吾輩世居閘內依閘爲命効力捐貲分所應得不書名可也石侯周侯修先賢之遺蹟救天樂一都半之民命其恩不可忘請書之以勒石於劉公忠介之廟石侯名同福字敦甫江蘇吳縣人周侯名鏞字和菴湖北漢川人閘自道光七年七月開工至八年四月告成里人金躍敬獻文曰水旱自天凶豐視地補救斡旋是在良吏維我天樂古稱瘠壤磧堰一開江潮湧上旁溢倒流莫可名狀嗟我鄉民遭此沉淪蠡田蛙竈與鬼爲鄰死亡相藉行者莫懂大生劉子主持明季道大莫容爲世所忌解組歸田鄉人是庇乃擇茅山依山築閘惠我天鄉莫不被澤公曰惜哉未竟其役佑啓後人垂以三策歷年二百壞朽石泐江潮擊之導虛走隙虹貫雷飛目動股慄天賜成功來我石父獄訟清閒巡行比戶到我茅山詢我疾苦爰命興修萬民鼓舞迺述前賢均役以田購料鳩役畚揭俱全天子命之卽日榮遷維賢侯周撫理茲土夙夜維勤百廢俱舉易舊以新以終厥緒茅山巍巍劉公之德歲久就傾民憂飢溺伊誰復之二侯之力麻溪永清劉公之心江潮穿齧鄉民震驚伊誰奠之二侯是平安我廬墓復我田疇殷因夏造厥功允倅始時鄉民臥不貼席今此鄉民安坐而食始時鄉民憂心如擣今此鄉民歡聲載道黃髮怡怡婦子欣欣奔走偕來聿觀厥成金躍作碑以頌大德義不取諛詞皆從實社立欒公祠新朱邑勒之貞珉劉公是式

附金戴山公行述（按茅山閘之重修賓金戴山之力爲多今附載其行述如左）

公諱[illegible]字戴山武略佐騎尉佐清公長子也性嚴毅有膽識遇事敢爲必求其成幼讀書知大義以好武略舍去年十九應武科受知於學使道光六年公年二十八歲邑侯石君同福議修茅山閘衆舉公董其事先是茅山閘傾漏父老皆憂之懼不能集事議每中止石君之議修也至閘座集紳耆塘長等與之謀皆茫若望洋莫知所措僉曰閘當江潮山水之衝恐一經拆造成功無日水患一至其禍蔓延將無底止衆以爲難公曰合鄉性命全賴此閘不急修必決決而受害其傷必多是宜修衆曰若水患何公曰修之而水患尙可預防不修而水利請問安在衆咸目公公歸告於家廟與族兄雲亭文治族姪躍商酌凡水道利害及工作料物皆再三籌劃得其大概翌日又會議於火神廟公曰江潮可作壩拒之內水可由麻溪壩約束而入出於三江又築內壩以防山洪驟長可矣衆又以派費爲難公曰此公事也誰不樂從田坂有遠近利害有輕重下瀊湖於閘最爲切要每畝派錢四百文其餘各坂每畝派錢二百五十文足矣衆恐不敷用公曰但須捐得若干數倘不足皆我任之衆大悅舉公董其事張德尊趙庚張慶增裘用賓金文亭金文治諸國泰金躍協助之七年正月公購料齊備石君詳報定於道光七年二月十五日開工先期築禦潮截洪二壩皆告成石君以卓異引見周君鏞蒞任詳請各大憲開麻溪壩洩山水出三江十月十六日拆舊閘越三日清閘底見閘底閘柱堅固異常請於周君周君命仍其舊水磯稍有損壞卽改作之十二月初二日定閘基至十六日疊石僅六尺其日江潮大作增築土壩高四五尺至暮疾風暴雨浪發壩上高至丈餘公率衆救護有魚名斜[illegible]者尖頭銳尾善攻岸爲穴千百爲羣隨潮湧至攻穿禦壩瞬息十餘處潮隨漏入聲若雷鳴工人皆驚走公立壩上最險處衆心稍定重賞善泅者塞其穴每穴一金水稍止自十六日卯刻救護至十七日午刻塞穿漏數百風雨稍息公之赴救也觸石傷足血流遍地然不自知督救益力及風勢稍定始覺痛楚將歸裹足忽

閘漏聲而已不可救矣截壩較御壩稍低水與壩平同時被決湖內淹沒者數百家公竭力堵塞下柴岩隨浪冲去下石岩掃歸閘潭閘潭者水磯下冲激之處也廣五六畝深不可測量不可以塡塞無可奈何禱於劉公之廟水稍平即下柴堵塞旁施板簟以防穿漏上則用泥壓之壩已堅固無如河底悉是塗沙穿從底過無可尋覓勢不能以復塞公祭於劉公之廟其文曰嗚呼有千古不敝之精神無千古不敝之形器其必敝者全賴不敝者以貞之則雖敝而終歸於不敝承承繼繼皆前人之靈爽所式憑者也先生傳千聖之淵源成一朝之柱石心光日月氣壯山河所作茅山一閘賴以備一鄉之水旱者不過小焉者耳昔程子修築檀州橋後見大木必輒計度蓋身所經理者事雖小不能忘情焉先生嘗明季土崩之際天時人事俱已無可挽回生死存亡諒已早決甲申歲猶與故鄉父老建閘於此誠以鄉土情殷綢繆備至恐猝遭大變遺憾無窮所以亟亟於此者蓋欲爲故鄉子弟謀萬世之安也近年來閘已傾漏某等奉邑父母命派費重修修造未半猝遭水患內外土壩同時陷決合鄉之人無不受害水勢稍緩便即堵塞今外壩已就惟斜鰻爲患時時穿漏百計阻塞徒勞無功昔昌黎治潮鱷魚赴海精誠感格冥頑通靈某等無昌黎祭之之誠又無原吉殺之之智遭玆小醜致誤鉅工緬想前賢汗慙雨下恭維先生歿而祭社俎豆猶新時雖隔乎古今情自通乎桑梓即或歲時不順猶且敬奉明禋況乎恩澤所留豈不力爲呵護惟是外拒江潮內洩洪水奔雷走電日夜冲擊土石之力能有幾何二百餘年不能無壞邑父母仰承德意加惠子民謬委某等與聞工作誰知辦理不善遭此奇禍謹修尺素敢告先生神之格思體物俱在尚饗祭畢又購大魚傳檄於東海并用夏公法以石灰塡之斜鰻遂絕道光八年四月告成（下略）

浙江建設廳長曾養甫重修紹興三江閘碑記　民國二十二年一月

紹興古會稽郡地山自南來水盡北趨泥沙淤積遂成原野曹娥浦陽兩江之間沃壤萬頃宜黍宜稷港汊縱衡灌溉是資而錢清一水實其綜匯北注東海西通浦陽傾瀉既易倏盈倏竭久霖苦潦偶暵患涸海濤西指旁溢平地每每原田時虞斥鹵李唐以來頗事堤堰因陋就簡未彰厥效朱明嘉靖之世紹興太守富順湯公紹恩實闢三江地當入海之會蓄淡禦鹹洩潦防旱萬民利賴厥功迺大嗣是以後代事修繕清季迄今久未踵武越爲水鄉設局以治斯閘與廢責亦歸之三載以還迭有計議民國二十一年春養甫繼主浙省建設[illegible]安化張君自立長局務爰賡前議庀材興工其年十月既截水流躬與其役湯公遺烈燦然可見浮山潛脈隱限錢清入海之口引爲閘基上砌巨石牝牡相銜彌縫苴罅惟鐵惟錫輓近西土工程共誇精絕以此方之殊無遜色而遠在數百年前有玆偉畫尤足欽矣今玆重葺壹循陳軌兼參西法以混凝工質代鐵錫灌沃膏黏彌堅彌久計時三月闢工告成乃鎔鑄廢錫爲碑綜其始末爲文鐫之以湯公之遺記湯公之德其意益深切焉至工程費之詳並誌碑陰以徵衆信

重修三江閘經費支出表

工程類別	作法大概	開工日期	完工日期	工料金額

築壩工程	內壩三道離閘二三〇公尺　外壩一道離閘二五〇公尺用柴土木樁建築	二十一年十月九日	二十一年十月三十日	一二九八六・五一
抽水工程	閘外十六公尺築仔壩一道用四匹及十六匹馬力抽水機各二具遞轉抽出塘外	二十一年十月卅日	二十一年十一月十日	九三二・九六
灌漿工程	閘墩及兩端翼牆石縫用一比三灰沙以汽壓灌漿機注射塡實	廿一年十一月一日	廿一年十一月廿三日	六九六九・三二
補底工程	閘底兩檻間及內外用一比二比四混凝工塡補	廿一年十一月四日	二十一年十二月一日	四七九二・六六
其他工程	閘面閘欄用一比三灰沙彌縫閘槽上部用一比二比四混凝土塡築幷挖修兩端翼牆建造錫碑亭及粉刷要關等			一五六五・五一
			雜費	四一二九・五四

合計洋三萬一千三百七十六元五角正

浙江省水利局修築紹興三江閘工程報告

一、三江閘之形勢

紹蕭二縣古稱澤國禹治水終於會稽（大禹陵在會稽山）蓋地勢最卑下云且僅南面依山東西北三面皆水東臨曹娥江西瀕浦陽江北負錢塘江爲潮汐出沒之地紹興城內龍山頂有亭曰望海亭可想見當時潮水到達情形

自漢唐以來水利代有改進東北西三面沿江築塘（視三江閘洩水流域圖）自馬溪橋至西興曰西江塘自西興至宋家漊至蒿壩曰東江塘以捍外來之潮汐至明嘉靖十五年郡守湯公篤齋復於三江（錢塘江曹娥江錢淸江會合之處）建閘操縱內地之水使旱有蓄潦有洩啓閉有則無旱乾水溢之患從此紹蕭人民得安居樂業迄今生聚繁茂蔚爲東南名郡者水利之興修有以致之而三江閘尤爲樞紐

三江閘洩水流域爲一五二〇方公里人口百有餘萬河道縱橫密如蛛網大小湖泊星羅棋布河湖面積約占全流域百分之五閉閘時能容大量之水足資灌溉舟楫交通到處可達貨物運輸尤稱便利固極完備之灌溉制度亦一周密之水道運輸網也

惟三江閘外閘港形勢與湯公建閘時頗有變遷古時錢塘江入海之道有三一曰南大亹又稱鼈子門在龕山赭山之間（視三江閘洩水流域圖）一曰中小亹在赭山與河莊山之間一曰北大亹在河莊山與海寧縣城之間錢江怒潮勢如排山奔馬名聞中外而猶以鼈子門一路

爲最猛山洪之下注亦以該路爲最烈北海塘係著塘流水故自西興至三江蜿蜒四十餘公里之塘均係條石砌成建築極爲鞏固迨清雍正元年（西曆一七三四年）江流變遷鼈子門竟因以漲塞至乾隆廿三年（西曆一七五九年）中小亹又淤爲平陸而北海塘外成橫縱各廿餘公里之南沙江流完全由北大亹入海自是以還南沙常有向東增漲之勢三江閘港始屢有淤塞之患矣今錢塘江與曹娥江口尚無確定之整理計劃塘外沙地究將漲至如何程度錢塘江口與曹娥江口之固定岸線應在何處一時尚無從預測在目前狀況之下惟有隨時開閘刷沙以減閘港淤塞之患根本之改進須待江口整理江岸決定之後非短時期所能決定也

二、三江閘之創築

三江閘又名應宿閘建於三江城之西北係就天然巖石爲基礎計二十八洞每隔五洞置一大閘墩（視三江閘平剖面圖）洞深淺不一依天然巖基而定最深者虛宇洞深五・一四公尺最淺者角字洞深三・四〇公尺即祠一閘洞有內檻高於外檻者有外檻高於內檻者洞寬亦略有出入最寬者昴字洞寬二・四二公尺最狹者柳字洞寬二・一〇公尺全閘共長一〇三・一五公尺二十八洞共寬六二・七四公尺（視三江閘洞寬度高度及閘板塊數表）

三江閘洞寬度高度及閘板塊數表

洞名	洞寬（公尺）	檻高（公尺）		洞深（公尺）		閘板塊數		墩寬（公尺）	閘墩條石層數	備註
		內檻	外檻	內檻	外檻	內檻上	外檻上			
角	二・二〇	五・五一	五・〇二	三・四〇	三・八九	一五	一七	一・一七	八	
亢	二・二六	四・五三	四・五五	四・三八	四・三六	一九	一九	一・一七	八	
氐	二・二一	四・七六	四・四二	四・一五	四・四九	一八	二〇	一・二二	八	
房	二・一八	四・三七	四・二五	四・五四	四・六一	二〇	二〇	一・〇八	九	
心	二・三五	四・三一	四・三〇	四・六〇	四・六一	二〇	二〇	二・九九	九	
尾	二・一九	四・〇九	四・一三	四・八二	四・七八	二一	二一	一・一五	一〇	
箕	二・一九	三・九三	三・九四	四・九八	四・九七	二三	二三	一・一五	一〇	
斗	二・二八	三・九四	三・九七	四・九七	四・九七	二三	二三	一・二二	一〇	
牛	二・三〇	三・八八	三・八三	五・〇三	五・〇八	二二	二三	一・一九	一一	
女	二・三〇	四・〇〇	三・九七	四・九一	四・九四	二一	二二	二・九一	一一	

虛	二•三二	三•七五	三•七七	五•一六	五•一四	二三	二三	一•二〇	一一
危	二•一七	三•八二	三•七七	五•〇九	五•一四	二二	二三	一•一二	一〇
室	二•二一	四•〇九	四•一〇	四•八二	四•八一	二一	二二	一•一七	一〇
壁	二•二三	四•三二	四•一一	四•五九	四•八〇	二〇	二一	一•一五	九
奎	二•二六	四•四三	四•二四	四•四八	四•六七	二〇	二〇	二•九三	八
婁	二•二三	四•四一	四•三五	四•五〇	四•五六	二〇	二〇	一•一七	八
胃	二•二六	四•九五	四•九三	三•九六	三•九七	一七	一七	一•一〇	八
昴	二•四二	四•四八	四•四八	四•四三	四•四三	一九	一九	一•一六	八
畢	二•一九	四•六二	四•八五	四•二九	四•〇六	一九	一八	一•一二	八
觜	二•二一	四•六一	四•三七	四•三〇	四•五四	一九	二〇	三•〇〇	七
參	二•二七	四•七五	四•七四	四•一六	四•一七	一八	一八	一•一一	七
井	二•二四	四•九四	五•二一	三•九六	三•七〇	一七	一六	一•一三	七
鬼	二•二〇	五•一九	四•七九	三•七二	四•一二	一六	一八	一•一九	八
柳	二•一六	四•八六	五•〇二	四•〇五	三•八九	一八	一七	一•一九	七
星	二•二三	四•九九	五•〇六	三•九二	三•八五	一七	一七	三•一二	八
張	二•二六	五•〇三	四•九六	三•八八	三•八五	一七	一七	一•一二	八
翼	二•二三	四•九〇	四•六七	四•〇一	四•二四	一七	一八	一•一八	九
軫	二•一九	五•一七	五•二三	三•七二	三•六八	一六	一六		
共計	六二•七四					五三六	五四二	四〇•四一	

築閘之石採自紹興之大山洋山石體厚大毎塊重量多在五〇〇公斤以上考當時無起重機之運用疊石爲墩漸高漸難乃於閘墩砌石一層同時閘洞封土一層與砌石齊平等閘後所加石得從土拖曳而上則容足有地而推挽可施石樑亦易上古人工程建築之智慧殊令人敬佩其築法令石與石牝牡相銜膠以灰秫灌以生鐵使相維繫底措石則鑿準於天然巖基之上墩側刻內外閘槽洞底有內外石檻以承閘板墩與墩間架巨石爲閘面細察三江閘女字洞閘面及大小閘墩圖便可代表其構造之大概圖中除欄石及小梭墩係第一次修閘時增置一

比二比四混凝土底係此次修補外餘均湯公建築時原來形狀

三、三江閘從前修理方法之略述

三江閘建於明嘉靖十五年（西曆一五三六年）迄今已歷（西曆一九三二年）三九六年除此次工程外經修理五次其修理方法具載閘務全書爰略述於下

第一次修閘　明萬曆十二年（西曆一五八四年）即建閘後四八年紹興郡守蕭良幹（江南涇縣人）從事修理於閘前增置小梭墩（視三江閘女字洞閘面及大小閘墩圖）用石牝牡交互從下鑲上並鑄鐵錠鉗固之閘面自首訖尾鋪鑲蓋面石以資覆護兩旁加巨石爲欄以二十八宿分屬各洞鑿字於閘洞上罅滲處則沃錫加灰秫彌縫之底板檻石及兩涯有應補換及應用灰鐵者靡不加以整理

第二次修閘　明崇禎六年（西曆一六三三年）距第一次修閘後四九年修撰余煌（浙江會稽人）再修三江閘於是年十月中旬動工十二月完工考余公修閘成規條例內載諸洞底石走水冲壞不齊者於未築壩以前先着般實宕戶發大山堅硬石板長九尺闊四尺厚一尺並檻石襯石應用梭墩罅縫處或用鍋犂廢鐵或用碎缸填滿

第三次修閘　清康熙二十一年（西曆一六八二年）即第二次修閘後四九年閩督姚啓聖（浙江會稽人）三修三江閘是年九月四日開工十一月十五日完工於閘墩隙縫先塞以廢鐵再用羊毛紙筋灰彌縫羊毛紙筋灰者由石灰羊毛紙筋鹵鹺糯米舂合而成復以閘內有十餘閘洞有上闊下狹者有上狹下闊者有中闊上下稍狹者起板下板諸多不便乃清其槽使上下成平行直線既便於啓閉兼令下板得以密切此外復補立閘檻八根

第四次修閘　清乾隆六十年（西曆一七九五年）距第三次修閘後一一三年尚書茹棻（浙江山陰人）四修三江閘是年十月六日開工十一月十八日完工其修理方法考諸記載僅載有用魚網包石灰塡塞罅漏一事

第五次修閘　清道光十三年（西曆一八三三年）距第四次修閘後三八年郡守周仲墀（江西湖口人）五次修三江閘是年秋築壩告成值霖潦大至乃毀壩洩水先修水面以上部份襯石縫大小高下先用灰鐵塡補其有縫小不用鐵鍼塡嵌及近水處石灰難用者改用油松削鍼以塞之蓋取千年水底松浸久不壞之義於次年冬築壩車水將底部隙縫完全沃錫修補

四、三江閘現在罅漏情形

距第五次修閘至今已歷九八年照歷次修閘期間計之已覺較遠再察該閘罅漏情形尤覺有急修之必要茲將各部損害情形略述於下

閘底　石檻置於巖基之上檻與巖基間彌縫之錫冲刷殆盡小汛時內水自檻底漏出大汛時外潮由檻底湧入照水力學水之壓力與深度成正比例再同一漏洞其漏水之量與深度之平方根成正比例閘檻居最深部分受水壓力最甚而檻下漏水之量亦特大且開閘時水之流速多在每秒鐘三公尺以上檻已動搖有脫落之虞

閘墩　第五次修閘分二年辦竣前已言之第一年修上部用灰次年修下部用錫查錫之溶解點爲攝氏二三二度達該度時卽溶解爲液體如溫度降至二三二度以下復凝結而爲固體修閘在冬令閘石溫度多在一〇度以下以二三二度以上極熱液體之錫遇一〇度以下極冷之石且石又係良導體善於傳熱能不卽凝固直接注入閘墩之中心乎昔人云閘墩閘底透沃以錫予不信也可見鎔錫灌注僅能彌封於墩縫之四周且錫與石本無粘合之力經九十八年閘水之冲刷錫之留存者甚微此次抽水檢查見閘縫有寬達五公分者水經石縫得周流無滯足見鎔錫之不足恃也

再閘墩條石經三九六年風化作用多現裂解現象尤急應修補以策安全

翼牆　兩端翼牆漏水與閘墩相似惟情形較烈耳

總上述閘底閘墩及兩端翼牆漏水之量鄉人嘗謂有開閘四洞之數旱則內水易涸失灌溉之資而閘外朝望二汛鹹潮經石縫湧入尤傷田禾且水嚙石罅石漸蘇水亦益駛剝蝕亦益烈常此失修閘身將有逐漸就圮之勢

五、三江閘此次修理之經過

修閘必須築壩抽水築壩之先對於二縣內水之宣洩尤應預爲佈置然後灌漿補底及其他各項工程始可漸次進行茲分別說明於下

宣洩　紹蕭二縣洩水之道以三江閘二十八洞爲主以西湖（三洞）棟樹（三洞）宜橋（三洞）刷沙（一洞）四小閘共計十洞爲附（視三江閘洩水流域圖）三江閘內外壩築後二縣之水必須經四小閘出口甚爲明顯築壩之初查西湖宜橋二閘港淤塞卽僱工掘通并於修閘期內令四小閘閘夫依照內河水位高低按時啓閉按日具報至水位之高低則以紹興城內山陰火神廟之水尺爲準使最低水位不得低於六·三六六尺（無礙輪船交通之最低水位）最高水位不得高於七·〇〇公尺（無礙農田之最高水位）冬季水小四小閘已足操縱裕如再查歷次修閘均在冬令（視三江閘從前修理方法略述）蓋冬令雨量最少紹興雨量本處僅有三年記載茲錄上海徐家匯天文台紹興附近之甯波站雨量報告以供參考

甯波站一八八六年至一九二四年之每月平均雨量　（單位公厘）

月份	一	二	三	四	五	六	七	八	九	一〇	一一	一二	共計
雨量	六八·三	八八·一	一〇九·九	一一八·二	一一三·〇	一九〇·一	一三六·〇	一七六·五	一七七·四	一〇九·一	六三·九	四七·九	一三八六·四

內壩　內壩三一號壩築於頭道河二號壩築於二道河三號壩築於錢清江（視內外壩與抽水機地位圖）壩之築法先釘木樁二排排與排之距離爲一·〇公尺樁與樁之距離爲〇·六公尺中間實以蓬柴與土然後內外加土築令堅實頂寬四公尺高七·二〇公尺內外坡

一比一二分之一一三兩壩十月九日（廢曆九月十日）開工十七日完工留二號壩不築以備廢曆九月望汛之潮自閘底閘縫漏入可由二道河直流入內否則閘外之潮位常在八・〇〇公尺以上內壩高度僅七・二〇公尺潮水經閘漏入湧高將漫內壩之頂而過危險甚大至十九日（廢曆九月二十日）望汛已過乃築二號壩打樁鋪柴加土一天趕竣計一號壩長一七公尺高二・二公尺二號壩長一六公尺高二・三公尺三號壩長一二〇公尺高三・二公尺

外壩　內壩完工後已屆小汛時期外壩地點港底涸露乃於二十一日開始建築先鋪柴籠籠上鋪擔柴厚一・五公尺釘木樁三排是謂底層再於其上鋪柴厚一・五公尺釘木樁三排是謂中層復加柴厚一・七公尺釘樁二排是謂上層每層柴之鋪疊幹向外枝向內寬三・五公尺木樁之排列則排與排之距離爲〇・六公尺每排樁與樁之距離亦〇・六公尺內坡塡土頂寬三公尺高九・五〇公尺內坡一比二外坡三比一壩長一二六公尺高五・三公尺至三十日完工

外壩共用土七二八四・九五公方柴五六〇二〇擔釘樁一一二九枝用柴既多柴中釘樁尤難非有經驗者不辦此項疊柴釘樁小工均自海寧遠道僱來且外壩附近之土係沙性夯不適用須一方加土一方加水僱工用脚踏練層累而上庶無鬆浮之患全部壩工須於九天小汛內趕竣地位偪促人數擁擠已甚困難乃進行期內東北風大作潮水特大竟達八・三三公尺新塡之土受此高水壓力曾發生數處滲漏日夜防守搶護終底於成爲此次修閘最艱鉅之工作

抽水　此次築壩程序事前均經詳細考慮內壩完竣後正在小汛此時內河之水已斷絕內壩以外之水除少數深洞外均向外流出各淺洞底腳俱乾涸呈露然後開始建築外壩故抽水之工極少

閘外一六公尺處築仔壩一道用四匹馬力煤油機四　離心抽水機二具裝置船上停於閘與仔壩之間水自虛危等深洞抽出仔壩儲蓄以備洗閘之需再於近外壩處裝十六匹馬力柴油機八吋離心抽水機二具以備天雨時將過量之水抽出塘外（視內外壩與抽水機地位圖）閘底之水十月三十日開始抽出仔壩十一月十日抽乾工程進行期內天氣極乾旱近外壩處之八吋大抽水機裝置後竟完全不用

灌漿　閘墩及兩端翼牆石縫均用一比三灰沙漿以灌漿機 Cement-Gun 注射入縫塡滿使之結實惟灌漿之先須將原有石灰鑿去再將碎塊雜質鉤出其縫內淤積沙泥則臨時備手搖洋龍三具冲洗使蕩滌清淨

灌漿機件之重要者除灌漿機外尚有汽壓機 Air Compressor 水缸 Water Tank 濾汽機 Air dryer 各一具其佈置如圖

先將水缸滿儲以水并將一比三灰沙乾拌後（不加水）陸續裝入灌漿機然後開一・二・三・四・五・六各門 Valve 則水缸內之水灌漿機內之灰沙同時被高汽壓經水管灰沙管壓出至龍嘴 Nozzle 會合噴出灌注石縫濾汽缸則裝於汽壓機與灌漿機之間所以濾汽中之水分也

汽壓機係 N—1式德國柏林 International Cement-Gun Company 製造每小時能灌灰沙漿〇・七五公方汽壓機之馬力爲三五

四汽壓爲每平方公分二•五至三•五公斤

灌漿之黄沙採自紹興平水鎮均經篩洗晒乾後使用洋灰則採用象牌

灌漿工程於十一月一日開始十二月二十三日完工共灌灰沙漿一五八公方

閘底　閘底巖基凹凸不平淤泥甚多先雇工挖掘再用手搖洋龍冲洗然後依各洞形勢兩石檻間及内外用一比三比四混凝土填補（視三江閘閘底修補工程圖）

閘底工程於十一月四日開始十二月一日完工共做混凝土一七七公方

試閘　灌漿及閘底工程完竣後閉内外閘板中實以土使閘板接縫絲毫不能漏水然後開一號壩試閘墩及翼牆灌漿之處有無滲漏情事結果甚佳惟西端翼牆左右石塘未經灌漿水竟由石塘繞道漏出

石塘灌漿本未列入預算試驗之後覺石塘不修閘身仍有危險即封築一號壩將放入之水車乾石塘閘内一二公尺閘外三八公尺重行灌漿共費工料洋六六八•三八元此則另列預算作二十一年度歲修不在修閘經費之内也

其他工程　閘面及閘欄條石之縫用一比三灰沙彌塞閘槽上部則用一比二比四混凝土修補兩端翼牆背面均挖開填實閘墩條石裂解處用一比二比四鋼筋混凝土修補閘墩清理時脱下之錫於彩鳳山上建碑立亭以留紀念再築三號壩取土時西端田中掘得石龜一個置於錫碑之旁要關加以粉刷修整閘欄則鑿每洞洞名以資識別

修閘經費　此次修閘除灌漿及抽水機件不計外合計工料雜費洋三一三七六•五〇元列表於下

工程類別	工料名稱	數量	金額	備註
一、築壩工程				
内壩	蓬柴	二三〇八•〇〇担	一三八•四八元	内壩三道
	壘柴工	一一四•二一公尺	四六•一四	
	土方	二九〇一•四八公尺	一三三四•六八	
	木樁	三四七•〇〇支	三二〇•九五	
	打樁工	三四七•〇〇支	八六•七五	
	拆壩工		一七五•四八	
外壩	搶柴	五六〇二〇•〇〇担	五〇一〇•六九	外壩一道
	壘柴工	三四六•〇二公尺	三四六•〇二	柴分三層鋪壘合計長三四六•〇二公尺

項目	細目	數量	金額	備註
	土方	七二八四・九五公尺	三六四二・四八	
	地龍木	三〇・〇〇支	二一・六〇	
	木椿	一一二九・〇〇支	九九四・六七	
	打椿工	一一二九・〇〇支	二八二・二五	
	拆壩工		五五六・三二	
二、抽水工程			九三二・九六	
三、灌漿工程	洋灰	三九七・〇〇桶	二八四〇・四八	閘墩及翼牆灌一比三灰沙漿
	黃沙	二四一・〇五公方	四八二・一〇	黃沙照一比三比例僅需一五八公方超出之數因經篩洗晒之損耗
	灌漿工		二四二六・〇〇	
	清理工	一〇一九・〇〇工	八五八・八〇	
	機器運費		三六一・九四	
四、補底工程	洋灰	三五五・〇〇桶	二五八七・〇三	閘底石檻間及內外用一比二比四混凝土塡補
	黃沙	八一・五九公方	一六三・一八	
	石子	一七五・八九公方	四三九・七三	
	混凝土工	九四五・五〇工	六七五・三五	
	清理工	一四七二・〇〇工	九二七・三七	
五、其他工程	閘面		四五一・五一	閘面用一比三灰沙彌縫石欄鑿二十八字洞名
	閘槽		二三二・九八	閘槽上部用一比二比四混凝土修補
	挖修翼牆		九一・九八	兩端翼牆背後均挖開修塡
	錫碑亭		七五三・四二	
	粉刷要關		三五・六二	
六、雜費			四一二九・五四	

紹興縣志資料 第一輯 塘閘彙記

合　計　三一三七六・五〇元

六、三江閘今後之管理

三江閘現在管理方面有閘務員一人閘夫十八全閘閘板一〇七八塊照已往之經驗每年規定添換三〇〇塊每塊約可使用四年茲將二十一年度閘務經費列下以供留心閘務者之參考

閘務員一人	每月二五元	每年　三〇〇元
夫頭一人	每月七元	每年　三　四元
閘夫十八	每人每月　六　元	每年　七二〇元
添換閘板蓋板閘環閘鉤及大汛幫工等		每年　一六五六元
共　計		每年二七六〇元

每洞閘板由一五塊至二三塊不等現擬每洞閘板編列號碼開閘啓閘板是否到底便易檢查

開閘制度紹興城內山陰火神廟立有水則碑一塊鑿有金木水火土五字清咸豐元年規定內河水漲至火字脚〔高六・六九〕開八洞水字脚〔高六・八二〕開十六洞木字脚〔高六・九四〕開二十八洞三江閘內頭道河亦有水則碑一塊與城內之碑高度略有出入易使管理者發生疑義茲擬以城內之碑爲標準加以測量校正

閘港淤塞久成大患未修閘之前石縫漏水尙稍有冲刷之力現經修理漏水既斷港底必更容易淤漲查外壩二十一年十月二十一日開工時外坡脚高爲四・三〇公尺至二十二年一月一日高達六・二〇公尺〔視三江閘開洞刷沙計劃圖〕經過七二天淤漲至一・九〇公尺如再漲半公尺則內水雖已達開放之時卽開閘亦不能洩水矣閘港長二十餘里疎掘又非旦夕所能辦竣茲規定於閘外二五〇公尺處設測沙站每月朔望後測量一次如港底高達五・〇〇公尺時卽須開閘一洞以刷積沙如一洞之水力不足得酌開數洞以港底冲至五・〇〇公尺以下爲止此法擬試辦一年如成績優良當泐石永成定例

〔附註〕一、本篇所用高度均以翼軫二洞間閘墩外端B・M・No・20高八・七三九公尺爲準〔視三江閘平剖面圖〕將來須根據吳淞零點加以更正

二、紹興城內水標與三江閘B・M・No・20之聯絡以內壩建築後假定城內與三江閘內同時之水面高度相等爲準將來亦應測量水準核對

三江閘開閘刷沙計劃圖

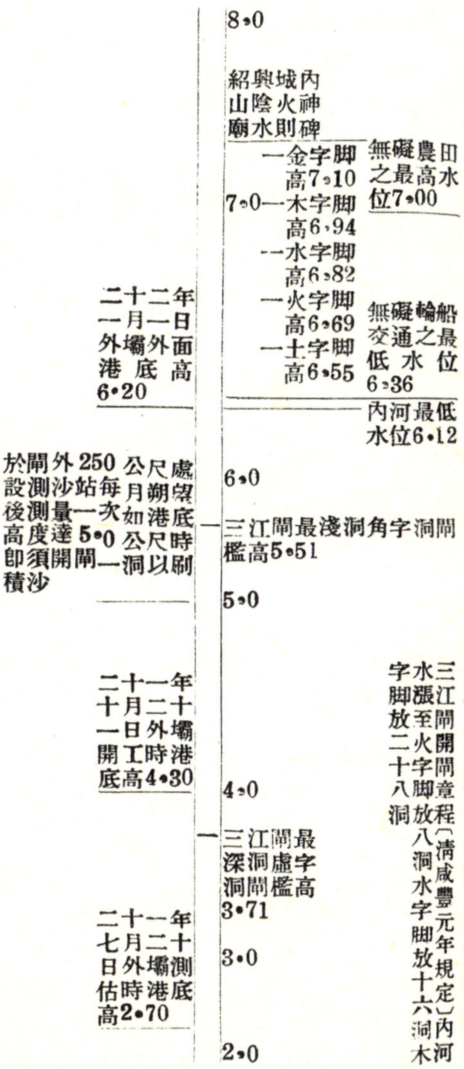

浙江省水利局紹蕭段閘務報告

閘務管理有閘務員一人（第二區工務員兼）常駐三江主持其事各閘均有閘夫以司啓閉茲將閘夫制度開閘規則等分述於后

閘夫制度　閘夫司閘之啓閉除啓閉時間外均得在家自作生活故工資特爲低廉每月工食夫頭七元閘夫五元向來以附閘農民富有閘務經驗者選充之名額亦有規定計三江閘閘夫十名設夫頭一名統率之有閘田九十畝每閘夫一人租種八畝而夫頭得租種十畝宜橋刷沙西湖楝樹姚公埠等小閘亦各設閘夫一名以司啓閉直轄於閘務員惟無閘田閘之啓閉通常以二人用長柄鐵鉤鉤取閘板二人以鐵鉤接取再以一二人在旁扶助將閘板安放於規定之處故啓閘每洞約須閘夫五名至六名閉閘所用人夫亦如之各小閘啓閉時由其兄弟妻子協助三江閘則因有閘夫十名協同啓閉如適值深夜大雨滂沱水流湍急并各洞齊開時啓閉較難須臨時另僱幫工

開閘規例　紹興城內山陰火神廟立有水則牌一塊鐫有金木水火土五字清咸豐元年規定內河水漲至火字脚開八洞水字脚開十六洞木字脚開二十八洞但因特別情形亦須酌量增減如大潮汛期內往往提前多開數洞使多洩水量以低補閉閘時間內洩水不足之量在旱季農田需水之時往往減開數洞多蓄水量以備灌溉交通之用閘內頭道河亦有水則一塊惟在開閘洩水之時水面有斜坡此碑之讀數備

8.0

紹興城內山陰火神廟水則碑

無礙農田之最高水位7.00

金字脚高7.10

7.0 木字脚高6.94

水字脚高6.82

火字脚高6.69

土字脚高6.55

無礙輪船交通之最低水位6.36

二十二年一月一日外墉外面港底高6.20

內河最低水位6.12

6.0

於閘外250公尺處設測沙站每月朔望後測量一次如港底高度達5.0公尺時即須開閘一洞以刷積沙

三江閘最淺洞角字洞閘檻高5.51

5.0

三江閘開閘章程（清咸豐元年規定）內河水漲至火字脚放八洞水字脚放十六洞木字脚放二十八洞

二十一年十月二十一日外墉開工時港底高4.30

4.0

三江閘最深洞虛字洞閘檻高3.71

二十一年七月二十日外墉測估時港底高2.70

3.0

2.0

能供參考仍當以城內山陰火神廟之水則碑爲準茲將二十一年三江閘開閘次數製成一表以每開一洞爲一次計五月開三五八次六月開三九二次爲紹蕭之雨季十月十一月十二月一月接連四個月不開閘足見冬令之少雨共計本年開閘九〇二次以開閘日數計同時開六洞者八日開八洞者二十五日開十二洞者一日開十六洞及二十洞者各五日開二十二洞者十一日開二十四洞者一日開二十八洞者七日計全年開閘六十三日計五月開二十一日六月開二十二日(見表)

紹蕭段二十一年三江閘開閘次數表

洞名／月份	一	二	三	四	五	六	七	八	九	一〇	一一	一二	共計
角					一一	二二	一		八				四二
亢					一一	二二	一		八				四二
氐					一一	二一	一		三				三六
房					二一	二一	一		八				五一
心		八		三	二一	一九							五一
尾		八		三	一四	一五							四〇
箕		八		三	一四	一五							四〇
斗		八		三	五	一五							三一
牛					一二	一四	一						二七
女					一二	一三	一						二六
虛					一二	九	一						二二
危					一二	九	一						二二
室					二一	三							二四
壁					一四	三							一七
奎					一二	三							一五
婁					一二	四							一六
胃				三	一二	五							二〇
昴				三	一二	五			八				二八
畢		八		三	五	一六			八				四〇
觜		八		三	四	一六							三一
參					一一	二〇	一						三二
井					一二	一六	一						二九
鬼					二一	一七	一						三九

柳					二一	一七	一					三九
星					一二	一八	一					三一
張					一一	一八	一		五			三五
翼					一一	一八	一		八			三八
軫					一一	一八	一		八			三八
共計次數		四八		二四	三五八	三九二	一六		六四			九〇二
雨量（公厘）	一五·〇	一九四·五	一五八·〇	一一三·〇	二六八·〇	二九·五	四九·〇	一七七·五	一五九·〇	一〇三·〇	七五·〇	四五·〇	一四五〇·五

紹蕭段二十一年三江閘開閘日數表

洞數＼月份	一	二	三	四	五	六	七	八	九	一〇	一一	一二	共計開閘日數
六		八											八
八				三	九	五			八				二五
一二						一							一
一六						四	一						五
二〇					一	四							五
二二					七	四							一一
二四						一							一
二八					四	三							七
共計開閘日數		八		三	二一	二二	一		八				六三

若再將二十一年雨量列入開閘次數表則知雨量愈多開閘次數亦愈增獨八月份雨量爲一七七·五公厘而不開閘者因三江閘流域多係稻田八月正農田需水之時閉閘蓄水以資灌漑也

測沙站　閘港淤塞久成大患未脩閘之前石縫漏水尙有冲刷之力既經脩理漏水斷絕港底更易淤漲如脩理三江閘期內二十一年十月二十一日開工時閘港爲高四·三公尺至次年一月一日高達六·二公尺僅經過七十二天淤漲至一·九公尺如再漲高半公尺則內水雖已達開放之時卽開閘亦不能洩水矣閘港長十餘公里疏決又非旦夕所能辦竣茲規定於閘外二五〇公尺處設一測沙站每月朔望後

測量一次如港底高達五•〇〇公尺時卽須開閘一洞以刷積沙如一洞之水力不足得酌開數閘以港底高達五•〇〇公尺以下爲止

取締規則　漁船附閘放罩捕魚足以撞壞閘身且防害河港水雜而致壅塞民國十二年紹蕭塘閘局會同紹興縣會衔立碑離閘五十丈内不准放罩捕魚至今垂爲定制

經費　三江閘及五小閘每年須更換閘板三百餘塊惟以五小閘啓閉次數較少閘板之損耗較緩故常以三江閘換下之舊板擇較好者代用之又大汛時僱用幫工閘田賦稅及測沙站之測量費用（測沙站係二十二年修閘後增設）共計全年開支在一千一百元之譜茲將二十一年至二十三年閘務經費表列後至閘務員薪水及閘夫工食則在經常費内開支也（見表）

紹蕭段二十一年至二十三年閘務經費表

年份	添換閘板（元）	大汛幫工（元）	築閘費（元）	田賦（元）	合計（元）
二十一年	九八五•八六	六四•四〇	五五•四五	五四•六七	一一六〇•三八
二十二年	九九七•七六	三〇•一〇	一七•六二	五二•八八	一〇九八•三六
二十三年	五九六•九一		一二•三八	五七•七七	六六七•〇六
總計	二五八〇•五三	九四•五〇	八五•四五	一六五•三二	二九二五•八〇

工程師董開章編

蒿口新閘辨　失名

嘗考越中山川脈絡圖其郡城東面山節次至龍會山渡蒿尖東至曹娥諸山又東北至豐山又迤西至青山又迤西曲折而至三江大閘其水亦皆隨山西流轉北而出三江此吾越東偏形勢也其龍會與蒿尖夾水處中故有閘曰清水閘閘之南在龍會一面者有白鶴灣鳳山諸麓以包龍會山外角在蒿尖一面者節次盡至蒿壁以包蒿尖山外角其於兩角脫續處卽今所建蒿塘處然乾隆二十九年以前清水閘外尚無此塘也閘以内六七里許有堰曰白米堰舊聞宋明間是堰向横南北截東西水舟楫不能直達曹蒿其堰外之水南出蒿口斗亹東出曹娥斗亹蓋是時不惟蒿無塘卽曹亦無塘也迨明嘉靖間湯侯旣成應宿閘而復建清水閘始決堰爲橋而堰外東南兩路之水均西出三江大閘矣今雖蒿口斗亹之廢在何時不可考而築閘在決堰之時則尚有堰橋殘碑可考第念湯侯旣決堰爲橋何以堰之南不建塘而必建閘其必建閘

者安知非藉閘以防江借閘以通源也及蒿塘築於乾隆間而清水閘遂廢而清水閘以外之水始流塞而源斷邑人士嘗深惜之迺者官紳創議於蒿塘鳳山根脚建閘引水源而刷三江淤沙而阻議者曰吾越水宜洩不宜引脫有暴潮奈何又離大閘遠恐不能通大閘淤又有阻議者曰東偏本出水外窪於內水引亦不進矧流通淤夫謂其難至大閘以通淤者言似近理而實未明理嚮諸甯郡需用之財而待蘇郡以爲接濟亦似遠而難至乃甯先有紹與杭之財交相濟則紹匱而杭至杭匱而蘇亦至而又何患其遠哉即如麻溪亦是進水去大閘亦遠何以前賢謂與應宿相呼吸此無他源通故也如謂宜洩不宜引則麻溪亦引水何以向無害於蕭且既於水涸時能引而進亦必可於內漲時能洩而出夫合山會蕭三邑水而萃三江一口故每有急不遽退之病何若當內漲時而使東自歸東詎不稍分大閘之勢乎愚則謂疏大閘者其常利而或變爲水涸與水漲則茲閘之利於東偏者爲更大也特當時上議僅陳通淤猶祇言其常耳至若虞暴潮冲激夫豈有鑿山爲閘而不固反視舊築土塘謂固於石閘而倚如泰山也爲是說者蓋亦積習相安駭於舉動而仍不細察形勢故也至謂外窪於內指其地爲東偏出口者是幷不知山川脈絡者也議者又欲植木執繩以量內外高下試思沿江皆從山麓下田無論塘內塘外其山脚皆不能齊不能齊者其內外高下可量乎不可量乎即或內山近塘之脚較外略高而建閘者將探山摟脚以安閘乎抑建諸山脚上平此何可以空言爭也愚則謂所應改議改請者有二而前說皆不與也其一現議挖溝清水之處宜改也今當事於塘外沿身指南挖溝引水此卻是鳳山外包至野貓窠落平一帶沿東臨江高田之出水口也宜請改從饅頭山東首高田山挖進廣不過一二十丈引至野貓窠山脚舊有池處以東順入閘是處沿田皆水溝諺呼爲順流洪而來工省而路正此乃進水不易之處也至現議指南挖溝處乃是流水由梅橋放江之路宜請於此路作人字溝式以放流到閘口之沙俾水自入閘沙自入江而所挖地土又可順沿塘身指南築堤以護塘庶幾保塘更即保閘矣其一舊築之清水閘宜請重建也愚竊以東較西其清水閘猶西麻溪壩也其現議新閘猶西之茅山閘也其中間蒿壩村猶西之天樂四都也夫麻溪霪洞自前明余太史煌從蕺山劉子議改高廣各七尺倣閘門式而清水閘亦宜依爲增減惟現在閘橋之脚南首卻不接山倘仍改橋爲閘似斷宜與山接或仍用小門倣小陡閘式如是則以重閘而代單層之土塘何尚慮有意外乎惟愚所不能決者爲水鹹水淡歷詢之而欲爲者言淡不欲爲者言鹹而亦皆無確證惟念蒿之對江如花杜浦各村早禾晚禾在在皆是夏秋之際均以江水潮水灌田未聞有害稽事此亦未始非水鑒而鹹淡可無論也至於人各執一說凡興大役歷世皆然愚竊以爲毀譽可弗計而利害不可不明故著爲壩口新閘辨以告桑梓父老

徐樹蘭談西湖底造閘記 清光緒二十二年

明嘉靖十五年三江應宿閘成而山陰會稽蕭山潮海之水得其槽關籥湖海數百年矣特湖田連曼鑑湖瀦水之區失其疆半而三江潮來常挾泥沙閘道易閼淫潦交至宣洩不靈卽三縣爲澤國先民有作于姚家步宜橋棟樹下開三閘以永之比年來姚家步閘宜橋閘夭閼不暢而棟樹一閘不能立夔足之功至乃破塘隄決亭川權宜應變難可典常竊嘗相土水地議爲裨閘於西湖底以泄上游之水而未果也光緒十五

年浙江瀕海各州縣大水紹興八縣皆與焉大吏用樹蘭議敬錄令甲興土功之法庸饑民以治水利一時塘堰嶄墣百廢具舉而郡守富察公霍順武遂舉行西湖禘閘之議鬲土斤石丌丌橋橋十六年四月畢成爲洞三廣四丈高二丈有奇溝其前百丈以導于江廟于西隅以祀其神以申古者祭防祭水庸之誼以㞕啓閉者而時其稟功堅而慮遠用以雲仍應宿左右棟樹鍾泄相當而橫決之禍以息于以見公之子諒闓圖造福廣遠而官吏董成都人士典功作者皆與有嘉焉旣題名于閘復碑于廟以論其始末冀後之君子覽其前後中失造作之所繇有舉莫廢相與講切而曾錍之也

紹蕭塘閘局東區爲盤查應宿等閘閘板確數列表呈報並陳明閘象危險處所請核示文

附載閘板對照表　十六年七月

呈爲盤查應宿閘閘板確數列表呈報並陳明閘象危險處所請予核辦事竊查職屬三江應宿大閘原有各洞閘板考諸閘務全書綜數爲一千一百零九塊然近來屢經查點數終未符主任竊疑必有遠年板片深陷閘底聽其朽腐不事深求之故第沉陷日久點數不符其事小任其橫互閘洞遇開放洩水時攔截閘門震撼閘石其害大茲爲澈底清查起見經覓僱善泅漁民深入水底按洞仔細探摸起出腐板多塊合計現板綜數亦爲一千一百零九塊已與閘務全書所載相符惟分算每洞板數與書載各洞原數多寡不同諒由清道光甲午第五次修閘時檻下石脚變遷所致理合開列今昔閘板對照表呈請鑒核又查與新塘啣接處之軫字洞其南北兩翼石腮中空滲漏殊甚且莫神廟下要關後塘石已顯形欹側危險堪虞竊以爲與修全閘則工程浩大需欵甚鉅或非現時所能辦到若僅修整要關後新塘則工料均較簡單尚屬輕而易舉主任旣有所見不得不據實陳明尚祈鈞長採擇施行實爲公便謹呈

閘務全書板數與現板對照表

角字洞原板	計一十五塊	角字洞現板	內十五塊	外十七塊	共計三十二塊
亢字洞原板	計四十四塊	亢字洞現板	內二十塊	外二十二塊	共計四十二塊
氐字洞原板	計四十五塊	氐字洞現板	內十八塊	外二十塊	共計三十八塊
房字洞原板	計四十六塊	房字洞現板	內二十塊	外二十塊	共計四十塊
心字洞原板	計四十六塊	心字洞現板	內二十塊	外二十塊	共計四十塊
尾字洞原板	計四十八塊	尾字洞現板	內二十一塊	外二十四塊	共計四十五塊
箕字洞原板	計四十八塊	箕字洞現板	內二十二塊	外二十二塊	共計四十四塊
斗字洞原板	計四十六塊	斗字洞現板	內二十二塊	外二十三塊	共計四十五塊

牛字洞原板　計五十塊　牛字洞現板　內二十二塊　外二十二塊　共計四十四塊
女字洞原板　計四十四塊　女字洞現板　內二十二塊　外二十二塊　共計四十四塊
虛字洞原板　計五十塊　虛字洞現板　內二十三塊　外二十四塊　共計四十七塊
危字洞原板　計五十塊　危字洞現板　內二十三塊　外二十三塊　共計四十六塊
室字洞原板　計四十四塊　室字洞現板　內二十一塊　外二十二塊　共計四十三塊
壁字洞原板　計四十四塊　壁字洞現板　內二十一塊　外二十二塊　共計四十三塊
奎字洞原板　計四十塊　奎字洞現板　內二十塊　外二十塊　共計四十塊
婁字洞原板　計三十三塊　婁字洞現板　內二十塊　外二十塊　共計四十塊
胃字洞原板　計三十八塊　胃字洞現板　內十八塊　外十八塊　共計三十六塊
昴字洞原板　計三十四塊　昴字洞現板　內十九塊　外二十塊　共計三十九塊
畢字洞原板　計三十四塊　畢字洞現板　內十九塊　外十八塊　共計三十七塊
參字洞原板　計三十八塊　參字洞現板　內十九塊　外十九塊　共計三十八塊
觜字洞原板　計三十八塊　觜字洞現板　內十九塊　外二十塊　共計三十九塊
井字洞原板　計三十四塊　井字洞現板　內十八塊　外十六塊　共計三十四塊
鬼字洞原板　計四十塊　鬼字洞現板　內十七塊　外十八塊　共計三十五塊
柳字洞原板　計三十八塊　柳字洞現板　內十八塊　外十八塊　共計三十六塊
星字洞原板　計三十四塊　星字洞現板　內十八塊　外十七塊　共計三十五塊
張字洞原板　計四十塊　張字洞現板　內十八塊　外十八塊　共計三十六塊
翼字洞原板　計三十四塊　翼字洞現板　內十九塊　外十九塊　共計三十八塊
軫字洞原板　計一十四塊　軫字洞現板　內十七塊　外十六塊　共計三十三塊

吳慶莪字采之陡亹閘考證　中華民國二十七年

陡亹自唐以前有斗門而無閘斗門者如堰壩之類皆以爲洩水之用也韓昌黎所謂疏爲斗門以走潦水已耳越有斗門凡九所在會稽者四曰瓜山斗門曰少微斗門口蒿口斗門曰曹娥斗門在山陰者五曰廣陵斗門曰新逕斗門曰西墟斗門曰朱儲斗門曰玉山斗門玉山斗門者

卽陡亹閘故址也陡亹之有閘始自唐德宗貞元初浙東觀察使皇甫政就玉山斗門而改建也閘成乃以音同義近之陡亹名其鄉然則別處皆有斗門何以不名別處而此獨以名以水流峽中兩岸對出若門爲亹閘既建於金雞玉蟾兩峯之間巖石陡絕水勢又奪門而出陡亹復與斗門同音因其形而易其名所以紀新功而存舊置也陡亹原名禹山屬感鳳鄉今僧道梵夾榜文猶書感鳳鄉禹山里禮失求野亦一證也玉山實爲禹山北齊玉讀若禹舊志謂下馬禹山並爲沿海要區下馬山與禹山脈絡銜接地亦相距里許兩處皆石骨過河聯貫若門檻相傳皇甫政下馬之初原議建閘於此以未能盡束諸流因就玉山斗門而改建之又一說也宋徐次鐸謂玉山斗門卽曾南豐所謂朱儲斗門殆誤以朱儲爲陡亹舊志又誤以柘林閘爲朱儲閘也以訛傳訛豈惟約略之詞乎其實明以前朱儲祇有斗門自柘林閘建而朱儲之斗門遂廢亦猶玉山之斗門改建爲陡亹閘也柘林距朱儲不過數小武一而二二而一並非別有朱儲閘也今柘林閘址猶存但已改爲橋耳若朱儲則本無閘也舊志又謂扁拖閘有二北閘三洞明成化十三年知府戴琥建南閘五洞正德六年知縣張煥建似又誤以兩閘皆名爲扁拖閘也殊不知北閘固在扁拖閘雖廢而迹尙留南閘則在塘頭對岸今名五眼閘北閘係分洩蕭山之水南閘係分洩會稽之水來源互異距離又遙不能併爲一譚也舊志又謂涇瀆閘在玉山之北一洞並爲知縣張煥同時所建是也其來水分錢清江三十六支流之一入陡亹後北折玉津橋繞涇瀆底又南循玉山而東匯玉山閘之水落荷湖以入於海閘雖小流湍急今亦改爲石矼矣舊志又謂撞塘閘在玉山閘之東北一洞嘉靖十一年建此閘北枕海塘南依雞麓分會稽旁溢之水今爲兩洞不知何時添建然自三江應宿閘築而諸閘皆廢矣以記載或有異同乃因考陡亹而幷連類以及之總之陡亹閘之爲玉門斗門改建以古證今似無疑義史乃祇稱皇甫政於貞元初置越王山堰以蓄水利獨不詳載改建玉山閘事或失傳耳現三江鄉鄉長陳肇奎家藏有三江所志一書係鈔本未刊行其載陡亹閘事頗詳謂陡亹閘卽玉山閘與志載皆同惟稱皇甫政建十洞中三洞塡實爲張神祠東三洞上有關公祠西四洞上供玄帝有坎區永建扁額卽皇甫政題淸康熙六十二年郡守俞卿改西四洞爲三洞通體升高以便舟楫工竣市人於閣上奉公祿位稱玉山書院閣名舊稱天一閣有名士朱軫金玉峯聯神禹鑿江湖水匯有唐疏一一聯云按舊志謂皇甫政所建計八門今云十洞數已不符且張神爲宋轉運使張夏以築石塘有功於民今所志謂中三洞塡實爲張神祠 一似塡實與立祠皆爲皇甫政者非獨朝代顚倒其洞數亦不知究何所據或塡實兩字上脫落一今字否則作此志者當不至舛誤若此耳東三洞及中塡實處其祀關帝張神現尙仍舊西三洞上玄帝閣今已改爲包孝肅于忠肅二公舊額前聯亦俱未見府志俞卿改建爲淸康熙五十七年今云六十二年查康熙祇六十一年當以府志爲是西四洞改爲三洞其所塞之一洞今尙石梁中空水入復出前後不通洞形如舊當係阻塞所致謂爲四洞所志是也惟中三洞究在何年爲何人塡實今已無從考證臆謂當在三江應宿閘築成以後當以老閘既廢留此六洞宣洩有餘且使砥柱中流壞舟較少曾聞舵工駛船放閘必對中間萬年劇臺方可隨水順流而下無慮橫擱閘門近聞水流變遷則又今昔殊形矣藉非然者既建復塡梗阻來水義何取也至舊志謂皇甫政原建八門今卽連所塞之一洞在內亦祇七門尙有一門已無形迹可按似所志又較舊志爲得實也若閘孔橫梁題曰三江老閘則又名失其實矣按三江故道本爲南江與浦陽曹娥二江南江自吳分流絕錢唐至餘姚入海

今越之運河是其流域所謂浙江也浦陽江即今錢清西小江爲浙江與漸江合流處自江塘築而南江至杭之北關而絕漸江之水益壯於是有錢唐江無浙江而越復東西築塘漸江水亦不過矣是則名爲三江而入陡亹閘之水實祇浦陽下流之錢清江與曹娥江而已且錢清曹娥之水亦不盡由此出其所謂三江老閘無非對三江應宿閘而言似不如仍名陡亹老閘或玉山古閘之較爲名實相孚也雖與水利無關然循名核實或亦考證者之所有事歟

三江閘附屬各閘調查錄

三江閘一名應宿閘又名星宿閘距城二十五里明嘉靖十五年紹興知府湯紹恩所建萬曆十二年知府蕭良幹增修崇禎六年知府張任學重修此其事人多知之但附屬於三江閘之各小閘多忽而不記茲以調查所得備載如下

減水閘亦名監水閘一名平水閘又名興隆橋在三江城外石造長二丈餘因嘉靖時建三江閘後恐水猛不能支持於此閘下鋪石成狀如魚脊以殺其勢足見古人慮事之精密

宜橋閘又名三眼閘在三江東門外塘灣村東首石造洞自南至北長丈餘

刷沙閘又名獨眼閘在三江西門外三江閘北首石造洞自西南至東北長丈餘

玉山閘即陡亹老閘閘梁上尙有三江老閘四字石造洞自南至北水深處二丈餘淺處丈許唐貞元元年浙東觀察使皇甫政建造計十洞清康熙時知府俞卿改建

擋塘閘即兩眼閘在玉山閘之東洞自東至西高丈餘亦明嘉靖間知府湯紹恩所建

又有九岩者係三江未設閘前之閘以阻夏履橋之水界塘有村口閘以阻紫棠湖之水亦與三江閘有關係也

後梅湖閘及牛頭湖閘調查錄

後梅湖閘在新安鄉湖頭方距城六十餘里係石橋以木板閘水只一洞水流由西而東高約五六尺闊約四五尺此閘三面屏山一面建塘閘蓄水以利其中之田道光時陸燿南出貲建築閘口有碑字已不可辨又牛頭湖閘在蒲蕩夏亦一石橋以木板閘水水流由東而西一洞高約五六尺闊約四五尺與後梅湖閘同爲一村之水利而設

楊家閘與文昌新閘調查錄

楊家閘在仁里村中王石質水由南而北閘高三尺寬四尺傳係宋代王氏始來此地時所築又文昌新閘與楊家閘仝有乾隆二十九年重修

界塘碑記碑已斷

長春大閘調查錄

長春大閘在小江鄉浦下距城百里石造向北計一洞闊一丈三四尺長五丈八九尺高一丈四尺閘門九尺其水源西由鵁鳩湖而來計程七里東由鄭家埭上下兩湖而來計程五里兩水會合於三叉口再流二里過閘向北與小舜江會合此閘於民國十一年建築倡建人吳塗沈光明監工吳德齋吳春明吳宗海知事余大鈞補助六百元知事顧尹圻補助五百元募捐一千七百元現漑糧田二十餘頃由農民公議公管

芝塘湖水利考 鄭家閘　捨浦閘　漲吳渡堰閘　和穆程閘

延壽鄉南限連山北以西小江與蕭山縣分界地勢南高北下河溝淺狹水流湍急山洪暴發則平地水高數尺累月乏雨則河床爆裂飛灰是以早晚田禾每慮秋旱前明洪武二十七年簡放欽差何啓明到縣踏勘奉工部露字一百三十號勘令建築菱湖後產水芝繁秀更名芝塘湖簡稱芝湖相度地勢修塘設閘塘長一百五十二丈五尺闊二丈五尺厚六尺湖濶三千二百六十畝二分計約湖面鈔一百六十貫五百文塘下各處灌水河溝計長六千九百八十七丈八尺闊一丈五尺以小滿後三日下閘如遇大旱將近處署各處水口如鄭家閘捨浦閘漲吳渡堰閘和穆程閘等處由各地居民築壩建閘毋令漏洩處署後三日限同開放用灌三十八三十九三十七三都官民田一萬六千六百五十畝九分三釐三毫放水期間定三十八三十九三十七三都各爲一週時（即界塘塢中村芝湖村湖裏陳山下王江塘前中後三堡仁里王江橋鎮竹院童和穆程唐家橋漲吳渡等十八社）水盡通灌然後戽車由是灌漑無缺田禾有收二十八年畫圖造册申解戶工二部縣爲定例前清乾隆十七年十八社紳耆以塘閘歷久失修湖水漏涸定每畝出出錢六文從事修復啓閉塘閘募役專司一革非時盜開私漁攫利之積弊光緒二十年監生洪介堂等以沿湖居民塡湖爲田浸致湖面狹窄水量減少妨礙水利害及田禾請縣給示勒石永禁宣統二年因閘夫有不守規約之事由士紳童仕琦洪承煥及耆民丁高茂王豐泰等發起糾股集資組織芝湖水利會並循農意邀集十八社紳耆及水利會會員共同議決改每年小滿閉閘處署開閘由會監理湖閘啓閉餘悉如舊於是本鄉水利始具規模民國八年修築捨浦閘續修界塘和穆程閘二十三年修築鄭家閘漲吳渡堰閘籌費設施均由水利會董其事二十四年江橋江塘漲吳渡芝塘各鄉鎮公所以去秋天時大旱放水之際中村農民欲改三十八都（即界塘中村等地方）放水期間一週時爲三日致激成公憤幾釀巨禍尤恐此後一遇旱年恃強以逞各爭水利並忘危險遂聯請縣政府給示嚴禁盤頓舊規云云又前明天順二年建築界塘並開霪洞一處當夏履橋山水暴瀉之際藉以阻當水勢使折而東自九曲河瀉入西小江不致泛溢若遇歲旱又利霪洞以輸水焉嗣以界塘村人改洞爲橋名曰莊橋爰有設閘啓閉之舉向歸夏姓人負責旋至互相推諉民國十一年秋間山洪暴發失於閉閘近塘田禾均遭山水淹沒十二年童仕琦等遂與界塘村人訂約橋閘啓閉永歸夏以茂等六人

負責呈縣備案給示勒石俾垂久遠蓋與延壽鄉亦有利害關係者也（此文不記作者姓名）

據調查捨浦閘在延壽鄉江橋鎮石造南北向高一丈七八尺闊一丈二尺有閘板平時可通舟閉時蓄芝塘湖之水民國九年重修閘旁有碑鄭家閘在江塘中東西向石造高一丈六尺闊八九尺民國二十三年以童頤卿遺命捐洋二百元興修每年處暑前三日閉閘閉約半月與捨浦閘同蓄芝塘湖之水以溉該鄉之田有乾隆二十九年重修碑記碑已斷其塘自鄭家閘起至界塘埠止高七尺闊一丈長約一里障夏履橋之水

黃草瀝閘

范寅越諺論古今山海變易內有道墟村北有黃草瀝閘註曰三江應宿閘未建此閘要隘自三江閘利此閘湮廢同治初年撫浙馬端愍公以三江閘外漲淤越地時患大水奏飭沈紳掘漲通流然漲高未暢乃修此閘並殺水勢而成

閘上公所捐啓 清咸豐四年

竊維旱乾水溢之災關乎天運疏瀹決排之力視乎人功而人功之盡與不盡既貴董理之得人尤在經費之應手紹郡自道光己酉庚戌兩年疊被水災郡士人無不留心於三江閘務而專司之人徒深扼腕自閘務歸育嬰堂兼管每逢雨水過多添夫督辦啓閉及時兩載以來著有成效亦合郡所共知惟額設閘夫十一名凡遇水漲向係小汛放而大汛閉今則一律啓放實屬不敷策應一日兩汛晝夜四次汛前亟宜下板堵閉以防內灌之虞汛後亟宜起板全開以期宣洩之速此閘夫之不能不添雇者人力多寡之勢殊也閘板統計一千一百十三塊每年額換一百二十餘塊近則潮水湍急冲損過半必須更換非五六百塊不可此閘板之不能不多備者水勢緩急之情異也至經理之人晨昏督辦及所加夫役晝夜聽差風雨不時安身無地擬於要關之傍建屋數椽以資棲止此屋之不能不建造者風雨漂搖之慮宜預籌也統億萬家之田廬民食保障實賴乎三江費千百緡而慎重修防捐輸咸資乎羣力點金乏術獨木難支惟年來捐欵頻仍集資非易而每念農田湮沒欲罷不能伏願仁人君子勿惜捐金同志諸公共成義舉捐數無拘乎多寡惟期量力而行被災實切乎顚連尤宜盡人自勉從此醵資踴躍力挽桑梓之狂瀾庶幾協力輸將共慶金湯之永固謹啓咸豐四年四月　日山會董事婁　咸魯鄭松平　疇金　綸鮑學正潘治安童光鑅胡泰階平玉書徐春沅

記閘港疏濬

錢象坤撰紹興府理刑推官劉侯開濬後郭壅塗永固患塘碑記 明崇禎三年

東南之有水患猶西北之有虜警也虜入而荼毒我生靈蹂躪我城邑而水虐禍焉故決排之蹟捍衛之功方之折衝者居多於越古澤國也而禹蹟昭存自平成之後上下數千百禩民咸神明之禋祀之而不敢廢也猗歟休哉邑故娥江一帶剡溪急湍汼其南浙海狂潮撼其北稽諸古不無懷襄之執準之今若是隱閼之患則未之前聞也聞自後郭漲沙約三千餘畝於是水性弗順比奔而南俾受害處沃壤陸沉征科莫抵且直衝橫激而百丈如線之隄何以禦之方春而入則無麥當秋而入則無禾無麥無禾則歲大祲而民阻饑矣慨自著雍執徐之秋颶風大作天吳肆怒壞隄防漂廬舍痛瀕海之蚩蚩半葬於江魚之腹罹此患也可勝悼哉邑侯雖出鏹貿石率民築隄然而狂瀾時溢石未必膠是委千金於巨浸猶夫歲幣屢遺而虜欲無厭也奈若何幸賴本府刑臺劉侯以天挺之英啣當宁之命來撫吾邦固將大造於吾民也用集十三四五都里遞徐顯祥等而詔之以浚江之議僉曰無違而後郭頑民終弗率也恃狐鼠之奸奮螳臂之勇以與我侯抗侯維時赫怒即勅楊尉率子來之民勞心焦思卒之人定勝天逮庚午四月四日方底其績嗟乎方今江水憑陵猶靖康以後之虜勢吾民凋敝大似南渡之跼蹐向非我侯則吾民之居是者亦魚鼈而已矣燕雀而已矣侯之庸其纘禹之列於湯有光矣行將與日月齊輝上下同流豈止折衝云乎哉是役也主盟則劉侯光斗董役則楊尉元正宣力則里遞顯祥等例得並載以擬燕然之勒也四民同聲歌頌曰溯自舜江稽古之蹟塘名百丈洪水氾溢年穀不登居民辟易篤生我侯神明赫奕疏瀹決排攸賴攸關猗歟休哉厥功茂實旹龍飛崇禎庚午菊月穀旦大學生邵允達督鐫會稽縣十三四五都里遞口民徐顯祥等沐恩頌德仝口口石

浙江巡撫馬新貽奏勘辦紹興閘港疏濬摺 清同治五年

奏爲勘辦紹興閘港疏濬淤沙以資宣洩並借撥經費俾應工需繪呈圖說仰祈聖鑒事竊查紹興濱臨江海古稱澤國自鑑湖侵廢水無蓄洩由唐宋以迄明初雖分建各閘以備旱潦皆未得要領嘉靖年間始於三江口建應宿閘地居最下閘介兩山民享其利數百年閘內之水由山陰會稽蕭山三邑達錢清江以出閘者名爲西江閘外之水由新昌嵊縣入曹娥江者名爲東江二江合流由東北趨海自江失故道日趨而西海潮亦由西而上江流日迂而日弱海沙遂日漲而日高詢之士人僉稱十數年來逐漸至此從前附近業佃隨時挑挖以免水患兵燹以後農民遷徙無定水利不治擁塞遂甚去今兩年春夏之交山水陡漲田禾淹被經臣嚴飭府縣會同紳董設法宣洩幸得及時補種而秋收不無減色目前閘外之沙高與閘齊且越閘而入內河若不趁此冬令水涸力求疏濬來春水發爲害甚鉅前經檄委候補知府李壽榛會同紹興府高貢齡及在籍紳士江西候補道沈元泰等博採周咨籌議辦理復委按察司王凱泰前往該處周歷查勘茲據該司等先後詳稱閘江故道乾隆年間至道光十五年以前係由宣港入海咸豐年間改由丁家堰近年始改由大林夾灶迤西海口去閘太遠潮汐之來易於壅滯且曹江之水繞閘西行每逢盛漲亦復挾沙而至欲爲閘籌出路當先爲江籌去路現擬開通宣港故道北接海口南接曹江相距約五里有餘一片荒沙並無人煙南北兩口皆有冲刷河形因勢利導施工尚易開通之後俟來春水發察看宣港去路兩江合流是否疏暢如曹江之水仍有阻滯查有

後俔地方可以就近開通俾曹江徑行入海惟該處民田廬舍必須妥爲安置勿使失所亦不准藉詞阻撓至閘內外淤沙急須竭力挑挖庶閘流得以暢行惟是江海之沙坍漲靡定萬一水盛之時港口復有淤塞正閘仍恐阻滯議將山陰舊有之山西閘會稽舊有之黃草瀝閘赶緊修整再於山陰之姚家埠會稽之楝樹下另建新閘以便相機起放補救萬一一至各項工程需費甚鉅民捐力有未逮且恐緩不濟急應籌款借撥以濟要工等情具詳前來臣查三江閘爲山會蕭三縣洩水要口今閘外漲沙日高以致內河之水不能暢流一遇水發泛溢堪虞該處爲財賦之區所關非細亟應未雨綢繆以利農田兩年以來隨時疏濬皆出民貲今工大費鉅急切難籌現擬援照修築西江塘之案先借撥錢一萬串以應工需仍於畝捐項下征還歸款如有不敷再行設法籌撥斷不敢顧惜小費致貽大患除飭府縣會同紳董多集人夫盡力疏濬並修建各旁閘務於年內一律完竣臣仍隨時派員前往查察勿任草率從事外所有勘辦紹興閘港情形及借撥經費緣由理合繕摺具奏並繪圖說恭呈御覽伏乞皇太后皇上聖鑒謹奏

委辦紹郡山會蕭塘工總局沈元泰周以均余恩照章嗣衡孫道乾莫元遂稟浙撫開掘宣港文 附批 清同治五年

竊職道等日前叩謁鈴轅親聆鈞誨欽佩同深稟請先開後俔以疏曹江並掘宣港以通閘河一事蒙委李守復勘督辦如稟照行業於前月二十四日開掘後俔現已次第將竣宣港亦已接續興工限冬至前蕆事閘港即須疏濬李守又議於姚家埠楝樹下兩處添建旁閘以備不虞大工並舉需款甚繁山會兩縣畝捐除前欠業經高守李守勒限飭繳外其現征者雖已按旬繳解然緩不濟急且年內爲日無幾趁此冬日久晴冰雪未至之時急宜剋期趕辦以防春汛而局中收數所入不敷所出勢難停工以待職道等再四思維前請撥借厘金二萬串原爲濟急起見如蒙俯允議將年內所收山會蕭三縣畝捐先行歸款斷不敢稍事延緩昨王臬司來越已將此情懇爲代陳玆復公同籲懇大人俯念要公准予如數暫爲撥借札行厘局陸續給領并飭山會兩縣趕催畝捐儘征儘解以便歸款不勝感激屏營之至奉浙撫馬批紹郡開沙經費已據王臬司勘覆稟內批准撥借厘錢一萬串交由高守分給領用在案仰紹興府即便查照另札辦理仍嚴飭山會二縣趕征畝捐以還借款毋違繳稟抄發

浙江按察使王凱泰稟浙撫勘明三江閘宣港淤沙文 清同治五年

竊奉憲台札飭赴紹興督同府縣委員暨紳董將三江閘淤沙及議開之後俔宣港並修建各旁閘確切勘明吊核全卷酌定辦法詳細具覆等因本司遵即束裝於十月二十五日渡江二十六日馳抵紹興會晤紳士沈道等並接見高守李守汪署倅華牘二令旋赴三江閘等處會督官

紳逐一履勘博訪周諮詳細情形爲憲台陳之紹地古稱澤國自鑑湖侵廢水無蓄洩民病日深唐宋以迄明初雖分建各閘以備旱潦而未得要領自嘉靖中湯郡守於三江口迤裏造應宿大閘地居最下閘介兩山民享其利於今數百年閘內之水由山會蕭達錢清以出閘者爲西江閘外之水由新嵊入曹娥者爲東江二江合流由東北趨海江口坍漲靡定自江失故道日趨而西海潮亦由西而上其流以日迂而日弱其沙遂日漲而日高此時閘門之沙高至丈餘且越閘而入內河向之所謂西江已不可復識而東江竟至繞閘西行欲爲閘籌出路即當爲江籌去路畫道江之策乃探通閘之源此沈紳等議開後倪宣港實爲當務之急各該處沙灘横江塞海一望瀰漫江得故道則沙足以環衞塘堤江失故道則沙適足以雍塞水路後倪東接瀝海所西接宣港在楝樹下之對岸於曹娥爲最近開通此處則曹江之水不必西下經穿後倪入海曹江可日見深通東江已有去路矣宣港地方北接海口南接曹江南北相距約五里有餘北口近爲潮水衝有深江本司督勘時正値潮來汩汩而入審定開掘界址即就潮入之路乘勢疏濬南口亦爲江流設有港路沿途審度皆有天然河形且一片荒沙並無田廬墳墓因勢開掘詢謀僉同已與官紳商定揀派董事即日興工開通之後西江即有去路矣惟博採輿論或云曹江之水即從宣港入海則冲刷淤沙更爲得力查沈紳原稟亦云後倪既通曹江復歸故道則現今閘港外曹江之水所經之處必涸若宣港尚未開通閘流無處宣洩殊爲可慮因與沈紳等會商議定宣港後倪兩處一併開掘現在先掘後倪中段封留兩頭暫緩開通俟來春水發察看宣港去路兩江合流是否流暢另行核議且後倪開掘之處民田廬舍亦復不少有此停頓亦可徐議章程妥爲布置以免後倪百姓流離之苦以抒該官紳等惻隱之心至閘口接入曹江流處沙泥漲沒若不盡力疏通江水雖有去路而閘水尚無出路終慮來春雨潦仍爲剝膚之災本司與官紳妥籌閘口二十八洞横積沙泥必須全行挖掘掘至數丈以外漸次收束寬處多以十丈少以六丈爲度深處多以一丈少以六尺爲度因勢相形隨地酌辦而掘出之沙泥則必須拉運上岸遠爲拋棄或用牛車以代人力不可吝惜經費如本年夏秋之開濬仍留沙泥於水溝中朝濬暮淤似省而實費閘外閘內一併開挖如此逐節疏通則出閘之水可接江流入宣港以達海矣至李守之議建修旁閘譬之用兵者爲策應之師犄角之勢本司細勘山西閘在三江之西地屬山陰黄草瀝閘在楝樹下之東地屬會稽兩閘外沙民私築塘壩有礙出水現由府縣妥諭拆除並將出水河道酌加疏濬山西閘緊傍緼山閘底當有石骨地勢較下尤爲得用與應宿閘如車之有輔今夏水漲即曾開此閘以洩黄草瀝閘外地勢較高非遇盛漲開洩恐未必暢姚家埠在三江之西相離七里地勢尚好該處本係防海石塘新閘工程必須格外堅實楝樹下即曹江塘堤堤土甚鬆必須添築石塘方可建閘閘之盤頭尤宜寬大堅固以上諸閘皆爲應宿正閘不通預籌旁洩之計如此謀閘謀江已無遺策惟各閘啓閉奉檄及江口預防沙壅仍須先事妥籌另議辦理至現在掘海口濬閘江建新閘同時並舉所需經費較多專持畝捐誠恐緩不濟急另有李守等酌定數目具稟本司管見思江閘不通轉瞬必有大患紹興每年財賦鹽捐所入不下百數十萬失水利即失財賦現爲道江通閘之謀擬請大人酌籌撥濟以期早爲竣事是否有當伏乞鈞裁批示遵行

再稟者查沈紳等原稟以俑山之東小西園呂家埠等處沙嘴悉宜掘去俾江流直趨入海誠爲疏通曹江要務現飭高守委員乘船泝江而

上直抵蒿壩凡有沙嘴阻礙江道者繪具圖說另議辦理至掘宣港挖閘河工程緊要沈紳等擬請委員督工以專責成查有署南塘通判汪倅勤能耐勞苦可以專司其事可否迅賜札委就近督率理合附禀

紹興府高札會稽縣金山場曹娥場上虞縣東江場疏掘呂家埠等淤沙文 清同治五年

照得三江閘外沙淤不通以致內河水漲無從宣洩有礙山會蕭三縣水利民田關係甚重昨奉撫憲札委臬憲王蒞紹查勘情形租機疏濬並委前署府李安籌督辦查閘外之沙淤由於江流之改道江流之改道由於上游之迂迴又由於各處沙嘴之梗阻現在與閘相近之宣港沙塗業經開通以冀江流就近入海或不致繞至閘前惟上游宣洩不暢則下流水緩近閘淤沙非惟不能瀉刷入海且恐山沙停積不久復淤是上游沙嘴必須一體開掘以順江道而垂久遠前經委員查得該縣境內有呂家埠小西園小金園卽扇頭地沙嘴一處於江流大有阻礙自應趕緊挑挖深通至現在疏江修閘以及修築各塘山會蕭各縣居民均係按畝捐輸以充經費而於沙民灶戶並不派及分文今開掘沙塗自當就地助工俾昭公允除飭董事查辦外合亟札飭札到該縣場立卽遵照會同縣場暨紳董迅將該處沙嘴諭令灶戶沙民於江流阻礙處所開掘深溝一道避出熟田廬舍其溝面寬三丈底闊一丈五尺深一丈該沙民灶戶應令通力合作公同趕挖勒限年內竣事俾春水得以暢流如敢推諉不遵或藉端阻撓卽行按名嚴拏解轅聽候究辦此係水利要事該縣場毋得任聽延宕致滋遲誤有干未便切速火速

章景烈代金光照上閩浙總督左宗棠論浙江水利亟宜疏濬禀文 清同治五年

竊維立疏濬之方有治人尤貴有治法樹久遠之業有實事然後有實功誠以人勞則事易集法善則功易成此古來治水之大端而今日浙省之急務也卑職籍隸浙水職繫閩嶠去夏六月接到家書驚悉原籍紹興府於五月杪連日霪雨至二十七日江水陡漲冲決會稽縣東海塘五處計百餘丈閏五月初二日又冲決蕭山縣西江塘數處亦約百餘丈水勢東西陡湧平地水深六七尺禾苗淹沒廬墓飄零人民饑溺交呼道路舟楫相望八百里鑑湖如同巨浸一月餘洪水共嘆汪洋兵燹之餘復遭水厄流離疾苦不忍繪圖山陰會稽蕭山等縣詳報水災蒙撫憲軫念災黎派員履勘議蠲議緩按被災之輕重分別辦理今春續得家書忻悉遭災各縣荷蒙撫憲奏請蠲免分數有差其修築塘工之費仍按畝派捐蕭山每畝派捐錢四百文山會兩縣每畝派捐錢二百六十文分作兩年隨同地方攤征內以二百文協修蕭山西江塘以六十文修會稽東海塘各處塘工成有日矣查近年來三縣水災如道光二十三二十九三十等年決冲海塘淹沒禾稻已屬創見邇時適在將次秋收之時隨決隨洩尚不爲災而被水之重受災之久未有如此之甚者也幸蒙各憲督飭趕緊修築民捐紳辦雖費錢二十餘萬緡而兩江塘工將次告成功誠速事誠善矣而卑職猶竊竊然慮者塘工固宜堅築而水利首貴盤頓也伏查浙省水道其浙西杭嘉湖各縣由蘇松入海者無論已其發源於金衢各府合徽江匯流錢塘江入海者杭則仁和錢塘海甯州餘杭富陽等縣係之矣嚴則桐廬縣係之矣嘉則平湖海鹽等縣係之矣其

錢塘江之東則蕭山東西江塘實爲捍海之要地至會稽縣之東曰曹娥江發源於天台各縣由新嵊匯流入海者其左則餘姚上虞兩縣其右則山陰會稽蕭山三縣而由曹娥江迤邐而北至瀝海所等處其間陞塘半屬會稽一段冲決三縣受災此浙江水道之大概情形也夫浙省之受災最易者莫如杭嘉湖三郡故夏忠靖海忠介諸君或濬劉河或開吳淞莫不以水利爲亟亟惟此事連及蘇省未便越俎而謀而事之最急功之易集者莫如山會蕭三縣查三縣皆係濱海其形內高外低三縣之水盡出三江口而注諸海海之潮汐亦由三江口以入內地泛濫爲患民無安居明嘉靖間湯太守諱紹恩者於三江口建塘四百餘丈建閘二十八門上應列宿旱則閉以蓄之潦則開以洩之利益甚大歷有年矣詎相沿日久江河變遷霖雨忽來江水陡漲農民之救護堤塘者晝夜勞辛而卒至成災者其弊有二就錢塘江處論之其潮汐之來也擁沙以入其退也停沙以出日久沙擁成阜堤外已成沙埕中流漸積漸淺就曹娥江等處論之新嵊等縣各山近來窮民均有開墾種植地瓜等物沙泥翻種則鬆一遇狂雨隨流而下迤邐入江泥多停積當夫霖雨浹旬潮水陡漲水無所蓄則泛濫爲患水高力厚遂致冲決此積沙之弊也海塘之外沙漲成堤而沿海刁民牟利之徒名曰江豖江豖者沙棍之別名也於海塘之外就其成壤可種植者略之沿海則築私堤以防潮汐遂使成壤者多而蓄水者少水有所逼激則遂冲夫至私堤冲決其水勢不可遏而官塘亦並受其害此私堤之弊也竊查浙省匪擾之後田廬灰燼井邑爲墟撫綏招徠屢廑憲慮年前宮保撫我浙江軫念民瘼釐定糧米畫一征收固己道路謳謌軍民戴德矣卑職竊思糧米爲國課攸關實爲農功所自出而農功全恃水利之疏通其所關係者大也居今日而救目前之急不立疏濬之方惜一時之費不思久遠之圖將來海口淤沙日淤一日江流滯沙層益加層必致水災洊至民無所歸矣卑職思浙省今日水利亟須仿照雍正年間運河疏濬之法製造大船二十號後尾繫混江龍由深入淺出則繫之入則收之順水梭巡中流攪動歸入大海使沙無所停而水有所蓄則水勢廣而泛濫無虞一面開濬閘口挑掘淤泥嚴禁修造私堤訪拿沙棍勸諭種植堤樹修補缺漏庶水有所歸而潦有所洩氣寬則勢薄堤堅則力厚一勞永逸法盡備矣至造船濬閘爲費不貲亟應籌款以備支用查紹郡克復之後米捐接踵水災之後仍派塘捐上戶固屬拮据中戶更形竭蹶此欵若再派之民間非特有需時日仍恐累及閭閻應請於浙省此次塘捐項下或公欵項下撥用若干約計數萬金可了其各船水手每船配僱五六名分佈錢塘江曹娥江各海口暨三江閘口委員督辦分段疏濬庶事有責成而水手不至偷惰費省而功倍海塘亦從此永固矣若計不出此而僅惟決者築之壞者修之補弊救偏習爲故事勢必堤塘愈築愈鬆江沙愈漲愈高濱海各縣付之洪流矣夫天地之有江河猶人身之有血脈也流通則健壅阻則憊而治江之道如治病然決而待築壞而待修急則治標之道也與其急則治標不若未病先藥之爲愈也今用混江龍而去浮沙使沙無所滯而水有所歸此消積導滯之法也挑掘淤泥清閘口以洩水築造私堤拿沙棍以蓄水此清熱驅邪之法也種堤樹而樹根盤結修補缺漏岸土益堅永無崩塌之患此補中益氣之法也舉此數者而並行之則浙省百餘萬之生靈得以安國家百餘萬之賦稅無所絀其功甚速其澤實長即不然僅於三江閘口開濬數十里使山會蕭三縣水有所洩潦不爲災猶可爲也否則一經水災虧朝廷十餘萬之課稅竭小民二十餘萬之脂膏而塡之溝壑庸有盡乎今以數萬金之費而立疏濬之方樹久遠之業興水利而後有農功有農功而後裕國計孰得孰失其較然也卑

職去夏接信後卽擬瀝陳情形稟請憲鑒爾時宮保駐節霞漳督兵勦賊軍書旁午不敢瑣瀆茲幸東南肅清四方安謐浙省民人同在帡幪之內用深呼籲之情伏求宮保不遺葑菲迅賜察核咨商浙江撫憲再爲酌議擇其可用者札飭辦理抑或遴檄杭嘉嚴紹各郡先行試辦正本清源端賴此役卑職爲國計民生起見愚妄之談不揣冒昧竊敢効一得之愚仰祈聽納則憲澤與江水長流其造福於浙省者非淺鮮也

紹興府知府李壽榛譔重濬三江閘港碑記 清同治七年

易曰無平不陂無往不復天地之道窮則變變則通通則久故夫物之極者未有不反者也而水利爲尤甚或百年而一變或數十年而一變天時之消息盈虛每與人事相會其理甚微其形甚著使不興其興廢之迹勤勞之故紀而載之以詔後世則於利害源流或知之不詳爲之不審甚且倒行逆施成敗利鈍相去遠矣紹興之三江閘剏自前明湯公越百餘年迄於國朝康熙水道皆由後倪出海潮汐來去徑直易達乾隆年間徙道宣港則由東北而迤西矣道光初則徙道丁家堰咸豐時再徙直河頭則又遞迤而西矣沙日漲於東而水日趨於西迂曲數十百里宣洩愈難淤塞愈易丙寅歲閘前沙壅益高一望平衍原流故道幾不可識內河水溢民用昏墊皇皇然奔走相告有掘閘內之沙以爲冲刷計者有決丁堰沙塗以爲疏通計者病亟求治無方不投而迄無效中丞馬公憂之七月壽榛以它事至郡諭與郡人沈墨莊觀察偕往相度十月奉檄辦理三江閘工方伯楊公諄諄以無剋期無靳費必求通暢爲務廉訪王公復來督視始議開宣港繼以後倪爲最初故道規復之但歷年已久其間田畝廬墓甚夥慮啸民又恐宣港之未能遽通也於是先掘後倪中通而留其兩端隄岸旋開通宣港乃罷後倪之工並掘開閘前淤沙三千丈舟通而水不流再竭水益浚深閘內蓄水益盛始外決中夜有聲如雷沙盡汰或見神燈照耀民懽呼動天地時丁卯三月初十日也自閘流改道曹娥江亦彎環曲折如重鉤疊帶掘去呂家埠扇頭地沙嘴數處道乃復又念不增修旁閘無以分殺其勢爰修復山西黃草瀝兩閘添設姚家埠楝樹下兩閘以備盛漲並慮宣港直河頭水分兩路而出潮亦分兩路而入潮退沙留愈積愈多日久勢將復塞乃於丁家堰築大壩以攔潮之西來者屹立江心既成旋圮遂增工倍料不惜人力以爭之今年春仲一律告竣民間舊傳三江閘壅必太守親禱壽榛先於乙丑二月權郡事循故事禱之而驗次夏復壅中丞遣觀察林公禱之又驗丁卯歲二月再權郡事適逢其會閘乃豁然不復再壅目擊夫形勢變遷利害興衰之故與在事諸君子櫛風沐雨手足胼胝之勞匪獨敬誌神庥爲越之民慶也蓋將俾後之人知是閘水道由後倪遞徙而西愈日迂遠爲害滋大今雖開通宣港更數十年安知不再西徙苟後倪不可猝復毋寧從事宣港尚可就一日之功而免淪胥之患若丁家堰以上則比之鄭檜無譏耳矣又俾知天幸不可恃人事不可不盡而勤其事者之不容泯沒於世也壽榛雖不敏其能已於世言哉是役也督修閘前工署南塘通判汪君又彭勞爲最郡之紳董佐其事而始終要厥成者沈君墨莊也襄其事者周君一齋余君輝庭魯君晴軒章君梓梁孫君瘦梅莫君意樓何君冶鋒也承修旁閘暨分段督工者魯君毓麐章君知福宗瀚予齡周君以增職員王奎光鶴齡邵煜陳燦阮光熠世濰元貴祖勳者民吳在淇沈鳳岡而熟諳沙地情形勤勞最久者職員何鳳鳴也至閘之緣起事之始末與夫聖天子之所以答神貺而加封號者中丞馬公廉

訪王公紀之已詳茲不復贅述云

山陰縣知縣王示諭開掘丁家堰至夾灶灣清水溝以通閘流文 清光緒三十一年五月

為出示諭禁事本年四月二十一日奉府憲熊扎開本年四月十七日准塘閘局紳董徐暇蘭張嘉謀呈稱竊三江應宿閘為山會蕭三邑出水尾閭近年以來每遇秋汛閘江淤塞田稻被淹去年兩次被淤有二十里之遙集夫扒挖幸雨水調匀內河水旺積沙逐漸沖卸故未成災現應先事預防為未雨綢繆之計查閘江對面舊有清水溝水接大夏山山西閘土名白陽川為山蕭兩邑沙地出水歸海之路同治初年水災經在籍侍郎杜紳聯商同前憲按該溝舊址自丁家堰起開浚十餘里蓄水刷沙每逢漲沙藉溝水衝洗三邑諸水下注衆水匯源即有漲沙集夫挖沙用力易而疏通速以故無水患者七八年此明證也光緒二十二年水淹為災閘港不通前憲霍諗知該溝為刷水關鍵勘掘至姚家埠旋因出缺中止今數溝淤成陸紳等相度形勢步武成規博訪周諮詢謀僉同舍此別無方法惟清水溝至山西閘計程三四十里同時並舉厥工既鉅籌款亦難當奉面諭擇要勘估遵即督帶司事勘明除溝口至丁家堰三里經雨衝深毋庸開掘外今勘得丁家堰起至夾灶灣止計工長一千三百六十丈深闊牽算估挑土一萬零數十方核錢二千八十千有奇照章加辦工經費一百六十六千文零壩工在外此係擇要開工先其所急至出土處所有本護塘官地並不擾及民產現在官地被民佔種應請扎飭山邑分傳坵地各保先行諭禁種作以備將來出土之需開捐繪圖呈請察核勘辦等情前來除由本府定期邀紳詣勘撥欵興辦外合行扎縣立即遵照飭令傳諭沙民不得種作以備出土毋違等因下縣奉此除飭傳沙地戶首坵保到縣諭話並俟奉府憲定期邀紳詣勘撥欵興辦外合行出示諭禁為此示仰該處地戶諸色人等知悉爾等須知三江閘外開掘水溝俾溝水冲刷閘外淤沙原為保護附近沙地花息捍衛內河居民田廬起見水利之要莫急於此自示之後務將應掘水溝近處護塘官地一帶遵照一律停種以備出土之需如敢違抗不遵一經訪聞或被指告定即嚴提訊辦決不姑寬其各凜遵毋違特示

宗能述三江閘私議 清光緒壬申年

一究患原閘港之塞也塞之於沙沙之至也挾之於潮潮因太陰攝力而生其勢驟以急海沙受攝輕浮盡從潮入太陰過度潮退之勢緩以遲海沙攝去滯重乃隨地留澄海港患塞此為通病而往往必有天然輔救之利蓋衆川入海必匯百派而合一流勢常足以敵潮刷沙故患常不致於終塞吾越三江閘因地得名所謂三江口者錢清江合曹江以會於浙江之區也明太守湯公察其形便建閘其間於是握山會蕭三邑水利之總鍵世稱大利焉數百年來閘外沙線偶有變遷亦未為大患即患亦易於補救自同治五年開宣港以後閘患乃年重一年矣何則宣港未開曹江自東南趨乎西北閘港自西曲曲注於曹江而潮來則自東北有西匯喉沙洲為之屏蔽潮不獨不能直入閘港且不能直入曹江必一折而入江再折而入港諺云三灣抵一閘言其能殺潮而禦沙也無何覓掘西喉而斷之使口門直向東北潮挾沙來毫無阻礙

入曹江易入閘港尤易且令港口直對曹江勢若仰承隱病實痼蓋潮進宜港分而爲二一入曹江一入閘港閘港短近潮之退速曹江遠長潮之退遲閘港潮退將盡曹江之退潮適來猶得湧入閘港閘港退潮中之沙果積於本港曹江退潮中之沙亦入而積於閘港閘港之地竟成匯沙之區矣一日兩潮閘港四次受沙而無敵潮刷沙之輔欲不及於常塞得乎

一導曹江曹江處閘港常塞之地閘港塞而曹江終不塞何也蓋江源數百里受數縣萬山之水自上下下勢若建瓴潮挾沙入江江流因潮之阻力而生抵力潮力既減江流遂沛然收送潮逐沙之功若閘港閘非盛漲大潦不全啓平日閘內之水停弱無力啓亦不足敵潮卽旁求餘流亦鮮能爲功是以曹江實爲三江閘敵潮刷沙之大輔也今曹江自出宜港繞今之所謂西嘴而歸海與閘港不關痛癢矣以我本有之大輔一旦棄之別啓一戶令其自出謂非啓戶之咎乎啓戶者開宜港也今惟有導之使復故道仍與閘港脈絡融貫如枝幹之相依則原氣復而水利歸矣

一復故道閘港故道本以閘外東西兩沙嘴爲屏藩東嘴自西北抱向東南嘴尖在東故曰東嘴西嘴自東南抱向西北嘴尖在西故曰西嘴東嘴沙洲近於閘西嘴沙洲近於海兩嘴之中曹江自東南直趨西北之道也閘港自東嘴之內注於曹江形勢完固宜乎爲三邑之利而無患今之形勢反於古矣不復於古恐終不能遠患而被利也然欲復古豈易言哉必得深明水性之賢與三邑練達之士博訪精求抉擇審定不執一見之偏不惑衆論之歧毋惜費而終悞毋欲速而罔功和人事以俟天時因今之勢導之以合古之道江流豈不可致之順軌也哉

一堵宜港宜港者內地之村名昔西嘴沙地中有直對宜港村之區言水利者謂掘通此處則閘港之流速三邑可無病潦因宜有通之義焉遂亦因而名之曰宜港當初開之時頃刻之效自足稱快不知內水之出速外潮之入亦速矣潮速潮挾之沙亦速矣且內水之速暫外潮之速常利之不足勝害萬萬矣開港以救閘流之病反以種閘病之根今病深而須急救若治標求末恐終不起自當力拔其根拔根之道則非堵宜港不可宜港初開不過數丈今數百丈者乃閘港不與曹江交匯各循岸並流溜冲潮激刷齧堤邊漸入水中水洪所以如此其闊也然中溜以外迄不甚深若合三邑人力材物乘天時而爲之成功亦不難耳（有圖見後）

此私議作於光緒初年距今幾二十年矣前歲閘外形勢忽焉變改宜港東岸之西匯嘴接漲新沙宜港西岸坍去舊沙宜港西移江流西逐曹江出海之道遂較前近閘數里此誠天心欲令曹江與閘仍合爲一以救三邑之民之仁愛也述初冬奉諱旋里與鄉士之深明閘故者討論閘事各以所見辨難商榷慮宜港塞復之艱巨能令人畏而終諉遂籌簡而易行足以代塞復之策二其一策爲漸築挑溜壩於西匯嘴循沙性導水勢使之一意西趨以遂江流西刷之道屢築屢導曹江出海之流必可漸移以致於閘西閘內之水自注於曹江而無塞淤之患矣此則不塞之塞不復之復天心所在順勢利導事半功倍誠萬不可失之一時也其一策卽塘閘局擬辦清潮刷沙之說也潮至極點退勢已具沙重已澄距水面一尺之間已如清水此時各洞均啓一版放之入閘蓄於築壩之內河逾刻港沙必又澄下一尺再啓一版以放之蓄亦如是遞啓至五七板潮已退盡乃盡閉諸洞獨盡啓中間一洞之版使中溜一道沛然將閘外新澄之沙逐成港溜一道省財省力莫良於此惟潮汎有大小漲

退之時因有多少其啓板之刻分數目須按汛較準定畫一之規俾實心之入行之三邑可高枕不患水潦矣壬寅冬日

陳渭糜祖銓李拱宸李品方呂潤身金鼎王耀紱經有常何元泰謝泰鈞金昌鴻張祖良袁緒鈞魯擊邦陳維嵩陶慶治杜用康上紹興府知府請開疏聊江稟文　清光緒二十□年

爲疏江防患繪圖公叩轉詳撥款興工以杜偏災事竊照上年夏季潮溢衝堤我紹會稽上虞餘姚新昌嵊縣諸曁六邑同遭水災蒙憲台撥款賑撫災民實惠同沾又經紳等馳商寓滬同志廣募捐資分歷災區按戶查放現已蕆事餘上兩邑解過洋八萬元會新嵊解過洋六萬元均經稟報在案第賑撫係一時濟急之圖仍須未雨綢繆爲永遠杜災之計紳等於放賑之餘週歷上下游察看水勢博訪輿論並考諸記載非開疏聊江沙積不足以弭後患查聊江在舜宣港之中爲會上兩邑宣洩之匯而其源則自新嵊直衝而下不逢阻隔則暢行入海斷無潰決之虞自同治五年前府憲李奉飭開疏後至今三十餘年兩岸漲有沙角三處凡遇淫雨兼旬江潮大汛山水攜沙而下潮汐擁沙而上是項沙角愈積愈厚橫延日廣致江流淺狹成扼吭之勢上下之水紆迴莫洩必至頂急奔騰巨浸橫溢山鄉則積水難消下流遂衝決莫遏去夏之災實職是故爲今之計欲消患於未形當濬源於先事乘此沙鬆土瘠易於奏功亟宜趕緊疏通以期水勢通暢而免淹浸衝決之患惟查上虞均已奉飭改建石塘而會邑東塘仍係土築亦應一律撥款改建否則必須增高加闊方足以資捍禦應請委員詣勘轉詳核辦茲紳等會同商酌僉以疏濬江道實爲目前切要之工倘再涉因循將來大汛猝臨復罹是患民何以堪於是公同核實估計約需經費二萬元之譜查會新嵊春賑項下尚有餘款可籌合無仰懇憲恩俯賜札飭上海協助新嵊會義賑公所撥洋五千元以工代賑（下闕）

甯紹台道桑稟覆浙撫飭查塘外築隄開渠有無關礙水利文　清宣統二年二月

竊職道於上年十月間遵奉憲命以據會邑徐紳爾穀條陳籌辦山會蕭三縣塘外沙地於水利有無關礙輿情能否允洽飭即親歷其地確切調查嗣據徐紳來道接見面詢一切當將籌議情形稟陳鈞鑒職道於十一月四日率同委員候補知縣徐璧華親赴紹屬周勘形勢博訪輿評謹以見聞所及爲憲台詳晰陳之查徐紳條陳以築隄開渠爲入手辦法其第一條云擬離塘十餘里之外循其中流界舊址修築堤埂埂內即開溝渠計自三江場灶地起至西興外沙爲止約長一百餘里而所保衛之沙田不止四十萬畝蓄清養淡以利灌輸誠爲捍衛沙田之至計維江塗兩岸沙地本有浮沙淤積而成東坍西漲遷徙靡定原築老田均用民田民地離江甚遠以避沖激光緒二十七年徐紳續修中埂不及十年坍塌甚夥間有無跡可尋者是沙地建埂之難已可想見且徐紳所謂中流界係在民灶相連之處沓荏山以西至西興等處大半坍近塘身舊址久湮更無中流界之可據彼此紳耆謂自三江場起至蕭山之荏山西止均係沿塘低窪逐漸高至海濱不下四五丈向有三大壩以洩其

水如築長堤勢必堤內之水積而不洩且恐大潮驟漲或有倒灌之虞此築堤開渠之未易辦又查徐紳以清丈升科爲繼續辦法第二條注重堤內沙田第三條則欲以隄外沙地仿照堤內一律清丈分別科則等差以昭平允查沙地有熟地草地白地滷地之分或由運司給照或由各縣給單歷年既久坍漲無常難免百弊叢生今若舉沿塘沙地再行丈量誠足擴利權而清弊竇惟訪之地方紳董僉謂沙地向無版籍鱗册可稽其中侵佔隱匿釐剔最難且隄內皆謂熟地而堤外之民無堤內熟地者甚多一旦舉辦清丈卽使堤內之民樂從彼堤外之民必生疑懼此清丈升科之不得不慎之於始也徐紳面稱照此辦法每年課賦可得三十萬元果能如數以償其有益於國家正供者固屬甚大惟所稱堤工經費須在十萬元之譜擬由堤工捐輸項下提撥此項工程既未確切勘估捐輸一節亦屬虛擬之辭現在官款艱窘勢難籌墊萬一中途費絀辦理愈覺爲難職道再四思維猶恐此中情形一時不能洞悉復督同紹興府包守發鸞諭令紹興紳耆將籌辦山會蕭三縣塘外沙地事宜各抒所見近據該守交來各紳董說帖有一意贊成者有極力反對者有謂宜緩辦築堤先行清丈者有謂築堤開渠不足以濟事必大開河道以爲灌溉者議論紛歧莫衷一是職道以爲茲事體大非一二人之意見所能決謀亦非一二年之工程所能奏效查諮議局章程第二十一條第一項載明議決本省應興應革事件今籌三縣沙地正在本省應興事件之大者浙省諮議局議決案首載農田水利會規則而修濬水利議案祇及於浙西未及於浙東擬請以此案交諮議局議員公同核議是卽浙東水利議案之一諸議員關懷桑梓熟悉情形必能剴切敷陳爲地方籌久遠之計職道愚昧之見是否有當祈請訾核示遵

東江塘水利會會長阮廷渠呈浙省撫藩及甯紹台道請掘徐家堰對岸沙角文 清宣統三年六月

爲呈請事上年十二月前會稽縣陳照會沿塘士紳內開本邑徐家堰等處塘外護沙坍沒將盡對岸沙角日形淤漲以致水勢折流下注衝激塘身岌岌可危事關重要宜如何研究辦理之處應照本省諮議局議決農田水利會規則第六條認爲應行興辦者得令該莊圖董及水利關係人剋日組織水利會俾得公議辦法等因遵經該士紳等聯合沿塘八鄉擬訂細則於正月二十三日開會選舉議員會長會董廿六日呈報通詳在案又奉照會各議董趕辦等因適府尊溥准塘董宋傳般等稟請疏掘對岸沙角藉資補救札飭會上兩縣會勘稟復核奪三月初六日新任會稽縣陳令會同上虞縣葉令及各塘董水利會各職員周勘塘身并渡江察看沙角利害所在衆目共睹卽經本會召集全體議員公議辦法查車家浦徐家堰而東概係泥塘有塘外漲沙防護則新嵊下注西北之山水及海外奔赴東南之潮流往來徑直塘身可保無恙自對岸沙角伸漲護沙坍沒淨盡山水暴注被沙角一阻回激塘身致該處知過必改得能莫忘罔談十字計二百餘丈之泥塘勢甚岌岌不早爲所患將不堪設想伏查西漲東坍滄桑常事從事疏掘亦非一次咸豐元年同治六年暨十年爲三江閘壅塞歷經開掘潦江各在案此次漲角竟害塘身山會蕭三邑生命財產所關尤鉅當場議決呈請府尊援照成案將對岸之漲沙疏掘一角以救危險旋奉札縣照復內開來牘具悉前據宋傳般等以徐家堰知過必改等號塘隄勢甚危險擬疏掘對江沙角藉資補救等情卽經本府分飭會上兩縣會勘稟辦在案近來春雨連緜

江水盛漲似不能不先其所急擇要興修以資捍禦仰會稽縣立即會同該紳董等妥籌辦理幸勿顧彼失此延誤要工一面仍將會勘情形尅日稟復核奪等因下縣奉此查該處塘隄危險亟應先其所急擇要興修以資捍禦除將對江沙角另行稟請設法疏掘外爲此備文照會查照辦理等因遵於四月十五日召集全體議員開會公議幷估計工程權衡利害輕重查與修塘工有僅做灘水者有做灘水而兼造石塘者灘水工費雖省然知過必改等號共二百丈有奇約計尚需洋萬數千元倘果足資捍禦何憚不爲然山水暴激從前護沙支塘層層疊障尙然坍盡灘水抵力能有幾何豈堪恃爲中流砥柱觀西江塘所造灘水被春汛沖坍可爲前鑒此灘水難資捍禦之實在情形也如造石塘費更數倍無論無此財力就使公帑足撥石塘果就而對江之沙角日漸增長徐家堰以東護沙依次坍沒險象所呈節節皆是造何勝造修何勝修觀西江北海兩塘費帑凡幾迄今仍無辦法可爲前鑑此修造石塘爲難之實在情形也若對江沙角則本自十數年來逐漸浮漲原亦無人管業近始有人低築支塘稍稍種植然不過十之一二此外仍等不毛現在擬掘之角連及墾地者爲數更微且概係新闢租價亦低從前疏掘潦江所掘熟地數且倍蓰尙毅然實行無礙誠以兩害相權必取其輕大勢所趨有不得不爾者況今之沙角大都未墾掘費較省或堪籌集又復水勢徑直會上兩縣塘身均利及此不爲浸假就近棍徒霸佔未墾之地而盡種之賈生所謂一脛之大將如腰一指之大將如股彼時治之愈難爲力全體表決呈請府尊親臨測勘即於五月二十二日由府函請浙路工程處測繪生二員委髗經廳隨同覆勘險象測繪準圖俾便核辦詎霸墾漲沙之該邑棍徒唆使沙民將所插標桿搶拔阻撓以致不能竟事當察看時見沙角外又漲浮沙一塊江面愈窄山水衝激益烈危險更甚本會各職員憂惶無措爲此黏附圖說呈請撫憲大人察核俯念三邑田廬民命究竟應否疏掘以顧大塘札委大員覆勘明確核飭令遵實爲公便謹呈

疏掘遼江始末記 清宣統三年

紹興東南皆山西北瀕海新嵊兩邑山水衝激而下由曹娥江經三江對過之西匯嘴而入海海外來潮復湧進經西匯嘴而至曹娥江山水潮流之所經兩岸堤塘實關險要尤賴塘外漲沙爲之防護故有護沙之稱沙之坍漲無常沙坍則塘身臨水一經衝激即行傾陷塘之安危實惟護沙是賴護沙一盡塘堤即危查嘯唫鄉徐家堰塘皆係土塘全賴護沙保衛惟此處爲山水潮流當衝之處塘身護沙蕩刷易盡爲保塘計乃開掘對岸沙角自上虞境內江頭廟塘外起至紹興偁浦堰頭對渡止作一欹斜形使江水潮流順水性而經此暢流則東塘外之護沙乃漲而塘隄可保道光咸豐間曾稟准層憲先後疏掘兩次江通後定其名曰遼江此遼江也實東塘之一大保障也嗣後水流逐漸東徙遼江舊道均成漲沙貪利者墾種而培築之而江水乃又逼塘身至光緒三十年間徐家堰塘外護沙無存塘身危險該處塘身由知過必改得能莫忘罔談等字地段護沙業已坍沒淨盡而忘罔談三字之處尤爲最險因對岸江頭廟前沙角日形淤漲致水勢折流娥江下注之水悉衝激於忘罔談三字之塘身一旦出險國計民生妨害良鉅欲謀正當防護之法以免塘堤險禍計惟循照舊案將對岸江頭廟前新漲沙角疏掘以去庶江流

順遂衝激可免且從西匯嘴上泝之潮經此沙角本須北折而衝激於對岸虞邑花宮地方之塘掘去以後於對岸塘身實亦多所裨益因如是之利害關係嘯唫鄉父老羣相奔告視爲切要之圖惟控訴無門祇得杜門飲恨而已前清宣統二年紹興王子餘等糾集同人創辦政治研究社其時嘯唫鄉阮廷渠在城辦理禁煙事務共同入會因提出東塘沙角情形報告該會共相研究援照本省諮議局章程議決農田水利會規則第六條組織水利會於是糾集鄰近道墟東關吳融孫端合浦賀湖六社嘯唫八鄉呈請官廳立案成立水利會併呈明水利會細則粘貼東江塘圖投票公舉阮廷渠爲水利會會長擔負執行於是官廳層稟於上台該會歷議於就地公文函電無已時經舊會稽縣憲陳次賡府尊溥韞齋歷電省撫增韞致有省委勸業董道親歷該處查勘認疏掘爲必要時在宣統三年武昌起義未遑顧及民國三年六月廿五劇風暴雨海波衝激塘身幾致坍沒塘外護沙盡遭湮沒溺死沙民無算因此一番災害該地之民視江頭廟沙角爲剝膚之痛因痛成恨因恨成憤於四年七月間不及候公署命令糾集數千人至對岸沙角疏掘三日將次完竣經兩縣知事阻止兼提辦爲首滋事之人責令恢復原狀漸以潮汐淤塞銷滅形跡該沙民等既受天災又累官事於是嘯唫鄉父老目睹悲慘責成阮廷渠進行疏掘事務層稟省長委測量員何東初在兩邑地測繪應掘之線何東初定紹興界內之扇袋角亦一并掘一小角以爲調停於是兩縣各派代表六人虞邑爲王寄卿朱集三傅汝亮俞謌亭顧銘之朱心齋六人紹興爲陳均孫秉彝阮廷渠陳玉李幼香章齊賢六人疊次集議卒議定兩方交換疏掘呈明省署核准而需欵浩大經費無着乃於各鄉振欵內提出三千元於公益費項下提撥一千元經商准各鄉士紳及縣知事呈省核准作爲開掘費不敷之欵並就地依據受益地畝分別等次按畝集資計七百餘元於民國六年二年間設立工程局開辦遼江疏掘事宜其工程幹事虞邑由縣委邵子瑜爲主任紹邑由縣委阮廷鑑阮廷渠爲主任雙方同時進行越半月乃成計紹地肩袋角斜長九百數十尺虞邑小南匯斜長一千八百數十尺闊各八尺深各八尺底闊各二丈出納口闊各十六丈至五月間山水暴發所掘小南匯遼江遽然暢流工程得以告竣當時開工又拍一照分給六代表以作紀念云

安昌沙民擅掘三江閘外新漲沙記事 清宣統三年閏六月

三江閘爲山會蕭三邑下流洩水要地前曾屢至漲塞爲害田禾後因閘外西首乾坤字號沙地坍沒得復最初出海故道水患遂弭此固三邑人民天假之幸也西首之沙既坍遂漲歸東首此爲沙性之常不料六月十一十三等日突來安昌等處沙民千餘人將新漲之地擅行開掘樹有大小旗幟數十方儼同大敵當有姚家埭沙地戶首楊如煥宋德安等向之理阻若聾不依於是姚家埭與毗連之直落施村民亦鳴鑼聚衆將與抵敵幸經楊宋二人竭力勸阻得不釀禍後經楊等赴府呈報溥守檄縣查辦一面批楊如煥呈云據呈乾坤兩號地方沙民於本月十一十三等日聚衆千餘人在直落施對岸南匯新沙強行開掘等情是否屬實仰會稽縣會同山陰縣迅即前往查勘明確稟覆核奪一面嚴諭該地戶等毋得恃蠻滋事致干重咎勿延繪圖均發仍繳又批沙團灶各戶云前據會邑戶首楊煥堂等以該沙民聚衆多人將南新沙恃強開掘

等情來府具呈卽經批飭會勘復奪在案據呈前情仰會稽縣會同山陰縣迅卽遵照前令控情批示一併查勘明確尅日據實稟覆核奪呈抄發云云後又有楊炳棠等以該沙民復於閏六月初三四等日糾衆持械復往開掘等情向府署稟控卽經溥守批云三江大閘爲山會蕭三縣出水要道關係至重所有閘外沙地不准擅改形勢致生阻礙曾經霍前府明晰出示嚴行禁止嗣據該戶首等以本年六月十一十三等日有乾坤兩號地戶聚衆千餘在直落施對岸南匯新沙強行開掘希圖漲復等情聯名具呈到府據經本府飭縣勘明屬實立卽查案示禁各在案茲據乾坤兩號地戶胆敢糾衆持械於本月初三四等日復往開掘並於初九日早晨將告示揭毀等語如果非虛不法已極仰山陰縣會同會稽縣迅卽親詣該處妥爲彈壓一面勘拏爲首滋事之人從嚴懲辦以儆其餘節錄紹興公報

紹興縣議會咨紹興縣知事請移知上虞縣會議疏濬東塘西匯嘴沙角漲沙文 民國元年

爲咨請轉移訂期會議事本會議員任元炳等提出東塘險要應先測繪建議案據稱東塘西北瀕海東接新嵊兩邑之山水順流而下由曹娥經三江對過之西匯嘴而入海海外來潮復達西匯嘴而至曹娥江山水潮流之所經東塘均當其衝最易出險全賴漲沙爲之防護沙之漲灘塘之安危係也查大吉菴桑盆車家浦徐家堰嘯唫東關西湖底等處塘外護沙自前清光緒三十年以來逐漸坍沒塘身日形險象揆厥原因實由對岸沙角淤漲水勢折流使曹娥江下注之水悉衝激於塘身一旦出險恐全邑之生命財產盡遭淹沒而於國課上亦大受損失是不得不急圖疏濬疏濬之法宜先從測繪入手此本議案所以提出之理由也（辦法）（要求行政官速卽聘請測繪生測繪準圖須可辨明險要之區）（經費）由國家行政上應俟測繪完竣估工興辦等由當將原案印刷分配各議員公同討論新嵊山水由曹娥江經西匯嘴而入海海外來潮由西匯嘴而至曹娥江東塘適當其衝自曹娥江對岸上虞境轄之西匯嘴沙角淤漲水流轉折衝激塘身以致塘外護沙逐漸坍沒危險情形奚堪設想自宜速籌疏濬以衛民生惟區域畫分兩縣如何辦法必須兩縣協商應請貴知事移知上虞縣轉達縣議會訂期開會知照本會派令代表前赴會商辦法再請行政官聘請測繪生測繪準圖籌費興工俾期妥洽合將議決情由咨請貴知事查照希卽轉移上虞縣速辦施行此咨紹興縣知事俞

紹蕭兩縣水利聯合研究會議定西塘閶家堰開掘小港案 中華民國五年五月

按是案准紹興縣公署函開以奉浙江都督府第百二十號飭開以據驗收西江塘平章愛三字號石塘大工等工程委員林大同復稱驗收後復同汪理事就近察看沿塘一帶險象環生蓋浙水之源出於歙縣之徽港至桐江合婺港衢港之水曲折而東以歸於海西江塘受數股水之衝擊塘身不固底脚久被鬆動險工林立在在堪虞如接連平章愛之拱字及接連歸王鳴鳳之賓字及讓國等字舊塘底脚已被山水漱空裂縫疊見將來夏秋之交山洪霪霖水勢驟湧冲決之患在所不免一旦出險兩縣生命財產何堪設想此不可不急起爲謀安全者也惟是西江

塘既受上游衆水之冲激受病過深危機已伏若徒專事修築苟且彌縫誠恐此功未竟他險又生補苴罅漏終非良策自非另籌宣導方法不足以保全塘堤久安長治委員察度情形悉心計劃擬於漁山埠至袁家浦地方開鑿小港分富春港合流之水導之出境浦口又有小山足爲西江塘之屏幛塘身不致受敵似此改變江流庶上可以殺奔騰之勢傍可以廣宣洩之途塘工得以穩固尾閭藉以暢流亦去薪止沸之一法也委員以此辦法謀諸就地士紳亦極表同意惟事關開濬工程頗鉅非籌有經費未易集事茲繪成開港擬綫略圖一紙呈請鑒核應如何辦理請飭發紹興蕭山兩縣知事及塘閘局妥籌方法以定從違而資防禦等情據此該委員所擬開掘袁家浦一節應由該知事等督同該兩縣水利研究會悉心籌議詳候核奪除檢同圖樣一紙分飭蕭山縣知事遵照外爲此飭仰該知事遵辦具復切切此飭等因到縣奉此除函致蕭山縣知事查照外用特備函奉布即祈貴會員查照希即會同蕭邑會員聯合開會籌議具復核辦是爲至盼此致並函送圖樣一紙等由到會准此查西塘閘家堰上下數百丈間地勢最高坍潰最多考諸志乘核諸近事若出一轍蓋錢江上游係由衢婺二江滙於蘭溪復合徽江於嚴州經桐廬富陽過十里長沙至大小二沙分南北二流繞出元寶沙復合爲一名富春江其東係自諸義浦三縣來水名浦陽江滙富春江於小礫山北其下游復有東江嘴沙角攔阻激成勁溜東犯西塘此閘家堰上下一帶塘脚被漱之由來也溯自明成化間戴公琥守紹鑿通磧堰築壩麻溪小江一帶咸受其惠嗣因漁浦江塘屢被冲潰江流東徙擴爲巨浸時富春江洪流之在北者亦徙而南其原流深處漲爲高沙即所謂新江嘴俗呼爲米貴沙今名爲東江嘴者是也故東江嘴沙角未漲以前富春江並不爲西塘患乃日積月累愈漲愈南深入江心橫攔江面而富春江之出水口因之乃折折則水流之受激乃甚斯西塘之直受頂冲乃烈矣是以近數年來險工曡出危象環生財力既蹶於負擔人工亦疲於應付前年壹字盤頭工程及平章愛暨歸王鳴鳳等字號兩處大工甫慶告竣今年則接連平章愛之垂拱二字及接連歸王鳴鳳之體率賓三字暨讓國臣等字塘脚底泥皆被勁溜激成之漩渦漱吸半空沿塘水量各深數尋察其表面或裂巨縫或陷深坑或錯落傾斜或形成壁立每遇山洪潮汐怒漲時甚至裂縫之下時聞水聲罅隙之中常見噴水者若茲危狀容可緩圖今林委員所定計劃擬在西塘閘家堰對岸東江嘴沙角內自漁山埠至袁家浦地方開掘小港以分富春江合流之水既可殺上游奔騰之勢又可廣旁流宣洩之途辦法實臻妥善爰於第二次常會提議研究嗣以所發圖樣未明瞭處甚多其所定自漁山埠至袁家浦一帶擬線是否適宜工程若何計劃經費若何估計本會研究不厭求詳故議定如左

一議在西塘閘家堰對岸東江嘴沙地內自漁山埠至袁家浦地方開掘小港以殺水勢一案一致贊成表決通過應將今日會議情形由兩縣知事先行詳覆一面因林委員測繪略圖未能明瞭疑點甚多公推兩縣塘閘局理事與林委員及原測量員詳細商酌明確後再行續議

按本案自第二次常會議定後由本會函請兩縣知事據情詳覆都督府轉飭林委員詳細測勘估計明確去後嗣准紹興縣公署函准浙江水利委員技正林函開案查袁家浦至漁山埠擬開新港一案業奉民政廳長飭知派員覆勘擬線並籌議用地畝數一切經費等因除飭敝會測繪員何杲前往測勘外相應函請查照一俟該員到境希即知照貴縣塘閘局理事前赴該處會同籌議而利進行等由過署並先准何測繪員

函報已率同測量員役駐紮閘堰塘工局定於本月二十七日開始實測等語除飭敝縣塘閘局理事遵照辦理並函致蕭山縣知事查照外相應函達查照等由旋准蕭山塘閘局理事汪曌庚於七月十六日在紹興塘閘局開常會時帶到何測繪員勘定開掘新港圖一紙内具說明二則一勘定擬線之說明謂富陽江會金衢嚴徽之水經十里長沙至大小二沙分南北二流彙合於東江嘴激成勁溜直射西江塘之閘堰漱空塘脚險象環生欲籌萬全之策非分導水勢不爲功現測得大沙對岸之老墈村西首地方水深自十一丈至二十五丈不等流度湍激引線較順擬由此處開掘新港直接大王浦分引北流之水徑瀉錢江自老墈村西首至大王浦底線長六千尺有奇購地施工均尚簡捷一工程預計之說明購地計八百二十三畝每畝價洋四十元計洋三萬二千九百二十元以上估計皆係熟地之價其近溜泥坂並無種作皆屬溜底不計價自擬線左右每邊購地五百尺爲限其間居戶約百餘戶遷費不在此限土方計十二萬方每方五角計洋六萬元以上估計新港出口闊三百尺其接溜底處闊一百尺平均全線闊二百尺長六千尺深平均十尺取土於三百尺外築塘藉保塘外田畝廬舍其港底如遇浮沙難工經費不在此限打樁計一萬四千四百支每支一元計洋一萬四千四百元以上估計於新塘塘脚每丈排丈二樁二十支自港口起二里爲限兩岸計須打樁如上數如是則新塘因而田廬安奠共計工程經費約十萬七千三百二十元局用不在此限等由到會准此本會復於第四次常會提議研究僉以第二次擬線自老墈村西首至大王浦一帶用地較短水勢較順確係適宜之點惟經費甚鉅應請省欵補助方可舉辦故議決如左

一議在西塘閘家堰對岸東江嘴沙地内開掘新港一案准照水利委員會第二次所測自老墈村西首至大王浦之擬線爲定應請兩縣知事轉詳督軍撥欵補助一面轉飭杭縣知事妥爲勸導以免抵抗

按本案自第四次常會議定擬線後卽經兩縣各代表赴杭磋商川旅費用亟須議定爰於第七次常會提議在本會預備費項下列支議決如左

一議開掘大王浦一案代表往來旅膳等費兩縣均以水利研究會名義各自赴縣具領俟事竣實支實銷由本會函請兩縣知事備案

紹蕭兩縣水利聯合研究會議決沈一鵬陳請修[illegible]保塘並濬復宣港閘道案 中華民國八年五月

按是案由馬鞍鄉自治委員沈一鵬條陳由縣交議經本會第二十次常會第二十一次常會先後議決如左

一議馬鞍鄉自治委員沈一鵬條陳疏濬宣港一案查宣港形勢若何自應派員勘明方有把握當經公推會員何丙藻林國楨何兆棠陳玉前往實地履勘俟報告後再行妥議

一議疏掘宣港一案據會勘會員何丙藻林國楨何兆棠陳玉四君報告至丁家堰一帶察看該處塘身外面沙地盡行坍沒逼近石塘内面泥塘復臨深河滲洞不一而足且忠則盡命四字號面現裂紋尤形危險勢成岌岌是以沈一鵬等建議開掘宣港以殺潮勢但到西匯嘴察看

現掘宣港情形舊港故址已難尋覓據本地奕家昌等聲稱謂是港一開雖與丁家堰一帶沙地可以逐漲而娥江下游水勢被宣港一分激力薄弱將來應宿閘閘港外面淤沙易漲難刷恐於閘江有礙宣泄等語是開通宣港有妨三江出水亦屬非計茲事關係出入重大非實地測量不足以明眞相僉謂此事應屬兩縣公署轉呈省長令飭全浙水利委員會遴派熟悉水利人員會同就地正紳悉心測量究竟疏掘宣港於三江刷沙有無窒礙再定從違

附錄公牘六件

逕啓者本年五月二十三日據西匯嘴公民章維椿奕光奎金鶴高范成玉王文棟任光輝楊國安馬成金章維秀楊永寶宋大福沈金福楊志卿施長生張連生許秀峯楊志坤單家全張榮富張耀春沈增貴王文貴王新法傅天成楊志水謝張寶沈福全陳連生姚蘭生馬成耀傅秀劍宋奎奕金浩俞增元奕金和馬金水傅天洪奕光烈張小寶楊永泉奕嘉德馬寶堂奕嘉樑錢相奕嘉義奕金德施增泰奕五九宣兆燦馬榮棠周金生沈錦泰奕光珠章春雷馬永山馬春棠等五十六人聯名稟稱竊公民世居宣港口內西匯嘴是地三面濱海惟東接壤舊會邑糧田及上虞民地形勢甚危歷年得以安居樂業者全賴宣港口外漲沙爲藩籬查清同治初年有爲馬鞍沿海保全沙地者創開掘宣港之議以致天然江流陡起變遷彼漲此坍三江閘外漲復十餘里閘道迂遠紹蕭河水宣洩爲難田禾時遭湮沒雖屢濬閘道以修水利而旋疏旋塞銷耗經費累至巨萬嗣光緒十六年間宣港新沙稍稍重漲乾坤兩號居民恐其東漲西坍有損於己將該處漲復新沙擅行開掘當經前紹興府霍知府勘明以爲歷年閘港淤塞推厥原因由於宣港開掘之後上游山水向西而流浮沙日形冲積爲害閘道莫此爲甚示禁開掘在案又查宣統三年乾坤兩號刁民以宣港漲沙禁掘有案糾衆千餘人在宣港附近直樂施後岸強行開掘新沙由西匯嘴戶首楊煥棠等稟報蒙前紹興府溥知府出示重禁不得在閘外擅改形勢以保紹蕭內河出水要道可見官廳對於閘外附近沙地審愼周詳三令五申早成鐵案矣詎意本年舊曆三月初十十一兩日突有乾坤等號居民糾集千餘人將前項禁沙非法開掘公民等以若輩恃衆逞蠻未便理論旋閱紹報載有馬鞍鄉自治委員沈一鵬條陳疏掘宣港一案呈請會長察核當經開會議決公推會員實地履勘公民等靜候會員前來勘明能否疏掘自有公論豈料該鄉乾坤等號居民又於四月初十十一兩日鳴鑼樹幟蜂擁二千餘人如臨大敵復將前掘未竣之禁沙大肆開掘忽成河渠潮汛暴漲愈激愈鉅且其開掘地點逼近西匯嘴花地秋潮汛濫坍陷堪虞竊思自治委員爲一鄉人民代表謀本鄉利害固其天職既經陳請貴會研究施行何以復令鄉民糾衆擅掘致干法令前文明而後野蠻究不知其是何居心也至於援三江閘濬沙記謂開通宣港閘道可保全紹蕭塘閘水利尤爲大謬不然蓋濬沙記撰自同治六年當時沈紳懸莊以理想之觀測施行疏掘宣港以通閘道曾幾何時而江流形勢忽然大變前漲於東者一轉而漲於西以致閘外浮沙日高河水無從外洩每逢霪雨時患水災紹蕭人民恆苦之就東港塘而論宣港疏掘以後塘外餘沙坍陷盡淨閘水東流娥江上游山水折而向西兩相冲激塘脚不時坍毀北港塘雖可無虞而東塘實受其損再就西匯嘴沙地論之自開疏宣港以來後海潮勢澎湃逕入宣港口內北面成熟老沙竟坍至一萬二千餘百畝迄今未能漲復由是以覩沈紳疏掘宣港殊乏經驗今日父老目覩

其事身受其害者猶痛詆之前清知府霍溥兩太守洞見此中流弊所以不憚諄諄告誡先後嚴禁在案因知濬沙記已早在廢棄之列沈委員何得以此爲符護也爲此瀝陳疏掘宣港歷次禁止緣由並抄呈前紹興府知府告示二道西匯嘴草圖一紙伏乞水利會長鑒核恩速付會查案討論派員履勘一面頒給曉諭重示嚴禁並請懲戒擅掘以保塘閘而便水利不勝迫切待命之至等情到縣據此查前據馬鞍鄉自治委員沈一鵬條陳疏掘宣港一案即經貴會議決公推會員何丙藻林國楨何兆棠陳玉前往實地屢勘俟勘明報告後再行妥議核辦在案據稟前情除批示外相應函致貴會希即轉致何會員等一併查勘妥議復縣核辦並傳知沈委員一鵬約束鄉人以後毋再擅掘致滋事端幸勿稍延足佩公誼此致紹蕭兩縣水利研究聯合會知事王嘉曾中華民國八年五月二十七日

爲報告事案據馬鞍鄉自治委員沈一鵬條陳疏掘宣港一案前經本會公推丙藻等前往會勘俟勘明報告後再行妥議核辦並准紹興縣公署公函以西匯嘴公民章維椿等稟報本年舊歷三四月間突有乾坤等居民糾集千餘人擅掘宣港等情函請本會一併查勘等因丙藻等即於舊曆五月十六日會集往勘舟至三江閘停泊先至丁家堰一帶察看見該處塘身外面沙地盡行坍沒逼近石塘內面泥塘復臨深河穿洞滲漏不一而足且忠則盡命四字號面現裂紋尤形危險勢成岌岌是以沈一鵬等建議開掘宣港以殺潮勢視爲保障之計復於次日再詣西匯嘴察看現掘宣港情形舊港故址現時已難尋覓據本地奕家昌等報告謂是港一開可以分殺潮水雖與丁家堰等處塘堤有益而娥江下游水勢被宣港一分激力薄弱恐於應宿閘外兩面浮沙易漲難刷將來閘江有礙宣泄丙藻等實地察看證之兩方節略圖說所述意見各有理由應如何解決之處請由會衆妥議公決須至報告者會員何丙藻林國楨何兆棠陳玉中華民國八年六月十四日

逕啓者本年七月十一日奉省長齊指令據紹興章維椿等呈爲疏掘宣港有礙閘流請委勘飭禁緣由奉令呈件均悉疏掘宣港果係有礙閘流朱鞠堂等何得違禁開挖妨害水利仰紹興縣知事迅速查明核辦並將江流水勢暨港閘關係情形勘查明確繪圖貼說呈復核奪呈件併發仍繳此令等因到縣奉此查此案前據章維椿等來縣具稟業經函請貴會查復並由本署會同蕭邑呈請省長委員來紹測量發申後迄尚未奉指令茲奉前因相應備函知會貴會希即查照指令各節尅日派員勘明江流水勢繪具詳細圖說送縣以便轉呈察核事關省令幸勿遲延足佩公誼此致紹蕭水利聯合研究會計送抄呈一紙知事王嘉曾中華民國八年七月十五日

具呈公民章維椿等住紹興縣孫端鄉西匯嘴爲疏掘宣港有礙閘流環請鑒核會派委員勘明飭警重禁嚴辦以保水利事竊維三江應宿閘爲紹蕭洩水之要道而洩水之緩急視乎閘前淤沙之有無淤沙雖隨江流變遷靡有一定而又視乎宣港之通塞爲轉移蓋宣港淤沙積於東而水趨於西則閘水暢流無阻否則閘道淤塞宣洩困難歷徵往事固絲毫不爽者也公民等世居宣港口內西匯嘴三面瀕海地勢甚危得以安居樂業者賴有宣港沙塗爲屏藩溯自前清同治初年創開宣港之舉原冀疏通閘道以利洩水曾不數載西匯嘴熟地坍圮一萬二千餘百畝浮沙日漲於西以致閘外淤塞紹蕭田禾自遭湮沒所謂變本加厲而又害之後雖屢濬閘口淤沙而旋疏旋塞公費耗至鉅萬時官紳方知曩昔疏掘宣港之舉爲非計也迨光緒十六年宣港浮沙稍稍重漲馬鞍鄉乾坤等號居民恐將此坍彼漲不利於己擅行開掘宣港當經前紹

興府知府霍勘明有礙閘道排水嚴禁拘辦宣統三年該處居民復在宣港附近直樂施後岸強行開掘又蒙前紹興府知府溥出示重禁不得在閘外擅改形勢以保紹蕭河水之通路並飭拘嚴辦各在案是於宣港附近沙塗疊禁開掘即所以保閘流保閘流即所以保紹蕭之田廬訓示諄諄不啻鑄成鐵案矣本年舊曆三四月間該處居民受朱鞠堂等主唆膽敢藐視禁令蜂擁二千數百人鳴鑼樹幟如臨大敵將前項禁沙一再開掘距西匯嘴熟地止四五十丈潮流出沒無常後患何堪設想業經呈請縣知事王蒙指令該鄉自治委員沈一鵬即行止掘一面令飭紹蕭水利會會員實地勘明核議頃奉疏掘宣港議案內開據會勘委員何丙藻林國楨何兆棠陳玉四君報告至丁家堰一帶察看該處塘身外面沙地盡行坍沒逼近石塘內面泥塘復臨深河滲漏不一而足且忠則盡命四字號面現裂紋尤形危險勢成岌岌是以沈一鵬等建議開掘宣港以殺潮勢但到西匯嘴察看開掘宣港等舊港故址已難尋覓據本地弈家昌等聲稱謂是港一開雖與丁家堰一帶沙地可以逐漲而娥江下游水勢被宣港一分激力薄弱將來應宿閘閘港外面淤沙易漲難刷恐於閘港有礙宣泄等語是開通宣港有礙三江出水亦屬非計茲事關係出入重大非實地測量不足以明真相僉謂此事應復兩縣公署轉呈省長令飭全浙水利委員會遴派熟悉水利人員會同就地正紳悉心測繪究竟疏掘宣港於三江刷沙有無窒礙再定從違等因是知疏掘宣港一案關係紹蕭水利至為重大固非公民等一偏之見也查宣港居娥江之下游當山水暴發之時即閘水暢洩之候山水下流經宣港以達三江與閘水同流入海則非特淤沙不致厚積抑且能助閘流之速力水利之便莫過於此即近今江流之形勢是也設或宣港開通閘道向東水流迂曲復與娥江水勢互相冲激折而逆流其宣港滯緩勢所當然且海潮經入宣港日受冲刷則浮沙日徙於西丁家堰等處沙地雖可復漲而閘外之沙愈積愈高壅塞之患可立而至尤與紹蕭水利為害滋大公民等以案經紹蕭水利會議決由兩縣知事呈請鈞長令飭水利人員實地測量查勘自能水落石出明定是非詎意朱鞠堂等復敢違抗議案一味恃衆逞蠻糾集二千四五百人業於六月二十一二十二等日在宣港附近直樂施後岸重來開掘其有礙於西匯嘴地方姑置勿論而若輩祇自保護少數之沙地不顧念兩邑人民之命脈妨害水利破壞大局其罪實無可逭總之天然江流如欲以人力改變形勢必須兼籌並顧使各方面無所得失始能舉行今乃利僅及於一方害將徧夫兩邑不待官廳之許可衆議之贊成動輒以聚衆為事強制執行視禁令如弁髦等議案於草芥其不法妄為一至於斯若再曲予寬容凡我西匯嘴人尚有甯日乎情急事危萬難坐視理合抄呈前清紹興府告示兩道西匯嘴草圖一紙備文陳請環乞鈞長鑒核俯賜令派水利人員實地勘明並飭紹興縣知事重申禁令科朱鞠堂等以妨害水利罪以儆不法紹蕭幸甚西匯嘴幸甚謹呈浙江省長

逕啓者案准貴紹縣公署函開奉省長齊指令據紹興章維春等呈疏掘宣港有礙閘流請委勘飭禁緣由令仰紹興縣知事迅速查明核辦並將江流水勢暨閘港關係情形查勘明確繪圖貼說呈復核奪函致本會派員勘繪詳細圖說送縣轉呈等因適逢本會第二十二次常會臨時宣付共同討論查疏掘宣港前據馬鞍鄉自治委員沈一鵬條陳到會經本會開會集議僉謂宣港形勢自應派員勘明方有把握公推會員履勘嗣據公民章維春等聯名稟請禁止開掘准貴紹縣公署函交一併查勘妥議等因並據會員查勘報告又經開會公同妥議以兩方所述各

有理由但有妨三江閘水關係重大非實地測量不足以明眞相函請兩縣公署轉呈省長令飭全省水利委員會選派熟悉水利人員會同該處就地正紳悉心測量在案茲奉前因查會員中於測量一道均未諳練若就兩造所呈圖說草率繪奉於江流形勢均未準確仍不足以資考核公同議決仍應函請兩縣公署轉呈省長查照前案迅飭水利委員會派員到地會同就地士紳詳細測量繪圖呈復以昭愼重除函致蕭山紹興縣公署查照外相應函請貴知事請煩察照施行此致紹興蕭山縣知事王徐紹蕭兩縣水利聯合會會長王嘉曾徐元綬中華民國八年七月

逕啓者案奉省長第五八二九號指令本公署會同蕭邑呈請令水利委員會派員測量疏掘宣港利害緣由奉令此案前據章維椿等來呈經批令該知事查明核辦並將疏浚水勢暨宣泄關係情形勘查繪圖復奪在案據呈各情仰即會同迅速勘復俟復到再行核奪並轉蕭山縣知照此令等因到縣奉此查此案前奉省長指令到縣業經本公署函請繪送在案茲奉前因相應函催爲此函致貴會希即查照尅日查勘情形繪圖送縣以便轉呈而免爭執是爲至盼此致紹蕭水利聯合研究會知事王嘉曾中華民國八年七月二十四日

浙江水利委員會公函第九四三號

逕啓者案奉省長公署訓令案據紹興蕭山兩縣知事會呈准紹蕭水利聯合研究會函據自治委員沈一鵬條陳疏掘宣港公民章維椿等稟請禁止兩方各具理由非經實地測勘不足以昭愼重而息紛爭等情前來查疏掘宣港關係塘閘利害該縣等請令會派員會同測勘研究係爲愼重起見應即照准除指令外合亟函知該會仰即遴派妥員前往會同兩縣知事等詳細測繪調查研究妥議會復以憑核奪並先將遴派人員銜名報查此令等因奉此現派本會孫技士量於本月十九日先行會同兩縣知事到地踏勘屆時即希貴會派員偕往以資浹洽一面另委測繪員鄭澤塏徐騤良率同測役於二十二日到地詳細實測再行核奪除分行外相應函達貴會查照施行此致紹蕭水利聯合研究會中華民國八年九月十七日

紹蕭兩縣水利聯合研究會議决徐元釗建議濬白洋川復山西閘案 中華民國五年九月

按是案准紹興縣公署轉據公民徐元釗建議到會爰於第六次常會印刷配布共同討論僉謂查閱來文洋洋數千言備陳利害核諸現狀稍有滄桑之處本會深願實地調查詳細研究惜圖說並未同送故議决如左

一議公民徐元釗所陳意見書內濬白洋川復山西閘二問題是否可行應請其補送圖說以憑交會公推會員調查俟報告後再行核議

附錄原建議書

竊維决渚潰泥管子肇富强之策注塡溉澤遷史作河渠之書馬稜興復陂湖增歲租十餘萬斛白公穿引涇水食京師億萬餘家蓋水功之與農事固息息相關者也吾紹古稱澤國地處闤窪旱潦之乘每成大歉國計因而支絀民生動致流離夫豈歲害之哉要亦不知興闢水利之所

致也元釗紹人也究力於紹興水利十餘年矣敢將考求所得者謹爲我公縷悉陳之三江爲舊山陰會稽蕭山之尾閭滙海之水皆委焉明太守富順湯公建應宿閘以節宣之民食其利幾四百年矣比年浮沙隨潮壅淤每旱暵閉閘卽失閘水入海之路霪霖驟至水不得泄則三縣有其魚之痛元釗嘗周歷訪詢究其利病乃嘆宣港之爲害而補救之不可無策也考之閘內之水自舊山陰會稽蕭山滙錢清踶亹以出閘者爲西江閘外之水自新昌嵊縣入曹娥江以繞閘者爲東江二江合流由東北出口匯錢唐下游然後入海二江之間沙地漫衍謂之西匯嘴東嘰嘴清咸豐初年二嘴寖長江水之東趨者日徙而西至同治五年夏大旱閘大淤於是當事者議鑿宣港宣港在閘外東北五里南接曹娥江北臨海口中間沙地五六里無居人時王補帆中丞凱泰臬兩浙奉檄勘辦遂鑿其地爲港徑三十餘丈廣六七丈又開橫溝一道導閘水入港與東江匯流淤遂通衆皆稱慶而不知閘之受病自此益深蓋閘水初由丁家堰出口折而北又折而東兩岸沙嘴紆曲曲能拒潮來緩而退有力緩則挾沙少有力則刷沙速又東江受剡溪之水繞閘門而西流足以陶洗梗澀故非大旱不能淤卽淤亦畚鍤可通不致束手自宣港開閘水改道而東江之兩岸初不過六七丈已而潮汐刷齧相距至千餘百丈怒潮長驅席捲直抵閘門退則塗泥如膠如餳深淖沒骭久乃積爲平陸人力無所庸當時杜蓮衢少宗伯聯就閘西沙地鑿深溝五六里曰清水溝並開通舊時攔潮壩引沙地之水入溝以刷閘道之淤法甚善也無如溝水力薄所補甚微光緒十五年吾越大水籌賑總局元釗故父樹蘭議傭饑民以修八邑水利竊以謂三江刷淤之計庶幾可圖詎知局撥賑款有限元釗故父僅得因沙河壩故址建刷沙小閘所補仍微然則刷淤之計奈何曰莫若濬白洋川使上受山西閘之水下輸於清水溝其利有三清水溝距山西閘二十里沿塘地五六千頃曰直河曰夾沼曰丈五村曰黨山曰梅林總名之曰白洋川其地勢外隆而內窪常苦澇今若因其溝澮而深廣之俾節節流通則水有所歸而澇可無慮是化斥鹵爲膏腴也利一山西閘歲久湮廢外水內灌若修復之使泄水入白洋川則可殺蕭山上流之勢而去內灌之弊是因分消爲滙注也利二山西白洋水既通流而清水溝出口之處無堤埂閘堰以拒潮而束水則仍不可恃必於巡司嶺之足建閘堰霪洞於溝口築堤與乾字沙地大埂相接庶山西白洋之水可因時鍾泄而收刷沙之全力是一勞而永逸也利三夫兼此三利而卒因循而不果者何哉一中於不明利害也一阻於任事無人也一難於工多費廣也三江之淤之爲害人所共睹其害由宣港而烈人所不察至於宣港之害非濬白洋川不能已則尤尋常所不及知不及知而與談川方將以爲多事而何望其補救乎所謂中於不明利害者此也川欲其貫通則礙川之私埂勢欲毀閘堰欲其得地則當閘堰之私築勢欲遷大利所在未始無一人一家之小損然而鄉里長者孰肯任至易之怨以待未然之功乎所謂阻於任事無人者此也川長二十餘里其中宜濬者十八九里宜購地開挖者七八里山西上流宜濬治者亦數里加以復故閘建霪洞築堤埂用工若干雖未暇預計而要非鉅資不辦夫學校工廠之役工不多而費不廣今猶難之又安所得巨萬之費興此工乎所謂難於工多費廣者此也雖然事之關乎民命田廬者莫要於此治之則三縣受其利有數千頃之沙地不苦澇猶其波及焉者也不治則有壞禾稼廬舍之患而時掘時淤勞民傷費猶其小焉者也元釗參核圖說證以已事並親歷其境稔知利害之實而不欲豐歉水旱之盡諉於歲也故爲此說上之於公備采擇焉紹興縣公民徐元釗謹上

紹興縣志資料　第一輯　塘閘彙記

紹蕭兩縣水利聯合研究會議決開掘東塘攝職從三字號對岸沙塗案 中華民國五年十月

按本會准紹興縣公署函開案據本縣東關鄉公民袁文緯等呈稱據本鄉楊角村公民楊南坪報告西湖閘過西攝職從三字號塘外沙地倒崩請飭局勘估修整等情令據塘閘局理事何兆棠李培初勘明呈復實由對岸沙塗漲逼所致如能掘通沙塗以順水性使無冲激之患方爲治本之謀本年三塘應修工程通盤籌劃攝職從等字號現象尚在次要姑從緩議至開掘沙塗事在水利會範圍之內應請付交會議調査核辦等情前來查該理事等所陳西湖底地方攝職等字號現象尚在次要自可從緩議修惟開掘沙塗既爲治本之謀其工程應如何着手經費應如何籌集應請貴會分別查議見復以憑核辦等由到會准此當經印刷配布提交第七次常會研究僉以利害未能十分把握須詳細審愼故議決如左

一議開掘東塘攝職從三號對岸沙塗以順水勢而保塘堤案議由紹蕭兩局理事會同覆勘後再行核議

紹蕭兩縣水利聯合研究會議決疏濬三江閘淤沙案 中華民國十年八月

一議閘外淤沙漲至二十餘里之遙非人力所能疏掘惟有責成閘務員隨時雇工開溜以資救濟庶所費有限而功效甚鉅此議

附錄公函二件

逕啓者本年八月十九日准紹蕭塘閘工程局咨開案准貴知事咨開案據潞富鄉自治委員王璋玉呈稱竊維吾邑三江鄉應宿閘爲紹蕭水利鎖鑰視內河水之漲落爲啓閉之準則故當秋令霉雨連綿農家又無需灌溉內河水漲閘洞常開注流入海無水患之虞紹蕭人民實利賴之茲者該閘沙泥淤漲閘洞擁塞啓閉不靈即難作水源屛障倘秋水漲發注流無門爲害民間實非淺鮮素仰知事興利除弊關心民瘼倘該閘長此淤塞秋水爲患堪虞理合備文呈請仰祈俯准咨請塘閘局督掘以疏注流而杜水患實感德便等情前來據此除指令外相應備文咨請貴局長查照辦理等由准此正擬辦理間復據東區辦事處呈稱竊據三江閘務員俞煥堂函稱應宿閘江前因江流變遷漲沙日積迭經開溜衝刷藉資疏洩現在望汛以來潮水夾沙愈漲愈塞又值天氣亢晴內河需水車戽日乾未便再行開溜應請勘明核辦等因到處據此當經委員親往該閘詳加履勘看得該處閘港形勢大變從前潮水西來港流直順本無淤塞之患近因逆而東流以致港勢迂折港流迂緩則潮水夾沙勢必沉澱日多沙泥愈積層層關鎖宣洩爲難若不趕早補救貽害實非淺鮮查前清閘港淤塞卽在巫山頭直出之天地慶漲沙之處曾有開掘港流之舉現在情形相同應否在彼開掘事關兩縣水利且有攤款問題委員未便擅專應請縣公署提交兩縣水利研究會卽在三江湯公祠開會俾便就近察勘形勢公同討論妥議辦法實爲裨益是否有當理合備文仰祈局長察核等情前來查開掘港流事關兩縣水利應准如該呈所擬辦法以昭鄭重茲准前因除指令外相應備文咨請查照希卽提交水利研究會公同討論妥議辦法望速施行等由准此相應

函請貴會查照希卽定期知照兩縣會員並函約塘閘局鍾局長如期同赴三江場湯公祠開會集議辦法是所切盼此致紹蕭兩縣水利聯合研究會知事余大鈞中華民國十年八月二十二日

逕啓者案准貴會函開准紹興縣議會函開准紹蕭塘閘工程局長鍾函開查三江應宿閘爲紹蕭水道之門戶內河水大則啓閘以宣洩之內河水淺則閉閘以關蓄之殊與兩邑農田大有關係按該閘港流向係直線入海距離不過二三里宣洩尚暢啓閉亦靈不意去冬荳腐眅復漲淤沙逼近閘口以致水流方向改變由義橋閘繞道直落施對出方始入海迤邐約二十餘里之遙港流迂折形成曲線今春三月間雨水連綿內河泛溢閘外港沙漲塞宣洩不盡當經敝局長督飭閘務員雇工多人盡力開掘幸得疏通導水入海惟水大開閘刷沙尚易設遇內河水淺則涓涓者既不暢流而舊有淤沙必致日益阻滯加以日夜兩潮之後挾沙尤多壅塞堪虞欲爲未雨綢繆之計自非早自疏濬不爲功惟此項開掘經費所費不貲此次開掘費用除由局先行支墊暫濟急需外此後設有開掘事宜所需經費殊難籌措敝局長查三江大閘港流實與紹蕭兩縣農田大有密切之關係萬難視爲緩圖現在每值潮汐期來潮挾沙愈積愈厚時慮壅塞若不先事預防後患噬臍無及卽應先籌疏濬專款以備不虞茲特繪具港流形勢圖略一紙函請查照等由到會查三江閘爲紹蕭兩縣出水尾閭閉塞關係農田實資重要現准塘閘局函報大閘港流淤沙愈積愈後時虞壅塞深資憂慮究竟貴會有無接洽紹蕭水利研究會有無從事研究經大會討論多數主張函會紹蕭水利研究會切實查勘應如何籌劃疏濬之處復有貴會交案核議以重要政同日又准紹興縣公署函以准塘閘工程局函開前情專函敝會籌備專欵用事疏濬等由各准此查三江大閘淤沙壅塞自應設法疏濬惟事關農田水利應由貴會切實查勘應如何籌劃之處擬具辦法函復過會再行提交縣會核議以重要政相應函請查照辦理等由並准紹蕭塘閘工程局函知到會准此查三江應宿閘爲紹蕭兩縣洩水尾閭關係至爲重要當經敝會開會集議僉以閘外淤沙漲至二十餘里之遙非人力所能疏掘爲今之計惟有責成閘務員隨時雇工開溜疏通以資救濟庶所費有限而功效甚鉅其應需欵項尤須覈實開支全體表決應由敝會函復貴會轉函紹蕭兩縣公署函請紹蕭塘閘工程局長查照辦理相應函請貴會希卽查照施行此致紹興縣參事會紹蕭兩縣水利聯合研究會會長顧尹圻中華民國十二年六月九日發

紹蕭兩縣水利聯合研究會議決邀集地方紳耆詳籌水利案 中華民國十一年三月

一議會稽道尹公署令開查道屬各縣近年水災頻仍推原其故水利之不修實爲一大原因令限邀集地方紳耆並熟悉水利人員詳籌妥議具復察奪一案查紹蕭水利以修復東西北三塘暨三江一閘關係爲最要應請兩縣知事呈請省長令飭紹蕭塘閘工程局長查照原定計劃依限完工其餘以疏濬曹娥江使水有所歸宿不致汎濫內地內地水患自殺惟經費浩繁應請將紹蕭塘工獎劵盈餘欵項如數照撥修築方可着手進行

附錄致蕭縣公署函

逕啓者本月十六日敝會舉行常會案准紹興縣公署咨開本年二月十八日奉浙江會稽道尹公署第一二一號訓令開查道屬各縣近年來水災頻仍九年份被災者有十八縣十年份被災者亦有十四縣之多推究其故水利之不修實爲一大原因頻年辦賑每次動輙數十萬元公家財力支絀斷難常有鉅欵撥助卽募勸義賑繼續不已地方人民亦難於應付前兩年官義賑欵幸爲充裕得以消弭浩刦然人民之痛苦與財產之損失已受創深重且辦賑僅爲治標之計欲求根本救濟之法非治水不爲功黃巖於九年疏濬西江上年發水該江兩岸田地因以未曾被災治水之效卽此可見紹興德政鄉亦鑒於歷年被災之慘近有改遷水道之議該縣其他各處河道如尚有必須修濬者應卽由該縣知事邀集地方紳耆妥籌治本之法就原有河道疏濬以暢其流或審度地形改遷水道以順其勢雖程功至難需款至鉅然事貴力行勉爲其難斯可收效考之往昔因治水之功而名傳簡册者代有其人且爲人民謀永久利賴卽爲一己積莫大功德各該知事身任地方職責所在當不忍畏難苟安坐視地方之歷年被災而置人民生命財產於不顧也爲此除分令外令仰該知事邀集地方紳耆並熟悉水利人員詳籌妥議限一個月具復察奪事關民生國計愼勿視爲具文切切此令等因奉此除分函自治委員外相應函達貴會查照會同詳查籌議依限具復以憑核辦等因到會准此當將案由印刷分布開會研究僉謂紹蕭兩縣水利以修復東西北三塘暨三江一閘關係爲最要應請兩縣知事呈請省長令飭紹蕭塘閘工程局查照原定計畫依限完工其餘疏濬曹娥江使水有所歸不致汎濫內地庶兩縣災患自能收效無形惟經費浩繁應請將紹蕭塘工奬券盈餘款項如數照撥修築方可着手進行爲此函請紹興縣公署外相應函請貴知事查照分別核轉此致蕭山縣知事宗

紹蕭兩縣水利聯合研究會會長余大鈞宗彰年中華民國十一年三月二十一日

紹蕭塘閘工程局呈省長爲委員疏掘三江閘港取具支付册據請核銷文 民國十五年十二月

呈爲委員疏濬三江閘港取具支付册據專案請予核銷事竊本年九月十一十二等日狂風驟雨內河水勢陡漲已平隄岸東區三江應宿閘爲洩水尾閭原有港流被海沙淤塞積水無從宣洩迭准紹興縣知事塘閘局理事紛請派員疏掘前來維時職局尚在籌備期間東區管理處亦未成立深慮大汛將至負責無人卽經遴委任元炳爲東區塘閘管理處主任並加派職局會計助理張履頤會同馳往察看情形雇夫疏掘一面代電呈報在案玆據該主任等呈稱遵於九月十六日馳往三江當查閘外一片平沙春季所開原港已無痕跡可尋又值望汛將屆時迫工急不得已自閘口量至宜橋閘共計七百九十丈有奇當晚招集夫役翌晨開掘面闊二丈深五尺十九日掘到宜橋閘引水接出該閘港迂迴屈曲至南匯嘴方入大江詎二十日望汛潮猛堆土捲入新港屢被阻塞元炳等督率夫役日事疏掘至十月五日始得漸漸流暢現已工竣所有工用欵項前奉鈞局發交洋一千五百元除支用洋一千三百八十七元四角二釐收支相抵計餘剩洋一百十二元五角九分八釐理合造册具文呈請核銷等情據此查三江閘港自前清同光以來屢掘屢塞此次該主任等奉委漏夜督率夫役儘三日內開掘八十餘倉之多不爲不力無如工事甫蕆秋潮已至不特內水無從宣洩抑且已掘之土復被捲入新港有通而復塞之患幸該主任等添招夫役於潮退後督同

疏掘卒使內河積水暢流無阻其辦事手段敏捷洵屬難能復核册報各項費用計洋一千三百八十七元四角二釐極爲覈實內有津貼食品賞犒三項約合洋八十元係爲獎勵夜工起見亦屬必須之欵自可併予核銷以資結束理合檢同册據專案呈請省長鑒核准銷實爲公便再前項掘港經費係在借欵項下照數撥給合併聲明謹呈

錢江紹蕭段塘閘工程處報告閘港漲塞情形並建設廳批令救濟辦法 民國二十五年八月

錢江紹蕭段塘閘工程處以入秋以來天氣亢旱曹娥江流量微小水位低落現乾至九・六三公尺而外港秋潮洶湧泥沙隨潮擁漲達六・〇五公尺超過內河水位〇四二公尺江流離三江閘日遠致閘港長達十餘里之遙經廢歷八月望汛大潮閘港完全漲塞如短期內無充分大雨內河無水可資冲刷續淤數汛閘港必再增漲將來非人工挖掘恐難奏效特將所有港閘淤塞情形報請建設廳鑒核建廳據呈以查三江閘內曹娥江形勢變化江流向北遷移致閘港淤塞根本改進須俟整理江口計劃就緒江岸線確定以後方能着手茲爲目前救濟起見應採下列辦法(一)暫時雇工挖掘俟挖至內河水面以下再行放水冲刷(二)經此次整理每逢潮汛過後應派員隨時測量如淤沙增至內河水面以下五公寸時應卽開放一二洞冲刷上列兩項辦法經令飭該工程處主任兼工程師董開章考察實地情形酌量應用如有其他妥善方法應隨時呈候採納並飭尅速測具淤沙縱斷面圖擬具估計呈核

紹蕭塘閘工程局呈省政府爲東區呈請回復姚家埠閘請核示文 民國十六年七月

呈爲東區擬請回復姚家埠閘據情轉請核示事竊據東區管理處主任任元炳呈稱職處所轄三江應宿大閘近年因閘外港流每被沙塗淤塞必須多開旁閘隨時分洩庶於水利農田自必較多裨益茲查北塘第五段馬鞍善字號塘堤附近向有三眼閘一座原名姚家埠閘前因該閘外港久被沙塗漲塞以致廢棄有年無人顧問現經主任巡行察看見該閘外沙塗因經潮流冲刷已曲折闢成港道如得內河之水冲放有力更可漸將漲沙刷去不難日見暢流因思應宿閘外港流通塞不時既如彼而姚家埠閘外港沙變遷情形又如此自應亟予回復以期多一處尾閭卽於農田水利多一重保障詢之就地民衆亦極贊成是舉用敢陳明理由如蒙核准所有換置閘板添設閘夫等經費擬於造送十六年度預算時一併編請審核等情據此查開設旁閘分洩水流實爲必要之舉據呈各節經派員覆勘無異似應速謀恢復以資保障惟職局結束在卽應否准如所請之處理合備文轉請鈞府鑒核令遵謹呈

浙江第三區行政督察專員公署示禁開掘三江閘港漲沙文 中華民國二十五年

據紹興縣皋埠區南匯鄉鄉長王廣川孫端鎮鎮長孫水古呈稱竊三江閘關於紹蕭兩縣農田水利至重且鉅而閘港之通塞尤與南匯宣港

及馬鞍乾坤兩圩新沙有密切關係如宣港漲乾坤兩墟坍則閘港通反之則塞證諸往事絲毫不爽是以前清紹興府霍知府出示嚴禁乾坤兩圩佃戶人等開掘宣港以使閘流通暢保全紹蕭水利兩縣民衆稱頌至今詎料本年六月十四日突有紹縣馬鞍東南鎮馬鞍西北鄉陶里鄉暨蕭十二埭地方住民爲圖增漲乾坤兩圩沙地糾合一千餘百人擅自開掘宣港以鄰爲壑而謀私利似此非法行爲破壞南匯鄉民田廬安寧爲害猶小而三江閘港立時淤塞妨害紹蕭農田水利貽禍將無底止幸蒙鈞署洞明事實飭派工務科主任趙家豫會同紹蕭段塘閘工程處董工程師及關係鄉鎮長前往查勘以開掘宣港確於南匯鄉沙田暨三江閘港均有妨礙即分令蕭山縣及紹屬安昌皋埠兩區區長查禁在案惟該馬鞍鄉等住民不顧公益專圖私利難免日久玩生再有非法開掘行動除呈浙江省建設廳外理合照抄舊布告示具文呈請鈞署鑒核准予布告嚴禁俾便泐石而垂永久等情專署據呈後以查三江閘關係紹蕭兩縣內地農田水利工作至鉅此次馬鞍等鄉民擅掘宣港危及該閘以隣爲壑殊屬非是曾經本署示禁在案茲據前情除指令外昨特重申示禁嗣後無論何人凡未呈經政府許可擅掘宣港者定即拿案嚴懲決不姑寬其各知照云（紹興社）

紹蕭兩縣水利聯合研究會議決傳紹霖等陳請督拆老閘下魚簖案 中華民國十一年八月

按是案於十一年八月十六日第三十二次常會提出議決如左

一議馬鞍鄉自治委員傳紹霖等函請督拆老閘下魚簖一案僉謂老閘外爲紹蕭兩縣出水要道關係非淺該處建築魚簖實於水利大有阻礙應請轉飭孫端警佐督拆淨盡並永遠禁止以維水利此議

附錄公函一件

逕啓者據馬鞍鄉自治委員傳紹霖塘董沈一鵬公民趙宗普胡錫疇俞思均周士榮等函稱本鄉亭山廟前魚簖一道日前會同安昌警佐將該簖全行拔除以杜後患惟老閘下魚簖依然存在查是項魚簖內爲陡亹老閘外即濠湖大江前清咸豐元年前太守徐公出示永禁濠湖地方毋許私築魚簖蓋實指此而言也其告示載閘務全書續刻第五十頁並建碑於湯公祠及三江廳署均皆班班可考詎七十餘年後該簖戶之子孫故智復萌膽敢在咽喉要口於上年夏季利誘就地各紳合股建築高大魚簖橫截閘流以致水勢逆行泛濫於紹蕭各處半月有餘前經該紳等登報聲明拆股該簖戶亦在安昌警佐結認水大即拆乃前月河水登岸反加軟箔於簖門任意取魚似此膽玩不法應請令飭孫端警佐務將老閘下魚簖督拆淨盡以絕禍根而維水利等情據此相應函請貴會查照希即將該處魚箔是否妨礙水利有無拆除之必要尅日查明見復俾憑核辦實紉公誼此致紹蕭水利研究會知事顧尹圻中華民國十一年八月十五日

徐樹蘭致潘遹論三江閘書 清光緒中集

三江閘爲山會蕭三邑匯洩之區自同治四年前董沈公牧莊開通宣港潮汐由此出入兩岸漸刷漸寬沙地之坍入水中者六七萬畝閘外游沙日積晴曦略久卽淤爲堅沙綿亙一二十里驟逢久雨則內水無從宣洩而三邑之民田皆淹補救既無善策人力亦苦難施誠吾鄉之大慮也獻歲以來周歷沙洲探討原委乃知受病全在開掘宣港但現在斷無築復宣港之理統籌全局惟有借清刷濁束水攻沙之法於三江閘之西開通白洋川使塘外二十餘里沙地溝渠之水盡趨東北以直攻宣港之沙並修復山西閘俾西小江來水得從閘分消而出與白洋川合流以廣川水之源而益攻沙之力又於三江閘之東蒿壩盡處建一清水閘引曹娥江上游山水使從閘流入內河俾田疇缺水之際三江閘亦可常開一二洞以疏壅而導滯澇則開山西閘以減消作攻沙之用旱則開清水閘以挹注收疏刷之功如是設施或可補救萬一明日尚擬出城覆勘形勢究其利病俟胸中確有把握再行箸爲圖說通稟省憲籌欵舉辦成固吾鄉之福不成則留此空言以俟藎心桑梓者之採擇似亦一善舉也吾弟以爲然否再杜蓮衢太親家其生平雖無赫赫之功而吾鄉三江應宿閘經其整理創開清水河引閘外沙地之水以刷隨潮而至之沙至今六七年河身日漸寬廣閘無淤塞之患今夏西塘漫決內水驟漲亦幸賴閘門通暢不成澤國卽此一端成效顯然其有功於山會蕭之民田水利者已足祀鄉賢而光志乘兄久擬集三邑紳耆爲之公請於大吏而因循未果今得雲裳太史與有同心班管之表揚榮於梓鄉之尸祝矣得書後卽函致彙占渠甚感刻今索得行述底稿寄上請卽飭送何公處並爲彙占道感

紹興政治研究社上會稽縣陳令陳述徐家堰外護沙應謀防護書 清宣統二年十二月

紹興東南皆山西北瀕海新嵊兩邑山水衝激而下由曹娥江經三江閘對過之西匯嘴而入海海外來潮復涌經西匯嘴而至曹娥江山水潮流之所經兩岸隄塘實關險要尤賴塘外漲沙爲之防護故有護沙之稱沙之坍漲無常沙坍則塘身臨水一經衝擊卽行傾陷塘之安危實惟護沙是視現查會稽徐家堰外護沙自光緒三十年以來逐漸坍沒塘身日危現該處知過必改得能莫忘罔談等字地段護沙業已坍沒殆盡而忘罔談三字之處尤爲最險因對岸江頭廟前沙嘴日形淤漲致水勢折流使曹江下注之水悉衝激於忘罔談三字之塘身一日出險生命財產臨時之損失固不待言且田畝經江水沖激而泥洗刷殆盡數年之後仍難種植證之光緒已亥年蒿壩倒塘之已事可爲殷鑒似於國計民生妨害良鉅應亟謀防護之法以免塘隄險禍計惟將對岸江頭廟前新漲沙角疏掘以去庶江流順遂衝激可免且從西匯嘴上沂之潮經此沙角本須北折而衝激於對岸花弓地方之塘果照掘去於對岸塘身實亦多裨益伏查本省諮議局議決農田水利會規則早經撫憲批准公布施行据規則第六條規定凡地方之府廳州縣長官對於轄境內之水利認爲應行興辦本得令該莊圖董及水利關係人組織水利會按本條語意具含絕對的強制性質所以然者水性儒弱民狎易玩恆不克爲事前防維之計其在外國對於水利事項地方長官飭令組織水利會者誠有相對的強制與絕對的強制之別大抵爲地方用水起見而飭令組織者出於相對的強制爲地方預防水害起見而飭令組織皆係絕對的強制若某地爲用水之故經地方之水利關係人多數認爲應組織水利會時地方長官得強制少數之不認水利會者飭令入會並負

會中之義務是爲相對的強制若某地方水害可虞該地水利關係人縱無議及水利會之組織地方長官認爲必要預防時得以強制該地之一般水利關係人組織水利會使負會中義務以預防水害是爲絕對的強制現值該塘險勢早暮可危設不早爲之圖後悔亦已無及該地附近居民目擊情形非不知亟圖補救然因情渙勢隔聯合爲難應請遵照本省農田水利會規則第六條速即飭令該塘附近莊圖董及水利關係人立限組織水利會並令擬訂細則呈請核定以便即時施行地方幸甚

周嘉烈記攔潮壩 中華民國二十五年

攔潮壩者三江閘外之漲沙也原夫三江閘門坐西向東其水直出約一二里許折而北曹江之水自南來勢甚湧挾之而去其流甚迅蓋水未有不東北趨者湯公建閘之時規定如是亦順水之性也疑逆踞紹五百餘日閘口之事無人過問而沙漲自北而南蜿亙如虹貪利愚民漸有築隄栽桑者賊遁走後諸事蝟集水利兩字視爲緩圖由是播種糧食不轉瞬間而已可徵租矣沙地東坍西漲原無一定此地雖可徵租祇能存爲公項於是一般紳士各得數千畝美其名曰攔潮壩收其租曰備塘工而閘內放出之水不由東北須向南流繞出壩外而去但閘內之水大若溝渠安能向南與曹江下流之水相鬬勢必至於俟外江水瀉落之後閘水方能通行閘內田畝從此受害不可言矣控縣控府俱歸無效迫而控省省委紹城鹽茶局委員代理紹興府事李樹棠往勘詎李樹棠罔知水利自作聰明以爲水由南行亦無礙事此壩亦無煩開動而攔潮壩遂牢不可破矣（此事實爲李樹棠所誤）閘內之民亦祇求在壩中間開成一港使閘水直出較爲便利內地田畝受害稍減而諸紳霸壩堅執不允恐水流破而壩或致坍塌也因是由石阜寺僧創首鳩集赴京部控部咨浙撫查辦其時李樹棠在省聽鼓浙撫即委其原手覆勘詎李膠執己見不肯認錯仍以原勘情形稟復抑知聚九州之鐵猶鑄不成此大錯耶然而湯公在天之靈則不忍置我三邑地方之淪于澤國也數年以後壩之南首地畝被水冲刷逐年節節倒坍則又貶其名曰豆腐坂無幾年而坍盡而水仍東北流矣當各紳朋分租息之初視官堦之大小爲分租之多寡其時惟杜蓮衢先生官已二品分數最多而郡守霍順武歲提一萬元以爲津貼則又在各紳所分之外（餘紳姑隱其名）惟杜初聽城紳之言以爲取不傷廉亦且取之嗣諗知此壩之爲害甚烈急將該地盡數禩出不收悔之無及此亦人皆仰之之意也今將攔潮壩三字揭出伏祈貴局特書以垂炯戒未始非三邑黎民之保障也

案天下事利之所在人必趨之況今之言利者無孔不入海沿之沙東坍西漲訖無寧歲安知他日閘外之沙不如前日之漲乎恐言利者見此其害又不知若何底止也丙子二月周嘉烈

記塘閘經費

徐樹蘭呈繳塘閘經費文 清光緒二十三年九月

爲呈復繳請事本年九月十三日接准九月初九日照會內開案查山會蕭三縣得沾水利田畝項下隨糧帶收捐錢存典生息作爲塘閘歲修經費於光緒十三年九月間經霍前府稟奉衞撫憲奏准辦理又查山會蕭三縣原議章程內開三縣捐存發典生息錢文宜選公正殷實紳士一人總理其事以專責成等情亦經霍前府開摺通稟一面照請貴紳董總理其事並分山會蕭三縣邀紳會辦在案復查畝捐生息收支各欵頭緒繁紛幸賴貴紳董運以精心策以實力始終不倦籌畫周詳如此公正廉明實爲近時所難得霍前府之不允告退者由於信服最深本府德薄才庸亦望貴紳董相助爲理擬合將前繳各典憑摺並蕭邑解到畝捐錢文一併備文照送爲此照會貴紳董請煩查收照舊經理幸勿固辭計照送各典憑摺六十二扣又蕭山縣第十四次解到畝捐錢五十三千一百十三文等由准此伏查是項經費紳早於本年三月間截清數目檢摺開單繳請遴紳接管經霍前府覆核收准其繳辭在案茲准照會前因過辱奬許豈所敢承查塘閘歲修一項本爲從前所無自光緒十年間鍾常卿以前董沈紳辦理塘工動用畝捐報銷不盡不實奏奉諭旨飭下浙江巡撫查辦於是人人視塘閘爲畏途不肯與聞紳獨憂之毅然以補救自任遂瓶爲塘閘歲修之議稟請奏明立案就山會蕭三縣隨糧帶收畝捐銀三萬兩發典生息作爲東西兩塘及三江閘歲修經費自辦捐生息以來皆紳一手經理歷今十年除還藩庫借欵及支付歷屆修費外積成足錢七萬串紳之苦志經營務求有備無患者誠以三縣之田廬民命皆懸於塘閘也故苟可勉力斷不肯稍自偸安況士爲知己者用疊承奬諭諄摯復何忍輕言諉謝無如蒲柳衰茶百病叢生偶一操勞輒痰火上升喘痛交作從前尚有賤息分勞今皆飢驅出門遇事更無旁貸而且紳新瓶中西學堂一切規模尚待擘畫府縣志書爲二百年文獻所關亟宜修舉崦嵫將暮能不悚皇況畝捐倉穀兩欵幷計不下十萬照顧稍或不周即敝壞生於不覺迨至因循誤事指摘交加而後求替無人尙復有何面目故唯有懇鑒愚忱撤銷前命或改歸官辦或另舉賢紳擬請邀集城鄉各紳示以此呈囑令會議諒各紳關心桑梓必有良謀所有前發各典憑摺並蕭邑解到畝捐錢文合行送繳以俟接替之員爲此呈請大公祖大人察存希即照請裁核施行實爲公便再六十二典本年分應繳息錢紳並不經收聽候新董管理又山邑同福典業已閉歇其所領本錢一千串已於本年七月初一日爲始歸山邑濟德典照數接存並無空息其憑摺業經轉換發還合併聲明須至呈者計繳各典憑摺六十二扣又蕭山縣第十四次解到畝捐錢十三千一百十三文足串右呈署理紹興府知府傅（見紹郡義倉徵信錄）

紹興蕭山兩縣縣議會咨浙江省議會爲塘工經費應由省庫補助文 中華民國元年

爲咨請維持事照得紹蕭兩縣江海環錯所賴塘閘爲之保障一隅出險兩邑皆魚所係至鉅不意近來西塘受上游金衢嚴及諸義浦來水之冲已出險要巨工東塘因上虞改築石塘對岸沙淤水勢逼激雖未坍卸已極危險北塘又近接洪潮且俞家潭一帶均係泥身因刷成空無不岌岌可危此雖由於滄桑之變更人事之不齊實則窘於財力未能預事綢繆之所致也現在已決者固宜赶工修築未決者尤難坐視因循兼顧並營需款益繁若不仰仗庫款縱竭兩邑生民之脂膏奚能供此不支之工用況吾紹去秋收成極歉萑苻不靖殷富之家先之以團防捐繼

之以施粥捐本年又加以濟荒特捐實已悉索敝賦耗盡元氣此項塘工再議民捐民辦無論緩不濟急實屬民不堪命前因籌修西塘報奉民政司委員勘明允撥洋六萬元先由知事電知嗣奉都督批令財政司先撥萬元搶脩延待日久未奉撥到前因搶工告竣即須開辦大工議章舉員咨由知事呈請核辦並兩縣議會會電請欵乃奉民政司批西江塘坍陷塘工業已由司計劃目前搶脩工程應由就地籌款趕築完竣至石塘大修工程由司派委專員辦理應需經費亦經呈請都督先行由省撥用俟省議會開會請求追認或由紹蕭兩縣按畝抽捐歸還等因夫旣曰請求追認則已由庫承任而又有或由兩縣按畝抽捐歸還一語似仍欲諉之於民明知庫儲艱難籌措亦甚不易苟其民力稍裕奚忍上累公家無如公欵如是其鉅且急民力如是其窘且廹雖欲分肩勢實不能溯念敝縣東西北三處塘工前有公民徐錫麒等上建議書已承貴會公議決定於興修時應就紹屬原有之欵支撥不足則由庫補助等語查紹屬原有之欵本係無多前次西塘搶險東塘培護均未奉省庫撥給款項業已挪墊一空此次大修工程自應循照議案請由省庫補助若再提議畝捐微獨民力未逮更屬違反議案緣奉前因竊以爲此案自必交議相應備陳顛末咨請設法維持除另文呈請都督民政司迅派幹員撥款興修以全民命外爲此備咨貴會請煩查照先賜循案議咨並代請趕速籌修足紉公誼再此案係紹興縣議會主稿會同蕭山縣議會辦理是以連署不及會銜合併聲明

紹興蕭山兩縣縣議會呈浙江都督請援照海甯塘例支撥省款興修西塘大工文 中華民國元年

爲呈請事本年九月二十四日奉民政司長批紹議會呈請迅速派員撥款修築西江塘由奉批呈悉西江塘歸王鳳鳴及一體字號盤頭坍陷前司長暨本司業經三次派員勘估惟工程浩大需欵甚鉅目前一二月內萬難籌足而塘工又刻不容緩所有搶修工程業飭紹蕭兩縣知事督同塘工董事趕修而現在未嘗搶修之一體字號盤頭及鳴字至在竹數號之間搶修草率之工暨歸王鳴三號搶修工程知秋汛有不能抵禦之處均飭分別趕修添補務以大工未興之前必能抵禦秋汛爲斷原以拆修大工非秋汛後無從開辦故也仰即知照等因並准紹興縣知事在議會報告以民政司司長對於該塘工程亦頗危廹惟需欵較鉅意在兩邑人民分擔等語謹核現批及傳詢前次奉批應需經費先行由省撥用俟省議會開會請求追認或由紹蕭兩縣按畝抽捐歸還等詞旨依違相同良以庫儲艱難籌措不易故有此若即若離之辭惟西塘大工實兩邑人民生死所關苟民力稍能擔負對此百孔千創岌岌可危之塘身自不待官廳之督責暨婉轉之布告已早善自爲謀無如值上年師旅飢饉而後民生之彫敝已甚似此極大之工程再言捐辦實屬民不堪命以故一再陳情請撥鉅欵委員勘辦並非故事張皇姑飾聳於上聽亦非巧爲諉卸冀重累於公家所謂疾痛而呼父母實有萬不得已之苦衷今秋汛已過幸遇風日晴和尙無意外之虞然時機已迫轉瞬冬雪春水上游相逼而來夕汛早潮下游復倒湧而上此衝彼擊專事柴土搶修培護其將何以抵禦所以紹縣已連日會議謂再不及時大興工程修復完固將有坐以待斃之勢蕭縣議會亦以塘工危險萬狀非乘此興築石塘且有噬臍莫及之悔此誠司批所謂刻不容緩之時也但一動大工則運石購樹鳩工庀材無一不關鉅款無米之炊巧婦爲難伏念浙西海甯諸塘連年修築多則數十萬少亦十餘萬無不動撥庫欵浙

東紹蕭塘閘同關生命財產及賦稅所自出何以歷來彼動帑金此須捐辦且彼則連年動之而不之惜此則偶一動之而莫之許何厚於彼而薄於此此前清不平之政當不應復見於共和時代矣現經兩縣商確紹蕭塘閘大工人民實難擔負惟有要求官廳援照海寧塘例概由省庫支撥並求咨交省議會追認一面將西塘速派幹員督辦以解倒懸而昭公允議會等均爲地方人民利害起見相應呈請都督電核俯賜分別令咨查照遵辦實爲德便此呈

紹興縣議會咨覆紹興縣知事議決歲修邊洞銀兩攤派辦法文 中華民國元年

爲咨覆事十月二十九日准貴知事以准塘閘局牒詢歲修邊洞銀兩定額暨如何攤派情形並准貴知事查叙向章囑即議覆等因當經印刷配布公同討論查閱來文歲修邊洞銀兩係在小塘捐項下支給惟定額有限其向來在地漕正銀項下開支之歲修塘閘銀現在省稅縣稅業已劃分未便扣解貼補此項邊洞費應歸入塘閘捐項下支出小塘捐專備東塘歲修不作別用至蕭山縣每年應解塘閘銀十九兩四錢九分八厘又邊洞銀一兩四錢四分自應查照舊案令其認解表決通過相應咨復貴知事請煩查照施行再大閘插板更換經費自亦應歸紹蕭兩縣攤派幷請查明辦理此咨紹興縣知事陸

浙江省長齊耀珊訓令財政廳撥款興修紹蕭塘工文 中華民國七年八月

案准內務部咨開浙江紹興蕭山塘工危急請撥欵興修一案前准咨請前來當經本部提請國務會議議決由部派員前往察勘擬定分年施治計劃經部遴員派僉事李升培技士萬樹芳馳赴浙省詳細查勘報部核辦旋據該僉事等呈報會同該省主管人員籌擬分年施治計劃及經費支配數目請予查核並准貴省長先後電同前因復經本部擬具議案提請國務會議公決去後玆承准國務院函稱案查貴部提出分期籌撥興修浙省紹蕭塘工經費辦法請付公決一案現經國務會議議決准如所擬分期籌辦第一期所需經費四十一萬六千元由中央地方各認墊一半由財政部先行籌撥十萬元以便尅日興工第二期以後經費即以有獎義券所入開支所有中央地方認墊之款均即由捐欵項下分期撥還相應函達查照希即轉行財政部暨浙江省長查照辦理等因到部查浙江紹蕭塘工關係至爲重要現在伏秋汛屆本年應行興修之閘家堰工程亟須開辦所有中央擔任先行籌撥之十萬元除咨行財政部迅速照撥外相應抄錄本部原議案咨行查照辦理等因並附抄錄原議案兩件到署准此除電請財政部將中央擔任先行籌撥之十萬元尅日電匯以便興辦外合亟抄發附件令仰該廳長查照迅將第一年地方認墊之欵設法籌借並將此項塘工有獎義券辦法妥爲擬議具復核奪毋延切切此令

浙江財政廳長張厚璟爲興修紹蕭塘工開辦獎劵呈省長文 中華民國七年七月

竊浙東海塘工程向由人民集欵自辦自道光年間大修之後至今七八十年塘身被水冲刷處處皆生罅漏衝要之地根脚已空尤形危險若不趕緊興修一兩年內必將崩潰紹興蕭山兩邑胥成澤國惟全塘數百里工程過鉅如果一律建築需費在一千萬元以上公私財力皆有不逮迭經省署委員勘查但將萬不可緩之處從事修補亦非一百五十餘萬元不可紹蕭兩邑就田賦酌收附捐每年僅得八萬元左右所差尚多值此民生凋敝之際更無他款可籌前經浙江省長呈請大總統由國家撥欵辦理業已奉准惟浙省七年度預算收支相抵不敷已鉅積欠之欵均無着落實屬無法支撥中央籌劃軍費已極困難亦何敢以此爲請思維再四惟有開辦有獎捐券或可湊集鉅欵查上海地方前爲京直水災曾辦慈善救濟券一次收欵頗多法人亦在上海發行戰事救濟券幷聞英人近於香港亦有此舉與其聽外人在我國各處吸收金錢似不如自行舉辦既可籌得塘工經費又免金錢流出之害實屬一舉兩得如蒙允准再由廳長擬具詳細章程呈請浙江省長咨商大部核覆開辦是否有當理合先行具摺陳請伏祈批示祇遵

附財政部司簽

查該廳長擬辦有獎捐券作爲浙東塘工經費一節自係不得已之權宜辦法惟有獎債券事近投機各省援例以請中央殊難應付但現在上海各種中外有獎之券紛紛舉行浙東修築海塘事關地方水利該廳長所擬有獎捐券似屬可行惟須由地方紳士出名稟請地方官廳呈部核准其有獎捐券名目尚應酌改似應將協濟塘工名稱加入以示與籌充政費有別且寓有慈善事業之意則應募者投資亦較踴躍是否有當爲此呈候總次長批示施行奉總長批閱准次長批照辦

內務部擬訂紹蕭江塘施工計劃並由中央地方分擔工程經費辦法提交國務會議文（中華民國七年）

查浙省紹蕭兩縣江塘危急請撥欵興修一案前經本部將該省送到估工圖表詳加復核當以此項工程關係重要惟原估一百三十餘萬元之巨一時由中央籌集萬難辦到擬由部派員查勘酌量緩急商明該省另擬分年施治辦法經提出國務會議議決照准由部遴派僉事李升培技士萬樹芳等前往詳加察勘並將原估工款切實核減一面會商承辦工程人員另擬分年施治計劃至將來工程興辦時所有受益田畝亦應援照濮陽成案加徵附捐以資挹注仍擬具詳細辦法一併報部核辦復由部電知浙省長查照派員接洽等因各在案嗣迭據該僉事等先後電稱周歷紹蕭三塘應以西江塘爲最重要尤以該塘聞家堰爲最吃緊北海東江二塘次之蓋西塘塘身不固坍壞時形紹蕭地處釜底除人民財產生命不可勝計外即國家損失收入如地丁酒捐雜稅等項已在二百萬元以上現該塘皇字號又陷土穴人字盤頭已露裂縫轉瞬秋潮大汎危險實在堪虞紹蕭人民鑒於同治四年塘決巨災水滅屋頂每遇風雨一夕數驚接晤各方父老士紳亦復同聲呼籲餘如北海東江塘身多形損壞三江閘爲紹蕭儲洩湖水障禦海潮最要工程現查各洞均有滲漏失修已八九十年此次浙省所擬施工計劃經逐段察勘尚屬切實分別緩急亦屬的當惟西江塘上游水勢衝決處所經迭次考察水勢參酌輿論擬參加計劃添築木籠水壩俾改水向以避險衝

惟如此鉅工自非同時所能商辦擬分施治時期爲五年第一年爲西江塘閘家堰第二年爲西江塘全部第三年爲北海塘第四年爲東江塘第五年爲三江閘如遇特別情形則可變通辦理至原估工款迭經會同承辦人員切實核減計將原估次險各工核減十萬零八千餘元綜計五年用款共需一百二十二萬三千餘元各等情嗣後迭准浙江省長電稱李萬兩部員請於西江上游再添木龍水壩以改水向洵於塘身大有裨益自應照辦所議分年辦法先其所急尤爲的當至原估工款復由李部員等將原估次險各工核減十萬零五千餘元綜計五年用款共需一百二十二萬三千餘元第一年自本年八月起至明年年底止爲西江塘最險之工需四十一萬六千餘元第二年爲東北塘最險之工需二十八萬七千餘元第三年爲西江塘次險之工需十七萬六千餘元第四年爲東北塘次險之工需二十萬二千餘元第五年爲三江閘工需十四萬元除將變更工程分年計劃暨核減工價並施工草圖另行咨送外瞬屆秋汛工程萬急應懇迅即提決開議電示籌辦至此項經費本省分文無着即議就紹蕭兩縣加徵附稅爲數亦屬有限務求中央籌撥七成餘由地方籌措並懇指撥有着的款以便尅日開工無任盼禱再原估經費各購置及設局等項費用等均未在內合併聲明各等因前來正核辦間又據浙省財政廳長張厚璟來部聲稱已在財政部條陳擬辦有獎捐券卽以所得款項爲修治塘工之用當以原條陳所擬計劃間已由財政部核准該省原擬由中央籌擬七成一節似可毋庸置議經部電復該省去後茲復准該省長冬電內開張廳長條陳原稿核與事實不符請俯念工程萬急先撥的款十萬元俾便尅日興工一面仍照原議決定分年補助數目以慰衆望等因本部查紹蕭兩塘工程經費前准浙省咨報合計三塘及應宿閘修治經費暨添購器具等項共需銀一百三十四萬九千五百二十六元此次經本部派員切實核減綜計工程用款共需一百二十二萬三千餘元比較原估數目實已減少十餘萬元且原估工之外尚添出木龍攔水壩一項不另請款工繁費省裨補實多至所需工款原擬同時並舉今則視工程之緩急分爲五年加以該省前擬籌款辦法有全由中央撥付或由省自行借款之議今則祇須中央補助七成餘由本省籌借尙再由部酌予議減亦未始不易辦到惟是伏秋汛屆自本年八月起至明年年底止第一年內應行籌辦之閘家堰最要工程迭准電稱岌岌可危情形異常急迫該省財政廳長條陳開辦有獎券辦法輾轉需時亦屬緩不濟急本部職掌宣防明知中央財政竭蹶萬分一時實難兼顧無如該項工程所關至大萬一聽其潰坍漫溢成災匪惟議工議賑需費不貲卽該處每年所徵之地丁酒捐雜稅等項亦將盡付淪胥而國家歲收恐亦受其影響再四籌維擬請准照本部與該省議定分年施治計劃及工程經費數目由中央地方分擔一半之數以重要工至本年八月起迄明年年底爲第一年工程共需四十一萬六千餘元如以五成分擔本年及明年中央應擔二十萬零八千餘元原電所請先撥十萬元一層應由財政部從速指撥的款以便尅期興辦俾奠民生相應提出國務會議公決施行

紹蕭兩縣水利聯合研究會議決夾濱等處塘工請列入省款分別修築案 中華民國八年七月

按是案由本會會員陳玉提出於第二十二次常會二十六次常會二十八次常會先後提出議決如左

一議會員陳玉籌議夾濱塘等處塘工應請列入省款分別修築一案查紹蕭塘閘大工前經部委會同塘工局擇要估勘動支省款分年籌辦在案然對於外沙綿遠各塘當時並未出有險象均不估計在內今因江流變遷形勢迥異東北兩塘既經查有塘身破碎及倒坍掘毀多處且外沙逐年坍沒吃緊異常若不預為防維設法補救禍患不堪設想茲經公同議決應由本會致函紹蕭兩縣公署轉咨塘工局趕緊派員復勘規畫工程逐段估計在計劃大工案內追加預算迅予修復以弭隱患而資保衛

一議夾濱等處塘堤與修案僉謂前項各處塘堤關係甚重險象已露前經提議請塘工局派員勘估興修未便再事躭延應請兩縣公署查照第二十二次常會議決案並二十五次朱嗣琦等請求修築新安龍泉仁化三鄉毗連北塘案一併轉請塘工局迅速派員估勘以弭隱患

一會員臨時動議前第二十二次本會議決與修夾濱等處塘堤及第二十五次議決與修新安龍泉仁化三鄉之北海塘業經第二十六七兩次常會催請勘辦在案事隔兩年絕無影響應請兩縣公署查照前案轉請省長速飭塘工局趕速勘修以重要工此議

附公函

逕啓者案查本會會員陳玉籌議夾濱等處塘工應請列入省款分別修築一案查議案內稱紹蕭兩邑負江帶海地處低窪所賴以為生命財產之保障者厥惟三塘是求故一蟻潰堤浸成澤國不特補罅葺漏視為要圖而審察潮流防患未然亦為不必可緩之舉上年東西北三塘大工荷蒙部委會同塘工局擇要估計規畫周詳動支省款感無既極然地方人民對於外沙綿遠各塘無論如何破碎從無修補之議因循玩忽良用憮然會員前月間巡視紹屬各塘見童家塔毗連之夾濱夾竈鎮龍殿大林盛五村太平庵黨山梅林馮家塘頭西塘下後渡錢家埭王公濼以及瓜瀝三祇菴一帶綿亙十餘里其間石塘土塘破毀情形不勝枚舉大抵各塘護沙盡被居民佔造房屋毫無餘地可言其他佔據種作掘進塘脚估為園地者不一而足以致塘身狹小形如田塍甚且一望長隄荒塚林立其做坟之泥皆在塘面附土挑掘而成有削低一二尺者有低至三五尺者且因掘泥之故損及枕石致使塘石翻倒傾陷欹斜亦有滾落塘下者夾竈一段竟將土塘掘成平地無復塘形更屬不成事體此外獸洞陷坑觸目皆是而且塘外沙民暗用竹竿打通塘身放水入河藉謀宣洩祇圖便利外沙不顧內地危害而就地人民熟視無睹言之實堪浩嘆又查直落施土塘前因種桑之故塘脚𦀹坍塘面狹小堰頭大王廟背後塘身石塊破亂不堪徐家堰土塘對岸係東江嘴為山水潮水交匯之處衝激甚烈近因外沙坍去勢甚岌岌杜浦起直至凉巷後面磨字正塘面極低而德建名立形端表正八字尤屬塘身狹窄附土坍𨯳若論獸洞穿漏指不勝屈而地方人民對之漠然一無經意良以各塘外沙包圍甚遠此等塘地視為無關重輕故無憂深慮遠之計孰意桑田滄海變遷靡常向之所謂無關重輕者今且從事修防不遑寧處如丁家堰塘外沙地漲至二三十里之多阡陌相通已成村落乃自去秋迄今盡行坍沒潮汐所至直衝塘身童家塔塘外沙地漲亦三四十里平日蔚成市集視同樂土近亦逐漸坍沒塘外剩沙不過三里左右秋汛將屆保存無術宣橋以上直至大池盤頭外沙十有餘里現亦盡付汪洋塘身壁立危象環生雖經塘工局派員履勘預備修葺而塘內田廬時慮冲決人心惶惶引為大戚所幸丁家堰等各處塘身尚形堅固其間雖有險之處猶可從容修補設夾

濱等處不幸外沙坍沒試問此一帶有名無實之塘一旦潮水潰決其汎濫奔騰之勢如何抵禦吾紹首當其衝生命財產安有幸免之理更可懼者夾濱以上直至三祇菴塘內均屬土沙一無退步倘經出險恐無救濟之策何況潮流趨勢現已侵入西南坍江之禍方興未艾丁童兩處既經坍去外沙而夾濱等處關係密切難保不連累而及會員目擊情形憂惶萬分寢難貼席若不未雨綢繆陳請挽救竊恐洪水爲災悔已莫及爲此提出議案共商善策應如何設法籌修之處伏希公同討論趕爲決定且思前項工程經費浩繁兩邑人民萬難負擔自應函致兩公署會同塘工局趕緊派員履勘分別估計迅予修築並請列入上年計畫塘閘大工案內追加省欵誠爲兩邑人民之幸會員爲思患預防保衛桑梓起見是否有當伏乞大會開議公決施行等情到會即經開會集議公同研究僉以紹蕭塘閘大工前經部委會同塘工局勘明估計動支省欵分年籌辦原擇最關險要迫不及待者方予修復此外東北兩塘雖有破損之處當時因外沙包圍未出險象均不計畫在內今因江流變遷形勢迥異丁家堰童家塔兩處既經外沙坍沒險象迭呈其與丁童毗連之夾濱等處一帶塘身已被掘毀多處塘石倒坍破碎不堪甚至剗成平地無復塘形實屬異常吃緊且審察潮流侵入西南坍江之力漸及夾濱危害情形更加岌岌若不預爲防維設法補救禍患不堪設想前經公同議決應由本會函致紹蕭兩縣公署轉咨塘工局趕緊派員覆勘逐段規畫迅予修築惟念前項工程既繁且大經費不貲兩邑人民財力薄弱委實難以負擔應請列入上年估計塘閘大工案內追加預算動支省欵始終成全兩邑幸甚相應函請貴公署察核迅即分別呈咨從速施行實爲公便除函致蕭山紹興縣公署外此致紹興蕭山縣知事王徐紹蕭水利聯合研究會會長王嘉曾徐元綬中華民國八年七月二十五日

浙江省長齊耀珊令財政廳撥款興修紹屬北海塘丁家堰文 中華民國九年一月

案准財政部咨開准內務部咨開准浙江省長咨稱興修紹屬北海塘丁家堰應需經費請在紹蕭塘工經費項下開支並檢同計劃書等件請察核備案等因查原咨所稱紹蕭北塘姚家埠至丁家堰一帶塘身低陷急應興修擬自慶字起至與字止共三百二十丈於舊有塊石塘外一丈以內添築條石護塘及擔水又敬字起至力字止共一百二十丈須添築坦水兩排以護塘脚又命字起至斯字止共二百丈須添築坦水一排以資捍衛各節自屬扼要之圖至應需經費計二十六萬零二十九元二角擬在紹蕭塘工獎券收入項下併案支銷本部復查該省塘工獎券原係爲辦理紹蕭塘工而設此項工程又准聲明亦屬紹蕭塘工所擬在塘工獎券收入項下支銷似尚可行其送到書表等件經飭司復核亦尚相符似可准予備案咨行查核見復以憑辦理等因前來查浙省紹蕭塘工經費前經國務會議議決第一期由中央墊款十萬元第二期以後經費即以有獎義券所入開支所有中央認墊之欵即由捐款項下歸還等因在案茲該省咨以紹屬北塘姚家埠至丁家堰一帶塘身低陷亟應興修所需經費二十六萬零二十九元二角請在紹蕭塘工獎券收入項下併案支銷等因復查浙省興修紹蕭塘工計劃第一期爲西江塘工四十一萬六千餘元第二期爲東北塘工二十八萬七千餘元第三期爲西江塘工二十七萬六千餘元第四期爲東北塘工二十萬二

千餘元第五期爲三江閘工二十四萬元其北塘姚家埠至丁家堰一帶塘工并不在原定計劃之内究竟該省歷年發行有奬義券共已收入若干其原估塘工經費共已支出若干應由該省開具詳細數目報部查核并將中央認墊之欵先行歸還如有盈餘再以撥充前項塘工經費之用相應咨行貴省長查照辦理可也等因准此查紹屬北塘丁家堰塘工前據紹蕭塘閘工程局局長鍾壽康紹興縣知事余大鈞會銜呈請撥款興修等情前來當經令准照辦並諮請内務部備案各在案茲准前因合亟令仰該廳長迅照咨開各節查明具復以憑核轉毋延切切此令

浙江財政廳長張厚璟呈省長爲增加紹屬北塘工程經費酌擬辦法文 中華民國九年一月

呈爲奉令增加紹屬北塘丁家堰工程經費縷陳義券現辦情形酌擬辦法請賜察核示遵並咨部備案事竊奉鈞署令開紹屬北塘丁家堰塘工前經紹蕭塘閘工程局局長鍾壽康紹興縣知事余大鈞會銜呈請撥款興修計需工程經費二十六萬零二十九元六角業經核准在於塘工奬券收入項下併案支銷現經咨准部復以浙省歷年發行奬券共已收入若干其原估塘工經費已支出若干應將詳細數目報部查核並將中央認墊之欵先行歸還如有盈餘再以撥充前項塘工經費等因迅照諮開各節查明具復以憑核轉等因奉此查浙省義券係於民國七年十一月開始發行迄今僅十有四期均須按照預算如數收足計共銀六十三萬元有奇至於施工計劃依奉鈞署前次抄發内務部提交國務會議原議案内載全部工程計分五年施治第一年爲西江塘最險之工需銀四十一萬六千餘元第二年爲東北塘最險之工需二十八萬七千餘元第三年爲西江塘次險之工需十七萬六千餘元第四年爲東北塘次險之工需二十萬二千餘元第五年爲三江閘工需十四萬元統計共需銀一百二十二萬三千餘元今鈞令所叙此次部咨内開第三年工費爲二十七萬六千餘元第五年工費爲二十四萬元查與原案數目稍有未符現在第一段險工業已如期興修節次由局撥付之欵截至上年年終爲止連同歸還中央墊款計共支過銀二十九萬四千七百三十八元至中央墊款共計收到八萬元業經悉數歸還撥充第一師臨時軍費并經報明鈞署暨財政部在案今者以丁家堰工程重要續請增加經費事關兩縣民生自應勉力籌撥第有不能已於言者浙省義券當開辦之初曾經呈明擬以兩年零五個月籌足所需工款一百二十二萬餘元此種計算原係按每月一期每期盈餘四萬四千五百元從寬預估懸擬之數以當時情形論同時舉辦者僅慈善救濟券一種銷行甚易如果辦理得宜別無他項阻礙及特別事故發生則循序而進實不難於集事詎意一年來各省紛紛仿辦日有增加綜計現在各處發行之奬券共有五種且均附發副券并聞山東綏遠等省區復有仿辦之説此後券額愈多銷路自愈形受擠就原定計劃辦理已苦萬分爲難若再增加二十五六萬能否如數籌集更覺毫無把握惟此項工程既在紹蕭範圍之内自應竭力圖維以竟全功躊躇再四只有懇予展長期限以冀徐圖設法極力推銷但展期一節究須展至若干限度此時更屬無從懸斷又查塘工局局用經費每月二千餘元亦係由義券局收入項下支銷五年共需十二三萬元亦應一併計入擬暫定爲三年零兩個月將來果能先期收足儘可提前停止倘屆時仍未足數再請酌量續

展總以所需之全部工程經費籌足爲度此外更有須請變通者查第二年工費原案規定係屬二十八萬七千餘元今若於是年內再增加二十六萬餘元則連同塘閘工程局一年應需之局用計算共須撥銀五十六萬元左右以前次由局編送第十五期義券改章後收支各欵預算內所列之盈餘數目作爲標準除去續請加支之副券經手費暨認助上海法租界工部局公益捐費兩項每期祇餘銀四萬四千九百餘元以此推算則一年之中亦祇能收至五十三萬餘元已屬不敷應付況處此時會各省獎券異常擁擠本年之收入究竟能有若干實難預料上年盈餘項下除支撥第一年工費及歸還中央墊欵而外雖尚餘存銀三十三萬餘元然第一年之工程既尚有應須找撥之欵而杭滬漢各銀行又須分存鉅數作爲擔保及兌獎之準備金信用所關自亦未便動用除此兩欵以外所餘者實已爲數無多萬難有濟擬請鈞署察核將第二年工程分別緩急重行支配於可緩之工段酌量挪移遞推至第三第四第五各年興修其第二年應支之欵仍請照原案規定以二十八萬七千餘元爲限以紓財力俾免將來有停工待欵之弊是否有當理合具文呈請仰祈省長鑒核示遵並乞咨部備案實爲公便謹呈

浙江財政廳長陳昌穀呈省長爲紹蕭塘工經費與溫台水災賑款如何分晰界限文 民國九年十二月

呈爲奉令展期籌辦溫台等屬水災賑欵所有紹蕭塘工經費一案應如何分晰界限定期結束仰祈鑒核示遵事本年十月十三日奉督軍省長訓令內開案查前因溫台等屬迭被水災賑欵無着飭經先後電咨內務財政部請將紹蕭塘工有獎義券續准展期以應急需在案茲於本月五日接准內務部支電開有電悉中央籌辦義賑獎券專爲各災區籌賑而設塘工獎券信用既甚昭著應准俟期滿後展限半年不必更改名義免生窒礙特復等因到署除令知財政廳外合亟令仰該局查照辦理此令等因奉此自應遵辦查職局發行義券章程第一條所載義券停止時期以籌足紹蕭塘工經費爲度開辦之初曾經編送預算擬以兩年零五個月籌足全部工程經費一百二十二萬餘元呈明鈞署咨部在案嗣於本年一月准財政廳函知奉鈞署令開紹屬北塘丁家堰塘工前經紹蕭塘閘工程局局長鍾壽康紹興縣知事余大鈞會銜呈請撥欵興修計需工程經費二十六萬零二十九元六角業經核准在於塘工獎券收入項下併案支銷現經咨准部復以浙省歷年發行獎券共已收入若干其原估塘工經費已支若干應將詳細數目報部查核並將中央認墊之欵先行歸還如有盈餘再撥充前項塘工經費等因令廳迅照咨開各節查照具復以憑核轉等因奉經本廳籌議呈復以丁家堰工程重要續請增加經費二十五六萬元祇有展長期限俾圖設法又塘閘局局用經費每月二千餘元亦係由義券收入項下支銷五年共需十二三萬元亦應一併計及擬請展長發行期限改定爲三年零兩個月仍以所需之全部工程經費籌足爲度將令文及原稿抄錄一份函送來局查丁家堰工程經費係在原估一百二十二萬三千餘元之外業經前省長核准咨部並令行財政廳籌議具復在案本年八月並奉鈞署訓令一六四六號內開據塘閘工程局長丁紫芳呈稱丁家堰新塘六十丈業已完工舊塘亦在拆造懇即令飭義券事務局撥發欵項等因是此項追加經費業已核准照支而展限一節迄今懸案未定職局義券係於民國七年十一月開始發行照原案推算扣至十年三月發行第三十期義券爲止即屆兩年零五個月限滿現已爲時正近究竟關於丁家

堰一部分工費應否再行延長數期繼續籌辦抑自十年四月分起卽作爲展期續辦温台等屬災賑籌欵開始之期職局未敢擅主理合具文呈請省長鑒核訓示祗遵謹呈

紹蕭塘閘工程局局長曹豫謙呈總司令省長編送管理處預算文 十五年九月

呈爲編送東西兩區管理處預算表請鑒核令遵事竊紹蕭東西區塘閘管理處根據職局簡章應就原有兩縣塘閘局改組前經擬具管理處章程呈奉核准並委任任元炳爲東區主任虞祖光爲西區主任刊發鈐記令行遵辦旋據先後具報成立自應規定經費以資辦公按東西北三塘路線以北塘爲最長東塘次之西塘又次之現定北塘劃分六段東三段爲紹轄屬於東區西三段爲蕭轄屬於西區東塘劃分四段屬於東區西塘劃分三段屬於西區每段設管理員一人計東區管理員七人塘夫二十四人西區管理員六人塘夫二十一人合以兩區管理處主任以下員額薪公工食川旅各費計東區月支四百五十六元年支五千四百七十二元西區月支四百二十六元年支五千一百十二元其東區所屬之三江應宿閘閘務員各閘閘夫以及逐年添換閘板鋏環各種經臨費用應俟東區管理處主任查明向章並將應宿閘閘夫原有田租清理就緒後方可着手編制以上兩區常年實支數雖較前局原定管理員辦公處及縣議會議決之塘閘局經費爲鉅然其不同之點有二其一從前職員捧給較徵半屬義務性質且員額過少分布爲難不如現定章程之各有專責其二從前各塘不分崗段徒有管理處名雖紹屬各塘派有塘夫亦未發給工食與現在辦法不同竊謂三塘綿長二百餘里全賴平時管理得人方不致功虧一簣局長自奉委任之始卽與地方士紳切實討論咸以鍾前局長於工竣撤局後雖經遵令會縣妥籌善後徒以經費無着未能實行致本年夏間發生風潮無從搶護若能於此時明定章程寬籌經費實爲計出萬全惟是兩縣塘閘捐前准紹興縣知事函覆年收八千餘元蕭山縣知事函覆年收三千元左右收支相抵紹邑方面僅存二千餘元再加以閘務一部分經費所餘無幾蕭邑方面則已收不敷支此後兩縣歲修經費從何籌措雖管理處章程第一條載有不敷之欵由職局補助之文無如職局係臨時機關一經裁撤以後該兩區經費仍屬虛懸無着彼時再議善後勢必仍蹈前局覆轍亦已晚矣伏查海甯塘工年支約二十萬元鹽平塘工年支約八萬元以職局東西管理處預算經費再加入歲修等項約計年支二萬餘元比較海寧僅十之一鹽平僅四之一同是塘工一則由國稅項下支出一則由縣稅項下支出待遇兩歧本非持平之道前局長任內迭經紹興縣議會一再堅持迄無具體辦法茲幸鈞座體恤民艱准予特設專局兩縣人士雖不敢爲過分之求當亦不致抱向隅之歎用特披瀝上言請予俯准列入國家預算以輕負擔而資久遠萬一國庫實有爲難擬請將三塘尋常歲修費用仍就兩縣帶征塘閘捐項下動支而以兩區管理處經費自本年十月始准由國庫支出庶幾預算確定機關卽可久存實兩縣人士所馨香禱祝者也所有東西區管理處預算經費是否有當除分呈外理合連同預算表具文呈請總司令省長鑒核令遵謹呈

又呈送東區閘務經費預算文

呈爲編送東區閘務經費預算表仰祈鑒核令遵事竊查職局所屬東西區管理處經費前經編訂預算表呈請鈞署核示並聲明東區所屬之三江應宿閘閘務員各閘閘夫以及逐年添換閘板鐵環各種經臨費用應俟該主任查明向章並將應宿閘夫原有田租清理就緒再行編送在案茲據東區管理處主任任元炳呈稱職區所屬之三江應宿大閘以及沿江各閘爲紹蕭兩邑水利蓄洩之樞紐全在切實管理庶得隨時應付從前雖設有閘務員薪給太薄半屬義務性質各閘閘夫僅酌給貼工惟應宿閘閘夫並令承種閘田不繳租花若循此辦法不但界限不清抑且難期得力自應參酌現狀從新編制茲擬定應宿閘管理員一人兼管附近之宜橋刷沙兩閘應宿閘閘夫總頭一人散夫十人宜橋刷沙西湖楝樹四閘各設閘夫一人所有俸給工食川旅雜費均規定月支數目列爲經常費至於添換閘板大汛幇工另內有閘夫承種不繳租花現定每年按畝應繳租洋六元俟秋收後責成管理員於各該閘夫工食項下扣除屆時專呈報明以上經臨兩費除租花扣抵工食外統共年支銀一千九百五十六元六角似此酌量改編雖經費稍巨而各有專責藉可切實辦理所有擬定閘務經臨各費是否有當理合造具預算表呈請鑒核等情據此查該主任此次擬定管理閘務員役名額及原有閘田仍分令承種繳租辦法尚稱得體規定經臨各費除以租洋抵扣外統共年支一千九百五十六元六角爲數亦尚覈實自可併予照准藉資辦公據呈前情除分呈並指令外理合檢同閘務預算表具文呈請總司令省長鑒核俯准併入前呈處用經常費歸國家預算支出用垂久遠實爲德便謹呈

紹蕭塘閘工程局東西區塘閘管理處經費預算表

經常預算門　共銀一萬五百八十四元

科目	每月預算數	每年預算數	備考
第一款　東區管理處經費	四五六、〇〇〇	五、四七二、〇〇〇	
第一項　俸給	二四六、〇〇〇	二、九五二、〇〇〇	
第一目　主任俸給	五〇、〇〇〇	六〇〇、〇〇〇	主任一人月支如上數
第二目　工務員俸給	二四、〇〇〇	二八八、〇〇〇	工務員一人月支如上數
第三目　巡塘員俸給	四八、〇〇〇	五七六、〇〇〇	巡塘員二人月各支二十四元合支如上數
第四目　文牘兼繕校俸給	二〇、〇〇〇	二四〇、〇〇〇	文牘兼繕校一人月支如上數
第五目　會計兼庶務俸給	二〇、〇〇〇	二四〇、〇〇〇	會計兼庶務一人月支如上數
第六目　各段管理員俸給	八四、〇〇〇	一、〇〇八、〇〇〇	管理員七人月各支十二元合支如上數
第二項　工食	一六〇、〇〇〇	一、九二〇、〇〇〇	

第一目 塘夫工食	一四四、〇〇〇	一、七二八、〇〇〇	塘夫二十四名月各支六元合支如上數
第二目 公役工食	一六、〇〇〇	一九二、〇〇〇	公役二名月各支八元合支如上數
第三項 川旅	二〇、〇〇〇	二四〇、〇〇〇	
第一目 旅費	二〇、〇〇〇	二四〇、〇〇〇	主任及工務巡塘各員因公巡視所需旅費合支如上數
第四項 公費	三〇、〇〇〇	三六〇、〇〇〇	
第一目 辦公費	三〇、〇〇〇	三六〇、〇〇〇	紙張筆墨燈油茶炭郵電報紙等費合支如上數
第二欵 西區管理處經費	四二六、〇〇〇	五、一一二、〇〇〇	
第一項 俸給	二三四、〇〇〇	二、八〇八、〇〇〇	
第一目 主任俸給	五〇、〇〇〇	六〇〇、〇〇〇	主任一人月支如上數
第二目 工務員俸給	二四、〇〇〇	二八八、〇〇〇	工務員一人月支如上數
第三目 巡塘員俸給	四八、〇〇〇	五七六、〇〇〇	巡塘員二人月各支二十四元合支如上數
第四目 文牘兼繕校俸給	二〇、〇〇〇	二四〇、〇〇〇	文牘兼繕校一人月支如上數
第五目 會計兼庶務俸給	二〇、〇〇〇	二四〇、〇〇〇	會計兼庶務一人月支如上數
第六目 各段管理員俸給	七二、〇〇〇	八六四、〇〇〇	管理員六人月各支十二元合支如上數
第二項 工食	一四二、〇〇〇	一、七〇四、〇〇〇	
第一目 塘夫工食	一二六、〇〇〇	一、五一二、〇〇〇	塘夫二十一名月各支六元合支如上數
第二目 公役工食	一六、〇〇〇	一九二、〇〇〇	公役二名月各支八元合支如上數
第三項 川旅	二〇、〇〇〇	二四〇、〇〇〇	
第一目 旅費	二〇、〇〇〇	二四〇、〇〇〇	主任及工務巡塘各員因公巡視所需旅費合支如上數
第四項 公費	三〇、〇〇〇	三六〇、〇〇〇	
第一目 辦公費	三〇、〇〇〇	三六〇、〇〇〇	紙張筆墨燈油茶炭郵電報紙等費合支如上數
合計	八八二、〇〇〇	一〇、五八四、〇〇〇，	

說明 東區附屬之閘務經臨各費應俟該主任覆到再行造册送核

紹蕭東區塘閘管理處閘務經費預算表

支出經常門每年一千六百五十六元
臨時門每年八百四十元六角
兩共二千四百九十六元六角

科目	每月預算數	每年預算數	備考
第三款　東區閘務經費		二、四九六、六〇〇	每年閘務經費除以閘田租五百四十元抵充外實需一千九百五十六元六角登明
第一項　閘務經常費	一三八、〇〇〇	一、六五六、〇〇〇	
第一目　應宿閘管理員俸給	二四、〇〇〇	二八八、〇〇〇	管理員一人月支二十四元計如上數
第二目　公役工食	八、〇〇〇	九六、〇〇〇	公役一人月支八元計如上數
第三目　閘夫工食	八八、〇〇〇	一、〇五六、〇〇〇	查應宿閘原設閘夫計總頭一人散夫十人因有閘田九十畝零給總頭種十畝散夫各種八畝均不繳租仍由公家另加貼費共年支四十二元茲已改組力求整頓擬定總頭一人月支八元散夫十人月各支六元共月支六十八元仍將此項閘田分令承種每年須繳租洋每畝六元計共五百四十元即於應支工食項下扣抵故年計實支工食二百七十六元又楝樹閘西湖閘宜橋閘閘夫各一人月各支六元刷沙閘閘夫一人月支二元照預算額定數共年支如上算
第四目　管理員川旅費	六、〇〇〇	七二、〇〇〇	管理員兼管宜橋刷沙二閘東西相距各三里而沿江一帶閘江道路迂曲均須隨時巡視往返輒二十餘里故擬月支旅費六元如上數
第五目　閘務公所雜支	六、〇〇〇	七二、〇〇〇	油燭茶炭紙張筆墨郵報各項月支六元如上數
第六目　電話	六、〇〇〇	七二、〇〇〇	三江距城三十里公務接洽往返需時不得不裝置電話藉靈消息並節川旅費月支六元如上數
第二項　閘務臨時費		八四〇、六〇〇	
第一目　添換閘板		六八〇、六〇〇	各閘共三十八眼其閘板須兩面裝置茲參酌前辦情形

每年添換蓋板二十塊每塊估洋二元五角閘板三百塊每塊估洋二元鐵環三百副每副估洋一角二驚合年支如上數

第二目 各閘大汛幫工 六〇、〇〇〇 每逢大汛時節各閘閘夫不敷應用須隨時添雇幫工茲照舊案估計開列年支如上數

第三目 築閘費 一〇〇、〇〇〇 如遇天旱各閘須隨時封築以免潮水內灌茲參照舊案約計年支如上數

紹興縣函紹蕭塘閘工程局奉省令飭查借款用途曾否報銷有無餘存及實施工程各項請查案函覆文 十六年六月

逕啓者本月二十一日奉浙江財政委員會第五四八號訓令內開以准杭州中國銀行函開上年七月十二日及廿六日紹蕭兩縣建築北海塘奉令向敝行各借銀一萬五千元共計三萬元原訂月息一分以六個月爲期除第一期塘工券收入項下撥還銀一萬元外尙欠本銀二萬元又准函開上年陰曆八月一日紹蕭兩縣因修築北塘代紹蕭塘閘工程局向敝行借銀五萬元敝紹支行借銀五萬元共計十萬元月息一分以十六年陰曆三月終爲最後還期現經前省令核准按期撥還之塘工券業已停辦借欵又逾還期請查照會銜借據在兩縣國稅項下設法提前撥還等由令飭修築北塘息借商欵至十三萬元之多究竟如何支用曾否報銷有案現在有無餘存以及實施工程如何應俟查明實在狀況再行核辦勿稍藉延切切此令等因奉此遵查如何支用曾否報銷有無餘存以及實施工程如何各項敝署無案可稽奉令前因相應函請貴局長查照並希即日據實函復以便轉報是爲至要此致

紹蕭塘閘工程局覆函

逕復者案准貴署第三零八號公函內開奉浙江財政委員會第五四八號訓令以准杭州中國銀行函開上年七月十二日及廿六日紹蕭兩縣（云云詳前函）敝署無案可稽請即函復以便轉報等由過局查上年夏紹蕭江海各塘出險當道徇士紳之請復設專局以經費無着飭由紹蕭兩縣息借商欵十萬元經敝局長分別支配用途約別爲三一曰工程經費計北塘車盤頭建築石塘石坦估銀二萬一千四百二十四元郭家埠建築石塘石坦估銀七千四百八十五元四角灣頭徐建築半石塘估銀四千五百五十二元二角九分樓下陳建築石塘石坦估銀

一萬六千四百十四元四角培修龕荏山間土塘三千四百丈估銀二萬六千元又荏山迤西邇至賓字土塘一百丈估銀四百十元搶修三江什至存字土塘一百二十丈估銀二千元培修西塘半爿山至西興龍口土塘三千六百丈估銀二萬一千六百元搶修富家山等處土塘工程約銀一千元奉准補助曹家里民建築盤頭銀二千元共需銀九萬六千九百四十六元九分以上各段有日內完工正在報請驗收者有尚未竣工者有甫經籌備開工者究竟共需若干須俟工程一律告竣方有準確統計二曰工程雜支係每月關於工程上各項零星開支之欵計自上年九月十六敝局成立之日起截至本年五月底止八個半月實支銀四千四百二十元二角三釐三曰局用經常暨附屬機關以及三江閘務公所經臨費計自上年九月十六日起截至本年五月底止實支局用經常費銀一萬一千八百三十二元四角二分（按照每月預算一千九百九十八元計八個半月節減銀五千一百五十元五角八分）東西管理處經費銀六千一百八十七元八角一釐東區開辦費銀四十五元二角九分東區所屬閘務經常費銀一千二十一元九角六分臨時費銀二千二百九十八元二釐共用銀二萬一千三百八十五元四角七分三釐以上統共合銀十二萬二千七百五十一元七角六分六厘六月以後局區用費尚不在內准函前由相應連同逐月收支四柱清册函送貴公署查照再上年七月十二廿六兩期借欵三萬元敝局無案可稽合併函達此致

又函紹蕭兩縣嗣後搶險歲修各項經費奉令仍由兩縣分撥請查照文 十六年六月

逕啓者查敝局爲臨時設立機關係就預籌專欵舉辦特定工程其尋常歲修搶險各項經費應否循案仍由紹蕭兩縣在原有塘閘捐項下按成分撥抑在局存借欵項下支銷前經呈省核示去後茲奉省政府建字第三一一三號令開此項搶修工程經費仍應依照舊案就紹蕭兩縣塘閘捐項下撥充所請擬在借款項下支銷一節應毋庸議此令等因奉此除分令東西區管理處遵辦外相應函達貴縣長請煩查照爲荷此致

東區管理處呈復遵令澈查應宿閘閘田戶名字號畝分並陳管見請核示文 十六年五月

呈爲應宿閘閘田戶名字號畝分查無要領具陳管見請予察核令遵事案奉鈞長第二十號訓令內開案查三江應宿大閘原有閘田向由閘夫承種前經該處擬議飭令每年每畝繳租六元作爲扣抵工食之需但僅令承種無人承糧辦法尚欠周密究竟該項閘田共有若干畝分何人承糧上年有否完納清楚亟應從事澈查令仰遵照尅日查明呈覆核奪等因奉此當查是項閘田係舊山陰四十四都二圖湯公祠閘夫戶每年應完糧銀十一兩八錢六分六釐又查閘務全書內載閘內沙田一百二畝三分三釐九毫坐落山陰四十四都二圖才字號除給湯祠主持十畝并給塘河新塡成田八畝餘九十二畝零俱給閘夫佃種各等語核計除給閘夫之九十二畝零與現存之數約九十畝零尚屬相差無幾其餘十畝并所謂塘河新塡成田八畝現在亦仍由湯祠主持種收惟是項閘田總數一百二畝三分三釐九毫并塘河新塡成田之八畝其

中細字號畝分若何分斷錢糧戶名除湯公祠閘夫戶外有無別種戶名年徵糧銀總分各數究爲若干自民國以來歷年有否完清係由何人承完自非澈底清查不足以杜隱射而明眞相遂卽函致紹興縣推收所按照上述各節逐一詳查去後茲准該所主任王起志以准查是項閘田向係另串征收並不報縣入册在地丁欵內併征繳所無從稽查等由函復前來竊查舊山陰四十四都二圖湯公祠閘夫年征糧銀十一兩八錢六分六釐曾覓得前清山陰縣知縣所發是項串票民國仍前清之舊並無更改今該所竟稱並不報縣入册其中不無疑竇且既稱向係另串征收是必另有串簿可稽若謂另串征收並不報縣入册係指由其他征收機關經征而言則是田非比沙地舍縣署直接征收外他種機關當然不能越俎且該所何以知係另串征收所謂另串者究屬何說殊無從索解惟有請予咨縣將是項舊山陰四十四都二圖才字號沙田一百二畝三分三釐九毫每年應完糧銀十一兩八錢六分六釐仍立湯公祠閘夫戶入册承糧其餘尙有所謂塘河新塡成田之八畝亦應由縣核明應征糧額另立湯公祠主持戶承糧經管是否有當理合具文呈請鈞長鑒核令遵實爲公便謹呈

紹蕭塘閘工程局函紹興縣請查覆應宿閘閘田戶名糧額等項文

逕啓者查三江應宿大閘原有閘田向由閘夫承種前經東區管理處擬定每畝繳租六元扣抵工食列入預算但此項閘田究係何戶承糧歷年曾否完納經令行澈查去後茲據該區主任任元炳覆稱查是項閘田係舊山陰四十四都二圖湯公祠閘夫戶每年應完糧銀十一兩八錢六分六釐又查閘務全書內載閘內沙田一百二畝三分三釐九毫坐落山陰四十四都二圖才字號除給湯祠主持十畝幷給塘河新塡成田八畝餘九十二畝零俱給閘夫佃種各等語核計除給閘夫之九十二畝零與現存之數約九十畝零尙屬相差無幾其餘十畝幷所謂塘河新塡成田八畝現在亦仍由湯祠主持種收惟是項閘田總數一百二畝三分三釐九毫幷塘河新塡成田之八畝其中細字號畝分若何分斷錢糧戶名除湯公祠閘夫戶外有無別種戶名年徵糧銀總分各數究爲若干自民國以來歷年有否完清係由何人承完自非澈底清查不足以杜隱射而明眞相遂卽函致紹興縣推收所按照上述各節逐一詳查去後茲准該所主任王起志以准查是項閘田向係另串征收並不報縣入册在地丁欵內併徵繳所無從稽查等由函復前來竊查舊山陰四十四都二圖湯公祠閘夫戶年徵糧銀十一兩八錢六分六釐曾覓得前清山陰縣知縣所發是項串票民國仍前清之舊並無更改今該所竟稱並不報縣入册其中不無疑竇且既稱向係另串徵收是必另有串簿可稽若謂另串徵收並不報縣入册係指由其他徵收機關經徵而言則是田非比沙地舍縣署直接徵收外他種機關當然不能越俎且該所何以知係另串徵收所謂另串者究屬何說殊無從索解惟有請予咨縣將是項舊山陰四十四都二圖才字號沙田一百二畝三分三釐九毫每年應完糧銀十一兩八錢六分六釐仍立湯公祠閘夫戶入册承糧其餘尙有所謂塘河新塡成田之八畝亦應由縣核明應徵糧額另立湯祠主持戶承糧經管等情前來查該閘田畝既有前清所發湯祠閘夫串票載明年繳銀十一兩八錢六分六釐貴署必有册籍可稽除指令將串票逕行面交貴縣長察閱外事關清理閘田相應函請貴縣長查核辦理並望見覆至紉公誼此致

紹興縣公函查復應宿閘田一案情形文 十六年五月

逕啓者本年五月十日准貴局第二四號公函內開以舊山邑四十四都二圖湯公祠閘夫戶才字號沙田一百二畝三分三厘九毫每年應納銀十一兩八錢六分六釐並塘河新塡成之八畝其中細號畝分若何分晰錢糧戶名除湯公祠閘夫戶外有無別種戶名年徵糧銀總分若干民國以來有無完淸自非澈底淸查不足以杜影射而明眞相卽經函准推收所王主任查復向係另串徵收並不報縣入册函請查核辦理等由過縣准此查才字號沙田一百二畝三分三釐九毫前淸年間並不編入地丁册內向係額外另串徵收是以縣署莊册並無該田戶名亦無細號畝分可稽該所王主任所復情形尙屬核實惟該田有關塘閘局公產若不立戶補號入册輸糧殊於公產課賦兩有妨礙茲敝縣長核定旣經該閘夫歷年管種列入預算有案應將才字號沙田一百二畝三分三釐九毫編入舊山陰四十四都二圖册內改爲新字第一號湯公祠閘夫戶歸入民國七年爲始承糧又塘河新塡成之八畝作爲新字第二號編入同都同圖湯公祠佧持戶[illegible]七年份起輸糧以重糧產除令推收所編號列戶塡給戶摺並令糧賦處補造各該年銀米串分別徵收外相應函達貴局查照希將應完七年分起至十五年分銀米照數繳納一面派員赴所領取戶摺以資執守至紉公誼此致

曹豫謙敬告同鄉父老 十六年七月

豫謙不敏承長官之任命父老之委託付以巨款俾掌塘工就職迄今十閱月矣論工程則設施未竟論經費則餘剩無多茲値瓜代有期敬陳經過如左

豫謙奉命就職適在北塘龕荏山間土塘決口以後治本辦法固須就決口處所建築石塘而其餘卑薄殘圮之土塘亦非同時培修不足以言捍衞此爲第一步計畫計十閱月又二十日中建築車盤頭石塘三十六丈二尺郭家埠石塘十八丈五尺灣頭徐半石塘二十五丈培修龕荏山土塘二千三百三十丈此外則有東區之搶險工程西區之歲修工程又有補助西塘民建亂石盤頭工程雖可以報告者已盡於斯而就當時情形言一阨於上冬之戰事再阨於入春之雨水工事遲緩事實使然當爲父老之所共諒也

抑豫謙同時復注意於西興至半爿山之土塘以及三江仕至存字之險工茲再分兩節述之

西興至半爿山土塘並無界石字號或塘身低薄或坡度坍削或外旁深溝或內濱池沼前淸咸豐同治光緒等年先後出險上年江水盛漲襄七庄一帶幾瀕於危若非就地士紳合力搶修爲患不堪設想此段實地丈量長四千丈已釘號椿原議尅日培修以新章責具圖說手續繁重未及籌辦而止

三江仕至存字土塘危險必須建築石塘情形已詳本期上省政府世電核計餘欵四萬餘元除建樓下陳石塘外尙慮不敷然一年以來紹蕭

兩縣塘閘捐征存項下爲數當以萬計上年蕭山方面又有沙租案內變價之欵事關兩縣生命財產省款不足則縣欵補助之此又事理之至順者

夫三塘路線綿長二百數十里前局自七年設立至十三年裁撤需欵一百二十餘萬仍不免於上年之潰决今欲以區區十萬之借款支持一線之危堤縱才智百倍於豫謙亦必無以善後豫謙則不敢自餒其氣曾於四月間擬具各工段計畫表（見第七期月刊）其後視察東塘復將賀盤一帶及楝樹下之險工具文呈報縱不獲立邀核准亦未始無發展之機也

紹蕭兩邑沿江濱海其西受富春浦陽之水其東受剡溪曹娥之水而海潮復自北來會形勢險要與海寧鹽平同顧彼有專設之局固定之款此則僅恃附捐略事補苴一遇風潮震撼則奔走呼號張皇失措矣豫謙前訂東西區塘閘管理處章程並請將管理處預算列國家歲出項下實爲必不得已之舉今幸當局設立錢塘江工程局有具體之規模爲通盤之籌畫欵出省方事有專屬此後我兩邑人民當不致有其魚之歎豫謙幸獲卸責樂觀厥成所耿然於懷者前次以塘工向無專書將於工餘從事編輯忽忽十月奔走工次僅成凡例若干條附於本刊之末此則不能不有望於後繼耳

至於局用經費節省六千六百餘元借欵息金存貯四千九百餘元僅能免愆尤於萬一不敢遽言盡職也收支總報告列後

紹蕭塘閘工程局收支總報告

收入項下

收籌備費洋二千元

收籌備費息洋八元三角一分

收借款洋十萬元

收借欵息洋四千九百五十五元七角四分

收前局移交洋二十四元五角九分

收三江閘田租洋三百十五元

收現水洋九元八角一分

紹興辦料有時訂定劃洋進出計陸續升現水洋十四元四分由紹中行登帳本年四月二十九日托紹中行劃交同茂木行劃洋五百二十八元九角適逢現洋去水由紹中行支出去水洋四元二角三分已列入四月份收支四柱清册支出項下此款應在升水項下扣除計如上數

收杉腦杉梢變價洋一百六十七元八角六分
收東區杉腦杉梢變價洋十五元九角六分
收差數洋一角四分
本局收付款項以分爲斷計差如上數
以上統共收洋十萬七千四百九十七元四角一分
支出項下
支本局籌備費洋一千三百六十二元四角五分
本局籌備費前報一千四百八十三元四角五分有電燈押櫃洋二十一元房屋押租洋一百元在內已於一月份收回押櫃洋二十一元六月份收回押租洋一百元計實支如上數
支本局十五年九月十六成立之日起至十六年八月六日裁撤前一日止計十個月二十日局用經費洋一萬四千六百九十一元二角二分
按本局預算規定每月一千九百九十八元共應領洋二萬一千三百元比較節減洋六千六百八元七角八分
支本局十個月二十日工程雜費洋五千六百九十八元三角六分
支東區開辦費洋四十五元二角九分
支東區經費洋三千六百八十九元四角
支東區閘務經費洋一千三百八元九分
支西區經費洋四千二百九十三元八角
支三江掘閘費洋一千三百八十七元四角
支三江裝置電話費洋二百三十元
支三江應宿閘添換閘板閘環臨時費洋六百七十九元三角
此欵預算數六百八十元六角前已發交東區具領旋據交還洋一元三角復經轉入七月份收支清册收入項下計實支如上數
支補助西塘爿山下曹家里亂石盤頭洋二千元
支建築車盤頭石塘洋一萬七百七十二元二角一分
支建築郭家埠石塘洋四千一百四十四元三角六分
支建築灣頭徐爿石塘洋二千五百三十八元七角二分

支樓下陳新塘起土洋二百二十元五角五分
支培修龕荏山土塘洋五千二百二十三元二角二分
支東區搶修北塘三江仕至存字土塘洋二千二十四元四角六分
內有餘存樁木折合洋十元八角四分
支東區翻修北塘三江宣字號土塘洋七元五角
支西區（翻修西塘鏤底池土塘整理男效字號塊石塘）洋六十六元三角九分
支存條石坦水石洋八百八十七元二分（抬力在內）
支存樁木洋八百七十四元二角二分
支存洋松板樁洋六百八十元八角四分（運費在內）
支存洋灰洋一千五百十二元（抬力在內）
支存石灰洋七元六角
支存塊石洋三百八十二元七角八分
支黃沙洋四十七元四角七分
上列材料七項共合洋四千三百九十一元九角三分係本局實存之料其發交土石各塘應用各料併入工程項下造册支銷不再開列以免重複
以上統共支洋六萬四千七百七十四元六角五分
收支兩抵計實存洋四萬二千七百二十二元七角六分

記塘閘機關

塘閘研究會簡章 清宣統元年十月

宣統元年九月紹興知府包發鸞以西江北海兩塘亟應修葺於二十日選舉紳董四人經理其事該紳等以胸少把握事無預備俱倉卒未敢承認惟公議先設塘閘研究所並擬定簡章稟府茲將其簡章錄下

第一條　宗旨

本會以考查塘閘之關係及修治之方法爲宗旨故定名爲塘閘研究會

第二條　職任

本會正會長一人請行政長官郡尊任之副會長二人兩邑尊任之定會董六員以士紳公舉任之主持會中一切事務定調查員若干員專任分鄉分段分項調查報告本會共同研究如有熱心塘閘能常時到會報告陳設者爲協議會員無定員

第三條　會期

本會以每月二十五日前爲調查時間二十九日爲會期如有險要工程由本會會董隨時邀集全體會員或偏邀城鄉士紳開臨時會公議

第四條　權限

承修塘閘工程應由本會邀集士紳公舉經董第本會會員既任調查應有監理協助之責

第五條　經費

本會經費應稟請會長由塘閘局經費項下隨時提撥或凡附屬塘閘有可生植利用之處清理撥用

第六條　會所

本會會所暫設郡城湯公祠

第七條　附則

本會內部細則以及未盡事宜隨時公定增入俟大致完全呈請通詳立案

山會蕭塘閘水利會規則　清宣統二年

第一章　總綱

第一條　本會遵照本省諮議局議決奉撫憲公佈施行之農田水利會規則設立

第二條　凡關於山陰會稽蕭山三縣有共同關係之塘閘其防護疏濬興修事宜均由本會議決行之

第三條　三縣共同關係之塘閘列舉如左

一　西江塘

二　北海塘

三　應宿閘

四　其他與三縣有直接或間接之利害關係者

第二章　編制

第四條　本會以三縣之選民卽爲水利關係人照章選舉職員其編制如左

一　議員

二　會長及會董

第五條　本會之選舉依府廳州縣地方自治章程行之其分區選舉方法别以細則定之

第三章　議員

第一節　員額及任期

第六條　本會額定議員一百名以山會蕭三縣戸口人數依現在之調查共計一百五十五萬二千餘人應每一萬五千五百人中選出議員一名

第七條　由議員中互選議長一人副議長一人特任議員二十人

第八條　議員議長副議長以三年爲一任特任議員一年爲一任均連舉得連任惟以一次爲限

第二節　職任

第九條　議員應行議決之事件如左

一　本區域内塘閘應行興修之辦法

二　本區域内塘閘應行疏濬之辦法

三　本區域内塘閘應行防護之辦法

四　經費之籌集及徵收管理方法

五　經費之預算及決算

六　規定工作之費用及雇募夫役方法

七　增删修改本會規則

八　議決各地方人民陳請建議關於塘閘水利事件

九　其他關於水利應行興革整理事宜

第十條　議員議決之事件由議長副議長呈報地方官核定後移交會長會董執行之

第十一條　議長主持會議事件如議員決議權數相等則由議長決定之

第十二條　議長有事故不能到會時副議長代理之議長副議長同有事故不能到會時由特任議員中公推年長者爲臨時議長

第十三條　凡臨時發生事件有會董會長所不能決者由特任議員決定之但須開常年會或臨時會時報告於議員

第十四條　議員不支薪水但得給相當之旅費

第三節　會期

第十五條　常會每年一次於三月行之由地方監督於會期前二十日知會召集

第十六條　遇塘閘事變之發生得開臨時會由會長呈請地方監督召集之亦得由議員三分之一之請求經議長許可後呈請地方監督召集開臨時會

第十七條　開會之期日以議事完竣爲限

第四節　會議

第十八條　每屆會議應由會長將本屆應議事件於會期前十日通知各議員但臨時會不在此限

第十九條　會議事件非有議員到會半數以上不得議決

第二十條　會議細則由議員定之

第四章　會長及會董

第一節　員額及任期

第二十一條　本會額設會長一人由議員於三縣選民中選出之會董三人由各該縣議員於各該縣選民中選出之山會蕭各一人其選舉細則由議員議定之

第二十二條　會長會董均設候補員如其額數

第二十三條　會長會董不得同時爲本會議員如由議員中選出者應辭去議員職

第二十四條　會長以三年爲一任任滿改選連舉得連任以一次爲限

第二十五條　會董每年改選一人依山陰會稽蕭山次序第一年先由山陰議員改選山陰會董一人以次輪選連舉者得連任

第二節　職務

第二十六條　會長之職務列舉如左

一　管理本會一切事務

二　監察本會辦事員之勤惰功過

三　準備本會應議事項及執行議决事項
四　保護本會之權利管理財產及欵項
五　調製本會歲出入之預算並監視收支欵項
六　對於外部有代表本會之責任
七　收受各地方人民陳請建議關於塘閘水利事項
第二十七條　會董襄助會長辦理一切事務與會長負聯帶之責任
第二十八條　會長會董須常川駐會辦事
第二十九條　會長得經由議員之决議設文牘庶務及辦事員役塘閘巡警
第三十條　會長會董及各職員辦事細則由會長擬定交議員議决後執行之
第三十一條　議員議决之事件會長會董認爲越權違法妨害公益者得交令覆議若議員堅執不改則申請三縣參事會協議决定之
第三十二條　會長會董均酌支薪水其數目由議員議定各員役之辛金由會長擬定交議員議决照章開支

第三節　調查

第三十三條　關於三縣之塘閘會長應不時派員調查或親往察勘其項目如左
一　塘內外之形勢及沙地畝分
二　塘外沙地漲坍之情形
三　閘外流沙之情形
四　閘流高下之情形
五　內河水勢漲落之情形
六　塘身閘身之情形
七　各處盤頭坦水之形勢
八　旁塘閘官有地民有地之區別及其多寡
九　土塘石塘柴塘工程之比較
十　旁塘內外居民之戶口及財産

第五章　工作

第三十四條　凡重大之工作非經議員議決不得興舉其通常工作可由特任議員議決興舉之

第三十五條　凡塘閘有興舉工作時會長或會董必須一人駐居工作所在地其工作時所應注意者如左

一　工作合宜與否

二　材料堅實與否

三　夫役勤惰與否

第三十六條　凡塘堤搶險之工作會長或會董當立時興辦並通知議員開臨時會

第三十七條　凡興修或疏濬事宜當分別工程最要次要妥愼辦理計日程功

第三十八條　凡承辦工程必須訂明保固年限呈案如有危險責令賠修

第六章　經費

第三十九條　本會經費以左列各欵充之

一　原有關於塘閘之公欵公產

二　塘閘畝捐　畝捐向章由地方官帶徵當仍舊辦理彙交本會

三　富家樂捐　富家特捐至千元以上者由本會呈請地方官詳請奬勵

四　因重要之工作臨時募集之債務

第四十條　本會經費經議員議定管理方法交由會長管理之

第四十一條　會長於每屆常會期前編成預算表交由議員議決其常年之決算亦卽當衆公佈一面榜示通衢

第四十二條　凡預算表於正額外得列入預備費爲臨時必要之支出

第四十三條　凡決算外如有贏餘時得爲本會公積金其保管生息之方法另由議員議決行之

第四十四條　本會因天災事變有不得已之支出或爲本會永久利益之事業得增加通常歲入

第四十五條　會員對於前項之增加不堪負擔時得酌募公債但須定借入及償還之方法期限及利息之定率並呈請監督官廳核准後方可舉辦

第四十六條　凡短期之借債以本年度內能收入償還者不適用前條之規定但須經議員議決後卽可舉辦

第四十七條　會長每年將上年經費督同會計員編成決算表連同收支細目交議員審查決定後方可公佈

第四十八條　本會會計年度以國家會計年度爲準在國家會計年度未定以前照舊章辦理

第七章　監督

第四十九條　本會以紹興府憲及山陰會稽蕭山三邑尊以次監督之

第五十條　監督官廳有申請撫憲解散本會及撤消會內職員之權但解散後三個月內須令更選

第五十一條　監督官廳視察塘閘將有危險時得發防護上必要之命令

第五十二條　監督官廳得視會務之當否收支之適否並得令本會報告辦事情形及預算決算表册按年申報撫藩勸業道憲備案

第五十三條　本會議決增删修改規則及變更水利區域或買賣交換讓與讓受抵押不動產時均應呈由監督官廳核准

第五十四條　議員若不議決其應決之事項致防悞公益者監督官廳得令三縣參事會協議代爲決定參事會未成立以前由監督官廳代爲決定

第五十五條　議員否決必要之費用或雖議決而缺乏必要之費用時會長得呈由監督官廳核辦

第五十六條　本會會員有不服會長會董之處分者得申訴於監督官廳有不服監督官廳之裁決者得申訴於撫藩勸業道憲

第五十七條　本會職員有應行懲戒處分者由監督官廳懲戒之其懲戒細則另行規定

第八章　附則

第五十八條　本規則經公同議決呈請監督官廳核准後爲施行之期

第五十九條　本會成立後舊設之塘閘局應即撤銷

第六十條　本規則經核准施行後如有未盡事宜當於常會或臨時會時公議删修改之

山會蕭塘閘水利會暫行選舉規則

第一條　本規則按照山會蕭塘閘水利會規則第六條規定選舉方法故稱暫行選舉規則

第二條　本會選舉區由府參議及三縣參事員分劃定之

第三條　選舉方法分爲左之三項

甲　議事會已成立之城鎮鄉

乙　議事會未成立之城鎮鄉

丙　因選舉區之合併其議事會有已成立未成立者

第四條　議事會已成立之城鎮鄉按照該區域內應出水利會議員額數由城鎮鄉議事會選舉之

第五條　議事會未成立之城鎮鄉按照該區域內應出水利會議員額數由紳民選舉之
第六條　合併之選舉區由區内各城鎮鄉聯合選舉之
第七條　合併之選舉區議事會有已成立未成立者其未成立之城鎮鄉紳民先按照該鎮鄉規定議事額數公推選舉人聯合議事會已成立之城鎮鄉選舉之
第八條　選舉日期由本府知府定之於十五日以前出示通告各選舉區
第九條　議事會未成立之鎮鄉及鄉選民會與他鎮鄉合併者應於奉到告示十日内預先推定選舉人
第十條　選舉票由本府知府製就發由三縣知縣轉分各選舉區
第十一條　選舉票分爲二項
甲　記名票　照本規則第五第七條選舉者適用之
乙　無記名票　照本規則第三第四第六條選舉者適用之
第十二條　議事會已成立之城鎮鄉以議長爲監理人由議長於議員中指任四人爲投票開票管理人
第十三條　合併選舉區之監理人及投票開票管理人由區内各議長議員共同任之
第十四條　由紳民選舉及紳民共推選舉人者均由選舉人中共推一人爲監理人並指任投票開票管理人
第十五條　投票開票同日行之以上午爲投票時間下午爲開票時間
第十六條　投票開票完竣由管理人監理人將投票開票情形分别造具報告呈報該管知縣
第十七條　辦理本會選舉事宜由本府知府照請明白公正之士紳一人爲參議員山會蕭三縣知縣各照請士紳一人爲參事員
第十八條　本規則於三縣縣議事會成立後失其效力

山會蕭塘閘水利會議員選舉規則

第一條　本會議員按照三縣之城鎮鄉區域配置人口分區選舉
右項之選舉區另表規定
第二條　選舉日期由知府定之先十五日出示曉諭

三縣縣議事會成立後本會議員之選舉卽於縣議事會議員選舉時同日行之
第三條 届選舉日各區選民均應到投票所用無記名單記法投票選舉
第四條 凡選舉區因投票不便得於就近地方分設投票所
前項之投票所選舉議員仍以所定選舉區中之選民爲限
第五條 凡分設投票所者其開票所仍限以一處當選之票數仍就各投票所之當選票合計
第六條 凡投票所分設數處者其管理人以本區之總董或鄉董充之
第七條 選舉事宜由城鎮總董或鄉董管理之若兩選舉區合爲一選舉區者由三縣長官各就其所轄區域於總董或鄉董中派定一人管理之
第八條 選舉票由會長製備呈府蓋印分發於管理人
第九條 管理人應按照各區投票人數分別造具投票簿簿中應記載投票人姓名年歲籍貫及住所
第十條 管理人應親蒞投票所監察投票
等十一條 投票以午前八時起午後六時止
第十二條 投票以列名各該投票所之投票簿者爲限
第十三條 管理人應於五日前分發知會單於各投票人
第十四條 投票人不得倩人代理其有照城鎮鄉地方自治選舉章程第二十七條特許者不在此限
第十五條 投票人應在投票簿所載本人姓名項內簽字
第十六條 投票畢之翌日管理員當衆開票
第十七條 凡選舉票無效者如左
一 寫不依式者
二 字跡不可認者
三 不用投票所所發票紙者
第十八條 選舉以得票較多者爲當選人名次以得票多寡爲先後票數同者以年長者列前年同以抽籤定之
凡次多數之得票人均作爲本會候補議員
第十九條 當選人確定後管理人應卽將當選人及得票人姓名及得票數目榜示並造具清册連同選舉票紙呈送紹興府知府由知府通

知各當選人

前項清册及選舉票紙於下屆選舉以前由知府保存之

第二十條　當選人接到前條通知後應自通知之日起五日以内答覆應選其逾限不覆者作爲謝絶

第二十一條　凡應選者由知府給予執照並呈報撫憲存案

第二十二條　選舉無效當選無效選舉爭議悉遵照府廳州縣議事會議員選舉章程行之

第二十三條　各鎮鄉議事會未成立以先其選舉事宜由三縣長官擇派紳士辦理之

其有選民未調查完竣之區則由該區按照規定選出議員額數召集本區之田地管業人舉行選舉

浙撫札紹興府知府改正塘閘水利會規則文　清宣統三年五月

爲札知事前據該府稟呈塘閘水利會規則草案六十條現經本撫院提交會議廳審查科審查僉以是項塘閘關繫三縣人民之生命田廬亟應組織團體力籌保障惟查第一條聲明本會之設立根據於本省公布施行之農田水利會規則則凡關於選舉事宜應遵照該規則第九條之規定現在山會蕭三縣城鎮鄉自治會業已成立又應適用該規則第十六條之規定今觀草案第四條編制議員會長及會董其名目與農田水利會相符而第五條又謂本會之選舉依府廳州縣自治章程行之其意蓋以塘閘水利爲山會蕭三縣全體公益不知籌辦水利屬於城鎮鄉自治範圍如謂玆事體大非一鄉所能擔任亦應遵照城鎮鄉自治章程第十三條凡二鄉以上有彼此相關之事得以各該鄉之協議設聯合會辦理之今本案於山會蕭三縣自治會未成立以前按三縣戶口總數選舉議員其議長名目則本之自治章程其會長名義則本之農田水利規則其會議及職務之規定分議決執行兩機關又似參照城鎮鄉議事會董事會之設置蓋合兩種自治章程與本省單行規則互相雜糅條理殊欠分明總之是項水利固爲當務之急但既認爲農田水利範圍之内則當由城鎮董事會鄉董及水利關繫人擬訂細則行之其地理上爲三縣公共關繫當縣自治未成立以前亦應由三縣城鎮鄉聯合會協議定之即須設特種之機關亦應由聯合會議定呈由該府札飭山會蕭三縣定期召集城鎮董事會鄉董聯合協議組織水利會擬訂細則呈候該縣會核施行前項草案其中不無可採之處可由該府發供參考該水利會未成立以前所有緊要工程仍由該府督飭原辦塘董趕速辦理再原稟所稱請參議參事員等名目並即取消合行札飭札到該府即便查照辦理尅期議定詳復勿延切切此札

紹興縣議會咨紹興縣知事修正塘閘局案並選舉理事文 附議案　中華民國元年

爲咨請核轉並給委任狀事本年八月九號准貴前知事俞咨開八月四號奉前浙江民政司長褚批知事呈本會議決擬設塘閘局暨舉定職

員分別開具清摺請核並發理事長委任狀由奉批閱來呈擬設紹興縣塘閘局辦理塘務以救塘董之弊所見甚是該縣塘閘平時歲修及管理事宜應准統歸該局辦理察閱章程理事長統轄全局又有文牘庶務會計等專員工程理事似屬閒職應即删除查工程一項塘工最關緊要非有專門學識定難勝任應即改設技師一員以聘請具有工程學識之員充任俾得隨時籌劃以免意外至於經費應由塘閘捐項下及縣稅項下撥充濟用仰即轉飭知照並將章程更正呈司核奪等因轉咨到會仰見司長擘畫周詳思慮精密欽服莫名伏念禦災捍患必須未雨綢繆而用人行政尤宜分頭兼顧紹屬一帶塘身西接蕭邑迴環約二百數十里除南塘離海較遠雖有缺陷暫可無虞外東西北三塘或直頂江水之衝或橫受海潮之逼幾無一處無險境每當霉雨秋風之際此須修葺彼須培護一遇水落石出之時此須巡江彼須探海似此節節防備互相聯絡猶恐稍有疏虞斷非盡一人心思耳目所能顧全亦非竭一手一足之勞所能了事此本會鑒於西塘之坍沒而恨前事之失檢鑒於東北塘之薄弱而嘆舊董之一團散砂皆漫不經心也爰是公同決議設立塘閘局爲根株地舉聲望交孚者一人爲理事長以總其成舉素有工程經驗者二人爲工程理事使來往塘閘間隨時察看修濬其餘文牘會計庶務各事所事至技師一項原屬工程必需之才但遴選固屬不易而經濟亦極爲難是以擬待大工時聘用蓋係單簡辦法不敢稍涉冗濫之意茲奉批飭改正自應酌量改易查理事長湯農先現已謝絕開會公決議將理事長一員裁去并删除工程理事名目改爲正理事一員副理事一員業經投票選舉王君植三得二十三票當選爲正理事何君子肯得二十一票當選爲副理事餘則支配定當實屬删無可删亦加不便加惟有仍循其舊相應將修正塘閘局案章程咨請轉呈民政司核奪一面請給正副理事各委任狀俾資執守此咨紹興縣知事陸

修正設立塘閘局案

(甲)組織及選任

一 紹興縣城內於舊有湯公祠地址設紹興塘閘局一所（各塘有險工隨時在工次設立工程處）

二 局內設正理事一人副理事一人由縣議會議員過半數投票選舉以得票最多數者爲正理事次多數者爲副理事當選後咨請縣知事核准給予委任狀並呈報民政司其任期以三年爲限任滿連舉得連任（選舉正副理事須於工程素有經驗衆望允孚者爲及格）

三 正理事因事出缺以副理事補之副理事遺缺應即補選

四 如有險要工程由正副理事得協商聘任技師

五 文牘（兼書記）會計庶務各一人由正副理事協商遴選聘任之（如有險要工程時得於工程處設臨時各職員）

六 由縣議會每屆常會期於議員中互選常期監察員二人臨時工程監察員二人

(乙)職員及權限

一　正理事負本局範圍內隨時稽察塘身閘務對內有統率之權對外有代表全局之權

二　副理事負協助正理事全局之責任

三　文牘兼書記承正副理事之命辦理文牘兼記錄繕寫並掌管塘閘圖籍案卷

四　會計員承正副理事之命管理銀錢收支及報銷事項

五　庶務員承正副理事之命處理局內職務及工料收發事項

六　監察員受縣議會之委託擔任監察各職員並查勘工程稽核帳目各事項

七　局內各職員辦事細則由正副理事會同各職員公同議決咨由縣知事核准施行

(丙)經費

一　歲修經費由縣議會議決各項塘閘捐項下支出之不足由縣稅項下撥充之

二　遇有險工依據臨時省議會議決案辦理

三　所有塘閘經費由管理公款公產之自治委員掌管之塘閘局得以隨時支用

(丁)薪水及公費

一　正副理事文牘會計庶務等員均爲有給職其薪水由縣知事提出於縣議會議決之

二　監察員爲名譽職不支薪水但給相當之公費

塘閘局員役薪工支出表

員役名稱	員役額定	月支薪工	附注
正理事	一	二四	按原表正理事月薪五十元副理事月薪四十元未免太優因理事皆本地人含有義務性質公議刪定正理事月薪廿四元副理事月薪廿元
副理事	一	二〇	
臨時常期監察員	四		常期監察二員臨時監察二員不支公費如遇赴工監察用欵實用實支
文牘兼書記	一	一六	
會計	一	一二	
庶務	一	一二	

公役	二	一二	公役每名月支工食六月二名共十二元

備考 （一）原表於薪工公費之外不列雜用似係遺漏應由塘閘局核實預計補報

（二）原表公役一名另文追加一名共二名已列入表內

（三）臨時員役應俟所出險工之大小始能規定員役之多寡未便懸空懸擬故不列表

紹興縣議會咨復紹興縣知事追加塘閘局經費文 中華民國元年

紹興縣議會爲咨復事十二月一日准貴知事咨交議塘閘局經費預算及另文追加公役一名案到會准此當付大會公同議決列表附奉查正副理事係本地人民辦理本地水利含有義務性質原表開列月薪未免過優是以減削常期臨時兩項監察員俱係本會議員此亦應盡義務未便另支公費如遇出發應用一切實支實銷至臨時員役當視所出險工之大小始能規定員役之多寡勢難懸空預擬故於表內刪除來表但列員役薪工公費不列雜用似係遺漏擬請轉知塘閘局預計補報所有議決緣由相應咨復貴知事請煩查照施行此咨紹興縣知事陸

紹蕭兩縣水利聯合研究會設立公牘 中華民國五年

紹蕭兩縣知事會詳浙江巡按使會稽道尹文

詳爲擬設兩縣水利聯合研究會酌訂簡章附具預算表會銜詳祈察核批示備案事竊查紹蕭兩縣地勢低窪向稱澤國賴有沿江沿海塘閘堰壩節節設置以爲宣瀦蓄洩之預備每值海潮洶湧山洪暴發以及旱澇不時之際藉資抵禦操縱民命田廬得以保障所關特重改革以前兩縣設有塘工董事專司水利民國以後議會建議特置機關各設塘閘局公舉理事專任其事誠重視之也比年江海各塘迭次出險如紹轄之東江塘蕭轄之西江塘紹蕭兼轄之北海塘屢被風潮衝決坍陷損失人民生命財產警告頻聞雖經兩縣官廳督率塘閘理事隨時設法搶堵分段籌修未成大患而辦工之竭蹶集費之艱難與夫居民之十室九懼塘堤之百孔千瘡官民俱困公私交迫誠有筆墨難以形容智愚爲之束手者知事等推原其故江防之設歷數百年或百數十年或係石塘或爲土塘當時擇要設置幾費經營迨歷年久遠江流改變沙石走卸塘根失據海潮深齧已非復昔日堅固不拔之舊觀加以遞年日炙雨淋塘面固受挫削而滄桑屢易沙角坍漲靡常塘身爲怒潮吞蝕坍損尤多雖近歲西塘歸王鳴鳳及平章愛等字號疊辦大工藉以拯救目前無如其他險工仍層出不已限於財力僅得補苴罅漏民力既殫後患無已此外閘壩等項並爲水利重要之樞紐非竭集思廣益之圖曷收一勞永逸之效茲經會同商酌擬設兩縣聯合水利研究會草定章程選任會員舉兩縣塘閘水利之應興應革事件如何而可消弭目前與防止將來種種險患一一付之研究隨時隨事籌定辦法詳報施行總期策地方之安全奠苞桑於永固以仰副鈞台振興水利保護人民之意是否有當所有擬訂簡章並預算表理合分別繕就備文詳送仰祈鈞使尹鑒

核俯賜批示備案實爲公便再此係紹署主稿合併聲明除詳巡按使外謹呈浙江巡按使屈浙江會稽道尹梁

計送簡章一份預算表一份

紹興縣知事宋承家
蕭山縣知事彭延慶

洪憲元年三月七日

浙江巡按使屈批

詳件均悉該知事等爲講求兩縣水利消防險患起見議設水利聯合研究會具徵實心爲民深堪嘉許察閱擬訂簡章亦尚妥洽應准備案所需經費併准由兩縣塘閘經費項下核實支銷惟該會將來研究情形及議決執行事件仍應隨時詳細具報察核仰會稽道道尹轉飭遵照此批件存

浙江會稽道尹梁批

詳件均悉准予如詳備案仍候巡按使批示此批附件存

簡章

第一條　本會以研究兩縣塘閘堰壩水利興廢消弭現在及防止將來一切險患以保護人民生命財產爲宗旨

第二條　本會設常任會員八員每縣各派四員由兩縣知事各別選充詳報巡按使暨道尹並咨水利委員會分別備案

第三條　本會遇有重要事項發生時得設臨時會員無定額

前項會員由兩縣知事臨時選充之

第四條　會員之資格如左

一　於水利事宜確有經驗者

一　現任水利職務者

一　熟悉江海各塘情形者

一　熟諳土木工程者

一　饒有學識素孚衆望者

第五條　本會附設於兩縣塘閘局內遇有會議事項由兩縣知事任擇一處作爲會場
第六條　本會以塘閘局理事爲常駐會員會內文牘會計庶務等事由局内辦事員兼任視事繁簡酌給津貼
第七條　本會分常會議臨時會議兩種
每月開常會議二次以一日十六日爲定期
臨時會議無定期由兩縣知事隨時商定召集開會
第八條　會議時以縣知事爲議長在何縣地點開會卽以該地知事當之設兩縣知事一同到會以抽籤定之
知事因事不克到會時得派代表
第九條　本會辦事之範圍如左
一　關於調查水利應興應革事件
一　關於規畫水利工程事件
一　關於計劃水利經費事件
一　關於測繪編製水道里程暨塘閘堰壩形勢等圖表事件
一　關於縣署交議事件
一　關於審查人民水利建議事件
第十條　本會議決事件應由兩縣知事覆加審定分別執行
第十一條　會員均爲名譽職不支薪水惟到會時由會備膳並得開支來往川資以免賠貼
第十二條　本會開會時紙筆茶水等一切費用與夫查勘水利船川並繪編圖表等項經費另定預算表其費由兩縣各半分擔在縣款塘閘經費項下核實開支
第十三條　本會係特别組織作爲暫設機關其應存應廢由兩縣知事隨時察酌詳明辦理
第十四條　本簡章如有未盡事宜隨時會擬詳報修正
第十五條　本簡章以詳奉列憲批准之日起發生效力
按右録簡章於民國五年三月十四日奉會稽道尹批准又於三月二十日奉會稽道尹第七三八號飭開轉奉巡按使批准

修改本會簡章條文

一　議常任會員每縣各添四員（關係第二條）
一　議開會地點紹蕭兩縣挨次輪流（關係第五條）
一　議本會常會每月一次以十六日爲定期（關係第七條第一款）
以上於第一次常會議決在本會預算案內一併奉批照准
一　議兩縣知事一同到會時以非所在地之縣知事爲會長（關係於第八條第一項末段）
以上於第三次常會議決

議事細則

第一條　本會所議事件以關於紹蕭兩縣水利上共同之利害者爲限
第二條　關於紹蕭兩縣水利上之調查興革規劃工程計劃經費由兩縣會員研究後於開會時共同決議
第三條　關於一縣水利上之事件由兩縣會員各別自行會議彼此互不參預
第四條　關於紹蕭兩縣水利共同事件提出於第一次常會者將應議事件刷印分送會員先行研究於第二次常會時會議以後遞次照辦
第五條　發生緊要事件關紹蕭兩縣水利上共同之利害不及於前一次常會時提出而急待後一次常會時會議者可由縣署先行備文兩相知會（例如爲紹縣會員所提出者由紹縣知事將所提出事件知會蕭縣爲蕭縣會員所提出者由蕭縣知事將所提出事件知會紹縣）以便開常會時共同會議其有迫不及待須開臨時會者亦同
第六條　紹蕭兩縣人民關於紹蕭兩縣水利上有上建議事件於本會者其付會議之手續查照本細則第四條辦理其建議事件非常緊要不及於前一次常會時提出而待後一次常會時會議者付會議之手續查照本細則第五條辦理
第七條　本會常會時會員不足半數者雖不能開議然亦當交換意見以資研究
第八條　紹蕭兩縣會員提出事件或紹蕭兩縣人民提出事件關於兩縣水利範圍者其會議時非有三分之二以上之會員到會不能付表決
第九條　會議事件兩縣會員有意見不能一致時得並列意見會詳兩縣知事互商決定
第十條　本細則如有未盡善處隨時會議修正
第十一條　本細則由本會紹蕭兩縣會員通過後發生效力

預算

經費預算表

欵別	每月預算數	說明
紙張筆墨	四元	開會及平時應需各種紙筆等費約需上數
川資飯食	一二元	開會時兩縣會員互相往來應需川資及供應飯食約需上數
雜支	四元	會內零星雜用約需上數
預備費	三〇元	預備各種特別支出如查勘水利繪圖編表辦事員津貼等費約需上數
合計	五〇元	
備考	表列經費每月需銀五十元係假定之數仍應實支實銷以不越此數爲限已支之款由兩縣各半分擔在縣欵塘閘經費項下開支	

修正預算議決案

一 議兩縣會長到會時船川轎資各六元隨從按名酌給飯食如會長派代表時減半但本縣會長及代表不在此限

一 議兩縣會員到會時除兩局理事在本局開會不支川資外其餘每員三元在本縣境內者減半

一 議開會時由輪值之塘閘局預備午膳兩桌每桌兩元爲限臨時會不以此數爲限

一 議辦事員每月津貼八元兩局各半

右係第一次常會議決應即根據原預算表加入議決各項更列一表如左

修正預算表

欵別	每月支出預算數	說明
紙張筆墨	四元	開會及平時應需各種紙筆等費約上數
川資飯食	四六元	非所在地之縣知事船川轎資洋六元會員每員三元本縣會員每員一元半本縣知事及本縣塘閘局理事不支川資午膳兩桌每桌限二元合計如上數
雜支	四元	會內零星雜用約如上數
預備費	三〇元	預備各種特別支出如辦事員津貼每局每月四元共計八元及查勘水利繪編圖表等費約需上數

合　　計　　八四元

備　　考　表列經費每月約需洋八十四元係假定之數仍應實支實銷以不越此數爲限已支之欵由兩縣各半分擔在縣款塘閘經費項下開支如非所在地之縣知事派代表到會時其川資比照本人減半

附錄紹興蕭山縣知事宋彭來函（五年七月三十一日發同年八月七日到會）

逕啓者案奉貴會函送到第一次常會議決事項記事書到署當以議決事項除添設常任會員一項已專案會同呈報外其餘各項均與原送簡章預算表稍有出入自應以議決者爲準卽經照錄記事書會銜呈報都督暨民政廳長察核嗣於七月十六日奉民政廳長王批開准予如呈備案此批記事書存等因茲又於七月二十二日奉民政廳飭開奉都督批發會呈前由奉批呈摺均悉仰民政廳查核備案飭知並飭將應修水利事項分別最要次要切實研究議定辦法呈候核奪毋得徒託空言是所厚望此批呈抄連摺發等因轉行各到縣相應錄批會函奉布祈卽貴會査照此致

馬鞍士紳議設閘董稟紹興府文（清光緒三十四年）

竊維養民以興利爲先行政須分人而治本邑地處水鄉民生禍福樞紐在閘況値連年米珠薪桂更不能不於有關稼穡之事共謀利益而惠閭閻茲因職等所住馬鞍村內湯灣地方向有刷沙閘一洞視積潦成浸之時每年開放數次以輔大閘之不逮惟閘關以後必須於閘外建築土壩一道名曰攔潮壩以免鹹潮滲入閘內妨害湯灣附閘田疇每築一次約需工料錢二十餘千文近聞閘夫向塘閘局承領是項錢文每次不及十千不敷之欵須向湯灣防鹽農民苛派彌補而湯灣地土較高不甚畏水他處成災湯灣未淹是以湯灣人視閘如讐每當應開之時不肯聽從他處人開掘他處禾苗遭水漲蓋不堪遲旦夕爭端屢起事機易失民食大利暗傷無算兼顧是閘局董遠在城中耳目難周閘夫人等得以上下其手激成寃獄者有之然有閘不開設閘何爲究厥原因湯灣人亦非有惡開閘實惡派捐壩費塘閘局存款充裕本屬公積公用局董宜皆開明之士諒勿有意惜此每年區區數十千築壩正用經費吝不付足以致誤公殃民祇以城鄉遠隔未知底蘊而就地士紳又皆向存杜門自守之見膜視地方公益無人出而建議遂不免拘泥舊章撙節用度若聞昌言自必樂從現經職等査悉情形公同會商擬請飭下山陰縣暨塘閘局亟宜添設專司監督該閘啓閉領款築壩事宜就地義務紳董一員庶幾照顧近便較勝遠隔遙制由縣照會請定卽與局董會同該董勘估每次築壩究應經費若干准予領足公積局欵稟詳立案永爲定章不准閘夫人等再令居民苛派分文致令政體蒙羞並不准湯灣諸色人等再有把持阻撓情事違者由董送縣分別從嚴究處一面酌量水勢情形在閘旁豎立水則碑一方示民啓閉準的使董亦得遵循辦理嗣後弊絕風清閘夫無可需索僅賴原定工食恐不足以養其身家應否稍從優給以示勉勵併會同議及至紳董旣合擔任地方義務資格

必出地方公選公舉品望高於尋常未便褻以薪水然欲其辦公而使有徒行之勞殊非文明大國崇德尊賢之道志士灰心往往失之禮貌應由塘閘局每年致送輿馬費錢十串八串用昭鄭重體恤之意似此擬議辦理在公款所費有限在小民獲益良多採諸輿論皆以爲然理合公同聯叩大公祖大人察核施行實爲地方幸福如蒙核准查有住處與閘相近曾任福建霞浦縣典史耆紳陳綸資深望重辦事認眞上年就地辦理平糶禁煙諸公益多賴贊勷若能以之董理該閘一切事務鄉民皆所深願職等爲閘擇人即所以爲民請命是否有當恭候批示祇遵戴德上稟

民國元年省委塘工局長

民國元年十一月紹興縣知事陸鍾靈蕭山縣知事盧觀球以西江塘危險情形會呈朱都督請爲派員撥款趕修奉朱都督瑞批云呈悉查此案昨據該二縣知事會呈搶修西江塘工程收支清册並另撥的欵興辦大工等情到府即經批司迅派熟諳工程人員前往會縣查勘趕速興修在案據呈前情仰民政司迅即查照前批辦理並將財政司已撥定之三萬元除已由司撥付該二縣領用一萬元外尚有二萬元應即分別咨領撥用其不敷之欵仍遵前批應由地方負擔併即轉飭遵照並將辦理情形隨時具報即經屈民政司映光派邵文鎔爲局長兼理技師事務籌畫一切並以塘工局鈐記應請都督頒發轉給以昭信守至修築塘工欵項並請都督轉飭財政司先撥二萬元以使開工應用云（見民國元年十一月十二日越鐸日報）

紹蕭塘閘工程局局長曹豫謙函告設處就職文 中華民國十五年九月

逕啓者案奉總司令省長會委辦理紹蕭塘閘工程事宜敝局長遵先在省設處籌備一面親詣各塘閘視察險要工程照章在紹設總局並就北塘地勢適中之新發王村設立工程行局即於九月十六日在工次就職除呈報分行外相應函達查照

紹蕭塘閘工程局簡章 十五年七月

第一條　本局專管紹蕭兩縣塘閘工程設總局於紹興由總司令省長會派局長一人督率局員主持局內外一應事宜

第二條　本局設總稽核一人總核各股應辦事宜

第三條　本局設工程師一人副工程師二人辦理各項工程事宜

各股事務與工程上有關聯者工程師並負監察之責

第四條　本局分總務工務材料會計四股每股設主任一人助理及辦事員若干人視事務之繁簡定之

第五條　總務股之職掌如左
一　關於撰擬文牘典守關防事項
二　關於收發文件保管卷宗事項
三　關於調查統計及公告投標事項
四　不屬於其他各股事宜
第六條　工務股之職掌如左
一　關於工程之計劃及設施事項
二　關於工程之測繪及計算事項
三　關於工料之估計及稽查事項
四　關於工作之監督及管理事項
第七條　材料股之職掌如左
一　關於材料之採辦及承攬事項
二　關於材料之收發及保管事項
三　關於材料之數量册報及其他有關事項
第八條　會計股之職掌如左
一　關於欵項之出納登記報告事項
二　關於編製預決算及報銷表册事項
三　關於使用物品及一應庶務事項
等九條　本局爲繕寫文件調查工程得酌用書記調查等員
第十條　紹蕭兩縣原有塘閘局改爲東西區管理處直隸於本局就兩縣原有歲修經費移充不敷之數由本局補助之
前項東西區管理處章制另定之
第十一條　本局實施查勘修築期内得函請兩縣知事派警協助遇必要時並得邀集兩縣官紳公同討論
第十二條　本局所需各項經費由總司令省長指定塘工券獎餘撥充並分别造具表册呈送核銷
第十三條　本局各項辦事細則由主管員分别議擬送經局長核定之

第十四條 本簡章自呈奉核准日施行如有未盡事宜隨時呈請增改

紹蕭塘閘工程局員役名額俸給職務編制表

職別	名額	月薪	職務	備考
局長	一	二百元	綜理局務	月支公費一百二十元歷照海甯塘工例在工程雜用項下開支
總稽核	一	八十元	總核各股應辦事宜	
工程師	一	九十元	主持工務	
副工程師	二	一百二十元	助理工程事宜	每員月各支六十元
測繪員	二	六十元	辦理丈量測繪事宜	每員月各支三十元
總務主任	一	五十元	主持文牘收發統計等事	
總務助理	四	一百二十元	輔助主任分辦各事	二員月各支三十六元 二員月各支二十四元
書記	六	九十六元	繕校文件	每員月各支十六元
工務主任	一	工程師兼不支薪	主持工程事宜	
工務助理	五	一百四十四元	輔助主任分段監視工作	三員月各支三十二元 二員月各支二十四元
材料主任	一	五十元	主持材料事宜	
材料助理	四	一百三十二元	分任採辦驗收保管等事	一員月支三十六元 三員月各支三十二元
會計主任	一	五十元	主持會計事宜	
會計助理	三	一百零四元	分任庶務出納監印等事	二員月各支三十六元 一員月支三十二元
辦事員	六	一百零四元	酌量事務緩急分別辦理	二員月各支二十元 四員月各支十六元
調查員	四	四十八元	派遣各處調查事宜	每員月各支十二元
顧問諮詢		一百二十元		擬延聘熟習河海工程人員爲本局顧問諮詢以資研究每月假定致送夫馬費洋一百二十元照原案已減半其員額俟設局後再定
管工	六	六十六元	分派各段管理工程	每名月各支十一元
測地夫	二	二十元	隨同丈量服務項事	每名月各支十元

看守夫　四　　三十六元　分派各處看守材料　每名月各支九元
公　役　八　　七十二元　服　役　每名月各支九元
說　明　以上職員俸薪總額月支洋一千五百六十八元夫役工食月支銀一百九十四元合共支銀一千七百六十二元

紹蕭塘閘工程局辦事規則

第一章　總則

第一條　本局依據簡章分設總務工務材料會計四股各股職務悉依本規則辦理
第二條　本局辦公時間規定每日上午八時至下午六時止但遇事務緊要得提前或延長之
第三條　本局職員因事請假應陳明局長核准於請假單內註明請假日數并代理人姓名交由會計股彙登請假簿以資考核
第四條　出差人員應造具旅費支出計算書連同日記簿及請領旅費單交由會計股核發
第五條　各股主管事務有互相關涉者應協商辦理遇意見不同時由局長裁定之
第六條　遇有事務繁劇主管股職員不敷分配時得由本股主任陳明局長指派他股職員兼辦

第二章　總務

第七條　總務股應置備左列各種簿籍
一　收文簿
二　發文簿
三　送稿簿
四　送簽簿
五　送文簿
六　卷目簿
第八條　凡文件到局由主管員編號加蓋年月日戳記摘由登入收文簿送請局長暨總稽核書閱後交主管員核辦
第九條　主管員接到文件卽行撰擬復稿至遲三日內登簿送稿遇事務緊要時並應隨到隨辦
第十條　凡擬辦稿件先由擬稿員署名蓋章經總稽核暨主任核閱後送局長書行凡有關聯兩股以上之件應分送各股會核蓋章
第十一條　文件經局長核定後交各書記員分別繕正摘由登入送簽簿送請用印

第十二條　各項發繕稿件監印校對書記各員均應在文後連署蓋章

第十三條　文件用印後由主管員摘由編號登入發文送文簿專差寄遞並在底稿封面標明發送日期連同送文回執併交管卷員隨時夾入卷套歸檔保管

第十四條　各股調取檔案應備條送交管卷員檢取閱畢隨時送還歸檔如有洩漏或散失情事由調取者完全負責

第三章　工務

第十五條　各項工程先由工程師副工程師會同工務主任分別測勘詳細估計需用材料若干工價若干繪具圖表送經總稽核覆核後再送局長察奪一面並知照材料股從事採辦

前項工務主任得依事實上之便利由工程師或副工程師兼任

第十六條　前條估計圖表經局長核定後交由總務股擬稿呈省俟奉核准後招工承攬

工作承攬式樣另定之

第十七條　開工後應由工程師副工程師隨時在場指揮監督依照原估計劃圖樣及承攬內載明條欵實施工作

第十八條　需用各項材料應由監工員出具領料單載明材料種類數量經工程師核准後向材料股領取並在領料單內蓋章證明負責

第十九條　各料領到時由監工員發給各工頭應用如有偷漏缺少立時根究追賠

第二十條　每日工作情形及工作人數氣候晴雨應由管工隨時報告監工員塡具日報送請工程師查核

第二十一條　工程師接到前條報告時應編製旬表轉報局長察核

第二十二條　材料收量時副工程師應在場監視審定如有貨身低劣尺寸不符以及不合工用之料隨時商請材料股剔退

第二十三條　工頭於本段工程未經完竣時祇准預支已做工程十分之八由工程師分次核明塡給預支單送交會計股照發

預支單式樣另定之

第二十四條　本段工程完竣應由各工頭按照承攬數目開具正式收據經工程師核准送交會計股照發一面由工程師督同本股職員造具決算表送交總務股擬稿呈省請即派員驗收

第四章　材料

第二十五條　應用各項材料種類數量一經工程師估計確定知照後須立時預爲採辦與各該商號訂立承攬囑令依限陸續運送濟用

材料承攬式樣另定之

第二十六條　材料股應置備左列各種簿籍

一　定貨簿
二　收料簿
三　發料簿
四　分類簿
第二十七條　各料訂立承攬後應即記入定貨簿註明材料名稱數量價目及承辦商戶姓名以備查考
第二十八條　各項料價俟貨運齊由商號開具正式收據經主任核准後送交會計股照發如訂約時商戶請求預借底碼銀元應即請示局長辦理但至多不得過總額十分之二以示限制
第二十九條　商號運送材料應由局填發護照並預行函知財政廳知照沿途經過局卡驗照放行護照式樣另定之
第三十條　各料運到時由本股人員眼同收量即將各料種類數量尺寸貨身填具報告單報告主任覆核無悞記入收料簿照數核收如查有貨身尺寸不符應立時剔出退換
第三十一條　工場需用物品材料照第十八條憑監工員領料單照數給發並隨時記入發料簿以憑稽核
第三十二條　每月收發材料數目應彙入分類簿於月終送請局長查閱並於次月五日內編造四柱清册及材料價目運費表各一份呈報省公署備案

第五章　會計

第三十三條　會計股應置備左列各種簿籍
一　草流水簿
二　大流水簿
三　總清簿
四　局用分類簿
五　料用分類簿
六　工程雜用分類簿
七　局用器具編號簿
八　工用物品簿

九　請假簿

第三十四條　本局經臨各費就預算範圍內每月由會計員編送支出計算書及收支對照表送請局長審定後呈報省署核銷甲月書表至遲乙月五日內辦竣

第三十五條　本局局用工用料用雜用以及附屬機關請領各費每月由會計員分別編造表册呈省核銷辦法與前條同

第三十六條　本局經費存儲杭紹兩處殷實銀行每月需用時應填具支票送請局長蓋章簽字持向銀行支取前項辦法附屬機關請領經費時適用之

第三十七條　本局職員俸給津貼每月終由會計員開明職務姓名數目連同請假簿送請局長核准照發不得預支員司請假暨支給薪津規則另定之

第三十八條　本局購置物品及一切用款須呈奉局長核准後方可照支付款時無論數目多寡均須取具正式票據以便黏聯收據簿彙送省署如爲數過微或事實上確難取得收據應由庶務員書條證明之

第三十九條　各種用欵應隨時記入草流水簿每晚轉入大流水簿至月終彙入總清大流水簿按照支付預算所列欵項每欵之上應加蓋木戳標明性質以便轉入總清及分類簿

第四十條　局用器具應一一編號登簿並註明領用處所無論何人不得隨意移動如有特別事故必須移動時應通知庶務處將領用處所及號數改編

第四十一條　各處應用物品器具由領用處填具領物證註明品名數量並加蓋圖章送庶務處照發

第四十二條　存儲及消耗物品每屆月終由庶務員編造四柱清册送請局長核閱

第六章　附則

第四十三條　本規則自本局成立日施行

第四十四條　本規則如有未盡事宜得隨時增改之

護塘會大綱

第一條　本會定名爲護塘會就近塘各郷組織或一村自爲一會或數村合爲一會由各村自定之

第二條　本會會員以本村之壯丁充之公推有資望經驗者爲領袖主持搶險事務並受管理處之指揮監督

第三條　凡遇塘堤出險一經鳴鑼告警須立時集合出發搶救不得延誤

第四條　塘堤險要地方應需搶險工具事前擇要購置妥爲存貯其費用由管理處核明轉請塘閘工程局發給

第五條　搶險工資按日計算由塘閘工程局於工竣後支給之

第六條　搶險出發時應製布旗一方標明某塘某段某村以資識別

第七條　搶險出力之員由塘閘工程局核給獎牌其尤爲出力者得由局呈請省長給獎

第八條　搶險規則由各村參酌就地情形自行訂定報明備案但不得借護塘會名義干預其他事務

紹蕭塘閘工程局呈總司令省長呈訂東西區管理處章程文十五年九月附章程

呈爲擬訂紹蕭塘閘管理處章程請予核准分行事竊維紹蕭塘閘局在民國初元係由兩縣議會選舉正副理事負責辦理祇以經費有限員額無多遇有險工無從措手經地方士紳來省呼籲始蒙特設工程專局大舉興修而以原有之塘閘局改組爲管理員辦事處專司管理定章之始本極周密惜當時限於預算未能將辦事處員額經費量予擴充致徒有管理之名而無管理之實及至專局工竣裁撤辦事處亦連帶取消斯爲事實上所無可如何者也此次奉令復設專局責在舉辦大工其尋常小修以及平時管理防護事宜仍須另設專員以資臂助惟是兩縣三塘綿亙二百餘里較海甯塘路幾長一倍風潮洶湧之時處處皆虞出險亟應參照清季防汛專章及海甯分區先例回復舊日塘夫給予工食並將全塘分爲若干段每段設管理員一人擇近塘居住樸實耐勞之士民分別委任仍就塘閘局舊址組織管理處以董其成庶於兼籌並顧之中不失覈實循名之意茲根據職局簡章第十條之規定擬訂紹蕭塘閘管理處章程十二條理合呈請總司令省長鑒核備案再管理處係常設機關與塘閘工程有密切關係將來職局停辦後應分隸縣公署管轄俾專責成如蒙照准並請令行紹興蕭山兩縣知事查照合併聲明除分呈外謹呈

紹蕭塘閘管理處章程

第一條　本管理處根據紹蕭塘閘工程局簡章第十條之規定就原有塘閘局改組在紹興縣者定名爲紹蕭東區塘閘管理處在蕭山縣者定名爲紹蕭西區塘閘管理處均直隸於塘閘工程局專司轄境內各塘閘尋常歲修及管理防護事宜其經費就兩縣塘閘捐撥充不敷之款暫由塘閘工程局補助之

第二條　本處以左列人員組織之

一　主任一人

二　工務員一人

三　巡塘員一人

四　文牘兼繕校員一人

五　會計兼庶務員一人

主任由塘閘工程局長就工程熟悉衆望允孚之士紳遴選委任報明總司令省長備案其餘各員由主任委任之

第三條　各塘就形勢便利分爲若干段每段分爲若干崗段設管理員一人崗設塘夫一人

管理員由主任就近塘居住樸實耐勞之士民遴選委任報明塘閘工程局備案塘夫由主任管理員督同派充

第四條　三江應宿閘設管理員一人由東區管理處主任報明塘閘工程局並知照西區管理處備案

三江閘夫由主任督同管理員派充其他各閘夫由主任派充

第五條　主任每月至少巡塘兩次巡閘一次巡塘時各巡塘員管理員均屆期集合第一次在第一段第二次在第二段挨次巡視周而復始

第六條　巡塘員每星期分班輪流巡視塘閘一次管理員每三日巡視本段一次並與鄰段之管理員互相聯絡

第七條　塘夫每日分上下午巡視本崗一次塘上每隔若干步應逐日挑積土方以備不虞

第八條　主任巡塘員管理員塘夫均應備具巡塘報告於每月終由主任彙報塘閘工程局備查報告方式由主任定之

第九條　三江閘內河水勢之大小外港沙磧之坍漲應由管理員按旬直接報告塘閘工程局並分報東西區管理處備查

第十條　塘身單薄地點以及逼近水溜處所每值潮大風烈管理員應不問晴雨晝夜督同塘夫預備搶險工具隨時巡視遇時機急迫時並應飛報管理處調集各段管理員塘夫迅速搶護

第十一條　歲修工程不滿百元者由管理處造具估計圖表呈經塘閘工程局核准修補其尋常零星小工由管理員督飭塘夫隨時整理並報明管理處備案

第十二條　本章程自呈奉核准日施行如有未盡事宜得隨時呈請修正

塘夫應守規則

一　塘夫應受管理員之指揮監督遵照本規則勤慎服務

二　塘夫每日分上下午巡視本崗一次在塘身單薄地點以及逼近水溜處所每值潮大風烈尤應不分晴雨晝夜隨時巡視報告遇時機急迫時並須秉承管理員預備搶險工具集夫迅速搶護

三　塘內之草應於霉汛前刈割塘外之草應於立冬後刈割塘面之草應隨時割去不得長至一尺以上致礙巡視

四　塘內外離塘脚十丈之護塘田地祇許民間照常耕種不准擅自掘土堆物起屋造坟如果勸阻不理應報由管理員轉呈核辦

五　塘身發見鼠穴獾洞以及小有裂陷應隨時挑築塡補如遇重大工程即報由管理員轉呈核辦

六　每一字號第一年挑土牛一個第二三年各挑土牛兩個每個需土兩方其底面高闊尺數及挑放地點應照工程員及管理員之指示辦理

紹蕭東區塘閘管理處辦事細則

第一條　本細則凡本處辦事人皆當遵守

第二條　主任主管全處事務

第三條　工務員之職務如左

一　尋常歲修於開工時必親往監督

二　主任巡塘時工務員應隨同視察

三　關於工程上之開支應詳列細賬并保存票據

四　凡巡塘員管理員塘夫之報告工務員應負審核之責

第四條　巡塘員之職務如左

一　全塘分爲東北兩段巡塘員二人按照分配地段第一星期甲巡東段乙巡北段至第二星期則互易巡視周而復始但亦得由主任隨時指定派往巡視

二　巡塘員必就塘身及內外護沙詳細查察遇有情形稍有變更即隨時報告於主任

三　每巡塘一次按舊編字號造具報告一次報告書內須署名負責報告書式如左

巡塘報告書第　號　中華民國　年　月　日巡視

塘之土名 字號第幾段	塘身及護塘地有無損壞	塘外沙磧有無變遷	江流形勢有無變更	塘身及護塘地內有無造屋做坟掘坑開埠等事	原有土牛有無傾陷	新添土牛若干	其他事件	備考

附記

中華民國　年　月　日報告巡塘員署名蓋章

四 甲巡塘員之報告與乙巡塘員之報告如有不符之點應由主任親往覆查或派工務員及其他職員覆查

五 巡塘員於巡塘時如遇管理員塘夫查視塘身時應將所遇地點及月日時間記明有問答關於塘務事宜者亦幷記於報告書備考欄內

六 巡塘員應隨時與當地鄉老諮詢過去塘身狀況塘外潮水上落沙塗坍漲情形詳記於報告書附記格內鄉老之住址姓名亦須詳記以備隨時諮詢

七 塘內外居民戶口之多少其居屋離塘若干丈或若干里居民之狀況職業亦可備載於附記欄內

第五條 文牘及繕校員之職務如左

一 撰擬文稿擬定文稿經主任簽字後應即繕發

二 管理案卷凡新舊案卷一律編列號數列爲案卷編號簿一册案卷分類目錄簿一册

案卷編號簿

事由	備考	號數

案卷分類目錄簿

事由	備考	號數

新到文件即隨時分類編定列入編號簿內再按其類別記入分類簿

列收文簿一本每日收入文件摘由塡載至歸卷後應於摘由下注明入某類第幾號

收文簿

年	月	日	號數	某處或某人事由	備考	分別門類	編列號數

列發文簿一本每文發出應於簿內註明事由發出後即將稿按類歸入檔中並於事由下註明入某類第幾號簿式與收文簿同郵寄或船寄或專送於備考內註明

三 繕錄凡發出文件均應蓋繕校員某某之圖章

四 核對

五 保管處中所用各種圖記舊存及新刊圖章應列圖章標樣簿一本將每章蓋入一顆註明此章作何用途由他人使用者更註明交某人保管使用

圖章標樣簿

圖章	註明用途及何人使用保管

六 保管簿籍立簿籍編號簿一本將簿籍依次編號錄入隨立一簿必立一號即屬於他職員記載者亦一律編號錄入册內註明由何人保管記載更立簿籍分類簿一本分別簿籍性質種類記之以備檢取

簿籍編號簿

簿籍名稱	立簿年月日	備考	號數

簿籍分類簿（式與前同）

第六條 會計兼庶務員之職務如左

一 掌司出納每月終總結一次開列清單報告於主任

二 支出銀錢均須取具收據或發票隨時編號並置粘據簿一本依號粘存

三 流水賬簿總清簿內記載賬目均須將收據號數註明

四 處中器具須隨時檢點毋使缺少

五 立器具簿一本舊存新置必隨時登記凡可粘貼紙張之器具均須用紙標明名稱號數實貼

器具簿

名稱	購置年月日	價值	用處	號數	備考

六 指揮工役照看門戶工役如有保信者送主任核定後應將保信負責保存

第七條 管理員之職務如左

一 管理員所屬塘堤如左表

暫定塘堤管理分配表

塘之字號	起訖	塘所在士名	分段編號	備考
東塘	天字號至育字號	大池盤頭至烟墩下	第一段三崗	
東塘	黎字號至聖字號	煙墩下至偁山脚	第二段二崗	
東塘	德字號至攝字號	杜浦至西湖底	第三段二崗	
東塘	職字號至明字號	西湖底至曹娥	第四段四崗	
北塘	天字號至羗字號	三祇庵至盛五村包殿	第一段三崗	
北塘	遐字號至敬字號	大林村西至丁家堰	第二段三崗	
北塘	孝字號至氣字號	丁家堰至大池盤頭	第三段三崗	
蒿壩塘	天地元黃宇宙洪日月盈十字	上虞轄境		
瀝海塘	共一百四十二字	紹屬瀝海		

二 管理員巡視塘堤每次均應造具巡塘報告書報告於管理處報告書式與巡塘員同

三 本段管理員與鄰段管理員因巡塘相晤時或與巡塘員相晤時均應將相晤地點時日記載於報告書備考欄

四 管理員所管塘內如有旁閘一律負責管理謹司啓閉閘內外情形應照三江應宿閘報告書式一律報告

五 管理員有督率塘夫之責限五日內將巡視情形詳具巡塘報告書一次每月彙送管理處塘夫不能自具報告者管理員應代爲報告其報告書式與巡塘員同

六　塘身單薄地點及逼近潮流處所應於受事兩個月內詳細報處

七　舊有土牛尙有若干在某字號塘上應查明列表報告以後塘夫挑積之土牛應隨時報告所積地點及容積表式如左

土牛調查表

塘身字號	土牛容積	備考

八　遇潮大風烈時應將塘內外情形及時間於次日報告於管理處

九　遇事機急迫時如調集塘夫人數不敷得臨時招募並將招募人數工資於三日內詳列報告

十　零星修補責成塘夫辦理於工竣日報告於管理處並於巡塘員經過時詳細指告

十一　關於塘工一切管理員均有協助之責並隨時受主任之調遣指揮

十二　管理員應隨時以意見用書面陳告於管理處

第八條　三江應宿閘管理員之職務如左

一　管理員應常川住居三江閘之閘務公所

二　每月自朔至晦應將潮汛大小列表詳記

每日潮汛報告（每月一紙）

月日	潮漲				潮退		備考
	時刻	高度	風勢	晴雨	時刻	低度	

三　應宿閘旁近之閘在三里內者悉歸其管理

四　督率塘閘夫謹司啓閉

五　巡視各閘港每汛至少三次隨時函告於管理處並陳述疏爬意見遇有少許淤塞應督率塘閘夫疏掘之

六　査照從前禁例嚴禁捕魚

七　檢査閘夫有無不規則行動

八　每日閘洞啓閉均須列表詳記每月報告一次表式如左

閘洞啓閉表（此表一日一紙洞別欄內將各洞字號均行列入）

年	月	日	時	洞別	啓板若干塊	下板若干塊	閘內河水高度	閘外水高度	天時晴雨	備考

第九條　本處各員有互相協助之責不得推諉

第十條　巡塘員管理員集合日時及地點於先一次集合時定之屆時必須親到

第十一條　本處工務員及應宿閘管理員由主任呈請局長加委以昭鄭重

第十二條　本處辦事時間上午八時起下午四時止

第十三條　除辦事時間外每日由各職員輪流值宿凡值宿之員無論何事不得離處遇有必要事故發生須離處時應託他員負責代理

第十四條　本處置考勤簿到處職員各自簽到簿式如左

考勤簿

姓名	到值時間	散值時間	請假或出巡	備考

第十五條　職員請假應具請假書註明請假日數并指定代理人請假書式如左

請假書

姓名	請假事由	請假日數	指定代理人	備考

第十六條　有以公務來處探訪主任者如主任公出應囑其詳述事由登入記事簿以電話通問者亦同俟主任到處即時陳報於主任

第十七條　本處發出文件均須經主任蓋章

第十八條　薪水工資於每月月底支給均須取具正式收據收據由處印製無論何人不得借支銀錢

第十九條　處中時計應隨時較準遇各管理員到處時必與其所攜之錶較對一次

第二十條　處中及閘務公所均設風雨日記表一本逐日記載表式如左

風雨日記表

月日時分	風勢方向大小	雨勢大小	在何時時間若干	其他天氣變態

第二十一條　主任巡視塘閘離處返處月日時間立簿記載

第二十二條　本細則經塘閘工程局局長核定後實行如有未盡事宜得隨時修改

浙江省政府令知將局務結束逐項移交錢塘江工程局接收並委蕭山縣監盤文 十六年七月

案查錢塘江爲本省最大之江流上接富春江下達杭州灣潮汛之勢甚盛沿江各塘工局修築塘岸計劃既不統一江身又未浚治茲值革新伊始勵圖建設之時本政府爲兼籌並顧統一事權計議決將海甯海塘工程局鹽平海塘工程局紹蕭塘閘工程局海塘測量處等四機關一律裁撤另行設立錢塘江工程局辦理兩岸塘工及浚治塘身等項工程所有裁撤原有機關籌設錢塘江工程局等辦法業經本省政府呈請政治會議浙江分會議決照准并任命林大同暫署錢塘江工程局局長在案除令飭錢塘江工程局局長前往各該裁撤機關接收并令委蕭山縣縣長就近前赴該局監盤交代外合亟令仰該局長遵即將局務結束並將所有文卷器具物品材料工程用具以及收支款項結算清楚逐項移交毋得延緩切切此令

紹蕭塘閘工程局局長電呈各段工程次第辦竣遵電結束局務文 十六年七月

杭州省政府鈞鑒建字第六七四八號令奉悉查職局呈奉核准興辦各工計車盤頭石塘三十六丈二尺郭家埠石塘十八丈五尺灣頭徐半石塘二十五丈現已先後完工又培補龕荏山間土塘已完工者龕山至樓下陳一段計二千二百二十丈荏山頭遐至賓字一段計一百四十丈正在辦理決算容即另文呈請分別驗收其未經完工者爲樓下陳石塘三十三丈又自樓下陳至荏山腰土塘一千一百丈所有土石各塘自應暫停工作惟現値伏汛期内三塘各段管理員各閘塘夫以及三江應宿閘閘務員各閘閘夫有防護塘閘之責誠慮新舊交接期間稍涉諉卸除飭照常供職並將局務遵令結束外擬請令行錢塘江工程局尅日接收俾便交代紹蕭塘閘工程局局長曹豫謙叩個印

紹蕭塘閘工程局局長曹豫謙呈報近塘各邨擬組織護塘會擬定大綱請核示文 十五年十二月

呈爲近塘各村擬組織護塘會以資救濟事查紹蕭東西北三塘綿亙二百餘里往時有塘長有汛兵星羅棋布各有專司其後塘長取消汛兵裁撤長堤一線負責無人是以前訂東西區管理處章程分段分崗求合古制第原章規定僅指平時管理而言若遇風潮險惡之時仍非就地士紳協同搶救不足以資抵禦然而徵之往事同一搶險工程或免於泛濫或終至潰決豈天意之難測歟抑亦人謀之不臧耳大抵臨時搶險一在有團結力一貴有責任心其村實鮮丁壯則他村協助之其人確有經驗則衆人服從之聯各村以赴工合衆心而爲一搶險要著不外是矣非然者各顧其私人自爲政存秦越肥瘠之見分彼此疆界之私其不遭滅頂之凶也幾希竊謂搶險與消防同屬地方要政紹蕭習慣城市鄉村無不有救火會一遇鳴鑼告警卽集合會員不論遠近不問晴雨不分晝夜立馳往救其組織之周密精神之煥發實合於古者守望相助之義擬本此意勸近塘各村組織護塘會由局長督同該管主任分任勸諭期於來年春汛以前擇衝要處所先行組織成立謹爲擬定大綱八條其詳細節目由各村自行參酌訂定不爲遙制應需工具擇其必不可少者酌量製備由局核發款項免予捐募此項會員以壯丁爲合格無事則各自歸農有事則相率出發但於搶險工竣以後酌給工資所費亦尙有限或謂塘堤出險應由局處負其責任其說誠是無如局長息借之款祇有十萬元而三塘應行修築之費數且十倍不止顧此失彼勢所必然毖後懲前事猶未晚此則不能不求鈞座之主持而望各界之共諒也愚昧之見是否可行理合繕具大綱呈請省長鑒核令遵謹呈

浙江省長公署指令

據呈擬組織護塘會以備臨時搶修之需事屬可行所擬大綱尙無不合准於衝要處所先行組織以資救濟仰卽知照摺存此令

東區呈報護塘會成立並擬訂搶險規則請備案文 十六年七月 附載清摺

呈爲具報護塘會成立情形並擬訂搶險規則請予察核備案事案奉鈞長令飭勸導沿塘士紳組織護塘會以資捍禦等因計發護塘會大綱八條下處奉經主任分頭切實勸導在案茲據東關鄉士紳何元泰胡鎭藩函稱查敝鄉塘工自賀盤榮字號起至白米堰疲字號止中間經過西湖底塘角中巷梁巷徐家塘新沙共計八村莊其間以賀盤西湖底着塘流水尤爲險要敝鄉向有水利會集款以備不虞茲承催辦護塘會因邀集紳商公決卽由水利會改組當公舉會員十二人負督率搶護之責特將會員名單及擬定搶險規則六條繕送鑒核卽希轉報備案等情據此主任復核無異理合將東關鄉成立護塘會情形連同該會會員姓名及所擬搶險規則開摺備文呈送仰祈鈞長鑒核備案實爲公便

謹呈

搶險規則

第一條 本會聯絡近塘士民以設備工具保護塘隄爲宗旨

第二條 本鄉向有水利會茲改名護塘會公推有資望經驗及熱心公益者十二人主持其事爲本會會員

第三條 本鄉本段自賀盤榮字號起至白米堰疲字號止中間經過西湖底塘角中巷梁巷徐家塘新沙共八村莊皆在本會搶護之内以明界限而專責成

第四條 凡遇塘隄出險一經鳴鑼告警各會員須分別出發接應搶救不得延誤

第五條 塘堤險要應需搶險工具如蔴袋竹簟土箕等件事前預爲購置妥爲存貯其費用由本會籌墊之

第六條 搶險時會員督率各村壯丁日夜守護其工資按日計算於工竣後報由塘閘工程局支給之

會員姓名

胡震凡　何階平　章叔臯　徐長齡

樓　渭　朱郁齋　徐吉生　楊南坪

金綏之　王和甫　金玉堂　陳金生

東西北三塘管理員暨塘夫一覽表

西塘第一段　管理員孔昭楣

第一崗（自西興鐵陵關起至雙廟止）　塘夫張興發

第二崗（自雙廟起至二渡埠止）　塘夫來椿楠

第三崗（自二渡埠起至永福菴止）　塘夫張大松

第四崗（自永福菴起至半爿山止）　塘夫陳孝堂

西塘第二段　管理員汪黼

第一崗（自半爿山起至弔字止）　塘夫陸金水

第二崗（自弔字起至西汪橋以上駒字止）　塘夫洪惠豐

第三崗（自西汪橋以上食字起至礫山以上女字止）　塘夫虞秋揚

第四崗（自礫山以上慕字起至富家山羊字止）　塘夫孔廣林

西塘第三段　管理員韓飛

第一㟁（自富家山德字起至君字止）　塘夫任龍生

第二㟁（自曰字起至磧堰山以東容字止）　塘夫韓瑞正

第三㟁（自磧堰山以東止字起至臨浦戴家橋迤東優字止）　塘夫黃金照

第四㟁（自臨浦戴家橋迤東登字起至麻溪儀字止）　塘夫孔幼齋

北塘第一段　管理員金賢林

第一㟁（自西興天字起至龍王廟水字止）　塘夫孫桂堂

第二㟁（自龍王廟玉字起至井亭徐裳字止）　塘夫沈金蘭

第三㟁（自井亭徐推字起至荏山閘止）　塘夫徐才運

北塘第二段　管理員胡季芳

第一㟁（自荏山尾起至淩家港止）　塘夫朱桂生

第二㟁（自淩家港起至樓下陳迤東羊字止）　塘夫朱思中

第三㟁（自景字起至迎龍閘對出止）　塘夫周世恩

北塘第三段　管理員沈仲嘉

第一㟁（自迎龍閘對出起至丁村止）　塘夫王維慶

第二㟁（自丁村起至龕山金線閘止）　塘夫周阿龍

第三㟁（自航塢山起至三祇菴猶字止）　塘夫倪鉞棠

北塘第五段　管理員程志懋

北塘第六段　管理員張光耀

第一㟁（自丁家堰孝字起至南塘頭清字止計十六字又自塘頭路亭前逸字起至閘務公所後洛字止計二十九字共四十五字）　塘夫潘長生

第二㟁（自南塘頭似字起至看鴨塘頭政字止計四十八字）　塘夫張文潮

第三㟁（自看鴨塘頭存字起至大潭氣字止計四十一字）　塘夫錢阿坤

東塘第二段　管理員范爲棟

第一崗（自煙墩下黎字起至偁浦匯頭惟字止計四十字） 塘夫許祝堂

第二崗（自偁浦匯頭鞠字起至道墟偁山脚聖字止計五十一字） 塘夫陳永仁

東塘第三段 管理員章潞績

第一崗（自偁山脚德字起至瀝泗村履字止計五十字） 塘夫鄭阿木

第二崗（自瀝泗村薄字起至西湖底攝字止計五十字） 塘夫葉茂元

東塘第四段 管理員胡壽鼎兼管蒿壩塘

第一崗（自西湖底職字起至徐家塘子字止計四十字） 塘夫任炳達

第二崗（自徐家塘比字起至白米堰後疲字止計四十字） 塘夫許冠廷

第三崗（字號待查） 塘夫王六五

第四崗（字號待查） 塘夫楊六十

瀝海塘 不派管理員

第一崗（自飛字起至隸字止計五十四字） 塘夫倪金升

第二崗（自漆字起至溪字止計四十六字） 塘夫邵福燦

第三崗（自伊字起至霸字止計四十二字） 塘夫邵中發

蒿壩塘（計天地元黃宇宙洪日月盈十字） 塘夫鍾家明

浙江水利局令紹蕭塘閘工程處以霉汛陰雨注意防範文 中華民國二十六年七月

現屆霉汛陰雨連綿河流陡漲各處塘閘堤岸險象堪虞茲經本局照歷年辦理成案將塘堤險狀地點列表呈報建設廳轉飭各該管縣市政府查照前頒搶險暫行規則及歷年辦理成案會同辦理迅即會同該管縣市政府妥商協助注意防範毋稍玩忽

附錄派定防護人姓名及地點

（一）塘閘工程處防護人員第一區為閘家堰負責者工務員謝海防護地點自蕺溪山至西興鎮第二區三江閘負責者練習工務員趙壁齋防護地點自西興鎮至朱家漊第三區新埠頭負責者工務員李松齡防護地點自小潭至蒿壩（二）縣政府派定協助人員柯橋區區長阮性之臨浦鎮鎮長湯登鑑天樂鄉鄉長孫順煥天樂臨江鄉鄉長朱文禮皋埠區區長趙晝雙盆海塘鄉鄉長王恕常安昌區區長顏承源

斗門鎮鎮長高劍秋姚江西鄉長朱錫慶馬鞍西北鄉長韓子椿馬鞍東南鎮長陳康孫東關區區長嚴澄生硝金鄉鄉長阮光乙道墟鎮鎮長章天威曹娥鄉鄉長陳祖修

雜記

徐樹蘭撰西湖閘閘欄碑記 清光緒十六年

光緒十五年秋霖連月水潦害稼太守用樹蘭議決西湖底塘泄之水退請於上官傭飢民修八縣水利以代振贍而是塘地形卑利鍾洩因建閘焉十六年七月成太守長白霍順武長史武進薛贊襄會稽令廣豐俞鳳岡臨造太守甯鄉楊鼎勳勸工邑子章廷黻杜用康袁文緯典功作

邑子徐樹蘭記

據調查西湖底閘在東關鎮因地名西湖底遂以名閘石造方向西北高二丈餘寬四丈洞三現由塘閘工程處管理

徐樹蘭致潘良駿論塘工書 清光緒　年

一

蕭山西江塘工程早經浙撫奏明現始撥款開工歸蕭紳經辦其經費向歸民捐蕭認三成四山會認六成六各衙門通詳有案此次因撫藩意見不同將山會舊存司庫兩庫之捐款地租儘撥蕭山不但山會存庫公款如洗緩急一無所恃而三邑之款項界限從此不清西塘之舊章從此廢壞蕭欠山會之畝捐錢一萬三千餘緡亦從此無歸還之日雖名爲由司撥款實仍慷山會人之慨名爲無庸辦捐實反害自衞田廬之意將來倘有塘工勢必互相觀望不肯出捐萬一司庫支絀必致敗壞決裂同爲魚鱉之鄉前謁中丞細述此中利弊雖屬具稟而此公健忘糊塗且木已成舟未必能挽然吾鄉大局莫要於此倘得奏明立案改復舊章則所關實匪淺鮮不知老弟意中有能言事者乎可與之一談心曲否倘得其便兄當開寄節略以備商榷

二

山會蕭籌捐塘閘歲修經費一節業由中丞專摺奏請可望邀准惟摺內不曰塘捐曰畝捐倘防指駮倘能得旨着照所請則從此修塘有費險工可以無慮此外又有備荒專款存商生息禦災捍患之需大略具備

三

家鄉各處患水處州尤甚吾越因久雨外江山水陡漲冲決邵林張麻溪等處西江塘一百餘丈山會蕭受其灌注河水暴漲五六尺窪處皆成

澤國幸聞壩宜泄倘霛遭淹田禾倘可插補不致有礙秋收日內天晴水退正在籌辦塘工然平時素無籌備至工程已出始謀修堵其計已晚况急切籌捐勢常不及而三邑紳士又皆懲鑑於前互相推讓無有肯任勞怨者不料上年鍾奉常一疏其爲禍竟至如斯也言之可歎現經官紳會稟省憲撥借七千緡始得開工擬於來年辦捐彌補得能趁此預籌一欵爲塘工歲修之用則亡羊補牢猶未爲晚願猶必天心仁愛數年之內不可使有水患乃可望成爾

四

塘工案卷局中不全今由霍太守鈞齊全卷摘略交來謹以奉閱（府卷中原奏上諭亦不齊全故無由抄寄）其末段詳叙民捐民辦應請免其造報係爲上台因工部咨催札令轉飭前辦同治四年塘工之紳十造具工段丈尺清册報部現在經辦紳士大半物故查無可查太守正在爲難故詳叙此節冀將來入告時帶便聲明免其造報以了此段公案其實工部咨催業已有年總因撤局後錢盡人散滯署工部兩處無人招呼以致行催不及耳晤鍾老請將此節說明至於善後緊要關鍵總在援照同治四五兩年奏案辦過畝捐章程預籌款項發商生息作爲歲修遇有大工提本興修工竣辦捐彌補如是庶有備無患而事可經久惟蕭山欠還山會之欵必須飭令籌還則民間不致藉口此事三邑民命攸關如能入告實孫子黎元之福不僅目前已也近日會稽大吉菴地方始制文等字號又坍四十餘丈府縣詳請撥欵未准催取蕭山欠款又若罔聞轉瞬秋汛準備毫無良可危也山陰沙租一項本可作西塘之用現查縣卷除每年撥兩書院一義學及山會東塘修費外解存藩庫餘欵爲數無幾從前所存已於去年撥濟蕭山楊家濱工程而此項沙地現在報坍者甚多光緒七八兩年因無收成全行蠲免日後即有可徵亦祇可爲書院義學及修理東塘等經費不足爲西塘專款也並望轉告鍾老至要至要此事已有刻不容緩之勢鍾老如肯出一言以救正之愈速愈妙倘復遲疑或囑叔眉閣學從旁催促亦可惟老弟酌行之

五

會邑迤東一帶海塘近因七月初二三廿一二等日風潮猛烈水與塘齊黄草瀝賀盤塘角西湖底等處屢塡屢決幸千萬人齊心搶護晝夜不輟（中略）現在籌欵修塘東挪西墊萬分支絀又時當秋汛鄉民之居近海塘者咸有戒心紛紛詣府縣呈求修築然總以經費爲難不能一律開工現兄籌墊千緡囑章介千杜彙占等擇其尤險者先行修護他俟籌有公欵再行興辦艱窘如是安可不亟思挽救老弟留心時事每切隱憂故敢以聞今年棉稻本望豐收近因兩次風潮山會蕭餘上五邑瀕海之處盡成澤國不惟收成全無而漂沒廬舍不計其數牲畜器皿半付洪流間有淹斃人口者而五邑中又以會稽之南匯山陰之乾坤兩號沙地爲尤慘眞數十年未有之災也蓋海濱之地全恃隄埂爲藩籬堤埂一壞即地不可耕而流離失所兄現爲招集災民給以工食使之築隄藉此糊口者殆不下數千人第慽棉力有限不能兼及爾

六

西江塘工現已告竣今年興辦畝捐彌補借欵得能照原議籌款生息以作歲修此後塘工可望起色

薛介福請建復老則水牌

宣統二年八月二十九日山陰縣增批薛介福請建復老則水牌稟云該處牌名應否建復姑候便道詣勘察奪

嘉慶山陰縣志內水利志第二十卷有明知府蕭良幹三江閘現行事宜六條茲節錄首條以資考證

一閘之啓閉以中田爲準定立水則於三江平闊處以金木水火土爲則如水至金字脚各洞盡開至木字脚開十六洞至水字脚開八洞夏至火字頭築多至土字頭築閘夫照則啓閉不許稽延時刻仍建水則於府治東佑聖觀幷老則水牌上下相同以防欺蔽

清末紹興公報所載塘工事件

按當時紹興統轄八縣即塘工亦蕭山縣居其大部份茲摘錄其屬於山會兩縣之事以備考

光緒三十四年四月蕭山塘工紳董王中輝以修塘賠累詳叙情形上藩司稟中有云以山會紳董公推辦理西江塘險工原議先柴後石曾將山會公估帳目及歷做工程詳細册報山會原估辦公經費一萬一千四百餘串旋以水險難成多做柴坦水一道多做柴子塘一道照原估多用六百餘千除前後領到九千六百餘千尚墊錢二千餘串原存畝捐五萬六千串與山會塘閘並用至去年尚有七萬左右煩將墊欵二千餘串照册給領以免賠累

宣統元年三月知府蕭文昭批蕭山紳董王暐昌請籌款修理石塘稟云二月初八日本府扁舟就道先至麻溪壩回登茅山閘下土備塘缺三四丈餘派徐縣丞樹灼駐工督修蕭山縣丞蔡錦鴻開導居民計畝派夫塘成後另發官款於寬闊處栽桑六百五十株三五年後木本根蹯足收效果

七月塘閘紳董徐遐蘭張嘉謀等具稟山會蕭三縣略稱前經李前縣至鎮塘殿大吉庵服衣二字等處周歷履勘鎮塘殿服字號石脚釘石土塘坍矬桑盆地方垂拱字號泥塘外面坍矬當即派司事雇工認眞趕辦於光緒三十三年正月二十日開工所修舊釘石石脚土塘連蓋十毗計長二十三丈坦水長二十三丈計十九埭計錢二千二百四十五千七百文又桑盆垂拱字號土塘外矬修費錢九十六千文加辦公經費錢一百八十七千三百三十六文除先後領到錢二千五百四十三千八百九十七文以收抵支尚存錢十四千八百六十一文此項工程督率各匠認眞修築工堅料實以冀一勞永逸於是年十月初十日一律告竣所有一切收支款項餘存錢文開具清摺並具固結仰祈察核驗收即經藩司顏批云已據情轉詳撫憲察銷仰候奉到批示再行飭遵至山會蕭塘工極爲緊要歷年收支畝捐息款自應隨時清理歸諸實用並即由府遵照前撫憲張批示通盤查明按年於年底稟報一次以資稽核（東江塘）

八月郡人以北海塘工前經巡撫增韞諭飭速行籌辦遂於八月初二日開會集議均以先行調查確鑿再行籌辦爲然即舉定徐吉蓀周覺夫

陳秉衡任葆泉史廉卿馬仲威何桐侯徐伯泉周子文等爲調查員即日分頭調查嗣馬仲威徐學源將調查結果具書知府（以地均在蕭山從略）

宣統二年二月間山會塘閘局移請知府趕修西北塘公文云爲西北兩塘工程吃緊移請另選賢能趕修以免貽悞事查承修西北塘工去年開會舉定新董六人迄今尚未開辦現聞紛紛告退甚至無人過問目下春雨連綿上游之水激沖塘堤萬一不測歸咎何人敝局未奉公牘又不便與聞險工縣宕焦灼實深頃据蕭邑塘董王紳暐昌面稱蕭邑爲塘工險要集議十二次之多尚無一人承認似此遷延時日貽害何堪設想等語並知王紳親詣貴署面稟一切諒蒙洞悉其中敝局責司塘閘未便緘默不言况已据蕭紳面告實情不得不移請另選賢能接辦以期尅日趕修而免貽悞要工爲此合移貴府請煩查照施行

三月調查員周子文言實齋二人隨同知府包發鸞赴蕭山勘驗塘工所有蕭紳議築之亂石坦議改作斜舖工程雖略增然受水可不甚吃力大約是項工程需五六千金之譜時已興工（塘工）

五月藩司顏將會邑東塘六七八段各字號塘工保固切結詳送撫署當奉批示云據送紹屬會稽東塘六七八段各字號塘工保固切結三紙存查至小塘捐欵起於何年存有若干仰即轉飭該府飭縣迅速查明具報當此清理財政各欵應考源流毋得視爲具文切切（東江塘）

九月巡撫增以修築西江北海兩塘石料前經派員前往羊山鳥門山採取由會稽縣新埠塘灣等處雇用海船運至工次茲查各船以載貨利便往往舍此就彼倘或石料不能按時運到不免有停工待料之虞查轉運工料雇用船隻等事責成地方官辦理呼應方能靈便所有新埠塘灣運工應責成該縣隨時雇船裝運以重要工特札飭新任本府溥知府轉飭會稽縣遵辦並行知海塘工程局知照

巡撫增以西江北海兩塘工程緊要特札紹興府知府包發鸞督縣會紳赶速修築以重要工嗣包守詳復撫署略謂西江北海兩塘關繫甚重前因塘堤坍卸工程緊要經知府按段履勘舉董興修派委府經歷龔二尹振瀛監督工程詎月華壩正在施工而毗連之垂拱平章愛等五字號因潮勢兇猛幾至出險知府即飭縣委搶救防護設法修補並照會山會塘董星夜馳往蕭邑會商辦法查該處海塘外沙坍盡內臨深潭工程最爲險要事關三縣田廬民命未便草率從事總期料實工堅一勞永逸所需經費由山會蕭於畝捐塘閘經費項下撥給錢七千餘串又在蕭山勸學所息借洋七千元先後發交經董領用知府現在交卸在即不便督促進行除移會新任外所有塘務緣由理合稟報云云而增撫以一再札飭赶速會董設法修築乃包守以轉飭未復直至交卸前稟復閱稟之後以該守玩悞塘工甚爲不悅當將其記大過一次以示懲儆其批示云查浙東修築北海西江兩塘建議案係本年二月間札府五月間札催原議辦法分爲四則尚非繁難之舉或由府署召集塘董會議或飭山會蕭三縣會同議復均可計日而成徐紳爾穀條陳能否採用亦應一併議及乃竟遲至半年有餘僅以轉飭未復一言含糊稟聞知府有表率之責何以坐視玩延既不照案議定又無切實施行之方輒請發交諮議局斷斷無此辦法辦事顢頇於茲可見玩視塘工尤爲不合應將包守發鸞記大過一次行司註册以示懲儆仰新任紹興府溥守查照建議案能否照行抑須另籌辦法迅速督飭議定並擬施行細則限九月

十五日以前詳復並移包守分行山會蕭等縣知照嗣包守於交卸前又將會紳估計修築北海塘月華壩等處工料開具清摺向撫署稟請撥款復經增撫批云察閱章程續估工料清摺既未遵照前次批飭先行會勘商定做法開明榜示會紳招工投票仍聽塘董任意開報又未將何處字號應用何項工料分晰聲敘殊屬含混計自開工以來共撥洋銀一萬四千八百餘元該守專以撥款爲主要於工程則任意延誤時逾半載未據稟報完竣所撥之欵究竟何處塘董撥領若干稟內亦未叙明欵屬畝捐無非生民膏血宜如何鄭重其事乃因交卸有期一稟塞責非徇情濫支即草率從事實屬罔知整飭應即記大過一次以爲延玩塘工膜視民瘼者戒仰布政司註册飭遵一面札飭新任紹興溥守查照前今批札刻日携帶案卷親詣工次將已報開工各段字號逐一查明據實稟報毋稍容隱仍將續估各工按照前頒表式塡註呈送並將商定做法開明榜示會紳招工投票公估核實開辦勿任偷工減料致涉虛糜是爲至要至摺開之八釐經費係作何用有無稟准之案亦由溥守一併查明稟復察奪繳

十一月增撫批塘董徐㟅蘭云西江北海兩塘工程均關緊要迭經批飭該府查明辦理在案該紳等辦理塘工垂三十年必已熟悉利弊現在北海西江兩塘正在籌議改章之際既知內容腐敗應思所以整頓之方誠如來稟事關桑梓斷難坐觀成敗該紳等身充塘董何以不負塘工責任察閱稟辭殊不識命意所在仰紹興府查照迭次批飭轉致該紳等將塘工事宜悉心籌畫竭力整頓以期無負責任

十二月初八日溥守發起飭山會蕭三邑邀集士紳在開元寺會議西江北海兩處塘工三縣士紳到者五十餘人溥守到會時已四下鍾並有省委清丈蕭山仁忠字號沙牧旗地之候補道李錦堂到會當由蕭山縣翁令宣告撫署飭令會紳公舉局長一人及評議員等批詞當有人質問原案有如何選舉於施行細則規定之語現並無此項細則何能行使選舉翁令言細則未定不能選舉誠然惟現因塘工危急未及訂定細則目前應如何辦法請公衆討論又有蕭山塘董報告西江塘之垂拱平章等十六字地方危險惟事關三邑蕭紳不能專任須有山會兩縣之塘董會同辦理方可興工當有人提議此事須遵照本省諮議局議決巡撫批准公布施行之農田水利會規則辦理惟現在工程緊急或水利會未能一時成立應責成舊日山會塘董即日會同蕭山塘董前往勘估防護水利會未成立之前如塘工出險應由前日之塘董負其責任倘山會之塘董有諉卸情事則太尊有監督之責須少加迫促以顧要工農田水利會亦應即日由太尊照章組織以爲久遠之圖衆皆認可蕭紳又言如山會塘董不同往辦事則亦不能負此責任應預先聲明衆皆允之旋由省委李道提議謂奉憲辦理清丈沙地下手甚難今日乘三邑士紳會議塘工之便請各抒意見又聲明辦理清丈章程凡丈出之地仍歸原戶承種並不提出充公惟沙地民智未開應如何設法開導當有人謂清丈章程未經厲目且此事執行之權全在官長一時無可置議李謂清丈章程他日可以發布惟開導沙民尚賴各地士紳相助爲理時已天黑遂各散會

三年正月紹興溥守札飭山會兩縣紳董籌議平糶塘工經費云積穀塘閘經費前據山陰縣胡兀駿等稟請於宣統二年再行隨糧帶收畝捐錢三十文以期有備無患等情即經前署府轉稟立案並分飭遵辦在案（中略）爲籌備西江北海兩塘現正籌議與修工險費鉅亦不能不未

兩綢繆自應將前項畝捐循舊展辦一年以備不虞除分行外合亟札飭該縣立即會同紳董公同籌議如果衆情允洽即行會銜稟復以憑核轉詳又札催設立水利會與修西北兩塘略言西江北海等處塘堤因塘外沙地坍削勢甚危險即屬急宜興辦之水利內有北海塘垂拱平章等各號業經山會蕭三縣官紳開會議決仍應由原辦塘董一手經理其餘未修各塘亟應照章組織水利會研究辦法尅期興修以資捍禦藉符公布施行之議案

會邑東江塘徐家堰等處泥塘因對岸江頭廟前沙角逐年淤漲以致水勢折流衝激塘身岌岌可危宣統二年冬間會縣陳令曾照會沿塘諸紳令組織水利會公籌保護辦法由各紳董發起聯合東關道墟嘯唫偁浦賀湖桑盆孫端吳融姚宋六社十鄉於三年正月廿三日在嘯唫關帝殿開會到者九十餘人投票選舉辦事人員從事進行至五月復由溥守函請紳士會同經廳赴該處詳細測量繪圖俾可按圖討論合籌妥策

七月溥守又批陳鑑等稟云前據沙民鍾三寶等以東塘危險情形具呈到府業經批飭查勘稟辦矣至對江沙角雖已委員前往會同測勘而定案尚須時日徐家堰知過必改等號塘堤既形危險勢不能不先其所急擇要興修仰會稽縣立即遵照會同紳董妥速辦理幸勿顧此失彼致誤要工切切

二十日下午山會城鎮鄉董事及鄉董在郡城同善局開聯合會會議塘董事宜公推何朗仙爲臨時議長經大衆議決先行舉員調查塘務當舉何朗仙孫德卿言實齋鮑香谷周子文宋庚初等六人爲調查員嗣有人提議以周子文係議員應當選無效又有人以周係塘董此次當選係塘董資格應有效後經臨時議長決爲調查員六人會同塘董同往調查當經公決言實齋亦塘董當以次多數之張琴孫杜安候補入

八月郡紳徐嘏蘭具稟撫署請丈量護塘沙地酌收租稅補助修塘之用經增撫批云查護塘地畝丈量升科以資補助塘工似無不宜惟值此次紹屬被災此事能否即行舉辦仰紹興府核議詳奪至具稟徐嘏蘭恐係瑕蘭之誤其餘王春茂等查非塘董何以亦在職董之列幷即查明具復

各姓家譜中所載塘工事件

嵩臨朱譜歲在壬戌越大潦西江塘決水及郡治山陰姚憂庵制八閩耆屬朱昌董其事爲設方略晝夜程督塘乃尅日告竣

馬鞍趙譜乾隆時海塘潰決檄趙殿芳就近督修

苞山徐譜徐蔭昌貲徐家塗石堤障水口舉族賴之

水利局建築旱閘碼頭

浙江省水利局紹蕭塘閘工程處於民國二十六年六月擬在第三區曹娥席字至承字號塡築旱閘十一座估工程費約二千元以上並登報招標於六月九日在建設廳開標以價格最低之包商徐卿記得標又該處歲修曹娥席陛達三字號建築公共碼頭三個預估工程費二千元以上建築嵩壩地字至玄字號旱閘二座公共碼頭一個預計工程一千元以上俟正式合同訂就即可開工興築

白洋閘

山陰江北四都洊遭水患蕭公（郡守名良幹）因公言親履海灘熟籌蓄洩之宜遂建閘於白洋山右（見白洋朱譜）

東關區國民勞役挑塡海塘 中華民國二十五年

紹興國民勞動服役由縣政府擬具省縣鄉鎮工程詳細計劃及經費預算書呈奉省政府核准其省工事部份擬爲挑塡海塘工程地點在東關區楊家塘及皐埠區車家浦等處合計約需一萬九千二百工每一義務工人以每名十天計算約需一千九百二十八東關區方面開工時賀專員揚靈特偕同林科長前往視察並參加國民勞動服役開工典禮（見報載）

會商催繳輪船公司修塘費

越安臨紹等輪船公司自認貼補修塘經費累積不繳近年來運河官塘冲毀益甚蕭山縣黨部大會議決請紹蕭兩縣政府積極催繳紹縣政府即派五科技士蔡志侃前往蕭山會同該縣政府第五科科長求良儒與臨紹越安二公司代表籌議繳款辦法結果限該公司等於二星期內將繳欵具體辦法送縣核奪如屆期仍屬延宕則予嚴厲執行

民國二十六年秋間閘內外水位

民國二十六年七月霪雨連緜山洪暴發地勢較低之農村水已瀕岸北部一帶致船隻多不能通過橋樑據三江閘務處消息外江潮汎頗大水位達七·五四公尺內河水位爲六·三九公尺形勢頗覺嚴重𢚩宿二十八洞全部開放水流湍急斗門以下已絕對不能行舟幸閘外漲沙經前次水漲時刷盡水尙暢流無阻云

曹豫謙擬紹蕭塘工輯要凡例

一沿革

紹蕭古稱澤國賴東西北三塘以爲捍禦自磧堰山通而西塘之局變自龕赭地漲而北塘之局又變其間棄腴田於塘外改土堰爲官塘每有志乘所未詳者至沿塘各閘壩尤爲蓄洩內水之要鍵雖閘務幸有專書而塘工尙鮮實錄茲特紀沿革一門具徵原委而塘外沙牧各地之坍漲附之

一形勢

三塘綿亙二百數十里其西爲富春浦陽諸江其東爲曹娥江其北爲浙江均會流而入於海夏秋之交怒潮疾上激成勁溜往往直逼塘身茲紀形勢一門孰爲險要孰爲緩衝並誌歷年出險之點俾後之任事者藉以知工程之緩急焉

一圖經

測繪爲工程之先導兩縣塘堤遼闊近年來尙無精確圖說茲繪三塘總圖並附各段分圖繫以說明藉資考證

一詔令

自漢唐以來關於三塘水利之歷朝宸翰及部省各令或詳史乘或列成規或載志書或蒐碑碣詳徵博引搜輯靡遺亦考古者之所不廢也

一公牘

凡關於工程之各種公私函牘擇其切要者具著於篇其有批示指令及覆函者附於每篇之末

一議案

清末諮議局民國省縣城鎭鄉議會以及其他各法團有關於塘工各議案或未決或已決或實行均按年分類擇要紀錄

一箸述

兩縣之私家箸述有裨塘工水利者宏文巨製所在多有或未付梓或未行世潛德弗彰良用惋惜茲廣搜博採特紀箸述一門附以詩歌雜作俾後人興望古遙集之思

一祠宇

歷代神祠之建於塘閘者以戴湯兩太守爲最著其他有功於民以死勤事而廟食者皆當在防護之列茲詳紀祠宇之所在地及神之姓名封號功績以資景仰

一古蹟

塘外之五廟路杏花村塘上之跨丈廟萬柳塘朱子有視事之處里正標股堰之名見諸志集耳熟能詳至若十二生肖是何取義一索九龜得自童謠明代禦倭之役五馬並行魯王監國之年劃江自守見聞必錄藉廣流傳

一經費

塘閘經費歷來取給於舊山會蕭三縣田畝附捐由紹興府主持自府制取銷紹蕭兩縣議會分配多寡互有主張甫於民國五年定案東北兩塘紹認十之七蕭認十之三西塘及三江大閘紹認十之六六六蕭認十之三三四然較諸海甯鹽平塘工仰給於國稅年以數十萬計不免向隅已向當道據理力爭茲紀經費一門詳述歷年徵收數目歷任報銷各册俾知民力未逮後繼爲難

一工程

歷來工程因經費有限往往補苴罅漏因漏就簡自民國年間各塘險工迭出當道知非動巨款不能蕆事時張財政廳長厚𤤽創辦紹蕭塘工獎券省委鍾君壽康董理工事爲期六年需欵百數十萬仍未能一勞永逸茲紀工程一門計分八類曰混凝土塘曰石塘曰半石塘曰土塘曰柴塘曰坦水塘曰盤頭曰備塘其應宿閘工程載於閘務全書別爲補輯不復重錄

一料材

材料大綱凡四曰石曰木曰土曰灰往昔所需或以竹簖磊石或以麻袋灌泥或用柴薪或沉石船類皆施諸搶險工程近始有以洋灰代石者性尤堅韌茲分別紀載俾後人有所取資焉

豫謙奉命築塘苦無專書足資考證工事餘暇擬編塘工輯要一書先成凡例十二則近以裁併在即徒存虛願緣將凡例錄附月刊之末

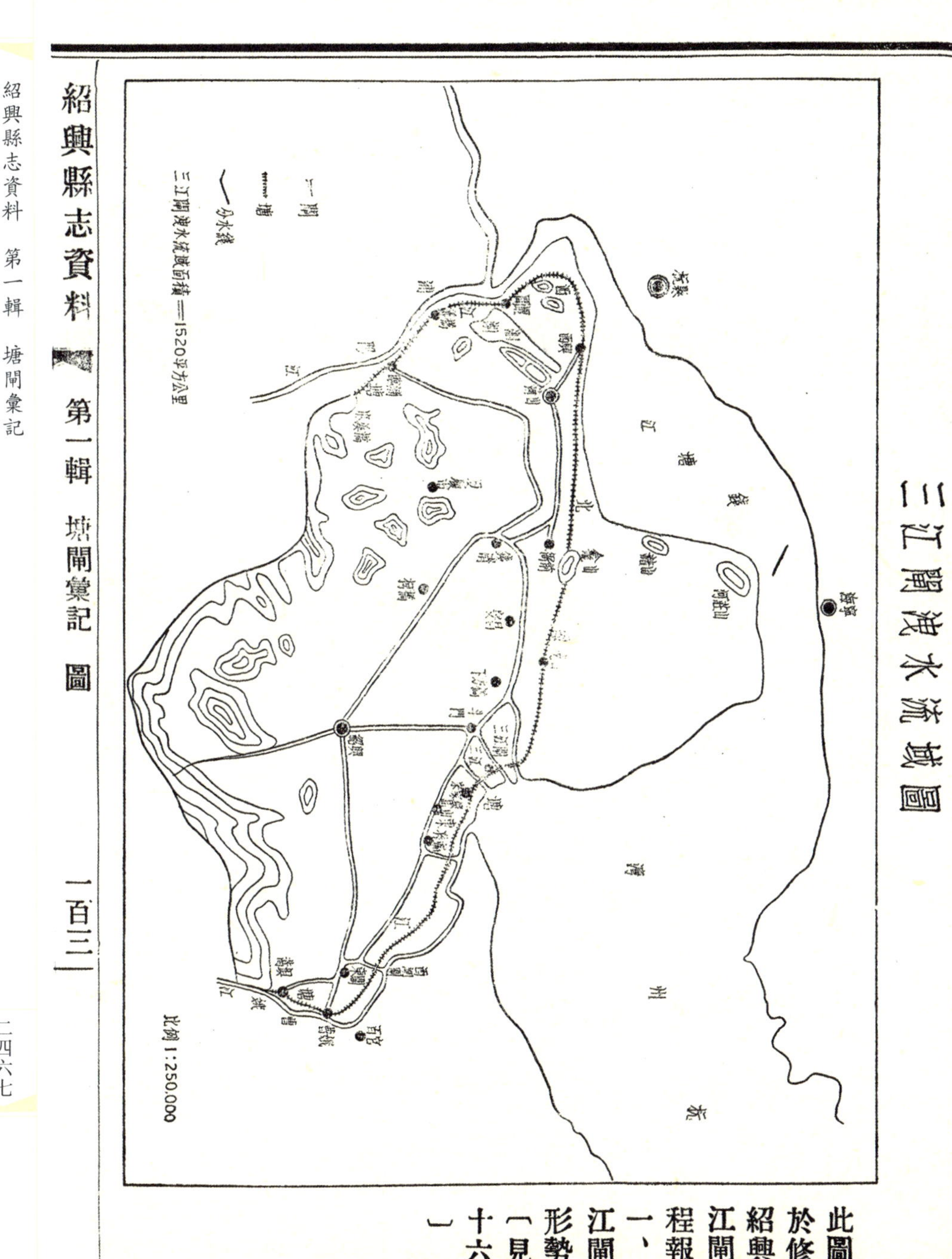

此圖屬於修築紹興三江閘工程報告一、三江閘之形勢〔見四十六頁〕

三江閘平剖面圖

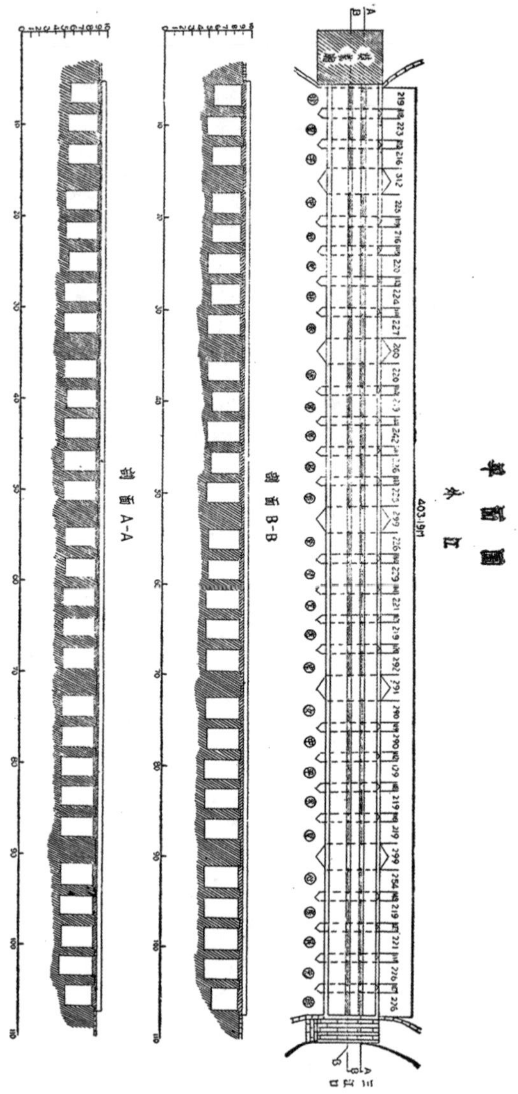

平面圖

外江

403.19M

剖面 B-B

剖面 A-A

比例 1:500

此圖屬於修築紹興三江閘工程報告二、三江閘之創築〔見四十七頁〕

三江閘女字洞閘面及大小閘墩圖

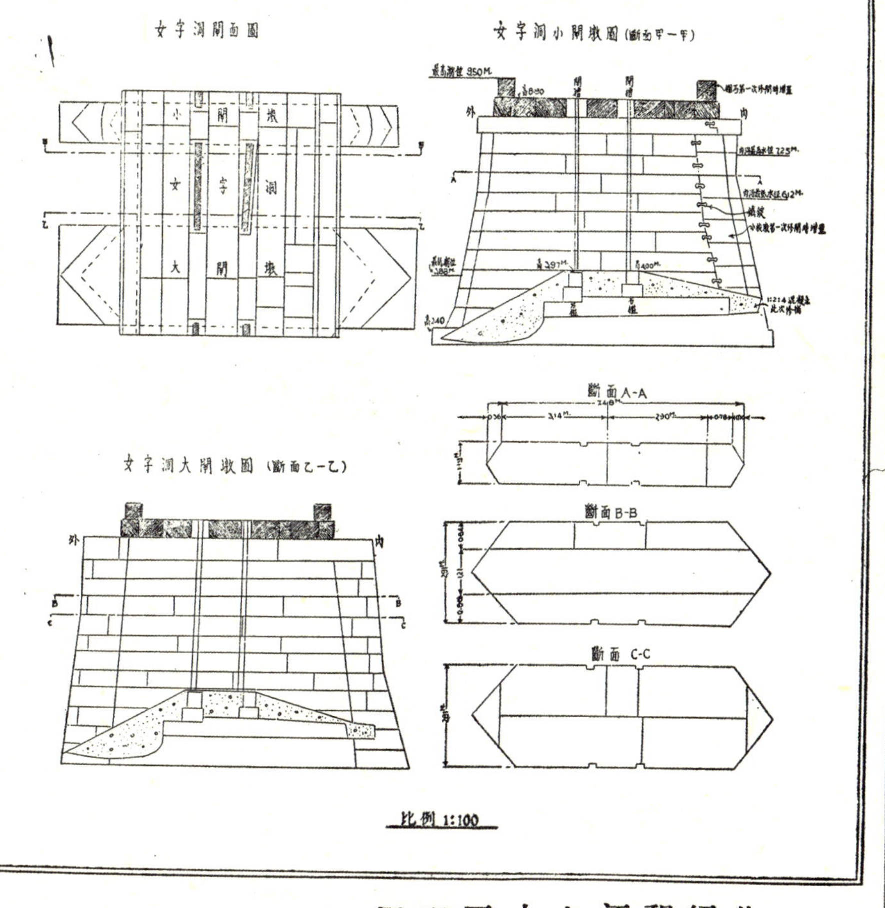

此圖屬於修築紹興三江閘工程報告三、三江閘從前脩理之略述〔見四十八頁〕五、三江閘此次修理之經過〔頁同上〕

內外壩與抽水機地位圖

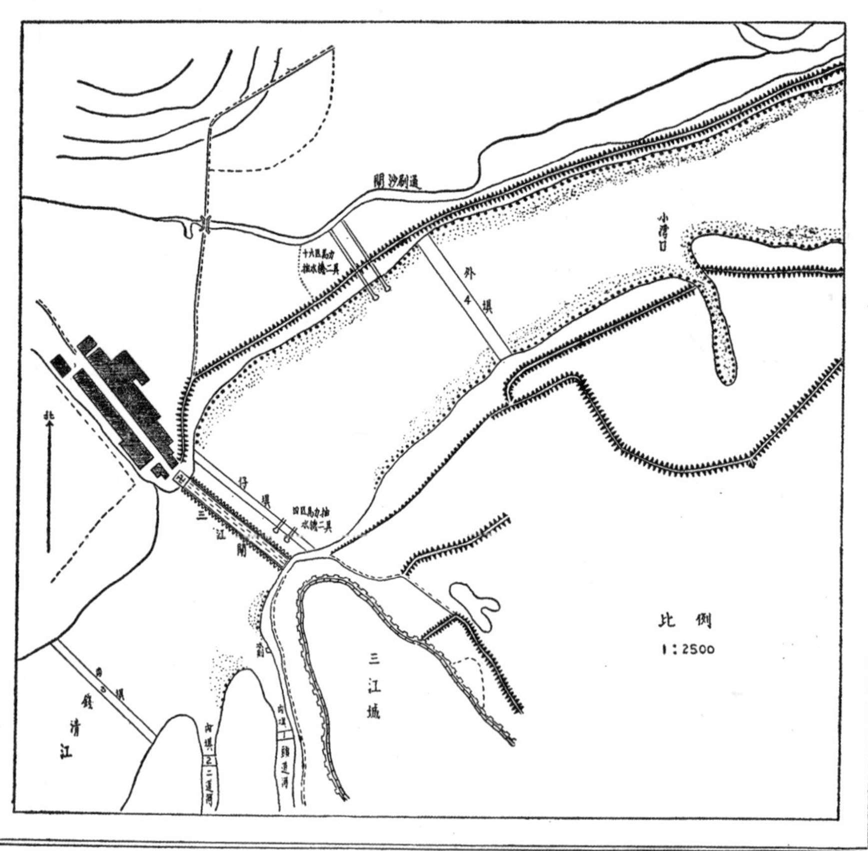

此圖屬於修築紹興三江閘工程報告五、三江閘此次修理之經過〔見四十九頁〕

灌機汽壓機水缸濾汽機佈置圖

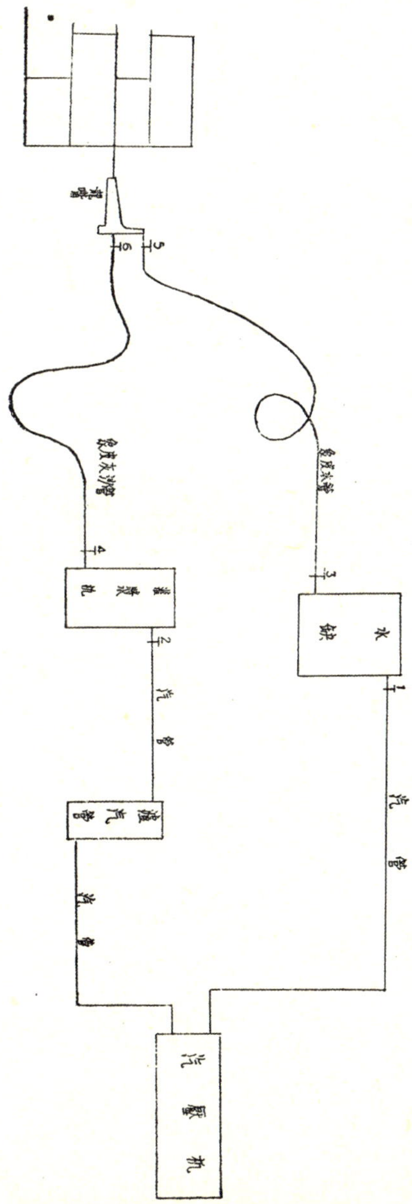

此圖屬於修築紹興三江閘工程報告五、三江閘此次修理之經過（見四十九頁）

三江閘閘底擴鋪工程圖

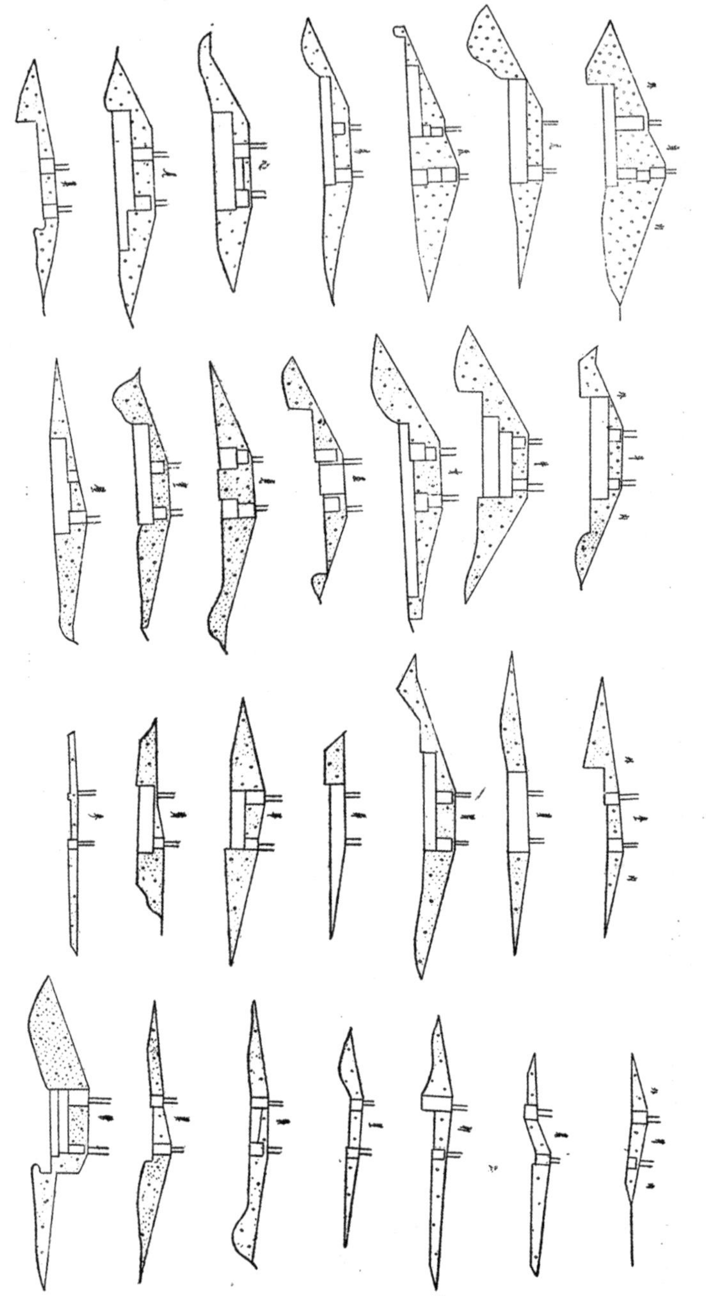

此圖屬於修築紹興三江閘工程報告五、三江閘此次修理之經過〔見四十九頁〕

紹興縣志資料　第一輯　塘閘彙記　圖

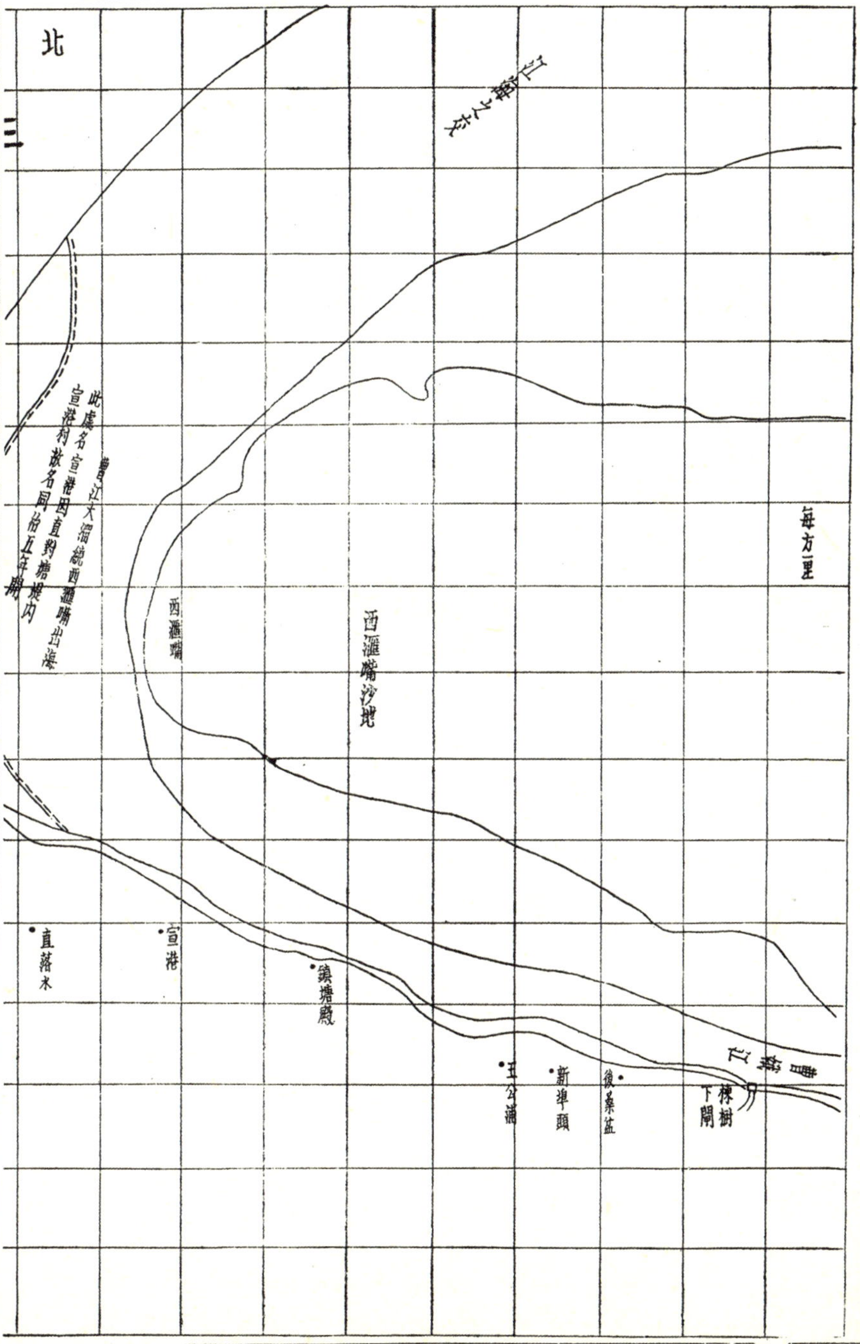

北

江海之交

曹江大溜繞西滙嘴出海

此處名宣港因直對塘堤內宣港衕故名同治五年開

西滙嘴

西滙嘴沙地

每方一里

直落水

宣港

鎮塘殿

五公浦

新埠頭

後桑盆

楝樹下閘

曹娥江

一百六

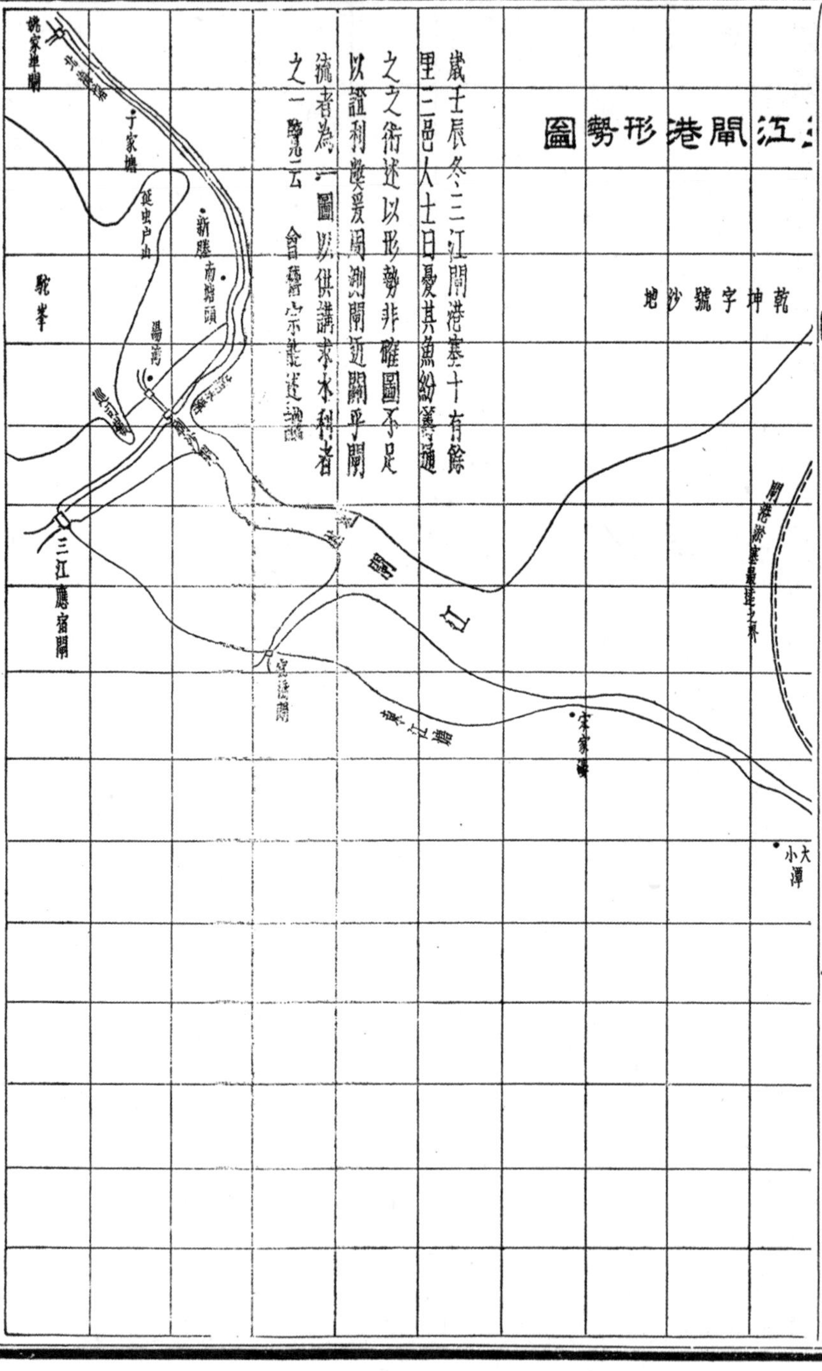

江閘港形勢圖

歲壬辰冬三江閘港塞十有餘里三邑人士日憂其魚紛籌通之之術述以形勢非確圖不足以證利弊爰周測閘近關乎閘流者為一圖以供講求水利者之一覽云　會稽宗能述識

乾坤字號沙地

閘港淤塞最遠之界

大小潭

宋家漊

宮港閘

三江應宿閘

湯灣

南塘頭

新塘

駝峯

于家埠

此圖屬於宗能述三江閘私議附圖〔見六十頁〕

紹興縣志資料

第一輯　人物列傳第一編

李生翁題

中華民國二十八年三月

紹興縣修志委員會刊

紹興縣志人物列傳資料例言

人物列傳資料以自晉代迄清乾嘉爲第一編乾嘉以後迄現代爲第二編第一編所錄以舊志未採及者爲主間有舊志雖已載而與今所蒐集者互有詳略則亦重錄之第二編所錄除間有已見於道光會稽志稿者外餘皆嘉道修志以後之人物也

本編以蒐集材料爲主備爲他時修志之底本故雖家傳誌狀亦均就原文錄入不盡與志傳之體例相合其原文中與志傳之材料不甚相關者則亦略加刪節仍注明原書出處以期便於覆按也

本編所錄各稿略以時代之先後爲次序以其事蹟之著於某時代者爲準不盡以生卒之年月拘故若易代之際甘抱首山之節者其艱貞所歷實在新朝亦不必强入之於前代也

邑志人物傳本應詳其里居不必再載邑名惟里居除有家譜者外多無從訪問而本邑爲山會合併之縣今里居既不可盡知故仍存其山陰會稽之稱

一時代之文字自有一時代之體裁今昔異宜稱謂尤甚例如清室入關之後太平立國之時孰爲帝王孰爲寇盜昔時雖有定稱今日豈宜沿襲本編所集資料凡現時另行撰述者其稱謂自悉依今之所宜惟若直錄昔人之文者實不便任意改易致失其眞茲均暫仍其舊他時另爲作傳時自可改定也

太平軍之役本邑人之死難者頗衆其有事蹟可稽者已爲列入本編亦有名姓可考而事蹟未詳者當別列一表另爲刊行

本邑人之仕宦或流寓於他省縣而有事蹟足傳者本會初意擬就全國各省縣志書所載名宦流寓各傳分別摘錄以實志料因在他省者爲名宦爲寓賢在本邑卽屬鄉賢也惜所錄未能完全其已錄者亦間或泛語多而事實少茲仍備載其文以垂其名姓惟覽者察焉

本編既不拘於志傳之體例一以蒐集材料爲主是以繁簡不一冗蔓之病本無可辭原期仿長編之例以待後之芟擇但見聞不周浹仍不克廣收博采漏略滋多祇能付之蓋闕以俟補訪而已

第一編目錄

謝顯 任濤 龔球 朱叔綸 王瓏 王佐 董錫

魯楨 婁性 婁志德 吳便 李萱 言震 祝玠

沈欽 蔡宗兗 虞俊 孟陽 魯熜 朱秩 薛笛

朱篪 朱篚 朱簦 季木 沈藎 龔芝 陸廷志

婁謙 張元恕 張元藩 何鎬 何景昂 凌世華 劉櫝

劉爔 胡朝臣 王元春 徐夢熊 李應元 陶師文 章大絅

周浩 王琥 商廷試 謝廷訓 陶廷奎 董元卿 童端

胡方義 錢梗 鍾銳 馮貴 何昌楙 胡鳳喈子繼先 李世美

陶幼學 陶允宜 商爲正 商爲賢 張博 劉塙 羅萬化

朱以亮 鄭斗南 趙楫 黃猷吉 李蒙吉 朱瑞鳳子師賓 沈襄

陸弘祖 余相 傅行忠 李鼎 孫學志 陳淙 茹文昌

孟鳳來 任希孟 朱璘 祁汝東 祁承㸁 宋應昌 馮仲纓

王啓予 王照 陳美 周山 虞夔 吳倖 王三省

沈⿰火奇 黃齊賢 陳銘 陶世殷 王伯金 金冠子士騏 沈應禮

孫時芳　周懋宗　趙時和　何偉　顧奇勳　朱兆文　朱兆寧
朱兆宜　朱兆殷　陳介　祁駿佳以上明　祁理孫　祁班孫　祁鴻孫
祁苞孫　朱士稚　楊越　張杉　陶滔　姜天植　呂漢嵩
葉振　余增遠　劉汋　魯㯄　俞公穀　俞忠孫　黃逵
王望臣　童鈺　何能仁　何法仁　何國仁　倪會鼎　徐鼎
胡宇令　黃寧方　陶復　陶元勳　童欽皋　孟繼儒　張其燮
徐經　任桂巖　趙嘉燦　陳惟章　陶梓　許弘　謝𤝞
王國賓　盧必陞　章開弟闓　陶明　陶然　陶守爵　張麒
錢鳳覽　朱懋文　吳邦臣　王三元　莊應麒　鮑鼎　王友虞
徐之燧　章正儀　秦一鴻　邵鯤　王業鞏　周茂覺　戴光升
吳希賢　陳炳新　胡天爵　趙國琳　許榮昌　沈啓隆　王名世
陳之奇　陳啓麟　胡懋修　吳琮　陶才　徐鋌　張際龍
周魁　俞懋　任鼎　張世漬　張文欽　傅儀　王文明
劉世科　魯超　淩元鼎　高自輝　姚夔　趙璲　趙之柱孫國治國安

陳 驥 沈五桌 杜如錩 陳汝咸 田軒來 張 鈇 沈 澄
聞在上 史 彩 金 磵 趙完璧 莫舜鼐 陳士銓 余 鑲
章曾印 王道隆 李 瀛 沈朝楷 沈丘杲 劉時謙 章祖烈
陳士元 淩 藿 平鄗鼎 沈 淵 田鳴玉 婁一均 潘開基
任中宜 馬 襄 章培基 徐肇顯 童華祖 史全義 劉 肅
章履成 姜兆熊 章兆曾 李登瀛 胡士弘 言 然 陶必達
王嘉謨 傅王雯 金虞廷 張在中 陳 瑋 葉世芳 胡賡昌
王 杜 茅子贄 李振中 謝起龍 章 琇 章士熊 何經文
黃 琥 向 璿 黃艮輔 程登泰 張邦曜 秦世鼎 嚴孝子
濮嗣傑子懷仁 范卜年 金 啓 周 鉞 章 諺 平 遇 陶德燾
趙 坦 沈道遠 劉光然 朱閑聖 趙楙本 童邦彥 陳士俊
陳思友 繆文榮 徐 錦 沈 洪 潘 璜 祁安期 唐秉彝
金文宗 胡仁濟 周道灃 胡學澄 陳至言 馬綸華 童 華
魯遐齡 童國松 徐弘仁 劉文煊 陳榮杰 鍾 輝 孫 鎬

司馬慜　章壽彭　陳墉　李珪　陳仕林　章玉輅　邵如椿姪曾燮

史謙子善載　壽同春　田家賓　陳方理　朱存仁　吳坦安　陳澧

葉文麟子槐　徐大綸　陳秋水　王撫棠　朱慧昌　陳汝器　茹棻

徐聯奎　杜陶　徐南鵬　王績　唐廷楷　趙鏵　胡龍光

李承鴻　李源　阮景雲　胡紀謨

紹興縣志資料第一輯

人物列傳

晉

孔廞字季舒山陰人元興中爲吳興太守時王談有義行元興三年舉爲孝廉時稱其得人〔見王談傳〕遷廷尉歷光祿大夫卒　按廞晉書附孔愉傳宋書作孔殿山陰志附孔羣傳此據湖州府志

唐

孔昌寓字廣成山陰人貞觀中爲魏州司馬有治狀帝爲不置刺史爲政三年璽書褒美〔畿輔通志〕

葉儉字靜能會稽人遍游天下名山勝地至松陽登夘山大喜遂卜居焉其孫法善以道術鳴世封越國公〔處州府志〕

賀懲會稽人集賢學士知章之後會昌四年以著作郎任江西永新令有惠政秩滿當去邑民遮留之因家焉〔永新志〕

包全字子周會稽人貞元乙丑進士官福州長溪令自會稽入永嘉遂居焉裔孫效太初湉皆以科甲顯〔溫州府志〕

施惠會稽人生有異表年十四代父從軍有功授武勇尉大中閒南詔將段酋遷犯益州惠從馬遴埽清蜀患斬酋長十數平越嶲劍川又靖臨安功第一主將攘之趣惠追窮寇道中煙瘴不能自持監軍李維周入讒

言謂其逗留督令深入不容返乃冒病獨追賊戰於江口身被重刃猶奮臂斬其驍酋創疾并發知不免觸石而死蠻人祀之呼爲石將軍今和曲州廟是也〔續雲南通志稿〕

吳翥字鳳翔父舜咨令山陰遂居山陰靈芝鄉利樂邨翥志行純默鄉黨鮮知年四十遊太學里有黄霸忤其母母詣翥鳴霸不孝翥至其家爲陳人倫孝行譬以禍福之言霸感悟卒爲孝子令尹陳顥聞之問於學正曰翥何如人也對曰隱不違親貞不絶俗天子不得臣諸侯不得友吾不知其他於是薦之觀察使杜琮召以署吏事不行琮以行聞於朝屢徵又不就時論翕然高其節晚年愛諸暨開化鄉谿山之勝遂居大田里歿葬千歲山中和閒贈謚文簡仲子蓋從父至諸暨因卜宅焉〔諸暨縣志〕

吳瑞字肅明先世山陰人深明將略與士卒同甘苦以善戰聞於浙西唐昭宗天祐元年授鎮海東節度使梁開平初趨溫州討盧約有功二年晉階都録歿葬麗水西陽鄉貴溪子孫因家焉〔雲和縣志〕

宋

皮子良〔録尹洙撰墓誌〕公諱子良字漢公其先襄陽人曾祖日休避廣明之難徙籍會稽及錢氏王其地遂依之官太常博士贈禮部尚書祖光業佐吳越國爲其丞相父粲元帥府判官歸朝歷鴻臚少卿公幼能屬辭淳化中以家集上獻初尚書以文章取重於咸通乾符世降及丞相鴻臚皆以文雄江東三世俱有編集總百餘卷至是悉以奏御得召試對便坐賜出身歷汾州介休并州榆次二縣主簿時靈夏用師仍歲饋輓公常督其行不以嚴期暴民事亦以濟遷饒州録事參軍無爲軍巢縣令用知己薦授大理寺丞監鄂州

酒稅大中祥符七年正月二十五日以疾終於任年五十三公爲吏尙寬平不煩條教所至民宜其治去必見思世爲吳越顯族樂散施晚年窮匱仰俸入裁自充然均給踈屬終不少懈知者嘉其孝友夫人管氏賢明有法度二男長鏑早亡次仲容今爲太常博士三女適曹經宿拱之張奎皆士人二孫公理公高並幼上籍田歲公以子五品得以某官告其第夫人封泰安縣太君明年太君以疾終寶元二年十月二十七日太博奉公之喪葬河南永安縣某鄉某里泰安縣君祔焉〔尹河南文集〕 案李慈銘荀學齋日記丁集下閱尹河南集〔中略〕其卷十五大理寺丞皮子良墓誌銘云〔略〕四庫全書提要已據此及放翁老學菴筆記證新唐書言日休降黃巢被害所說全異趙雲松陔餘叢考亦辨之此又言日休移籍會稽子孫世居越至子良卒後始葬河南則光業以下已爲會稽人吾鄉郡縣志宜以日休入流寓光業入人物而自來無及之者蓋是集世固罕得見也〔按皮日休字襲美襄陽人舉進士與孟浩然隱鹿門山又與陸龜蒙爲友有松雪倡和詩集子光業字文通十歲能屬文美容儀善談論撰皮氏見聞錄十三卷子文粲亦能詩文官至鴻臚少卿〕

關景暉會稽人元祐間以左朝請郎知栝郡河道多灘滙能覆舟景暉命疏鑿以利往來復濬碧湖堰渠資田禾灌溉有文紀其事〔處州府志〕

丁銳會稽人熙寧中爲秀州司戶在官著仁政活民書二卷行世〔嘉興府志〕

虞賓字舜臣山陰人以宣德郎知長洲縣縣有富室大姓數負强亂法黠吏橫索亡度率並公侵漁佃民二千

石無敢成其罪賓張設耳目盡得姦利鉏治之一縣屏息歲大飢民無蓋藏部使者猶急宿負檄下曰必辦賓閣束文書不問使者怒賓進說云云使者愕立謝會邑民遮道願留虞君三年卽表民言薦之崇寧初累遷比部員外郎〔蘇州府志〕

李吉〔錄楊時撰行狀〕紹興壬子予致政歸一日節度李公天吉子守隆踵予第持帛拜庭下泣而言曰先君生時幸接夫子顏色今沒矣敢請狀其行予昔尹蕭山去公地甚邇頗知公詳謹爲之狀按公姓李諱吉字天吉越山陰人其先爲唐讓帝裔汝陽王璡之曾孫也諱庶避亂來越遂家焉公性聰穎氣宇剛銳明經博學善騎射神宗熙寧元年入郡庠元豐四年舉制科時年二十九特恩授文林郎銓太常博士癸亥判婺州軍哲宗元祐四年己巳判寧國府癸酉陞奉訓大夫知揚州紹聖四年丁丑閏月朝廷以樞密曾公布薦爲院判官崇寧壬午與曾俱罷十二月沅猺入寇舉公典兵疾不赴靖康之變中原震駭朝廷求才略老成者爲東南鎭守公以宰臣薦召授東南第三將加節度使駐劄嚴州公治兵設伏金人不敢入其境嚴之民安堵如故紹興初帝在越州召公典禁兵授中奉大夫權兵部侍郎會公嬰疾遂終皇祐癸巳二月十六其生之日也紹興壬子正月十二其卒之日也娶同邑尚書胡公女封碩人先公六年卒合葬於邑之天樂鄉卸隝山原子二長守隆次守德皆克紹厥緒嗚呼公之知勇過人志將滅金虜返乘輿奉帝還都大雪國家之恥惜乎事由天造人豈能爲哉顧予荒耄不足以發公潛德於萬一因其子跋踄以請姑述其顚末如此紹興五年歲次乙夘三月望日龍圖閣直學士前工部侍郞兼侍讀致仕楊時撰〔天樂李氏譜〕

俞梁〔錄陳康伯撰墓誌〕公諱梁字翼宸號雲菴會稽人也公幼穎敏好學不羣事親能孝公父道隆公乙丑進士累遷利州路轉運副使而歿於官署公方十七惟母氏在堂四壁煢煢母舅王德超公賫貲得扶匶歸止越城蕺山之南題扇橋之北卽德翁家而寓焉太夫人冰心操節力勤孤苦惟女工績紡以供家貲令子專志於學及登元符進士非太夫人教育之方焉能若是歟公授崇文殿校書風裁峻整以激揚爲己任尋遷起居郎或勸公植產業以崇家貲公曰窮視其不爲今吾志果在資產哉惟吾母得菽水之歡而已踰年宣和壬寅遷御史中丞持法守令條章不肯與時俛仰而當道者嫌公缺於變通惟种師道獨言公沉毅有謀能全君臣之義乙巳尋改殿中侍御史三月適丁太夫人憂公斬然倚廬者三年服闋之日士友爲公撤廬公哀念愈切其孝心懇篤如此衆皆擬公起復喟然歎曰仕途果可家乎夫人寧能盡百齡哉卽百齡吾已六十餘顛毛種種而終日疲精簿書案牘間以博虛名是爲人者重而自視何輕也遂不仕日以孝行聞紹興己未上聞詔徵同知太常禮院公以老病辭高宗嘉之賜以寶文閣直學士知渭司二州致仕於是逍遙獨步日登蕺山之上游衍不輟人皆名爲愛蕺翁配夫人朱氏贈渭司縣君生三子曰亨衢亨宗亨道皆登科奕世公享壽八十有二紹興戊辰五月四日歿兆溫瀆鄉賜謚允誠父道隆公贈御史大夫母王氏贈懿夫人孫晟坦昂同肅贄持狀來請余辱通家姻好知公之大致如此竊惟公眞古之君子也是爲銘〔銘略〕東寶俞氏家譜

凌景夏字季文餘杭人宋紹興二年對策第二授紹興府判官擢秘書省正字遷著作佐郎與胡珵朱松張廣

常明范如圭等六人共奏封事言和議非便秦檜憾之斥知外郡及閒居凡十餘年愛會稽山水因家於鹿池山檜死除起居舍人未幾直龍圖閣知鼎州奏免程昌禹所增蔡州官兵衣糧六萬四千餘緡詔減四分之一除吏部侍郎奏論吏部七司有法有例法可按籍而視例則於散於案牘之中匿於吏胥之手官有去來不能遽知臣愚以爲吏部七司宜置例册凡經取旨或堂白者每一事已命郎官晝時擬定長貳書之於册以爲例每半年上於尚書用印給下如此則前後予決悉在有司之目猾吏無所措巧銓綜漸以平允詔吏部措置申省〔鹿池山凌氏譜引浙江通志〕

陸宧字居安自山陰徙居餘姚好樂律考關雎鹿鳴諸詩抑揚皆合音律時時歌之中正簡古聞者興起欲上書請用之鄉飲酒會疾病不果所居瀕江〔案嘉靖志云治西一里許〕一室蕭然數十年閒几席書册琴樽之屬皆未嘗易好飲酒然不肯自釀或餽以家所釀亦辭不取曰法不可也其謹如此子洣登進士第爲鹽官尉迎養官舍期年洣卒宧護喪歸亦能自釋卒年七十〔餘姚縣志引渭南文集　案紹興三年餘姚刻資治通鑑校勘姓氏有進士陸宧是宧亦進士時已徙姚矣〕

虞沇會稽人紹興二年知廣東瓊州以瓊隔海洋民瘼鮮得上達吏無顧忌民苦侵漁此歷代積弊乃上請不禁越訴仍乞敕監司按治重行責罰數年之間積弊頓除民得安生祀名宦〔瓊山縣志〕

陸靜之山陰人紹興二十二年以父任補將仕郎調天台主簿不赴徙知寧海縣部使者挾私憾中以法鍛鍊累月無所得然猶坐微文衝替在寧海有嫗訴子不孝二十餘條靜之遽呼嫗問之憒不能置一詞逮聞爲

書者則嫗之女壻實爲之案驗辭服一邑驚以爲神〔渭南文集陸公墓誌銘〕

陳恕會稽人淳熙十六年令鹽官重修學宮建鼓樓募民浚二十五里塘在任多善政〔杭州府志〕

韓冠卿字貫道忠獻公之後也知饒州建炎南渡忠獻之裔散之四方而東來者則文定公忠彥子治之後治知和州其子爲兩浙提刑膺胄次直祕閣膺胄始居越先生爲提刑之孫受業清江劉子澄之門清江之學於晦翁南軒東萊如水乳其教先生也以一實字蓋郎司馬溫公敎元城以誠字之說子曰㷒字仲和知滁州能傳其學祕閣之孫曰埜卿其子曰境字仲容史館祕閣亦能傳清江之學與滁州稱二仲而饒州弟宜卿山陰志有傳有子曰度〔錄黃宗羲宋元學案　案全謝山於莊節傳云戴山父子皆師劉子澄而友楊敬仲知饒州之弟亦靜春弟子〕

邢世材字邦用其先自青州徙汴紹興閒始家會稽先生既舉進士得官盡棄故學偏從長者遊深思力索有所未達憤悱見於辭色退則汲汲求踐其所聞于東萊有連從之講學非一日出爲南康軍司戶參軍遷從政郎金華縣丞未上卒于家年三十七〔參東萊遺集黃宗羲宋元學案〕

諸葛千能字誠之會稽人淳熙進士以乾道八年見陸子遂學業焉先生嘗以書貽朱子論曹立之墓表事欲解兩家之爭先生有兄字受之佚其名亦師陸子同邑胡達材亦以乾道八年侍陸子稱其資質甚美天常亦厚及其問學以爲若有神明在上在左右則陸子非之　〔黃氏宗羲曰諸葛誠之問學於朱陸二家相難誠之以學徒競辯爲非言之于晦翁亦悵然其言也象山言誠之嗜學甚篤又有筋力朋友閒尤所賴者

一〔黄宗羲宗元學案　案全謝山爲俞默翁傳云山陰胡達材兄弟亦師象山而諸葛誠之往來諸儒之間乂奉臨川帖子二明言諸葛誠之非陸子之徒〕

王度字君玉會稽人學於葉水心以太學上舍入對問同舍時事所宜言則皆搖首曰草茅諸生何預時事乎曰不然罷賢良策進士當世要務無不畢陳自熙寧行之矣且更待何日於是暢所欲言而竟以此失上第教授舒州戶外之屨恒滿侍從薦之用爲太社令遷太學博士將召對益欲發舒以疾卒〔黄宗羲宋元學案〕

趙彥眞〔節録陸游撰墓誌〕公諱彥眞一名彥能以淳熙新制改今名冑出宣祖昭武皇帝之後曾大父諱叔澹贈武康軍節度使洋川郡公大父諱賁之武經大夫浙東路兵馬鈐轄贈右朝請大夫考諱公懋左朝請大夫知臨江軍贈太中大夫公少純篤從故侍御史王公十朋學王公嘗得中書舍人張公孝祥書不欺室榜持以遺公所以期公者甚遠公益自奮雖舉進士蓋不止爲科舉而已然同時爲進士亦皆推之遂中其科調撫州録事參軍以太中公喪解官歸除喪起爲信州弋陽縣丞終更調建寧府觀察推官薦者如格改宣教郎知寧國府宣城縣未赴以内艱罷除喪知平江府吳縣通判袁州知興化軍朝廷知公者寖多謂且用矣而得疾未及赴遽至大故公之將赴撫州録事參軍太中公戒之曰汝任治獄人死生所繫也可不勉乎公再拜受教既就職束吏甚嚴視囚之寒暑飢渴慘然不啻在已囚以故皆輸其情曰不忍棄吾父也會部使者以事付獄有寃狀而使者方怒風指甚厲人皆謂乖其意且得譴吏猶惶恐卽欲捶掠成之公叱

吏去具列其寃使者爲屈因欲薦公公亦終不就也太中聞之太息曰吾有子矣及在建寧幕南劍州將樂沙縣諸寨軍食不時給羣卒空壘來訴於轉運司趙公公碩謝公師稷爲使乃檄公行公馳至沙縣與其令調財得三千緡明日召卒於庭閱籍自下給之軍吏及卒長皆不得一搖手衆乃大服比至將樂給之如沙縣亦皆大服於是議者謂公所試者小然猶能表表如此他日功名事業詎可測哉郡守鄭公伯熊知公最深有疾不以郡事屬其貳而言於使者請檄公攝守疾革獨延公至臥内屬以草乞致仕奏其知之如此高宗皇帝永思陵攢宮事興公適爲吳縣轉運司調取洞庭青石期會迫不可遽辦公即日涉湖至其地召石工泣諭之曰先皇帝櫛風沐雨惡衣菲食爲天下攘强虜除大盜輕賦薄役汝曹數十年安居樂業亦知所自乎今官取此石欲何用而汝曹尚可顧望不竭力哉於是民趣役不待督責先期告畢使者欲上其勞於朝公力辭曰此臣子職也袁州積彫弊公佐其守窮利病根源一切罷行之郡爲一振民困於坊場官弊於護運皆久不能革公奮曰小民知目前之利不知後日之害一陷於坊場則富者貧者大抵非死徒不得免乃取尤者白守請於戶部蠲除之挺繫收檄一旦幾空郡人讙呼以爲昔所未有護運異時多以所遣官非其人故多蠹害公一切精擇才吏其以權貴請託來者皆力拒絕之抵公去所發漕運四十萬緡不費一錢造朝得知興化軍未及到郡而卒享年五十有四公篤學工文辭有集五卷易集解五卷他所著未成編者尚多初太中通判饒州有江州統軍官王益者坐事下吏吏江州鄂州鞫治獄成而家以寃聞由是復命太中鞫之得寃狀明白益賴以不死而太中以决疑獄進秩除郡未幾捐館舍益之家人懷太中之德無已乃

厚載金帛以助葬爲請公固辭不受曰非吾先人之志也益家人泣而去蓋公之清德類此然常畏人知故予亦不得而悉書也〔下略〕〔渭南文集　按墓在五雲鄉湯家畈〕

姚者寅會稽人慶元間知建陽縣以聖賢之學興士捐金購六經子史諸書以充學宮而世儒所誦科舉之業不與聞邑人稱前令蕭之敏賢者寅嘆曰向往久矣吾洵忝居後塵也遂肖之敏像合祀於三賢祠牓曰四賢朱子爲之記〔建陽縣志〕

王夢龍山陰人進士宋嘉定二年任龍游知縣漸民以仁撫民以寬博施濟衆咸究厥心縠江浮橋宣和間夏氏所創築者也原有田二百畝供修繕之費久爲主其事者所侵橋幾敗矣夢龍至糾奸剔蠹策墜圖乇揭榜示以嚴其令給朱記以一其權更募捐以益之纂成一籍藏諸橋莊於是浮橋復興民稱便焉〔龍游縣志〕

余炳紹興人〔縣籍未詳〕紹定間任福建建寧縣尉時汀寇壓境令佐皆遁炳獨率士卒首挫賊鋒以待王師後以功陞泰寧知縣〔建寧縣志〕

周申紹興人〔縣籍未詳〕宋紹定間任南詔西尉建丹詔書院鑿七星井以象斗杓文運始開見福建詔安縣志〔註〕宋漳浦縣置尉一員至紹定間太守方琮以南詔去縣遠請置尉後周申居是官請于郡守李勳置廨舍給印章並置鄉校與縣分爲東西其在南詔者是西尉

高文諒字思魯號越山山陰前梅人越中山會蕭三邑地瀕海水易洩溢民處處築閘爲旱潦計西江一帶由

梅村而南至浦西九溪諸鄉無閘備蓄泄宋理宗景定間歲大旱河水涸甚文諒陳於官謀建閘於九溪堰處官不納文諒乃傾己貲運木甃石工頗鉅閱九月閘成以時啓閉瀦洩有制民利賴之〔山陰高氏譜〕

王墀山陰人慶元間任鹽官買納鹽監其所轄上管下管蜀山及巖門凡八場歲額以石計者十三萬九千有奇於臨安四場中爲最鉅墀治繁劇游刃有餘嘗彙本監前事之人自爲題名記勒之石〔海寧縣志〕

王僎紹興人〔縣籍未詳〕嘉泰二年以奉議郎知江西萬載縣事一切痺陋改撤增新發豪民易谷梁之惡逮赴詔獄奸猾屏跡〔萬載志〕

黃準字端己會稽人寶慶二年知寧海縣事潔已究民隱每黎明達夜分甲是乙否語同家人所予奪一於理義弗仗威術刊縣尹題名碑吳子良爲之記〔寧海縣題名碑記　按赤城集載吳子良寧海縣尹題名記作王準康熙志同今據原碑作黃準〕

施退翁山陰人淳祐間知華亭縣以風化爲己任興學校建講堂創齋廬以教學者七月告成不擾民華文閣直學士王遂記其事〔松江府志參南畿志〕

黃元直字致君會稽人淳祐間知崇德縣修學校興農課尋訪故實平易近民庭無留訟囹圄久虛以最績聞〔石門劉志參吳志　按明一統志及柳趙志俱作夏元直崇德靳志作黃元直劉志分夏元直黃元直爲二人誤〕

劉功甫會稽人寶祐中爲江西萬安令有惠政後卽居于吉安之橫街〔吉安府志〕

曾埴紹興人〔縣籍未詳〕開慶己未爲江西瑞州錄事參軍以州命行各縣賑恤饑民值元兵至被擒主帥聞其名誘之以利不從且詈之遂死事聞贈秩官其一子〔瑞州府志〕

鍾明亮會稽舜帝廟下人景定四年投充呂文德部下守襄陽仕至威遠將軍後具揭暴揚賈似道罪惡謫戍循州元兵南下集衆與戰敗北後隱西川峨嵋山〔舜帝廟下鍾氏譜〕

陸復遜字伯謙會稽人嘉定七年進士官鴻臚卿宋末殉難厓山〔吼山陸氏譜〕

陸祺老字慶祥會稽人寶慶元年進士官兵部侍郎宋末殉難厓山〔同上〕

陸楠字良木會稽人紹定四年進士官朝散大夫祥興二年殉難厓山〔同上〕

陸榮祖字文肅會稽人宋季官禮部侍郎晚年家居聞宋亡痛憤不食而卒〔同上〕

全璧字君玉號遯初子山陰人〔董秉純全氏世譜〕遯初子太師申王大中之從子和王昭孫之兄太尉允堅之世父宋亡後僑寓孤山結社以老結埼亭集云璧字君復〔董秉純作君玉〕太尉永堅之從父也宋時曾官秘閣晚年遷居於杭之城東所稱孤山社遯初子者也世亦稱爲城東處士與王脩竹爲同志

謝緒會稽人秉性剛毅以天下自任咸淳辛未兩浙大饑盡散家財賑給之知宋祚將移搆望雲亭於金龍山祖隴隱居不仕作望雲亭詩云東山渺渺白雲低丹鳳何時下紫泥翹首夕陽連舊苑漫看黄菊滿新谿鶴閑庭砌人稀迹苔護松陰山徑迷野老更疑天路近蒼生猶自望雲霓未幾國亡緒北向涕泣再拜曰生不報效朝廷安忍苟活即草一詩云立志平夷尚未酬莫言心事付東流淪胥天下誰能救一死千年恨莫休

湘水不沉忠義氣淮肥自愧破秦謀苕溪北去通燕塞留此丹心滅虜酋吟畢赴水死〔府志及道光會稽志稿有傳此錄國粹學報〕

莫栻字敬生會稽人宋季任均州儒學景炎二年元兵陷潭州師壓均境栻度不能守從容謂妻劉曰我家世受國恩義當一死但恐我死後汝不知播遷何所劉曰君能死忠妾獨不能死節乎願隨君九原擇乾淨土居之奚用生爲栻笑曰慮不能耳隨援筆題署壁曰君恩不可忘一死猶難報思作儉生人何以全忠孝遂同縊死長子麒亦死城破事聞巨酋酋以均城無死難者栻以微員不順命而抗節大怒令暴其屍提查原籍務盡殺其氏而後已時次子雄聞變匿門生家比得間潛買棺殮雖經日久顏色如生〔松林莫氏譜〕

徐孟嵐字虛谷會稽人宋亡棄諸生服徙家跳山手批南華楞嚴諸經雖貧困晏如也有司舉隱逸具禮幣徵之謝曰吾既無用於世愧無地矣新王建極安用此老朽爲辭不受生日無以舉爨妻李氏采黃精一筐祝曰此物得中原正氣可佐隱士觴聞者高之一子名遯〔苞山徐氏譜〕

元

韓翼甫號恂齋會稽人官朝奉郎大理寺主簿有元取宋士人之在班行者多攜故所受告敕入換新命先生獨挈家絕江而東杜門不交人事其學出於輔氏用功本諸四書四書通然後求之六經不貴文詞不急祿仕眞知力踐求無媿古之聖賢秦漢而下漠如也門人陳普曰聆韓先生夜旦誦四書如奏九韶令人不知肉味子忱性〔黃宗義宋元學案〕

韓杭字義行〔案全謝山原底作義行先生韓亢又云學者私謚爲義行先生今檢史刻鮚埼亭集蕺山相韓舊塾記云莊節與其兄杭字義行並有名莊節名性其兄必名杭不名亢義行其字也並非私謚故節而易之又案是傳先生從弟莊節而舊塾記云莊節兄杭亦異〕會稽人忠獻之後左司員外郎膺胄之元孫宋宰相家之講學者范文正公後相繼三世六人呂正獻公後相繼七世十有八人張魏公後相繼三世五人趙忠定公後相繼四世六人稱最盛執政家則范蜀公後相繼六世八人而忠獻公之裔五世後自貫道先生始學於清江劉子澄諸子若孫繼之亦五世先生其孫行也博極羣書研精性理之學貫道之得於劉氏者以實字爲宗蓋亦涑水不妄語之緒先生克昌其學宋亡韓氏失祿仕先生與其從弟莊節先生性自相師友先後師表當世五百年來文獻失落貫道先生志銘出於慈湖今亦不存其僅得見於世者莊節一人而已先生子耘之孫謂亦皆以學行稱〔節錄黃宗羲宋元學案〕

韓度字百洪隱居講學旁參慈湖之説風節尤高世以蕺山先生稱之〔黄宗羲宋元學案〕

方明安字泳道會稽人元統間由金鑾侍直出宰松陽端莊儒雅舉動以禮寛猛兼濟每朔望課諸生延賓佐雅歌彈琴有舍利取義之心民懷其德爲立去思碑〔松陽志〕

王文英名彥聲以字行山陰人有學術初以御史慶童薦爲金華月泉書院山長後改稽山書院一時名宿皆出其門尋授紹興訓導入明以清閒官不爲世用逮問放築都城死於役子叔强裹尸歸檢衣帶中有望斷故山魂已去門人不用楚詞招之句聞者痛之門人會葬稽山書院之左曰此先生分教地也嗣集其論著

葩經春秋正義行世〔見沈復燦越中詩系殘本〕

胡隆成山陰人高才善作值元亂偕楊鐵崖避居吳下題咏甚多嘗寓瀫川金志剛家〔續瀫水志〕

錢侃字可眞號雲梅山陰項里人元末禦寇被害〔採訪〕

李六四祖實父士諧元末以平寇功執政者奏准承襲太尉職又以禦海患拯江左生靈塑像列與十潮神立祀祠於黃灣廟左〔天樂李氏譜〕

危雨字士霖山陰人善樂府〔明史文苑趙撝謙傳〕元末寄居台州避地隱跡爲山水之遊見瓊淸江集有送士霖歸天台詩〔台州外書〕〔台州府志〕

明

孟性善字至道會稽獨樹人性磊落有大志明春秋尤諳孫吳兵法生于元順帝至元時無意仕進累徵不就放意琴書山水間自樂若將終身焉何九思爲女弟慧堅擇壻見性善深嘆異卽以其女弟妻之後九思貴一時寵眷無兩性善絕不通一字及罷歸姑蘇乃往訪之于家創宗祠歲時俎豆秩秩可觀不以貧富親疏異視焉疾長吏之貪大書官吏德政之及民者于祠壁爲警勸鄉黨子弟有好學者爲立社學教之不問遠近俱授之饌出溫公直率圖爲楷式外方遊客至則如歸久居不厭去必有贐親舊相過使童子摘花浸酒暢飲爲樂其氣類不侔者雖豪貴峻絕弗克與有隣嫗爲豪右所奪性善輒以己物償之至正末四方兵起性善欲舉兵爲應其婦止之曰若寐而舉三銃不驚者則可既寐舉三銃于床側驟醒乃已明帥狥地至諸

暨性善往從爲畫策元人聞而憚之明師薦之于朝朝命徵之辭不就卒于家所著有雅齋淵源諸集〔獨樹孟氏譜〕

黃仲煥山陰人元末隱居鑑湖因號湖深曠達有智略至正間天下兵起名流避地時丹邱柯敬仲永嘉李孝光丹陽韓明善相與徜徉湖濱觴詠自適而白野泰不花亦時就焉丹邱篆其廬曰鑑湖深處永嘉記之白野書之仲煥藉素封贍鄰里招延四方士論道講學無虚日至正辛丑方國珍張甚明年泰不花遷浙東宣慰使都元帥攻國珍相持浹歲不花沒於軍投其屍海中仲煥募善泅者求之時公府倶困仲煥自科田歲增粟四千石以紓民力今會稽增科田是也及明太祖攻東吳仲煥由海道輸粟餉軍拜都運萬戶府奉命監築南都尋改光祿等監直四夷館晉中書左丞歸隱鑑湖終焉葬賀尚枋仙蘿嶼〔軒亭黃氏譜〕

俞宗愷會稽人洪武元年任寧海教諭德行文章重於一時〔宏治志〕自號其所處室曰默庵方孝孺爲之記〔遜志齋集〕

胡舜咨字仲子會稽人嘗隨父官遊於慈以邑名三孝鄉又有倡道者楊文元公遂定居靈山之曲水莊舜咨學博才贍工於詩所與遊者金華戴良蛟川丁鶴年邑人〔慈谿〕烏斯道桂彥良率皆知名士洪武初與彥良並以賢良文學徵舜咨拜燕王傅一日王引蜂戲其冠舜咨奏聞太祖督教王拜謝王憚之尋除儀眞令以目疾辭王之國詔賜錢及衣巾歸里歸而教授弟子暇則課童僕治田園與賓友酌酒賦詩間挾二三子憩山石間盤桓終日或命一小艇出入煙霞中裕如也〔寧波府志參閱黃宗羲宋元學案〕

呂仲彬紹興人〔縣籍未詳〕洪武初知湖北鄖縣操守清廉修水堰溉田三千餘畝〔鄖縣志〕

馬文璧紹興人〔縣籍未詳〕洪武五年知江西撫州府學博才敏爲政知大體辨決無滯豈弟慈祥民深德之尤長於詩文時稱文章太守〔明一統志〕

許傑紹興人〔縣籍未詳〕洪武間知撫州府廉正明敏設施布置皆有法度扶善鋤惡發姦摘伏如神民畏而德之〔撫州府志〕

陳道生會稽人洪武中知湖南桂陽州爲政廉介不携妻子不通干謁〔湖南通志〕

金文舉會稽人洪武間以給事中左遷知雲南浪穹縣事清愼不苛民夷安之〔雲南大理府志〕

宋瑜字茂純會稽人父黼字舜章號東村瑜年十七入邑庠永樂改元東村作詩文以弔建文爲仇者首公差至孝子直以身任之解京受抽腸極刑於燕市臨刑有血書衣襟詩云志伸大義不辭艱去歲茲辰別膝前空憶曾參養曾皙實貽顏父泣顏淵抛殘骸骨酬明主剖瀝肝腸訴碧天燕市身淪忠孝盡魂歸故國化啼鵑東村題其主內函曰生能盡孝死能盡誠生死不易孝誠是名諸兄收骸不得奉衣冠葬秦步溪山頭〔宋家帖宋氏家譜　舊會稽志參看〕

馬文炯山陰人洪武間由鄉舉除興化教授永樂初知河南扶溝縣蒞政廉謹撫民寬和不尙刑罰專務德化民之姦惡者自勸流移者日歸盜賊屏息遠近稱之〔河南通志〕永樂十五年知江蘇崑山縣剛介有守不爲權貴少屈姦豪屛跡胥役畏之如神明未滿考而卒民悲思之如父母焉〔蘇州府志參道光崑新志〕

朱琛 〔錄朱兆殷撰家傳〕公諱琛字德方號存耕歷傳上蔡人其先小邾子之後失其國而爲朱氏至宋右僕射忠靖公勝非隨高宗南渡住蘇州僕射生六子誠厚端莊敬履俱以仕宦顯數傳至孝道公爲嘉議大夫封沛國郡侯孝道公生六子其三曰克信爲浙東廉訪使照磨值元亂避居山陰有子十人散處於白洋鄭家閘清潭錢清朱家塢鵲干朱儲馬鞍霞頭柯亭始白洋者爲榮一公榮一生海翁公因避亂故隱名號云海一公生四子長曰子方次曰義方三曰景方季卽公公幼而孤三兄俱早逝事母至孝居鄉恂恂若不足有侮公公輒下不之校天資英敏好讀書擊劍善騎射然性坦夷不自封殖席帽布袍弗修飾也茅茨土階避風雨而已隱居樂業不求聞達嗜山水嘗渡天台石梁橋無戰色遊洞庭彭蠡震澤徧歷江海遇風濤不介意賦詩飲酒浩如也返而曰天地之勝何者不可爲吾有而徒屑屑焉校里俗末業豈士君子爲乎益聚賓朋不事家人產里人徐姓負官租苦有司督責將鬻產以償公爲其母老卽出己帑完之於所居之東闢義塾以教鄉族子弟江以北士風鬱興焉每窮冬雨雪輒帶衣米出行遇飢寒者給之所活以萬計高皇帝命信國公湯和巡視沿海於白洋築巡檢司城於龜山下地係公產信國欲以他官產易之公曰普天之下莫非王土辭不受和義之因留接談待以賓禮與商機務殊大異益重之覽其所上書記詩賦輒驚曰是誠宋潛溪一流人安得令之久居草野上於朝朝命乘傳至京師公條陳數事俱當上意上欲官之公託疾辭歸厚賜之皆推以周鄰里未嘗入長吏之庭長吏恒就教焉有疑難輒投刺決之越中凡舉大事無不得公一言爲重娶陳氏王氏無子兄子辛幼而孤因撫以爲子聰慧有膂力教以詩書騎射遂盡其術焉納籧

室戚氏生子昺甫七歲會杭州布政司災律派逐里充戍時有同姓巨豪當行以重賂之官遂竄公名年老子幼辛以年壯慷慨請行後從文皇帝征戰有功封武略將軍仍布衣如故雖鄉飲酒未嘗不與焉其自視若歉然而德愈高望愈隆心愈小身愈下故卜者曰後世必大卒葬於白洋之嗣古原會風雨大作奔喪者暫停柩歸取笠具而邱壟已成不費人力天之報施善人也如此〔白洋朱氏譜〕

朱辛〔錄朱兆殷撰家傳〕公諱辛字本辛號毅齋幼失怙恃季父存耕公養以爲子有膂力兒時輒投石超距不喜學經術曰天下未平何事此爲長而善孫吳術喜擊劍騎射不事生產季父愛之不之校也洪武二十四年辛未浙江布政司災燒燬黃册坐居民不救罪議派逐里充戍時存耕公始居白洋里里舊有同姓者居河之北已數世矣富而狡有諸生四五人俱無行素欺公厚數侮公公不之校遂竄公名充四川神仙關軍義子朱晟朱英代往八月復傾公以公委避屬異姓子隨問懷遠衛軍公欲行辛曰懷遠邊地也外連虜每當秋高時來畜牧胡笳慘淡牧馬悲鳴霜寒草枯風塵蔽天嚴冬冰雪裂膚斷鬚眉父年老矣飽食煖衣尚且不足豈能對異類逐幽野以身試乎弟幼辛壯當往且素習武事血氣剛耐寒堅請季父曰方今四方事艱力無所試吾年老矣足委身沙漠豈忍累愛子暴霜雪棄邊鄙從事不可知之域乎辛見父不忍行俟父出攝父牒往至衛以禦虜功充小旗明年壬申從大將軍周興北擊胡至徹徹兒山大敗之獲其裨將以功陞把總本衛軍涖焉乙亥四月元故將犯塞從將軍宋晟疾戰梟其前鋒追至鎖兒口復大敗之所得輜重馬駝無數以功陞都司涖大寧衛大寧居遼東宣府之中在喜峯口外俯視北平之背燕王藩封在焉

所轄軍士華戎雜處故用都督同知劉貞陳亨都指揮使卜萬朱鑑公爲都司率官屬守之貞性懦無斷而亨懷二心陰與燕王通惟萬智勇一心建文元年己卯靖難兵起燕王乃設爲反間作書貽萬盛稱萬而極詆亨緘織牢密召一卒飲之酒且厚賚之而置書於衣領中俾歸與萬其同獲之卒竊窺之問守者曰彼何爲者守者曰遣歸通意故得厚賚卒跪告守者能爲我請得偕行賚悉以酬守者如言爲請得俱遣卒不得賚終不平至即發其事劉貞陳亨搜卒衣得書疑萬執下獄公力爲之辨不得遂出公守松亭關十月燕兵襲破大寧朱鑑戰死卜萬爲北兵所殺陳亨率官屬降公進退無援率所部趨大同姚廣孝聞之謂燕王曰此驍將也亟追之毋令歸敵遂悉驅精銳兼程及之諭之降公曰父母在南方降則忠孝兩失有死而已燕王遣親信數諭之曰我欲南誅亂臣以安社稷效周公輔成王耳無他焉公曰果如言無替秩卽惟命使者返曰如約不得已遂降爲騎將十一月庚午及曹國公李景隆兵戰於北平都督陳暉領哨馬渡白溝河公與薛祿等迎擊大敗之暉僅以身免燕王率大軍繼之連破其七營景隆敗走還德州庚辰四月景隆復大會師北進己未次白溝河武定侯郭英安陸侯吳傑合兵六十萬都督平安瞿能奮勇先登燕兵殺傷甚衆公率千戶華聚等力戰會旋風起景隆陣稍動燕王與高煦以勁騎繞出其後公膺其前斬瞿能於陣景隆軍遂潰自後屢膺戰功燕王卽位晉前府都督同知永樂二十二年甲辰從文皇帝親征漠北阿魯台以十萬騎逼乘輿率大小親王血戰自辰至未殺傷相當兵稍郤皇帝披重鎧躬冒矢石公疾呼曰是安可以累至尊國家養士數十年不此之力待何時衆遂奮公連發數矢皆中其驍騎虜遂遁公率大軍乘勝逐之至

白印山降其衆數萬阿魯台以親信數百人渡答蘭納木兒河去會皇帝崩於軍護喪南歸不獲晉功新天子即位陞右都督理前府事世襲一子懷遠衛指揮使公上疏曰臣自幼好任俠走馬擊劍日從事於弓矢溫凊禮缺孝道有虧及壯又以謫戍遠離未獲一日之養是臣父母有子而無子願降級南調使臣子若孫收骸骨歸葬先人墓側歲時灑麥飯於其旁猶得傍先人唾餘也上許之遂照例降一級調壽州千戶遣子亮之官私謂曰物戒持滿汝父年過知命立功異域位至都督可謂至已倘久戀榮名必爲人忌忌則謗生文皇帝崩於沙漠歸咎臣等則吾屬功不敵罪矣故緘嘿無言不敢叙前功以冀勳爵也汝去勉爲之勿以官小而易之汝父不日辭官赴鄉井爲汝祖守墳墓也年餘告病歸至壽州經畫善後事曰祖陵所係尤爲重地鐫石於堂以示子孫甫閱月而卒遺命其子奔葬於山陰之嗣古原存耕公父墓傍曰生不得事死守墳墓而已〔洪武二十四年公年三十有八充小興州中屯後衛小旗三十四年正月前赴古北口成祖招降仍充小旗隨軍征討四月大戰白溝河全勝五月攻圍濟南九月陞密雲後衛中所總旗三十四年二月夾河大戰全勝閏三月藁城大戰全勝四月攻順德十月攻克西水寨陞本所百戶三十五年正月克東阿東平汶上等處四月克木河靈壁縣大戰全勝攻破敵營五月渡河克盱眙六月渡江十三日克金川門十二月初一日陞武略將軍懷遠侯衛中所正千戶世襲〕〔白洋朱氏譜〕

朱昂〔錄朱兆殷撰家傳〕公諱昂字本昂號思勤世傳端謹厚重不妄言笑自幼已如成人古今書籍無不涉獵尤善草隸工詩賦年七歲送兄辛北戍泣別詩曰塞草長楊下孤帆落日前西風鵰羽疾秋色馬騠鬆

北斗南樓近邊城曉樹連望雲知有意棠棣影蹁躚辛復詩曰霰集勢崚嶒漫漫朔氣蒸龍沙一丈雪驄馬四蹏冰月黑鼓聲死風寒劍血凝單于十萬騎不敢肆憑陵存耕公自外歸見辛已去輒鬱鬱不樂爲人侮若此至割愛子從軍泣數行下公徐慰曰俟男稍長當代兄歸終不令沒沒也出所别詩存耕公悲喜不勝曰觀兩兒志留者必能成名去者必能成功吾無憂也既長而兄辛以邊功進公居家益自簡飭在鄉黨中年少而分尊子姪頒白者見之必恭謹無戲容事親孝敬備至人無間言隱居教授著書立說遠方之士臧爭致之性狷介不接談比匪人恒憚之有告之者曰以子之才學修先王之術慕往聖之行諷誦六經浸淫四書百家諸子游泳於胸中逸士騷人翺翔於足下以此干世何求不得而徒咄咄與二三子甕牖蓬樞校長短末藝亦固已公爲作七言古詩以謝之曰古越有客世業儒足躡勝壤家名都胸中浩蕩蓄雲夢讀書更復窮方輿年當四十美容止秀眉赤口青虬鬚山經水錄廣披閱博帶峨冠方步趨豪情逸興何所寓五嶽四瀆眞拳盂周探衡泰及嵩華寶符玉册金簡書三峰雲闕帶石室朱陵臺高兀空虛下觀溟渤隔弱水蜃樓如山諸怪儲蜀山峨峨劍閣遠巫峽滾滾水縈紆形骸於我復何有榮枯憂樂隨乘除洞簫赤壁泣蘇子扁舟五湖戲陶朱環滁太守醉同樂居夷刺史歌八愚方干仙島君知有陽翟大賈奇貨居人生妙道合神契寄情與物恒斯須江南老客懶無比以生爲夢恒蘧蘧一邱一壑小亦足香爐玉笥藏吾廬長吟未竟擲巨筆醉眠夜半遊華胥輕世肆志不求聞達値歲歉租負多不入鄉人羣叩之傾囷廩以賑次年復負一無所得公怡然不以介意後負者多恧顏歲歉亦不復叩公爲起望烟樓於宅之右鄰里有不舉火者則持

以給之竭所有不足至鬻產以濟產盡惟書天生我才必有用千金散盡還復來之句於所居之壁讀書教子泊如也自是家漸窶公出舘於吳授徒至百餘鳴鐘講學一時鉅儒名家咸出其門三年不得歸舘値悉以周貧乏家困甚長子純年方十三西渡訪公作賦於項氏得贈金以卒歲云嗣是南方之學比隆言子所著有龜峰朱子集史要歷代人物論五經參考補晦庵所不及生三子曰純曰縱曰綱皆親自爲師世傳家學焉〔白洋朱氏譜〕

郭斯垕字伯載會稽人永樂間〔原注按舊序作洪武三十五年卽建文卽位四年〕任福建政和縣典史與知縣黃裳纂修邑志邑人重其文學稱爲會稽先生〔政和縣志〕

葉砥山陰人永樂間進士任山西定襄知縣當大兵後境內蕭然砥悉心招撫殘黎乃有起色雅善屬文一時碑版多出其手擢考功郞中與修永樂大典〔山西通志〕

毛尙志號盛源紹興人〔縣籍未詳〕精明理學尤深周易以訪友講學爲事北遊京洛回至大城樂其人情之淳風俗之厚而駐足焉學士往從循循善誘講誦不輟與遊多知名之士〔順天府志〕

薛正言山陰人永樂初以應天府尹出鎭河南綏乂逋亡民賴以安隨召還〔河南通志　按山陰志列名宦不載河南事茲補錄之〕

張政字仲芳漓渚小步人永樂中太監鄭和以取寶爲名經過州縣多騷擾及至紹興政以正論折之和雖怒而需索亦稍戢知府吳敏謂所屬曰全一府民命者張政也著有張氏白雲山房記子震字以學能詩〔據

小步張氏譜〕

陳仕淵紹興人永樂間爲福建英果寨巡檢剛毅有膂力邑民吳十師寇德化諸縣進掠尤境仕淵謀於耆民葉文慎等率衆往捕十師就戮餘黨復起勢更張大官兵懼不敢進仕淵倡勇力戰於羅畬場兵敗死焉祀忠義祠〔尤溪縣志〕

陳訓字以謨山陰人永樂二十一年由承差除授福建羅源典史綽有幹材摧折强豪撫卹貧弱學宮壇壝神廚等舍悉拓而新之以考薦陞連城縣丞〔羅源縣志〕

吳衡山陰人宣德元年任福建連城知縣勤撫字尊師儒禮學校捐貲增置學地以爲諸生齋舍〔連城縣志〕

魯宗仁字明允會稽皋埠人少隨從兄宗傑掩關書帶草堂讀書敦善行宗傑少孤奉母陳氏以孝聞宗仁執猶子禮甚恭定省與偕從母愛之無異所生正統二年傑以軍役勾戍遼東廣寧前衛伍瀕行宗仁慨然請以身代曰獨子侍養例也兄勿往魯氏匕鬯庶有賴乎傑曰册役在我爾何與焉不聽潛易其名傑涕泗送至淮上宗仁曰馳驅王國正大丈夫策功地也兄可弗泣方仁之呈代也有司弗許宗仁亟請有司曰能如是乎吾與汝易之因贊美不置比赴役上道魯氏童叟咸嘖嘖稱義至廣寧賦詩寄家曰泣別萱庭遠郎戎雁行嘹嚦各西東一聲刁斗驚秋月萬里音書墜朔風遥望鄉關山雨暗歌殘玉樹戍樓空依稀昨夜還家夢賀老門前鑑水中見者讀之無不愴然正統十四年英宗北狩也先寇大同進紫荆關尚書于謙等擊之退猶四出攻略仁帥廣寧伍躬擐甲冑披堅執鋭屢戰屢捷遂立功漠北凡遣戍邊庭有功例得告歸以邊

警未息小蠻騷擾大吏知其能授懷遠將軍留任鎮撫宗仁訓練士卒慈嚴並用故士有挾纊之恩彊圉獲安後以病卒於官其子瓊在籍讀書有成以道遠弗克扶其櫬遂葬於廣寧衛內〔按皋埠魯氏譜〕

何萱〔錄汪應軫撰傳〕義與節人道之大經法宜書而不可湮者若峽山何萱金氏夫婦其殆不可湮也夫萱卒於正統四年己未百年有奇矣配金氏卒於正德二年丁卯三十年有奇矣繼嗣零落莫爲誌行迹而可傳者節義耳至於今人以義士節婦呼之何子見梅於義士節婦爲曾姪孫具其狀實請立爲傳軫曰親如父母事定蓋棺宜傳而泯者比比也况遠如百年疏如曾姪孫乃欲傳其事不使遂至於湮沒有足尙哉按萱義士諱也其先高祖茂昌徙居山陰之迎恩里世濟隱德宜揚而幽考溪山翁尤好吟適不匱先遺以孫石湖公〔詔舊志有傳〕貴贈南京工部尙書母王氏贈夫人義士生而失恃鞠於繼母潘幼知孝謹不見疎外即鄉師輒問日記故事欲何爲師曰不獨欲知其人亦欲學之耳稍長即感動思奮不欲伍於恒人人或以非義啖之慷慨掉臂去不一顧自分爲人子當代勞事有疑難挺身往不以利害爲前却人率壯之正統四年流賊鄧茂七等起閩浙界上官軍討之頗失利部使檄取民兵率三丁役一溪翁在行間以嫡長當行比義士年二十餘金年十八合卺纔閱月義士歎曰事不避難臣子職也躡蹻請代無難色金亦語義士曰有身當殉國吾在免無內顧也溪山以爲不可義士固請曰賦詩不可以退虜荷戈要非儒者事願大人無疑卒許之遂去諸伍率武人義士爲言蒯史忠義事無不慰愜然義士所保柵適當賊衝柵僅數百人賊至衆欲散之義士仗劍叱之曰當此際不協力堅守即國家養我輩何用况分地不可去大有僇乎衆志始

定俄諸栅皆潰衆情洶洶不支義士曰死國分也操戈不少退詈賊曰朝廷何負於爾敢猖獗若此遂被害是歲八月七日也節婦聞之哭幾死已乃復蘇歎曰君不負君父吾敢以負君乎即欲自剸則又心口語曰是吾得夫而忘舅姑也乃去塗澤却容飾躬勤茹苦以養舅姑孀居六十九年足不出户限聲不出帷簿鄉鄰宗戚賢愚親遜雖不同率賢愛節婦無間言享年八十有六葬二橋惜無爲請旌典表其門者姑爲是詩論曰道莫大於三綱子爲父民爲君大義也妻爲夫大節也今何義士夫婦一舉而三得焉顧不韙哉義士死百年節婦死且三十年矣分符治理者曾無所表異以風勵其民人顧僕僕從事於催科理訟間獨何心哉噫後世之表異乃有大相反者在義士節婦又何樂乎其表異也吾知求吾是而已他何計哉〔峽山何氏譜〕

胡昌字日盛裡溪人明太祖既平天下效唐府兵之制大實軍伍其時奉行未善編軍籍者每多冤濫洪武二十四年庫籍災舊章燬因而濫及於胡氏以元奎章閣學士子晟之子璉戍遼東廣寧左屯衛璉卒於戍復行勾補應璉之子恭與弟仕隆及從兄弟勝安勝康勝道勝剛六支輪役以序當先恭時恭已五十七歲生五子福慶昌才盛昌序第三請於父曰大人年尊不可以遠役於邊長兄宗支也宜奉膝下二兄新婚兩弟幼弱是役也雖不及於序但義當往遂行鄉人賀其父曰此子必能光大門閭以求忠臣必於孝子也正統十三年閩寇鄧茂七猖獗隨都督劉序進討十四年寧陽侯陳懋督師復征閩寇昌隨都指揮蕭華至沙尤等縣先驅破賊爲諸軍冠又至泉州同領并安閆上洋浦殲賊致師者五人賊先鋒陳安恃其驍勇素輕官

軍昌運矛突前擒之賊皆喪胆昌由是知名鄧茂七寇延平官軍驟與之遇戰方合茂七自行督陣昌異其服射之貫顱而死其侄鄧伯孫擁其餘衆肆行擄刼昌至刑部尚書金濂麾下聽訓至建寧賊將張留孫勇而健鬭與伯孫據虎頭山播箕兜貢川寨熟水口烏巖寨九龍盂等處倚險恃固濂集諸將謀適連陰不霽將士皆有難色昌奮然進曰昔韓世忠以單騎取帮源洞何慮其險况連雨賊必懈宜急攻之此雪夜擒吳元濟時也濂驚曰君智勇兼資殆非行伍中人悉以攻賊之事委之昌受命力戰先登奪隘賊不能支諸軍乘之遂潰共斬賊將十二人又生擒黠賊張喚陳茂閩地悉寧凱旋敘册指揮蕭華謂昌曰君爲國家効力于我我藉君屢矣今蕩平論功行賞吾欲爲君多敘功次指揮可得也對曰昌山野匹夫爲免父于戍故以身代幸遇明公左提右挈克勷公事望以實奏得一卑職猶出意外豈敢圖上以冀崇階縱得亦不能享蕭華曰君忠孝存心后嗣其興乎册既奏奉左軍都督府守字號堪合授紹興衛左所百戶補陞千戶唐洪員缺子孫世襲昌體貌豐偉長七尺廣鬚髯力舉百鈞射不虛發每戰必大呼陷陣所向披靡及受職寧家卜居于郡城之妙嘉橋且預築壽藏于會稽縣十九都洞浦山又多置祭田俾後人咸蒙其澤配王氏封安人生三子長璃襲百戶次璣補邑弟子員季瓚援例冠帶（據裏溪胡氏譜）

淩伯敷字志勤山陰忠里村人正統間旱澇相仍餓莩盈目於所居之東構一室日令家人賁粥濟飢全生者甚衆邑令聞而嘉之族有不能婚娶者捐資助之鄉民陳某貸粟不能償將鬻其子伯敷憫而免之不復追正統庚子往杭見饑者接踵於道捐鈔三十貫與昭慶寺僧員明買米分濟其勤於博施如此鄉民有不平

者得其一言即悅服不復陳之於官〔據魏驥撰墓誌見忠村凌氏譜〕

汪鐵〔節錄汪應軫撰行狀〕先祖諱鐵字時用别號休齋世家山陰臥龍山之東寶珠里其先出自新安唐越國公華之裔元季兵燹譜亡不能考其世次曾大父諱子文大父諱伯齡皆以積善稱父聲齋諱徽博學能詩善眞草書尤精於星歷以先祖貴累贈兵部車駕司郎中母謝氏累封太宜人以貞節旌門聲齋公卒時先祖方週歲太宜人萬苦撫育緝紡以給衣食如是者幾二十年始出聲齋公遺貲先祖悉讓與兄銳爲農賈貧一意讀書受業於張裕夫陳定之先生之門裕夫得名人文字三百餘篇一時不能悉錄令先祖閲之一夕歸而背書之其性强記如此天順己卯以詩經領鄉薦癸未會試値禮闈灾先祖號衆逆風裹行衆不聽爭趨塡門不可啓宛轉死烈焰中同先祖走者皆免次年甲申登進士入翰林爲庶吉士逾年授兵部武選司主事奉命往質閩浙江右武職誥勅事竣還京命選武職擢抑良奸人不敢干以私有四川指揮欲私蔭庶子恐援託不行而先計嘗之先祖督得其狀叱曰待汝嫡子至翌日果至指揮懼與庶子遁去援託者一時頓息辛卯轉車駕司員外郎尋陞郎中甲午俵歲息馬於河南山東同行者雖甚不便而民實賴之孝廟自潛宫册立皇太子奉迎儀仗皆先祖草定著爲令典爲夏官屬十餘年究心職務操割成度彌綸舊章時稱練達惜不能盡紀遇閹人汪直用事勢傾中外嘗以公務見先祖必稱曰同宗先祖每謹避之及不聽所囑深爲所憾遂引疾歸居無何而同列有被禍者以先祖爲明決云正德丙寅歲遇兩宫加徽號進階一級歸休三十餘年以耕種自娛又號十農主人絕不至公府日與鄉士大夫結耆英會雖性不飲酒遞相

唱和以適林下之歡所著有休齋集若干卷爲人狀貌甚偉性剛而明多自負以故落落難合而未盡其用也己巳仲夏得疾知不起哦詩曰七十三翁四品官塵緣俗事兩無干逍遥一枕遊仙夢碧海青天萬里寬徜徉自若呼諸子姪囑曰吾週歲喪父四十休致君親未報常往來於懷爾曹當勉力以畢吾志乃取朝衣付伯父穀取束帶付不肖仍戒曰勉旃衣鉢之傳在此言畢而逝庚午正月九日也距生正統丁巳四月二十一日年七十有四〔青湖集〕

司馬軫山陰人景泰元年舉人官贛州府學教授陞國子監助教祀贛州名宦載江西省志葬朱家塢〔司馬氏家譜〕

王循會稽人天順二年任山西臨汾縣訓導誨人有方邑中科第一時甚盛〔光緒山西臨汾縣志〕

王緬山陰人由舉人知山東樂安縣立心寬慈爲政簡易嘗發粟賑饑鄰縣賴以全活者甚衆〔山東通志按山陰志選舉表王緬景泰七年舉人〕

趙祺字惟壽號頤菴山陰華舍人華舍堰爲往來通衢人有病於涉者祺捐貲鳩工獨力爲橋以濟成化七年歲饑輸粟三百石賑饑〔據華舍趙氏譜〕

周鑑會稽人成化中知通道縣舉鄉飲立社學課農桑邑人化之〔湖南通志〕

陳欽字諒之會稽人祖嵩以通天文徵赴南京占籍欽天監成化丁未進士授南武選主事出知廣平洞達民隱臨事果決風裁踔厲百廢俱興以時巡行屬縣問民疾苦廉有司賢不肖而勸懲之有望風解任去者郡

人號爲陳母〔畿輔通志〕

戴謤會稽人成化間知尤溪老誠練達識治體其門人沈堅守延平謤所建白堅悉從之民以爲便〔尤溪縣志〕

劉玘字文玘號素庵嘗爲里中萬石長斤斤奉法將事致公無逋租私無加賦里中戴之成化癸巳越丁酉連遭大祲玘捐餘囷出賑貧乏者全活頗衆有司循恩例兩以冠帶褒榮玘輒辭郡守以鄉飲延亦執謙不赴士大夫益高其行母宋枕沉痾醫禱弗瘳乃刲股和藥以進而愈人多其孝感歲時祭祀必致恪備物務極豐潔遇朔望輒焚香告天曰行有不義神明共鑒之又嘗於常食案上刻居安思危四字取以自警卒年八十一時爲成化十八年子鉞字廷儀郡守戴琥嘗慨山陰學宮址湫隘會有事鼎新鉞請於守願貿地開拓守義之載其事於重修學宮記中〔據水澄劉氏譜〕

魯璵〔錄家傳〕公諱璵字公器號濟軒年八歲與羣兒戲見蛇於道衆變色公了然無異意及長進邑庠治春秋刻志力學爲諸生祭酒天順六年壬午家生瑞竹一叢衆賀之是年果以麟經捷順天秋闈試春官不第授福建閩清縣教諭公素貧至閩以苜蓿自樂有諸生以幣交者却之不受清聲載道未幾有孤鶩來集齋前與羣雞爲侶揮之不去遂丁內艱服闋補直隸大名濬縣教諭任滿復丁外艱補陞江南松江府教授公蒞學加意督課崇優訓劣以振士正學爲己任故其鄉先輩若冢宰錢司馬張公葉公咸致敬有加兩典文衡皆爲總考所得盡知名士而錢鶴灘福尤著宏治庚戌衙沼忽生重臺瑞蓮一莖公知有異徵頃之禮

闈榜發泥金報至福聯捷大魁其應兆也如此尋循俸陞南京國子助教福建省元鄭仲達公所樂育士文章詞賦皆奉陶鑄知交最深宦兩浙運同及抵署公已捐館舍執弟子禮拜奠甚恭語其人曰公教思廣遠文章道行皆可流芳千載因其廬捐建石坊以爲公表至今族人呼其地曰牌前公爲廣文二十餘年宮牆桃李皆爲碩彥最有功於學校故卒祀名宦又嘗脩魯氏家譜與弟琪子禎（另有傳）蒐羅彙輯幾成卮於祝融并所著詩文迄無傳稿少時讀書受嚴訓及父卒衣食不給兄憕負薪米力資之始克有成故知公者更爲厥兄美焉（皋埠魯氏譜）

堵昇錦衣衛籍山陰人成化十一年知山東恩縣以廉潔剛正名於時重新學校惠及士林（山東通志）

謝顯會稽人進士宏治初以廣西副使謫知蘭州盡心民事知無不爲不以遷謫自懈（甘肅通志）

任濤會稽東關人弘治間邑遭大水捐米三百石以濟府縣辟舉鄉介賓歲給粟帛（東關任氏譜）

龔球會稽人成化進士宏治間任福建建甌通判崇文下士潔己愛民禁革耗米謹飭蓋藏倉庾常盈力行保甲詰奸捕盜境內肅清擢九江同知（建甌縣志）

朱叔綸山陰人宏治間知福建尤溪縣性慈惠不刻其待士周愛民誠讞獄愼人至今稱之（尤溪縣志）

王瓛字明卿山陰人宏治間任福安知縣愛民禮士正風俗釐弊政新公署民不知勞（福安縣志）

王佐字良輔山陰人宏治二年以舉人任江西上高縣訓導毅然有守模範尊嚴雖隆冬盛暑日與諸生講論不懈以憂去祀名宦祠（江西上高縣志）

董錫會稽人宏治三年任山西渾源知縣才性廉明練達百廢振興廣學宫修郡志咸賴焉陞宗人府經歷〔見光緒渾源縣志〕

魯禎〔節録家傳〕公諱禎號勿齋學正澹軒公長子也幼年失恃哭踊悲痛哀毁骨立澹軒撫而痛之曰子毋爲是孳孳當爲父計後勿過哀也比長侍庭訓不倦弱冠補邑弟子員弘治十六年以明經赴大學廷試第一授粤東新會縣訓導署爲廣州先儒陳白沙講學處其時端人碩彦皆出白沙之門論文者必以見道爲宗旨白沙之殁不數年而公赴是任下車訓告諸生以端士習正儒行爲首倡邑人聞之相得無間執經問字多所切靡居數載以病卒於官署公素尙廉介歲貲修脯僅爲糊口計以金幣交卽却而不受故其德教最優崇祀新會名宦祠〔皋埠魯氏譜〕

婁性安昌人宏治中進士官兵部郎中治平河患著皇明政要四十篇〔安昌婁氏譜〕

婁志德安昌人宏治中進士官戸部員外郎諫止尊興獻王爲皇考事廷杖〔安昌婁氏譜〕

吴便字廷良號烏石山陰州山人明宏治巳酉舉人壬戌進士南京刑部主事祀雲南名宦本府鄉賢〔州山吴氏家譜〕又續雲南通志稿云字廷言正德間官雲南知府明法律凡疑獄多所裁决

李萱〔節録汪應軫撰墓誌〕君諱萱字子宜别號半峰姓李氏其先鳳陽人五世祖諱勝從太祖征累功授虎賁昭信校尉曾大父諱亨洪武甲申改紹興衛遂世其家大父諱斌正統庚午征沙尤景泰辛未征呂峰進武略將軍父諱陞襲爵尤洽聞能詩楷爲搢紳所重母張氏封宜人生四子君其季也幼卽穎悟年十三

摛文若流補郡庠弟子員正德庚午領鄉薦明年會試下第丁內艱過毀伏疾幾殆後復三試不得志而以親老就銓授知德安縣時爲嘉靖丙戌德安俗尙巫鬼民間爭舁木偶以相惑君至盡焚之而人治以法且曰異端興者吾道廢也遂留心學校課試諸生講解經義又復古小學以敎童稚由是儒風始振民有俞貴玉兄弟訟者君故弗決爲申天叙之親訟者悟而自翕有某姓子潛出其母於十里外反誣母家君訐之且不施刑嗣偵得之乃服其政先化導而又明審類此以獄爲死地尤加之意故在任六載而圜土幾空盜亦弭息於凡徭賦每務輕省民皆仰之恒視其貌之豐瘠以爲欣戚焉巡撫都御史高公公韶巡按御史秦君武皆優獎之且將薦用而君忽遘疾遂以壬辰歲之夏棄任歸撫按行文催復者纚屬蓋惜其才也歸之日民多流涕送之別舟具木以虞君不測至過常山送者尙百數人君卒後德安移關問安亦出民曾仕英等意君之得人心可謂深矣君爲人和易人未嘗見其有疾言遽色下至僕隸亦善待之居家孝友三兄皆蚤世撫其孤如己出處友有恩意然而有過必規平生不道人過而其疾惡自嚴故於人亦寡合持身介愼一毫不妄取德安有密饋金盂以爲儀者君覺即以不知己卻之自後人不敢遺以私臨行贐物亦不受俸餘又爲醫藥所空至喪無以爲禮難矣哉君嘗從今都御史吉水毛公伯溫學甚爲器許每相見必問及君今君可謂不負所知矣纊未屬猶以手撫膺歎曰八十四歲父何忍舍他無所及不問識不識咸嗟悼之君生於成化丁未七月二十八日享年四十有七卜以卒之年十一月十六日葬於郡西南十里亭山下小金灣之原〔青湖集〕

言震〔節錄汪應軫撰墓誌〕公諱震字克振號裕軒其先臨川人宋咸淳間有諱通者知紹興府因家山陰北鄉之新河里至公八世矣世隱德弗仕曾大父諱子賢大父諱彥初父諱達公自幼力學以尚書知名從游甚衆魁宏治甲子鄉薦初知光山縣改池之建德公爲政平實連遭歲歉振恤不暇給乂性弗婞嫺動違上官意人未見其所長及江右兵變倉卒爲備輒有緒理賊來躬自接戰伏兵堯城渡斬縛殆盡遠近聞者始服其幹劃武宗南征師駐建德日久公隨便應濟而以止卻靡需民得不擾師還撫巡以其才令兼攝貴池今上登極論功賞及之壬午冬朝於京師公始以戾契可致名節及調官恒懷鬱鬱既而受知於上蓋自奮過勞形容頓衰一日忽疾作遂不起享年六十有五公平生行無矯飾外和而內剛故所躒躒而民則思之爲文切理不媚於辭華所著有建德志若干卷〔青湖集〕

祝玠山陰舉人宏治間知趙州事性淸愼流澤逮遠〔雲南大理府志〕

沈欽字敬之號敬軒山陰霞川人明宏治十二年進士官湖廣按察使司僉事嘉靖十五年祀鄉賢〔採訪〕

蔡宗兗字希淵山陰人正德丁丑進士請爲郡教授初至力復古道會御史周鵷行郡謁廟宗兗令諸生稍磬折于道旁鵷坐車中目懾之不爲動謁竣登明倫堂宗兗長揖請遵令甲得陪席聽講鵷盛色叱之曰豎儒胡省令甲事宗兗退即以散服辭廟裝行鵷故檄府羈留意欲困之宗兗不以爲意久之布政席書移檄至詞若譏彈宗兗而意實刺鵷宗兗得檄不能再辱即以詰朝歸諸生出餞者數百人郡中縉紳各以詩壯之後爲四川督學使與按使不合輒自免家居〔莆田縣志參看山陰志〕

虞俊山陰舉人正德間任山東鉅野縣知縣爲政寬和不阿大吏仕至南京治中〔山東鉅野縣志〕

孟陽字子乾幼卽以名節自砥舉正德甲戌科進士授行人已卯鑾回朔漠權奸江彬等誘上南巡時江右寧藩陰蓄異謀伺釁而發中外咸以爲憂大臣科道交疏諫不聽于是翰林及諸部司屬共百餘人交疏具諫太醫院士以醫諫俱不聽陽乃率同官十九人抗疏極諫歷數權奸欺君悞國之罪疏入上震怒并前諫者俱下錦衣衛獄明日命跪午門外五日于是京師晝晦人情震駭海子水溢橋下鐵柱七根齊折如斬金吾衛指揮張英以天變甚明車駕出必不利乃肉袒露刃于胸以死諫于是有旨命錦衣衛將諸諫者廷杖有差陽等杖五十權奸監杖陽知必死仰天嘆曰嗟哉天乎吾得死所矣親友有問者但答曰當死當死而已越明日竟死京邸時年三十有四其同被杖死者十餘人後車駕卒不果出江彬謀亦少阻世廟嗣統贈監察御史賜謚忠介蔭一子入監後加贈都御史〔獨樹孟氏譜〕

魯烱〔錄家傳〕公諱烱字德輝少敦實學家富藏書與弟德明公發牙籤誦讀疑難相質故學問大成士林多親就之性耿介日用周旋壁立千仞凡苟且事務無敢干者朋儕中偶有過亦面斥不少容有厚愛者勸公以度曰吾受性骨鯁獨不可作魚頭書生耶正德初以拔貢來京試太學受知於大司成某置第一入武英堂肄業公文行夙著海內知名故自入都門到處傾蓋宰輔大臣咸欲訂交而公顧峻絕歲時饋遺皆拒不納非其人則不友閹人劉瑾亦慕公欲羅致之不往及期滿召見抗疏劾瑾專權悞國詞章愷切瑾大怒逮置獄中賴公卿力救得釋以其名下吏部謫江西利津尉公怡然就任毫不爲愠既至剔害除弊蒞事嚴

明大吏韙其能欲調用適以疾卒不果後瑾誅凡建言獲罪者皆得遷擢而公已先卒疏稿藏於家廟至今讀之凜凜然猶有生氣〔皐埠魯氏譜〕

朱秩山陰舉人正德間知湖北大冶縣學充而貌若愚政平而民不擾調去邑人惜之〔湖北大冶縣志〕

薛笛字廷用號柯亭山陰嵩臨人正德十五年歲貢任周府教授轉興府右長史伴讀儲貳以親老乞養歸父綱常患腎疾小便脹塞小腹痛不可忍時時以口吮之父歿侍母勞氏孝益匪懈累辭詔命世宗嘉許遒晉太子少傅並頒鼉鼓玉燭等物且堊紅牆以旌其居及母又歿既爲合葬於會稽大河頭之瓜藤山又與夫人倪氏並營生壙於側以示存歿不忍離親之意卒後予謚文成賜祭葬崇祀鄉賢祠〔薛氏家譜〕

朱箎字守諧山陰白洋人嘗受學於陽明先生登嘉靖五年進士十一年授南直隸泰興縣知縣搏擊豪强邑之利害興革殆盡訟無大小片言立決人稱神明擢監察御史左遷揚州推官祀泰興名宦祠又祀泰興集賢祠〔泰興縣志〕

朱簠字守貴山陰人嘉靖五年進士知峽江縣時峽初闢邑簠以寬仁撫循採辦皇木單騎入山民無紛擾其課士尤勤雖窮鄉誘氏使學士至今思之〔臨江府志〕

朱毖 〔節錄朱兆殷撰家傳〕公諱毖字守義號存齋正德己卯中浙江鄉試赴庚辰禮闈不第卒業南雍謁選授直隸松江府判歷視華亭上海青浦篆一郡稱良四民頌德當道知其賢委署府事府有鄉御史某無子止一女結褵遺嫁行有日矣盜暮夜入其室輒獲之控於公公按之不服誣其女以私事云誨之來邑里

傳之藉甚壻家議欲退婚公命拘其女面質而密令攝一美妓至紿盜惑之始白其誣其夫感之後陞任被吉服爲公扶纜至京口又有俞姓者女未婚適壻疾篤舅姑欲納婦以徵喜媚畢即返郤之不得行將恐其弗愈也致累其女遂以弟飾之而往至則其壻果因疾篤不能起而以其女弟飾之以將事留廟見不即返仍以其女偕嫂宿焉歸寧之日始覺爲婦家所賣訟之公公詢之俱未冰聘因判合焉載在傳奇此外德政不可枚舉巡按郭公似庵委以監兌軍糧則支散嚴密軍民不譁兼理海防則倭寇猖獗敗之崇明工科給事中王公某委以監督婚禮織造則條理精核官匠無議宦績著聞交章論薦天子奇其才擬以大用適泰州蝗饑地濱海民素頑因相聚爲盜盜船入海爲寇衆至數千官兵莫可誰何羣策必得公一往謂松與泰相對祇隔一江爲公前此有敗倭功審知海道故也繇是撫按幷南吏兵兩部會推公知泰州公親至寇巢諭以禍福且宣天子德意衆咸聽命嘉靖庚子入覲陞南京刑部廣東司員外郎乙巳春補北京刑部四川員外郎方大學士嚴嵩擅權用事恣行威福有忤其意者輒斃之刑曹而諫官之關木索者比比也公力欲抗之不得遂上疏求南調改南京刑部陝西司員外郎明年丙午轉南刑廣東司郎中蓋南刑廣東司最爲煩劇郎中總領司事情法攸繫公請託不行怨毀不避至情有可原法有可宥未嘗不從寬以救之故大司寇聞公石塘屠公東溪繼掌邦禁同聲推重凡事有未決必於公是咨任職四年前後一轍比辛亥山陰何鰲代爲大司寇鰲嚴黨也素憚公且與公同里每事必降聲色陽爲平而陰嗾之公愈自引重秉正不阿無所徇其短賄賂中絕鰲踦蹐甚屢上嵩求爲公外擢推公守萊州適嵩壻驕横毀民房以廣己室一日連殺

七命撫按憚嵩不敢問提解南部公與鰲按其事時嵩以二函一投公一投鰲求釋超擢鰲北轉巡鞫時公廉得其實竟議辟鰲懼以嵩囑懇公公峻拒之鰲愈迫計無所出遂親至公案以手止公毋令公成牘公憤甚因以墨塗何臉直斥其亂朝廷之法以爲己私菅草野之命以爲諂地相持於法堂上毁裂袍帶棄職東歸自後怡然自適絶口不言往事以俸餘給二弟周宗黨之貧乏者而已無私焉居鄉二十餘年悠游山水非公事足跡不入城惟與兄弟六人朝夕賦詩飲酒鄉閭目之爲蓬島六仙又與張灋之胡公方山西莊之黄公塗峰及兄捫齋結社連舟於稽山鑑水間攜杖放歌人擬之爲商山四皓云卒於隆慶之辛未享年八十有一卜葬於盛陵之原〔白洋朱氏譜〕

季木會稽舉人嘉靖中爲碭山令值歲飢賑恤多方全活甚衆河水衝潰復築隄衛城以免水患百姓德之遷贛州府同知〔徐州府志〕

沈藎字德臣會稽皋埠人正德二年舉人嘉靖三年任湖南衡州知府時有寇依衡山爲巢穴流刼衡永長寶諸處藎率兵討平之衡民德之爲建祠於石鼓山之陽諸葛武侯廟之右歲時致祭後遷濮州復補郴州時年已六十遂致政歸著有易學便考毛詩名物解等書〔據皋埠沈氏譜〕

龔芝會稽貢生嘉靖時知泌陽縣治尚清靜政無不理祀名宦〔河南通志〕〔子雲祁會稽志有傳〕

陸廷志字思裘爲鄉大賓嘉靖間歲荒發穀振飢全活甚衆恩賜壽官欽旌樂善〔吼山陸氏譜〕

婁謙字克讓安昌人進士官四川布政使惡中官汪直用事不與通使〔安昌婁氏譜〕

張元恕字休元號蘭亭山陰白魚潭人父景明宏治中進士爲興府長史世宗嗣統追念輔相功錄元恕爲光祿寺署丞時南光祿寺歲造酒數萬瓶輸於北光祿寺沿爲舊規及元恕署事稔知其弊上疏論釀造運船之勞費運軍之偷竊暑雨之濕熱甚至解官累死船甲逃流解至北光祿寺臭惡不堪虛糜錢糧勞擾軍民上可其奏改令本寺自造世宗欲遷獻陵元恕曰興獻帝甍臣父經營葬地日夜焦勞陵寢告成爲萬世永賴奈何遽有此舉乃上疏極論其不便當與大禹終葬會稽太祖高皇帝不敢動鳳陽祖陵爲法於是獻帝陵寢乃不果遷任光祿寺三年前後奏疏凡十餘上此其關係尤大者又奉勅綜史館事修獻帝實錄加賜月俸屢錫白金綵幣元恕岸然不隨人俯仰有疾之者乃出知山東平原縣興民興利除害部院考核賢能爲宰第一在任七年請歸不允竟以疾卒於官僚佐共檢其囊篋僅俸銀七錢而已〔據白魚潭張氏譜〕

張元藩字休恩號懷東山陰白魚潭人嘉靖中知廣西平樂府事時江南苦倭徵發連數省而郡境猺獞竊發兵餉不支勦撫無定議元藩與僉事茅坤謀曰今朝廷方有東顧之憂何暇及此唯公便直除其首惡餘黨自平坤乃定鵰勦之策賊首莫良三藍孟乾等次第受縛闔郡晏然入名宦祠〔廣西省志〕

何鎬〔節錄劉楝撰傳〕峽峯諱鎬字周卿六世祖良三提舉者始徙居峽山之麓因以爲號峽峯故南京工部尚書石湖公詔之子今江右大參沅溪鰲之兄前軍都督府都事景昂之父夙志冲淡不樂進取以石湖少司空恩宜得廕補上太學世先祿而乃脫略貴美服勤儒素退託於韋布之任如少習然衆方有爲而獨不事王侯得蠱之上九石湖清苦一節了無餘積峽峯獨精敏勤約韜縮紛華爲毛東塘洪西淙諸公所稱

貲家方溺於豫而獨能介於石得豫之六二初峽峯少而恂愨童而勤敏周封君廷澤一見異之納爲子壻讀書不求甚解爾能究竟孝友大致石湖久靡王事而太夫人垂白在堂得峽峯能致孝養曰不遺我以陟岵之憂者鎬也一切家政不以煩諸弟故沅溪亦得肆力藝文芥拾科甲以所居宅讓幼弟曰吾力能辦此刱宗祠置家塾延名師訓子姪皆其大者卒於嘉靖丙申六月十五日距生於弘治戊申四月二日得年四十有九子三人長即景昂次景明景星俱太學生女一人適吳僉憲子邑庠生恒孫六人改葬邑六峯山之陽〔峽山何氏譜〕

何景昂 〔節錄謝丕撰傳〕近峽何子景昂字子衡世居山陰迎恩里之峽山高祖宗政曾祖文昶贈工部尚書祖石湖公詔累官工部尚書贈太子少保考峽峯公鎬尚志養潛移恩近峽近峽方在童丱神采熠熠英姿儁識特然不羣亟爲延致今工部主事章雙溪從之遊師資有程進脩益力年十六補國子生夙啓賢關得門而入砥飭名行凜如成人白駒汗血駸駸然思躡前軌矣歷政御史臺論國是訪風紀若將不得身任憲體者卒業歸需次於家築靜室相與二三昆弟藏修其中恒曰忠孝大事君親大倫爲人而不知報恩反始亦鳥用生爲乃集石湖之綸命遺文題之曰思恩錄示不忘君也遵峽峰之遺言宿晝用竟先祠未就之緒示不忘本也即丁內外艱痛毀瘠立若不欲生蔬食飲水動思古謨人稱其哀而禮迨綜家政井井有規緒百叢交集紛莫能亂有侮其幼謂厚遺不辨者卒莫能欺人稱其敏而練嘉靖乙亥授前軍都督都事比軍政宿圮紛若不可革申請長帥裁定一二練軍肅紀一府嘆服如都閫庭見多有僭踰者廕子多有乞養

冒亂者進表官多有緣因市恩澤希進用者率皆抑制裁正士議翕然稱之爲小何云筮仕僅八月得年僅二十有八長箄屈於短日遠涉頓於促途惜哉配沈氏一子繼高〔舊志有傳〕葬中竈山之陽〔峽山何氏譜〕

淩世華字天宇山陰人嘉靖十二年任江西上高縣訓導輕利重義士之貧者捐俸餘資之少而敏者教之益篤累任山東魯府教授〔江西上高縣志〕

劉檟字元美號養齋山陰人少治春秋有名越中治春秋傳士家言者一時多出其門若陶文僖兄弟及其後人世用掇巍科檟亦以春秋首舉浙江嘉靖丁酉鄉試甲辰第進士除寶應知縣聞父灌訃祖跣歸服闋補黟縣政尚清惠數與上官爭大獄民有坐枉者輒得平反而檟尤敏於吏事剖決如流邑人有青天一升之頌言鄉民以事至縣者僅裹糧一升不俟信宿也任滿去立祠祀之再祀四賢祠遷刑部主事出讞廣西尋擢山東按察副使備兵青州青故多豪猾駔儈動折文網號難治而檟一切稟綱紀以振刷之所部肅然居三年會以例輸公帑臺使者欲有所私不應由是見悟檟遂封貯其贖鍰以行抵省以疾卒〔水澄劉氏譜〕

劉爔〔節錄家傳〕勿齋公諱爔字仲章少負大志留心經濟之學歲壬子〔嘉靖三十一年〕倭虜交訌公講求兵事如龍蛇魚鳥之陣水車火器之方皆得其要領至於諸邊塹堡壁壘指畫險易如指掌遠及大荒絕漠窮髮反唇之鄉亦如身履其地者又嘗攷西北水利時與邑令徐孺東上下其議論卓有成畫其後孺東入諫垣特疏請於朝行之今范陽漁陽雲中北平畿內外遍爲沃壤寔公啓之也公於書無所不讀一時號

爲博雅如石鼓銅梁之類皆有考證又多智鑒張江陵用事勢赫煊而以其家甘露聞内外雷聲貢諛時公方在楚楚藩參同鄉陶公偶問公公曰是何國人之誤也是爲雀錫厥徵咎張氏其當之已而果驗鄉先輩徐文長少許可人獨於公則曰仲章詩今之李賀也若學之灝博則吾不如茗溪茅康伯最好古書一日晝舫入錢塘遇公於邂逅公一一爲之鑒賞因曰一夜話勝讀十年書惟仲章足當之公爲人坦夷朗度無城府與人交一見如舊好故所至海内賢豪爭倒屣迎之而在里中朱文懿張文恭二公尤莫逆二公每相爲扼腕曰吾輩顯榮仲章淪落其如造物何公嘗九試棘闈而不售竟以老謝諸生家貧再遊京師京師諸名公倒屣如故日代人筆墨以自給公因自詑曰吾其終隱於文乎居七年而卒於京年六十一其後鄉人私謚公曰文隱先生用公志也公嘗著論曰世儒痼於禪動詆誹宋儒以自爲名高澆漓後學日甚此風不已異日王夷甫石勒之禍誰執其咎宋儒之有大功於世者止在廓清晉魏虛無之談而歸之寔地言心言性動依名教使孔孟之道煥然復明於世迄我國初仗節死義之臣雲湧川渚從古未有如此之盛者而浙往往爲之冠則以朱文公呂成公尹和靖先生三大儒或產於浙或寓於浙其流風餘韻猶有存焉故郎前此開運佐命如四先生皆浙產又非其明效較著者耶世以爲篤論公著述甚富多軼於燕邸今所者僅應酧詩文若干卷〔水澄劉氏譜〕

胡朝臣〔錄家傳〕公諱朝臣字敬所號汝隣嘉靖丁未進士好古力學博通典籍氣宇激昂議論正與同年楊椒山公最稱善初任工部主政遷通政司右參議故事考選通政必用正副兩人至左順門司監同

吏部選中一人是時工部郎中陳應魁營謀必得苦無人爲之副者因扳公同往公素擅詞令而應魁口多鄉語比選公丰度端凝聲音宏亮應魁期期口吃呼百戸爲伯父司禮笑魁而重公遂以公名上上以爲右參議時嚴嵩父子當國遷轉皆以賄賂公家固貧素性嫉權門不但不能謝亦不肯謝嵩以公徒手搏京堂甚惡之時沈鍊繫獄賓客多不至獨公與尙寶卿永嘉張遜業常往來護視之益以此忤嵩查盤科道因承風旨摘公初任工部時督造皮甲失於覺察參奏詔送鎭撫司拷訊誣以侵尅工銀四百五十兩論永遠充軍繫獄追贓非其罪也公屢上書自直會其子邑庠生學尹訟寃闕下法司問狀貸之至嵩敗始釋當日之忠賢受嵩陷害者不止於公而公更爲嵩之所忌不死于嵩之手者幸耳居家每自歎曰楊椒山沈青霞皆名標青史我不幸不得附於椒山青霞之末后人爲我立傳不識何如耶公在獄十三年無以自遣唯究心軒岐之術歸家以醫自給每日得備饔飧卽不取値貧者求醫卽賜之藥而不計藥品之貴賤遇症有危篤必朝夕步行往視務得其痊可全活者甚衆其救治之法方雖出於古人而因症因人參酌損益確有灼見嘗曰昔賢論症立方靡不取效后人祇知師其方而不知水土有異宜氣禀有厚薄卽所患之症其感亦有深淺倘執以成方一槪用之不無偏處夫藥貴和平止求中病少有所偏卽爲病矣後穆宗莊皇憫其忠鯁受誣卒贈工部右侍郎賜謚端肅崇祠府學鄉賢祠又禹跡寺殿後有公與彭山季公等六賢祠顔曰景賢葬於會稽二十都下灶木瓜山墓道華表鐫裡溪山人胡公墓生三子學禮學益學尹其訟寃闕下者學尹也〔參看舊會稽志〕

王元春 〔節錄厲浩撰墓誌〕公諱元春字廷和山陰東林里人也九歲失母滿太君淑人葬南圖因號焉鄉人故多公長者稱圖南先生云王氏由會稽遷林頭則自宋惠一公始其季克明公出粟障越授千戶克明公生斯間公數傳至猍湖隱翁稱長者至翁愈以隱有辭冠服詩流傳人士間造橋甃路甚衆摹皆人筆書訓辭藏於家生半湖爲公父封如其階倜儻負大節尙義樂施傾諸賢豪以弘治壬戌年十二月三十日生公禔而端凝稍長受博士易獨孳孳務實踐謂離倫物性命曷寄遊陳木齋朱西石先生門道益進同列愛重公踰等郡守南選士稽山奇公文錄首諸士戊子通鄉籍上南宮屢不第下帷授弟子經履恒滿至庚戌成進士〔見舊山陰志選舉〕授南昌司理察隱剔蠹甘淸苦業多扶善而拯危厚鄉人調護朱彭澤轉官救沈稅課重罪好推轂名士如喩南嶽張公甘公一驥一鳳輩乙夘年報最三年得貤封丙辰年進戶科給事中當是時言者率浮慕骨鯁名排擊紛起惟公正色中立毫不舉苛細所言皆國家大政首揆徐存老輩皆愛重之巡十庫刼中貴魄中貴憚焉故事京倉支完始得代至有死于官者公疏請以秩滿爲限迄今吏士戴公德方朝堂災日先知有變命備騶往其早見烱烱入神境矣若拯扶王貢士沈中翰之儔咸加額讚誦戊午進工科右尋進刑科左亡何掌刑科事考察拾遺多所拯扶己未充殿試受卷官已領巡靑差四月丁繼妣陳氏艱辛酉秋服闋揆丁封君憂雞骨支床姻黨虞其滅性臥病二年乃瘳甲子秋制起乙丑補吏科左隨陞工科都漕河淤管中丞搢縮不赴率同官疏罷之朱司空代建議另開夏鎭等閘公獨偉其策卒得竟朱公用丙寅疏修大濬城濠奪徐匠爵公在近侍十二年出入唯謹卽有不測油油然應之張侍御松溪

龔侍御前山沈給舍梅岡逮繫詔獄公詢慰如平時長者之聲滿都下爲同官所擠出參江西藩政以舊遊故士民夾道驩呼公操清材練不改舊遊時而風猷遠矣都中有餽公者却之其或公當餽人而不以禮者裁之即二院加禮勿倍答且無貶折狀督府吳公爲露章戊辰秋入賀萬壽李鴻臚議二司親報名襲儀公輒報名曰不可先見鴻臚謂君父何處已必軌於正議此其槩也且不以梅公李公爲游揚而通張相郎故人王金泉居銓部弗與通庚午高相中玄從時望首轉公陝臬使入覲竟不拜恩私室高大以爲望陝左使曹高兒女親也欲爲公地公謝之不以官易介會李鴻臚出撫江西又余節推有黠皂詐惕嫌互相文致其狀公遂中單詞歸歸無餘俸積不特拒知事知州之餽已也家食十餘年茹淡服素將令後世師吾儉故舊賜坊銀勿建至宗祠則捐貲爲族人先配陳淑人以娩婉聞每脫簪珥佐公讀及奉二尊人驩先公十五年卒公念之不納他媵待一弟三妹至友愛不廉薄親堂兄權病疫死至親盡走匿公特爲經喪葬事視諸侄與郎君等撫諸生各有成立未嘗爲人關說司府前而或有寃抑無控如錢塘蔣氏暨陽王氏徐二尹朱文學周張二生輩竟爲白之不令知其恤善扶危之性至老不衰如此於是人人謂王公長者出入不倍於倫屢迎爲鄉大賓杖履各有常處臧獲不以怒故笞書史不以老故撤恒兀坐湖濱小樓上浩然天游且與朱憲副陳國相陶陸兩通府及不佞輩結爲觴咏社詩步白香山而文則成一家言覘聲利澹如也癸未蒙恩詔復原職致仕〔林頭王氏譜〕

徐夢熊山陰人嘉靖間任六合縣訓導置官書議祀典刊古訓皆於風教有補〔江寧府志〕

李應元字元川山陰天樂鄉人嘉靖丙午舉人〔見山陰舊志選舉〕無意進取講學於宗祠以山陰天樂荒鄉額徵賦役向例二十畝成丁科則最下嗣因糧額變更民困不堪應元上下申理得復舊制卒後總督胡宗憲爲撰行狀〔據天樂李氏譜〕

陶師文字純夫會稽人嘉靖二十五年任湖北宜都知縣新學宮廣學田至八百餘畝刱建清江書院立社學六所邑人歌之曰我子弟兮侯教之我蒙昧兮侯詔之侯來兮爲吾師侯去兮吾誰與歸在任六年以遷去〔湖北通志〕

章大綱會稽人嘉靖已酉開以舉人守山東濮州心和政平郡堂嘗揭聯語云長者無疾言遽色君子必尚德緩刑其恤民每先煢獨且深沈有執若無所短長而臧否自別其於强禦之家武斷鄉曲者潛奪其威而治之如法清潔自樹三年如一日蓋有養之士也陞河南府同知道卒哭送者接踵於河上云〔山東濮州志〕

周浩字允集號雲門山陰人父礽正德戊辰進士刑部主事究心程朱之學卽世所稱爲寧野先生也礽之官南都浩方八歲數千言經月不忘父病篤氣將絶以呼吸綿之不能救居喪斷葷羶問學於季父澤文日有名舉嘉靖辛卯鄉試乙未成進士歷官中書舍人工部營繕司員外郎中遷雲南曲靖兵備副使先是曲靖有事調遣兵卒輒苦餉遲延不行曰竢黔院符每生患浩至已汰支給柴薪金遂以充餉不待符卽就道人稱其有濟變才云條上按撫奏發帑築牆建堡限貴州夷獠永絶侵掠不修賂於嚴嵩父子以陝西苑馬寺卿勒令致仕居官二十年家業損半卒年九十葬山陰廣溪橋山〔據前梅周氏譜何繼高撰行狀〕

王琥字巨虎山陰人王守仁高弟也博極羣書狷介絕俗周遊講學所至一方名士趨隅世稱方湖先生偕蔡宗兗俱久寓義門張孟暄延館山堂書院編較山堂初學記凡有關風教處多所題詠（浦江縣志稿）

商廷試（節錄張元忭撰行狀）公諱廷試字汝明明洲其號也初名珙舅氏謝無後以公爲後遂更今名襲姓謝久之入仕而舅氏已舉三子迺請於朝復本姓云戊子（嘉靖七年）領鄉薦辛丑成進士授刑部福建司主事以儒生爲法吏人多難之公獨明習典章遇事燭照斧斷雖老吏自謝弗如每有疑獄必就取決焉盜竊西内齋壇物諸閹卒被逮而巨璫守壇者得幸脫公白於尚書曰盜入禁地守者烏得無罪巨璫怵以利害公弗顧竟置於國法邊將某某者以失律論死公草奏謂此輩久於疆場號勇敢即有過宜使策奇自贖上從之其用法不苟又如此丙午考績遷廣西司員外郎奉詔慮囚雲貴滇中率多土舍邏盜卒不可得懼獲譴則誘夷氓以充夷語侏儷卒難辨獄具久之始覺卽欲辨不可得矣前後讞獄者類膠成案莫敢更公愀然曰若是則欽恤之義謂何立爲辨之所全活者數百人具恤刑疏草中庚戌遷陝西司郎中其年冬虜入犯闕下肅皇帝怒本兵緩援帥戮之西市并下職方郎獄公當按之時相分宜與郎有連密遣所親屬公公止色曰兵之緩急在職方尚書且死矣郎烏得無罪吾寧忤執政不敢骫三尺法以忤上與俱死無益持之益堅分宜大銜之白計擠公不得則姑詘公資出爲黃州守黃於楚諸郡最劇而疲且嚚訟公至務爲簡約汰浮費千餘金斥胥吏舞文者數人檄下諸縣有所攝與爲期期而不至有罰終歲不遣一隸下諸縣晨起視事公門洞開欲訴者無所閡訟入立剖獄無繫囚諸縣有所輸第驗封立遣庫無羨金羣吏束手無

所爲郡庭閫如境內大治河南賊師尙詔糾衆爲亂光與黃接壤遠近洶洶謂賊旦夕且渡河掠黃所司議調兵以守公爭之曰尙詔陸寇耳當走山東鼓饑民勢且益熾若走澤國祗自縛耳必不至調兵何爲既而賊果不至黃與九江接壤土人爭界而鬬所司輒以叛聞議發兵以攻公又爭之曰此鬬而爭地非叛也發兵何爲請身諭之迺單騎往衆感泣相率羅拜請死公與其長偕來見撫臺竟不發一兵而土宇帖然此兩事者微公民不見賊而已困於兵所爭尋常而蒙叛名以死者何算也故公之守黃爲諸郡最至今人人誦之乙卯遷山東按察副使兵備青州青故多盜而楊思仁者以其兄殺人繫獄將刼出之哨聚數千人分布中外蔻期而動値公初下車戒嚴賊不得逞公偵知其狀亟以兵掩捕之賊擁衆走濰濰多鑛徒公曰賊若合鑛徒據險阻卽難圖矣遂進兵急擊之賊大敗斬首六百級宥其降者千餘人度思仁必走河南先期遣健卒要諸途果獲之賊遂平蒙陰鑛徒王恭劉顯等亦聚衆千餘人久不能捕公曰是可以計取也迺誘其腹心周某者厚撫之因與約曰吾欲取恭顯今歲暮當以仲春爲期吾以檄來汝其爲內應功成當爵汝對曰唯唯尋呼諸校立庭下謂曰若等歲暮各放操迺令周去而密令諸校兼程薄賊巢周歸卒以公語語且言已放操賊信之遂不設備會除夜方張筵爲樂兵舉火驟進賊倉皇狼顧鼠竄一夕悉擒公在青平兩巨寇奇正迭用功甚偉而恥於自張捷書上兩臺又不敘所指授既失兩臺意疏下本兵分宜挾宿憾嗾臺史掩公功而以罪論調雲南副使備兵金騰公亦不怏怏緬酋莽達剌者脇三宣撫以叛公駐兵騰越間以禦之酋不敢動復上議撫臺曰酋所需者牌印牌印在永昌庫中國家假此以羈縻諸夷者置之無用非計盍

下令令酋改圖爲我守障毋擾則當爲爾上請貰爾罪予爾牌印酋必感恩悔禍我兵可解甲而民可安枕爲地方計甚便撫臺不能用緬酋至今爲梗滇人每思公言蓋公曉暢物情氣定而識遠故隨其所至輒建樹炳炳議者謂公肩任實無不可然天性夷坦既不能媕婀取容又不能結交延譽故挾負雖磊磊而世不盡知也自雲南量移陝西陝西職在馬而仕者視爲散局卒高臥不事事馬政日隤曾不得展迺歎曰湖山遲我久矣胡不歸遂自投劾乞身去家居逾二十年日惟課子弄孫自娛深究黄老養生之旨其於一切玩好淡如也晚更號淡翁以見志與人温温可親喜怒不遽形於色至論事可否是非侃侃不阿必當於理其學博綜古今叩之輒響畣發爲文詞不事組繪而充然成一家言有明洲集及所訂參同契藏於家卒年八十有八朱大學士賡誌其墓〔會稽商氏譜〕

謝廷訓字雙湖會稽舉人初任福建邵武縣以憂去嘉靖壬寅起復爲大田令田置邑未十年令且三易自廷訓至經營規畫始爲邑建長久計邑素苦盜廷訓繕城郭修兵衛誅叛卒藉敢死士爲先登兩破汀寇縛渠魁斬之駐兵扼盜衝賊遁去邑溪險不可舟廷訓鑿石百餘里民始知有舟楫利時驛道所經例有夫役當者輒破產廷訓力爭于當事曰田邑新造民病未蘇重困以役是驅之盜也民乃免縣未有志廷訓始輯之復作新編以諭民造稽弊册版籍井然公餘輒肆力文章有唐宋大家風焉〔大田縣志〕

陶廷奎 〔錄家傳〕公諱廷奎字應夫生而嚴重髫年嗜學笑語坐立皆有度性至孝侍父祖側誾誾惟謹弱冠補庠生以選入會稽書院累舉不第非其志也嘗謂今科舉學絶根撥華風習日陋奮然思起墜緒稟仰

聖修精思而力行之其宗斷自閩洛以爲舍是皆斜徑巇道不足蹈也當是時文成王公起里中以所學倡召海內士爭趨走之其指簡易徑直所解書義或謬于紫陽公心不謂善也文成之前嶺南有湛甘泉先生婺有章楓山先生而章先生尤以行履醇緻稱公獨心師之嘗言予賦性朴愚稍知向裏鑽堅極深久而有會于日用事物之交天理人欲同行異情之際亦嘗審辨于中以自驗其心之所安與行之所向有在此不在彼者使楓山可作願負牆而請焉其趨尚蓋如此又言姚江言致知嶺南談體認其流將使學者釋成法信胸臆害有甚于膠固拘瑣者於是著書數萬言于知行博約之類皆嚴析而精論之名其書曰正學演說又爲易經筆意若干卷別爲圖像圖學太極理性命正中易變易教占法十翼若干篇名曰要義又嘗著論謂小學之教不立害且子不孝弟不悌幼不讓而爲父兄者殆不能安于子弟使子弟爲父兄時而又不以教則其不安於子弟亦如彼父兄之不安於彼也然則小學之教乃父兄所爲自安之計而亦貽安于世世之道也謂教始閨閤先女貞倣朱子小學作女教若干卷臚其目曰子道婦道母道凡三篇師資廢交道薄爲作朋友論論者謂陶公著書如紀行足踐目視而言之異乎坐談瀛裨者矣生平坐無倚立無跛行無翔割方而食酌清而飲貌必衷言必復人有過而折之後無餘辭與人居雍雍如也嘗有客在座小交其足公正色言曰小交則小不敬大交則大不敬客遽起謝子孫侍立移時足痺膝攣不敢傾搖不命去不敢去事親盡力喪盡哀二弟友愛白首共居爨晚歲惟季叔存每日有魚肉必問十三公供未對曰未也卽撤奉之後膳魚肉者必先十三公也嘉靖戊申貢于禮部某年授武學訓導癸丑拜疏請老奉旨致仕年八十有一

公嗜學好古老而彌篤晚歲臂掉指强然日起抽管著書未嘗少輟先沒二日猶稿成數紙其勤如此沒時有光上屬鄰人望之以爲火也用恭惠恩累贈至工部右侍郎〔陶堰陶氏譜〕

董元卿 〔錄陸夢龍撰墓誌銘〕陶祭酒謂隆萬間吾越有才臣二人曰太子少保兵部尚書環州吳公大理寺左少卿燕陽商公余謂亦有才士二人曰山陰學生文長徐君會稽庠生少海董君吳公祭酒爲之狀商公則代爲之誌文長則祭酒傳之袁中郎復傳之然則少海固不能不有待於余也少海諱元卿屬廣川伯董子裔自秣陵三遷至會稽生與文長同庚而少月之十又日之十五長商公七歲二人弱齡成侶商公以試事往來都下文長四十三同僑邸舍所題劉君畫梅正在此時而少海讀書東池銀練一灣玉屏百雉鵰鶚秋風蛟龍雲雨文長輒爲題署蓋二人至則聯袂去則鍵戶雜賓不數數見也至五十一而文長下獄已六年商公舉進士官刑部主事文長致書云仰賴德噓近稍離鑊湯一飛衝天儕輩生色於是商公特簡江西道御史出按山東已更福建督學畿內而文長於五十三而釋乃商公復遷大理寺寺丞進右少卿侍講經筵尋改左蓋十歲之中商公之才已稍稍見而商公五十有五少海與文長六十有二於是祭酒已贅商氏兩年踰十一年而文長卒而少海之孫文學用時年二十餘商公孫大司馬周祚進士周初並繩祖學同硯席於土城山大司馬以辛丑進士宰邵武壬寅九月商公卒明年十二月二十七日少海卒少海之第三子詩商公嘉其德文學則祭酒重其文俱見於家狀少海文近子會得空同子化理物理治道論學事勢巽道凡八篇門人聶雙江豹謂屬五十後悔而作論者稱陽明子以理學兼古文辭空同子以古文辭兼理學

少海亦作反生契道窮經致用觀察機務閑聖八篇其返生曰君子深悲天下莫反其生夫聲色芬香滋味生之害也聲不乖耳色不乖目芬香不乖鼻滋味不乖口適於生則樂苟有敗其生者則必怫由此觀之聲色芬香滋味不從於制而從於辨譬之若官職不制於事而辨於材此反生之道也子州友父告堯曰以我爲天子猶可也我適有幽憂之病未暇在天下也天下非外物也而以爲害其生於他物何如乎惟以天下爲害其生也故不可以任天下越王子搜逃乎丹穴越人薰之以艾乘之以王輿王子搜仰天而呼曰獨不可以舍我乎王子搜之惡爲君之患也不知爲君之不足以患也若王子搜者可謂以國困其生矣此固越人之所能迫以爲君也顔闔對魯君之使曰恐聽繆而遺使者罪不若審之審之復來則不得故若顔闔者由重生惡富貴也而惡富貴不足以重生也古之君子多以輕富貴爲賢其不知道豈不惜哉故曰道者身之所歸爲國家者非其緒餘治天下者非其土苴由此觀之帝王之功聖人之本情也乃所以完身養生之道也今世俗之君子安身保生以棄物彼且奚以此也彼且奚以此爲也凡聖人之動作也必察其所以之與其所以爲今有人於此以照乘之珠代暉夜之燿世必笑之是何也其明遠其施狹也夫生豈特照乘珠之遠也哉子眞子曰審生爲上輕生次之迫生次之貴生爲下故所謂善生者審生之謂所謂審生者六欲皆從其自也所謂輕生者六欲各從其自也輕生則於其審之者淺矣其輕彌甚者也其審彌淺所謂迫生者知其所甚惡必不得免也所爲貴生者六欲不從其自也皆操其所甚矯矯是也僞是也僞莫大于無本故無本貴生也而貴生非獨無本也故曰貴生不若迫生矣以知其然也耳能聞而不聞不若聞所惡目能

見而不見不若見所惡故耳因雷掩非不聞雷目因電揜非不見電此其比也凡六欲者皆保其所甚矯而不求其源不若知其所甚惡知其所甚惡者迫生之謂也故貴生不若迫生不食腐鼠者在於辨肉也不飲敗酒者在於辨酒也不求迫生者在於善生也此八篇之一也餘見東池集又文長有四書解數十葉少海亦有解其解朝聞夕可也曰事雖萬端只有一件身雖百年只有一刻其解不違仁也曰心即是仁舍性眞之外別無知覺仁卽是心極知覺所運皆屬性眞擇其一本自絕兩形然非顏子不違未易幾此其解欲從末由也曰從則畢竟尙有我在曰末由則畢竟道無跡在顏子到此已喪我而絕跡矣其解知生知死也曰已往之至人無氣而生者也見存之庸人有氣而死者也於此思之則生死不二矣此與余有相發明者乃少海歿二十年而文學逝又六年而商公次孫舉進士而余適以參政被鐫歸文學子以童子擅時名商進士曰惟君誌其曾王考此周初逌家祖也才不亞文長余亦夙驚其譽云公配張氏後公十四年卒子誥詔詩謨孫用中用行用賓用時用賢曾孫萬祜萬祚期生文楷文模瑞生串孫良櫝餘詳家狀銘曰武蕃淑漢三君今繼之迥不羣彼詆兩君者各域其素履而激清動槩其風規不復聞黨錮其諱歟道學其枝歟本士其分歟吾發其光以燭之且以補兩傳之闕文〔東大池董氏譜〕

童端〔錄童光鏴撰家傳〕公諱端字繼軒少好讀書通經史大義兼資文武膂力過人嘉靖二十一年俺答大入山西詔天下舉武勇士公由武學生詣巡按御史自薦御史上其名兵部授副千戶旋推守備以三十二年調任南京會倭犯金山蘇松副總兵俞大猷徵諸道兵公簡精銳二百赴焉因署前鋒游擊倭屯松江

柘林者尙數萬而官兵新集僅千餘總督張經趣之戰公從大猷破賊於王江涇時柘林倭雖敗而新倭三十餘艘與南沙小烏口諸賊合犯蘇州直抵婁門北掠滸墅南掠橫塘蔓延於常熟江陰無錫之境出入太湖聲勢震動官軍復敗之陸涇壩焚二十餘艘又邀擊其自三丈浦出海者賊遁吳江又邀破之鶯脰湖又追敗於嘉興擒其魁公乘勝追擊一晝夜行三百里論功陞南京鎮撫四十一年倭陷興化公復從大猷討賊興化故閩名郡鄉人以寇亂悉攜貲入城最繁富洎收復諸軍多有殺良民沒其貨財以冒功者公嚴戢其下絲毫無所擾時泉州知府童漢臣有保障功與公稱競爽焉以穆宗五年解官家居公善持紀律所至軍民安堵撫養士卒如家人父子有氣度當倉猝鎮靜如常總督譚綸嘗以名將相期許性抗直抗於權要時論惜之（富盛童氏譜）

胡方義字正夫嘉靖乙酉舉浙江鄉試宰桐城疾掃宿蠹興學校隆孝弟民有夏孝子者甫九歲父病篤割股而病愈公聞之捐俸給養申請學院受業博士門愛民之誠出於天性不事刑罰專務以德化民其律已也嚴毅剛方人不敢干以私時御史意有所求左右勸承之公曰天子以縣令親民授我今剝民以媚上不忠遂劾之民皆奔足哭泣若失慈母即日聚衆數千疏其治績之卓異者叩閽訟冤公卽飄然往矣桐民雖窮山深谷莫不負薪米以餽公悉善辭之而不受改令石城公治之猶治桐也境内多盜前任者好金帛爲盜家匿藪事覺以無辜抵之公申理冤獄良民得以保全而盜亦翻然改焉鷄犬不驚者三年去任日百姓徬徨涕泗挽寇公之車建棠公之祠立峴山之碑亦猶桐民也兩邑人均爲建祠立碑當桐民建碑時入山采

石天忽雷雨如澍有石從深潭中湧出旋於溪畔得趺奇古若秦漢物民大奇之因喜而歌曰碑隱深潭趺隱溪不知湮沒幾多時蒼天不負循良令見於吾民作去思異哉此天所留以表公遺愛者也（周文燭撰傳見賞枋胡氏譜）

錢榎字世材號立齋山陰人嘉靖中以解元進士知福建晉江縣精練明決用恩而不爲姑息用法而不爲刻深抑豪强而人無侵奪懲盜賊而人得安眠明而不以聰察爲訐潔而不以矯激拒人大造黃册善搜積弊造謁賢士談經論文秋闈集士解舍具餐三試作興之復延名師分詩書禮春秋四館以教士咸充然有得嘗因公至安平孝子黃裳偕諸生舉其母陳氏節孝榎曰勵風俗令職也卽出公帑建祠命里老督治既成迎陳氏主及安平之節烈顯著者祀焉名曰九節祠後陞刑部主事（晉江縣志）

鍾銳會稽人嘉靖三十一年任福建惠安典史勤慎潔己邑令事多倚爲裁決部紙之役兩督賦于崇武事集而不染錙銖捕盜賊察奸伏克稱其職會當入京向時道里之費皆歛諸民銳下令悉除去垂槖而行大著廉聲（惠安縣志）

馮賁山陰人嘉靖間由歲貢任古田訓導志篤行方動皆有則誨人尤諄諄于躬行之實諸生貧者輒邺其贄儀益加賑邺（古田縣志）

何昌祿山陰人任福建南平丞分駐峽陽潔清自好從不妄准一詞有投牒者必反復開示俾知感悟不致終訟胥役皆欲退去後署縣篆清操愈勵陞羅源令卒（南平縣志）

胡鳳喈字德和山陰張漊人〔父文静山陰志有傳〕嘉靖間入監讀書以積分謁選授福建甌寧縣主簿任滿升江西贛縣縣丞在甌寧清惠愛人去之日紳民遮道攀轅不任依戀事蹟載甌寧縣志長子繼先字仰山以椽吏積資授廣東河源縣巡檢好賢樂善拯急扶危亦不忝家風云〔據張川胡氏譜〕

李世美字鍾秀號誠齋邑之東郭人事親盡孝母陳病三年侍奉無倦封股療之竟愈得旌賜六品頂戴嘉靖時人〔東郭李氏譜〕

陶幼學〔節錄陶崇道撰家傳〕公諱幼學字子行嘉靖己酉舉于鄉己未成進士授工部營繕司主事榷荆州關轉虞衡員外郎未幾晉都水正郎管理通惠河隆慶辛未仍補虞衡壬申陞福建憲副治兵漳南萬曆乙亥叅藩豫章分守湖西道俄擢本省憲長己卯爲雲南右布政逾歲轉左以忤楚相辛巳與恭惠〔承學舊志有傳〕相繼致政歸公蒞官如家凡事務爲節束使可經久在繕部時方營三殿役白徒甚夥故事仰直于其長遂滋朘刻公計人如干以緡約錢每夕出役者中門闔其左魚序而枚給之長無從乾没役者大悦時諸商輸木京師甚衆而不時收受久者至閱歲夏潦間至不禁漂徙甚苦之公爲設法不經月俱竣事去尋葺通州倉倉吏之鼠竊者率賄塗人當塗時先貫以木出木穴孔納竊其中導出之公既悉其姦狀復爲之峻其垣并作拘木以鍵横板然後勺粒皆官粟也廠故多朽木特敗在膚衆咸棄之公斲其膚得堅材若干而不受斤者乃析以爲薪歸之陶人旊人使製甓焉人謂長沙桓公不是過也已治兵漳南先是詔安兵殺漁人而以盜聞撫臣不察據上之同事者皆受賚公至嚴其禁犯者得死特寬番船之法曰閩地狹不

足以粒使不扞國法足矣舊例卒三年一更謂之放班不願代者亦勒令還籍名恤其私實主者利更替時進奉耳公持不可曰此曹食縣官久豈肯伏首把耰鋤且卒皆練習一旦易以市人非計已遷滇南滇多土司饒奇貨每至仍襲墨者務爲持重以出其貨公至牒上下如風雨曰此聖世羈縻之鄉也奈何離逖其心當虜騎躪通州時京師議增城濬隍僉曰非二十萬不可公曰七萬可矣議置鹵簿僉曰非萬金不可公曰三千可矣後卒如所言防海之戰艦薄公問費幾何曰二百五十用幾何時曰五年公益以五十金令置堅厚而十年一更費省利倍其鈎探精密多如此性不喜客亦不能飲家居無事取骰子兩手互擲敗者執杯侵脣而止遂至終日間出與羣從聚談植立挺挺年逾大耋無倦容崇道鄉薦歸公是年八十有九遡公鄉薦時甲子正一週公喜甚被冠服迎勞于郊舉酒爵曰小子吾先後同年也道跪謝不遑爲盡三爵見者咸侈盛事云公生于正德辛巳六月十日卒于萬歷辛亥七月十六日林居者三十年享年九十有一（陶堰陶氏譜）

陶允宜（錄家傳）公諱允宜字懋中別號蘭亭文僖公（大臨府志會稽志有傳）子也頴悟異常下筆千餘言立就二十一舉于鄉二十五成進士甫釋褐而文僖卽世扶櫬南還盡謝賻贈時故廬燬將必更創公曰葬而創廬則先人永不入若我心何或言俗禁公大號曰九泉有居猶欲相從奈何及此乃亟治廬廬成居櫬而後居焉觀者大悅以爲此前人所未有也服闋補刑曹會江陵奪情復相公艸疏劾之已授中貴矣相知者亟止之曰爾獨不念章夫人老文僖止一子乎紿中貴出疏焚之時艾先生穆沈先生思孝鄒先生元

標與公同曹聞而艷之遂相繼起竟受杖去朝士畏禍不敢餞公於衆中詩而送之有半生身竄邊城伍不死天留國士雙之句壬午補佐通州癸未移常州已而轉南比部時方議亘瓃馮保獄尚書欲輕之公執不可獄成上其牘海忠介見而亟稱之尚書不能奪而憾甚矣丁亥以別事中之拂衣歸戊子補判兩淮尋改廬州吏盜庫金而守以覲行則詭指爲守所持去按部者不察將直吏公心疑之以計鉤吏婦而鞫之乃得白廬久旱公爲文以禱方焚板雨隨墜己丑改佐楚黄公長才久困抑鬱不樂乃多爲詩文召諸士親試之緘名易書獻體而後入弟畢飾錦與納榜其中鼓導而揭之士氣一新李公長庚周公應明王公同謙皆公羅中士也亡何罷歸益恣情山水搆亭吼山者一遡剡而上爲別墅者二而岱宗九華嵩嶽峨嵋太和諸勝趾亦幾徧性至孝邑庠之西署爲文信子衿時所游公特新之在杭在郡在里立廟祀文信者凡六七爲文峻朗詩法王摩詰不爲深刻語尤精四六所與倡和者屠長卿王元美兄弟前後所刻不一其子崇政彙而板之總稱鏡心堂集若干卷行于世享年六十四〔陶堰陶氏譜〕

商爲正〔錄陶望齡撰行狀〕公諱爲正字尙德號燕陽脩幹玉立性倜儻弱冠補邑弟子員則盡友其名宿方是時言誦習富多旁貫子史能爲古文詞者輒推公公益自喜務閟隱其經義以是小試輒雋亦坐連蹇及登隆慶辛未進士年四十餘矣試政都察院選刑部貴州司主事丰儀偉特每入署上下目屬及見其長於論事核舉今古稱引故實云何其詳練明習久宦者自謂弗及是時葛公守禮爲都御史王公之誥爲刑部尚書葛公曰是宜居吾臺中王公曰子非久西曹者也會時議改諸部爲御史遂徙公江西道無何奉命

巡按山東至則捕大豪張仁捶殺之仁曹伍徧諸郡持民吏長短爲奸利意所迕皆立至痍痏上下畏苦大吏相與意語仁輒先覺或中禍俱莫敢發聲及是一境懽服膠萊河之役大臣倡決執政者主之意殊銳詔有言非便阻成計者罪弗赦公揣度形勢心知不可及役興作者六萬人漬鹻淖中積數日蟲生股脛皆怨詈環噪首事將爲變公疾馳往令前驅大呼巡撫來衆稍避道既至身拊慰之皆呼天遂殿而出事乃定會有盜驚巡撫都御史輿刃及於几人情洶洶時公奉詔往挑驗遂上疏曰臣謹會同諸臣亟趨膠州以分水嶺施工挑驗濬數尺卽石又數尺卽沙未及丈餘水泉湧出隨挑卽汲愈深愈難今旣旬日而功效如是費可類推雖二百餘萬金未足以了此縱已開濬而麻灣海倉各淖沙數十里此皆潮水往來衝激所成深不盈尺隨挑隨淤就令別開一渠數月之後潮至沙壅又復如是兩頭梗澁舟亦難行惟秋潦水泛勢或可通而入秋以來風多西北不便北帆風轉放洋須春夏負重之舟置之何所建倉之費又似難已夫所貴海運者以便利倍於漕運也今冒一千五百里之險重以艱費何濟於漕況人力地形萬萬難就夫圖未然垂永利者大臣惓惓憂國之忠揣力度勢不可而止臣愚臨事之義願召還二臣暫停工役疏奏役遂罷東人以安又上疏曰國家用人不當拘滯流品令材者無繇向進不肖者彌自廢弛因薦所屬縣佐楊果趙蛟雖發胥吏有長民材上從之拔果蛟爲知縣著爲令三途並用由公始也故事御史入臺先分治五城爭訟曰季差繼出領監茶屯廥諸雜務曰中差差竣始專按部曰大差公釋褐甫四年卽領憲寄入臺三月出按齊魯疑謂弗習兩司皆夙宦初或匿端問出疑事試公公發片語輒據尾脊及退相視歎服齊俗夸健治主嚴辦

小吏侍立者皆股栗及吏按福建乃弛解繩約曠然與爲簡易行部所至延問風俗勞來農桑小民日入訴事無所圉阻公因參伍詢問盡知閭閻便苦吏賢奸狀持以陰重不妄發發輒中窾人畏而愛之龐公尙鵬之按浙江也罷均徭倣僱役法行之號一條鞭民間稱便至是龐公爲巡撫公與協策行諸閩巨室勿欲搖惑百端公峻持之議乃定民歌曰龐公父商公母增我田疇省門戶隸不下鄉民不見官府福州興化皆立祠祀焉福寧衛軍亂縛指揮懸所閉戶變告總兵某亟謁公問計公笑曰公大將當發兵討叛耳對曰不敢遽也公曰衛將暴於衆衆不勝忿恚犯上凌長設至斃勿可赦已衆知必死而果於叛嬰城四掠窮且入海今乘其初起急遣卒持檄數其將罪而逮繫之若就戮者衆快忿泄而怠於無辭因開其告訴必駢首起訟然後求首亂者誅之事卽解矣從之已而果定舟師戍海獲倭百餘械以獻將騰疏告捷公受牒駁曰倭非木人朝遇敵哺而擒之格鬭移時無一傷者何也引囚至庭下問之皆首擊地具言本閩人商海所給文引爲將卒所奪一囚解行纆則片紙名籍具焉移檄驗之果信皆得釋有工斧石於山得古像室而奉之遠近禮敬衆常滿千百時白蓮禁方厲他省有以捕妖見賞錄者有司盡繫治以聞凡數十人法當重辟公悉縱遣之以妖言律坐一人而已時林道乾剽海上公遣使購呂宋擒之機露先一日逸去公念沿海兵寡而民間有戍籍者勾捕齎送輾轉數千里勞苦逋逃無所濟迺疏言遠方軍絕應解捕者請卽改戍近郡備海上以便私家實符伍上以爲然命著例通行使滿行報命父老持香爐羅道跪送千餘人所解囚擗而呼曰吾小人非値公肉飼狗豕矣公歷二省所疏議皆諳遠大體文詞宏練執政者見之輒歎賞以爲能方自齊歸

問觀風校士孰當首鄉闈者對曰鍾羽正其人也及錄至果第二執政喜曰兩畿督學無易子矣迨是提學北畿公久諸生經藝精與日覽數百牘懸測利鈍絫銖兩無所失所擢卽聲譽士後遂湮沒所抽擢穉秀滯材靡不翔翥者踰二年遷大理寺寺丞尋轉少卿皆更左右攝卿事侍講經筵廷試讀卷官今禮部侍郎朱公國祚公所拔識士也時爲舉首御批卷下公一見輒知某生皆愕然笑曰何謂也公曰以文知之既而果然皆揖爲賀其精識類是也公之舉進士爲江陵公門生及踐臺憲時以論事見江陵性莊少言每聽公語天下大計慷慨中實爲立良久數頤頷稱許每謂人曰商侍御綜制材也當是時輔臣權重諸諂佞數受意指爲搏擊驅走指所弗及揣逆傳會而公獨材器見知重未嘗有秋毫私劉御史臺習侍郎孔敎皆所嫉仇者也公力擁護之事聞不懌至顯誚讓公弗動及敗諸門下士或反面詬數自掩飾公獨時謂人曰張公實知我者恨吾力小不能匡其失耳故論者謂輔相用人之官也任材集事弗知何由同力比德以濟社稷向令江陵所知皆若商公者其無敗乎勢盛而趨之敗而叛之視公其泚矣公因上疏乞歸時太僕公年八十八陳淑人年八十有六矣登堂上壽時論榮之居數月太僕公乃歿又五年陳淑人歿喪以禮稱焉辛丑奉恩詔進階中憲大夫公性愛物春煦火然就之皆烋滋官所至雖冗吏卑人皆有恩意其大端主拯扶成就而已或盛怒少頃輒解雲散日開無翳障以是人樂親之明習世務揣表識歸既老聞國有大事每私議之如度平秀吉不敢窺中國劉哱嬰城無能爲勢不可入虜後皆驗少與前兵部尚書吳公兌交好相許材略吳公嘗謂曰夫取纖趨萬步倭而擇言吾二人弗任也當兵革之會制呼吸之變定難決煩君與僕耳聞者

以爲然卒年七十有六朱大學士賡誌其墓〔會稽商氏譜〕

商爲賢〔錄陶望齡撰墓誌銘〕按狀公商姓諱爲賢字尙思別號仲陽世居洛宋南遷時徙越至嵊已而兄弟四人並顯故名其鄉曰繼錦自勝三教授始徙會稽之樊江數傳生彪彪生澄澄生公澤公澤生廷試卽公父太僕明洲公也母陳氏誥封淑人元配季氏彭山公孫女娶一歲而沒繼配太學生陳月潭公女生二子長洽光祿寺署丞娶德慶州州判陳省愚公女次治貢生娶吏部尙書海日王公曾孫禹麓公女孫一周稷聘穎州守祝金陽公孫女孫女一適常德府知府葉鎭山公孫庠生汝衡此公之家世嗣祚也公生於嘉靖丙申閏十二月十一日辰時卒於萬歷辛丑年正月十九日卯時享年六十有六三月廿三日葬三江清風洞山此公之初終宅兆也公少以詩補郡庠生再試於鄉弗售以例入太學卒業又弗售遂以例授鴻臚寺序班歸侍二親居數年萬歷壬辰始謁選甲午考績轉授鳴贊丙申出判六安居無何以愼職勞勩遂遘危疾尋乞致仕歸此公出處之概也公生而警敏姿狀秀偉好讀書星歷術數形家之言靡不聞其孝友出自天性與伯兄大理燕陽公季弟磁州燕谷公怡愛甚篤大理公嘗臥疾公親爲調治湯藥至月餘乃瘳萬歷丙子應試武林且入鎖闈矣聞太僕公疾卽趨歸至江滸舟人請俟潮後乃渡公叱曰吾父疾奚俟爲竟迎潮以渡舟幾覆者屢矣歸則太僕公疾篤公憂惴失色夜則禱天拜北斗願以身代衣不解帶者彌月乃割股以進太僕公疾良已人以爲孝感所至云邑博士嘉公孝行以聞於學使者檄奬賞之公辭弗受嘗有鬻家於市者獲金而遺號泣於道公詢得其實爲代償之公生平不喜殺牲每至親友家輒戒殺親友或時

至呼酒爲具輒謝客曰吾不忍殺牲以奉客幸弗訝也自六安歸則屏絕塵務深居養靜不喜與人接亦不輕發一語惟雜蒔花藥自娛而已此公行履之素也望齡以大理公子壻囑爲銘銘其何辭銘曰位非華膴列州部矣壽非松籛踰耆年矣唯儉而豐兮唯德而隆矣是唯商公之宮兮〔會稽商氏譜〕

張博字子約山陰人知湖北應山縣田賦不均力爲釐定有三綱八目又著田形算法二十七則俾民間皆知巨室豪吏無不折服〔湖北通志〕

劉塙字靜主號冲倩會稽人性任俠慨然有四方之志所至尋師問友以意氣相激發人爭歸附之時周海門許敬菴楊復所講學于南都先生與焉周楊學術同出近溪敬菴則有異同無善無惡之說許作九諦周作九解先生合兩家而刻之以求歸一而海門契先生特甚曰吾得冲倩而不孤矣受教兩年未稱弟子一日指點投機先生曰尚覺少此一拜海門卽起立曰足下意眞比時輩不同先生下拜海門曰吾期足下者遠不可答拜及先生歸海門授以六字曰萬金一諾珍重先生報以詩曰一笑相逢日何言可復論千金唯一諾珍重自師門先生雖瓣香海門而一時以理學名家者鄒南皐李儲山曹眞予焦弱侯趙儕鶴孟連洙丁敬與無不叅請識解亦日進海門主盟越中先生助之接引後進學海門之學者甚衆而以入室推先生然流俗疾之如讐亦以信心自得不加防檢其學有以致之也先生由諸生入太學七試場屋不售而卒葉水心曰使同甫晚不登進士第則世終以爲狠疾人矣不能不致嘆於先生也〔黃宗羲明儒學案　嵊縣志〕

羅萬化　〔錄家傳〕公諱萬化字一甫號康洲望湖公長子也生而岐嶷六歲就鄉塾其傍樓忽傾公不爲動

弱冠補邑諸生旋廩於學宮先後督學者爲誠菴古公松坡畢公得公文亟咨賞之時讀書龍山山夜鳴占者謂屬公甲子舉於鄉戊辰成進士及廷對莊皇帝禱於天置公第一授翰林院脩撰上疏陳祖母朱淑人節於朝上旌之與脩世廟實錄成陞侍讀知制誥充經筵展書官仍脩會典時江陵柄國欲招致公遣其客周大珪屢以言挑公公却之而請告歸歸則與毛靜峰輩講明文成之學假滿不即就銓望湖公趣之出會座師李文定公貽書有論思述作之地何可一日無賢者不宜戀戀家園之語乃就官補侍讀加俸一級知起居注出典應天鄉試又分校禮闈江陵爲子懋修請試題公不應其奴尤七建寺請公爲記公怒斥之江陵怒終其身公官六品不得調壬午江陵卒始遷宮諭兼侍讀充經筵講官會皇長子生封兩尊人如其官陞國子祭酒崇行誼肅禮度卽要津子弟無少貸諸生咸凜凜然已遷南京禮部侍郎便道歸寧母於堂在留都結社講學南皐鄒公嘆爲躬行君子望湖公訃至公徒跣歸居喪如禮歲大祲賑給宗黨全活者甚衆服除久之起南京吏部右侍郎召爲吏部左侍郎考績得封贈如制壬辰佐太宰五臺陸公主大計一循至公人不敢干以私陸公行代攝部篆尊體統肅綱紀其屬咸憚公已陞禮部尚書翰林院學士教習庶吉士國史副總裁有御史陳登雲訐奏公公上疏請解官帝慰諭之并切責登雲公回部視事先是東宮未定有旨二十一年行至是已屆期而命下欲並封三王公謂此舉人心未滿言之元輔太倉王公欲再疏而太倉難之公曰誠意正心當如是耳太倉復遣人誘公少默當大拜公毅然繳還聖諭章八上而廷臣亦交章言不可太倉遂力任之卒得遂所請皇長子出閣讀書國本乃定宗藩開科之議格於舊制未行公力請行之

濬藩踰制乞封已有旨允行公奏止之寇陷寧夏公指陳方略當事者用公言成功日本封貢議起或請封勘並行公力言不可其臨事不苟類如此居踰年公念太夫人春秋高累請歸養不允欲堅請而未果也會推諸臣當及公顧忌者陰中之復風御史王嘉謨刺公公去志益决病遂劇章十上始得請命乘傳去金幣恩數有加旨意行且召公公行至寶應卒訃聞上震悼輟朝遣官諭祭二壇贈太子少保謚文懿崇祀鄉賢公生嘉靖丙申九月十六日辰時卒萬歷甲午十月十七日亥時享年五十九（倉塘羅氏譜　參看府志及會稽志）

朱以亮字仲寀號屛山白洋人嘉靖三十四年倭寇擾越侵掠殆徧以亮招集附近居民於要隘築土牆設弩矢機石以守寇不敢犯尋取選赴部得陝西都司正斷事四十三年八月之任明年二月署乾州之永壽縣誅鋤豪暴闔邑稱快復署興平涇陽澄城白水郃陽等縣皆有異政萬歷二年補大寧都司斷事口外事繁役重狄防更切以亮相度形勢羅列烽堡虜莫測其虛實軍政肅清上下賴之以疾致仕歸萬歷十三年卒於家以亮深於地理之學在住宅西南五里之安昌爲之設市以通四方之貨沿海居民賴之以生據形家言謂位金於兌云（據白洋朱氏譜參看下鄭斗南傳兩人當屬同時）

鄭斗南山陰盛陵人明季徙安昌安昌昔無市自斗南至而開闢經營百業繼起日臻繁盛後人立祠祀之其祠聯曰人比澹泉自昔開成三里市地名淸化而今住滿兩條街今東西兩市逢其紀念日必演劇慶祝云斗南墓在徐家漊小園內其裔尙在盛陵村內外鄭家漊聚族而居（采訪）

趙楫山陰人隆慶五年進士六年知山東諸城縣値歲祲民多流亡楫委曲招撫聽民墾荒田限三年後始起科復業者千餘家縣多大猾暴橫鄉里楫拘其渠數人置之法田賦久不均楫密訪閭閻洞悉其弊選省察等官分丈其地而以行誼推於鄉者輔之別肥瘠爲三等吏民不敢侮每朔望詣學宮詔諸生勸以積學力行其貧者捐俸助之擢御史累官至湖南巡撫百姓思之爲立生祠於西寧門内刻碑紀其善政〔山東青州府志名宦傳〕

黄猷吉〔節錄家傳〕字仕禎隆慶元年舉人〔山東中式見舊山陰志選舉表〕二年進士五年謁選授工部營繕司主事大司空朱公奉命行河改都水分司至呂梁洪〔在江蘇銅山縣東南〕在洪築徐邳隄三百餘里一日水嚙曲頭甚急公駕舟往睢寧令張甚公曰毋恐但爲我多列炬發洪夫二千人公當潰處持鍤指揮呼聲動地達旦水避去當是時遲片刻即壞雖百萬金錢不能挽呂梁濱河水至民無安居公議掤石隄起梁城迄縣水障而東患遂息於是築行署建關尉龍神祠以壓水怪置庾十楹儲粟二千石贍民之罹昏墊者營新芳亭於神祠後接四方賢士大夫之上下於洪者緣隄樹柳蓄草望無涯涘用備潰決暨工役之蔭息焉事竣回部調繕司副郎會友人愼所傳君言事廷杖繫獄神宗下其疏有敬天法祖聽言之旨公疏救格不得入傳謫戍之命下馳書慰勉既而赦歸復爲書戒之云言官者始蒙重譴不可有怨心比至罪所不可有悔心迨蒙恩宥不可有驕心尋奉命築重城重城者所以遏敵衛京師積三十年未治公築之數月畢省金錢萬計七年河又大壞命蒞長淮審治公聞命行開草灣海口百餘里功成賜金又築山陽運隄開

鹽城河高郵寶應南北咽喉隄盡齧春夏水漲害不勝言公審勢相宜甃之以石倍於洪者四而隄石之內復堤以土今所謂夾河是也自是民賴以安朝廷嘉與賜金明年秋以積勞嘔血乞骸廷議以未久稱病下其章按臣白之得歸搆舍龍山之陽營百尺樓以奉母作小有附庸別墅究心內典逍遙世外萬歷三十年卒葬賀尚枋〔軒亭黃氏譜　按嘉慶山陰志引舊志列術藝傳僅云善書大字〕

李蒙吉　〔節錄王泮撰狀〕先生諱蒙吉字順之號巽齋會稽雲門人蚤歲補邑庠生屢試高等爲時名士嵊海門周公判泰東開書院講學敬延先生主講先生首揭會約曰學先辨微學先覺悟學先篤信學先主敬學貴凝重學務仁恕學務實踐學重尊賢學重同胞嚴義利學貴自重學貴省過學貴攷驗學貴設教學貴有恒學貴謙虛凡有十六條直勘破良知宗旨從身體力行中攄發因標以輔翼同志者至于心學圖說開闢啓鑰曉然示學者知所從違誠爲進道指南今泰東遵先生約不衰繼而歸講學於陽明書院及大善禪林悉如泰東約一時士大夫咸彬彬趨於道若久所董君含初張君靜峯毛君宇陽白君宇若芝如二張君旋陽章君周噩日鑄黃庭三董君元晏陳君而下凡如干人其間或以仕宦顯或以文學名或以德行著操不同其涵濡於先生一也尤見重於石簣陶太史嘗爲邑父母趙公稱先生賢因欲延見之不可得太守朱公舉先生爲鄉大賓以風諸儒生辭不赴例應旌其廬亦謝焉先生自少以孝聞志在與人爲善父早喪深以無由終奉養爲恨母嫠而老煦煦如孺子慕供菽水驩然也外遇嘉果殽必效封人之貽兩居喪未嘗見齒伯兄間或寡於友愛懇篤開諭相勵以古道宗黨親朋之游其門者無不循循誘進之每至其家必褒集

其志學子弟考其素所進脩曲爲啓發卽祁寒溽暑大疲勞不輟也中有人於親忤不順者必面折其過責令迅改而後已人亦感悟無憾以故足迹所到無老幼親疏莫不喜承先生之綦履也萬歷三十三年冬卒〔雲門李氏譜〕

朱瑞鳳字儀明號鳴和白洋人祖節山陰志有傳瑞鳳於萬歷甲午鄉試中式乙未成進士授福建長汀知縣尋補河南寶豐縣祈雨捕蝗多異政補北刑部主事轉員外郎陞廣東司郎中時鄭妃有寵生福王神宗欲議廢立言官楊光復爭之下刑部獄瑞鳳上章辨其寃久不下人爲之危既而復光復官廢立之議亦寢瑞鳳由是名大顯未幾以疾請告辛酉起官江西袁州府知府之任數月解組歸子師賓博學多能善琴棋工書畫好賓客喜談黃老國變後不就試以逸民終〔據白洋朱氏譜〕

沈襄山陰人萬歷初知湖南安鄉縣堂署如冰事無留滯歲饑振濟有方略遷刑部主事〔湖南通志〕

陸弘祖字世任號南屏官金州衛經歷萬歷庚申率子夢賢捍禦東寇俱沒於陣〔吼山陸氏譜〕

余相會稽人號定所少高放通六經萬歷五年由舉人任河南新鄉縣甫下車首重文教設義學置學田以資多士人文由是蔚起尤加意民事建省耕樓朔望聚老幼課以農事値師旅雜沓鄰邑周章無措相治獨從容就理時邑乘未備暇日謀諸耆彥稽古探今始有成書陞南京上元縣尹新鄉人郭廷梧有去思碑記文載新鄉志〔河南新鄉縣志〕

傅行忠山陰人萬歷七年任典史操守廉靜才識通明督修城工著有勞績〔見光緒山西沁源縣志〕

李鼎山陰人歲貢萬歷二十一年任河南柘縣歲飢朝廷發帑金遣官賑濟承命散帑金發倉廩躬勸輸賑稅駕鄉鎮不憚勤勞全活甚衆士民頌之勒碑以誌感祀名宦〔光緒河南柘縣志〕

孫學志山陰人武進士任福建武平守備有冰蘗之操其臨事料敵洞如觀火竊盜王滿等既經擬配颺去未幾聚黨蹂躪志學會三省進剿算無遺策巡歷所至人持三日糧不犯民舍有古名將風比遷貴州都司只篋中圖書數卷而已〔武平縣志　按山陰志選舉孫志學萬歷己未武進士與此當是同一人〕

陳淙號靖予會稽舉人萬歷三十九年知惠安縣事儉約自持優禮生儒歲歉發賑民沾實惠崇武所舊有倉兵糧取給以主簿司出納兵與攬戶私謀折色展轉侵漁亦半雜沙泥淙上監司向時乾沒徵入還官縣令主倉乃罷折色民免追呼崇武近海東南一帶風吹沙壅高與城齊淙示禁清畫城始屹然士民爲立碑記之〔惠安縣志〕

茹文昌〔錄茹敦和撰家傳〕公諱文昌遺其字存恕者其所自號也父仲懷公年三十遽歿公生七年而孤與其兄存耕公俱鞠于世父伯常公伯常公愛之如己子比長伯常公迺曰吾茹氏儆家難子孫率杜門耕稼自守吾有子七人弟之子二人爾然有先人之田宅無凍餒足矣不令之富也遂均其財九分之公與存耕公皆再拜受其一退而色喜大司馬吳公兑曰是舉也非受之者難而與之者難一門之內共燈而明共釜而爨末俗戔戔橫生畛域遂有爭有讓大哉伯常公所由與漢士釣名者異矣吳公兑於茹爲彌甥其贈公茹出也其後公壻於峽山遂徙居峽山之陽而存耕公仍故居居桃源相距蓋五里公蚤起治家事畢卽

緣溪而上省存耕公耕公呼邱嫂具黍飯語喁喁然抵暮存耕公必送之下至小石橋所猶擁膝坐語俟夕陽盡乃歸存耕公來省公亦如之公送之亦必于是橋兩公皆高年各居然終歲中無一日不相聚雖風雨不以間也小石橋者田圳間于上下道里均焉故取以爲往來相送之節云先王父嘗曰吾恨隻身無兄弟後之爲兄弟者其毋忘小石橋哉〔竹香齋古文〕

孟鳳來字瑞林會稽獨樹人業醫著有治傷寒等書萬歷間禮部劄授太醫院官年八十縣令張夬以壺天逸叟四字贈之性行廉介義不苟取嘗簡還皋部魯北塘遺金數十金爲人所稱〔獨樹孟氏譜〕

任希孟字竹涯會稽東關人嘗刲股療父病萬歷二十六年卒〔東關任氏譜〕

朱璘〔節錄倪元璐撰墓誌〕公諱璘字文玉別號仰思越之山陰人其先積義代有聞人祖篪擢甲科官監察御史父以京爲柳州郡倅挽轡慨然之氣飲泉不易之心循職致能亶其父子柳州生二子公其冢胤也生有異徵弱不好弄讀書强記等身十行江夏之號無雙童烏之年九歲十六補弟子員十七有室公既靜專遂迷馬足廢其家轄而鈐文心鑽厲致精名傾一郡八舉不第羽豐而鍛玉之爲石淩陽無衛足之智馬之責牛孤逐有傾筐之感公乃喟然而歎曰嗟乎夫文章以瘖爲德時命以拗爲權瘖不自理拗不入聽然則姸惡於誰其正窮達何爲可爭乎蓋至是公且倦遊年踰五十是爲顯皇帝御極之二十年歲在壬辰季公少師遂以茂齡成進士公欣衒獲有悟張弓因棄儒冠罷摩鳥燕于是蒐狩墳索之田游奕儒兵之坂醢醬百家之俎徊翔二氏之樊離剔穿串比類連徒五鯖七襄畢竭調饗遂成浩帙藏之名山暇或賦詩陶陶

簡簡讀咏而外無有憂謀原公之意以爲嗣者之才能貫其道衰禍所不相識則功言可得分取也少師以命世之才無塵之體自廷尉郎出守嚴都洊吏臬藩率多異政振柔宣隱決蘊洒煩左綜文條右握武紀平江之梗徒定以綸扇遐橋之寙貿載其鑪錘公時御板輿日形庭立當戶抱嬰則中害馬之誡畏明遏虐則詒拔薤之謀纖媚在旁則懼之以手目嚴貴在上則振之以鬚眉自少師之爲吏二十餘年治民臨戎不競不絿不茹不吐名與節舉胥繇義方於是天子以少師爲能擢爲四川右布政使當此之時建奴啓彊三韓淪喪有詔徵助西夷酋奢氏賊師樊寵及其弟虎盛求餋糧乘虛語難戕殺大吏攻墮名城師雄一吒以沸綿州李順四戰而撓劍閣遠近大震幾無兩川少師時以對揚韡瑞爰方啓行聞變回馭嬰城固守且保且鬭窮勇萃謀既三月餘賊遁圍解會詔下即以少師建節成都大聲天討卒獲厥醜俘獻闕下蜀亂以平當難始作公方里居道路之云日以洶籍即無蛙竈不沉之勢僉懷雀妾同盡之憂公反慷慨夷猶還慰告者死兒分也顧兒不死及事既平人咸歎說以爲天下忠智無如我公矣且夫義正者情流之巨碣明識者時風之五兩故曰衆惑不惑衆懼不懼芒者之憧然貞人所斷斷也少師既以定蜀之功比休韋葛三年有賞錫山土田而公屐笠方外與與猶猶華陽松風山有眞人之號堯夫花輛鄉移安樂之窩如是數年無疾忽殞捐館之晨里爲巷哭繇公居體貞誠宅心醇粹飲人不蜇之藥約俗無絓之繩庚桑太丘道存嚴慕風澤三百於是不誣矣公生嘉靖己酉八月十日卒天啓丙寅三月十二日享年八十有五六承天寵晉封至某官天子又以勞臣之懷予祭葬逾等及其死也猶足以榮配贈夫人趙孝禮穆宣無非不忒天鼇之日女

士九子以爲毋師誠黄中之備能后王所歸則也生嘉靖己亥十月十九日卒萬曆壬子四月十日長公十歲先公卒十五年享年七十有四三子長啓元宰尤溪有聲次鴻瀚季卽少師諱燮元今官黔蜀楚滇西粵五部總督左柱國少師兵部尚書兼右都御史諸孫爲大金吾兆寧宫諭兆柏洎兆棟兆相兆桂兆柱兆宲兆宜兆憲兆宣凡十人

祁汝東山陰人隆慶元年舉人萬曆甲申爲江西贛州同知聽斷公明用法平恕獄難鞫者當道悉委之以屯田高下分等則以定運軍年限衞所至今賴之終兩淮鹽運使（據贛州府志）

祁承㸁字爾光山陰人萬曆甲辰進士歷江西右參政精於汲古其所鈔書世人多未見校勘精核紙墨潔淨其藏書之庫曰澹生堂著有牧津澹生堂集又撰澹生堂藏書約以示子孫分子目四曰讀書訓曰聚書訓曰購書訓曰鑒書訓刻入知不足齋叢書（中國藏書家考略）

宋應昌字桐岡山陰人徙仁和嘉靖四十四年進士知山西絳州悉心撫字罷四門稅金豪宗擾民者廉治之鏡寃雪枉有異政擢刑部員外郎改戶科給事中互市議起疏陳撫賞不便者三事又陳防守六事轉刑科右給事禮科左給事陳防邊七事時張居正當國奏事者必先白副封怒應昌疏已出爲山東濟南知府釐奸剔蠹問民疾苦擢按察副使備兵河東時蒲州河隄決三月築成旣苦旱用董仲舒禱雨法檄所司行之輒應升河南左參政兼督漕糧條九議禁革奸弊軍民稱便升山東按察使轉江南右布政歷福建左布政升山東巡撫疏陳三事又定積累權變二法以授有司巡視登萊青三府題海防便宜五事又題海防要略

大意謂倭奴情形已著春汛可虞請復營衛巡司舊制進選將練兵積衆三策親歷海口撥兵設防升大理寺卿朝鮮告急萬曆二十年八月以應昌爲兵部右侍郎經略備倭軍務十月以都督李如松提督薊遼保定山東軍務充海防禦倭總兵官應昌移檄四鎮分布海口而如松覊寧夏未至兵食皆未備詔書督促應昌鑿空枝梧部署出關時倭奴衆三十萬應昌兵僅三萬五千十二月如松始至應昌卽誓與如松踏冰渡江明年正月兵薄平壤倭將清正行長等築飛樓鑿牆穴守牡丹峯以相犄角應昌指授方略圍其三門外布蒺藜數重火器齊發毒煙蔽空令軍士含解藥仰面肉薄而上諸門皆破斬首一千六百四十七級焚溺死者無算行長渡大同江遁還龍山朝鮮所失黃海平安京畿江源四道並復清正亦遁回朝鮮王京時王京聚倭三十餘萬應昌晝依山俯攻之策以疲卒當銳師鬭王京城南有龍山倉積粟數十萬夜令死士以明火箭射燒龍山十三倉倭遂乏食棄王京去應昌與如松入城撫恤傷殘招歸脅從游擊沈惟敬輒乘間牽倭使以封貢請應昌方具防守善後議聞撤兵議上疏力爭召還轉左侍郎升都察院左都御史歸隱孤山絕口不談東事（明史本傳　朝鮮傳　浙江通志　黃汝亨撰行狀）

馮仲纓山陰人萬曆二十年日本平秀吉遣將躪朝鮮明興師往援以兵部侍郎宋應昌爲經略職方主事袁黃參與贊畫求奇士得仲纓所謀屢中旋袁爲總兵官李如松所劾中察典仲纓亦罷歸僦屋景師讀書賣藥以老（事詳錢謙益初學集東征二士錄）

王啓予會稽籍襄中所百戶萬曆二十三年會試武舉以軍門中軍領水兵防旅順調征釜山倭守朝鮮南原

進防全羅康津縣巡哨僉幕鹿島進兵大洋逐倭復領兵船回南加守備職銜賞銀鈔子明翼萬歷三十二年會試武舉升金磐備倭把總〔海鹽縣志〕

王照山陰人萬歷間以舉人知江西新昌縣〔今宜豐縣〕勤敏愛民丈量田畝布衣草履躬行田間併鑒高安浮糧苦累寧陷其額而毫不敢浮民陰受其賜〔臨江府志〕

陳美山陰人萬歷中知湘陰縣年少習吏事刻課士錄建養濟院設立門簿編載花戶糧圖一清乾沒之弊〔湖南通志　按山陰選舉志陳美萬歷二十年進士仕至布政使左參議〕

周山山陰人萬歷間由舉人任山西保德州知州立心正大處事公勤士依民懷治行爲當時最考滿當遷州人霍升等走京師請加銜仍知州事祀名宦〔據山西通志〕

虞夔山陰人萬歷間任湖北光化教職學優品端教士有法子孫皆入光化邑庠〔光化縣志〕

吳俸會稽人粵之瓊州在萬歷二十九年以前以督撫兼撫黎是年始添設撫黎通判以俸爲之俸乘馬矢剿定之餘開示信義招撫黎人黎出聽招者數十峒願輸約者數百頃時建設水會所社學取府學生儒教黎童習讀黎人因此知學尋署瓊山縣愛民如子有積案連年不決俸視事即時昭雪禁革浮耗令懸鉦署門外有擅增分釐者置法後以左遷去士民送者絡繹數十里祀名宦〔廣東瓊山縣志〕

王三省山陰人歲貢萬歷三十年任浦江教諭質任自然布衣蔬食澹如也持巳端方人莫敢干以私而心地長厚喜揚人善諱言人過會長令偶忤當道遷怒及之左轉王府教授〔浦江縣志稿〕

沈燏字敬樞山陰人恩貢任長沙衛經歷善醫萬歷三十二年入籍順義佃子里開魯各莊水田順義之有稻自此始（順天府志）

黄齊賢山陰人萬歷中爲湖南衡州府推官嚴於御下明於折獄風裁峻整操履嚼然（湖南通志）

陳銘山陰人萬歷中爲湖南桃源主簿檄采兩宫皇木愛惜民力還荆府典寶民勒石志不忘（湖南通志）

陶世殷會稽人萬歷中爲湖南善化縣丞舊例徵解南兑有常規幇解及驗倉較斛卜認加耗諸弊世殷一切革除所受民辭必盡得兩造曲直（湖南通志）

王伯金山陰人萬歷三十七年選蕭縣主簿器量豁達能任事時蕭有河務柳草之役伯金殫力區畫革除吏弊民若不知有其役者尋轉衛經歷（徐州府志）

金冠字章甫號芝田山陰湖南岸人萬歷三十八年武進士初授錦衣鎮撫後轉維陽周橋營都閫時遼東多事冠挺身請兵赴援當道嘉之上其狀加遊擊統水師入援至天津叙績陞參將移鎮遼東覺華島歷俸七載陞副總兵加都督僉事戰守之功爲多常三渡海接渡難民以數萬計朝廷嘉其功賚鏹幣刀甲等物當事倚之爲長城方推轂將大用竟以積勞成疾療治不痊屢請得謝事將束裝南旋會長子士騏中天啓五年武進士聞疾馳至始得一面卽成永訣冠甫卒七日覘者知之猝渡覺華襲其軍士騏率衆格鬭不克而死事聞追贈護國驃騎將軍士騏贈武略將軍世襲紹興衛百戶冠著有枕戈餘藝東渡諸記藥珠小夢集傳世其次子士驥扶其櫬歸里葬於梅里山之陽（湖南金氏譜）

沈應禮 〔錄章正宸撰傳〕沈公泗陽諱應禮天姿穎敏讀書過目成誦凡經史性理及諸子百家莫不窮究及其下筆則原原本本文不加點頃刻立成嘗曰八股所以發揮聖賢之精蘊而明體達用之學無不畢具於是彼專工制藝獵取科第亦何當於寔用觀公之言與公之學此誠體用兼備者矣同邑石簣陶公名士也萬歷己酉選拔學使者閱陶卷甚佳首屈一指比見公卷歎爲競爽莫定甲乙因欲以所習卒經次第定其名叩之則皆五經因以經題十則命對試限竟日以先完者勝公先畢稱賞不置卽以公爲首人賀之公曰陶公宿學吾豈敢與之爭首其謙退如此越歲鄉舉獲中魁名以卷被割而屈公曰莫之爲而爲者命也吾豈以是介意者蓋公自束髮讀書卽留心經濟以期寔用及處得失之際則又漠然置之此蘇子所謂非才之難所以自用其才者寔難然則公之學不可及而其量尤不可及也後以拔貢任廣東陵水縣知縣民安盜息召父杜母之聲載道則公之經濟可見惟不樂於形勢中奔走甫一載而謝仕竟不克竟其所用惜哉年六十有九卒葬于漁池之原

劉煬 〔節錄水澄劉氏譜家傳〕高淳公諱煬字仲陽號明石以明經貢入太學謁選知高淳縣公下車值瀕年旱澇非常江南大飢神廟〔萬歷〕特遣科臣楊文舉發兩淮鹺稅金錢數萬行賑假舉劾權而楊婪甚所至張會置酒郡邑吏望風捆載趨承之恐後公獨無所阿旨一意字飢黎所頒賜金輒以法設賑俾民沾寔惠會楊徵名優於淳公以一老優應命曰歲飢優詘矣楊恚不懌第公考中下先是令以救荒藉口料富民錢穀而授耳目於奸猾因以爲利諸富戶恐相戒閉糴貧民持之急卽商賈不敢出其境而粟益詘價益湧

民用大困至是一切持以寬簡令民得自相貿遷與時低昂四方商賈來歸粟大集其年復大旱自五月不雨至於八月公又請賑于府府爲出常平之宿儲聽公便宜而少京兆德清許敬菴先生親行縣因飢民之力而授以食俾修築患堤公夙夜乃公調度有法久之堤成所活飢者以萬計而向之甌脫不毛者皆爲奧區矣公視民沕沕朴誠遇事若無所揮霍而所至推心人咸用命處飢疫之後每事還以安靜又褆躬潔凜吏束手無所倖竇久之訟獄漸稀民鮮以事至縣者三年淳乃大和乃公既一意爲民無所阿譽於上官郎一切過客廚傳以歲飢僅具脫粟益用數數開短遂以大計落職淳民方戴公爭詣臺使挽公公止之曰吾用明經自格耳非有他也公去而淳民思公德不置爲之傳循吏續載邑志乘中既歿若干年淳縉紳先生黄秉石又爲之立傳〔下略〕

劉燈〔節錄水澄劉氏譜家傳〕見吾公諱燈字仲潛六歲喪父哀毀如成人家貧力學未弱冠即爲里中童子師資以養母母病焚香祝天刲股以進而得瘥人以爲孝感學既成試於有司屢躓乃去而就他途以曹史起家初授蘆瀝巡檢督造蘆瀝大橋三年而告竣咨部紀錄陞任長沙永豐倉大使給繇赴部考最擢遂溪主簿值倭寇攻陷電白等縣勢及內地遂溪其衝也時縣無正官弁缺餘佐獨公一人新蒞任晝夜拮据爲城守計而寇已壓境公親領官兵劉金佐俞子奇等數千人分駐鷄籠山西寮村等處前後接戰生擒倭寇三名斬首十二級衆遂奔潰自此倭不敢犯遂溪已而各路官兵盡集遂溪相機征剿上官以公才命督理軍需及粮餉公皆取辦於咄嗟間事事無誤至所向克捷則公之勞勛居多時連歲興師饑饉薦臻居民

死傷相枕藉海寇許俊美復乘機肆掠沿海公内撫飢民外禦黠賊種種方略出人意表久之寇退遺黎亦漸有起色一邑安堵邑人立廟祀公當事者薦公新寧知縣而格於例不果行會公攝覲中途聞母喪匆匆了公事徒跣而歸忌公者轉有所中於制臺殷君正茂復用徵粮不及額坐詿誤落職人多爲公不平者既服闋乃詣京奏辨得旨下部覆竟直公大略謂公在遂溪以一縣佐攝正官當倭夷猖獗之日與民效死保全孤城已在叙功之列至於前項税粮因兵凶交困征不及額見奉恩例蠲災地方以四分爲足額昭皇上寬恤之仁則本官所坐似更有可原者遂復公原職再補安仁在安仁一意奉公不以苞苴自潤民戴之如遂溪滿六年而致政歸歸之日行李蕭然家徒四壁而已又若干年卒於邸時伯子贊亦從事京師方公病贊亦刲股人益稱公以身教公儀度端偉被服儒行居官數十年所至侃侃樹立不以資格降志故郡中賢者如高給諫望楠沈廉訪會峰章少參稷峯諸公皆與公莫逆而館湖州最久潘閔凌諸大姓顯者皆敬公引爲忘分交族弟魚號躍淵亦以從事起家歷巡倉諸曹數十年所至輒稱其官而物身端整不苟有素

劉遂時

〔節録水澄劉氏譜家傳〕衛幕公諱遂時字汝振號行可承家學治舉子業益肆力墳典稱博綜以例入成均累試弗售乃稍去而治長桑君術遂以其術名于時然非其好也一日親友勸駕謁選慶陽衛經歷受知于藩伯李公維楨李當世文章宗匠公時以古文辭寄之吏牘用破格禮之遂委環縣〔甘肅〕篆環民瘠地衝軒輶相望供億不暇公輒裁損以舒其困有辟而枉者私輦數十緡以請公却之而仍白其枉時皇孫生肆赦監司盧下牒徵鍰公弗應曰已從赦條除之矣盧心嗛公甚既而同諸下吏庭謁公獨以敎官

禮見弗叩顙廬目攝之公退而奏記其略曰語曰禮義廉恥爲四維夫禮有時拜跪以將之不以爲諂然而搏顙伏堦不及于士我國家之命官也儒術與才幹異不獨養恥亦閑禮焉故胥而慕者卽匍伏故態耳尤而效之于上不加隆而躬博士之軌者不幾頓乎盧索過甚急竟奪其署篆環氏有泣送于途者公遂投牒乞致仕在環不持一錢并俸薪輿馬諸僚執皆揣上意格不給蕭然而去官往來行李皆告貸于家前後數萬銖而家自此耗矣或勞公曰何事苦乃公公笑曰莫爲乃公苦也因自號樂休山人仍著其說曰山人者誰行可劉子也性秉直不慕權貴不交匪人惟詩奕是娛晚事雞肋卒以忤當道歸家四壁立怡如也別號樂休者世人以聲利爲眞銓以華寵爲要轄行盡如馳而不知休知休矣或不能樂淩援者休于驕酣忝者休于蕩怨懟者休于困困則病蕩則亡驕則敗其身之不保奚能樂也山人雖蒯緱敝廬足以蔽風雨薄田足以供飦粥詩可吟書可玩山高水清鳥啼花笑或含飴以弄孫或敲棋以對客或咀餌以療痾或煑茗以滌慮倦一枕醒一鐏行無牽止無尼不知老之將至則謂之樂休亦宜歲癸丑年六十里人爭繪樂休圖以贈公益顧而樂之明年以疾卒所著有醫方攷義山人雜說可也堂詩稿若干卷藏于家

陶崇道字虎溪會稽人萬歷庚戌進士知山東掖縣掖仍歲奇荒爲民請蠲郵南乞糴於淮上北泛津門煑粥貸粟全活無算擢監察御史〔掖縣志　會稽選舉志載仕至給事疏參逆璫〕

陶崇文字乳周號喬軒明季政衰客魏亂國遂絕意功名自放山水閒日與親朋登陟嘯歌曠然綿遠山陰祁元儒先生歎曰喬軒子蘊奇絕古不欲問世而遯跡山林令人想見安石風流然公目擊時事不能忘情因

作宮梟記雖院本戲劇其蘊義生風疾邪刺世志節可概見矣子泳字英臣明末棄諸生鼎革之際所親有以顯官家居者白衣冠造其門謂閽者曰國事如此某某已殉義死矣爾主諒不在諸君子後敢弔爲舉哀慟哭聲聞四遠卒年四十有一〔陶堰陶氏譜〕

周嗣昌山陰人直隸武清籍萬歷三十六年任寧化縣丞清勤有惠政其去也孝廉伊天民爲碑文記之略曰周君起家明經先丞吳江再補寧化其人厚重少文言事不出口邑侯盛公威嚴若神剸斷如割乃獨謂君長者傾心下君先是差解國課三千金有奇悉沒九龍之淵當事議加派民間怨聲若蜩螗然君獨慨然請以身從事與河伯誓期盡起而後朝食日夜竭蹶果獲起焉官民稱慶所條陳十二事皆苦心民岩可垂不朽時嘗較正藝文談吐名理蕭然猶老諸生輿到則吟咏松下不以丞爲吾負有柳下不卑之曠焉盛侯脩覲特以篆屬君君三辭不可遂不入私室戒內胥無外通登公堂而飭吏民曰吾不樂與若輩相督過吾姑視倉庫錢粮云爾若輩能保無相犯第相安也攝數月庭可張羅吏惟飲水耳邑故多木賈其上流淮土徽商所窟驕逸爲土人側目值霪雨河溢商木蔽流而下悉壞民居併損橋梁君登樓嘆曰寧人何辜遭此荼毒藉非商木爲祟即天災豈遂至是遂下令羈木僴然以拯救爲任或謂君商獷而黠不如寢君瞋目曰汝以利害能動我耶竟移文申請盡行其意亡何竟轉楚府邑人共不平戒裝就道不備宿舂邑侯程公義而憐之捐俸以資一去行父老感激揮涕自中產以下無不願佐升斗君麾不顧曰吾守吾拙安往而不得窮奈何以去之日重累諸士大夫百姓耶君既峻卻復僉欲以所卻金謀祠君君滋不悅曰是使我近名也夫

市名與市利相去幾何不得已乃謀勒君政於碑而附於盛侯之祠君乃拱手謝曰吾何政可勒或叙次吾拙以告後之君子無若周某之拙可耳因屬予爲記其槪於此〔寧化縣志〕

劉璲字叔時號曙海世居山陰之水澄巷少穎異長而銳心經術隨叔氏河南方伯乾陽公任後又東遊燕趙至東安樂其風土之淳遂家於縣治小西街之葛南里補博士員試輒高等食廩餼棘闈三薦不售稔公才者咸爲扼腕神宗朝以邊儲缺乏士得納粟奏名方伯公爲之援例入貢非其好也初授山東寧海州判任事三月政聲大起會文登縣令缺當道廉公才命攝之文軍民雜處軍多强横不法佔民田沒爲菱芻地百有餘年矣有司皆格於勢不能治公謂昔定牧場均田賦自有一定疆界於是悉力清釐使牧地民田不相侵併雖抵觸營將不恤也其他興學校立社倉旌賢癉惡闔境肅然老稚咸德之當道以最狀聞不浹歲遷汝寧王府審理正公一日謂家人曰余數年來心力漸耗雖屬閒曹朝廷升米之粟初非病軀所宜忝竊也遂告歸臨發攀轅臥轍者踵相接也旋里之日足跡不至公府左圖右史一觴一詠日進子弟而訓之長子應東以文章名次子兆東中天啓辛酉副榜授徐州州同以才能薦任通州監紀陞蘇州府司馬孫宗奭以博士員貢禮部自越遷至燕迄今凡六世簪纓弗替儒業相承蓋不愧劉氏後云〔東安縣志〕

丁乾學字天行號自菴〔史外五〕浙江山陰人寄籍京師〔明史列傳〕數歲知孝弟之道竭力事父母所往來皆東林賢士大夫〔東林列傳〕萬歷己未進士選庶吉士授檢討魏忠賢亂政魏廣微以同姓得與羣小相搆煽權勢益横乾學感憤時事輒太息流涕仰天哭嗚嗚不已與同年吳裕中深相得吳官御史每朝退卽

過乾學論時事及璫黨輒叫號呼天相持痛哭或中夜起舞拔劍擊柱斫几聲撼鄰壁家人不知驚謂得狂疾遇廣微則數數引義規切之毋墜父訓廣微怒甚謂其私人曰丁檢討舉動如此想不欲保首領耶爲我廉其所爲入告上公而誅之月餘邏者無所得〔東林列傳〕天啓四年偕給事中郝士膏典試江南〔明史列傳〕深疾逆閹擅竊國柄故於試錄序推重南昌萬燝劾閹之疏爲多士勸〔宛平王志〕謂中旨頻頒緹騎時下凡再辱士大夫天下亦既虞寺人矣且事變寧可預料漢擾夷狄曹節王甫與張角兩亂之唐苦藩鎮仇士良劉季述與王仙芝兩亂之當時汪直劉瑾之禍釀之有端去之有術其不可用杜明甚東陽之委蛇既不可爲遷健之潔已亦豈得策韓文之聲大義固未可盡非乎顧何以如楊一清卒清君側奸耶語侃侃不忌〔史外五〕忠賢之黨摭拾以告因嗾御史糾試臣語譏上公〔宛平王志〕矯旨鐫三級復除其名〔明史列傳〕時有舊僕高守謙者濫籍錦衣亦逆黨也〔宛平王志〕守謙率中官數十人〔史外五〕擁入乾學寓矯稱有詔乾學俯伏就逮守謙偕諸人箠楚交下乾學創甚尋卒〔明史紀事本末七十一〕崇禎初事始白守謙伏誅餘悉戍贈乾學侍讀學士〔宛平王志〕再贈禮部侍郎〔史外五　舊志有傳參看〕

陳堯言山陰人天啓二年任貴州思南府安酋圍省有轉輸之績〔思南志　按陳堯言萬歷十年舉人〕

周官會稽人泰昌恩貢天啓間任遂昌訓導雅意好脩實心訓士砥礪者嘉獎不率者督懲陞雲夢教諭臨行紳衿送者載道依依不忍舍爲立石文昌閣以志思〔遂昌縣志〕

許勗〔節錄汪曰楨撰傳〕公諱勗字公勉山陰之黨山人父耀字慎坤有隱德生公及公弟暹皆具萬夫稟

公少不好弄讀書日數行下既冠魁岸多力識膽沈雄値明社將墟流寇四起黨山故瀕海倭與內地賊出沒民罹鋒鏑尤甚公一日慨然曰丈夫不幸生亂世無分執干戈衛社稷豈桑梓之患亦坐任其蹂躪而莫之捍與遂與弟約共棄舉業日夜習韜鈐公有女弟適單既寡依兄亦能兵俄報海匪大至鄉人率走匿公預部勒宗黨結柵於里西之井亭埠單亦縛藍布作旂幟偕公登塘阜指揮列陣時賊衆盈萬公所號召數不當賊什一兵器皆鍬鐮之屬會天大風漠漠多塵沙公遣壯士伏塘畔叢葦中伺賊不備突出斷馬足擒其酋賊大驚急近戰公已率衆踞塘高闊處以噴筒入鹹鹵迎風激射賊目皆眯舉炬焚叢葦沿塘數十里光塵蔽天鄰村伏匿者覘公衆得勢爭出相助前後邀擊賊隊亂互相踐尸首拋滿塘上下逐北十餘里塘地爲赤自是濱海數十百村無寇跡而當時守土者欲上其功公堅謝之故世尠知者獨其敗賊處至今土名以紅塘頭呼云（黨山許氏譜）

曹惟才（錄毛奇齡撰傳）山陰曹君太常卿與予內從祖南京五城兵馬指揮陳君爲姻交陳君爲之傳傳者置也謂其行事可傳置也且曹君舊有聲其號秋水名惟才人能稱之其以第一人舉於鄉成進士仕泉州司理歷兵禮二垣給諫進太常卿人皆能指之其仁於先和於閭門勤於供官而竭蹶於國家多故間也人又能數之道之然則何傳乎傳其軼事君之初仕時以泉州司理攝漳州也漳故多寇而君以泉州理來咸望君且郡闕兵備寇之將至嘗佔守未備以乘其隙君出聽事間服鄙袒衣偃仰四顧而命課夫漳之儒生儒生雖强起應之然竊笑且有怪之者乃益復召他郡他郡亦應之當是之時大宗伯黃公道周適鄉居

講學芝山君復服鄙祖覆以深衣導隸詣講所麾諸儒生進其廡而環坐以聽既復往著榕壇問業黃公深許之且贈言曰文治之有華實猶黍稷之有馨香也豐儉不同享祀不可失也其重如此於是此漳之人怪之者咸更起而笑之曰此翁儒者也各棄去及其久始無笑者而寇竟以是徬徨不前及其去漳州而返泉州也君本理泉州泉州於是復有寇居民相驚議事者謂泉州閩衝也非司理君不可於是檄司理趣命駕返泉州或進曰司理君儒者講芝山者也恐不足當寇或乃因而阻之且竊言曰天下事豈得數數倖矣君返日坐廳事按簿書若無知者悉禁諸譁言陰爲扞掫而寇且登岸有來探者故疎其坊〔音防〕令之入入城晏如故窺廳事簿書蒯隸如故乃曰嘻此易與耳於是賊稍縱漸因居民之爲內應者散伏焉將乘隙而舉以入君乃令黠者陰伺之已得其處閱日令假爲賊藏甲所忽召諸坊民及偵者曰甲所應有賊也皆相顧愕偵之返曰然又令藏乙所復曰乙所賊當獲衆皆笑頃之則捷而獲者立庭下於是皆相視不知所爲以爲司理君儒者言事且中而君次日急召諸衆曰賊今日當敗可擒矣盍與我出城則衆皆伏地曰諾如公言夜半簿賊營縛其渠泉州平則凡閩海間知與不知以爲司理君儒者講芝山者也能縛賊預識善敗儼若鬼神者若有物依之能預人禍福事者而於是咸服之曰司理君神　齊于生曰君嘗自言曰擾人者將以定人之擾也而擾之是擾者也官人者我將有以官之而使人官我則不官也故其爲官如所言嘗憶黃公游會稽與郡司理華亭陳公多道君事君爲諫官値國亂及其後始以太常卿治軍閩故多海寇在漳與泉州尤甚人無敢任其地者是故嘗乏員而君之仕閩最久君嘗曰寇漳者劉香寇泉州者林瓚元也更

有僧不得其名字（西河文集）按康熙會稽選舉志曹惟才天啓七年解元崇禎四年進士惟文中所稱陳君所爲傳未得見姑錄此文於此

章光佺字儆弦會稽人崇禎三年任瑞安教諭端厚簡重樂育多士海寇劉香老薄城同邑令率諸生拒守城賴以全（温州府志）

張國祐會稽人任中屯衛守備崇禎三年套酋約犯兩河國祐督陣河西會河東守備牛沖漢設謀陷敵賈勇衝鋒國祐力贊軍門洪承疇扼要出奇斬首四千七百有奇隨擢參將（甘肅新通志）

胡懋學字寰柱山陰張溇人崇禎四年官山東登州某官會登州遊擊孔有德反縱兵大掠所過州縣劫庫釋囚殺官民無算五年登州陷殺登州總兵張可大自稱都元帥山東巡撫徐從治中礮死朝命以朱大典代之分路討賊六年春有德乏食以巨舟載子女財帛遁入海二月十八日懋學被害年三十五事聞贈徵仕郎弟懋經字仲升同日殉難詔贈武略將軍子日炳亦尚氣節雖貧不受嗟來之食淸操自勵人謂能守父志者（據張溇胡氏譜）

魏世達山陰人崇禎間任山東海寧州吏目癸未二月城陷力戰死塚在西關外路北墩旁有碑題曰名宦魏世達之墓（同治山東海寧州志卽牟平縣志）

徐廷宗字季會會稽人進士崇禎間兵備臨清性廉介尤多惠政治陶不擾設渡船濟人士民頌之有云素心止飲雙河水及去州人建祠祀之（乾隆山東臨清直隸州志）

傅應鳳號菊菴山陰人萬歷四十年舉人崇禎九年任陝西澄城縣平易近民寬猛合宜遇士有禮十三年饑民倡亂賑贍勸貸勦撫得法又重修學宮東廡尋陞淮安府宿邳同知〔澄城縣志〕

史洪謨字經三山陰則水牌人崇禎辛未進士授湖北宜陽知縣戰守素著流寇渡澠池不敢犯及知六合復有全城之績陞鎮江府推官歷任至九江道參議〔采訪　按山陰選舉志洪謨廣東籍六安州人〕

陳至宣山陰廩生崇禎間官雲南琅井提舉司興釐利弊增修學宮〔續雲南通志稿〕

陸夢熊字國卿號圖南官山海關鎮守使崇禎己卯冬衝鋒力戰闖賊於蘆溝橋斬賊首數十級乘勝逐前士卒疲乏援兵不至四面皆敵自刎陣上〔吼山陸氏譜〕

楊鳴盛〔錄茹敦和撰傳〕楊芳公者名鳴盛浙之山陰人以廣寧衛籍應北直隸鄉試中崇禎丙子科舉人謁選授蕭縣令已而寇至公死之繼室葉暨四子初泰初昇初薦初登皆及於難敦和曰按修譜時距公死才三十餘年必有能詳其事者而紀載荒略幾至泯沫嗟乎皓首儒素倖博一官驟丁禍變血肉糜漫以至妻孥併命姓屬都盡不得於國史不得於郡邑志則亦已矣乃并不得於家乘悲乎哉野史載崇禎八年有程繼孔王道善張方造三賊破蕭縣焚徐州杭人孫之騄言江北賊陷蕭縣在九年而公之舉於鄉以丙子丙子者九年爾則此時未筮仕也其後袁時中以十四年之三月陷霍邱又突入蕭縣篡其令以去以時以事十得八九矣而譜云公死在十六年則與十四年不合云罵賊死堂上則與篡去不合考十六年中成獻兩大賊分據秦楚之郊方且設官僣號之不暇其勢固無由東略淮徐奸黠蜂屯蟻聚所在皆有然迄不聞

有破城殺令之事嗚呼考疑而傳信夫不有蕭人在乎此固後死者之責也夫此固後死者之責也夫

高應魁山陰人崇禎十四年授蕭縣主簿忼爽多智略時土寇蜂起輒芟人麥禾爲粮應魁隨宜捍之竟不敢犯國變棄官去〔徐州府志〕

孟鳳竹號在吾明末任廣西白霞巡司遇闖賊之害清初贈昭武將軍上護軍都尉〔獨樹孟氏譜〕

陸人龍山陰人官揚州衛參軍流寇陷城舉家殉難〔吼山陸氏譜〕

金家麟字魯徵會稽人由天啓甲子科順天恩貢士官貴州遵義知府殉流寇之難〔金氏家譜〕

施良策字鼎鉉天啓初給事闕部解紛排難揮金不吝崇禎間任善化縣丞值流寇入荆湖良策携姪鳳逵趨武昌陳方略陳大司馬新甲奇其才將擢之未果尋陳公以疆臣殉節良策亦死之〔仁瀆施氏譜〕

董世儀漁渡人任萬全都司陸潼關挂印總兵與李闖戰被執不屈死之妻秦墮樓殉節〔漁渡董氏譜〕

胡德本山陰張漊人少嫻騎射以武勇自豪既壯效力戎行累官北直天津衛參將崇禎時流寇猖獗官軍不敢交鋒所在迎降德本每戰躬冒矢石奮不顧身一日賊大至德本奮勇先登力竭陣亡〔張漊胡氏譜〕

胡惟賢世居馬鞍村由行伍起家積官至北京衛千總明季兵禍亟惟賢曰吾朝官也義無可逃如賊至誓不與俱生會賊蟻集率部下士卒大戰於蘆溝橋衆寡不敵歿於陣會遭鼎革郵典缺如一子小名成哥不知所終〔據張漊胡氏譜〕

武〔一作唐〕之靖原籍浙江山陰武舉崇禎間任盧龍裨將城陷作別友書先令合家十二人自焚卽袍服向

闕拜畢縊死臨縊謂左右曰俟吾死後卽焚吾屍祀忠烈祠〔見崇禎殉節錄畿輔已巳庚午殉難錄〕

吳仕傑山陰人崇禎中知湖南安化縣愛民如子歲旱禱雨過勤遂致疾卒〔湖南通志〕

陳惟孝紹興人〔縣籍未詳〕崇禎時任河南郟縣主簿殉難〔河南通志〕

翁日襄會稽人崇禎間任松陽敎諭評文如氷衡一時沐雨化者均得其造就之益擢無爲州守〔松陽志〕

李沖會稽人進士崇禎間任龍游敎諭立建天社以敎士鼓舞有方〔龍游縣志〕

宋本忠山陰人崇禎甲申任江西南康典史時闖賊猖獗四方擄掠逼城城幾陷本忠晝夜巡防賴以固圍後竟殉難士民哀之〔南安府志〕

楊如雲紹興人〔縣籍未詳〕崇禎中爲湖南平江主簿張獻忠陷城欲授以僞職如雲不從罵不絶口賊怒投之石壁潭〔湖南通志〕

高曠字日廣山陰陡亹人明李游檢關時袁崇煥備兵山右道往謁焉又贊畫於閻鳴泰幕中二人頗重遇之崇禎已巳東事敗壞北邊不守密雲大司馬張鳳翼拔曠爲勝兵右營裨將明年以恢復遵永灤遷四城功加守備將兵設防黄崖時年四十有七曠之守黄崖也戒備毖嚴薊門之險匹馬不入於是以科目武功刀石弓馬韜鈐中御覽爲南守備第一是時楊嗣昌移鎭山永延攬才士曠遂往關門因山右道陳瑾走謁楊一見卽器重焉以全遼軍器屬之洎告成精繕倍常甲戌緣事歸涿至丙子以軍功加都司僉書領通州前營裨將戊寅陞都司僉書署指揮同知任荆南道中軍事是時流氛告急曠視事未幾而過天星射塌天闖

埸天一斗粟老回回草上飛曹操等賊相繼焚掠遠安若遠安不守則夷陵受困而荆州亦將震危乃率兵守夷陵夷陵城僅斗大其城外土街十倍州城失土街則城不守曠欲守土街而道將州守及鄉紳皆志在守城曠排衆議堅守土街賊不得地理城竟無恙辛巳張獻忠犯襄陽撫臣按臣議遣兵堵剿時皆有難色曠獨介馬請行遇賊於當陽境上賊衆我寡慮力不可以勝分奇兵三路啣枚夜趨繞出其後殺賊數百騎師還以克敵功撫臣按臣奏遷曠爲鄖陽左騎營遊擊將軍是時也賊方剽掠河南曠謂賊必犯荆州度其上扼川蜀下絕吳會南塞雲貴而跨襄沔用武之城賊所眈眈而郡守者王觀光謂賊必犯潼關守備不設壬午十二月十六日竟爲賊一鼓而下惠藩走府縣走至王府縉紳皆走矣人皆謂曠遷官無守城責曠獨以身殉城與賊巷戰兵少力竭義不辱遁引刀自刎有落花空焰佩刀紅之句曠志行侃潔不苟言利尤恥以賄交故仕進多所齟齬好讀書志在經世多所建明善詩古文辭一中武榜兩中御覽三蒙紀錄後先凡八薦其爲將律身以廉馭下以法然撫恤最親雖犯法者未嘗怨殉難後竟得舊部兵輿其柩出城復爲買舟歸浙〔據山陰高氏譜家傳〕

姜逢元〔錄蔣平堦撰傳〕尚書姓姜氏諱逢元字仲訒箴勝其號先是爲餘姚人公祖始遷郡於是又爲會稽人姜氏自居餘姚時春軒公以甲科起家再傳而公祖太僕卿對陽公公父贈光祿卿翼龍公至公及公弟一洪四世皆甲科居顯官而公子屯部天樞公孫今給諫希轍繼之凡七世故稱越之望族相繼鼎貴不絕者必首姜氏而立朝皆有美名論者多之公十二工屬文通尚書萬歷庚子領鄉薦癸丑成進士選入中

祕書累遷國子司業充經筵展書官熹宗朝進日講官同纂修實錄旋忤魏忠賢罷歸當是時忠賢雖殺楊左諸君子斥逐正人殆盡舉朝以目莫敢誰何然懼公論在天下思有以奪之又慮貞皇帝末命諸臣擁護嗣君折李選侍邪謀功在社稷此人主所身歷或一旦思其功事不可知日與羣小鼠思深計謂必求所以中上心者昔春秋以不嘗藥爲與於弑君當李可灼進紅丸光廟從此不起而諸臣故侃侃欲問其罪是深傷上孝德獨此一事可使上隱憾諸臣而忘其翼戴功於是給事中楊所修希忠賢旨引世宗肅皇帝明倫大典故事請修三朝要典辨別是非昭示天下工部侍郎崔呈秀臚列三案并以移宮挺擊之爭爲諸臣罪凡其言與楊左異者皆持正爲君子與楊左同者皆傾邪爲小人下中旨可其奏命閣臣顧秉謙以下二十有三人開館纂修署公爲副總裁入館之日諸小人悻悻意得獨公色殊忤援筆咄咄不肯下諸人問故曰楊左之事誰不知之若用此三寸管反書之爲匪人安用我爲諸人相顧愕然遂以公言入告忠賢謀出公矣先是公典甲子應天鄉試程策引江永以東敝事乞封語觸忠賢忌一日朝罷聞黜丁宮詹乾學公對衆嘆曰某恨不與丁公同時作逐臣忠賢益蓄怒久欲去公未發時公爲院長而時相某並在坊局甚狎暱時以附璫謀入相意甚銳公知之故事直廬待漏宮坊與閣臣坐相次序僅隔一扉冬日置火爐扉中閣臣去則宮坊入就暖時某入以足蹴爐公假內經語戲曰此相火也君蹴之中炎炎動矣某知公有意誚已深啣之至是某在政府聞公持異之言遂承忠賢指授條旨勒公閑住去公在修要典局甫一日而言達於忠賢遲明斥公旨下忠賢且使人跡公公鄉人之在邸中者聞之皆危公公泰然輒於是日徒步出國門得免祟

禎初元璫黨咸伏其辜起忤璫諸臣召公守詹事尋自少宗伯正位春卿九預枚卜乞終養求去疏凡十六上會皇太子行冠禮充三加官以正治上卿資政大夫太子太保禮部尚書兼翰林院學士致仕公在館職先後居講習二十餘年進止有威容未嘗一日愆於儀度每陳經義詞旨條暢琅琅於陛殿間當宁動色羣工歎羨初入展書光廟命內侍錄問公姓名聞者賀公將遂大用哲皇帝雖邇於佚游然遇公在講筵未嘗不頓釋倦容端冕傾聽多所匡益公少通尙書生平以此事君常舉二帝三王之言以規切時政引君於當道其爲熹宗講益稷篇曰所謂退有後言者非背其君私議得失也或所敷陳不蒙採擇自咎已之悃誠不克上達心口相後欲俟他日更言徐冀開悟斯後言矣時左都御史趙南星在班行拱手誦公言反覆不已後救徐考功疏遂及此言趙當時正人諸君子所表率一經稱述世卽目爲黨人故忠賢逐公時某所條旨謂呈身門戶蓋指此也先皇帝疾廷臣欺玩頗事綜核公進講大禹謨至帝德罔愆章言風霄雨露天道並施然四時之中迅雷震電之日少和風甘雨之日多聖人御世宰物用恩之意嘗有餘於用威法天道也上頷之時大臣有得罪者廷臣冀上少加寬貸而無其策是日旨下竟從末減大司寇胡應台曰姜公說經不特啟沃聖心卽某執法之司少免失出之罰實陰賴之當忠賢議逐公熹廟曰好講官乃去之耶忠賢紿上曰是當復來先皇帝既因講筵屬意公一日御東華門出諸章奏授廷臣令各以其意擬旨越一夕以公名及南海陳子壯長洲文震孟淄川張至發等九人下吏部錄履歷以獻之上示意將授公政矣侍璫曰若令某辨事誰堪代講官上默然久之乃止藏史氏曰漢世治平日久率以名儒爲相若匡稚圭張子文孔子夏

之屬咸通經洽古不階勳伐坐致端揆本朝中祀頗近漢法雖旁求不廢而都以儒術升聞若姜尚書之說經欵欵屢動宸聽而金甌之名得焉復失蕭太傅之不佩相印豈其類耶或者以此傷尚書之不遇則謬矣夫士立乎本朝所貴行其道聽其言願斯畢爾人主之耳目心腹有諫議之官有執政之官有論道之官皆得集其論思以補袞闕然盈庭抗章不如造膝之密語百言職詎勝一中書遇事力爭不如執經而高論百宰執乂寧敵一儒臣乎尚書惟寄身事外不登政本之堂故援引聖文片言悟主而君臣之間綽有餘裕假使其時遂筦機務以先皇帝明察之主而進陳寬大之言不以交私見疑則以示恩取誚我未覩其能納牖也然則尚書之迴翔微省晏息孤卿乃所謂得行其志者與〔姜氏家譜〕

商周祚〔錄陶崇道撰行狀〕公諱周祚字明兼號等軒燕陽公之長孫景亳公之冢子也景亳懷才不展遂早世燕陽公卽以課子者課孫嚴督而厚期之丁酉與弟讌軒同入泮公卽領鄉薦至辛丑以葩經冠南宮成進士令邵武以弱年筮仕政如宿吏威惠並用大爲地方造福適縣治火獄囚葉木等皆畏威不動無一人出柙者時有縱囚來歸之頌平反疑獄咸服神明至於興學校課生儒首錄者皆士林奇傑丙午聞省同考取士皆得人令邵五載冰蘖盟心鬻家產殆盡戊申行取庚戌考選授戶科給事中壬子始得旨授事侃侃正論扶抑賢奸在垣七年身攝數務力任三差中立不倚挽回底定至追庚戌場弊疏叅秩宗以其携歸號簿惟以政府密語爲發奸致此厲階也癸丑福清主試章奏迭闈票擬公恐開內批之端閱日果有以內旨處言官因特疏糾正責備首揆而福清遂懷嫌隙矣諸如奏減親王田土力爭河東鹽地三王婚禮劾諸

璫冒破物料阻撓大典且逆折浙稅監之織造禁阻御馬監之鹽稅發奸摘伏杜漸防微城社慴息乙夘值梃擊之變請禁革內市增設侍衞條陳懇欵保護東宮以感動聖聽邊餉告急補牘回天發帑金三十萬分濟九邊軍士皆歡呼疆圉寧謐丙辰分校禮闈及門之人皆爲名臣戊午陞太僕寺少卿庚申陞都察院右僉都御史巡撫福建海商結夷搶掠而劇賊黃育一林大吼其魁也因用兵擒斬以靖地方壬戌有紅夷之警紅夷與香山澳夷爭市公嚴禁接濟用水陸勁兵分布要害鼓厲兵將屢戰屢捷不特新市不可得并舊市而失之夷始乞憐求款公陳兵譯諭夷竟慴伏其後代終局者卒以公布置成畫奏功於朝所獻俘馘則當日擒斬餘衆也在閩值勦寇募兵攘夷三大舉不動民間一錢設法支應王事以寧心力實殫乃福清以宿憾修怨授意秉銓遂於自陳疏調用然閩人戴恩建祠尸祝與其祖燕陽公先後並建可稱世德矣癸亥歸里侍養乙丑卽家起兵部右侍郎總督兩廣大籐峽賊首胡扶記莫敬龍等據險隘殺掠兩江震動公力主誅討勦撫並用間購兼施擒斬胡扶記降莫敬龍等百年逋寇一旦蕩然是役也不借兵外境不糜餉中朝拓淸疆土七百里粵人每言及曰此百世之功也至粵東八排諸猺負固不服賊首謝龍崖者鬨合突擾公嚴令責成指授方略擒斬渠魁解散餘黨粵境盡平事載廣東通志時逆璫擅權稱頌遍天下公毅然特立凡叙功疏皆不及璫遂觸璫怒功竟不叙丙寅陞南京工部尚書以皇上登極覃恩追封三代廕一子時有媚璫議建祠者甚至以危言動公公執不可故福建兩廣獨無生祠然諸璫乘權肆惡有織造未就遽催給價者公具疏糾叅并議裁抑諸璫氣奪中外倚重焉京蕪二關原有定額自璫借助工爲名屢增關稅稅

及毫釐商賈嗟怨公請定兩關稅額盡蠲外商困獲甦戊辰改兵部桼贊機務留都重地軍糈待給於戶部而錢粮已借北部本折俱罄議撥漕粮暫濟而北部不從公疏以近地充數或借三關半稅藉手救焚消弭目前禍變報可軍民懽頌留都以安隨以母夫人年老得請予養里居十載凡可以由體母心者益殫厥力承歡膝下永無出山之念矣丁丑起都察院右僉都御史掌院事召對親賜憲綱公復請申明憲職四議皆從民生起見上嘉納旋陞吏部尚書甫蒞部即有枚卜之舉乃武陵以墨縗管樞不與廷推繇內旨特用因而啣憾黃詹翰以武陵緋衣柄政疏桼廷諍下考功議公僅以降調覆迹似譏諷憾遂愈深疏請起廢皆濟濟名碩公以時方需才宜剖破藩籬悉捐城府虛公以澄清世道平恕以匡輔聖明愛惜人材培養元氣首揆韓城以廷推所最忌者孫意白馮鄴先兩人拂其意遂致深憾及廷推不得公累疏乞歸復社之案久未覆結株連士類幾成大獄嚴責部覆公力持公議轉處張受先張天如疏竟中寢在銓部七閱月守正不阿陳情之疏凡十二上致忤聖意以罪去意欣欣然也歸至淮而訃聞矣居喪哀痛過禮甚於孺慕聞逆闖犯闕都城淪陷公義不共戴悲憤欲絕自庚辰存問徵聘再至堅辭不赴絕意功名然公之德政在地方功業在志乘非家傳所得備述至其居里閈則恂恂若儒生處家庭則依依如孺子宦蹟歷貴要而所携琴鶴之外無他長物悉以爲養志之需諸子不過中人之產具見先世清白之傳也〔商氏家譜　康熙會稽志〕

商周初〔錄倪元璐撰行狀〕公諱周初字恒仲號譙軒廷尉公次孫景亳公之次子也長兄即冢宰公兄弟先後成進士有名於時比之眉山二蘇公當兄弟讀書土城別業時產瑞蓮一莖雙蕊及贈公不祿陶周望

云一莖中枯兩蕊其並茂乎蓋已徵於此矣自試童子時卽有聲藉甚累試冠軍餼於庠後游成均歷北而南至戊午登賢書又閱十年戊辰而成進士筮仕得商城商城僻處萬山奸盜藪穴公束身峻潔一意除奸營窟負嵎藁薙不置餘力此時不無投鼠破柱之嫌公不惜也後鄰境皆以奸豪踵變而商城得帖然皆歸功公謂得曲突徙薪法焉己巳都城事棘措兵措餉之檄絡繹至公曰今日之勢兵可使遽集而餉可使遽足乎因思豫之西鄙有毛兵素稱驍勁移就宿衛則兵餉兩裕矣故勤王惟豫師集城下最早者公擲之之力也秦中流寇猖獗豫戒嚴洶洶傳秦賊有入豫境者刺奸多指買爲盜執以爲功公爲辨釋之行處皆恃無恐流寇聞知軍避之戒無犯商邑民賴以安至部檄派辦年需及供億大費公皆密爲措置不以煩民閒也公尤重學校衡文錄課故譽髦蒸然以行治擢兵垣合勸一疏深中機宜皇上鑒悅令馬上馳諭期年疏九十餘奏補過拾遺皆人所噤不敢言者轉備瓊州兵事至瓊州釐奸剔蠹禮樂百蠻稍加整飭椎結之輩悉化而衣冠矣瓊之弊俗士惡挾黎人爲奸利公嚴飭防守令民毋入黎毋出期月之內奸萌盡悉矣瓊瀕海海邦多以貨往來者每至挾之以爲利更以爲功有安南國客七十餘人就擒公簡其舟次止刃二柄因語將士曰沒波濤而爲大盜者其如是乎立解其縛而縱之海南道兼學政自少參秉鐸大爲振起而譽髦日新迨報政轉常鎭常鎭密邇吾越謂子舍可依卿命往甫抵毗陵而無錫頑民以歲荒懼公私之逋責而變公一聞卽叱馭立爲解散而錫人始定時方藉之弭災捍患而天不假以年惜哉方其自聞訃歸以禮自持似不至有滅性之慮而孰知其竟死於孝乎公卒年六十有四(同上)

杜尚斌〔錄茹藥撰傳〕九霞杜先生諱尚斌字曰淵毅越之君子儒也世居東浦之前村恭儉勤幹肫肫恂恂終其身樂善不倦先生至性過人事養堂上先意承志長得膝下歡兩弟曰福曰幼先後卒恒潸泣泪痕沾兩袖濕見親則掩袂改爲歡笑期二人勿悲也亡日必祭清明冬至必哭奠諸墓一日誡子若孫曰此吾兩亡弟塚也吾同胞四人而早失二心甚悼之今我春秋高矣我死後願若祭之如我生時不覺言之過哀老淚竟潸潸下也由是至今二百年奉行不衰蓋孝友施於政矣崇禎庚辰郡中不雨者四閲月大蝗米斗錢五百辛巳復旱民大困斗米千錢先生愀然曰吾不忍道殣纍纍望而力苦不支會祁御史彪佳方家居與推官陳公子龍議倡諸搢紳富室畫坊里而賑於是東關設二廠五里牌力於賑者先生從叔元葵公首之澄心寺力於賑者則首推先生自練塘至前村賴五里牌賑以活者一百三十餘戶自塘角至中村賴澄心寺賑以活者倍之賑八十日垂竣饑民食德者咸曰此義賑之洽遠勝官賑之未洽也而先生賢勞可知已晚年敦行益篤好施與益周而家益隆隆起中原多故先生既不樂仕進村居無事家有小園數畝許蒔雜花木百十株遇佳風日與諸野老課晴雨桑麻夜窻燈紅治家政細核出入畢執一卷兀坐斗室四嗣君旁坐朗朗作達旦吟婢僕又分燈餘光縳箕帚供操作事嘗謂其家人曰吾生當晚近而幸獲太平夏健松涼受林泉清福榮啓期三樂備矣汝曹秀讀揣耕亦頗肯堂構吾杜氏自鄉一公遷會稽居前村其所爲積厚流光者歷有九傳矣願汝曹聿脩厥德以克承先緒吾自號曰九霞而樂善不倦此物此志也夫先生卒時年六十有八其後之念祖者遂以九霞榜于堂〔前村杜氏譜〕

莫讓師字承元山陰人崇禎間爲湖廣常德府稅課司大使甲申李賊破京都弘光登極設四鎭捍禦兵卒多暴橫讓師連常德縉紳與有官守者堅保城池時倚爲重後卒爲亂兵所殺棺不歸葬（松林莫氏譜）

童欽舜富盛人明末官廣西鬱林州州判城陷殉難妻朱氏同殉（富盛童氏譜）

戴國柱紹興人（縣籍未詳）崇禎末年任山東登州陸路中營副總兵奉調統兵援淮徐與流寇戰歿於徐州（見崇禎忠節錄徐和二州殉難錄）

張大烈錢塘籍山陰人天啓丁卯舉人任江西瑞州府推官城陷死之（據崇禎忠節錄）

趙堯徵號薇垣援例授郎官初任山西交城二尹値流賊猖獗百計防守說方略擒斬巨魁俾闔城生靈免於鋒鏑士民立碑誦德撫軍特薦陞任京衛經歷再任閩中寧凡二尹因金陵不守撫軍于華玉題陞清流縣有政聲鼎革歸里不出（天樂胥里趙譜）

朱益采字觀以山陰人以副貢至京廷試即輿櫬疏劾權閹莊烈帝嘉其鯁直欲授以風憲之職當軸者徇例抑補外官歷福建按察司僉事國變棄職入延平屢薦不起以醫自晦有到處堂文集二十二卷（福建南平縣志）

劉登之（章正宸撰傳）公諱登之字公榮別字夏雲父無疆公以萬歷乙卯舉順天鄉試丙辰試南宮薦元爲主司所持不果夏雲其冢嗣也生而秀異弱冠應童子試即冠軍嗣後每試輒冠癸酉秋闈旣得雋亦以爭第一而復下與無疆公丙辰事同性柔靜喜讀書不預他事以故無疆公常愛之人亦咸稱公爲肖子居

家孝友溫恭人諱常莊人辯常訥甲申後以恩貢補浦江學博不果就尋避居山谷中執管寧鋤蹈雲卿圃未幾以疾篤尚諄諄鐵基與桔槔不爲疲也　格庵子曰蘗纂止命傳前有王季重終於孤竹庵錢仲匡終於宛委山房又有陸章之沈鶴士皆終於家君子曰終信夫而吾於夏雲亦云保耀棲眞篤禮好信遠於世目卽多頌之而亦不相符必待其人而後契也〔水澄劉氏譜〕

姜一洪〔錄孟遠撰傳〕姜一洪字開初會稽人光祿卿鏡之第六子萬歷丙辰進士年甫二十四時仲兄逢元日侍幃幄至尊隆寵一時廷臣羣虛席中秘以待一洪而一洪不但無意清華並不欲隨選人列謂早年科第必因仕而廢學且圖君而忘親古人所以爲不幸也竟以二人春秋高乞假歸養故光祿公遘篤疾諸伯兄多歷仕途而一洪得親湯藥視含殮于心無憾辛酉服闋猶依依慈母膝下不肯北上太夫人促之行乃告乞教授轉南國子博士遷南儀部郎調南吏部考功皆閒曹近地極板輿將母之樂又時與同官魏浣初申紹芳討論典故砥礪名教而學業日益進擢江西副使分巡九江駐節饒陽當是時海内脊脊多故所在徵兵加餉凡銳意功名者以鋪張擊斷爲能催科嚴急爲功一洪獨愀然曰江西瘠土也其人多負氣此猶可操切理乎乃捐棄苛細一切令祭鄉氏中有孝弟力田者廉其事實上之道府敦促赴治所親自勞問獎借賚金帛有差各屬窮鄉下里聞之無不爭自濯磨敦本厲行者饒俗停櫬有至數年數十年者一洪憮然曰久淹親喪俾魂魄不安此不孝之大者顧亦非其罪不治其本則弊終不得革富者惑于陰陽家言必擇吉壤以有待貧者又苦欲葬而無地一洪于近郊市間擇其開曠高阜者先捐貲若干畝爲義地令各

屬邑郝鎭咸就近置買以便營埋而後大張諭示陰陽不足信之理使智愚共曉然後下令以三月爲限過期者坐以不孝之律而民間停柩一空故習乃除又江俗儉嗇以舉女爲戒育卽溺之故女少士常中年不得配一洪又憮然曰吾育而吾溺之卽傷天地大生之德抑開士民好殺之風此守土之責也且男女居室人之大倫無女安得有男無男女安得有父子人類不幾絕乎爲先定昏嫁之禮無得論財而後下令溺女與殺子同科鄰里不舉連坐樂平縣有貧民畜五女者給冠帶旌其門于是家家舉女咸字以姜戶口爲之繁盛晉參政分守禹州時流氛熾河南諸郡危若累卵而禹州淫雨河決民不得耕道殣相望飢者將揭竿應賊郡縣捕之急而逃者益衆一洪曰此皆吾民也貧不得食故去爲盜耳爲民父母宜爲之開生路奈何驅之入死地乎下令速罷諸捕卒而設法大賑之皆得食感泣還鄉土賊犯葉縣及鄢陵見所至有備不得入而去賊帥老回回等遂分犯河北撫軍知一洪有應變才遂以兵事見屬一洪受事卽遣老弱張幟分布要害使賊疑阻而自率勁卒鼓行而前賊出不意收兵走入秦河北得免蹂踐者一洪保障力也撫軍樊某憂去將舉一洪自代而一洪已報遷福建按察使矣旋遷廣東右藩往例右藩不過伴食洪謂居職一日當盡一日之事豈可坐糜官廩爲按右藩兼管清軍事歷來未有清查多爲各衙門侵役一洪特徹底稽核得千餘人別立隊伍約束訓練赫然干城地方攸賴焉歲餘遷左布政粤東素稱饒沃而藩司又財賦所自出一以氷蘗臨之爲之準量平衡約入裕出卻羨塞耗官吏輸賦朝至夕去歸有餘橐京邊上納絡繹道路完額甲諸省入覲舉廉卓奉旨候京卿缺用會丁母胡太夫人憂歸聞甲申三月之變同劉宗周衰服赴省謁

當道議捐金集旅申討賊之義旋奉南都福王監國詔而止乙酉廷推擢大僕寺卿以母制未闋不赴向與漳浦學士黃道周久契南都再陷道周於閩中擁立隆武特疏薦一洪義不容辭敦促入閩陛陳愷切上爲嘉悅連擢吏部右侍郎戶部尚書方是時計版圖半天下而司農無一錢一洪多方措置內奉宮府外給三軍咸以無缺卽有權宜酌濟之籌民力所堪未嘗稱厲朝野賴之時事日亟上敕鄭帥守關自將御營士三千從延平移蹕汀州命一洪前行峙糗糧以待及仙霞兵潰乘輿驟至歸化一洪疾趨而上曰事急矣宜速據贛州猶可爲也時扈從止二三紈褲無一人與同心者事勢倉皇上忽變服易騾馬馳去一洪四顧無所得馬籃轝蹩躠行中道僕夫奔散遂徒步追駕于汀州不及又數百里次興國椰木郁去贛百餘里時相隨惟二僕枵腹徒跣足盡裂一洪知事不可爲乃仰天歎曰臣力竭矣世受國恩無以報惟一死可以自盡因賦詩四章從容赴水死時丙戌十一月六日也鄉庠義士鍾國士見而哀之與椰木菴僧了宗往拯含殮如禮年五十四子二長天植次廷梧廷梧奉母在越天植于淸師入閩後始自越至閩自省至汀自汀至贛往返四千餘里奔走百十餘日尋訪不知所在至丁亥二月遇遺僕于道途而始知畢命於椰木菴聞鍾義士之告言并出其致命之詩章而始知致命於汨羅也乃備歷艱險得扶櫬而歸孟遠曰死一也一死於十五年之前一死於十五年之後撫孤者較易子而更難一死於宗社方傾之時一死於厓山舟覆之日殉君者較殉國而更苦顧吾鄉殉國之忠臣其在甲申者弘光贈䘏之國朝〔淸〕亦贈䘏之史書記之天下知之其在乙酉者止魯唐之贈䘏而國朝〔淸〕卽不及焉至死于魯唐之丙戌者旣無贈謚之榮復無表揚之美然

而舉國稱之野史記之吾越之表忠者猶爲之合祠而俎豆之至若一洪之間關赴召閣臣之黃道周實薦之徒步從王慷慨赴義同官之鄭有譽實狀之身親拯屍買棺盛殮好義諸生之鍾國士實舉之其鑿鑿不爽有如此而吾鄉從未有道之者然則同一忠臣之死亦有幸有不幸與雖然一洪少年登科第志在養親而不急急於富貴又遘遭大變志在從王而不復有其身家爲忠爲孝要以自慊其心自盡其職富貴身家均所不有而又安有其身後之名耶則謂之以身殉君也可謂之以死勤事也亦可　附載致命詩四章

轉蓬飄泊五千里結髮從王三十年碧血萇弘終不化至今遺憤動高天濤聲長沸子胥魂興廢茫茫不可論百歲繁華駒隙騁千年節義一身存庭前止水憶江郎俠骨英英千載香何處依牆紓國難從君地下哭高皇杞天已墜痛難支皦日重開未有期歃醴哺糟何足羨汨羅長往是吾師〔姜氏家譜〕

王永祈字眉仲山陰庠生食餼二十餘年崇禎戊寅擢歲貢明年乙卯中順天副榜辛巳選山東登州府招遠縣知縣甫下車土賊李廷實李鼎鉉等一時嘯聚所在響應即通詳撫軍王國賓檄劉澤清勦擊民得安堵甲申三月京師陷乙酉二月初九日清兵臨城傳檄降則官吏復承原職三日不下盡城皆屠永祈多方督率堅守至十三日外援無期民慮城潰必屠有二心者參半永祈知不保遂臨女牆指兵大詈復北向再拜泣曰臣力竭矣與城俱亡即端坐自刎兵至見其危坐城上趨而視之形像如生口目盡張皆驚愕城中秋毫不犯而去民戴其德廟祀弗替櫬回葬於烏兎山祖墓之旁〔蝘江王氏譜〕

胡大典紹興人〔縣籍未詳〕明末官湖北某縣典史崇禎癸未奸民爲亂集團營討平之順治某年清兵至殉

難死〔據章實齋湖北誌稿〕

吳一元山陰州山人官守備明末陣亡於蘆溝橋〔采訪〕

沈榮春字伯新號柏仙明官武昌右衛經歷崇禎癸未殉難〔采訪〕

沈士彥字蘭渚貢生明官蘄州知州殉國難〔采訪〕

胡士芳字敬南會稽人崇禎時傾產賑飢給好義可風匾額〔采訪〕

成之麟會稽大營人明季官江西永新縣知縣流寇陷城糧盡殉難〔采訪〕

高應龍一名猶龍字雲翼號崇岳崇禎己卯廣東武解元官總兵殉國難〔前梅高氏譜〕

姜道元字敬勝會稽人山東布政司理問崇禎巳卯與妻來氏子廷樑同殉難於山東〔姜氏家譜〕

姜公調江西副將明末殉難〔同上〕

姜應蛟字玉寰江西隨征都司明末殉難〔同上〕

魯元贇〔錄家傳〕公諱元贇字賡和號襄齋少隨父憶峯公宦游指揮使署內讀書明大義詩詞古文靡不淹貫尤工書法恍彿唐房魏筆意初應順天大興縣試受知於督學使者褎然首拔補博士弟子員名震庠序尋考中書授內閣中書舍人崇禎甲申闖賊陷京師公爲賊所執欲授以官公罵焉賊曰汝何官公以職對賊從容謂公曰汝官不過七品祿不滿千石何自苦爲汝今從吾游吾能將軍汝否則尙書汝何尊顯如之公厲聲曰我國家養士殊恩吾祖父被之吾身又被之不可以二安見烈女有再醮者耶賊曰從吾則官

之不從則吾將殺汝公曰殺則殺矣願蚤施刀斧以見先帝於地下賊不聽擁公而去使爲供具公不寢不食賊怒酷加拷掠公憤觸石柱血猩猩然從頭顱中射出如箭人無不避氣絶三日面目猶凜凜然如生其妻孺人王氏亦殉節（皋埠魯氏譜）

魯元寵 （節錄家傳）公諱元寵字君世號青海丰神奕奕雙目炯然面癯骨勝髫年力學淹貫經史登萬歷戊午順天賢書崇禎戊辰進士釋褐江南徽州司李時有布估二人殪於道守牧誤議一人抵死鞫於公疑有寃狀檢估遺物得圖記以戳布者密令人四出買布驗之有與圖記合者究所從來縛眞盜四人鞫以法大吏奇其明在任三年辨寃釋獄不可勝紀犴狴幾空憲司交章薦爲政事第一召至闕下懷宗臨軒命試趙充國屯田議揮毫立就策上上覽畢大悅曰魯元寵不特政事第一文章亦第一對品調翰林院編修是時判策有文章政事第一之語蓋綸音也旨出聲震朝右中貴人某慕公丰采欲羅至門下多方請托公不屑就後於公所相遇公分庭抗禮不爲稍抑權宦微笑視公曰魯翰林風流大雅不久將登台輔矣異時南北兩衙能和衷相濟乎蓋欲以公輔餌之希其一盼也公終不顧由是大忤權宦明年陰使吏部以推陞年例左遷廣東按察司副使分巡兵備惠潮惠潮爲東粵偏隅地狌民悍其時又多盜村庄道路偵有微貲輒探囊胠篋卽殲其人公下車飭屬吏嚴禁捕躬訊决發奸若神風爲稍輯每歲按臨兩郡必三四至威惠兼施在任兩載民風丕變至今稱易治焉後以三年入覲便道歸省適母沈太君疾作留侍慈闈日奉湯藥躬爲搔抑孝事備至太夫人病瘳值甲申變聞公潸然淚下欲創義舉而事不可爲及魯王卽位詔以都察院

右副都御史起用公不就職因歎曰忠孝不能兩全吾何以處此遂皈依空門祝髮於木陳禪師緇衣素食奉養厥母以終天年公德政在潮惠至久猶思之崇祀潮州名宦〔皋埠魯氏譜　參看道光會稽志稿本傳〕

魯元錫〔節錄家傳〕公諱元錫號晉侯憶峯公子也賦性愷悌爾雅溫文其父以軍功歷官至錦衣衛指揮使居官署與兄輩同攻書史日誦至數千言及長兄襄齋公考授內閣中書次兄配可公拔順天明經而公以父蔭授錦衣衛正千戶治事勤謹能和衷體國與同寅協恭共濟是時流氛四布京師震動命淑人胡太君挈二子南還誓與賊死未幾煤山變聞仰天搥胸曰大事去矣守正以侯罔爲臣虜此臣子報國之常經也吾何惜焉及闖賊執公愛其容儀欲以厚祿餌公不可隨聞襄齋公抗節既死益憤欲與俱碎賊感其忠義命衆扶之安其身而去既欲死不得乃潔身歸里值歲饑出儲粟千石賑卹鄉民老少啣德免溝壑而戢離散者不可勝紀公之隸王某年十歲被寇掠至京自賣於公居廡下數年矣及與之南旋公以其才質不凡厚贈而歸還其券厥後王某官至提督總戎赴寧都枉道致祭於公爲其家人言之乃知公之盛德有如此者逮清以子超貴贈通議大夫廣西按察使崇祀鄉賢〔皋埠魯氏譜　參看山會志本傳〕

鍾漢璋原名巘字予吉幼端慤不好嬉弄弱冠博通經史事父母孝敬處兄弟友恭清介不苟合喜吟咏所交皆知名士搢紳先達皆願與之游而翰林朱圖南金廷韶尤最契晉江張相瑞圖延爲西席縱覽天下博觀奇勝至東昌遇異人授奇門六壬天文地理之書郝寧鎭大同請之幕談兵多中諸貴人爭招致之漢璋雅

不與時調合詠曰歸吟十首有山蕨於今雖已盡江鱸此日正全肥又云到門且自閉歌嘯一任浮雲天際飛之句值闖亂鼎革居家註四書易解甲申歲大旱鄉人請祈雨漢璋登壇虔禱田疇霑足歲大稔又鄰舍有妖爲祟之遂絕後魯王稱監國於紹興時漢璋居靜林山教授督府余煌內閣張國維交薦監國命楚王親奉幣以聘堅辭不起弟子多勸出山笑而不答果沙漲錢塘清兵涉江而城不能守矣及將卒之前一日取奇門等書沐浴爇香拜而焚之會葬者數百餘人名士輓詩甚衆〔據舜帝廟下鍾氏譜〕

羅元賓〔錄家傳〕公諱元賓字尙之號天樂幼善屬文外祖何泰寧公稱爲國器南臺章念清公見而奇之遂字以女卽章淑人也甫冠補邑諸生受易于章潯陽先生以文名一時累試於浙不利乃入北雍欲承蔭補官有相士謂公且大顯願少需公頷之其明年卽舉於順天南宮被放歸而奉政公捐館公擗踊嘔血自殮殯迄祥禫悉如禮甫襄事而章淑人繼逝庚申繼娶王淑人壬戌始捷南宮又以何太宜人棄世銜卹歸服闋補太常博士時附魏璫者諷公公曰進退自有定數一置身非道何以自拔哉遂却之懷宗御極擢公河南道監察御史首疏破從前門戶積惑大約言東林立門戶原以講學而不肖者依附師友之借爲勢利之藪崔魏攻門戶實以行私而不肖者沉溺子孫之計遂貽釁奪之禍今日不但當革小人之實尤宜先革君子之名疏上賜敕褒諭未幾督馬屯公實心任事不辭勞怨清豪右裁戚畹廣開墾杜侵凌蘇偏累絕奸蠹巡行阡陌寒暑以之及代凡得田二千餘頃事上賜與有加時廠衞暴橫所在側目公廉得其尤者立斃之杖下輦轂咸倚公謂包孝肅復見也己巳之變兵薄大都人情惶駭公巡朝陽門擐甲登陣不解甲寢者

累旬既退當事者緘休息公恐其餌我仍遶城巡視丙夜烈皇帝親出遇公詢知其故嗟嘆數四緣是知公遂命公巡按福建時巨盜鍾斌勢甚熾撫軍熊公主撫公力主勦密檄鄭帥兄弟敗之平林又邀之外洋斌赴水死永平寨黃峰隘失事公星馳堵擊賊遂宵遁公築頹脩廢選將練兵所至厭逢迎簡供給汰冗員省詞訟除察訪嚴保甲儲器械謹烽火於是全閩始屹然爲金湯故帥俞咨皋忤璫誣以贓六十萬公力請豁免有以避嫌爲言者公不爲止報代晉二階復遣視河東鹽政甫入境而淫霖連日夜公倣西母澆晒之法行之共得引五十三萬九千餘以溢額二萬四千鏹助軍需全活者二千餘人嘗條奏鹽法便宜事二十餘則著爲令時安邑承平久樓櫓俱廢且兵盡奉調守禦頗乏賊至衆欲潰公慰諭之取優人衣甲授民使布城上又多置烽火縛旗幟樹上賊夜望見遂引去公乃脩廢舉墜募兵積粟而安邑爲重鎮事竣仍掌河南道烏程柄國附之者招公公以一笑淡之冢宰缺人各有推戴公曰會推乃九卿事科道糾其不當者而已豈可以私意行其間哉乃疏言之一時傳爲不刊之典公在臺舉劾不避權貴所陳凡數十疏皆切中時弊時流寇紛沓朝廷旰食公上疏言流賊之敢於刼掠城邑屠戮生靈者皆緣將官暗懦失於先機故也賞罰不得當功罪不時審奸民潛與賊通陰爲之間諜而不之察帥臣隱其挫衄且冒以捷聞而不之究則備禦何由嚴而賊安得不肆其毒哉謹上便宜十五事曰懲苟玩堅障堠懷携貳蓄孳牧慎任使利器具廣間諜清耗蠹嚴保甲核兵政預積貯撫傷痍誡貪墨均賦役選伉健亹亹數千言悉允行之上好親細務公爲疏言致治之道有本有末隆聖德用賢才納忠諫愛小民謹備禦本也至於簿書刑名特其末耳瑣細猥屑豈

足以煩聖慮疏上亦不忤大典成進秩冏卿尋請假歸里被疾久不起廷議推公操江乃晉公右副都御史公力辭詔使敦諭扶掖拜命至則置兵采石以拒上游整飭巡船以防江盜稍安輯矣而病不可爲遂乞骸歸歸病益重不能起坐臥需人甲申之變家人匿不以聞明年冬公偶見家塾課紙有宏光年號乃大驚曰上改元耶流寇奚若家人度不可隱遂告以故公聞痛哭舉身自擲絶而復甦不食三日而死時乙酉十一月六日也生平痛念二親祿不逮養孺慕終身弟天寧三歲失怙公撫養敎誨不遺餘力產八百畝以一百爲祭產五百與弟供饘粥者僅二百耳祖遺室宇悉以與弟而以俸餘自營弟居焉至於排難解紛推恩拯急殆不可枚舉公始以文章名世至立朝發爲奏議諤諤有聲稱所著有西臺疏稿天樂吟藏於家倪文正公嘗稱公文章似子由理財似子安剛介不撓似器之至於廉約有素淡泊寧靜是又能人之所不能以世其家良有以也〔偁塘羅氏譜　參看府志及道光會稽志稿〕

徐金芝　〔節錄徐金鏞撰傳〕公諱金芝號素人字兩伯衡府左長史心葵仲子少負氣節讀書務實用受經於外父賞元亮先生時賞門下多越中名士而先生獨喜公倜儻有大志字以女旣補諸生累試甲同學旁通星緯岐黃太乙壬奇之術尤喜談兵與劉蕺山倪鴻寶諸君爲忘年交蕺山嘗呼公徐景略蓋曰今之王猛也崇禎庚辰春應直言詔赴闕上八條議累累數千言直指當路旨下議而銀臺格不行尋復冒國禁痛陳金塘大榭玉環石塘等處海屯之便適浙帥王之仁疏請兵屯議合報曰可遂授寧府判加級董其事期年金塘墾田萬三千有奇大榭墾田四千有奇餘所闢島嶼册未彙以病解官著有金塘山圖記甲申夏宏

光立於金陵之仁起公叅幕府不就乙酉八月魯監國勞師江上造廬咨兵事冬十一月拜武寧藩水師營監軍僉事加一級旋授太僕寺少卿先是李闖陷京師山賊蜂起及南都失守伏莽者各揭竿盜名字公罄家財募健兒千人分道剿撫盜首沈呆婆者率其衆千許屬焉於是疏請大舉謂越海邊壤不可粗安當計復金陵定名號然後徵義師力圖北取時方國安父子柄國左公議公脫幘擲地曰狐鼠擅權其曷濟天下事遂投劾怏怏不得志以歸丙戌夏清師東渡魯監國入海隆武紹武後先覆亡乃更號崟山從黄冠徙居鷹巖未幾貌星士入郭哭蕺山忽聞黄相國道周募兵江右被獲不屈死拊膺大慟絶飲食數日母詰之再三具言狀母曰道周有官守非汝比也汝父不幸卒於官汝又將棄予去名耶實耶予耄矣獨不能先汝爲忠臣母乎公飲泣不敢死丁亥粤撫瞿公式耜既立永歷於肇慶遺書起公公以母老辭書三九至終以母故不得行顧其志未嘗一日衰也潛以方外服行岐黄術於江閩間庚寅冬又聞瞿公死難益氣盡鬱鬱得胃疾歸而杜門謝賓客著詩文鳴志所遺有欹枕草爾爾草各十餘卷六民夢傳奇二卷皆未梓年六十有一卒公兄可貞志亦高潔甲申三月後棄諸生服號固庵言不變所守也兄弟並修髯廣顙鴻寶先生嘗戲語曰頭角嶙峋羽毛殊異今乃知天上麒麟自有眞種各爲作像贊詩文稿序公家世素封好行利濟事及募兵破産貧甚志勿懈瀕卒訣其母謂畫虎不成不肖之謂也又曰吾甚慚吾蕺山鴻寶諸君子殮我以縞毋榜我故官後與賞淑人合葬大青山阡而無表公志也〔苞山徐氏譜〕

金標字闇如少穎悟嗜讀書及長補博士弟子員以家世業岐黄又擅越人之術書法精美崇禎庚辰歲大祲

復值蝗祟標多方賑給而限於資遂請於叔太常公蘭發廩米傳諭饑民有能捕蝗一斗者如數給以米民皆捕捉撲滅而蝗禍遂息又讀書何山橋莊名魚樂處見婁宮官塘淹沒行旅病涉復請命太常公發帑百餘金督理修葺至今利賴嫂丁氏以多女故及產將置盎中標捐金雇乳養之表戚有二女名大陶姐小陶姐貧不能養質之馬姓公捐資贖之并爲擇配今其子已遊庠標絕不言及友人陳洪甫斫祖塋蔭木易價標諭以風水攸關貸之金而不求其值陰德類多如此鼎革後高隱不出卒年五十有五〔賢莊金氏譜〕

高朗〔錄國壽錄所載傳撰者名待考〕字克養父岱世以道學相授朗性敦愼幼時啓處有常無嬉戲及爲文章不欺理年二十餘執贄余門余見其趨對率恭謹曰嗟乎凡而子之不可以無家敎也告之曰余學所主貴有用立身濟時急子可以親練之矣則唯唯又曰子文通贍于義未其深然喜無近世誣狂之習行售時矣亦尚切實之學則又唯唯若不敢出諸口尋魯王遣御史按錄士故事朗列膠庠丙戌之六月人傳清兵卽至朗在瀝海城離府治四十里猝聞之密引禮服間脫不使家人知就俑浦江倆浦距瀝海三里許而朗所居郭北負海海積沙待潮而深俑浦故疾溜有渡可臨中流朗以是南走俑浦且恐家人覺之援者疾故不越三里外可遂志也時疾趨鄉人有見者竊怪之然各中懷驚懼故不及審問臨渡同渡者曰若何爲朗不答時同渡中亦驚懼疑以爲迎謁長令不復問朗正襟儼坐艙板至中流忽舉身躍水梢子駭遽疾牽其衣裾迺以左手援朗臂膊擲水不得脫急引梢子手口嚙之出血梢子護痛執手稍寬朗已隨波去矣同渡者愕歎息多爲泣下梢子言其家謂其屍必不可得俑浦南北際約六七里潮汐頃刻數百里時日暮家人

向渡望號譁而已明日復令前梢子至中流偶以竿築之如有物起之朗也外服已漂去而身不隨咸以爲神異云閲月朗父岱亦殉義死〔國壽錄 參看舊志〕

鄭遵謙字履公餘姚臨山衛人父之尹進士官山西提學僉事徙家會稽遵謙少爲諸生任俠鬥鷄擊劍不爲繩墨之士所禮始與東陽許都交好都蓄異意遂與絶自南都多故遵謙陰養健兒市好馬意指莫測奄人屈尚忠逃至越遵謙笞殺之曰吾聞諸劉先生凡係逃官皆可殺也郡人義之杭州失守遵謙決意起兵之尹屢禁之不可乙酉閏六月辛卯結郡中少年劉翼明等合衆水神廟告以國難衆皆哭遇會稽令彭萬里受新命歸招摇過市衆怒殺之清風里遂攻郡署獲署守通判張愫傳首郎日檄守道于頴以五百人西扼錢江詰明遵謙戎服坐新司堂悉召縉紳入計事自吏部尚書商周祚以下皂衣由角門入遵謙立語舉兵赴難狀咸悸伏莫敢正視士民環轅門呼曰鄭將軍今爲國諸公覷受大祿有貳議者劍斬之是日禡旗餘姚孫熊之使者已至遂斷江流聲震杭州魯王拜遵謙義興將軍合技勇出屯小亹朝議分方國安王之仁等爲正兵遵謙孫熊等爲義兵義兵新募多市井農賈小民不素練正兵常陵義兵食正饟飽嬉江頭義兵則食義饟率告輸富人常乏食客將陳梧高鶴鳴等寇鈔越城餘姚一年之閒公私交盡百姓愁困八月廿五日義兵渡江遵謙戰甚力副將鄭維翰抵太平門被砲死九月及督師汝霖武寧伯之仁期會龍王堂旦大風雨阻潮遵謙後期之仁等獨進大有斬獲十四日陳潛夫張名振敗於觀音堂遵謙亦失利夜歸小亹冬魯王勞軍西興以遵謙首義特封義興伯丙戌三月朔杭州開堰放舟遵謙從之仁迎擊獲鐵甲八百與

軍賫五月師潰於江遵謙將家屬浮海從魯王至舟山清兵入紹興之尹死之魯王南次中左諸臣家琅琦晉遵謙義興侯鄭彩專政以同姓弟畜遵謙使領陸兵牛田閩鄭氏以商船富遵謙强取二船由此交惡及彩殺大學士汝霖遵謙恚形言色彩故扑部將吳輝使扶傷就遵謙求書投鄭鴻逵遵謙信之過輝船被擒輝伏不出遵謙呼曰汝鄭彩斯養殺我豈出汝意而慚相避乎輝出就求隻鷄盂黍奠汝霖跳海死其妾金四姐故倡也以殺婢下獄遵謙破千金出之遵謙死四姐束藁象彩每饋斬藁哭拜沉海中軍中慕其義稱金夫人始與遵謙同起者有劉穆（邵廷采東南紀事　舊志有傳參看）

劉穆字公岸山陰人貌修偉善大刀及射寬而愛人崇禎中以武進士授上海把總南兵部尚書史可法知其才補應天副將穆雖爲將家貧推食食士有氣節者邑人劉翼明餘姚邵應斗蕭山朱伯玉從知府于潁轉運南都穆深結焉乙酉五月南都敗歸里與潁及鄭遵謙謀匡復聞方國安潰而東抄掠寧國廣德可急撫爲用穆身往迎之未還遵謙已起郡中武進士沈振東說遵謙悉取江北船繫南岸由是杭州兵不得渡國安至義師亦集魯王備物典策築壇西興巔拜國安大將軍封鎭東侯諸帥櫜鞬列山下以次上旌旗數十里戎卒十萬發令聲動江谷杭城望之震駭浙東軍倚以自强由穆始議也穆封威北伯受王之仁節度明年丙戌晉侯爵用翼明左軍都督翼明亦善大刀忠果敢戰嘗爲軍鋒國安愛翼明才勇欲請致之翼明不肯曰吾終不負威北恩且同國事何分彼此穆深得將士心如此穆子九短而悍有膽義得徽人畢昆陽鎗術穆自以爲不如及兵起九鎗所向無敵戰于清風嶺獨殺鋭兵數百人應鎗輒倒後騎益集合圍取九亂

斫死南軍爲之奪氣乙酉六月穆東奔舟山是月六日卒葬於岑港口〔東南紀事　舊志有傳參看〕

劉翼明字光世以字行山陰人佐王翊者一年後老死於家王翊善下士所立綱紀有監軍道五人其健將爲黃中道毛明山團練兵望此兩人旌旗皆退走赭九如號者舊爲翊延接賓客翼明初入山夜過九如宿九如逡巡立窗前不去語遂徹旦盡舉所部兵屬之誡其下曰劉將軍勇無敵第聽約束必有功翼明由是得展所長統兵千人出屯嵊縣之東坑及陳天樞同復新昌天樞視火藥焚而投水翼明迎謂曰得不死否天樞曰兄但急入城理戰守無憂我月餘而死山中兵初畏鎮兵翼明用忠義鼓舞訓練旬月間遂得精卒一日平明衝大營踴躍進清兵見進退行列殊異前日知劉大刀在遂潰士卒感翼明威信無犯民舍每移軍民攀挽曰公去則他將來無幸矣裨將陳國寶餘姚人勇而義父奉翼明旦夕侍臥內戰則率其下齊致死嘗至鹿頭頸就糧於平西侯王朝先他部有刈朝先麥者朝先來詰其人語不遜國寶自營中抽刀前曰誰謂我公盜麥者寶請身當之平西無主人禮豈能爲國乎衆皆愕顧使者已遁矣翼明將歸先遣國寶揮淚翼明立山頭送之見國寶行數里尚回顧王翊死國寶不能忍復以數十人起敗死之〔東南紀事　舊志劉光世傳參看〕

陳天樞會稽樊江里人丁亥〔順治四年〕與高宜卿等結壯士走平岡兵少而精張司馬煌言李進士長祥皆依之時寧紹義士屯聚四明山左右推王翊爲盟主天樞不欲屬翊自爲一部翊亦敬天樞如兄弟歡先是海船數艘艤山陰之白洋遇田雄兵百餘騎下堤來攻陳虎侯發鳥銃斃其一騎衆爭上騎皆陷於淖盤旋

往來覔堤口不得下馬叩頭乞命殺八十餘人天樞寔左右之劉翼明〔卽劉光世傳見前〕至白洋天樞與深相結比山中兵起人多有道劉大刀名於翊者天樞尤不容口因是必欲致翼明翊規模遠賞罰明肅其部卒視鄭遵謙劉穆〔傳見前〕精練是時天目有姚志卓四明有王翊魯王得遷延南田舟山者數年依二人爲右臂焉副將常進功引兵入山天樞乘其初至夜襲之先盜其馬馬驚衆擾亂山中軍縱擊進功僅以身免〔東南紀事　按王化龍會稽人當時亦浙東山寨見海東逸史及南疆逸史均附天樞傳〕

阮進會稽人本海中盜也善水戰富平將軍張名振拔之使管水營嘗率一艦破賊船三百餘故海上多望而畏之叛將張國柱攻舟山黃斌卿不能禦進以四舟衝國柱營時秋濤方壯大礮乘之所向糜碎國柱僅以身免斌卿獲其樓船器械無算反忌名振之有是人也以計閒之使背名振而從己進心弗善也丁亥魯王次長垣封進蕩胡伯己丑六月名振復健跳所以處王七月北兵圍健跳進率其樓船數百奮勇而至金鼓震天北兵解去九月軍飢進恃昔日保全舟山之力以百艘泊舟山告急斌卿不應遂與名振朝先等合兵攻之殺斌卿投之於海由是水師盡歸於進王至舟山加進太子太保辛卯八月北兵分三道來攻名振扈王出海而使進居守進詣海門議和北人欲誘之進以數船脫歸値北師舟過進投以火毬風轉逢脚反擊進而創甚投水爲北兵所獲逼之降大罵乃殺之姪駿初官英義將軍加封英義伯舟山破與名振扈王出海屯廈門乙未與總制陳雪之共圍舟山破之丙申復陷與雪之並赴海死〔海東逸史〕

王善長山陰人少有絕力長而豪蕩鄉里患苦之嘗同少年遊禹陵見窆石大言曰我固不學聞大禹治水有

玉簡金書埋會稽豈茲地乎則以手撼之而動意得甚甲申聞煤山之變奮臂言曰京師公侯將相豈皆婦人耶踰年鄭遵謙起善長爲部將及敗歸里又踰年王翊陳天樞起善長亦合驍果得數百人起會稽山受魯王命爲威武將軍往來山海間因曰吾聞古之立功者不遇異人必見異書往吾撼窆石能動意金書待我發乎乃以大索貫石與數十人轉之莫動也善長則攘袂獨挽索使數人旁助隨手折掘地及泉下竟無所見善長每戰擢陣郡將戒其下勿與善長遇而使人好語誘以官善長不肯曰吾志圖興復豈假建義爲博官地哉舟山破山海之師皆潰善長間歸爲人所告捕者數十人善長挐仆之卒入獄告獄卒曰吾數月入耳山中頗有所積置之何用當奉爲諸君歡願去桎梏得醉飽待盡遂痛飲日益狎親故亦時留飲獄中間置刀斧餅罍以進越城東南有稽山門人希往來一日有大舟載草而溺者以草積城下去門者以濡故弗問是夜善長飲獄卒偷以琵琶而歌西音皆大醉遂縛獄卒而告諸囚曰能從我者第先出諸囚皆出善長斧獄門奔稽山門乘城投草而下道四明航海追騎四出不能及善長從定西侯張名振戰崇明有功爲朱成功所忌見殺〔東南紀事〕

葉汝蒨字蘅生會稽若耶溪人曾祖美益大理卿父秉鼐諸生汝蒨生而慷慨有大志崇禎庚午鄉薦鄭義興之子懋繩其女夫也方義興始事時汝蒨在幕事多所匡心魯監國中不受爵家居丙戌五月清兵渡錢塘汝蒨偕其妻王氏出城至桐隖逃兵道遇汝蒨求金汝蒨曰吾印盡何惜吾金須僕至盡予之則謂妻王曰予得死所將汝何王曰妾從死何疑汝蒨拜地曰成我者子也遂牽袂與王並投阮家灣水汝蒨竟死援者

脫王浮水生里人拯以歸强之食不可閱數日復投水死王前廣文耿西先生文薈女也〔國壽錄 舊志有傳參看一說汝莅走桐廬自沈於水妻楊氏亦死〕

周晉山陰人文節公鳳翔從子從義興將軍鄭遵謙起兵丙戌八月獨從龕山移屯小亹監國授征西副總兵既而渡牛頭灣奮勇陷陣死之〔據崇禎忠節錄卷十三紹興府乙酉殉難錄〕

鄭體仁字平世號元長安寧坊人武舉人官參將弘光元年與清兵戰亡於錢塘〔采訪〕

姚天鑪字子特號玄一姚家埭人崇禎庚午癸酉兩科武舉人庚辰科進士官金山參將殉難〔見姚氏譜〕

沈綵字素先會稽人崇禎癸酉北榜第二名性縝密能幹濟江南競以爲通材然與人無高言華節謙抑而已乙酉魯藩監國紹興綵未任事八月閩隆武詔下諸臣以越不宜兩受敵且可稱臣監國如故選任徵發皆得便宜監國不聽明年正月閩閣部黃鳴俊以兵入越或欲竟從浙西然終以未講越中戒嚴綵偕鳴俊門下士加御史銜與御史王紹美奉命逆鳴俊於金華議論侃侃鳴俊爲色沮大略以今日之舉止爲大明二字唐魯宜合力併智經營中原冀復九廟不宜內自携貳爲敵所快且魯以至單弱當衝數月功莫大焉非有方鄭諸將矢石錢塘僊霞嶺下戍卒不卧久矣魯爲唐捍奈何欲自撤其藩且情有所不忍唐魯皆高皇帝子孫兄弟至親魯以閏六月起唐以七月起事遲而欲先功多者竊恐天下誹笑卽以爲唐已卽眞魯但謙讓以示無我此何難事且唐非有小振作以厭天下也土地之非吾朱氏者無數矣顧此入浙置江以北不問亦何足爲武卽使魯屈奉命天下以唐無遠略徒創骨肉宗室之起爲難者不少也請無言爾我總爲

一家勞苦從此藩王皆不思自利競爲公舉唐魯之教之也又草澤未起方在瞻望此豈鬩牆之時卽事成而聽天人之所歸未晚矣時紹美負病故往返辯難綵一人當之於是唐使御史陸清源發餉三萬兩來犒江上諸營與魯合綵力居多耳及馬士英刦餉殺清源士志不固五月廿八日方兵潰自焚其營駭走清兵入紹興監國駕之台州綵追不及自投入官江而死或云匿姓名隱去〔見華國月刊引國壽錄　參看康熙會稽志選舉〕

章欽臣會稽人督師孫嘉績部將也以都督司別營火攻事江上破欽臣散軍亡命其後以應山寨諸軍事敗被執死之妻金氏沒入旗下將發遣大罵不屈竟磔之行刑者見氏姿不無褻語氏罵愈甚刑畢而其人暴死氏遂時時降神東越居民戶祝之〔海東逸史　道光會稽志稿參看〕

章有功會稽農夫也浙東建義從李長祥侍郎軍驍銳敢戰以指揮爲前鋒華夏等翻城寧波謀洩清兵急攻東山有功所將五百人皆具兼人勇每戰必勝清兵以全力壓之不支被擒拉脅決齒垂斃猶大罵而死〔海東逸史　全祖望撰李長祥行狀　按康熙會稽志之章有功係另一人〕

許瀚紹興府貢生〔縣籍未詳〕明末任衢州府學教授爲清兵所執不屈遇害〔衢州府志引茹庵文集〕

董垣山陰布衣明亡痛哭三日自沉於渡東橋下〔據崇禎殉節錄卷十三紹興乙酉殉難錄〕

范史直山陰人丙戌六月浙東兵潰負石投淵死〔南疆逸史附朱瑋傳〕

茹明煥會稽人以保髮見殺〔南疆逸史言姓名可稽生平已軼〕

顧勳會稽人封忻誠伯鎮守嚴州兵敗扎營相拒累日全家慘死〔荆駝逸史〕

嚴于麟字涉明會稽諸生與王毓著友善毓著死義每歎曰至性事當及時爲之不然吾何面目見玄趾乎丙戌六月兵潰賦詩有昨朝吳市梅生至今日闤中翟義頭之句遂死之同學朱奇生服儒衣冠投水死又有朱平遠亦不屈死於獄〔據崇禎忠節錄卷十三紹興府乙酉殉難錄〕

朱奇生會稽諸生年十九角巾大袖氣象閒都爲平遠鎮王幕賓參謀議平遠先渡浙西奇生以他故不及從丙戌六月初一日清兵入府城奇生遁野誓不薙髮至初三日紿母曰兒欲謁某某客陰携公服謁祖父玫塋投水死〔國壽錄〕

季礎字克光會稽人魯王時掛鎮遠將軍印左都督戰死於台州〔據崇禎殉節錄紹興府乙酉殉難錄〕

朱應聘會稽人家偏門外明亡題壁云寧爲束髮鬼不作剃頭人投亭山潭死之〔據崇禎忠節錄卷十三紹興府乙酉殉難錄〕

陸芳侯山陰諸生弘光乙酉閏六月十二日起義率一隊恢復富陽縣尋與清兵戰救不至死浙江驛前〔據國壽錄〕

阮日生會稽諸生亦與清兵戰富陽手裂五指猶前搏僕某身護日生先死日生既脫爲礮所中立死〔據國壽錄〕

鄭之瀚山陰人以知兵稱丙戌陣歿〔據紹興〔乙酉殉難錄〕

吳邦璿山陰州山人司馬吳兌之曾孫也以都督同知協守衢州清兵已定越乘勝且至朱少師大典趣出戰邦璿曰軍勢萬不能支誓此身與城俱存亡先數日常以石礪所佩刀雖賓朋談議不輟及城破聞其妻傅氏自縊死卽命火焚之因欲自剄家丁沮之走至城隍廟四拜祝曰願速勾吾魂從先帝叱家丁覘敵比反命則已自剄死〔國壽錄　舊志有傳參看〕

朱贊元字懋聲山陰白洋人父譔家貧苦學性至孝舌耕養親親歿日夜哭目俱盲愈貧乏乃與妻趙氏居土穀廟爲廟祝自給生贊元及其弟寅元於廟中贊元自幼仁孝性成雖蔬食親未先不敢嘗父卒悉出所有供葬事後漸有積蓄弟稍長能奉母乃出遊遇術者授以六壬之學未竟辭之北往京師賣卜肆中已因闖門不守烽火逼都門中外惶駭有内監導二王公徧卜長安市至贊元處贊元曰無恐敵且退日昃捷音至矣已而果然二王公神之薦於鎭守太監高起潛授以都司職銜命之卜不盡驗仍復於二王公待如初因得遍遊諸要津門歲可得數百金乃迎母至京邸尋娶王氏王有妹并爲弟娶之未幾金華朱大典出爲漕院贊元隨往署爲巡漕遊擊已而大典爲薦於鳳陽馬士英士英有所叩輒驗厚待之南都立士英擅政陞贊元爲兵部都督中軍僉事一切講議皆與焉然有卜輒徇其意而心知事不可爲乃謀犒師以行由海道歸越投閣臣田仰授爲後軍都督同知挂將軍印已復投閣臣朱大典大典命防守蘭溪未半載城破與弟寅元俱戰死時順治丙戌年事母氏與寅元妻已先卒妻亦投井死子兆麟姪兆鳳俱不知所終〔白洋朱氏譜〕

何宏仁字仲淵山陰人陶文簡望齡甥從劉忠介宗周游崇禎丁丑進士官建平令有異政任高要縣興水利淸關榷以父艱歸遭甲申之亂浙東事起召授御史事勢已不可支矣丙戌五月江上師潰棄官至剡之白峰自恨不及從往作詩投崖而絕復甦隨披薙從方外游入陶介山事雲藏禪師隨衆樵汲作苦猶謂去人境不遠復瓢笠往來縉雲義烏諸山與樵翁稱子侶行歌獨哭從此游益遠崎嶇崖壍鹺鹽並絕所過皆留詩紀歲月遇高僧蓮峯徵君李秘霞結塵外之交館留崇聖寺三人者相對嘿語終日人不測其所以居數月而病作乃出一函寄家人者令人讀之曰吾茹荼竄志忝厥所生毀傷莫贖於國爲不忠於家爲不孝死後勿棺殮我將暴野三日以彰不忠之罪三日後火化之塔勿祔葬先隴以彰不孝之罪讀竟而絕其家返葬之於會稽玉几之祖阡以宏仁本非出世者從初志也宏仁之歸葬也其子求余增遠若水題主余匿迹不與人接者乃卽許諾至期以舟迎之來不赴頃之自棹一小艇徑詣墓側取舊衣冠拜墓上事訖下山賓主不交一辭主人使客延之則舟中已庋粥一盂虀菜一豆取啜畢急解維去會葬者百餘人皆目送歎息謂非君之賢余公且不易致云子三人嘉迪嘉建嘉延俱守先志不仕〔姜宸英撰墓誌銘　李元度先正事略　李瑤繹史勘本　按嘉慶山陰志已有傳而此傳較詳故補列之又沈復燦越中詩系云李爲芝字丹仲號石粼與宏仁同起居凡三載及宏仁卒爲之殯殮著有桂坡集爲芝未詳何處人附誌於此待考〕

嚴起恒字震生一字秋冶浙江山陰人從父誼官京衛舉順天鄉試崇禎辛未成進士授刑部郎恤刑廣東多所平反擢知廣州府餽遺郤絕有自粵西載乳石峯如玉筍者三以獻起恒列之堦前署其堂曰留石及遷

蘄黃監司石留廣州由是清節大著壬午移上湖南道京師陷歸紹興福王時移衡永守道南都破罷居南寧桂王卽位肇慶知起恒名擢太僕卿尋晉戶部侍郎召赴行在改兵部侍郎陞戶部尚書再晉吏部尚書清順治四年丁亥八月王在武岡晉內閣大學士加太師十一月王還桂林起恒與瞿式耜同輔政戊子二月清兵襲郴永忠於興安王幸南寧以起恒從李成棟反正又從王至肇慶孫可望求封親王起恒持不可陳邦傳等竟矯詔封可望爲秦王可望以故深恨起恒庚寅二月尚可喜圍廣州王奔梧州黨人獄起金堡丁時魁蒙正發劉湘客下錦衣衛拷問血肉狼藉中書舍人管嗣裘衡州舉人王夫之謁起恒曰國勢如此而作如此事奈天下後世何起恒曰吾亦寃之然無可如何也嗣裘曰誰秉國鈞而令至是相公不可爲此言起恒瞿然索衣冠請對不得入率諸臣伏沙灘求免刑式耜及勳鎭各疏申救堡等卒得不死起恒亦罷相居平浪頃之王用李元胤請手敕召起恒復入值其冬廣州桂林破王奔南寧起恒從辛卯二月孫可望遣步將賀九儀以兵入衛詣起恒舟所白事陰掣舵牙擊起恒入水左右莫敢救後三旬有青山漁人集網見虎從水次負一衣冠人上山譁然登岸相逐虎置其人去冠服不敗面如生舉人杭思齋來視固起恒也密聞於朝葬青山陰賜鑑湖先生號立石可望逆形既著王追思起恒賜謚忠靖死時年五十二後十四年子文馴走葬所求三日夜不得徬徨哀慟有老父引至識之忽失其人遂改葬桂林文馴奉母居廣西（東南紀事　舊志有傳參看）

（附錄平步青書嚴忠節公金敬山亦傳後）嚴忠節公起恒字震生號秋冶（西河詞話作野）從父誼官京

衢以眞定客藉舉萬曆□□順天鄉試游趙忠毅公門崇禎辛未二甲六十名進士館試入格以拒周延儒賄不與選授刑部主事稍遷員外郎出知廣州遷湖廣右參議分守蘄黃下江防道壬午改分巡上湖南道副使甲申京師陷歸里福王時移守衡永備兵南都破罷居南寧桂王卽位遷太僕寺少卿尋擢戶部右侍郎召赴肇慶改兵部丁亥二月擢戶部尚書移吏部八月王駐武岡拜禮部尚書兼東閣大學士進太子少傳加太師十一月王還桂林與瞿式耜同輔政庚寅二月罷居平浪頃之復入直辛卯二月孫可望將賀九義張騰蛟南寧遇害〔西河詞話作視師南梧泊舟大黃江可望至揮健兒扑墜水〕明史與呂大器文安之樊一蘅吳炳王錫袞堵允錫朱天麟楊畏知吳貞毓九人同卷永歷閣臣忠節最爲絜廉長者其大節在力持可望挾封孤忠勁節與瞿忠宣足稱荒朝賢輔船山王氏纂永歷實錄以嚴瞿合傳最得史法其故居在常禧門水關外數武曰嚴家潭越人呼西自跨湖橋南至鮑郎山四周爲鑑湖由嚴家潭絕流渡湖南岸廣袤半里水波浩淼俗呼楓側港傳云予居鑑東先生居鑑南者是也幼時屢游潭上大廈數楹農氓數十家皆嚴氏明時族望稱最相傳有一門四進士父子兩尚書之諺問于忠節奚屬則愕不答辛酉亂後夷爲榛墟益無知公軼事者矣公以甲戌歸省甲申再歸又七年爲辛卯從亡播越將父不遑爰立荒陬故鄉天末公父考終當在公授命而後不知何年順治二年原本當爲隆武元年八月中衡永已拜新詔若魯王于是月二十八日戊申監國越中僅後一日而以次年爲監國元年此時必仍稱宏光紀元金氏子孫修譜時諱之追改耳給衢不備書故官或有脫誤階稱中憲蓋副使再考滿所授或行朝草剏特恩晉秩不盡依承

平故事不必疑其越級傳言公屍泊沙渚虎負之登崖葬於沙麓〔西河詞話亦云距浹旬梁家渡口見虎來踰水而出負一冠帶尸登岸徐行居民見者譟隨之虎不少動但從容相高阜卸所負四顧周遭既定復繞之兩匝號而去居民遠近競來觀迨暮有伍君定者後至驚認之曰此相國嚴君也君右目不瞑顙前綱裂數寸而顙不少損於是居民爭易衣斂之瘞虎負所名曰虎冢計大黃江至此逆流而上已百二十里矣一似不若船山云永曆募人泅得葬之南寧江岸爲得其實嗚呼此權因國之史與談枌榆文獻者所當知也乙卯十二月大雪宿金氏西樓讀湖南族譜得此傳以忠節文字傳世者彚采之入百六集越二十年跋尾〕　忠節夫人陳氏郡城作楫坊人父煒字至明庠生順治庚寅十二月二十一日卒年七十七生萬歷乙亥楫里陳氏譜云次女適嚴起恒戶部尚書則未詳丁亥以後從亡策拜事也至明爲冲宇少參美從弟幼女適餘姚黃不書名豈梨洲家耶山陰平步青

童欽舜字德昇富盛人明季由歲貢入成均選授廣西鬱林州州判桂王立國欽舜官如舊清順治己亥吳三桂兵至州城陷與妻朱氏同殉難〔據富盛童氏譜〕

孫時芳〔節錄林必達撰傳〕孫時芳字中宇山陰人初爲廣東鹽課司提舉數月以艱去熹宗朝陞唐府長史抵南陽相唐王碩熿時王年耄世子已卒世孫未立覬覦者巧於布置牢不可破祖制天潢之後生卽上其名於宗人所以防庶寵昭愼重也時世孫聿鍵年二十八尙未以生聞公曰今日國事孰有大於是者况立嫡以長太祖自有家法會典一書具在誰敢亂之毅然請之王王猶豫不允三疏力爭之王弗能奪遂以

其事聞於天子而世孫始得正名玉牒事竣王舉手謝曰非大夫幾誤我家事公因叩頭言老臣事畢乞骸骨歸耕王慰留不可乃設祖筵十里外命國中郡王官屬皆出餞是歲之杪王薨世孫嗣位踰年辛未春王遣使賫諭强公登車公勉就徵朝賀畢復請卒志歸田王愀然曰相君有功於國方圖魚水歡遽欲舍予歸乎因泣下公請益堅不得已賜之假王握手欷歔公亦洒涕就道歸凡十有四年乙酉五月南都陷王行之杭總兵官鄭鴻逵等奉王入閩稱監國閏六月遂立於福州號隆武遣使强起公公聞命家人飭裝時年八十二矣家人以年高諫公笑曰昔吾以國家無事故歸今天下如是老驥雖劣尚圖一駕速治裝毋敗乃翁志遂入閩王悅召對者再慰勞懇至錫以白金撤寶炬送之比再入對王追道往事語諸輔臣曰在昔爲社稷臣今爲天子舊臣方思有以優異之而部議以璽卿入未恰朕心公對曰臣子隨地足以自效安敢志在爵祿王曰俞得見孝陵加恩未晚也手掖而起於是卽命以尚寶卿聯絡浙直晉其階授之簡書且官其子公銜命之越明年仙霞不守公發憤痛哭忽忽若狂曰天下事誰令至此今皇上安在晝夜號呼堅臥半載一旦嘔血數斗卒年八十有四〔陽川孫氏譜〕

尹曄字爾弢山陰人宋儒尹和靖之後幼好琴嗜山水徧游三吳八閩淮楚瀟湘之間印證琴學視如性命崇禎間天子明琴理延攬天下善琴者遂官武英殿中書舍人從上彈琴仁智殿上出御製五建皇極曲令譜之中有洪範風雷雨暘等詞滾拂劈剌曲肖其情致上不覺失笑曰僊乎僊乎卽賜號曰芝僊刋之印章鼎革後無以爲家晚年卜居蘇門孫奇逢之子及孫皆從學琴門爲詩歌以見志刻有徽言祕旨若干卷行世

〔孫奇逢撰傳〕

周懋宗字因仲監生與兄載菴懋穀弟默菴懋宜並擅才名人稱周氏三鳳結因社如祁熊佳來集之王自超陶履卓王觀瀛余增遠魯㮚皆先後成進士去而懋宗獨不得志以酒人自放兼游戲詞曲塡禪隱三劇啞煉丹祭碑記桃花源曲多禪機透悟語又著石佚易釋一卷石佚者其初字也諺箋十卷箋俗語所自起旁引曲證極稱該洽從孫元木猶及見之今失傳懋宜字磬叔一號黃葉道人監生魯藩監國授中書舍人懋穀嘉慶山陰志有傳〔據後村周氏淵源錄〕

趙時和字觀復山陰天樂鄉胥里人三十歲進學屢應鄉試不售退居修輯古今文藝與劉念臺講學小學有講餘私記魯監國元年有屯田足用疏又有一鳴編樗言集〔天樂胥里趙氏譜〕

何偉〔節錄何嘉延撰傳〕公諱偉字豈凡又字滄浪父康衢公爲贈大司空溪山公七世孫肄業國雍因家焉公生有異稟稍長警慧舉動如成人康衢公筮仕江右公年十四隨任爲學使者所賞補博士弟子員康衢公性伉爽好徇親友之急片言投合揮千金無悋色如干以非義卽直言峻拒雖强禦不畏也因有銜之者會逆璫竊柄其人依附其勢冀泄私忿乘康衢公陞袁郡通守嗾其黨以別事誣之變生意外莫能自白身家幾不可保公奮然曰大人負枉若此而不能救何用生爲古有捐軀救父者孰謂非孺子事乎遂泣奔所司代爲申雪詞意侃侃左右動容主者以其語直乃得寢無何璫誅其人亦以謀詐動戚論死胥輩金帛哀乞餘生大司寇葉公素稱剛正而公適在其邸中按律問擬竟置之法方事之得寢也公私念權閹蝕國

羣小鋤良亂將日起非章句可效因棄去精研韜略之書辛酉卽爲大司馬括蒼傅公識拔乂以講求法家者言受知於葉公廷決可否全活甚衆其不共之憤則每飯不忘也豈知大憝就戮而讎人相繼授首手定爰書者卽昔年代父罹對之孺子非公純孝所感而能致是歟己巳京師有警奉中樞王公檄募兵城守設備有方給劄奬異經略袁公聞公名使召者再辭不赴識者多其見幾大將軍東溟陳公駐昌平時公嘗爲草七大便疏久之莊烈帝追憶其疏召對稱旨遂自定海移鎭闗門卽請公佐其軍以功晉遊擊將軍已而流氛日亟陳公以宿望受鉞西征時心開熊公出爲總理奉有剿撫並用之旨陳公求可以使獻忠者莫肯應公知撫局終非長策然既有成命遇事避難非忠也白之陳公陳公曰吾固知非將軍不可也卽令親信五十人與俱獻忠素識公名執禮甚恭公謂之曰將軍以過人之才擁數十萬之衆稱雄天下非一日矣然卒不能保旦夕之安者徒以逆朝廷之命耳天下莫不欲甘心於將軍而天子寬仁不卽加以斧鉞此正智士變計日也爲將軍計莫若洗心歸命悔罪圖功膺裂土之封受通侯之賞垂竹帛而永河山其孰敢與將軍爭往復數四獻忠愕眙良久曰非將軍不及此惟將軍命折箭爲誓撫局遂定繼總理以餉額不支欲散其衆復使公行賊多瞋怒公不爲動委曲開諭衆乃帖然聞者皆爲咋舌蓋於時秦楚之寇勢若連衡欲先致力於秦不得不暫緩於楚故勉承總理之命兩踏不測之淵必結其心離其黨而後乃可徐爲之圖彼其不受金珠好女之贈不偪抽力砍案之威使知朝廷有不愛錢不惜死之人而獻忠之膽已早落於褫衣之日矣迨款成之後逡巡觀望患同養癰坐失事機致生他變公久已愍焉憂之豈待榖房之畔而後嘆功之

無成也哉陳公旋請引退欲并其軍於左寧南未發而降賊若干人將爲亂公單騎馳寧南告以故寧南疑有他猶豫未决公請以身爲質寧南始令別將持節趣諸軍渡河無一譁者公之力也公時亦以副將乞歸移家白下甲申南中再造晉公榮禄大夫左軍都府都督同知明年命以總兵鎮守廣東廉州而長江失守矣公幅巾布衣晦跡樵牧外侮蠭起夙釁未消避地遠嫌僅而獲免後惟日把一編有所得卽筆之於書如隨筆筆記讀書鈔聞見錄錦繡編讀書記皆記古今軼事及近事之可傳者劍歌堂松烟堂諸集則其詩文雜稿也癸丑〔清康熙十二年〕夏感小疾起居不異平時至七月之朔漏下三鼓忽顧其子李徵笑曰大好大好欲起坐李請遲之移時遽卒〔峽山何氏譜〕

顧奇勳字虎臣會稽人〔上虞西華族〕明季任北直饒陽縣典史清順治戊子三月山寇宣岳等聚徒衆數千由娥江刼舟焚掠西華奇勳結鄰村丁壯爲戰守計四月復聯舟八十餘艘至五月復自瀝海三路至皆擊敗之已丑六月魯監國駐蹕健跳所是時浙東義師競起皆結寨四明山以應監國遣使拜爲總戎進爵義安伯及明亡隱居山林又以嚴招撫我公輩交薦起用清命爲舟山伯賜敕印併裘帽鈔幣等一子入旗籍授臨山衛都司辭不受晚年歸里有手書格思堂額今尚存〔西華顧氏譜〕

朱兆文更名兆英字六藝號華瀛白洋人官湖廣荆州府枝江縣進義副尉明末殉節〔白洋朱氏譜〕

朱兆寧字士禎號佩南山陰白洋人少師燮元長子弟見符七月而生長止七寸而胞未脫母莊夫人以其死也棄之兆寧泣曰吾兄弟少焉知其不可生耶遂親出之糞穢中身微動曰果生也喜不自勝復檢舊方治

之未及三月而胞竟脫泣呱呱矣兆寧大喜曰吾今始得安寢蓋其天性過人自少時已如此善屬文自縣試及遊邑庠食餼二十人中俱第一闈試皆不利乃以世蔭襲錦衣衛指揮使念父年老遠去天末不獲朝夕侍左右思省親舟至江州卒〔據白洋朱氏譜　按今興教院〔卽小雲栖〕中有兆寧夫婦塑像〕

朱兆宜更名壽宜字仲含號壺巖兆寧弟自幼有大志弱冠補弟子員天啓辛酉年二十二侍父燮元鎭蜀時奢苗反重慶圍攻成都燮元趣使歸越曰毋徒父子俱死也兆宜涕泣伏地不起固請留於是同守城矢石雨下百日未嘗頃刻離崇禎戊辰丁母憂甲戌兄兆寧亦棄世隨入京襲錦衣衛指揮使戊寅丁外艱服闋補原官辛巳賫詔滇黔爲燮元舊治兆宜至苗民皆額手曰少師有子矣壬午復命晉南鎭撫司簽書管事時海寧舉人祝淵以救都御史劉宗周下錦衣獄兆宜力左右之得赦還未幾兆宜亦歸魯王江東立國同戰江上者一載及清兵入越同張蒼水奉行朝進台州由海門下舟山見舟山孤城不足恃乃復入內地會蒼水於駝峯之巔監軍□從龍亦率舟師來會謀西渡從龍忽拔營徑去蒼水亦以兵單不可爲進會稽山兆宜憤鬱成疾間行至嘉禾疾大作嘔血斗餘而卒子用礪官直隸永平府同知〔據白洋朱氏譜〕

朱兆殷字夏夫號華臣燮元從子自幼負氣節崇禎丁丑年十八補諸生壬午從張蒼水於山陰知縣錢世貴之門一見定交意氣相許南都立馬士英用事兆殷赴金陵覘國勢歸復會蒼水於郡城明年蒼水棄家來越就行朝而兆殷與族兄兆宜亦受命率副將余應元都司王有功等從海道駐兵小亹已而蒼水奉行朝由台州下舟山兆宜從之行而兆殷此時以徒步乞師千里病發不能起因遺客魯栒邀蒼水來會於駝峯

之巔而終以單弱不可爲蒼水上會稽山兆宜去檇李而兆殷亦由夏履橋入暨陽已復與蒼水同事舟山有蛟門之役軍盡覆蒼水去兆殷亦潛歸歸而疾復作未幾蒼水死會城兆殷自此遂兀兀家居漠然無所向蒼水初葬西湖寶叔塔畔繼葬南屏山兆殷每逢寒食節素衣草履毿毿扶杖渡錢江過清波門約數同志集墓下灑酒悲號悵惘竟日〔據白洋朱氏譜〕

陳介字德隅會稽平水人明末庠生曾上中興大機五事於魯王監國大旨謂崇謙讓之心而緩稱尊號仿封建之制以招徠俊傑獎死節則士卒之氣愈奮愼名器則爵位之錫愈榮采衆議則嘉謀嘉猷之告日至王弗能用遂棄諸生隱居著書有囮訛集人文大觀等若干卷〔據平水陳氏譜〕

祁駿佳　〔節錄祁苞孫撰行實〕叔考季超府君姓祁氏諱駿佳季超其字也〔中略〕孝友性成上事父兄下撫羣弟人無間言弱冠補博士弟子員拔貢入禮部舉進士不第時崇禎之癸酉也京師晏安而府君之心竊隱憂語諸在位皆以爲不然府君則取貢牒焚之示不復進取向大明門叩頭洒淚馳歸家入會稽山中築室携家人居之萬竹圍屋清泉達階臨大溪溪西卽秦望山麓雲門諸寺在焉府君恒策蹇亂流往從諸僧人游歸則靜坐一室遂頓超玄悟忘生死齊得喪矣時季父世培府君以御史家居爲府君愛弟勸不復出不從迨官留都遭甲申之變議策立忤奸人意出撫三吳治兵圖興復奸人復縱飛語思中傷始謝病歸從府君而留都旋覆季父死志決語府君府君流涕撫背曰吾向勸汝不出正慮今日也今國亡矣吾可效兒女態牽留汝不死以惰臣節哉往矣勉之黃泉如見父母道兒哀慕也聞者不能仰視而府君兄弟二人

慷慨訣別各不回顧府君饒貲財歲饑出粟賑活人及散入諸招提充伊蒲供無算山中盜賊起白晝殺人奪貨時苞孫從諸兄入山號泣跪請曰羣盜皆假興復名圖貲財感大人忠信故焚略不加但久居此奈何府君始允請歸家以山中所居及所有皆捨與僧人歸則閉戶不出惟有以性命之學請教者請數四察其意誠亦必接見委曲開導未幾以病終終時年七十八歲門人子弟私謚曰道隱先生府君平生作文意無不達不斤斤效法前人一篇之中自爲開闔而自然合於章法可傳蓋理明學足之故凡關於性理治亂者名外集涉於禪家者名內集悪時僧託名宗師放恣不守戒律則取古德明悟嚴潔者編次成書以示誡名宗門崇行錄又有家乘隨筆記載前言往行〔下略〕〔梅市祁氏譜〕

清

祁理孫字奕慶號杏菴山陰梅市人生於明天啓乙卯時父彪佳任福建興化司理故名之曰理孫幼慧年十五補郡弟子員受知於署府事陳子龍彙試首拔之許爲大器崇禎甲申北都淪陷彪佳受福王命巡撫蘇松督沿江諸軍携理孫之任每與參謀議時出入軍中與諸將游默識其技勇以告而次第拔用之軍中無弗服者人以比之范純祐之在延綏也明年彪佳請告歸尋清師入浙遂殉節於寓山池理孫擗踊徒跣求之於水濱欲以身殉以母在不敢也喪終遵遺命絕意仕進惟以讀書養母爲事時其弟班孫年尚幼相與友愛甚篤暇則以詩文相唱酬呈其母甲乙之以爲娛樂如是者十餘年時祁氏兄弟名甚盛四方之士無弗知者班孫以慷慨豪邁著而理孫更以醇謹長厚稱蓋雖負重名因有時代之感深自歛飭也未幾而魏

耕之獄起魏耕者張煌言之友奔走四方爲明室謀恢復嘗主祁氏既爲怨家所告謂與祁氏兄弟有連清吏遂圍祁氏大索耕不得則逮班孫并理孫而去理孫謂班孫曰耕不得我與若將被拷掠且抵罪我有子矣弟尚無嗣我以身承之弟歸奉母可也班孫泣曰事由於弟我則承之兄爲先公冢嗣不可以死且兄子尚幼弟故無子死無所累理孫不聽曰死則偕死耳必不忍視吾弟獨死爭之久不決親友見者咸感歎悲泣曰此孔北海家兄弟也俄而耕被獲班孫就訊竟自承其罪擬遣戍漠北而力爲理孫辨理孫既得脫抱持其弟大慟曰母鍾愛弟今遠戍吾獨歸何以報母耶吾必破產營救冀得免弟今就獄候遣若不一見母何以慰其懷於是投牒清吏請以身代禁而聽班孫暫歸別母清吏義而許之理孫遂就獄兩閱月班孫就道始得釋時兄弟析產已久班孫以結客且匱理孫卽自鬻其資產服玩數千金募人走京師謀所以脫班孫者金盡而獄終不得解班孫既出關塞外苦寒無以資生理孫歲必拮据經營數百金以濟其用如是者又十餘年而班孫卒又三年母亦卒理孫以痛母哭弟故尫羸致疾日惟閉門屏跡坐臥一室中潛心身心性命之旨未幾癰發於喉而卒時清康熙十四年乙卯五月也理孫好讀書手不釋卷或遇善本尤加意校讎訂其譌謬其於書之成誦者手錄至百餘帙初究心經史經濟之學旁及諸子百家之說既自廢遂肆力於詩古文辭爲文醇正典則似唐宋大家爲詩初則藻麗沈奥似李長吉既又爲閎肆卓勁之音似杜少陵詩文祇自道性情不輕示人既成往往燬棄之其晚年嘗自輓云居室六十餘年不剩分文貽後代讀書百千萬卷並無點墨落人間蓋家國之痛深立意不欲留稿也其後人所檢集者有詩學內傳六卷今已佚寓

山詩稿一卷藏書樓詩稿一卷藏於家善畫不多作故不傳子二長昌徵次曜徵〔據祁氏家藏行狀稿〕

按先生詩載於越風者二首題爲折楊柳詞埃下弔項王錄於兩浙𬨎軒錄者一首題爲蹴踘行皆爲家藏稿中所未載〕

祁班孫字奕喜山陰人父彪佳明蘇松巡撫班孫次六人稱六公子彪佳嘗受業於劉宗周宗周將兵江上班孫與其兄理孫罄家餉之祁氏藏書甲江左班孫兄弟以故國喬木自任豪宕喜結客家居山陰之梅墅園林深茂登其堂複壁大隧莫能詰也慈谿布衣魏耕者狂走四方思得一當班孫兄弟與之誓天稱莫逆或告變於浙大吏四道捕耕並縛班孫兄弟去既讞兄弟爭承祁氏客乃納賂而宥其兄班孫遣戍遼左理孫竟以痛弟鬱鬱死而祁氏家亦破旋班孫遁歸祝髮於吳之堯峯尋主毗陵馬鞍山寺所稱呪林明大師者也班孫好議論古今不談佛法每語及先朝則掩面哭然終莫有知之者康熙十二年卒發其篋有東行風俗記紫芝軒集且得其遺敎命歸祔乃知爲山陰祁六公子遂得返葬云班孫娶少師朱爕元女孫朱工詩其來歸也與其姑商夫人張小姑湘君時相唱和商氏字𡟖婦曰楚纕字介婦曰趙璧以志閨門之盛班孫既被難朱盛年孤燈緇帳數十年未嘗一出廳屏自班孫兄弟殁淡生堂書星散論者謂江東文獻一大厄運也〔清史稿遺逸傳〕

〔附錄家傳〕祁班孫字奕喜山陰人父彪佳官都御史巡撫三吳歸國亡以身殉班孫年九歲五經皆能誦十一歲作文便有章法十四歲遭父變遵遺命閉戶讀書漸長兼習詩歌同邑朱士稚慈谿魏耕歸安錢纘

曾俱有詩名班孫皆與之遊且館耕於家由是班孫之詩日益進其爲詩也取境雖近託意良遠憂深思微非靜心體會未易窮其趣雖其讀書好古所致亦以忠臣之後亡國餘生既不敢放聲肆言而幽怨所激有不期然而然者所謂風人之旨者非與辛丑年三十歲魏耕遭怨家密誣謀反或人先告班孫囑勿使耕知班孫怫然曰有是理哉交朋値患難不顧且明知其寃吾當傾家救之遂令耕變服去時所交朱士稚已先病亡及耕錢纘曾皆寃死班孫旣傷潔身守志同志友朋受禍慘烈雖自放流皆鎭靜持重言笑自如至是忽嘆曰朗詣福人先死也朗詣者朱士稚之字也遂作詩其一曰悲風吹衢路鬖鬖蕩浮塵吹散復陰陰慘悽行路人行路何逼仄寂絕少聲息徬皇走東西所悲故與戚親故尙徬皇妻子流四方昔別吳東門會嗟別離長杳杳郎永路乃不在我旁念此結中心淚下不成行便當自慷慨勉爲進酒漿杳聲未及飲落日黯無光鳥集高城上雞飛向天翔客子反入門各各轉中腸其二曰陰陰江上風冷冷江中雪風雪斷鄉關凄雲抱城闕東上路迷離孤猿聲正悲西上日欲昃哀鴈傍人啼金石非久長恩情會有移達人已知命郎路還如歸杳渺太山路誰見此徘徊徘徊豈獨親傷悲隘路岐風起高城外吹落枯楊枝摩挲一垂淚其下忽成蹊況復西陵樹松柏時相遲庶有同歸願諒无白首期其三曰置酒北郭門親故別河干吐言未成音垂淚但相看停尊思不飲重嗟酒欲寒一觴還再勸悽然傷心肝吁彼泉下客誰與勉加餐黃泉豈无人諒不交新歡獨行愁黯黯昏霧閉重關風吹昏霧散忽成凄雨還冥冥川上路蕭蕭松柏間兎走東西下烏飛左右盤長嘆別親故生別何悲酸其餘文多不錄到京又作詩其一曰斧斤出美材良煆成利器慘刻長在膚

乃可爲世濟君子任遠圖固當勞心志小人本无營何庸受淬礪涼露今始流薄寒已昨至物運知所來悠然與神會執火荀懷冰遇荼還思薺衆類成萬歧曠觀良不易其餘亦文多不錄然觀其前後四詩可以知其概矣若夫其去京師傷同行婦女哀號經松山知明師於此全覆歷瀋陽望醫无閭山道逢朝鮮使者憫其衣冠如舊猶修遠貢從此長辭中國有故人吳江吳兆騫以事先在相遇勞苦爲營茅屋數椽居之未幾復播遷流離困苦數年之內馳逐萬里所遇无一可歡至於望鄉關念親交悽入心肝誰可告語者則亦无不託意於詩然文多亦不能盡錄今止錄其出都之一曰瓜根抱瓜蔓根傷蔓亦稀連綿更鉤帶誓願不相離哺兒不得乳何去覓餔糜嚴風十月交愼勿慘兒肌願欲寘懷中身苦无複衣瓦石不兩完焉得長相隨馬行驕蹀躞雙輪轉欲摧舉手拊兒頭時命良不齊生年不見父今復離母懷昔爲名家婦今爲邊戍妻獨身行萬里不知所從誰高山何魏魏流水何瀰瀰兒年十五餘便可來邊陲名家在東南檜柏蔭門楣父兄著姓名欲語羞言詞何用問父姓但憶母容儀小兒識母聲但能抱頸啼青天何皦皦白日流光輝樂者但極樂悲者用自悲隱忍齧兒臂骨月我所遺解衣驗肌膚十載可爲期關門高以遙路旁松柏枝行人路旁去當可拾兒歸小兒頗无過此事君當知年歲頗長大君當使之來水行防舟楫陸行惜馬蹄忽令犯霜露重使母心淒男兒多狡計婦女拙所爲親子尙相棄何況受恩施慘慘天地變陰陰道路迷兎走何撲朔鳥鵲盤空飛此則其賦體也辭卽酸楚不可讀而見者茫然不知所指爲誰嗟乎亦可謂善怨者矣後數年思奉先人遺體欲歸見母埋骨中原卽死無恨於是反北之絶漠行无人煙地數月始遶入山海關變姓名歸

家不久居復入閩中之白下宿太湖靈巖寺釋繼起留與語愛其才恨相見晚遂訂爲方外交自其遭難時於道已有所悟至是息心禪理機思湧發稱彼法中入室矣未幾至祥符寺操作勞苦不顧形體家人至不能復識如是數年一日坐匡牀无疾而亡亡時年四十四歲无子以兄之子亮爲子亦讀書能詩繼其業不幸殀死凡班孫未遭難所作詩名自怡堂集分上下二卷所作文不多附於集中遭難後所作詩名自怡堂遺稿計一卷其畫林錄雜於浮屠之説者无關於世故不載從弟苞孫讀而論曰嗚呼悲哉吾家世受國恩深國亡季父府君以身殉子姓遵遺命閉戶株守冀畢此生同草木漫滅庶幾下見先人无求於世世亦何必不容但吾從兄奕喜才最高受禍最慘此豈人謀之所及哉奕喜長吾年五歲自其幼讀書交游及臨難慷慨吾未嘗不在其閒雖不幸以愁死其義烈烏可泯沒然人有咎其作詩致禍者斯豈得爲知言吾夫子不以詩敎哉平居辨志臨難立品非詩何以見之奕喜之禍起於魏耕豈徒无所怨而憐其死後妻子流離室廬蕩廢交深情慘無不於詩中極言之至其投迹遐荒佯狂受辱則斧斤良煆之詩出焉於悲慘之中不忘忠厚之念處流離而志不惰非深於詩者其孰能之今其傳中錄載悲風陰陰置酒瓜根四詩及斧斤一詩意亦取其有關於詩敎耳然則奕喜雖死其下見先人无媿矣夫〔梅市祁氏譜〕

祁鴻孫〔錄祁苞孫所撰墓誌〕先兄名鴻孫字奕遠先府君之長子也府君以君貴贈尚書兵部職方清吏司員外郎階奉直大夫王祖爲中大夫江西右叅政寧太兵備道贈少保兵部尚書夷度府君王曾祖爲國學生贈少保兵部尚書秋宇府君王高祖爲通奉大夫陝西布政司贈少保兵部尚書蒙泉府君自我家累

世通顯然皆敦朴循謹而君獨喜豪奢爲人通放不羈讀書不守章句廣交游以延聲名周人之急單門寒族之士有一介可取必引植使出己右而後止年十七補邑弟子員先府君簡禦頗嚴然以君年少才美家故饒於財使善用之君遂得出入結交自如四方士至无論知否一見莫不傾心投納君由是名日盛顧交者日益衆是時三吳兩浙盛舉文會而彝仲夏公大樽陳公以文章節概爲之領袖士爭仰望不及而君恒與書札往來陳公爲郡司李體尊嚴簡接士人下車唯與君相親狎陳君報最當去上道握君手曰祁君勉之天下多事吾兩人寧復有相見日耶悽惻久之君於是益以結客爲事癸未丁先君艱致弔客數千人皆一時衣冠知名之士爲設供具餽苔舟車往送連騎數十里不絶居一年天下大亂歲荒而君食客恒滿乙酉閏月季父忠敏公殉節別業先一日與君訣君唯慷慨流涕仰應不敢牽阻而心恒忿忿思報適郡人鄭某感激舉義兵招君君卽率賓客往應之因共迎魯王爲主叙勞授君爲尚書兵部職方淸吏司員外郎進階奉直大夫賜節蓋印綬出監江上四十八營軍事君裂繒帛爲旗志戈矛劍戟森列往來錢唐江上屬羣帥爭權不一縱兵士四出鹵掠民不堪命君切憂懼恒欲謝事而不能守一年兵潰君散客徒步走匿深山中由是家貧君以先朝遺宦又累葉受恩未報而一旦傾散居恒忽忽不樂賓至不擇朝夕紛挐雜沓廚人間走白粟不繼輒張目對之而不語丙申往哭故司李陳公於華亭尋遺孤百計周贍之去之毗陵不得抱病反吳門遂卒於吳門旅次卒時年四十六自君病時吳人士奔走慰詢屬路卒後貧不能殮諸人士爭歛金治殯具喪始得歸歸時有一沙門捐棺哀慟投數十金而去（下略　梅市祁氏譜）

祁苞孫　〔錄詩集自叙〕余先君側室之子也生幾不舉幸祖母王太淑人嫡母朱宜人及適王氏姊保護獲存生二歲而姊亡次年祖母不幸又亡隨侍喪次日暮渡木彴卒被人擠入水中已不省人事少間而甦先君乃震怒欲窮詰由來遂得苟存至六歲出就外傳猶憶授呦呦鹿鳴章歸能闇誦且述所訓呦呦爲鹿鳴聲先君微笑曰此子或冀讀書不一月患痘疹起而塾師已病歸先亡矣是歲又延陳雲潛先生至家訓兩姪及余余於書忽一字不能讀羣以顓愚目之先君居恒浩歎至七歲癸未十月八日嗚呼痛哉先君棄世余却知從此不可爲人哀號能感行路而於書竟不知何物矣丙戌余生十歲國亡隨嫡母生母避亂山中是冬不幸嫡母又棄世而生母年未滿三十家人百計勸改適不從余時惟知母子抱持哭泣更不知有讀書次歲送先君嫡母靈柩入山安葬親從皆乘肩輿隨去僅遺生母携余日黑徒行空山中狂風猝起走迷失道余時哀哭曰苦何時得了生母收淚撫余曰兒唯讀書可救余但知哀痛曾不動念風過聞人呼聲引至葬所柩已下窆自此至十五歲或從師或不從師綜不知讀書一日叔父季超府君忽問曰小子年幾何矣余對曰十五曰學爲文否對曰未也曰吾家无年十五而不爲文者小子奈何余時始知媿恥歸坐一小樓獨篝燈學製八股率皆牽强俳對絕无意緒次日呈視叔父見而笑曰雖全不是但爲文何難苟潛心體認勤攻勿間可冀有成繇是余始知讀書一日能誦三千字而性健忘不半月則一字全无此余一生之苦當緣幼不能潛心養性所致未可全尤天分也年十六十七皆從劉子範先生余偏多病兼患瘡瘍血月流几榻少瘥則痂落可手掬醫者戒勿飲酒及動氣之物勿從故痊復患患復治无間日洗刮扶掖之勞尚恃

生母然於讀書作文頗勿棄置亦偶有見許於劉先生者而私自揆量讀書所以求理作文所以驗試使所言果與聖賢合則文之是也否則非也奈何先取傳註依傍爲之又性最不服小題以爲聖賢之言如是割截而逞吾巧乎於是余之文日與世背馳雖嚴師切友晨夕訓規不少改故終生議論不能與世合病自此得又知學制藝干祿非吾家事故悠忽放誕不自檢束間取平生所未見書讀之從無師授亦有一二解者隨卽棄去不能卒業戊戌年已二十二歲同從兄奕喜從弟愼原友人朱子彛讀書宅東之紫芝軒彼三人習學詩古文余猶習不合時之八股因人言亦稍稍近之一日他出歸啓戶視室內空罄無片紙隻字不勝驚訝諸人皆笑而不言獨甥陶素來田中正色向余曰夫制藝所以求世也舅旣無此志習此奚爲已舉而火之矣余曰然則余竟不讀書乎奕喜曰何愚也今始令讀書始耳遂相與講習西漢文章及漢魏六朝三唐之詩余性固闇不通達問學作詩終不能合斯時能切直抉摘余者奕喜之外有慈谿魏雪竇陶田中故余雖讀書無成然開卷頗知本末而下筆不甚俚俗者實得此三人之力奕喜曾有詩贈余曰眼前縱有諸年少小弟風流總不如此實奕喜一時過言余何敢當然余終身不忍棄書亦冀無負奕喜而今已矣悲哉悲哉夫讀書不可乘怠氣行以率意詞取雅而正義取深而達敦龐婉曲寄興入天表境會在目前斯爲可貴余亦未嘗不知然豈可强求偶得必閉戶三年靜心息氣將古人所言一一皆知有指歸然後探象數辨名物分體制別方言隨之勿返守之勿失庶幾可稱讀書自此下筆必有可觀余斯時若卽行之豈非終身受用尊貴自得無奈自恃年少稍待未遲且恨生處逆境心恒隱痛妄冀少享安穩易行日往月邁蹉跎至

二十六歲家益貧落妻亡無以殮同志之士遭難死竄僅存余身猶如敗絮奔走乞食足窮四海家固無書有亦不能坐視靜觀追悔懊歎無可奈何偶拈一詩聊以遣時大率皆成於饑寒委頓逆旅之中以不讀書之人爲於無可奈何之時又無人指摘其所成就蓋可知矣然而是心終不肯灰猶冀衣食稍足假我數年以償前志雖不敢望其有成或略知大概庶幾可下見先人乃今年五十四歲猶然傭書於宛邱官署値三月十九日追感傷懷緩步檐隙忽來妖鳥之祥自知命在旦晚欲治後事忙無所措年過五十死不足慮惟恨生不讀書又無可傳他不遑述卽吾生母年踰七十不飽饔飧余罪已成莫逭若夫苦節藉貞使兒能頌揚可垂不朽今竟默默先辭而去則余之罪尙可擢髮數耶乃裒集平生所作詩爲上下二卷而冠以斯敘以志恨生不能作文惟關於情誼所不容已者勉作志傳行述數篇卽附於卷末此豈自矜文藻欲誇示後人哉正欲使人知不學之人所成如是相爲惋惜感發耳至於子孫中如能知書識字要知學須乘時其年與資稟皆不足恃勿問愚智但能勤黽大小皆有所成以余爲戒則含笑於地下矣〔梅市祁氏譜　按苞孫字暎堂〕

朱士稚〔錄朱彝尊撰貞毅先生墓表〕貞毅先生姓朱氏諱士稚字伯虎更字朗詣世居山陰怪山下其曰貞毅先生者門人之私謚也父某官雷州知府祖賡少師兼太子太師吏部尙書文華殿大學士贈太保謚文懿曾祖某以文懿公官貴贈如其官先生少好游俠蓄聲伎食客百數所最善者一人曰張生宗觀宗觀字朗屋善樂府歌詩以王伯之略自許時號山陰二朗先生遭亂散千金結客坐繫獄論死宗觀號呼於所

知斂重貲賄獄吏得不死既而論釋宗觀聞之大喜踴躍夜渡江馳見先生未至爲盜所殺先生既免繫放蕩江湖間至歸安得好友二人其一自慈谿遷于歸安者也自是每出則三人俱至長洲交陳三島已交予里中交祁班孫于梅市後先凡六人往來吳越以詩古文相砥礪吳越之士翕然稱之歲己亥陳君以憂憤卒六人者喪其一而先生亦歎息悲思遂病膈庚子冬疾亟自歸安渡錢塘以是年十二月日卒于家年四十七二人渡江經紀其喪視斂含以辛丑二月葬于大禹陵西原時送葬者百人予與祁子臨穴視其封痛哭而去先生之季弟驊元及子錡以狀至歸安乞二人志其墓而二人者皆不果也又明年壬寅六月朔二人坐慘法死祁子亦株繫戍極邊以去當予與五人定交意氣激揚自謂百年如旦暮何期數歲之閒零落殆盡陳君久不克葬二人者并骸骨亡之慘更甚於宗觀獨先生之墓在焉嗚呼死者委之烏鳶狐兎而不可問生者遠處寒苦不毛之地幸而僅存如予又以饑寒奔走於道路然則人生相聚豈可常哉後之君子謁禹陵經先生之墓弔焉覽予之文夫亦可泣然而悲矣乃書其詞寄先生之子錡而表諸其墓〔錢儀吉輯碑傳集　舊志有傳參看〕

楊越初名春華字友聲山陰人所居曰安城因以爲號爲諸生慷慨尚俠康熙初越友有與張煌言交通者事發辭連越減死流寧古塔例僉妻與其妻范偕行留老母及二子家居寧古塔地初闢嚴寒民樸魯越至伐木構室壘土石爲炕出餘物易菽粟民與習乃教之讀書明禮教崇退讓躬養老撫孤贖入官爲奴者蕭山李兼汝蘇州書賈朱方初及黔沐氏之裔忠顯忠禎皆廩焉又贖明大學士朱大典孫婦河南李天然希聲

夫婦凡貧不能舉火及昏喪倡出貲以賙民相助恐後吝則嗤之曰何以見楊馬法馬法猶言長老以敬越也母終於家年餘始聞喪哀慟杜門居三年子賓出塞省越越初戍年二十四至是已六十八賓還叩閽乞赦越事未行子賓復出塞省越又二年越卒於戍所例不得歸葬賓賓請不已又二年乃得請迎范奉越喪以歸民送者哭塡路賓撰柳邊紀略述塞外事甚詳〔清史稿孝義傳　子賓山陰志有傳〕

〔附錄〕楊越原名春華字友聲山陰人出塞後始更名越號安城父藩明鎮江副總兵官生四子越居長年十七明季爲諸生與朱伯虎吳佩遠魏雪竇諸人遊及伯虎死佩遠入滇雪竇爲怨家所搆稱與張煌言交通詞連長興錢允武允武妻貸千金屬越營救爲邏者所獲詣獄獄具偕妻范流寧古塔時康熙壬寅仲冬大雪出塞行者耳鼻皆觸手墮越氣益壯所至披吟不輟明年仲春抵戍所土人及駐防將士皆樸魯以罪至者多依爲生越至獨爲屋以居入山伐木壘土石爲炕皆身自擘畫土人奇越貌益服其才越稍出內地物與市土人貴之爭出菽粟來易約爲商賈貲漸饒越又敎以讀書崇退讓躬自養老撫孤贖官奴婢同難蕭山李兼汝蘇州書賈朱方初沐黔國忠顯弟忠禎皆縻焉贖朱大典孫婦劉振英河南李天然及其弟諸生希聲夫婦湖廣衞守備王某皆罪隸也凡貧不能舉火及婚喪者皆倡義周之久之義聲日著將軍禮爲師土人感化凡有賙恤以不與爲恥曰何以見楊長者越在寧古塔數十年安其俗嘗奉巴將軍檄練水師混同江禦俄移家小烏喇既而罷歸性至孝母喪年餘訃至哀毀骨立啜粥杜門三年康熙辛未卒年七十不得歸葬子賓號泣西曹幾二載始得請范夫人扶柩入關士漢送者哭聲塹路越仲弟某官總兵越得

罪後事母撫子女成立俾無南顧憂子三賓寶寵皆范出賓以文學篤行游公卿間寶負氣敢爲事祖母俱至孝謀所以歸越者二十餘年而未遂嘗出塞省親有孔和尚者江陰人素陰賊屢挾私興大獄殺人流寧古塔者以百計越其一也後亦以罪流賓卒殺之以復父仇著有柳邊紀略〔余懋杞所撰傳略　王源所撰傳　耆獻類徵〕

張杉〔錄沈冰壺撰傳〕先生姓張氏名杉字南士浙江之山陰人其高祖浮峯先生元沖嘗從遊王文成公之門讀書浮峯山文成指浮峯曰此山卓犖不羣似吾叔謙叔謙浮峯先生字也官至都察院右副都御史曾祖一坤官右布政祖鑛官晉府長史先生以累世貴胄喜折節讀書才名躍起與兄梯弟楞號三張子王正誼先生毓著其舅氏也以詩文徵名下士三張子以齒少俱厠末席有物色之者各嘆息避去崇禎己夘蕭山令羅明祖課士於河陽舘題爲德行顏淵三十字復揭一籤曰漢人有諸賢名曰顏子曾子曰仲弓子路子游子夏者何人也座中無以應先生從容書其下曰顏子黃憲也仲弓陳寔也張曾子張伯饒也城頭子路者東平爰曾也子游張壽之孫猛也同時有兩子夏一杜欽一杜鄴也令避席揖之問其年纔十九云先生內行修整無敗玷而尤摯於交遊緩急告之無不應故家亦漸索而於顛沛險巇必投袂推几赴之雖百挫無所恨與蕭山毛甡稱莫逆甡以避仇匿迹先生陰爲魯朱家及甡出遊久愴念悒悒不自聊觭身涉江淮歷潁亳遍迹之値之汝寧城南之蔣亭相抱嗚嗚痛哭携之歸慈水魏耕者工詩喜事以通海上張蒼水陷大獄其藏耕者蕭山李君達楊君遷山陰祁君班孫皆牽連被逮親知畜縮莫敢問先生獨往來紀經

之人怵以禍不懼而耕死西冷陰丐武林孫治收其屍而班孫與達遷免死徙塞外班孫者忠敏公之次子也灝行點解多一人則昂然先生也解官斥曰若欲同往乎先生仰首慷慨曰念朋友誼戀戀卽同往何害解官改容勸之乃嚎咷別去餘姚洪蒡渡江被掠臘月披衷衣叩蔡子伯子伯無所應乃過先生先生卽解身所衣絮袍覆其體且稱貸助之子伯者名瑤素講學以名義自緣飾曰吾念羣從中方不能卒歲家人禦寒亦無兼衣不親親是急而遽及疏遜乎而先生曰睎親親生平事也生平不親親臨困急而較量及之涼矣吾不忍聞者以是定兩人優劣施愚山督學山左以山繭三十丈屬徐緘寄先生徐匿不寄遍衣家人愚山覺而再寄之先生還所寄曰已拜賜矣愚山喜曰吾固知伯調之不負人也伯調緘字也其寬厚而善全人又如是楞弱冠助義興侯鄭遵謙糾民兵抗王〔清〕師死江上梯亦以劇飲成疾死先生隻輪孤翼偪仄支持而挾危拯困壯悍之氣勃勃不可遏人於是愈歛服之梯亦素有義概有訾詈劉忠端者直前披其面忠敏公殉難後里豪侵其莊田挺身白當事必得直乃已遵謙之舉義也王氏之居讓簷街者遵謙覘其多藏且挾素嫌欲脅取之梯抗言責遵謙曰吾舅氏死節炳炳乃不庇其族人乎且脅取非義旅遵謙謝過卒得免梯字木叔論曰先生貌朴而氣直蓋力瘁于朋友者也嘗曰五倫並列難作低昂末世陋儒銖兩分較則君親爲重朋友渺矣重朋友者且坐以俠而唾斥之不知義在權衡時所當伸則朋友等於君親此負七尺者所以義彤於色而不忍沒沒也其言如此故探而述之以告世之菲於友誼者先生子燧字星陳康熙庚辰進士亦雅有文名吾又感夫嗣起之不可無人矣〔清名人小傳　山陰志有傳〕

陶濬 〔錄子式玉所撰家傳〕府君諱濬字去病號秋原大父愚溪公季子也大父嘗多病自府君誕生後病輒愈因以命名焉府君幼而敦敏稍長過目卽成誦下筆數千言立就大父特鍾愛之曰是必振我家聲者年十二大父以謁選卒於都府君晝夜悲泣者數年大母朱安人雖日慰之勿能止也自後嘗善病年十六受知於督學黎公元寬補博士弟子性好古詩文賦不喜爲章句自十三經暨漢魏以來樂府歌詩不數年盡通其義既而自思但究經旨不通今古學問雖醇率多拘滯若劇談王霸經緯治亂非史不可因取二十一史批閱評註五六年間馳騁上下數千百年事討論精確悉能詳記有問難者輒抒發義蘊以對吾鄉稱淹貫者以府君爲首焉大母謝世哀毁如大父時與伯父析產不問肥瘠善觀子平曰達人知命吾命薄非仕途中人遂絕意進取以詩文自娛遨遊山水間與姜公與可綺季祁公奕慶族祖水師天章從父容菴燕公輩爲詩文之會名曰廢社志可知已營別墅於雲門西渡與外祖祁公季超同建義倉凡捐輸收掌支給籍稽絲毫不爽山居六七年避亂者數千戶賑米粥全活甚多嘗被盜罄刼所有府君念皆飢民置弗究適鄰邑獲盜盜稱爲府君家物召驗堅勿認得生者十餘人淸既定兩浙越三載戊子江東山谷萑苻竊發越中無寧宇有不肖者陰召賊賊未去而官兵至族人罹鋒鏑者六七十人府君先期携家避倖獲免而古玩貲蓄衣服器具蕩然無存矣歸惟穀餘百斛悉舉以助遇害者殮時賊熖熾甚所在倣擾官兵搜捕四鄉子女多被擄獲府君鬻產捐貲首倡賴同志金君士望倪君延初王君施仁從兄雅遠等共襄厥成完聚者百十餘家府君體素弱加以積勞成疾己丑棄世時不孝玉方五齡也猶憶孩提時於府君書案傍牽衣索食

依依在目而府君早世曾不得享不孝等一日奉抱恨終天曷有極哉府君弱不勝衣而丰韻洒落飄然有凌雲之意生平酷好吟咏每對客終日忘倦爲文豐約中度體製精密雖不願人知而秀傑之氣終不可掩喜奬引後進凡經賞識牵爲聞人外祖祁季超公謂文格雄健似老泉記事詳明似子長才思敏妙似太白詞體清眞似稼軒非虚語也所著有文漪堂文集十卷文漪堂詩集八卷山居詩四卷山居讀書詩二卷山居度夏詩二卷詩餘若干首遵遺命不敢付梓〔下略〕〔陶堰陶氏譜〕

〔附錄李慈銘日記〕子縝以近年所得陶遺民農師山居詩册見眎遺民名渚字去病號秋原明末諸生入國朝隱居雲門山中此册其手書也前有自叙一首所著尙有文漪堂詩今其節錄手稿本尙存子縝族人家此册古近體數十首與祁五子六公子唱和甚多詩皆眞率不墜山林風味其子式玉字尙白康熙間以進士官御史

姜天植〔錄家傳〕公諱天植字永思又字質甫司農公一洪長子英敏有才略至性過人篤於孝友順治丙戌八月清師下八閩司農公死國難訃至公號泣奔喪顧未知公死所也隻身入閩間關踣頓蹤跡杳然至汀始遇一遺僕知公畢命於贛重繭數百里訪得公柩於贛之椰木菴檢笥中得絶命詩四首時江右初定途中戒嚴舟楫難行公奉柩自贛達汀泝流而上仍由浦城越嶺歸適遇清兵以言詞忤某貝勒幾遭不測故人有從軍者婉轉請救得免而弟桐音公迎柩亦至乃共扶柩家度地禮葬焉初司農卜居五雲門内清初東人例禁甚嚴窩留者罪當斬會提督過越以里役募夫除道夫中有瘖者標目詰之不應卽指爲逃人

由有司達上官時版圖初定武夫悍卒多因事挾持故家中者家立破事發家人皆頸縮公獨身詣官剖理爭辯斷斷繫獄中三載寃終未雪復解刑部質審舟至天津值暑月公坐舟中而悍目以納涼臥船頭遭暴雷擊死寃始白然家業蕩然矣公爲文議論高騫詞采絢爛弱冠遊庠屢受知於學使者闈中數經呈薦終不獲售所著燕都賦典麗堪垂世云〔姜氏家譜〕

呂漢鸞字叔倫紹郡人〔按本籍餘姚住郡城萬安橋〕故相文安之後從黃忠端石齋遊忠端正命後門人星散惟漢鸞與餘杭何義兆瑞圖抱遺書入山不出以遺民終〔李瑤繹史勘本〕

葉振〔錄沈冰壺撰傳〕先生姓葉氏名振字介韜浙之山陰人以箬爲冠居壞屋不蔽風雨而嘯歌琅琅若唳鶴藉鄰火煨栢葉代茗客至未嘗不設酒客不飲則引觴自盡之頹然隱几客去不問出行則以杖繫犀杯一綴曰性命彀遇酒立飲三杯少選再飲亦如其數道上穆穆如無人外扉顏心喪二字謝客實無喪也壁柱率書大約以死爲樂擇死之最佳者首迅雷張蒼水煌言死會城先生持隻雞斗酒登越王崢嶸哭祭爲文六千五百言或曰先生在海上叅張公軍事題官給事中事敗歸三藩畔策其無成又致書鄉人姚公啓聖勸緩攻語迂闊不可行家貧奉母至孝婦死即不續娶年六十八卒嗚呼可謂磊砢鬱勃之士矣論曰吾聞鄉人傳其軼事云先生每值歲終安昌里楊仲素先生念友誼資給之一日舟人載錢米近岸先生搖手麾之曰不須矣不須矣吾近得財暴富方謀設質庫與生耆謝若主可也楊先生聞之駭且疑至除夕前一日先生踉蹌來楊先生迎問致富之由先生笑曰族中分得公例約十二金因驟獲自謂富擬王侯故卻

公今不數日竟立盡始信財不可恃仍與公謀耳楊先生復以錢米送歸舟人嗔其往返勞頓送歸後喃喃詈罵醜慘不堪先生之迂闊不諳物情如此此余之所以傳先生也〔清名人小傳參閱山陰志按山志及思復堂集作葉振名〕

余增遠〔節錄黄宗羲撰墓誌〕〔上略〕若水名增遠字謙貞曾祖古愚祖相肇慶府通判父幼美封兵部尚書尚書五子長煌字武貞天啓乙丑進士第一人季增雍太平知縣若水其中子也登崇禎癸未進士第除寶應知縣劉澤清開府淮南欲以公禮格郡縣若水投版棄官而去畫江之役補禮部儀制司主事陞郎中〔中略〕桑海之交武貞投水死若水逃山中不出郡縣逼之入見若水乃輿疾城南以待齋斧久之而事解聚村童五六人授以三字經晨則秉耒而出與老農雜作較量勤惰未嘗因其貴人而讓畔也同年生王天錫爲海道欲與話舊若水辭以疾天錫披帷直入若水擁衾不起曰主臣不幸有狗馬疾不得與故人爲禮天錫執手勞苦未出門數步則已與一婢子擔糞灌園矣天錫遥矚嘆息而返冬夏一皂帽雖至昵者不見其科頭己酉歲〔康熙八年〕十月十三日卒年六十五蓋二十有四年不離城南一步也〔中略〕若水行在孝經義理迫隘草屋三間不蔽風雨以鼈甲承漏臥榻之下牛宫鷄桀無下足處生人之趣都盡〔中略〕慨世路之逼仄遂疑荀卿性惡百王無弊著論以非孟〔中略〕疾革余造其榻前命兒子正誼爲之切脈若水曰某祈死二十年之前反祈生二十年之後乎余泫然而别〔下略〕〔南雷文約　舊志有傳〕

劉汋〔錄江藩宋學淵源記〕劉汋字伯繩山陰人忠介公宗周之子也忠介家居講學弟子中有未達者問

於汋荅問如流無滯義共相敬服及忠介聞國變絕食死唐魯二王皆遣致祭廕以官辭曰敢因父死以爲利旣葬杜門不出絕人事副使王爾祿故忠介門生以白鏹三百兩請刋忠介遺書不受語來伻曰幸爲我辭出處殊途毋苦相强忠介欲著禮經考次一書屬汋撰成處小樓中日夕編纂以夏小正爲首篇而附月令帝王所以治曆明時也次丹書而附王制正己以正朝廷百官萬民也於是原禮之所由起而次禮運焉推禮之行於事而次禮器焉驗樂之所以成而次樂記焉然後述孔子之言次哀公問次燕居閒居坊記表記設爲祀典次以祭法祭義祭統大傳施於喪葬次以喪大記喪服小記雜記申以曾子問檀弓奔喪問喪終之以間傳三年問喪服四制而喪禮無遺矣君子常服深衣雅歌投壺不可不講也則次以深衣投壺男女冠笄婚姻所有事則次以冠義昏義而鄉飲酒射義燕義聘義合三十篇謂之禮經別分曲禮少儀內則玉藻文王世子學記七篇謂之曲禮垂老未卒業其子茂林始克成之著書之暇談論惟史孝咸惲仲升而已或勸之舉講會不應戒其子曰若等當常記憶大父遺言守人譜以終身足矣人譜忠介所著書也病時所臥榻前乃假之祁氏者强起易之曰豈可終於假人之榻耶門弟子私謚曰貞孝先生〔下略〕〔舊志有傳〕

〔附錄黃宗羲撰墓志〕〔上略〕先生諱汋姓劉氏伯繩其字家世具余所撰子劉子行狀子劉子者念臺先生諱宗周先生之父也年十餘歲鉤黨禍起避地武林僧舍晝則隨衆傭作夜分帷燈禪板聲寂發而讀書侍子劉子處官舍中門庭落然不問人聲脫粟寒漿僮僕逃逸先生方攤卷危坐自若也用功過苦遂至徹

夜不能交睫如是者數年子劉子曰此把捉之過也久之而後平子劉子野死先生捐委故業踐荆棘於羣虎之中孤露萬山歲餘復返塞門掃軌隣右莫窺其面初子劉子考定六經發凡舉例而未卒業先生發篋陳書究竟先志監司郡縣慕其操行下車通謁先生了不容接錮疾報問與王爾祿天錫遊息共學天錫爲海道欲申把臂先生引范史雲周小泉之事以拒之天錫嘆息而去〔下略〕

魯㮚〔錄黄宗羲撰墓誌銘〕歲辛亥余邂逅魯韋菴先生於越城之公所率爾談文有契先生卽過古小學索觀鄙文每奏一篇先生歎嗟良久曰二川以後百年無此作矣自是余至越城必相過從言談盡日史漢之機軸歐曾之神理近時作者寐語流傳千門萬戶其所以得所以失先生無不詳其首尾如數一二於掌中余謂今日古文之法亡矣錢牧齋掎摭當世之疵瑕欲還先民之矩矱而所得在排比鋪張之間郤是不能入情艾千子論文之書亦儘有到處而所作摸擬太過止與摸擬王李者爭一頭面先生固閉戶讀書然非有所授受亦不應至是也先生曰此先父與先伯父之敎也先祖之任山陽也徐文長嘗來與二父讀書二父聆其緒論以私後人耳余象數論成欲先生叙之先生曰不可某於象數未能學也夫胷中未明了而徒文之辭者此今日之文也先生讀書三十年越中之人無有名其能文者其不肯爲今日之文之所致乎自余與先生遇後始稍稍傳之同志蓋未五年而先生不可作矣先生諱㮚字季㮚別號韋菴魯氏爲宋肅簡公之裔建炎間南渡遂家會稽元末敬之官提領提領生彥名彥名生原珍原珍生瓛瓛生二子長城成化進士官至南京刑部郎中次瓚再傳爲先生之高祖大中曾祖宗程祖錦萬歷丁丑進士亦官南京刑部郎

中考湘太學生與徐文長讀書於陽山者也妣陳安人先生幼有至性太學歿時方十三歲居喪卽能盡哀安人之歿幾至滅性登崇禎癸未進士第選爲庶吉士一時多盛名之士而以先生與魏子一周介生王茂遠爲稱首然諸君雅好標榜自喜故後來皆中刻薄之論爲人所咀嚼惟先生沖然不盈人亦莫得而致難也李賊之變子一謂先生曰吾輩居此圍城之中死固分也然死有三節目先帝上昇之日一也李賊登極之日二也先帝發喪之日三也過此三節目無庸死矣已而大行發引先生得先期拔身而子一死先生念從死之不能如三良也復仇之不能如包胥也事乖志負息機擺撞閉室不出出其書觀之門屛之間落落然不聞人聲其所與往來談經問字者亦不過數人而已花晨月夕歡娛少而愁歎多余觀今世之爲遺老退士者大抵齷齪治生其次匄貸江湖又其次拈香嗣法科舉場屋之心胷原無耿耿治亂存亡之故事亦且憒憒如先生者日抱亡國之戚以終其身是可哀也先生風度峻整望而知爲先朝之人物造次發語亦皆玄遠所謂不在能言之流而言者莫之能過也生於萬歷丁未十一月初八日卒於康熙乙卯九月二十六日年六十有九娶王氏子五人長爗先廩生次㷶先庠生次炯先己酉舉人次熺先次焯先今存者惟熺先而已孫七人長誠候選儒學教授次基受基仁基雍基德基泰基謙曾孫一錫祚熺先謂知先生者無過余乞銘其幽石余何敢辭銘曰文章之名昔歸翰苑步冒鐵鑪名存實遠於樂魯公爲誥爲典追蹤先烈裁正狂簡館課程文一洗其短豈期遯野蓬蒿偃蹇石渠水涸山龍色淺以俟君子灰飛律管〔耆獻類徵〕

俞公穀字康先號菊陵山陰人父日斯崇禎丙子舉人甲申後隱居不出號耐園灌者命諸子勿應試公穀遂

自號小灌者日斯喜花尤愛菊公穀覓名菊數十種摘其葉卽能識名無一爽家貧而口不言貧先後兩娶王及嚴皆知書出簪珥佐讀至斷炊無交謫聲師事王白岳不屑爲世俗學閉戶三十年同著廉書名藉甚聞人有異書必躬借錄錄竟卽爲訂訛補逸如期奉還故藏書家無不願與之並讀四方聘幣時至亦時應之始東甌歷燕趙蜀皆有記以簡嚴勝其他出故人於獄及減衣食撫孤甥子女戚友多稱之年五十始得子七十卒子忠孫字祖臣能繼其業（陶及申筠厂文選　按王白岳名雨謙見山陰志）

俞忠孫字祖臣號節霞山陰人讀書好古歷覽名山川與陶及申（傳見府志及道光會稽志稿）齊名及申喜激揚忠義値衰病目盲口授其子奕魯撰越中明末殉義傳數十篇未卒業奕魯死復輿疾至山陰口授忠孫續成之忠孫著有節霞詩存文存等三十餘卷父公穀自有傳（按府志及道光會稽志稿忠孫附陶及申傳）

黃逵字儀逋山陰諸生鼎革後棄之遂遊山左秦晉之間數十年晚歲流寓泰州諸鹽場好飲酒得古玉壺自號玉壺山人酒酣詩筆如飛數千百言揮灑任意胷中磊落奇偉不平之氣往往發之於詩時孔東塘爲泰州僉判嘗召吳野人宋射陵戴岳鄧孝威輩與逵相唱和詩稿久經散佚淸初儀徵項絪刊其存者旋佚（據國粹學報及嘉慶揚州府志　按國粹學報又云今得鈔本係袁嘯竹手編爲海內孤本其卷弁有序（序錄後）甚詳可代傳云云是其詩稿今尙存　紹興府志有傳）

（附錄盧州先撰黃儀逋詩序）先生姓黃諱逵字儀逋浙之山陰人爲諸生棄之初遊山左就所親贈以十

數金與一騎歸途任騎所之不知問南北道既左乃思別就一人遂遊晉至其地遽欲歸曰是間無可寓目者其人悅而留之曰吾廨旁故王府昔時園址存焉啓扉可入入則有樓五楹閉久未毀儀逋椎落扃鎖樓貯書數千卷尚未殘大喜曰吾不歸矣坐臥樓中者三年盡讀其書益肆力爲詩值任解始資之南歸且轉屬之泰州前後所主者三輩皆武人也儀逋既來泰州久之納一小家女爲繼室且有子然貧不能圖歸時往來於郡城暨安豐諸鹽場既負才好謾罵人人鮮有當其意者狂酒自豪不修邊幅志意荒忽其飲不爲概量亦不計朝夜與之遊者多嗜飲失意之士往往乘醉爲詩擊節悲歌泣視覺天地之狹而日月之促乎山崔連生爲太守繼爲運使聞儀逋才招之見亦未嘗往海寧查二瞻鶯字於江都善儀逋多客其所會查死儀逋妻子亦亡益無聊去遊上海病死濡須朱莊伯教授蘇州遷葬之半塘寺後揭木以表之去今二十餘年矣長洲顧南原見其詩愛而悲之思傳其人乃從人多方訪覓已多散失凡三年之久得刻本一鈔本三前後異同甚至有通篇皆改字者可知儀逋在日雖援筆爲詩未嘗不苦心以求其工惜乎未見其止也因取諸本較之審其同異而擇從其善者又去其應酬慶輓之作得百八十七首儀逋之詩粗完可以傳矣始余同南原得儀逋詩十數首讀之謂爲錚錚才人之雄惜其困死又追恨余向在江都時不與之面今盡讀其詩則又知儀逋之不獨悲憤其身之窮而胸中別有物在非漫然之酒人詞客也明一代詩凡數變嘉隆間徐文長產山陰能不囿於七子其詩傳至於今聲光如故未減也當徐詩未出人間而袁中郎能識之儀逋生長文長之鄉詩有類於文長今之爲詩者皆奄奄無復生人氣以儀逋詩當之可謂對病之藥使非

南原苦搜而急採之，必且日就零落，世且不復有此人矣。是亦中郎之爲也。而桂谿項濟齋復從而刻之，憫才意俱可感者，自是儀逋傳而世之有才不偶如儀逋比者，乃知身後尚有有心人若是，庶亦有所恃而用自慰矣。

王望臣字欽之，蠣浦人。生逢明季，隱居樂道，於書無所不讀。嘗館於梅市祁氏，所授多爲名士。每舉學記諸儀以身率教，不徒嫺章句也。纂有綱鑑摘要十卷、作潛心集四卷傳於世。崇禎庚辰妻歿，時年三十餘，誓不再娶，終身不納一婢，鄉里稱爲眞義夫。順治間卒。〔據蝗江王氏家譜〕

童鈺字振公，號綬亭，初名家瑞，明郡庠生。深於三傳，著有春秋秘旨八卷。明亡後不出應試，布衣蔬食，潛心方外之學以終其身。〔據富盛童氏譜　按童二樹鈺傳見山陰志，與此同名〕

何能仁〔節錄陶聖模撰傳〕公諱能仁，字修能，號息庵，世爲山陰望族。生而穎異，甫十歲能屬文，每隨諸兄唱酬，輒工韻學。弱冠補博士弟子員，旋膺選拔，名噪當時，而公志在遠到，彌自刻苦，鍵戶耽索羣書，深入閫奧。所選詩古文詞，逸麗清腴，才氣雋上。當甲申鼎革，年未强仕，誓以大義自持，絕意仕進。上念二老相繼終堂，又復變遭炊臼，遂奮不顧家，提四歲哀子委諸嫂氏，遁跡赤城山，薙髮謝交遊，更名仍自號壑舟，以示不復爲世用。日夕披衲曳屐，長嘯烟霞巖壑間，攀華頂峯，探玉霄洞，尋司司子微隱處，憂從中來，則縱酒擊劍抗聲作梁父吟。家人屢蹤跡之，竟沉溺不復出。手著枕石詩草二卷，大率憤激牢騷，言多哀怨。迄今讀其詩，知胸中壘塊猶鬱結不能平。間嘗登堂，謁其像，科頭趺坐，其自題曰：嚼碎虛空，齒牢折；吞盡閻浮，心半噎。又曰爲誰薙就老孤頭三生石上增一截卒曰納衣輸向歌姪蘇沉痛中忽作詠諸語益信公之頓起皈依特行其志耳卒於康熙戊申〔七年〕歷年六十三〔峽山何氏譜〕

何法仁 〔錄朱彝尊撰傳〕助教何公諱法仁字彥法明大參泰寧公〔繼高〕之孫贈侍御越觀公之第五子也幼稟渭陽兩陶先生之教讀書制行矯矯不凡與兄仲淵文治齊名人以比之東海三何越觀公好交遊不事家人生產母陶孺人艱難搘拄眉常不舒公於溫凊之暇時作爽論輒爲解頤鄉隣事多就正於公公一爲剖決砉然立解無不各當其意蓋見理明而持議決其天性然也尋以薦起授國子監學正歷助教丙戌夏江干失守自浙以東望風奔潰公時在天台移家入國清從僧服兵燹稍定卽旋里杜門散遣僮僕躬自操作每曰吾輩當此時總不能斬頭陷胸上殉君父亦安忍腆顏逸處享家室之奉乎舍後有隙地數畝率其二子雜植瓜蔬朝夕灌漑不少輟座旁庋一破釜親擷松枝以供爨雖酷暑揮汗不以爲苦喜從方外遊精舍名藍足跡殆遍旋悟無生之理得印於曹溪然俯仰時事每悲涼楚激似非果於忘世者未幾有長子之戚公慨然曰此豈吾哭子時也季子嘉齡授徒以致孝養所得脩脯悉以奉公公敝衣糲食以爲常非祭享之需不輕用也其所爲文出入史漢八家之間詩宗陶謝而尤長於簡牘信手操翰若不經意古峭雋永遠勝蘇黃見者多藏弆之及門之士得其指授俱能縱橫文壇名噪一世弋取青紫直餘事耳又樂狥親友之急以有無相告者傾囊與之不少悋晚年幅巾深衣逍遙閭巷杖履所至人多樂與之遊公與父言慈與子言孝稍不當意則義形於色侃侃不阿里中豪滑者每怵於淸議莫敢逞有時瞑目默坐經旬不倦常

語人曰國破家亡偷生至此死何足畏但得時至則行不轉展牀笫斯爲快耳丁卯〔康熙念六年〕十月時年八十有四一日忽徧詣所知劇談竟日歸卽示微疾謂嘉齡曰吾將從此逝矣委順而終絕無繫戀此非得之素養者深而能若是耶公未卒之前數年自營兆於蘭亭之畔曰晉代衣冠風流儼在吾魂魄依此足矣及舉殯日棺浮於幽宮者數寸嘉齡凴穴悲號計無所出忽有舁者二人被酒互爭移棺就之一推而入不差半黍人皆以爲神異云〔峽山何氏譜〕

何國仁〔節錄潘思齊撰傳〕道安先生者姓何氏諱國仁字道安晚自號匏園山陰峽山人崇禎初貫順天大興籍爲博士弟子員嗜蘇家文尤嗜眉山文故其行文也疎古而有法動與古會至於拍板歌詞清麗古秀特寄情紅豆乃其餘事於是輦轂之下有能文聲崇禎十四年年二十九宗人府有玉牒之役聘取能文士入府纂修先生以名聞禁中與聘焉十六年玉牒成以恩入貢例得選郎官待命逾年而本朝〔清〕定鼎北京矣先生乃歸越東益縱力詩古文既有年家貧甚無以餬其口時則假館江淮公路之間心之所感境之所觸無可與語則一托之於詩蓋先生之爲人以道德性命自矢而又輔以氣節文章其所友善則章雪庵葉蕃仙及家布庵璧舟昭侯諸名士其所家則蘭亭曲水禹陵耶溪之間其所遨遊則大江南北泰山東西足跡無所不至而又窮而在下隱淪山水恣情筆墨故其詔後人也惟以禮義廉恥四字爲屬而當其憂愁行吟卷舌無聲或則散髮箕踞被酒狂呼一瀉風雨間但見虬蟠奇氣不可迫捉而不知乃先生之詩古文詞也著有匏園詩文集十二卷〔峽山何氏譜〕

倪會鼎〔錄茹敦和撰傳〕孝靖倪先生會鼎者字子新晚而自號無功明忠臣文貞公元璐子也年十六補諸生其時於書已無所不讀會漳浦黃先生道周方謫官江西以病藉於越文貞舍之衣雲閣命先生稟學焉既而黃先生復被逮廷杖下詔獄先生從之京師繼營橐饘受學於獄中黃先生戍辰州阻於賊未赴先生從之大滌又從之武夷會文貞以兵部侍郎召先生始歸崇禎十七年三月明亡莊烈帝崩文貞死之四月越中變聞左都御史劉先生宗周蘇淞巡撫祁公彪佳吏科都給事中章公正宸等皆衰絰荷戈慟哭於軍門請討賊而巡撫黃鳴俊不時出師先生以文貞柩在賊中將微服北行乃募壯勇數十人與俱布討賊之檄於天下南都既立福王福王亦無意出師而我大清兵入關討賊賊竄走遂葬莊烈帝於思陵先生亦得扶文貞柩以歸先是文貞在兵部以擒劉超故蔭一子錦衣僉事至是以殉難故又蔭一子錦衣僉事先生當得兩僉事明世武臣無丁憂例累檄促之赴官而是時皖人阮大鋮翻逆案驟起掌兵部事先生遂以喪服辭不赴也南都再亡唐王聿鍵僭號於福州漳浦以大學士督師承制授先生職方郎中監其軍事先生復以喪服辭漳浦遺之書曰屬以時事之艱思借箸於君非敢以一官相溷也正使縞冠素韠出入戟門於君何譏於僕何損先生雅不欲與唐王事以漳浦故不可以不赴迤邐趨廣信臥邸舍待之漳浦至議兵事多不合漳浦憤然曰君昔者在吾前智略輻輳今喋喋如此老生耳先生曰先生正欲爲火迫文天祥然於事無濟若何發源敗漳浦見法於江寧先生請其元葬之事畢遂歸杜門不復出順治九年世祖章皇帝褒恤明代忠臣贈謚葬祭咸備先生北向稽首慟哭曰新朝之於先臣至矣而遺孤墮艸莽將何以報哉念

生平經世之學所受於漳浦者尚歷然胸臆間乃彷四通二衍之例臚爲一書以告六官長屬冀以裨補萬一書凡二百七十餘卷名之曰治格會通其自序略曰予少聞禮於趨庭長執經於漳浦妄以習聞臺閣自許無何銅馬蔓滋潢池羹沸攀髯灑碧岵裂山頽恭際聖皇鼇旅入關受天成命奄有九夏揆文奮武以開萬世無疆之休於是仰山川之再秀覩日月之重光攀龍附鳳之彦罔不出其經綸以黼黻明盛小人有母奉菽水咏太平已耳會老友蔣子杜陵來自雲間以網羅散失相屬予心韙之特念四通二衍互進迭興而世鮮湛深之士者以有二畏也編簡浩繁望洋無際則畏之端倪雜見作止屢遷則畏之我思古人厥有二道溫公作通鑑時流猥以引睡機仲患之離爲二百餘事事爲本末俾若散錢之歸緡貫而後天下知讀書之樂東萊作大事記又復爲之解題考亭善之稱其一句便括一段使如尺衡之占象緯而後天下無泛讀之憂今法機仲則多其綱目綱有分總以統其全目有巨細以析其杪層積肩列而本末自出則錢無不連於貫者矣法東萊則歸重細目連篇累牘之文括諸數字轉喉凝睇之始洞其指歸則緯無不周於衡者矣其次則言刪通衍相積其勢不得不刪然刪恒不刪特刪同不刪異刪遠不刪近刪瑣不刪大刪文不刪義其大指也亦有事本恒瑣而不刪者如屯田牧地則存其境址賦稅課程則存其規額下至農桑畜牧器用百工既關治道則不得而去亦有事屬殊特而刪之者如氏族六書七音以至金石草木之類博雅所資而無關政要則亦不得而存又其次則言述四通遞嬗續考最後畫於神宗之中祀今以崇禎爲屆四朝典故雜而難稽史志未成稗官叢謬雖就所聞見紀之心焉惴惴不容不跂足於後來之彦也若夫熠燿微明夸

稱尙友竊窺往世所操不同杜王矜愼評陟眞贋纖鉅畢宣流仲天資敏妙瞻矚高遐雄辯所歸不無武斷求其渾脫經史鎔鑄古今層折入微動中窾綮厥惟馬氏所願學焉苦才之不逮蚓唱蛙鳴自適己事已爾六十而濡毫八十而輟筆擯爐却扇心摹手追生平精力盡於此書冀或免於蹤車覆𨍏其曰治格者本諸西山大學衍義所云治天下之律令格例也會通有三義言學者以研辨通之言治者以因革通之而言六經言三代又必會兩漢唐宋元明以通之也先生旣孜孜撰述一切外事皆不問康熙二十年越大水西江塘圮自臨浦至褚家墳決口凡十三處當事者務苟且欲小小補苴先生慨然而起謂宜合山陰會稽之力以助蕭山按畝而輸分段而築務爲百年之利而是時鄉人姚宮保啓聖方總師閩中議并修三江閘馳書請先生主其畫先生乃刻其石以禦湍流其餘亰秫灌鐵一如舊法又修磧堰廡溪灞治其霪洞之淤塞文移書牘商榷詰難相往復者蓋數百萬言皆先生手書自辛迄壬廢寢食者一載有餘而後訖工工既訖復孜孜撰述如故漳浦蕺山皆文貞執友而先生之學主漳浦不主蕺山其所與遊如黃處士宗羲姜京兆希轍董山人瑒以至孟學思祝宏墀等皆蕺山弟子宗羲著明儒學案七十卷先生亦著明儒源流錄二十卷以明示異同其他自詩文集外又有古今疆域合志越水詹言等書皆與會通相表裏膠州高相國宏圖遯荒居東城禹跡寺先生繼粟肉終其身雲間蔣大鴻平階卽所謂孝友杜陵生者也寓越主姜公子垚先生亦時賙其困乏其後遺民逸老漸次凋謝而先生享大年巍然獨存或以爲得金丹之術先生笑曰非也康熙四十五年終於家時蓋八十有七議諡者宜興陳維崧三樵氏曰文貞居戶部以三做名其堂三做者正

做大做實做也先生進退取予嚴於絲髮可謂正做矣著述務極於宏博可謂大做矣至於水利所關精思曲算勞精憊神毅然以魏尙書戴湯兩太守自任則所謂實做非乎嗚呼先生身逢革代自以兩膺世賞職在周廬故山薇蕨苟無饑餒而本朝史法嚴斥貳臣其不容抱器之奔亦久矣雖然藏舟在壑有川不濟其自號無功也亦傷之爾而三做家法卓然如此則先生非無功者也〔竹香齋古文　道光會稽志稿有傳〕

徐鼎〔錄沈冰壺撰傳〕徐先生名鼎字岱淵浙江之會稽人工部尙書大化第三子也初名湯英字莘野登崇禎辛酉鄉薦復更名登癸未進士大化譴事魏閹劾楊左下獄慘死天下皆戟手詬詈之烈皇時名麗逆案罪遣戍至赧皇立南都大化已死張捷楊維垣力謀翻案得贈蔭祭葬而南都尋陷先生知父不爲公論所容思幹蠱自湔雪國變後堅不赴選匿迹晦聲人莫能窺其面家國之間獨抱隱痛以終年八十有五鄉人多憐之〔清名人小傳〕

胡宇令字麟稚後更字麟治號文明子山陰賞枋人姿性最敏經史百子過目脫口不遺一字時人稱爲八才子於同堂行次居第八也年二十受知於晉安王公入郡庠明年學使麟長劉公課士拔一等第三補增廣生蕺山劉夫子與郡人講學爲證人社宇令與焉一日會於古小學講致良知宇令越席一言爲劉夫子所嘉嘆卽受業及門崇禎甲申鼎革時年僅三十有七學使者歲試方拔其冠郡庠應補廩膳生泣謝之悉焚其生平所讀書併所著制義與詩古文詞無復存者清初詔郡邑徵山林隱逸之士守令命學官數次勸駕不往自是杜門不出知交亦漸零落矣康熙己巳夏嘉定白沙村俞嘉客字鶴湖遊於越著三申詩〔北都

亡於甲申滇黔亡於丙申臺灣滅於庚申故謂之三申〕索和宇令口占一律鏡湖風月一時新回首當年蝶夢頻歎息故人如水逝欣逢景命自天申鬢毛盡落無煩薙破褐難更不厭陳聞說白沙猶念舊老儒還是孑遺身命子肯堂書以答之時年八十一矣〔據賞枋胡氏譜〕

黃寧方字咸士山陰諸生好勇尚義與餘姚張斐友善斐字非文爲李氏贅婿負才氣憤時不平竄居日本十餘年教習諸倭人李氏不知也嘗有詩憶咸士云憶別幾千里論交已十年江湖客裏夢風雪夜中船妻子分廚米生徒減課錢向來懷感激未語愧君賢居久之忽浮海之廣州引海盜攻城事敗死之咸士聞而忿恚旋以疾殞〔據陶及申筠厂文選〕

陶復字克幾九歲在塾值明末甲申烈皇殉國閉戶哭泣不能止母兄怪問對曰普天之下莫非王土復雖幼君父同也若之何不痛自是絕意進取稀入城市雅善病嘗兀坐見者苦其寂寞然博覽典籍器業日進於詩文無所不能尤研極理奧著大學衍義補若干卷家酷貧授徒代食終五十年大布之衣儒巾方舄時人嗤笑終不撓惑卒後友人私謚之曰貞安〔陶堰陶氏譜〕

陶元勳〔錄家傳〕全一 公諱元勳太學生考授縣丞當明季桑海之交謝人事杜門課子多蓄異書著述宏富皆手錄盈篋上虞徐亮生相國爲姑之夫將督師勤王作書規以死事忠義激烈如見塡海移山之概公雖肥遯邱園而天人革命絕影窮居讀史悲歌遠追靖節知其耿耿者猶未下也所著書後皆燬於火存者惟闔書一篇其略曰放庵野鶴老人進二子而命之曰生計拙甚有乘敝舟冒逆風而遭灔澦之險者此時

舟中雖秦越人之不相關莫不思舵者舵篙者篙負纜者許許絜漏者丁丁凡以益乎舟中不遺餘力未有袖手而坐觀者也是何也非秦越人之能相厚也期紓患而已矣我之今日不幸類此食指既繁家道日替匪濟蹇之才而遭不偶之數是猶舟逆風而罹灧澦也如必待婚嫁都了不過數年之閒勢同瓦解不得不及今未盡量授爾等且使爾身任衣食之計歷知貧窶因而刻志勤儉振起前業是亦竄避他舟計也兒曹勉之人生財賄最輕蓋可自致兄弟最重諺稱難得因易致之財賄傷一本之和氣此爲至愚故不可存較量心較量則爭不可作究竟想究竟則小今雖暫時險難分竄各舟要之同舟之誼自在愼毋遺秦越人笑斯庶幾矣讀之使人孝弟之心油然自生公自字全一全於一也卒之日宗人私謚曰文介　論曰昔余若水投版棄官與老農雜作冬夏一皂帽雖至昵者不見其科頭二十有四年不離城南一步周唯一遯入剡源盡去其髮而爲髮塚架險立瓢榜曰韉雲黄梨洲兩賢之合誌其墓曰若水行在孝經義理迫隘唯一之途稍寬世之君子往往由之公且銷聲匿跡甘爲其難斯其志節可知矣（陶堰陶氏譜）

童欽皐字允生富盛人弱冠有文名陳子龍以司理攝郡篆奇其才鼎革後絕意仕進時末流疎縱皐病之以名節自勵家素貧里人有謀請託者力拒之爲開陳義利宗旨聞者悚然謝罪退謂人曰與翁語當嚴冬猶汗流也其雅志堅確善啓發人類如此歲庚子長子洙尉平舒迎就養時相誡以官無卑小苟盡心力而爲之必有濟洙承命奉法惴惴御吏民有恩皆父敎也晚歲臥床第猶課孫爲疏解經義嘗著崇正論萬餘言大旨本原道而究極其意疾亟遺命喪葬一遵古法卒於舒舒私謚曰文懿先生（富盛童氏譜）

孟繼儒字翼聖會稽獨樹人弱冠進邑庠與族兄奇英（見方外傳）構昭遠居書舍讀書明末嘗與族姪汝翰爲王藩鎭之仁參軍清初白頭兵之役捍衛鄉里多所保全（據獨樹孟氏譜）

張其燮字君翊山陰漓渚人生明季世讀書未成去習武事且膂力絶人從軍遼薊會袁崇煥誘殺毛文龍遂南歸爲杭州羅木營教師長江南之習武事者皆宗之宏光乙酉江上師起兵部尙書張國維累聘爲總戎辭之謂曰先華者不實驟舉者不祥吾觀若輩皆尙剽掠無大志天下未能自此定也留數月歸清順治戊子有白頭兵之役其燮杜門不出多傴其名不敢窺其境邑令顧某委任爲團練使尋事平其燮終老於家（漓渚張氏譜）

徐經字暮川苞山人力能舉八百觔順治五年之亂徒手格殺盜數人盜以巨斧裂其首更奮斧擊盜退去後仍戰死（苞山徐氏譜）

任長者號桂巖遺其名家山陰婁公埠家僅溫飽好施與所居數椽前設亭舍夏茗冬湯中衢置宵燭罔間風雨施草屨箬笠歲以千百計凡可以惠鄉黨貧乏者率力行之遠近咸稱長者丙戌夏清兵東渡潰帥吳姓挾輜重宵奔爲追騎所迫棄舟遁去桂巖呼僮舉之累日不能盡自是家益饒爲德益溥戊子歲爲土寇所執勒厚贖以四健卒守之卒以平時受恩則舁負之逃越嶠嶺穿叢棘信宿抵家出金以酬皆不受事平有司以德行旌之（余縉大觀堂文集）

趙嘉燦字文如順治戊子負父逃難於湖門之九曲池遇賊求代父死不獲遂與父同死（華舍趙氏譜）

陳惟章天樂鄉富家墩人清初多有借義兵之名勒餉於各村者所至焚掠不勝其擾惟章率鄉人拒之斬其渠名邵文正者其黨始不敢窺其村越數年有朱德孚者自諸暨侵歡潭惟章往援敗之朱復掠橫江其地有浮橋爲惟章所據當寇潰返時復追而殺之是役雖賴各村犄角之力非惟章爲之倡不易遽平也後浙撫旌其閭曰義勇全鄉〔見天樂陳氏譜所載全鄉記〕

陶梓字子木順治戊子之役清軍四出追勦多掠民婦頓郡城蕺山外啼號酷虐有不忍聞見者衆議捐金贖畏其鋒尙猶豫梓曰彼不驅之去而遲遲其行正有待也乃挺身請行從行者以十數比午至營遇悍卒拔刀相向從者悉驚走梓獨侃侃與營將語走者還競傳梓見殺皆大駭日暮歸得其首肯狀於是晝夜經營計人給資盡歸里〔據陶堰陶氏譜〕

許弘字子遠號且樸子山陰人少慧善屬對爲帖括不拘邊幅失有司繩度遂屢阨於試明亡絕意進取避地剡之仁邨愛溪山明秀居人樸茂遂挈家往寓有終焉之志順治戊子山寇起乃還越著有避地仁邨記及樂府數十篇傳於世〔采訪〕

謝𤞤〔錄章學誠撰傳〕謝𤞤字爾翼號恕園會稽人父一匡明季官四川通判𤞤幼奇偉年十六補諸生値明季喪亂卽究兵機有膽識順治丙戌東陽寇起裂白帕裹首號白頭兵焚掠諸暨嵊縣間遠近大擾𤞤廉得其閒糾合鄉勇夜渡七沙河灘擊潰其衆獲輜重無算盡散里人時𤞤甫生十九年也清兵南下聞𤞤名强起參振武軍事督諸道糧餉有功當殊擢𤞤固辭周遊山水足蹟殆遍天下同縣姚啓聖總督浙閩統師

進討臺灣姚夙知⿰犭辛遣使迎⿰犭辛贊畫事務⿰犭辛爲盡心既克澎湖姚欲以⿰犭辛名上聞⿰犭辛笑謝曰審我欲官邪則轉餉東南時富貴且立致矣姚不能强姚卒⿰犭辛哭之慟曰天下不復有知已也晚年居江寧轉徙揚州欲返會稽不果每語子弟他日毋忘故鄉性豪直與人無城府意所不可卽怒駡無所顧六十以後不復涉世事終日吟哦篇什日富一日忽拉雜焚之不復吟其後目昏不辨書則命諸生誦前人篇什據案聽之忽歌忽泣人莫測也⿰犭辛慷慨能急人患難嘗曰吾爲友嘗三破家而其人皆將相矣問其姓名不答⿰犭辛軀幹修偉聲如洪鐘稟氣强無疾病年九十三微疾而逝四子七孫長孫遷王最知名⿰犭辛所著有尺牘鈔四十卷中朝疏稿二十卷甲乙新聞五卷或曰⿰犭辛初嘗授官矣後卒謝去將死諭其子曰聖朝重遺老我屢拜粟肉之賜他日墓書賜粟老人可矣〔章氏遺書〕

王國賓字元洲會稽人九歲善屬文受學於劉蕺山讀書務窮理力行不徒治章句自弱冠遊庠後屢困棘闈乃束裝北上遊名山大川交其賢士大夫大司馬李懋明奇其才客之遂佐懋明捍邊圉靖寇氛凡奏計多出其手特薦授通判以憂歸服闋除任豫章未赴遇鼎革絕意進取淸世祖詔求遺賢巡撫以國賓名上固辭不許乃就寶坻教職邑自丙子復隍文廟傾圮國賓倡邑人急修之學田沒於旗圈力請乃得撥補未幾固陳乞休年老遂家寶坻日惟與知己談經賦詩翛然物外或出所蓄古墨舊硯獨坐摩挲竟日不厭一夕忽招集故舊歡飲至夜分起歌曰薄遊天涯兮何所依身一出兮不可歸客去卽盥櫛呼三子命以舊衣斂端坐而逝子師日〔寶坻洪志〕

盧必陞字宋臣山陰人九歲父芳病思得蟚蜞炙必陞挾筐求之沙上潮至幾死不釋筐明季遇寇芳獨行入山必陞行求得之歸必陞爲叔父茂後順治初寇縶茂舟中必陞繞岸哭三晝夜不絕聲寇引使見茂脅茂降拔刃屢欲下必陞叩頭流血乞貸死久之寇中有義其行者脫茂使共還茂有女忌必陞睞母遣必陞往松江使盜擊諸途盜察必陞且死曰爾死勿我讎誰某實使我必陞佯死盜擲之水復以救免必陞書告所後母但自謝不謹被盜所後母爲感悟爲母子如初〔清史稿孝義傳〕

章開會稽人父尚絅明崇禎十六年殉難西安乾隆予謚節愍舊志有傳方節愍將殉時命開假棺於匠開爲賊得旋自脫歸竊負節愍尸具棺以斂詎死已十日顏色不變光氣耿耿如生次年三月與弟闓奉母從兵燹中詰屈南歸順治四年闓涉崎嶇冒險阻赴西安扶節愍柩值鄖陽兵變迂道襄鄧潁亳間屢瀕於死歷半載竟得歸〔章實齋文集　按道光會稽志稿附載史可法撰章尚絅傳已有次子闓冒死負骨歸葬之語此云順治四年始歸與史文不同〕

陶明字晦如會稽陶堰人明魯王越中立國之時鄭遵謙聚兵江左托助餉名鄉村做擾幾徧明從弟某被擒拷掠備至縶之舟中將解維去明適負耒歸率弟克韶奔救執其部將使弟負某走兵士舉戈相向明厲聲曰若無禮吾先殺若主迺止越數日復潛師至明與弟方治田猝被縛其下請遂斬之部將曰彼辱我通衢我將於彼斬之以洩憤會至百家湖颶風起巨浪滔天兄弟奮躍入水嚙縛而脫〔陶堰陶氏譜〕

陶然字易潭會稽人值明鼎革不求聞達館某家有婢通廚人而孕主人覺痛笞之使吐所私者知主人素重

然妄以然對一日然解館主人令婢飾容隨然歸然愕眙婢伺主入泣以告且曰公一置辦須臾斃命矣然竟忍誣絜婢抵家立召廚者至使携婢去勸之改行然既歿子奎盛覓葬地得穴詢山主至則廚人也率子若孫環謝不絶遂立券葬後一再傳子孫食指以百計〔陶堰陶氏譜〕

陶守爵字惟仁會稽人少失怙恃與弟望皋友愛甚摯未寒先燠未饑先飫弟亦奉令承敎若子之趨父自成童以至垂白怡怡之聲遠近無一間言一日弟忽泣然流淚言曰弟昨夢離兆不得久侍兄兄善自愛言未畢而息屏矣目尚未瞑守爵枕之股而哭椎其心曰吾不可以獨生三踊而絶時人哀之稱爲二難難其生不同歲死則同年同月同時也〔陶及申筠厂文選〕

張麒字瑞徵山陰人長於京師十八歲遭闖變城陷時其父楚遊未歸急匿其母他所旋挈其妻賊已大入度不免呼妻劍其首仆復横擊其面鼻吻俱斷乃去遇賊縛之榜烙無完膚罵不屈紿賊登樓自窗踊身下悶絶樓下故亂石堆無寸隙蘇視石劃然開身無損忽一老扶杖至二犬躍躍隨之跪請救老人曰吾覓爾久矣急去吾救爾言畢不見出果免又間道涉海溺焉若有物負之出得不死妻被刃亦未殊三日夜氣不絶救之復生終身不怨又爲置側室乃前十年死〔王源居業堂集〕

錢鳳覽字子瑞會稽人大學士象坤孫以門蔭授中書舍人值東宮講讀陞刑部主事賊敗仍故官甲申十一月有道裝者冠九華巾青布衣敝履先至演象所某家夜叩嘉定伯周奎門自稱太子周奎以聞清攝政王令百官辨之鳳覽以諸臣皆以太子爲假獨慷慨疏爭之略曰大臣不認則小臣瞻顧内員不認則外員箝

口然天地祖宗不可欺滅敢以死爭之疏上下獄法吏訊之曰苟易汝言則生鳳覽毅然曰我業辦一死言不可易竟坐死太子亦暴卒後魯王監國贈太僕寺卿謚忠毅（見崇禎忠節錄及南疆逸史）（按會稽志象坤傳附載孫鳳蘭官刑曹蘭當是覽之誤）

朱懋文山陰人順治元年以逐闖賊功擢直隸易州知州在任數年豁虛屯置官驛設長夫禁勾軍清丈地畝立徵糧之法政聲卓然（易州志）

吳邦臣山陰人進士順治元年任山東巡鹽御史時山東每歲額行四十六萬三千七百三十引每引徵銀二錢五釐八絲共該銀九萬五千一百餘兩順治元年三分免一共該銀六萬九千五百六十餘兩疏以商竈節被荒殘額課難辦經戶部題請先完一半帶徵一半奉旨允准又以額引未領請自二年爲始庶年分明而鹽課清云云（濟南府志）

王三元山陰舉人順治元年任陵縣知縣當改革之初人情洶洶至則振綱紀安百姓禮學校抑豪強與論翕然祀名宦（山東陵縣志）

莊應麒會稽人順治元年任山西介休典史親救水災弭戢盜賊招集流亡介民安堵生聚皆其遺澤（介休縣志）

鮑鼎字伯新山陰恩貢順治二年任河南通許縣安撫流遺開懇荒田百姓相率歸業（通許縣志）

王友虞會稽人順治五年任山西翼城縣丞平定寇亂守城有功（翼城縣志）

徐之燧山陰人順治間任山西洪洞縣丞器守春溫處事犀利勤慎有守佐理之傑出者〔洪洞縣志〕

章正儀會稽人順治間任陝西蒲城縣丞六年被寇殉難祀名宦〔蒲城縣志〕

秦一鴻會稽人順治中任山西石樓縣典史賊皆歛迹民以寧靜〔汾州志〕

邵鯤紹興人〔縣籍未詳〕順治四年任河南典史土賊起與知州王德教巡檢潘杜同日戰死〔省志稿據史館王德教傳〕

王業葦紹興生員〔縣籍未詳〕順治二年紹興有警葦負父逃兵殺其父憤罵斷舌劓耳鼻死〔省志稿據史館張懐傳〕

周茂覺山陰人順治三年任山西垣曲典史嘗捐俸修廳事不以傳舍視官署姜瓖之變城破死之祀忠烈祠〔垣曲縣志〕

戴光升山陰人順治四年任江西龍南縣典史粤寇閻某攻城光升率鄉勇戰死〔省志稿據史館本傳〕

吳希賢山陰人順治六年官山西臨晋縣丞姜瓖叛希賢守南門城破死之〔省志稿據史館李向禹傳〕

陳炳新山陰人順治六年官廣東羅定州吏目明桂王將李定國破城死之〔省志稿據史館鄔象鼎傳〕

胡天爵山陰人順治八年任山西垣曲典史有幹才招叛有功遷福建汀州府巡檢〔垣曲縣志〕

趙國琳會稽人河間籍貢生順治十一年知山東定陶縣修縣志著理陶五議載定陶藝文志〔定陶縣志〕

許榮昌字復菴會稽人順治十二年知山東荷澤縣吏事精敏勤於簿書每聽訟爰書立具胥吏仰成而已以

贖鍰修文廟竹頭木屑皆手校赤籍準工校料應付不爽毫髮無敢侵沒者遷知廣平府〔菏澤縣志〕

沈啓隆山陰人順治初任湖北蘄水縣丞時東山寇起攻掠郡邑啓隆從縣令嬰城固守有完保之功又從清兵安定旁邑身踐戎馬間以數十騎入羅田即領縣篆羣情慴伏〔湖北通志〕

王名世字松谿山陰人舉人順治初歷署湖北蘄水黄陂知縣俱有政聲又署廣濟廉諸吏奸狀嚴加懲創請免數年逋賦斥去陋規聽訟必盡其辭徐以片言折服〔湖北通志〕

陳之奇山陰人順治初任湖南新寧典史峒苗易漢宇煽衆爲亂横刦城庫之奇死之〔湖南通志〕

陳啓麟山陰人順治二年任安徽泗州典史督捕勤能賊盜屏迹〔泗虹合志〕

胡懋修順治初年任山西忻州州判五年總兵姜瓖以大同叛姜瓖者故明大同總兵官明亡降於賊賊敗投於清清仍令鎮大同至是復叛草竊者乘間起晉省幾無完城或勸懋修棄官遁曰守土之官城亡與亡今日正吾致命時也賊至守禦不支城陷遂遇害時從弟懋純適在晉聞信奔赴覓屍於積骸中數日得之爲棺斂歸葬〔據張澋胡氏譜〕

吴琮山陰人入遼東籍由貢生任山西五臺縣姜瓖反晉陽以北五十餘城半爲姜黨攻據代州人劉遷受瓖職聚衆應之五臺土匪高山等亦聚衆剽掠合縣大亂琮與同城各官誓死守歃血與紳衿百姓盟已而敵蟻聚攻城琮率衆晝夜守禦相機出城擊之家丁吴虎吴有功皆戰死踰年姜瓖破敗餘黨悉遁五臺據竇村爲巢穴攻城愈急幾破者數矣琮灑泣誓衆與城存亡衆皆感激死鬭攻圍一年竟不能下會宣府總兵

李延壽襲破寶村敵巢敵乃潰散城獲全南門甕城有斗室琮守城時坐臥處也事平未邀薦擢士民惜之

〔山西通志〕

陶才 〔節錄陶自新撰傳〕陶才字君實會稽人生四歲遭父喪貧無以斂伏屍哀慟若成人禮宗族憐而競賻之奉母十餘年以孝稱母卒子處草廬哀毀骨立見人讀書輒慙慕曰吾力不能爲親竭身不能爲君致有志就傳而乏脩脯奈何父老感其言爲言於蕺山劉先生因得列門下頗涉經史曉大義公狀貌偉傑性壯烈優藝勇尤善手搏受學後抑損若懦夫兩應童子試不售遂北上由三考出尉東安遇事敢爲令甚器重之順治五年秋大饑賊劉東坡勇悍有邪術肆掠渾河左右冬十月虐延東安民皆洶洶懼時令在會城賊攻城急公升縣堂伐鼓集衆而誓曰才雖下吏亦天子所命義當死爾百姓有能殺賊者從衆皆泣曰公涖東安適歲祲民饑且死會大尹臥病公慨然爲民狀疾苦伏撫轅三日獲請生乃公生死隨公死今日惟公命於是率軍民三百餘人突西門而出奮勇擊賊斬首數十級生擒四人以還賊益兵攻城且誘之戰佯北公追之至落垈村西坂忽黑霧迷天咫尺兵刃不相見衆潰公策馬衝突當者披靡卒中妖術被執賊見公義勇欲降之公厲聲裂眦奪刀刺賊不中殺賊卒數人遂自刎賊怒甚醢之懸頭於纛以示城中城中人皆震哭塞門增堞以死誓年十六以上者爭持瓦石登陴拒賊會令亦請兵至賊遁邑賴以寧東安滿兵駐防始於此公卒年三十八家貧未娶惟一僕力不能上聞士民私祀之歲時布奠無不泣下者迄今猶道公忠烈不衰其時有一少年聞公被害悼甚操戈而出門塞不得啓號呼從城上躍下腸裂仆地而死亦義士

也惜其名不傳〔東安縣志　又名宦傳典史陶才浙江會稽人順治五年任剿寇殉難入忠義祠　按才紹府志作宏才〕

徐娗字焕然山陰人供事兵部順治八年以軍功破格加正二品銜授掌印都司課最調江南掌印轄漕屯十六年海警會有司繫民夫百數閉之都司廨廡間婦女號呼聲晝夜不絕娗將走白中丞遣之恐不允乃以便宜開門解縶盡放之去懽聲動地摶顙謝盡去乃詣中丞府言狀且請罪中丞義之弗罪也當是時大江以南嘖嘖稱都閫君長者已而事平方上守禦功遽請老歸〔金德嘉撰傳〕

張際龍〔錄吳嗣富撰傳〕張公諱際龍字雲生號元功山陰人也其祖父當先明時俱以經學游庠公承家學治易有聲籍蕭山食廩餼戊子舉明經除湖廣新化令卓政攸著總制上其事於朝遷鑾儀衛經歷臨行清風兩袖怡然就道士民祖之謳吟灌耳詣舟次舟人告明府乘長江破巨浪輕舟孤往汎然飄泊猝何以禦爰命僕隸取巨石鎮之宛似廉石之遺風焉卿佐何采聞之曰是殆不困於石介如石者歟篆介石居以表其廬恭遇聖祖仁皇帝御極命公賫喜詔頒示浙江以浙人而膺浙使今古罕覯所謂衣錦晝行者毋乃似之歷刑部福建司員外郎江南司郎中矜恤勤愼民命賴以得全者不啻千萬計御史蕭震巡視我邦親造其第書天牧平恕用嘉懋德一時嘖嘖稱道多御史能知人而尤多公之能錯刑也越數年擢爲江寧刺史褰幃出治露冕行春驅豺虎集鳳凰視古循吏有過之無不及勑署江蘇臬司兼糧道鹽政護理兩江總制篆壬子江南武闈典試晉階中憲大夫先是商人薛鼎之曁屬一十三人羅織成獄坐當誅公甫下車察

其寃以事上聞獲免事已公蔑如也商亦淡如也洎公勞瘁得疾商乃叩轅問視及卒哀毀成禮尸祝於家累世不忘嗚呼公之好生種德可謂深矣既沒猶且思之況其生乎余忝列南宮與修史館搜羅志乘既見其勳業彪炳大書特書傳之已久茲不贅述第識其世少概見者又讀其遺訓千有餘言諄諄以詩書孝友飭子孫世守弗替豈非篤於仁義而忠貞報國清白傳家也哉爰不揣鄙陋率爾而傳云〔按嘉慶山陰志選舉表張際龍順治六年恩貢蕭山籍府志山陰籍又蕭山縣志有傳〕

周魁紹興人〔縣籍未詳〕明末爲總兵官入清佐陝西鄜縣慈愛有稱〔鄜縣志〕

俞懋字天行紹興人〔縣籍未詳〕順治壬辰武進士歷任福建總兵以平鄭芝龍功授左都督致仕後寓天津遂入籍焉〔續天津縣志〕

任鼎山陰人順治間任直隸慶雲縣典史十二年馬寇逼城率衆禦之以衆寡不敵力竭遇害居官儉素能持清操貧不能歸葬占籍慶雲人過其墓無不墮淚焉祀名宦〔天津府志〕

張世淳會稽舉人順治間任山西絳州學正氣度寬和才思通敏詩效元白與多士相唱和在任二十年陞平陽教授卒以絳爲桐鄉云〔絳州志〕

張文欽字君明山陰人順治十八年由常德府照磨升任縣丞兩攝縣篆甚有治狀嗣因三藩變起清兵南征絡繹過境文欽精於心計劑量應付民不知擾在任十五年遷判磁州去官士民攀留三日始得出境後以老乞休因家於兗歿葬兗西郭外〔滋陽縣志〕

傳儀山陰人清初署陜西鄠縣篆一年有惠政百姓爲之立祠〔鄠縣志〕

王文明字闇生山陰人順治十二年由歲貢爲義烏教諭攜其子與諸生課文講學時邑當盛時朱司馬之錫金黃門漢鼎望隆中外文明遇其子弟惟以德業相勉司馬黃門甚重之在任三年陞寧波府學教授〔據義烏縣志〕

劉世科字開之山陰舉人順治間任宣平教諭坦率和厚訓士有則士咸親之〔據宣平縣志〕

魯超字文遠會稽人順治十七年副貢尙可喜入覲超爲書疏召見賜翰林院庶吉士後改中書出爲蘇州同知康熙十五年擢知松江府事上接下無不曲盡禮法尤喜造就人才建扶風書院與教授陸在新舉行七篇會又延華亭林子卿等續纂郡志成書二十卷補修前所遺闕惜未版行守郡九載舉卓異者再巡撫湯文正斌薦廉能第一遷淮揚道副使至布政司使〔遂初堂集　參松江府志　松江詩鈔〕

凌元鼎字二鉉會稽人順治間由舉人任松陽教諭爲人倜儻不羣志概爽朗教諸生無倦容暇輒尋勝登覽觴咏自適諸生因其樂易可親亦多挈壺觴以從興之所在樂而忘返有古賢之風焉〔松陽縣志〕

高自輝字心齋山陰人順治間任甘肅靜寧州判撫育難民痌瘝念切善詩歌有文集〔甘肅新通志〕

姚夔字冑師號成菴順治甲午舉人授衢州府開化縣教諭建學宮拓講舍嚴定課期一年士風丕變又教以學易發明程朱奧義迄今開士多習易夔啓之也司鐸十載遷貴州安化縣令充庚午鄉試同考官安化在貴筑最稱巖邑其地民苗雜處奸人怒獸頃刻成釁夔絕苞苴安獄市順者懷以惠澤梗化者懲之在任凡

七載後歷署思州石阡黎平思南四府事陞山東曹州知州曹州爲蒙澤地平原曠衍歲多水患夔爲審度地勢仿古溝洫遺跡多方開濬水患以絕著有飲和堂集二十一卷周易羣銓合璧若干卷致仕三年而卒壽七十有九〔采訪〕

趙瑗〔錄方苞撰墓表〕處士姓趙氏諱瑗字臨若其先江南山陽人也明洪武時以軍功顯高祖清始遷浙江之瀝海所地介會稽上虞二縣家世儒素處士生萬歷末年弱冠騰文譽崇禎之季山賊海寇疊起田宅蕩然鼎革後聚教蒙童於墟里間及老獨身行遊有子廢學以醫方流寓泰安州處士倦游乃就養焉學佛者古翁淮安通州人也開圃泰山之麓名曰石堂與其儕二人及州之老生四人遊閒處士至願相與爲友暇則聚石堂課灌溉蒔瓜蔬終日危坐講誦經史野人樵牧過者望見皆肅慕四方耆舊多傾嚮焉而處士居常忽忽念墳墓懼松楸毀傷其子方促促治饔飧終不得返先人居年七十有八竟死岱下葬州西南三十里天平山妻徐氏久祔祖塋不敢遷葬禮也處士學識過人能辨賢姦知事勢數變以後之利害久皆徵驗而未嘗爲書先卒之二年疾篤作遺訓以示子孫皆家人語也間爲詩歌不以示人惟手錄春秋內外傳史記漢書及唐宋八家文各數百篇授其孫國麟曰北方艱購書守此文義可粗明慎行其身毋忘瀝海而已其後國麟舉於鄉及將仕再歸瀝海展墓以寧其祖妣雍正六年擢福建布政使至京師與余造次相遇於鄭御史宅述祖德請撰外碑國麟與余會試同榜至是始覿面而其學行治法在聞見中爲可計數人遂不辭而爲之表〔下略〕〔方望谿全集〕

趙之柱字天擎會稽人順治初由遴學選拔除知建寧縣時當新造柱至諭以恩信民慶更生有巨寇寧婁負險盤踞長吏不能制柱盡屏騎從獨往招撫之婁爲感泣立服兵燹後城郭邱墟柱爲創立新城界劃佈置出納維均民不知有趨事之勞致仕後携子煜字維斗家於岱遂爲岱人孫國治字鈞衡拔貢生性英敏讀書不事章句遇事敢言勇於赴義戚黨間有爲當途所苦者齎金裹糧間關走數百里解其紛無德色以此爲士林所仰重著有詩集一卷多五七言近體有激昂磊落之氣如其人焉國安字元衡庠生母失明曲盡孝養得其歡心友於兄弟始終如一時當事欲短量地弓安剴切言之乃止邑人至今享其利著有寄園詩稿〔泰安縣志〕

胡舜封山陰人順治十七年任婺川縣長於吏治單騎隨師至婺糧芻猝辦未嘗匱乏歷九載去任士民懷之〔貴州思南志〕

姜承烈字武孫會稽人明季山陰諸生穎敏絶倫寓目成誦人習制舉業衹工帖括烈以聖賢之道卽爲經世之學書無不讀於天官地輿之分殊兵農禮樂之源流無不會通貫穿歷歷如數家珍一時稱爲腹庫雲間陳子龍司理吾越下車數日卽校士試以三策烈援古證今明達愷切灑灑各數千言榜發冠山邑軍急邀之見恂恂甫弱冠耳問君讀何書曰未嘗讀書未嘗讀書何通達若此曰四子五經幼而學之平治之道當不外是子龍益服其學之正時適有訪求隱逸賢才之詔欲舉以應盛典備顧問烈辭曰某年尚少學未成不敢辱命且國家以制科取士某亦羞以他途進子龍益重其志之定顧累試不售好酒及色尙意氣爲人

急難不惜以身殉有友爲當事誣陷烈不平力爭諸當事并黜烈名後赴部控復遂入北雍才名藉甚名公鉅卿以一識面爲榮康熙己未歲詔選博學鴻儒令廷臣各舉所知憲長魏象樞副憲金鋐欲交章薦烈以光薦烈固辭如辭陳子龍語烈旅舍燕市四方賓朋求詩詞碑版文者門外車馬如雲屯才思敏捷一一當其意去而應接之暇又手不停披口不停誦戒酒及色力行善事一遵袁黄功過格日夕省策一言一動必依乎禮間出爲記室舉一筆必思無累於民否出一令必思有利於民否遇有關生命者即終夜不寐思爲其可生之竇時在中州有販洋盜刦一案無贓貨而隨行者十三人上憲必欲死之烈曰殺人以媚人吾不能與正犯分別輕重歷具當釋狀往復再四竟如所請烈欣然如己之獲生烈又見刑威太重堂上叫呼不絕聲惻然憐之諷其寬刑主曰此等犯法人吾責之六十怒猶未解烈曰哀矜勿喜喜猶不可何況怒乎默無以應次日升堂寂然無聞少頃入署曰吾已聽先生言責人不怒矣向以君爲才人今乃知君爲仁人也自是責人無過二十者其以善化人類如此烈嘗謂吾輩雖不以科名爲重而文章之光燄不可自我而滅迨辛酉果大魁京闈文章之氣伸矣兩上春官又不第時子之琦已成壬戌進士令高密板輿迎祿養辛未年將八袠之琦方將舞綵爲壽而烈仍冒朔雪上南宮幾入彀以一字錯誤復不第素患目疾迨目不能視憮然歎曰是則命矣然猶著作不歇心維口誦屬之琦手錄樂志堂集中麒麟西湖諸賦及河圖洛書一篇皆盲後作也人共稱爲盲左〔據姜氏譜節錄孟遠撰傳〕

姜之琦〔錄胡師鴻撰傳〕公諱之琦字幼韓別號梅川迨菴公諱承烈長子姿性絕人十歲即有能文稱弱

冠補諸生旋以尚書魁康熙壬子浙闈報者至公躍然曰吾父獲雋矣已知爲公衆皆驚愕是時迨菴公年近六旬猶勵志不衰至辛酉亦魁京兆而公旋成壬戌進士父子相繼連登鄉黨傳爲盛事初授京曹需次旋里改授山東之高密縣甫下車即聽斷如神聲震遠近有屠者自殺其妻以誣人公心疑之及赴驗命取屠刀盡列案上被誣人方對質公故詢屠者爾妻係何刀所殺屠出不意指鋒刃最銛者以對公叱曰刀係爾刀非爾自殺何由知屠愕不能對命仵人驗其痕果符遂吐寔一邑驚以爲神他詞訟不輕准准即立剖不少稽時日就案上草讞語不假手吏胥民不廢業而吏無所庸其奸山左多盜公稽察甚嚴發必計日緝獲追贓定罪無倖脱者嘗曰盜戢則民安惟速捕贓物猶存遲則花消矣涖任歲餘匪竊潛蹤夜戶可不扃催科則先宦戶曰此一邑望也勢宦抗欠安問齊民時有少宗伯王姓者其子逋欠累歲毆差而以辱士誣公薄杖差役曰此足洩爾憤矣但勢宦抗糧法當何如令亦不能爲爾寬其人匍匐請罪明日以三百餘金完積欠聞者爭先輸納不終歲賦完歲旱竭誠祈禱澍雨立降民賴有秋嘗置藥局署中退食即爲民療疾民益親之時太守陳有疾不能視事上官命公治療兼攝理政務旬月疾愈積案亦盡清聲譽大起值計典以卓異推者三例當行取者二以口吃恐礙奏對而止後撫軍復定公首薦遣吏致殷勤且微示意公毅然曰吾豈通賄求舉者哉拒弗應薦亦竟弗與在任十年以内艱歸士民素服持香泣送者千餘人公婉諭不能止至淮瀆始返或隨至越中求識其里居吾越國朝作令者所未見也公屏絕苞苴革除耗羨十年邑令囊橐蕭然服闋補雲南祿豐縣方之任卒于中途年五十有八葬龍尾山之麓公博極羣書自經史外青烏

素問卦影祿命建除堪術及百工技藝之事靡不通曉然未嘗以淹雅自矜獎借士類如恐不及居家孝友禮讓遺產悉推弟姪而已甘淡泊族中公務以身倡率〔下略〕〔姜氏譜〕

趙良〔錄方苞撰神道碑〕贈公諱良字維林浙江紹興府瀝海所人吾友趙國麟之父處士臨若公之子也生有明崇禎丁丑時寇賊交鬨未成童陷賊匿舟底三日勺飲不入既脫歸廬舍已空國初東南未靖人民流離多餬口於北方遂棄儒學醫至幽燕東遊齊魯遇族父於泰安州以醫自活因廬旅焉時淮陰江翁亦寓岱下以女妻之而臨若公倦遊無所合困而歸聞其子既立室家附舟北上至則國麟之生已數月矣時康熙癸丑年也臨若公入抱孫出則與石堂諸散人遊贈公既左右無違而江夫人力致魚菽瓜蔬以忠養久而安焉雖居窮巷遠方畸人老宿多造門豫章吳愼庵嘗嘆曰臨若之室僅容膝可旋身而入其中則曠如爲臨若公以康熙二十三年卒於泰安贈公及江夫人相繼歿國麟貧不能葬豫章戴君知地理得吉兆以告且探囊傚助營窀穸又二十年國麟巡撫安徽入謁世宗憲皇帝山陵請假歸里祭告因葬故有缺以書抵余求補碑銘以列祠堂觀國麟所述贈公自定家於岱父歸就養一室之中父父子子夫夫婦婦者凡二十年富貴不足道國麟之得列於君子之林也豈偶然哉臨若公二弟卒於南中老不能奔喪命贈公歸葬獨身冒風雪往還其治疾者如疾在身無富貴貧賤必竭心力享年五十有八以乾隆元年覃恩誥贈如國麟官〔下略〕　方望谿全集〔按子國麟康熙四十五年進士雍乾間歷任福建安徽巡撫刑部禮部尚書文華殿大學士隸山東泰安籍見清史列傳〕

王攸寧字公遠山陰人年十四隨伯兄戩新昌長潭兄命入沃州販炭會潰兵劫掠攸寧獨以警敏免且不失一炭兄大悅使下上行販三年祖姑之子周繼芳以戶部主事榷北新關素愛攸寧使典商錢及還部厚贈之攸寧悉以上仲兄時攸寧已娶婦兄乃用所贈貲立盡忽挈巳妻去第予攸寧夫婦以箸使自居當是時攸寧痛己少孤復以貧故不能得兩兄歡心深刻責入市買書執問於所親之學者久之忽有悟乃卜居南鄉之鳳凰山環水而堵以漁以佃家稍裕即所學亦日進乃遂與士大夫講道論德務躬行而閒爲文章當世稱君子焉久之兄復謀合爨又久之兄復挈妻去攸寧痛自悔責謂事兄無狀又久之復來然兄病親執湯藥如事父仲兄死其伯兄戩新昌者亦折閱致病挈妻子來住攸寧宅又以貧不得志性躁急善詈攸寧夫婦承順之朝夕婉伺竟其死無忤色康熙十四年卒宗戚里鄰皆會哭於社〔毛奇齡撰墓誌〕

錢美恭山陰人父士驌明季知雲南陽宗縣與妾及次子之官美恭及其長兄留侍母順治十五年滇方內附美恭辭母由江西入廣東經南寧歷廣南屢病屢奮抵蒙自宿土城旅店悲聲達戶外有滇人楊姓者告以其父以考最擢知嵩明州十二年五月卒官葬通海縣之南山在滇復舉兩子兵燹後不知散失何所美恭至通海問南山無知者痛哭於途觀者訝之爭問故有叟曰我爲闞氏兒應乾錢公乙酉所取士也有童姓者君家舊僕盍詢之至則不相識詳告之乃相持哭叩其始末一如楊姓言尋謁墓南山仲兄至亦不相識矣詰旦探庶母幼弟居敝廬困甚時康熙三年十一月五日也謀歸父骨無資寄迹僧寮復流寓嵩明展轉丐貸乃藉張臬使之力得偕仲兄負骨歸兩弟及庶母留滇七年九月抵家蓋往返六年矣好事者演傳奇

曰尋親記觀者皆爲泣下〔黃宗羲撰記　清史稿孝義傳〕

孫俊元字越千山陰人父仲登順治五年至暨陽被賊掠去家人聞之斂金贖歸旣歸有厭世之志離家不知所之時俊元生甫晬及長不省所怙問母胡曰父安在母告以故卽日辭母徧踪跡父之所在自通都以至僻壤歷數載無所得志益堅忽念父前有出世想好作名山遊聞廬山之秀甲天下遂奮然孤往上爐阜陟蓮峰蘭若精舍靡不探陟一日至一小院見老人年六十餘兩鬢皤皤儼然靈表俊元見之心動各通欵曲問所從來卽知爲父子也皆大驚嘆泣下具道去家訪求之意歸後二老相見悲喜交集時母亦皤然老媼矣相與長齋奉佛以終其身俊元後銓浙江杭州府司獄仁慈著循聲康熙五十六年七月卒年七十三〔陽川孫氏譜〕

胡拱樞山陰人康熙元年署山西陵川縣事慈惠寬平邑人相率公籲崇祀名宦〔陵川縣志〕

董化貞字兆先山陰人康熙二年任山東夏津知縣到任卽力以興利革弊爲己責又立勸懲之條使善者知勉惡者知懼一時民樂農桑雞犬不驚減火耗除漕弊〔舊有書役使費每石五六錢不等〕一切皆去從前之陋習闔邑稱快而同事者或哂其矯激尋奉檄徵民車出塞運米夏邑應派車七輛須費千餘金化貞集紳者相告曰夏邑豈無民車但恐沿襲成例後雖却之不能吾當力請於上邀免乃入省叩憲臺後竟得允議協僱値於鄰縣罄己資數百金而民不知也至於修學宮葺城垣設義學清保甲種種善政不盡書後積勞成疾歿於縣士民感恩呈請崇祀名宦〔夏津縣志〕

孟繼美會稽人康熙二年任河南滑縣敷政和平實心愛民人多思之立祠以祀〔滑縣志〕

鍾國義字赤松山陰人進士康熙三年令山東萊蕪實心惠民百廢具興邑本山城非馳傳孔道經制協濟新嘉東源等六驛後爲章邱猾胥引差入境驛騷之苦幾成積弊國義奮然詳革民困頓蘇陞兵部主事去士民立碑志去思焉〔萊蕪縣志〕

沈志禮山陰人以廕授直隸易州知州康熙六年水潦溢入城中志禮晝夜疏導水退民賴全活〔清一統志〕捐俸修棠陰書院置義田課租爲賓興資易人立石志愛〔保定府志　康熙會稽志附於沈文奎傳〕

姜廷櫸字尙父會稽人康熙九年爲嘉興教授學問該洽勤於課士工詩陞肥城知縣〔嘉興府志〕

金煜〔節錄毛奇齡撰墓誌〕君諱煜字子藏金姓山陰人天啓乙丑進士太常寺少卿楚畹公次孫也太常曾以監察御史充院使提學南京天官家云學使司文命當文昌六府而與斗下四星相表裏故太常所生子曰樞曰機曰權皆取斗星名而以伯星仲星季星分字之仲星次子卽君也〔中略〕値鼎革仲星兄弟俱不出君年十九已能讀五經及兩漢三國三史并八書矣世家子弟多以保家門出試遂於是年五月試童子有名爲諸生八月鄉試遽以春秋冠本房明年戊戌試禮部聯捷計自童試至進士裁九閱月耳於是始歸娶其所娶者爲順治己丑進士兵部職方司主事童在公女康熙二年除山東兗州府沂州郯城縣知縣縣小而衝爲南北通衢上自州城以下接宿遷淸河車輪馬蹄日不絕於路本縣糧少又驛遞多曠遠協濟不時往往賠墊屢經臺議謂當設腰站於劉馬莊而地介兩省乃改設郯站於紅花埠設宿遷站於峒峿計

所需銀合九千六百兩嬴皆銷之本縣而縣經兵燹後田疇荒蕪一遇暵澇即攜妻擔兒遁他縣既屢缺正供而君又以惠爲政勿事箠楚甘心居下考監司之陰鷙而饞者又惡其無所餽譏呵踵至終以負租褫其官自二年癸卯以至九年庚戌凡八年間鬻家產以償至一萬兩嘗飲酒數升涕泗被面嘆曰舉世皆醒何妨獨醉乃棄醉捉筆便爲詩歌數千言然非其意也歲壬申同年爲京朝官者念君貧不得志招來京師時吏部尚書熊君兵部尚書杜君戶部左侍郎王君禮部右侍郎王君刑部左侍郎鄭君刑部郎中潘君館君於邸舍日飲以酒居三年以族人有居天津者過飲之夜起長嘆書數詩於壁遂卒（中略）君所著詩詞合十二種俱未刻（中略）子埴能文又善繼志乙亥春徒跣走天津負櫬南歸葬會稽之土井山（西河文選按舊志附金蘭傳）

宋俊字長白號岸舫其先自山陰小查村徙會城至其父飛仙復歸越飛仙故明毛帥文龍客也歷遊四鎮晚從李將軍封晉王者（李定國）護蹕雲南積致四方奇聞異蹟及韜鈐兵略長白方髫齡即受讀父書長而博覽强識爲其舅氏王御史千里所器弱冠遊京師籍與諸生滄洲劉太史果實齊名康熙十一年中順天副榜見稱於徐健菴田蒙齋時三藩未靖乃挈書劍從姚啓聖於福建軍廈門底績功加招撫同知辭不就復從鎮寧夏者都統李將軍遊即故李將軍子也攜一僧一妓六月披裘摩崖於元昊宮已而復之粵東客湖南作長沙志以倦遊歸性素孝友慷慨先是有丁翁者富而乏嗣爲愛友相攸得長白大喜盡室裝遣不下數千金則悉付其婦供甘旨而客幕三十餘載所得則盡與其弟姪散諸貧困家徒壁立一二知交往來

詩酒宴如也居久之選授江山縣學教諭縣當兵馬往來衝喪亂以來教職久弛矣長白至則却私餽革陋習修葺學宫月課諸生嚴第其高下而士風丕振生平著述甚多其最著者有栁亭詩話蒞任八載苜蓿俸餘僅供朝夕而推解之風不改其舊年七十臥疾不十日死無餘殮直制府范公從幕友廉其實率守令歸賵且賻甚厚少子晟藉以返喪畢葬還家於嚴之富陽二子昱字斌貽晟字彥貽皆有文名〔節錄陶及申筠厂文選　按昱山陰志作祖昱有傳〕

宋昰字懼聞山陰人明末諸生遊京師作感遇詩百首會徵宏博中書朱尙隆見所作急以名上下郡邑迹無其人疑其遯迹緇流遍索越中諸蘭若無有知其踪跡者久之知昰已入閩終不應是讀大學病晦翁改本之紛更別作古本解疏匡救之〔采訪〕

孫文字文石號水月會稽諸生棄家居杭州艮山門外年九十餘髮落而衣冠從古久之並隱其姓名第云水月人或釋子呼之已而瀋陽范中丞承謨開府兩浙其太夫人謂之曰汝祖昔遊吳越過水月老人預言汝當撫茲土且相周旋此奇士也不可失中丞物色得之屛騶從謁見禮甚恭文自居前輩行不稍屈中丞爲築石徑於其門外曰百步塘刻石爲記未幾西溪患虎中丞就問之文曰山上大蟲任人除患門内大蟲耳中丞不解所謂旋晉督閩浙臨別文曰耳邊火發時當有主張也亦不解後耿藩作逆中丞不屈死人始知爲閩耿二字皆謂文能前知事爭求謁文避去不知所終〔徐方虎聞見錄　章陶所撰傳〕

童赤　〔錄童光鑠撰家傳〕公諱赤字振公號師尙初名維達明敏好學習兵書有膽略弱冠游邑庠屢試不

第客於楚康熙二年紅苗梗化全楚震動制府募深沉果敢之士爲參謀因辟公與軍門董學禮進兵剿賊數戰皆捷董欲乘勝擣其巢公曰兵忌輕進寇忌窮追孤軍深入無繼則我爲擒矣董易之不爲意至西山賊果迸力逆戰一軍盡殁公遂遇害當局者諱言敗掩飾其事因壅於上聞公生於萬歷庚戌四月二十五日被難於康熙癸卯七月二十三日年五十四歲不得屍公女刻沉香肖像具衣冠招魂以葬於會稽平水郝之西湖山〔富盛童氏譜〕

余仲如會稽冢斜人康熙間耿精忠之變越中有響應者而嵊人張念一念二亦乘間起逼鄰里富家勒捐捐者書名於籍不捐者則盡刼其家已而事平念一念二就俘其籍爲官吏收獲指勒捐爲助餉按籍而窮治之當是時他族之自殺死者寃死者桎梏拷掠死者至數十百家余疋者冢斜余氏公戸名也亦罣名於籍時縣符尙未下仲如家素貧賣卜爲業適至嵊聞之大驚曰事危矣果若是吾族無噍類矣吾豈惜一已之死而不紓一族之難乎於是自稱余疋詣公庭誣伏而死余氏一族遂得免難迄光緒時其族人名福清者始記其事於家譜〔冢斜余氏譜〕

陶應元會稽陶堰人康熙甲寅耿精忠之役清師克定凱旋過浙軍中所掠婦女頗衆應元罄家資贖俾獲完聚制府李撫軍陳咸榜其門曰尙義〔據陶堰陶氏譜〕

王敬勝字孟吉弟超文字仲彂山陰蠷浦人敬勝年二十九補郡庠肆力墳典稱博綜以好施故匿跡岐黃行陰德貧者施藥富者定方效捷桴鼓如是四十年不倦超文爲太學生考授州司馬喜韜藏之求聞達性

嗜酒未嘗少亂退居靜思軒故址（即明初其先祖名玒者所居之軒）種牡丹數十本籬落間蘭菊成叢每逢花發招二三知己銜杯共適兼精靈素難經諸書出其術濟人多奇中二人皆好義行仁惟恐或後如馬鞍山永安橋始分三洞一逢開閘低狹水迅舟多覆溺康熙丁未二人協力募工運石高廣爲一洞以通水勢利濟無虞人感其惠因呼爲王家橋甲寅鵝涇村遭寇擄者二十三人被兵剿獲郡守鎭撫視爲盜擬城隍廟中杖斃之二人同赴案下力保得釋戊午歲木柵鄉有鬻妻者捐資以全其歸即此數端誠爲難兄難弟矣俱年臻大耋而卒（螳江王氏譜）

孫文繡山陰人康熙四年爲山東諸城縣典史捕盜有法治事明敏會治河天寒他縣夫役多逃去文繡以身先之與同甘苦八閱月而工竣總督羅具疏優奬之（青州府志）

徐廷樞會稽人康熙十年爲山東高苑縣典史時新城民盜決黑水灣縣令馮率衆禦之馬膺集矢如蝟不得前廷樞解衣袒腹登岸大呼曰汝其射我新人氣奪而去一縣賴以無恙（青州府志）

金湯會稽人康熙五年攝四川璧山縣令廉能惠愛爲政有方設立驛站招集流亡士民愛慕至今謳思（璧山縣志）

董邦正山陰人貢生康熙五年任山東東平州同一署儒學兩署縣印謙恭勤政頗著賢聲（東平州志）

何士鳳山陰人康熙十年任陝西三原主簿時西南不靖流寇乘間攻掠諸邑戒嚴士鳳晝夜乘城警備積勞者三年地方以安祀名宦（三原縣志）

高湛山陰人康熙十一年任山西壺關縣玉峽關巡檢廉儉惠民克盡其職〔壺關縣志〕又山東東平州志云
高湛山陰人康熙二十六年爲東平吏目醇厚和平有長者稱與此未知是否同一人

柴應辰字君拱山陰人舉人康熙十三年任山西平陸縣知縣修縣志葺學宮衙署不勞民傷財以父憂去後陞蒲州知州〔平陸縣志〕

易成名字芳標山陰人河南河陰縣典史勤於緝捕四境帖然陞廣西興安縣融江陵峒巡檢〔河陰縣志〕

李標山陰人康熙三年武進士十三年任威海衛守備招復流亡修補城垣創義學社倉設藥局建學署開射圃濬河挽水築堤栽柳修橋利涉詳請童試改歸本衛考送善政頗多爲人瀟洒倜儻雅歌投壺有羊叔子風著有宜堂詩集陞湖廣司衛人立去思碑著同聲吟刋刻成帙詳准入祠爲邑名宦之首〔威海衛志〕

茹珍山陰人初仕爲陝西藩幕值採木梁巡撫賈漢復知珍才俾督艘北上刻期報竣滇藩吳三桂告變蔓延關隴以幹略擢判西安同官嫉其能凡大役僉曰非茹判不可諸臺使欲集事輒命珍於時禁旅雲屯需藁日鉅萬廠不能給制府以爲憂珍毅然與諸大帥約期三日因馳赴涇干復循渭而南東抵潼關遍召巨室豪家泣諭國恩當報宜先輸芻束以佐軍興後當倍償厥直一時舟車麕至芻茭山積諸大帥皆驚羨接待逾常禮先是隴渭之交久當賊衝堡民多受迫脅或疑其欵寇欲屠之時大軍駐寶雞適珍督運至鳳翔聞之乃夜走軍中涕泣言諸堡無叛狀遂獲免賊平八旗兵駐西長會逃旗之禁方嚴乃別立廨舍令丞倅理其事三月而更謂之直季珍迭三四直平反居多以更丐歸卒〔陝西通志〕

朱應元山陰人霍州吏目緝捕勤能盜賊屏跡〔山西通志〕

金鎮字長眞順天宛平人原籍浙江山陰〔揚州府志〕明舉人〔畿輔詩傳〕順治初授曹縣知縣以艱歸服闋補閿鄉縣知縣改鑾儀衛經歷陞刑部郎中康熙十三年上方愼獄復矜恤之典分部使者巡行郡縣以鎮使河南凡十閱月所全活約一百一十人矜疑半之援赦又半之十五年授河南汝寧府知府時淮蔡多盜兼無年民田荆榛道殣千餘里前代眞陽西平諸遺孽根株未淸往來萑苻間而新蔡李樊與泌陽郭三海據平頭寨相結以起民爭逃村落皆虛鎮一意撫字除苛細下墾土之令生聚教訓示民以自新取爲政去太甚一語書之訟堂而親統鋭丁剿李樊除其根株一切勿引蔓會淸理藩產躬驗丈尺而海上投誠兵適安插眞光之間凡開屯升稅極意調劑令民兵相安至於興利除弊一切津梁祠宇宜毁宜復者皆受整理改補揚州知府値撤藩兵變長江上下風鶴相驚府當其衝〔毛奇齡金君墓誌〕民震恐襁負爭出城有謂宜闌禁者鎮曰若遏之滋駭竄矣姑任之不旬日當來歸也已果如其言時征調猝至籌畫有方民不知擾先是負販謀生者必輸稅方得入城鎮以其窮槪蠲之毓屋者減其租貧民稱便城西北平山堂宋歐陽修所建棲靈寺僧據爲刹鎮復而葺之更修府志四十卷手自編纂〔揚州府志〕擢江寧驛傳鹽法道副使兼署鹽運司陞江南按察使大計入覲召對令敷陳時事所對有二其一請定盜案嚴減之例謂江左連年災盜賊多由飢寒逼迫宜分別量減其罪至捕役營兵參縱勒財宜從竊盜律一體重擬則盜少而民得安其一言江寧京口二旗買人多有無籍者當申報巡撫巡撫按季報部行文原籍出示招驗有可疑者令旗主

還契追價若旗人爲盜贓證明確者應許承審官徑行刑訊疏聞稱旨康熙二十三年引疾歸二十四年卒〔毛撰墓誌〕祀揚州名宦〔揚州府志〕著有淸美堂詩集〔畿輔詩傳　一作字又鑣〕

宣德仁字元儒北直宣府籍紹興人〔縣籍未詳〕博通儒術專精孫吳以騎射策論中順治辛卯武舉挨序於順治十五年十月除江南蘇州衛領運千夫長凡六運以功加都司僉書康熙二十二年正月推湖廣掌印都司二十七年部議裁兵五月廿二日兵變奪巡撫印勑劫司道帑庫縛郡守以下文官及諸營將官脅從翦辮爲記大參葉映榴死之德仁被困於署者數日至二十六夜半朝服自經於堂上事平後得旨優卹〔據錢儀吉碑傳集〕

陳士錡字伯浩會稽箬簣山人康熙初爲浙江將軍幕客時清制嚴禁逃旗州縣多賣逃人圖遷級誣陷株連者動輙破家士錡力澄其弊浙人始稍安旗人最横每以重利取息沒人家口士錡爲設法捐贖得免而歸者七十三家十三年從將軍征閩以功授興化丞會丁外艱回里自是絶意仕進其居里日出粟施賑者二次完人夫婦者十五家助喪葬者四十八家而自奉儉約鄉人稱之子志源字斕若縣學廩生以例授杭山訓導康熙四十年陞湖北隕西縣均田賦建學宮隕人德之旋調沙河折獄有聲五十年陞刑部陝西司副郎歷山東司郎中秩滿守保定保屬王府圈民地其租銀科則每畝輸銀二錢三分志源以民力不堪詳查舊檔力請酌減得旨自五十三年起以每畝一錢起課民困得蘇尋陞大名道復從征西藏有功雍正二年乞休歸里著有箬簣制義環山集楚江吟西行隨筆等書藏於家〔據箬簣山陳氏譜〕

朱冕字存蓼山陰副貢康熙十四年宰雞澤政尚寬仁緩徵輸勤課士憫沙水爲害鑿三渠使入泊又深濬浮圖南渠永杜閙患民便之〔畿輔通志　按山陰選舉志朱冕順治十七年副貢仕至郴州知州〕

朱昌〔錄毛奇齡撰傳〕先生姓朱諱昌號蘭臺世居山陰之嵩臨里父調陽公母徐氏早歲失怙哭擗盡節鄉人哀之母歌黃鵠撫藐孤先生傷厥考之不祿而痛母氏之爲未亡人也勵志讀書入夜分咿唔不輟孀母聞之輒爲破涕十齡能文出語驚人識者卜其爲偉器云年十八爲親計求毛義檄挾其著述北走燕薦紳先生見其文章如陳子昂碎胡琴名震京師不脛而走時三韓周公巡撫江南聞先生名曰眞江左管夷吾矣羅致幕府周公以少年建節事無大小悉咨先生所謂汝南太守范孟博南陽宗資主唯諾也先生念三吳以都會之區遭兵燹之後爰爲廣招徠寬徭役恤獄訟興學校馳檄屬郡宣勞撫字又念東南財賦重地華亭一邑徵輸額數敵一大郡令茲邑者未踰報政輒罷官乃勸周公拜疏請析爲兩時格於異議不果行然其後華婁分壤卒如先生策康熙癸夘天子延攬俊傑加意右武先生入浙闈受知於大中丞朱公謁見大喜曰生豈以長槍大戟顯哉閱生策議敷陳剴切言言經濟當乘長風破萬里浪也時中丞素號冰鑑先生之名乃益藉甚三上南宮不第廢然而返蓋先生之壯志於是而衰而先生之年亦於是而漸老矣居於鄉也歲在壬戌越大潦西江塘決水及郡治時山陰姚公憂庵總制八閩亟圖捍築馳書屬先生董其事先生力任弗辭爲設方略晝夜程督工役有勤於厥事者復以己橐示鼓勵塘乃尅日告竣鄉人安堵遇凶歲越中饑民騰藉老弱顛踣先生顧之惻然捐資給粥起溝中而骨肉之者無算也嗚呼其有功於父母之

邦偉矣朱故越鼎族中葉陵夷先世墓道或被蠶食先生以一人力清其地今豐碑三尺原氏之阡可問也又以家乘未訂寢廟未營深爲悒怏遺命嗣君毋墮先志宗人特志之曰慷慨仗義有古人風其爲紫陽氏推重如此晚年蒔花調鶴與二三耆舊圖題喝蓋慕陶靖節之爲人謂其姻友唐公寓庵曰古人謂兩晉文章獨歸去來辭一篇吾以爲兩晉人材獨東籬處士一人而已故顔其室曰亦愛廬嘻乎先生之托志可想見已配時氏舉丈夫子四京畿甸王成今鄉人之稱其子一如稱乃翁不衰也俱通籍先生儲封矣葬卒別具誌銘不復載毛奇齡曰好學如朱先生而以武科顯此一奇也令先生得志其輕裘緩帶之羊叔子乎不然亦上馬擊賊下馬露布之傳修期也終老計偕弗獲大用越之山川秀麗有餘而險壯不足宜先生之數奇不偶也夫〔嵩臨朱氏譜〕

金璧〔錄沈氷壺撰傳略〕金晴村祖廷韶前明進士迨本朝〔清〕家中落晴村遊京師性凌物公卿貴人皆搖手相避不遇而歸都統道福色愛其才以上客延之然亦屢被其嫚罵道福色優容之及赴內召握手雪涕相戒然終不改客維揚病困歸死於家詩情朗朗工危傴清絕之句如哀猿老鶴凄婉中人〔按璧字晴村號銅鶴山人山陰人國子監生著有銅鶴詩選府志有傳〕

周監雅字文聲邑庠生父璨瑩字脊廬明增廣生工文章精岐黄術値鼎革無意仕進優游林壑間結廬於三山畫橋讀書自娛〔晚年捨廬爲菴後人立碑其地曰周脊廬先生讀書處〕有集今失傳監雅擅文詞繪事殊絕生平筆墨矜貴不肯輕爲人作性尤好花木園中有小蘭亭竹徑菊籬絲蘿邱待月橋養眞樓墨池諸

勝總名爲趣園晚歲愛作蠅頭書極得趙吳興神骨手錄經史及漢唐人文裝潢成帙今藏於家著趣園集如干卷〔後村周氏淵源錄〕

姜垚 〔錄童華撰傳〕蒼崖先生諱垚字汝皋少京兆定菴公長子生而狀貌奇偉識量過人幼從南雷黃先生問學毅然以理學自期復與西河毛氏上下其議論諸經皆殫精研思橫竪鉤貫尤邃於易學自魏王弼唐孔穎達宋程朱二子外旁及揚雄劉歆鄭康成關朗諸家之說搜擇融液歸於大醇謂三易之義祗欲人恐懼修省以順性命而通幽明故所著易原一書根柢深厚能闡先儒所未發舞勺遊庠尋食餼於二十人中充康熙丙辰歲貢授昌化教諭文章品行楷模士林遷國子監學正需次候補時京兆居諫垣侃侃言事大父紫環公大母錢太君並老壽家居京兆以不獲省覲爲憾家問至輒旁皇不已聞强飯乃安先生瞿然曰吾不當代供子職耶解官歸里終身不出先是京兆公故與南雷黃氏並受學劉門先生幼從父師獲聞緒論每思闡明遺旨至是盡發蕺山諸書沉潛玩索務見諸踐履尤以入孝出弟爲作聖根本舍此更無向上工夫故奉大父母備極孝敬婉容愉色聲息俱泯於存誠主敬參前倚衡之功亦緣是日進京兆公嘗建宗祠設家塾先生贊襄無遺力又博採禮文勒爲祀典凡棜壺鼏甒祼獻登降諸儀纖悉臚列具有法程世爲姜氏遵守延族中名宿爲弟子師以時進退其業一時人文蔚起爲越中望先生造就功多焉母朱恭人閫範莫踰及歿京兆公時時隕涕曰吾如失老友先生恐以哀毀傷父心故雖哭泣盡哀亦强自節損苫塊中撰侍庭質正樗里山樵二稿樗里者恭人墓所以是名集志痛也仲弟早亡無嗣以己子嗣之於未亡人

恩義具至季弟因痘病瘖時時扶持撫恤比生子比於己子爲捐貲充國學生從弟雪堂幼孤京兆與恭人愛逾所生先生亦視若同懷飲食寢處與共析產時特請加厚其善成親志多此類先生在戚黨中推誠輸服勃谿交誶得一語輒唯唯解去緩急叩門無弗應者嘗焚千金逋劵弗惜也平時恂恂若處子公義所在輒奮臂爭先事成了無矜色蓋得於所學者深矣少學青烏於華亭蔣大鴻又學岐黃於甬東高鼓峰他象緯鈐韜名物器數之學罔弗精研於釋典亦有註釋然論學一稟蕺山宗旨故博而不失之雜云晚歲頗習養生家言又著得一叅五之書或疑而叩之先生笑曰叅同悟眞紫陽伯陽皆闡明河洛餘蘊曷足怪哉京兆公歿時先生年六十一哀毀骨立尋病卒易簀時集諸子牀第間口占一絕云栩栩未遂先生志灑灑還從合浦來但使清風攜滿袖何妨片月照樓臺吟畢飄然長逝其深入玄門閫奧故能視死生如晝夜耶生平著述甚富文得歐曾風骨行世者特其一二餘若干卷藏於家〔越城姜氏譜〕

田易初名業渭字濱遇號易堂孝友端方步履言笑皆有常度讀書手不釋卷窮搜博考體究務極精微不爲科舉速化之學督學顏公取入會稽縣庠試文一出膾炙人口嘗操選家柄書賈爭購紙爲之貴與越中名宿聯詩巢會講學於玉屏山房一時騷壇文社無不奉爲主盟郡守俞卿延修府誌所擬列傳俞擊節稱賞悉付剞劂不點竄一字古文已刻者天南一峯集當代宗工如西河毛奇齡滄柱仇兆鰲皆極口推服有歐陽子之稱未刻者有秋逸齋文集讀易微言快秋齋詩越州鄉談等雍正四年卒葬桐塢〔田氏譜〕

王師旦字淑萃會稽人五歲能通孝經義既而學文於張文休受詩於高際斯講易於蕭韓坡問禮於吳攬初

叩心學於蔣闇如而正心理於李光泗業日進康熙丙寅歲貢遠近耳其名迎主講席嘗曰人於日用行習間時將天理體認令其惺然不昧則寡過之道得焉師旦老不廢學所著作皆以抒寫心得無復人之見者存時鄭南華隱居北塘爲子擇師厚幣延之相得甚歡戊子授容城訓導葺學宫備祭品舉節孝爲元儒靜修劉氏立後手輯文廟備考一編在任十有六年士多化之雍正元年歸里卒所著有斯文纂南華注年齒譜及文集詩集其寓海上時門人劉源崔體健崔瑞麟存其語録三十篇寶而藏之學者稱曰盤峯先生〔據寶坻縣志　師旦父國賓傳見前〕

孫青選〔録節家傳〕字德茂號蘭齋山陰人寄籍大興入都從事於西曹椽年滿考授浙江吳山驛丞有能名兼署北關稅務司正課既足不過事榷取求羨餘以迎合當事故往來商旅多稱便有清廉公正之稱康熙南巡建行宫於西湖上憲以其能委辦所經道路道旁有民居四十八家礙行路令拆之民無棲止不顧焉青選憫之申於上憲曰安土重遷小民常情職實不忍拆毁請將居民蔀屋以板壁作牆彩畫遮蔽暫移民出入之路於沿河仿西川棧道之式以木樁加板覆土以寬之道路無礙而小民可免失所上憲允之因一言而民得安居如故居民德之俸滿陞雲南大理府司獄後以年老辭歸乾隆十二年年九十六無疾而終〔陽川孫氏譜〕

沈銓字衡文號石庵會稽皋部人庠生嘗開濬東堰東堰者上以洩張塞之水下以壯形勝之觀舟楫之往來亦便人皆賴之工塡詞著有風節譜一卷康熙五十七年卒〔據皋部沈氏譜家傳〕

胡廷贊字夢錫號說峯康熙庚午舉人年十三刲股療母疾學使給匾獎之祀鄉賢〔裡溪胡氏譜〕

徐烈字起潛祖萬化字完初父捷字凱三號南旋刲股救父疾以孝聞乾隆九年旌孝崇祀學宮〔按烈爲徐孝子振之從子振傳見道光會稽志稿〕

胡廷樞字建公康熙時人嘗刲股療祖母施氏疾〔裡溪胡氏譜〕

徐熊字叶九號青塘苞山人康熙壬午武舉人山東濟寧衛守備性至孝嘗刲股療祖母病〔采訪〕

徐信字尙士苞山人刲股療父病讓產與昆季以孝友聞〔苞山徐氏譜〕

徐威遠字翼鳶苞山人以力偉人稱之曰徐大漢改入武庠孝友有奇行尋以居喪遘疾而卒雍正壬午年詔建世孝坊旌其門事載浙江通志〔父振舊志有傳〕〔苞山徐氏譜〕

倪堦字人表富盛人康熙二十四年母張病歿堦哀毀滅性哭泣不絕逾百日而卒弟墢字人望母病時刲股療之母歿後先其兄抱痛死譜稱雙孝子〔富盛倪氏譜〕

陶世昌字貞吉會稽人康熙二十年佐汝州幕先是滇閩搆亂州境未靖籍民兵巡徼比戶苦之世昌至罷諸貧疾孤懦者選壯勇與之約俾嚴保甲察疑蹤勤擊柝遇警則金以立號衆聞畢集不如約者繩以法事必身先之而萑苻之警息踰年遭蝗災世昌齋宿禱而驅之禾竟無損時西北有邊警而汝當兵馬往來衝世昌奉委供應調度有則民不知兵秦饑詔以楚粮給賑檄郡縣遞運至汝世昌捐俸卽募鄰役代充不復科差民不知擾蒞官十餘年倥偬幾無暇日而能保境安民皆此類也至三十二年冬十月州屬拐河山寇李

大刀王二秃等負險嘯聚居民奔避者載道州守某請院調兵會大雪經旬世昌言於守曰此雪夜破蔡州時也機不可失守難之復指陳方略力勸請行乃乘除夕率民壯精鋭百餘人摘鈴銜枚直搗其塞賊皆醉臥不知也遂殲其醜毁其壘火其巢而歸迨新正調兵至而山靖如薙矣守掩其策襲爲己功獲晉秩衆咸爲之惋惜而世昌則恬如也州人由是益感激勒績於石孝廉宗埊何君爲之記序述前後十餘年事甚詳未幾以老病乞休歸敦本好施宗黨義之（據陶堰陶氏譜）

王錫祚會稽人康熙十五年任永清典史舊志稱其深嫻政事洞悉民情云（據章氏遺書外編永清縣志政略）

張一諤山陰拔貢康熙十六年知直隸遷安縣寬厚精勤修學宫葺城垣旌節孝革陋規政無不舉時有誘賣故民之妻馮氏於旗下者婦矢志不從一諤捐貲贖回全其節十七年府檄築灤河橋申免其役民德之（畿輔通志）

何天培字子厚山陰人康熙十五年一甲二名武進士授御前侍衛十七年任江蘇崇明奇營游擊曉暢軍務性寬厚而治兵嚴整城鄉貼然字法遒婉暇則閉閤觀書如文士（崇明縣志）

潘翼藩字椒遠山陰人少能文而喜談兵遊京師値友病劇翼藩傾囊爲營醫藥得更生友越中有囿植橘周袤數里許友書券以贈並言現充椽督捕職久曠求爲代理翼藩却其券而代其職於是逃犯累累翼藩建議以若輩無知咎宜從減數陳愷惻當事竟允所請由是名動都下諸縉紳多樂與締交事有盤錯輒請借

籌翼藩無不盡力為人解紛濟困事甚多不受酬會廷議開捐輸例有人為之納粟註選而翼藩不知也先是姚大司馬啓聖未遇時與翼藩為莫逆交康熙丁巳戊午間閩省以耿藩之變和碩康親王奉命征勦以啓聖統前部翼藩赴謁相見極歡因共參軍略且臨陣指揮厥功甚偉事平應叙功翼藩曰內逆雖殲臺灣未靖未可仕也啓聖遂疏請一等侯施公總水師而檄翼藩隨出海道水平風利臺寇歸順而啓聖疾作臨歿深以未及保奏為恨翼藩歸里選期已屆部檄頻催上道以陣傷時發未及成行旋卒（曲屯潘氏譜載盧維藩所撰傳）

陳光祖（節錄張玉書撰墓誌）陳君諱光祖字順侯為刑部郎時與余交每與言洞肌擘理指畫事之原委甚悉及余長西曹君已遷戶部有述君平反姚李爭產之獄者李利姚之產強聘其女比姚訟之急則獻其產於權要以求勝君獨持不可卒正李罪余嘆君之才可以寄大任迨出而分巡寧紹甫及六月竟遘疾不起是則可悲也矣按狀陳先世居上虞明正統中始遷會稽君祖諱應湍由丹徒丞入仕某王府某官遂占籍大興考諱宏儒順治甲午領武鄉薦游粵西以材為制府所知召署督標參將兼攝富川縣事比疏請實授未拜命而卒以君貴贈奉直大夫刑部江西司員外郎方奉直之入粵也君甫冠奉直為君娶於王而後行君挈幼弟及女弟依王氏以居兩姓並釜而炊十餘年無間言亦近世所罕見君念奉直負奇氣無所成就刻志讀書思以科名顯癸卯舉順天鄉試連上公車不第將省覲入富川而奉直訃至急迎喪歸京師服闋謁選康熙十七年授內閣中書又二年遷刑部廣西司主事明年晉江西司員外參定律例又明年遷戶

部陝西司郎中同修會典會廣西布政使奏大吏侵冒軍餉十餘萬詔遣曹郎廉慎有幹略者按其事君往鞫驗得寔籍其數以聞聲譽籍甚道拜浙江按察使僉事分巡寧紹道既至剔蠹鋤强具有次第而海關初設所以參酌課額爲商民利者尤溥時舟山已隸版籍顧灌莽未薙幾成廢土君觸駭浪相視島嶼形勝曰此江浙之屏障而閩粤之聲援也非築陴樹壘不足以壯戍守上議諸大吏聞者韙之後越數年詔繕城堞駐重鎮且建邑置吏以撫綏新附人咸服君之先見云君莅事僅半歲而所建樹卓犖如此甚矣君之勇於任事而克勤於其官也康熙二十四年正月二十一日以積勞卒於官舍年僅四十有五反葬會稽城東賀家池新阡〔下略〕〔見耆獻類徵〕

陳謨字睿之山陰人大興籍例貢康熙十五年任河南輝縣能以德化民凡墾田種樹發給牛種招集流亡濬池隍立坊表等事無不舉陞雲南臨安府知府去之日士民遮道號泣相送有遺愛碑在古共城坊間〔河南輝縣志〕

章泰字來之會稽人康熙十七年任陝西盩厔縣當滇蜀寇警之際流亡殆盡泰闢草萊修城郭招羸弱蠲雜徭清除崩荒規畫地利凡河渠山廠昔之厲禁於民者無不盡反而收其益又建社學時與士民講詩禮建列婦祠以礪貞節建白龍廟以隆報享學宮衙署及邑中諸古蹟皆修葺一新天資英敏長於吏治其運餉籌兵讞獄催科諸善政邑之人至今猶尸祝也修邑乘多所釐定議論亦俊偉可喜陞雲南養利州知州〔陝西盩厔縣志〕

周甲徵山陰貢生康熙十九年任蓬溪令值吳三桂之變居人星散甲徵招徠流移歸者如市遂爲完邑〔四川通志〕

陸會會稽人康熙十九年知儀隴縣勸學課農政尚寬簡士民頌之〔四川通志〕

陳昌言字禹欽山陰人康熙十九年任陝西朝邑縣在任十年修舉廢墜學宮察院城隍及村鎮社學皆次第營構邑有大事則集衆詳議而後行故不至病民遷信陽州牧〔朝邑縣志〕

王業澄字登三山陰人康熙十七年由鄉貢訓導義烏勤於課士業澄少深於學以經義造其子弟至烏每與諸生講論文體謂格必溯先正而氣必奪時賢諸士從之計自癸卯以來鄉書每缺是科二人甲寅兵燹後明倫堂與西廡圮修倡之其寒士之乏篝火資者訪而遺之歷任六載〔義烏縣志〕

陳文顯字叔嵓山陰人康熙十七年任江蘇崇明縣典史性慈祥勤於吏事經理橋梁馬道百廢具舉遷山西集司巡檢〔崇明縣志〕

金昌允字子京會稽舉人康熙間任海寧州教諭季課月試訓迪不倦文風爲之一振〔海寧州志稿〕

薛載德字輿瞻山陰人康熙十八年知湖北鄖西縣兵燹後學校久廢載德亟勸士子就學免其徭役〔鄖西縣志〕二十七年授貴州定番知州性恬淡不苟合上官意能知人所賞鑑卒皆知名學宮兩廡毀捐俸以修之時州境多盜載德知守備邵國璘善捕緝有所送輒治之盜皆遠徙在任八年去〔貴陽府志〕

胡元仁字心吾山陰人康熙十八年邑大饑於其鄉里獨力任振爲粥以食餓者凡兩月里人上其事紹守劉

涵之表其閭曰懋義〔張溇胡氏譜〕

章時化會稽人康熙二十年任安徽太湖縣知縣甫下車即諮詢民生利弊凡興學校勸農桑禁羡金清刑獄諸事次第舉行其爲政不務赫赫名惟以滌去煩苛與民休息是務故治湖之次年惠洽教孚人遵矩矱奇袤屏息所在乂安一邑之中百廢俱興舊存漕倉歲久傾頹民以爲病時化以漕務至重鳩工葺治所需經費皆已取給已輸耗金不派諸民間故役不煩而事以集東門外養濟院舊僅茅屋三間風雨不蔽時化捐造瓦屋五間孤貧乃獲安集城外河干澤畔枯楷暴露所在皆是時化見之惻然捐俸置東郭門外曠地一所用作義塚俾貧窶者得謀窀穸陞山西平陽府同知擢貴州平越府知府〔節太湖縣志政績碑記〕

宋啓隆山陰人康熙二十年官雲南琅井提舉司井竈安全存活甚衆〔琅鹽井志〕

王弘遠山陰人康熙二十年任陵川縣知縣矢志潔清重農桑崇學校聽訟則諄諄勸誨直如家人父子然不復立威嚴以畏民行鄉飲酒禮建文峯塔二時人勒碑曰王公卓筆峯邑人士至今頌之陞北直滄州知州〔山西陵川縣志〕

屠緗字韋三山陰人康熙二十一年任茌平縣在任十四年溫厚和平有良吏之風池畔栽柳壇壝植柏迄今咸頌爲甘棠遺愛〔山東茌平縣志〕

王武曾山陰人字子敬康熙二十二年任山東霑化縣知縣承屢祲後霪雨傷稼亟請賑恤巡行阡陌間見貧不能耕者借以牛種歲乃大熟有勢豪以奸殺人人莫敢發武曾詣屍處命鄉人羣跪聽檢忽指最後一人

叱曰爾殺人欲轉累他人耶其人驚愕卽輸服或問何以知之曰跪獨後者其心怯也徬徨四顧者其神虛也衆服其明允〔霑化縣志〕

朱鵬孫字漢生山陰人康熙二十三年任山東費縣毛陽鎭巡檢民愛戴之爲立碑於魯埠堤後村〔費縣志〕

陳紹山陰人康熙二十四年任河南滑縣縣丞勤廉惠愛人皆感頌〔滑縣志〕

曹熙字奕明會稽人康熙二十五年授河南衞輝府通判有惠政解組後民愛留之因家于汲支孫用棻中乾隆癸夘舉人〔衞輝府志〕

錢士炎山陰人康熙二十五年知山東長山縣增修雉堞復開景文門越一載而文武科第同時踵起形家以爲驗〔山東通志〕

韓祖蘄字楚封山陰人康熙二十二年任福建羅源游擊紀律嚴明謀略出衆嘗設義館以訓餘丁置官山以瘞停柩在營十三年後於海上生擒賊首蔡元亮有功陞江西總兵〔羅源縣志〕

孟士㯋會稽人字周木由烏程淳安補嘉興府訓導振興多士務砥名節居十載遷德清教諭〔嘉興府志〕

唐炌山陰人康熙二十四年任嚴州府訓導性坦易循循善誘倡建奎閣以培文風子曾述亦成名進士〔嚴州府志〕

潘舜俞山陰人康熙二十二年知光化縣時承開墾之令招徠安撫流亡復業稽查舊設學田俾爲修學養士之資〔湖北通志〕

何鼎字靜山山陰人由湖廣靖州籍中康熙五年舉人二十四年授河南長葛令勸農積粟修理學宮凡設施輒中民隱雙洎河在境東北久爲葛患二十九年秋河水漲發漂沒田廬鼎親自畚插率民用力晝夜不輟築堤成至今資其保障陞主事歷嘉興知府葛民立祠以祀〔續河南通志　羅士昂撰長葛祠堂記　仲孫熠舊志有傳〕

史宗芳字菲莪會稽諸生性孝友困棘闈垂三十年年七十七卒時康熙二十二年也兄亮采字如顯治詩經有聲少遊京師爲大興諸生兩中副車故翰林院侍講米漢雯貴州郡守王仲貴州巡撫王燕皆出其門年九十三卒時康熙三十一年也宗芳爲文有奇氣性慈儉甘食貧族有他途得官擁厚貲歸念芳長者出厚幣通殷勤麾之不受一縑兄既鰥居養之終身在家常同臥起兄亦篤愛弟偶得疾必躬理湯藥一夜數起及弟卒以頭觸柩而號至廢寢食芳次子仲魯亦賢客婁上歲奉館金於父自伯父而下寡嫂姑姪罔不均給亦人所難云〔余懋杞撰傳〕

袁庶字翼天山陰人祖濬寓於通州康熙間庶援例謁選四川資縣知縣多善政所部有憂民如有病見客若無官之頌值軍差經理周密絲毫不以擾民後卒於雅州士民爲建祠立碑請祀名宦〔畿輔通志〕

陶錕會稽人康熙中任湖南永州同知時吳三桂甫平錕撫綏流離務行寬大之政大獄多所平反無有失入者〔湖南通志〕

韓稷紹興人〔縣籍未詳〕康熙中知湖南安仁縣盡心民事以艱去任猶捐俸修縣學賑䘏饑民士民同聲頌

之（湖南通志）

章秉法字程叔號惺村會稽人康熙中爲江南掌印都司善治獄雖老宿奸豪以數言折其機才莫不詘服屢被檄勘災監賑恩均弊絕（江南通志）勤學好士重葺明道書院於鎭淮橋側立射圃列從祀康熙乙酉告成卽今明道程子祠也後分其側爲下江考棚又造水龍局以救火刻爲人錄又曰傳信錄以教士方望溪爲作序（金陵詩徵小傳）

金燁會稽人任平陸知縣康熙三十四年邊事起協濟豫省轉運關中水陸騷然晝夜勤勞蒞政三載平易近人（山西通志）

王仕源直隸清苑籍山陰人由孝廉擢淳令性敏有幹才建龍王廟於南山麓便民祈禱修浮橋通往來香爐石下灘石如齒狀浪作多覆舟公爲築官壩新安江水北流至今慶安瀾焉（淳安縣志）

李湘山陰人康熙中知湖南邵陽縣課農桑緩徭役端士習理民寃仿前令王省陳啓元義學制更置十一館別增育士田士皆德之（湖南通志）

何量會稽人康熙中任湖南湘鄉縣丞兩權縣事除浮費革歇保捐俸修橋梁置義冢士民立石紀之（湖南通志）

俞曰都會稽人康熙中知湖南酃縣民有逋賦曰都代償之政暇進邑人士講學不倦以憂去民立祠祀之（湖南通志）

徐甫源會稽人康熙中知湖南酃縣縣里長多浮派業戶病之至倩人認管甫源至首請於巡撫趙申喬悉革除之〔湖南通志〕

高國字旬先一字顥川號窺園邑庠生前梅人康熙間塘壞水決天樂諸村田地千百餘頃汎濫者三年國購蕭邑近塘田五畝餘捐作塘基呈請蕭邑令詳免課稅遣子糾合各里民捐資築造江塘一百數十丈堅厚逾於舊二十八年有蠲免地丁銀米之令國以爲有產者受其惠無產者未得沾潤因揭知約將己戶所免之糧與衆佃各分其半一時富家慕義相率效之鄰族有以妻女鬻於人者國爲捐金贖之并給衣食撫其女及笄遣嫁凡寺廟橋梁道路傾圮者必爲捐修各佃戶有婚喪諸事必緩急相濟或遭水火諸災更多方寬慰免其租以助焉遇人無少長相接以禮書屋數椽圖籍充棟未嘗釋卷所注有尙書體注若干卷詩文集若干卷未刻其已刻者有武經題炬上游草傳疑草正韻草芟餘草詠史草賡歌草園居草懷古草秋冬之際草諸書以康熙三十九年卒葬會稽金家坂大輅山〔據前梅高氏譜〕

金應運山陰人康熙中任湖南會同縣典史歲旱禱雨金龍山徒步百里甘霖立沛以老辭職士民德之爲刊民愛錄〔湖南通志〕

徐世法會稽人康熙中任河南許州修學宮設義塾疏通石梁潩水二河水旱不至爲災時蝗蝻遍地親督夫捕滅不害禾稼祀名宦〔河南通志〕

胡之鴻山陰人康熙二十三年任四川什邡縣時兵燹後土地荒蕪人民稀少之鴻細心撫育多方招徠闢汚

萊興水利漸次建立學校創修衙署凡一切儀制規模略爲完備通邑荆榛煥然改色官民之間無異家長之處家事焉後擢福建汀州府同知去之日涕泣而送者甚衆〔據什邡縣志〕

周宗義字宜菴山陰人康熙二十五年任河南商丘縣平易近民廉靖不擾凡辦理地方公務如修繕城垣增築隄路運送山陜軍供等類皆捐貲身任並不問之里甲邑南有古河歲久湮廢每遇霪霖南鄉一望成湖二十九年春值歲歉民飢宗義申請濬河陰以寓賑凡三閱月而告成不特除邑境水患且活飢民萬餘人在任十三年四署鄰篆咸感之如商卒之日一城哀慟民留其衣冠葬之蔡家道口祀名宦〔商邱縣志〕

陳驥山陰人康熙二十六年任山西平遥典史爲人公正遇事盡力雅好文墨〔平遥縣志〕

沈五㮚山陰人進士康熙三十一年任陜西延安縣知縣縣志稱其崇學校勤勸課縣人有召杜之歌〔延安府志〕

杜如錩字又篁會稽人康熙二十八年知山西馬邑縣初蒞任值歲大饑錩首倡捐振民賴以蘇時用兵雲朔凡所供億事事裁省上檄嚴督不爲動民尤德之〔據山西通志〕

陳汝咸字莘學山陰人隨父講學證人社中專力於愼獨之旨黄梨洲嘗謂人曰此程門之楊廸朱門之蔡沈也康熙三十年成進士〔按先正事略稱汝咸會試第一誤是科會元乃張援〕座主李文貞方以講學招來後進或邀之往汝咸謝不與散館改知縣宰漳浦十三年循績惠政不可殫紀調南靖浦人相率赴會城籲留不可歸收田器塞縣門晝夜環守去之日民扶老携幼環跪街巷泣曰公毋去活我百姓擁肩輿不得行

汝威下輿步入李太學家夜半假城守二騎作巡邏者閒道從北門逸去民追思不已卽於北門構月湖書院塑像其中在南靖善治盜任未期月犬不吠夜頌聲大作内召由主事擢御史疏言閩海掛號之弊聖祖嘉納賞賚食物時海賊陳尚義乞降汝威自請入海撫之陛辭溫諭曰汝乃近御之臣風濤不測不必親下海後隨行之千總果遇颶風事竣復命聖祖又諭曰汝若同入海不受驚耶五十二年奉使至湖廣祭告諸陵兼賚駐防士卒汝威出入紅苗界默籌久遠之策猺洞長官有出迎者歌其土音汝威爲竹枝詞宣布太平威德之盛使習之明年陝西甘肅報荒復奉使出撫臨行聖祖諭曰窮邊恐不得食彼所出肉蓯容土葠朕亦嘗之頗美可啖也汝威頓首謝入境見野有餓莩卽不復御酒肉撫慰饑民步行一日踰九嶺至平凉發貯穀幷移鎮原倉米賑之以勞卒於固原地方有司檢視其囊衣一襲錢一緡而已訃聞聖祖憫悼連稱好官可惜云〔采訪〕

田軒來　張鉽〔錄沈冰壺撰傳〕余生晚矣不獲追聆陽和石簣蕺山諸先正謦欬其縉紳中蹤跡稍得名德可師程尺不苟胖胖兢兢挹其大權可資觀摩者僅得二人曰田東軒先生曰張鼎仲先生東軒名軒來山陰人康熙辛未成進士知成都縣兵燹後縣多荒土先生多方招徠履畝起科不漏不苛墾荒者翕然稱便故課日增俗尚輕生有犯者單騎踪驗立爲斷決絕無株連遇地方利弊旣侃侃爭持于上官之前必得請乃已上官呼之曰鐵官以其强項也而先生寔姁姁嫗嫗長者也陞戶曹民扶老挈幼泣送百里外擢御史掌河南道不樂名位非久告歸足跡摒絕人希窺其面田叟市傭閒有值者從容晉接不知其爲貴仕也鼎

仲名釴〔按山陰志選舉作鉞〕會稽人陽和先生曾孫也與同郡金燭赤蓮史許華青宋俊長白爲文字交而以女妻長白之子以康熙丙戌進士官商邱知縣以循吏稱有疑獄十餘年不决者立白之歲旱蝗蔽天獨不入其境居林下杜門却軌遇權勢薰炙避之如恐浼於當事之庭未嘗一修謁歲時隨例投一刺而已郡守某極重之以公分派輸歎曰張先生淸德吾代之輸矣以山長延之辭不獲鞏蹷赴之其以名迹自遠如此寧不軒軒過人乎論曰縉紳中之皇皇逐逐不自貴重爲有司所輕者非其本情也亦曰困於不足耳而兩先生固蕭然家無長物者也嘗聞沈梅史先生云田先生吾不及面張先生設講席於古小學予謁見吶然若不勝口而條析經史未嘗不滾滾具首尾是日値課期詢何題拍手曰適符老兄來見蓋以能問於不能題也歎噓久之乃旋余撮爲傳〔淸名人小傳　參閲山陰志〕

沈澄山陰人康熙間由歲貢歷官廣東雷瓊道淸介自守表率有方多善政凡所屬有猺黎者必語其官司示以誠信由是皆悦服焉〔廣東通志〕

聞在上字爾達山陰人康熙間知江蘇嘉定縣在事八年凡緩漕減耗戢役愼刑諸務咸理縣自明定例折漕戶部執成例凡蠲漕糧則以非本色不得預及蠲地丁則以屬漕項不得預康熙二十六年有旨蠲本年未完及次年未徵地丁銀在上請命督撫一體蠲免始著爲例尋以他事罷奸民憾邑紳搆大獄誣蠲免爲邑紳營請詞連在上刑訊問辟後贖免民爲立祠〔據寶山縣志　舊山陰志附於其父嘉爵傳〕

史彩字簡庵會稽人康熙間知江蘇上海縣修學宮建常平倉葺獄舍置義塚邑乘久缺亟延葉映榴張錫懌

曹垂璨輩鳌訂之今稱史志康熙二十一年海寇突犯守備司起龍督兵出擊彩率衆力禦郤之巡撫洪之傑額其堂曰海邦良吏〔據上海縣志〕

金砌字庵新號寒石山陰人康熙間選陝西平凉府莊浪縣尉改補湖廣德安府雲夢縣尉治政勤敏聽斷明決整頓保甲奸宄斂跡歲築堤防水患無虞憫獄監卑濕湫隘請諸上而改建之獄囚感悦在任十二載以母艱歸通邑慕戀追行日追送而泣者夾道不絶云〔湖南岸金氏譜〕

趙完璧字省庵號相如山陰人由例監從總督姚啓聖討耿精忠有功選山東東昌府武城縣知縣康熙三十五年四月陞貴州獨山州知州三十八年十二月内陞戶部江南司員外由員外轉郎中外轉福建漳州府知府旋任廣西思恩府知府其任獨山時如平米價清莊田修學宫設義塾等善政甚多去任後州人思之爲祀於名宦祠有名宦錄州人萬名欽學正李嗣白有序跋紀其事〔采訪〕

莫舜鼒山陰人康熙三十四年知雲南元謀縣事立保甲法盜賊歛迹創修邑志士民懷之〔元謀縣志〕

陳士銓山陰人康熙三十五年知密雲縣戶口久未編審死徙者三千有奇而丁徭如故額民苦之士銓力請之疆吏得按存口徵古北口石匣既置總兵副將益兵額二千部議歲令知縣由縣採買兵米運之營士銓極陳挽輸之累内務府郎中鄧光乾亦言之乃止〔密雲縣志〕

余鑲紹興人〔縣籍未詳〕任容縣大峒司巡檢康熙三十六年廣東賊禾倉二鳥冈蛇嘯聚岑溪六垢山甫約期會勦而賊刼古例村鑲率兵追至六垢殺四賊賊設伏山間鑲力戰死〔廣東通志〕

章曾印字宸書會稽歲貢康熙三十六年知武淸縣才練識明下車卽剔積弊如蠲耗羨殿驛騎陳馬廠剝船其彰彰者所興則築隄建廨延社師尤重學宮去之日尙分槖中俸修繕之先是水旱頻仍鵠面者相望出己資倡賑設粥於路存活無慮數萬以事降百姓如失怙恃迎蹕保留報可以艱去民立去思碑〔武淸縣志〕後以河工著績陞府同知借補常熟當洊饑後緩征捐贖民間子女延曾倬修邑乘葺學宮浚三丈浦百廢具舉〔常熟縣志〕旋攝崑山多惠政未久卽去民懷其德立民之父母坊於朝陽門外〔崑山縣志〕

王道隆字式南號槐亭山陰監生康熙三十五年任莘縣知縣屢遭水旱詳請蠲免捐俸賑粥民賴以安莅任凡十五年陞登州府同知尋陞貴陽知府立有生祠〔山東莘縣志〕

李瀛字三山號敬園山陰人康熙丁卯舉人甲戌進士三十八年任陝西三原縣時邑苦偏稅瀛申詳分併三關自是商賈流通漸致殷繁三原志自王端毅編後中間隨時補葺脫落不完乃倡邑人爲纂修補備一百七十餘年事蹟尤重文崇士後內遷主政邑人以併稅功建恩德祠祀名宦〔三原縣志〕

沈朝楷山陰人康熙三十八年任山東蓬萊知縣承委審讞一秉虛公歲飢分任賑事淸查必悉督修戰船及城垣必求完固邑人德之〔蓬萊縣志〕

沈五杲山陰貢生康熙三十八年任四川巴州知州振學校明禮義遷刑部員外郎〔巴州志〕

劉時謙山陰貢生康熙三十九年任江蘇崇明縣丞七署縣事勤愼愛民務從寬厚及歸囊槖蕭然〔據崇明縣志〕

章祖烈字兩瞻會稽道墟人康熙十四年乙卯順天舉人至乙酉始謁選直隸武強縣時年已六十四武強有大姓豪于貲子弟多嶮暴收召椎埋剽刼陵轢閭巷間或爲隧道出沒太行西山不窮端倪是時國家久承平守土之吏方欲休息無爲而大姓或結權要牽制襟肘卽數犯法有司莫敢誰何祖烈固疾之及是大姓有仕中朝爲顯官者與祖烈舉同歲自除目下祖烈往請曰某不肖待罪公里顧某之得爲縣與不得爲縣公惟命顯者愕然問所謂則歷數所聞諸不法事且曰誠如是某當執法而或撓他故劾某去則不如及今弗爲也顯者徐曰是何言疲俗望賢長吏如望歲焉對曰公許某某何敢辭然行法且自公家始矣卽輕裝到縣大姓聞之頗氣慴已而有以嫌殺子婦詐所仇飾爲疑獄而官隸向不得窺豪右門闥以故蹤蹟曖昧不能明祖烈按驗得實卽擒治抵法聞者咋舌風化肅然武強當正定東偏與河間府之阜城交河壤地相接朝廷嘗命大吏經理子牙河濬滹沱下流武強歲徵杉木四千五百頭武強不產木歲輸所出例取給於里社隨以鞭朴所在騷然祖烈以謂物不土植而徵索所加有司奉故事責配民間倍貲他購縣官無毫髮利而閭閈受其困也遂削牘上請大吏大吏怒訶之祖烈曰吾不能厲民取苟容也退擘手稿具揭顛末上部科部科爲引奏得減木三千頭時州縣以治盜爲能小民迫飢寒或爲攘雞胠篋輒窮治根株蔓延縲絏祖烈獨謂民窮而竊有司之恥也鞫得其情輒哀矜之諭以務本業習勤苦時給少貲使爲貿易計而薄懲以慰主者其主感動或棄所追物自是武強以無盜聞會鄰縣逮竊囚過武強未至囚自殺祖烈引文書則計其罪不致死因鞫隸隸曰不知也囚自中途問所至曰武強曰章公治乎曰然囚遽愀然自訟曰何面目

見公何面目見公遂不食乘間自縊死祖烈稽故牘前所資遣者也祖烈在縣當春夏之交膏雨時行敝袍一羸馬載酒食至鄉鄙間卽社祠候亭召父老及俊髦子弟俾列坐詢農田間所疾苦若法有不便並得商榷如家人來質訟就聽之因與父老評其曲直勸免慰諭皆歡然以解公暇亦時好博奕而于民事則必盡心嘗與客博俄傳飛蝗且入境祖烈卽投袂奮起徒跣長號而出觀者錯愕間飛蝗冉冉出境以去封内草木無所犯縣人至今相傳以爲神明歲大旱虔禱于神夜宿齋室晝曝烈日中瘡發項背血肉淋漓衣領間不知憊也有稟强乞兒自其鄉來欵縣門云疇昔城隍神見夢爲告武强章令君君意良苦天爲若假甘霖一尺應某日時應則賞乞兒錢祖烈疑爲不誠留乞兒及日天無翳雲乞兒泣曰貧乞於人命也乃爲鬼神所戲已而雲集雨降符所告因賞乞兒時鄰境皆禱旱未有應也祖烈在武强四年卒以抑豪强見憚於貴人貴人欲中以危法掎摭無所有用行取例入爲工部主事云旣官工部勾稽約束俱有法度吏不得因緣爲奸監督南新倉是時天下富庶貫粟紅朽無所稽而倉儲卒爲奸吏盜鬻遇大吏按驗則簿籍空具甲乙移易以眩大吏倉卒莫能辨名曰黑擋相沿久矣祖烈廉悉之卽召諸吏至掩面而哭吏駭問則曰監督與若曹久周旋一旦當相訣寧不悲乎吏頓首請死罪且問狀祖烈曰若曹不聞黑擋乎監督告無罪惟自檢發耳檢發而若曹駢首戮西市監督其忍聞諸于是吏皆感激惶悚叩頭流血曰小人愚不及此惟明公死生之曰急爲計猶可及也諸吏皆曰諾卽散去人自爲謀一夕得數十萬斛比曉而倉廩充然官工部數年會以廉幹擢御史引年以去明年卒于家年七十有七〔據章實齋文集武强德政序書後〕

陳士元字雍庵紹興人〔縣籍未詳〕寓京師由將材於康熙三十年任衢協中營守備好義樂善施槥濟貧不惜重資修合膏藥廣施五邑受益者甚多喜衢俗淳朴買田數十畝卽家於西安〔今衢縣〕生子二貢球貢琳俱大興縣庠生因遷衢棄儒就武〔西安縣志〕

凌藿字雲章號栢陵山陰鹿池山人康熙四十年授福建尤溪令先是邑民多械鬬死則買命頂兇藿蒞任後卽集紳士及在庠諸生於明倫堂剴切曉諭曰膺民社者以民爲本爾等不守法度皆有司不教之罪也衆百姓皆朝廷之赤子上天之蒼生朝廷不殺一無罪之赤子而上天不誅一無罪之蒼生今邑中豪惡殺人竟能以無罪之貧人償命豈不負聖恩而干天怒乎爾等各宜勸勉有再犯者法律在毋稍貸如是三年此風漸息至今閩中頂兇案頗多而尤邑特少者未始非藿教諭之力也〔據鹿池山凌氏譜〕

平鄗鼎山陰副貢康熙四十年任山西陵川知縣勤於修舉惠愛及民民往往有陰受其福而不知者時方議繇役征稅貢賦等他縣悉照議輸納陵川獨不及鄗鼎蓋密籌籲請得免亦並不言其獨免之故以布德於民迄今士人知之者猶誦爲眞長者也當康熙三十五年間前令去任時將所欠田糧改注倉穀歷年既久里長受累不淺平令代捐六百餘石窮民積苦得脫眞有心民瘼者陞戶部主事〔陵川縣志〕

沈淵字靜軒山陰貢生康熙四十四年任山東金鄉縣爲治主安靜而任事果敢百廢具修城久圮值歲歉乃計工授粟先濬池積其土以備用次年大有遂陶甓庀材以農隙修築三年工始竣堅完倍舊邑苦水疏導支流增修橋洞水患減息然常愀然以曲防在隣邑者不能請撤爲憾捐修邑志未竣擢南陽府知府携稿

之任鏤版郵寄在金鄉任凡九年〔金鄉縣志〕

田鳴玉山陰貢生康熙四十六年任山西吉州知州搜羅遺逸纂修平陽府志〔吉州志〕

婁一均字秉軒會稽歲貢康熙四十八年任山東陽穀縣勸農勤政訟無留獄除里長以絕私派行滾單以便催科捐置義學繕葺祠廟修城浚濠並建滾水壩堰使霖潦有備在任十餘年以遷擢去〔陽穀縣志〕

潘開基紹興人〔縣籍未詳〕康熙四十四年知直隸南樂縣性剛直興學校修城池不費民間一錢獎善懲奸聲績甚著〔南樂縣志〕

任中宜山陰人康熙四十五年任雲南新興州廉惠愛民嚴弭盜之法盜遂屏跡捐修府志〔雲南通志〕

馬襄字業先會稽人康熙四十七年知直隸魏縣旱禱雨輒應人以爲神創義學於東郭置田爲修脯費復置佃田資弟子廩餼以引年歸〔大名縣志〕

章培基〔錄章貽賢撰傳略〕公諱培基字元植號望廬世爲會稽偁山人曾祖諱方新明季時任遼東寧遠庫大使祖諱愷士國初任江西峽江縣丞父諱烜湖南湘潭縣知縣公初任仕履無考康熙四十六年出守閩之延平道經浦城見宋相郇國公在南峯所建太傅公功德院被燬祀田爲豪梗所佔公因浦宗鶚公之請白諸當道追回祀田重建功德院廟貌一新〔見會譜序〕己丑間南平縣學傾圮教諭周宗濂等議謀修葺公與巡道陳延統知縣顧之安各分俸助之由是士紳踴躍輸貲得以時修復煥然改觀〔延平府志〕嗣移守湖北武昌府因貧民子弟多不能就學舊有義塾不敷誦讀公爲在新與一鋪崔公祠府學尊經閣各

添設一所擇兩學諸生之秀異者董其教絃誦之聲相聞〔江夏縣志〕五十四年鶚公之姪瑄瑛二公抱其世守老譜走聯贛浙諸族輯爲會譜八卷公實贊成之故至今江皖閩楚諸同宗每談及公莫不悚然欽敬在官好表彰昔賢著述祠墓知延平府以少時嘗幕宋儒楊龜山先生之爲人延平爲先生桑梓地履任後亟索集於其後裔楊繩祖勗令重梓以廣流傳〔重刻楊龜山先生文集序〕迨任武昌以熊襄愍公墓道磚石多被里人竊發公爲修葺勒碑示禁並記於修賢里祠堂用垂久遠前督糧副使葉忠節公映榴以夏逢龍之亂殉難朝廷因鄂民之請贈卹有加建祠享以俎豆工程一切皆公督率之兼爲立碑記其事〔江夏縣志〕旋調直隸大名府知府自公之殁二百餘年生平政績行誼多湮沒不彰而見於志乘載籍者僅此數端現當重輯會譜撫述梗概聊以傳公〔章氏會譜〕

徐肇顯字宜菴山陰人康熙四十七年知山東泰安州多惠政尤留心學校設義塾以訓良秀貧士輒捐俸給之泰安舊爲九十七保每保設限年一人總管十甲每甲又設戶頭承征徭粮時戶册錯雜詭弊百出往往一任其役追比代償立致蕩析肇顯博採邑人議分畫爲一百八地方順莊改造赤書粮催正戶積弊乃除後内擢部郎〔泰安縣志〕

童華祖字禹山山陰人由鄉薦官刑部郎中康熙四十九年知遵義府甫視事衙門陋弊一切革除聽斷嚴明賞罰不貸而其慈祥懇摯視兵民疾苦不啻痌瘝在身也奬藉士類孜孜常恐不及遵義凡官入出夫馬酒食費皆供之民間吏役復浮派之民往往不堪其擾華祖悉罷免每行縣鷄犬不驚歌訟之篇積成卷軸此

棃彼棗翕焉互傳輿情猶覺未伸合詞呈請稍受薪水之助批却之時稱西蜀廉吏第一〔附錄李先立壽童太守序略〕公仁厚恬淡與民休息數月積弊一清偶值久雨粟米騰貴游手猖狂乘釁刼奪告詞紛積公佯若不聞也者事稍定急取其階厲者杖斃之餘黨皆斂戢斯時也治之稍急則草合易成稍緩則蔓延未已神明暇豫不動聲色而措全郡於泰山之安有古大臣從容濟變之風焉三年政成中丞第上公績爲九府最且檄隨疏入覲士民皇皇挽留無計飲食必呼燕會必祝及天子軫念邊民以公再領原郡遵人聞之莫不舉手加額如獲再生鳩工它材建坊表道以誌重來之慶公峻拒之不顧也初郡南突產丹砂奸商蠹販欲擅以牟大利多方啖公不爲動值公北上適撫軍有開設諸廠繕理茂州城垣一疏豪右乘以鼓動上官信之符牒已下而公復至竟寢不行呼其人杖遣之真保全我室廬邱壠使不爲奸宄逋藪何思深而慮遠也〔貴州遵義府志〕

史全義字漢英先世浙江山陰人父玉節康熙初遊京師隸籍宛平受知於新城王文簡士禎一時徧交秀水朱彝尊仁和湯右曾慈谿姜宸英海寧查慎行崇明何焯長沙任份諸老輩仕至四川威州知州晚歲學仙年八十餘卒全義早食貧年三十餘來京師求爲小官不獲選則去從幕遊學爲刑名家言然其性蓋長者歲所入脯金微積則付之友令爲賈賈有息則喜益付之久之友來謁曰嗟賈不逢時幷前息俱盡全義則一笑罷無他語其貧如故其所遊幕主人以其長者故重全義全義每遇獄之當死者固欲生之不可得則太息書寄其子積容曰吾不幸不學而爲此此非人所爲汝其益勤學積容聞之以自警用是學有成全義

在山西獄有男子調一婦人倉卒持其手而逸婦慚雉經全義以爲婦烈當旌而調者無强暴狀疑可杖而生之爲申文具上上司駁曰近法持婦人手而死者絞輒予勾縣之幕何誇耶縣幾得過於是俗吏相譁曰史先生乃以囚擲館全義則自謝去貧益甚會積容成進士官禮部山西諸縣乃稍稍更延請全義人以是嘆天之報全義之厚於仁也歲辛夘遇覃恩獲封奉直大夫禮部儀制司額外主事積容官雖貴貧尚如故就幕於山西臨縣遇疾而卒年五十有六子積容乾隆辛夘進士禮部儀制司額外主事（按山陰志選舉積容仕至廣西布政使）

劉肅字幼人會稽人康熙四十九年由副貢知山東莘縣倡修學宫增設義塾申嚴保甲繕城建倉捕蝗平糶禁賭博裁刑書在任七年盜息刑清民無冤滯五十五年夏大水躬詣鄉村撫卹災黎復條陳疏濬事宜會陽穀聊城諸邑開河七邑人民咸蒙其惠（山東通志）

章履成會稽人康熙四十九年知雲南元江州事建城池修學校橋梁纂郡志士民頌之（元江州志）

姜兆熊字芑貽會稽人祖一洪（傳見前）父廷梧（山陰會稽志並有傳）母祁氏忠敏公（彪佳）長女也兆熊生長右族家門累世貴盛祖父並以忠孝著大節時黄宗羲方講學兆熊親經指授終身言笑不苟燕處必正襟危坐如對神明先是父廷梧歿畢三年喪矣祁夫人猶縞素如故兆熊兄弟跽請易衣不許一日夜讀夫人勞其良苦復乘間泣請夫人憮然曰俟若輩有成名者易之而已自是無敢復言康熙癸酉兆熊以尚書舉浙江鄉試夫人始易服蕭山毛甡爲文記其事故越中稱賢母者必推祁夫人且多兆熊兄弟之宛轉

刻苦以成其孝也嘗館前梅周氏講肄樓下狐踞其上侵擾百端生徒患苦之兆熊作驅妖記焚諸樓妖遂絕又有旂員聘族女子已殤矣恃勢欲强奪之兆熊力爲搘拄訟諸官事始解鐵嶺李鐸守越選八邑才士於豐樂書院延之主講鏃礪刮磨日新月異後多以文章科目顯者而篤信謹守言行循循有規矩尤推徐弘仁〔傳見後〕晚舉孝廉方正士論翕然三上公車報罷初以恩例候補中書舍人癸巳〔康熙五十二年〕改諭臨安山邑士風樸魯擇其秀者品第高下鼓舞督課始有登鄉會試者在任五載以疾乞歸壽七十四而卒〔據姜氏譜〕

章兆曾字梅湖會稽人康熙五十年知廣東梅湖縣聽斷明允去任後士民祀之〔廣東通志〕雍正二年知河南中牟縣河決後地多飛沙力請奏免鹽磧沙地三千七百餘頃因水災負課除職猶帶病治河不少懈士民急完國課赴憲保留者四千餘人後復任尋擢彰德府同知卒於官牟人哀之〔續河南通志〕

李登瀛〔錄李慈銘撰家傳〕府君諱登瀛字俊升一字天山晚以所居有水曰梅溪因自號曰梅溪系出唐汝陽王璡五代時有名興宗者官婺州金華令遂居上虞五夫市明初徵仕郎德賢由上虞遷山陰之郭婁瀴更六世而國子監生東山府君諱文忠又徙西郭之横河是爲府君之高祖曾祖思三府君諱子龍祖承山府君諱大貴父伯和府君諱啓鼎母張氏府君幼端重警悟七歲授四書叩師以誠意旨師異之十一歲學爲文族祖太若先生安世以明進士高隱不仕負知人鑑見之歎曰此大器當晚成吾越學派在是矣十八歲補府學生名藉甚益肆力經史服膺陽明王氏之學言動矩矱一於先儒爲文章非道不言顧屢試不

第年四十遂棄諸生出遊府君負經濟才慨然以澄清天下爲已任於古今利弊典制沿革無不究兼習刑名醫卜形家言尤善章奏當路爭迎致之安徽巡撫綫公國安禮之尤至每事諮以行及移撫浙江府君以鄉里力辭去綫公强留之舊制浙江解額五十四名府君力言於綫公疏請廣額遂增爲七十二名自是各省皆得量加溫州有謀逆者獄成株連甚衆府君力平反止誅其魁餘皆釋衢州有母告子殺其父者已定讞上省府君夜閱爰書燭忽晦知有冤乃細勘獄詞有曰某月二十七日夜四鼓母見青衣人自牖入殺其夫伊子固衣青者府君告綫公曰二十七日四更月未出彼貧家豈終夕張燈者安辨衣宜再鞫實綫公檄取其母子親鞫之則母實以姦殺其夫而誣其子其子素孝恐母罹刑自誣服事得白而議者以爲母子天性情法兩違坐子則縱父仇坐母則傷子孝宜減其母以斬論而戍其子以盡情法綫公疑不決府君判曰魯莊公母文姜殺桓公春秋絕不爲親諱後漢賈彪按事先決殺子之婦人而後決盜以爲賊寇害人常理母子相殘逆天違道今此母既忍殺其夫又忍害其子反綱滅嗣人倫道絶母固天屬而父尤重朝廷制法以裁民情母不得減子不容坐獄遂具府君擿發疑獄多類此後數年入都時御史楊公大鶴視學直隸見府君文奇賞之勸仍應諸生試遂以滄州商籍補河間府學生第一河間人譁楊公告之曰李君學識當於古人中求之吾且不敢以師弟子禮見諸生胡不能容耶自是府君名益振當世名士若汪退谷士鋐王樓村式丹張匠門大受王崑繩原王篛林澍姜西溟宸英邵思復廷采皆以兄禮事府君康熙四十七年舉順天鄉試五十一年成進士時府君年五十七矣總裁徐文定公元夢欲寘府君第一而趙恭毅公申喬以府

君對策問朱陸異同有曰主敬主靜各極躬行致知良知不離存養義有互是皆本聖功諸儒身體力行本無成見語其全則具體而微論其偏則皆深造自得末流寖失厥弊維均陸學本不異朱王學本非師陸今人好攻陸王猶以蚍蜉撼泰華不足爲怪而其一無所知自名朱學者實附時局而趨勢利其害於人心不淺也時安溪李文貞光地主張朱子之學而孝感熊氏平湖陸氏力詆陽明其言絕誕府君昌言之故不敢以其卷進呈列之第二十九名殿試三甲以知縣候選府君久居京師安溪當國以講學牢籠天下士聞府君名嘗遣門下士招府君府君謝曰尊所聞行所知吾事也若阿時好摭不根之談誣先賢以媚相公非所敢聞安溪已嗛之及見會試策益怒府君故善書竟抑其第當事猶以館選待府君安溪曰彼越人而籍燕不宜入翰林遂罷會聖祖仁皇帝特隆校書之選有詔取是科觀政進士充武英殿纂修府君得入書殿分校月令輯要御選唐詩兩書以勞授內閣中書舍人府君持議益與安溪忤時朝士求速化者爭附安溪門庭擾雜輩下至繪舐痔圖相傳觀府君嘗因公謁上書安溪大略謂相公學問德業海內瞻望今以名盛而痛詆異己之先儒復以權盛而厚餌同己之僞士將使天下盡失其本心而相公亦傷其素學深可懼也安溪得書瞠目不能答然府君以是不得留矣明年秋隨駕熱河蒙召問優奬書成例得議敘時校書者多邀不次之擢旦夕致清要府君聞祖墳被侵未及期遽乞假歸同人固留之不可府君既歸益修治先塋大收族人與族父湖南永州府知府家拯等建家廟於西郭之直河畔陸源俞公卿守紹興府君交摯事大小決於府君府君亦知無不言會稽有章某者仁和高文恪士奇姻也家富豪挾大僚勢橫甚至私爲獄殺人以

十數縣官莫敢誰何府君出死力持之力贊於俞公竟驗治斃之獄府君素澹宦情喜山水尤愛鑑湖之龜山月必數往輒徘徊於古松下終日不去因與邑人商中書和厲編修煌余中書懋杞何明經嘉翊劉訓導正誼薛知府載德章明經大來等於三山畫橋間營詩巢以祀楊廉夫及賀季眞秦公緒方雄飛陸務觀徐文長六君日觴詠爲樂風流照映湖山間人士以爲盛事披之圖畫傳有詩巢二十子唱和集行於世又於道士莊置田十畝將築室結石亭臨龜山耕釣其間爲終老計而部檄至選授江西安仁縣知縣時爲康熙六十一年府君年六十七矣欲辭不出而侍郎臨川李公紱寓書曰公雖老尚健壯如少年吾鄉吏弊民困極矣非公誰福我江西人者府君慨然集家人謂之曰吾性剛往在京師猶忤時不得久居況外吏豈易爲者老而買禍且爲子孫憂然吾束髮受學常有志用世今得小縣以自效苟於心安雖獲譴可也顧吾衣食所需仍當取之家汝曹能歲以千金壽我則吾行矣皆曰謹受教府君乃入都引見聖祖猶識府君特召諭曰汝由內廷出宰當勉爲好官府君頓首謝遂單車赴縣不携家一人不置賓客治尚威嚴鉏豪强扶貧弱尤恤寒士安仁地瘠民多逋賦府君明期會設約誓一切耗羨私例皆禁絕自坐堂皇親受之甚或不至則徧行各鄉察尤貧者令耆生互保立予其質且諭之曰勉作苦明年當早輸此事不可再也而自以家貲足其額民歌之曰李青天來三年日飲我水償我錢蓋安仁人至今猶能言其事尋兼攝萬年縣會旱府君爲文責城隍神步禱烈日中應時大雨調署鄱陽縣雍正口年充江西鄉試同考官得潘學士安禮等七人時巡撫夙知府君名甚重府君將行取卓異而布政司參議李蘭按察使積善素貪黷府君積與忤學政沈翼

機又以論學故弗善也會安仁訓導賴良竹入猾吏賄誣諸生某爲盜捕下獄逼其妻縊府君方在鄱陽聞之亟請代星夜馳還安仁捕胥吏數人窮訊得奸賄狀因嚴劾良竹良竹大窘走學政所訴府君袒諸生故出入時大暑府君所治一人中暍死適巡撫入讒者言嗾府君由是上下合力傾府君而承讞者候補知縣高崇徽覬得代府君遂坐府君濫刑立威當劾罷府君連章力辨詆崇徽語且侵按察司按察司益怒而一胥曾受府君杖者又病死遂誣府君酷著用重杖連斃二人當坐戍安仁民訟之巡撫按察使者數千人獄上竟謫永平衛民號泣祖道至省不絕府君遣從子監生君廷森再入都訟冤不報既至謫賦詩考史怡然自適作賦數十篇名曰謫居稿暇則聚其子弟之秀者敎以作文爲學未幾與府君搆難者以事伏法永平官吏以慰府君府君愀然曰人而被誅何忍言府君次孫孝廉公建烈持贖錢至衛見府君府君時已病曰持錢求免吾弗爲也留弗遣既數月孝廉君潛入都請贖而當事者故遲之府君竟以雍正八年七月二十七日卒於永平距生順治十三年八月初三日年七十有五甫得旨赦歸遺令若朝廷不復官者毋得爲志銘及表墓孝廉扶柩歸葬於謝墅之梅花嶴初伯和府君艱於嗣禱於南鎮神及生府君夢赤熊入室府君長身頳面而髯大音聲揚休山立不戲笑持身刻苦獨居無惰容事親孝幼失恃侍伯和府君疾衣不解帶及伯和府君卒祖母邵太孺人猶在堂邵太孺人守節六十餘年性嚴毅府君事之曲得其歡心比居兩喪哀毀備至營葬地皆躬親與弟州同君潞友愛甚悉推先業與之撫從子如己子餼俸所入半給親黨而治家甚嚴閨門整肅如朝廷配樊孺人名家女亦嚴正寡言笑以勤約佐府君孺人卒時府君年三十六矣終身不

再娶亦不置妾媵子一人諱杜國子監生十試於鄉不中雍正元年考授州同知不赴銓性至孝府君久在外勤力家業以所贏奉府君及府君被劾奔走呼愬仍内庀家政月往返楚越間又萬里護行至永平年甫四十鬢髮盡白府君飭之歸不許復出歲時朔望必北向號慟後府君七年卒女一人適會稽生員章鑣孫八皆詳譜略府君雖久客而庭誥周至諸孫既娶婦命月三夕入内餘朝夕趨塾中皆謹守弗敢違家居終日侍立雖暑月不衣不見既病爲遺令數萬言皆持守身之要凡祭祀昏嫁日用往來皆爲之程不得衣帛乘肩輿宴客毋過五簋器以瓦及木勿得綵繢婦女毋以金珠爲飾勿雇乳媼勿蓄婢子姓年五歲即入塾至十六歲學弗成即習農賈勿得游惰逾二十方娶婦逾四十無子者方得置妾且言歿後毋得延僧道會賓客一切歸喪之期及葬期皆自豫定府君論學以剛爲主嘗曰剛者陽德也剛則明明則無私無私爲誠剛則嚴嚴則慎獨慎獨爲敬箸居俟篇一書皆參明陸王之學文章高警不事雕飾尤長於詩有梅溪集二十四卷嘗佐江南大吏修築洪澤湖隄箸治河治淮治湖三策當時多施行其他公牘日記之屬又數十卷六世孫慈銘曰先王父藴山府君嘗與族父青田先生言李文貞康熙之所謂名臣也其所著書亦多可觀而考府君所述則異甚府君無過言且與文貞從子編修鍾僑爲同年友是必有窺其深者慈銘及長而讀國史名臣傳所載彭尙書鵬劾文貞奪情之疏及文貞身後之謚議已難乎爲文貞地矣既讀謝山全氏祖望集則詆文貞無完膚其言視府君尤峻謝山儒者亦於文貞無宿怨蓋嘗反復文貞之所處而始深明其故也文貞之遇聖祖所謂得君行道千載一時者也其時天下甫大定聖祖虛懷納諫將損益百王以復隆

古之治文貞所言無不從而未聞建一大議陳一遠謨遇大有爲之君以名儒居相位而經國之慮絕乎無述徒以曲謹小廉沾沾自見籠絡聲氣取援而固榮其所學固安在哉謝山舉其初年賣友中年奪情暮年以外婦之子承祧爲一生三大案夫其陷陳夢雷一事世多爲辨之其後二節則百喙難辭清議故謝山以爲相業經術即此可知而府君早辨其學之不純非所謂本失者末不立耶先儒念臺劉子言三陽蹇夏以爲一代之治有君無臣嗚呼若我聖祖之世則眞可謂有君無臣矣至高士奇輩又安足責也慈銘幼時所聞於先王父者府君遺事甚詳府君手稿又大半藏予家歲壬子嘗譔次爲家傳辛酉之亂家燬於賊傳稿亡而府君所箸亦皆盡惟遺令有副本得僅存慈銘深懼府君之懿烈日久益晦謹采獲十一并綴所記憶者重著於篇〔西郭李氏譜〕

胡士弘字大生會稽人父患痼病侍湯藥惟謹衣不解帶者十五年雪夜父渴思食梨時城門已扃士宏繞城隍號泣忽遇一軍士指負堞一舍引之去得梨以歸詰旦往謝堞下不復有舍惟漢前將軍關侯廟在焉父歿營葬東湖躬負土石建隄植木人呼孝子隄〔省志稿據采訪〕

言然字述子山陰人先賢言子後也言子後大宗在山陰康熙五十年江南學臣疏請賢裔宜與世襲論序當及然然投狀謂先世以守越留居久離墳墓請如前明衢州孔洙讓公爵與在曲阜者例時論高之然有學行工詩子世永字孝思能世其學〔吳德旋聞見錄〕

陶必達字品臣別字慕始會稽人康熙戊子舉人壬辰進士館選名不預士林惜之時桐城方望溪見其文悅

之謂人曰此陶文簡再來身也恨相遇晚訂交京師旋補内閣中書充内廷教席三年期滿以御試第一授永寧令甫下車煦摩董率寬猛互施期月間俗爲一新念母不置亟迎板輿而西於官廨中爲築養堂效虞潭故事雖簿書旁午問安視膳與爲諸生在堰時無異也丁酉入闈分校得余棟何輝宁等五人皆江右之錚錚者壬戌歲大祲查勘災地晝夜靡寧兩請上官始得賑卹存活無算上官器之績居上上考方薦於朝而以賑務積勞遘疾不能起卒於官（陶堰陶氏譜）

王嘉謨會稽貢生康熙四十八年知山西徐溝縣仁慈廉靜實政實心葺學宮繕城垣設義學修社倉有功地方（徐溝縣志）

傅王燮山陰人進士康熙四十九年任山西聞喜縣知縣愛民親士甲午分校主司重之以内艱歸清風兩袖著有孔木集行世（聞喜縣志）

金虞廷字颺言會稽人康熙丁丑進士五十二年任山東魚臺知縣多善政有海槎行笥偶存詩集行世（魚臺縣志　道光會稽志稿錄其名於越風下）

張在中山陰人康熙間任陝西延安典史縣志稱涖任三十載明敏愷惻大得民心歿於官合縣士民無不流涕康熙四十六年任安定縣典史（延安府志）

陳瑋山陰人家貧往京師求生計有鄉里兩人三年中先後死皆瑋具棺殮一人遺金數百在瑋所衆皆勿聞瑋召其家併返其骨與金時有魚臺令罷官困甚將賣女以償債瑋計數代予完其骨肉由是長者稱滿長

安中年五十起爲吏得寧夏中衛典史前典史牽視民爲淵漁瑋獨同癢痛樂苦故卒官而弔者涕者不期而來方西邊用兵急運餽或期不至瑋獨如約大吏喜立下令以陳吏爲法又開渠築堤爲飛槽引水漑廢田四萬畝任八年病卒縣令入視喪見無餘資爲泣下〔胡天游撰墓表〕

葉世芳山陰人康熙五十六年任雲南建水州吏目修濬湖口著有成效州人奉祀〔臨安府志〕

胡賡昌字禹聞山陰人康熙五十九年授陝西莊浪縣知縣作居官箴以自飭見城隍頹塌倉庫空虛百姓鳩形鵠面傍崖爲窨以居綿蓬沙蓬充飲食無一可展手歎曰惠鮮懷保起弊振衰非有司責乎乃問民疾苦施設條教縣多逋賦爲定催科法四五月分作六限令納半八九月分作六限令納半二三月播種之期六七月收穫之候免其差徭追比減耗羨除害稼蟲鼠於是民力寬而輸納不勞繕城池修黌舍纂縣志廢者舉畢嘗攝儒學事進諸生講解文藝人知勸學每遇旱潦虔禱立應數年民有宿儲商旅湊集治行稱全陝第一以疾乞休去之日縣人攀留啼哭追送百餘里離任後制府年羹堯復延其課子爲勉留數月作四歸詩以寄意未幾辭歸〔張濞胡氏譜〕

王杜會稽人由進士知山西平魯縣時值更始事多草創公廉明幹措施裕如建節孝祠以褒貞烈修普濟堂以惠孤貧義舉善政不一而足〔山西通志　按山陰選舉志王杜山陰人康熙五十七年進士仁和縣教諭〕

茅子贄山陰人康熙六十一年任陝西郿縣知縣靖西藏有軍功斷決如流給諸生薪米督課擢寧夏同知〔

陝西郿縣志〔

李振宗（一作曰晟）字大聲，山陰天樂村人。康熙間爲雲南永平尉，在任曾建義倉，又募修鐵紐長橋二百餘丈，民不病涉。歷俸十四年，遷福建仙游有山寇陳五顯爲亂，振宗平之。兩署莆田令，丞旋調臺灣之澎湖鎮。值林一貴之變，全臺不守，牧令多棄城紛渡，至澎，振宗籌畫防禦，得以無事。半載事平，以軍功擢府通判，因年老乞休。〔據天樂李氏譜〕

謝起龍，字天愚，山陰廩生。前後守令皆推重其文行。邑令張公爲作蕉雨軒記，蕉雨所居軒名也。晚年絶意進取，寄情譔述，著毛詩訂韻五卷，謂四聲起而古音亡，韻補出而古音亂。古韻之亡亡於强分本音之亂，亂於强叶。因取音之本不待叶與叶而未安及有反切而無音者，一一詳辨之，以正吳才老之謬，而補紫陽之闕。輯東山志十卷，以誌一鄉之文獻。不喜講學門戶，嘗云：近時學者於紫陽稍窺影響，輒枝旗鼓屏斥陸王，以資浮論，於身心何補？授徒必舉古今忠孝廉節可爲法則者以爲砥礪，故出其門者文行多可觀。天性孝友，以母病革時不及侍湯藥，哀毀左目失明。季弟負官逋，鬻田產代償。幼弟夫婦早歿，爲經紀喪葬，撫孤盡恩。操守耿介，雖以文受知當事，或堅請入署論文，史外無纖毫私瀆。乙酉以歲貢生考授訓導，例得先用，以兩親不逮祿養，竟不赴選。雍正甲寅歲卒，年六十九。〔陳梓刪後文集〕

章琇，字又傳，號樂野，會稽人。篤内行。康熙乙未客憲使署，會有大嵐山之獄，株連當坐者千餘人，琇爲之保全者甚衆。雍正二年海溢杜浦塢工築塘，田廬獲全。丙午施藥救疫，辛亥賑饑，所活各數千人。里有鬻妻償負

者贖還之又恤其家（章實齋文集）

章士熊字載璜會稽人豁達好施宗親待舉火者歲有百餘人（章實齋文集）

何經文字友三號無墨山陰人康熙五十九年知貴州普定縣普定安順附郭邑也黔中狆苗最頑而廣順鎮寧二州尤劇普定界接二州經文用密計禽二州劇賊賊不敢窺安順境而府屬別邑狆苗曰老卜本與鎮寧苗阿汝等糾聚入城戕富人取其貲經文奉檄討平之雍正元年擢知安順府火連蟒者廣順長寨苗之尤魁桀者也以蜀人李奇爲謀主猖獗甚四年有詔命提戎楊某討之連克五十餘寨獨羊城囤未下撫臣何世璂檄安順佐其軍臨發募部下知苗中阨塞者數人與俱既至按行則聳壁千仞右傍徑如線雖有萬衆不得進經文顧所與俱者曰囤何以名羊城也有盧生者對曰臼中而壁外陡不可上唯羊可上故名耳經文首頷之卽佯言軍中吾且攀崖夜襲賊營衆以爲疑而陰市羊數百頭斷水草二日會夜大霧昏黑乃設伏縱羊羊至山腰爭散走齕草簌簌有聲苗聞以爲官兵四面至遽下木石弩礮如流星密雨良久度且盡而所遣敢死士八百人已直趨左徑突登殺其守關者苗驚亂自蹈藉墜崖死者相枕遂斬火連蟒獲李奇降其衆明年其黨李廝四金復連兵焚刦城邑官軍無如何經文復奉檄會勦出奇兵擊其背獲賊首歸經文故文士作吏值苗疆不靖數立辦賊功然號令嚴明得賊首卽已撫納甚衆故所在悅服凡旁郡有警未嘗不在事尋調知石阡旋調黎平滇南達京師舊驛必經由黔中崎嶇萬狀人畜往往踣頓若別鑿山歷黔旁邑迤東北行以合於舊路則途較近而夷而密箐荒荆迴互深阻約三百里經文奉命開道自七年八

月越明年二月工竣費帑金五千七百有奇視原估萬四千兩僅五分之二而忌者中傷之九年竟以勘實冒銷劾罷責償至二千金後事白復職隨以積勞多病告歸乾隆八年兩被徵召竟不赴凡靜息林下及就祿養南河道熠官署垂三十年戊寅八月卒於淮揚年八十有四〔據陳兆崙撰神道碑〕

黃琥字銅文號秋渠會稽人康熙癸巳舉人其爲學凡天人性命禮樂名物以及釋典道藏搜討幾徧詩文有魏晉風晚歲坐臥彭山別業潛心於先儒語錄時有所得彙爲一編以自考平日之學雍正甲辰卒所著有秋渠文稿雪門詩集〔軒亭黃氏譜〕

向璿　黃艮輔　程登泰〔錄彭紹升譔傳〕向荆山名璿浙江山陰人少攻舉子業年二十餘居母喪始觀性理書一日讀孟子云人之所以異於禽獸者幾希瞿然曰吾其遂甘爲禽獸乎切已悔過心不寧者數月王行九者王文成公裔也方講致良知之學荆山往而請業聞其言輒心開去而以書往復者數四益自信遂奮力于學聚里中十餘人爲輔仁會每月朔一舉威儀進止咸有法度居久之里人皆以癡目之荆山聞而笑曰其然乎其然乎作癡人傳辭曰浙江之濱有人焉問其姓氏不答觀其行大類癡者人遂共以癡呼之其平居也首不脫冠身不去衣立未嘗跛坐未嘗箕行無緩急翼如其趨自手至足繩尺是拘當世所尙曰惟灑脫視此所爲癡復何說每直無事危坐終日或誦詩書或玩周易思而未得如負重疾迨乎既得不勝悅懌忽憂忽喜循環莫息在旁觀者莫測其由指之爲癡更復何尤及與物接互相談論或雄其辯動人聽聞或俯其首寂無所云言或非禮拒而弗答道或不同厲聲正色時尙圓巧彼獨方拙癡之一言非此安

設情之所發多與世忤人之所爭彼乃弗顧人之所欣彼或加怒是非當前一衷以理毁譽及躬弗悲以喜見義勇爲奮不自止聲色貨利脫然如洗與物無競與世無爭苟非癡人復誰其能生質之累幾于下愚人皆了了彼則若迷妄效聖賢望焉以趨堯舜之中孔顏之樂太極圓圖先天心學汲汲孜孜窮探力索上希鄒魯下師濂洛言稱古昔動法先王惡聞人過樂道人長凡此所爲癡入肺腸烏乎天地有此癡氣聚而成人爲世所異自古及今繩繩相繼後有來者幸無自棄荆山服膺王學者且六七年已讀程朱書忽自疑偶于肆中得高忠憲公年譜讀之遂舍其所學一以程朱爲宗𢹂守小學近思錄章句集注諸書與其學者辨析異同反覆不倦其自省亦日密嘗言事事反躬刻刻畏天一刻不畏天便是罪過一事不反躬便涉怨尤故其平居雖小過失刻責甚至日之所作夜必告天家貧或終日不舉火而手不釋書著志學錄明其所得于程朱者雍正九年卒門人黃序言程魯望傳其學序言名艮輔魯望名登泰與荆山同鄉里聞其論學有省遂受業焉始宗王學已卒歸于程朱序言能文章善闡其師說魯望以侍父病得咯血疾疾亟讀書不輟或止之則曰死命耳以學死不愈于徒死乎卒時年二十九序言後荆山一年卒（錢儀吉碑傳錄　舊山陰志有傳參看）

張邦曜　（錄桑調元撰傳）君張姓諱邦曜字旭明號曉亭其先宋劍南節度使南軒公始遷浙至聖三公遷山陰之張家塾考諱允謨生四子君行三性仁厚於親故最篤無大喜怒甘清貧初筮仕山東丞歷城署令郯城兩詣京及河南招飢民回籍安集得所調河工察隄閘泉源水勢著勞績勘東阿災散賑紀大功二爲

中丞巡捕官甚見信任值辦西邊軍需中丞擇縣名之佳者如招遠清平霑化等君與聞之承辦各州縣畏赴行間私萬金求解免君悉卻之但告以部署已定毋恐而已丁憂服闋補黄縣丞盜以平擢河南布政司都事署郡丞别駕者屢稱練達自康熙庚寅至乾隆癸酉老而解組歷官四十餘年事上官不阿寮寀待以坦白其尤著在康熙五十一年沂水妄人田文如誣同縣趙瞎子九十餘人不軌并及官弁仁皇帝特遣官逮問時中丞蔣公陳錫遴幹事之員衆推君卽檄委并授王命旗治官弁之違約束者歷下至沂水四百里餘君馳閒道一晝夜至衆驚神速且戴王命旗懼卽擒戮城中悍遽罷市君廉其事誣妄大聲曉以無罪一就訊立雪且被誣僅九十餘人耳衆何洶懼爲遂安堵市如故將按召册内諸有名令請治鞫具君曰無庸日集僚友行館飲酒宴樂或懼得罪逡巡引去隸以數人至錄姓名里居卽縱歸約隨赴省人情大定自東身詣庭下縱如前四日畢集有與册内仝姓名者十餘人請與俱絶後累一路聽散處不問官弁亦隨行既至司臬欲囚衆君不可請仍委收領如逋亡甘功令比讞不失一人得田文如誣狀坐之衆盡釋其被誣及親黨子弟赴省偵視者累數百人悉手香詣署前歡呼動地泥首謝既而並云云泣下觀者咸感動脱其時不廉實豁達推誠如是愚氓或竄匿且激變矧長途縲絏無辜至復拘幽囹圄綴名叛案其被累有不勝言者宜上官奇君之胆識益加器重臨淄人碑諸口至今以爲美談也君罷官貧病不克歸卒於乾隆十九年八月初三日壽七十有三〔桑弢甫集〕

秦世鼎會稽人康熙五十八年由歲貢任景寧訓導持已端方詩字並佳致仕去〔景寧縣志〕

嚴孝子山陰人父某康熙時入粤貿易往來瓊州海北閒貲漸饒寄籍娶婦生二子積年未通音問於家方出門時孝子尚在襁褓其母教養婚娶生子得爲諸生授徒給食母始告以父久客不歸孝子承命往廣州徧訪歷高州粤西皆無蹤跡復回廣州資竭遂入海珠寺爲僧欲陰以訪父主僧憐其孝許之一切文書皆委焉雍正五年其父携貨由海船往省城遇大風濤禱於神而安到省酬神於海珠寺孝子爲書鄉貫姓名卽問其客遊歲月知卽父也跪泣於地曰兒生三歲父遠行今三十年矣尋父兩載未獲流落爲僧日夕禱祝今果得見父其父復詳問家中事皆合於是相抱大痛出五十金謝主僧而携孝子歸寓售貨得千餘金偕歸惜述者佚孝子之名〔淸耆獻類徵載沈元滄書嚴孝子事〕

濮嗣傑字超公號逸菴山陰人康熙時游幕淮揚豫楚間鄧州吏目章某與嗣傑有舊嗣傑館其家一日章妻失金簪意爲婢竊鞭之幾斃婢求救於嗣傑適嗣傑方與章奕告婢曰汝告主母勿再撻汝明日吾當以金簪還也章大疑嗣傑與婢私拂衣欲起嗣傑固持之請終局逾時得簪於門閾之下章慚謝焉生平布衣蔬食尤好扶植後進手鈔古書數百卷著有日省堂尺牘若干卷卒年六十七子懷仁字秉四別號栗園乾隆二十九年官湖北黄岡縣團風鎭巡檢有徐大位徐某者九江巨盜也焚刼戕官越獄者屢矣上官捕之急匿於鎭知府某密檄懷仁捕之懷仁蹤跡得其巢穴二盜急不能走挾利刃匿大甕中懷仁率役搜獲盜迎面刃之中其腮持之愈堅竟不得脫縛以解府縣令胡某攘其功超陞去懷仁終不自明後改官山東日照縣安東街巡檢卒於任年五十三〔濮氏家傳〕

范卜年字期昌號岵瞻又號拙園山陰人康熙六十年進士官江西永豐上高等縣知縣所至有聲生有異表身長六尺餘白晳美髯語音朗朗望之如神仙被議罷官潦倒窮途朝夕不繼其抑鬱無聊之槩每發諸吟咏而絶無卑靡萎苶之態書法奇古蒼勁中有姿致所著有紅欒樓集〔據兩浙輶軒錄〕

金啓字奕山會稽人少游平涼學爲詩靈臺令王一元見而善之一元字晥仙江南人以進士爲令著書等身所爲歲寒詠物詞儒林爭膾炙焉啓年少於元而元樂與啓游爲忘年友然啓詩亦自是日進僑居三原城西尋一元以虧帑得罪去啓乃鬱思感憤無所放其意而託於酒往往舉觴自勸亦或與耕夫野老傾壺盡歡舉人情所極不能忘者皆一醉忘之醉而醒則作詩詩得意復飲極醉而向之鬱思感憤者又不知其何往矣人或病之欲與言輒飲以酒旋出詩人亦相忘竟與抵掌歌呼酣喜顛倒而去終莫得言出語人曰吾欲援啓於醉鄉顧乃爲啓餔糟醊醨也商州守某聞而致之幕守解詩能飲而其客錢卓人詩尤工三人居甚歡頃之守家隸慢卓人卓人怒去啓亦慷慨辭歸賦詩數章以見志焉啓之歸於三原益漠然無所向獨與城東劉七善七雖不勝杯杓而精於詩故啓喜從七啓來七具飲啓獨酌七操筆其旁爲詩以酬方啓從七七卽鍵戶唯啓與七聚他人不預也雍正八年正月十七日啓卒年三十卒時七爲經紀其喪所爲詩多散軼七收其半而藏之〔據耆獻類徵〕

周鉞〔錄杭世駿撰墓誌〕君諱鉞字汝盤號晚菘山陰人先世有名洪謨者官吏科左給事中劾魏閹直諫有聲四傳至君父中錫爲儒阨窮早死君方三歲聞母哭輒啼號不止旣就外傅雖弱小嶄然若成人年十

八爲博士弟子員有聲黌序貧不足於養佐其從父之官毗陵未數月聞母疾卽日馳歸日夕侍湯藥衣不離於躬脇不貼於席闔於別室禱天冀以身代刲股肉以和藥卒不驗竊持廁牏出躬自浣滌至嘗糞以驗生枯嗚呼庾黔婁而後史策之闕書者幾千載矣繼此者獨君而已居憂三年不食肉飲酒祭輒號慟絕去後至毗陵感舍旁白雀作白雀賦以寄哀苦之思今集中所傳是也君至性純篤而輔之以文學卓然可名薄遊粵東著粵南雜記他詩文數百篇居毗陵三年研精經學擬著三禮會通不果類纂左事成二十二卷前儒章沖之鄧名世不能過也晚歲始饘於米廩貢成均藉友教以自給素患失血怔忡間發撞胸如杵臼少差猶爲諸生娓娓講說曰吾不敢食焉而怠其事也乾隆六年某月日歸自濟寧血下瀉遂劇春秋六十有五初娶於裘太學生孔光女定婚於先人彌留之際其古義可以厲世生一子大樞〔舊志有傳〕繼娶於婁再娶於施生二子曰秋碧曰大柯孫四人永熾永焆永熺永燿大樞試鴻詞不利留滯京師既聞訃徒跣歸謀葬君於柯山先人之原以裘婁兩孺人祔奉遺令來告余曰吾一生不能爲善不能爲惡止此矣詎可傳乎盍請於杭君志吾墓以文庶可乎余感其意乃爲銘〔下略〕〔山陰志有傳〕

章諺　〔錄章學誠撰家傳〕先生諱諺字又傳號樂野父爾錫公以上詳世牒先生天性肫摯詳於內行丁母陳太君憂水漿不入口者三日毀瘠幾於滅性有女兄適王而寡先生經紀其家撫兩甥俱有成立吾鄉風俗依古從嫡凡兄弟析居冢子授田嘗倍衆子先生自以家督友愛二弟白爾錫公請以三分均擘焉先生自文叔公卜居偁山之陽是爲道墟歷元明迄今垂五百年子姓聚處族屬蔓衍負海阻山迴環十里之間

比戶萬家烟火相接鄉人推族之鉅者無若道墟章氏章氏地僻人衆力耕不給則有沙州木縣山泉釀酒利爲會稽諸鄉之最而支庶貧富不齊猝遇水旱爲災陰陽偏沴疾癘時行宗黨週卹盈縮相濟非得忠信開敏有才望能持大體者爲之綱紀其間則往往觀望不發先生家故豐遇事則首出貲爲族屬倡始經營擘畫必中肯綮而以治任部署三宗子弟悉當其才事舉誼修人皆奮起自宗老以下莫不倚重先生雍正三年甲辰海溢杜浦高岸爲谷先生鳩工築塘田廬遂定辛亥大飢爲粥於路活餓者數千人丙午大疫建置藥局起病者亦數千人皆先生終始其事里有鬻妻償所給者先生贖還之其人貧無以生又周給焉其豁達好施與多類此先生幼習舉子業試輒不遇以貲授州同知嘗欲得一小試逡巡不果年四十有八終於家

平遇字樵風山陰人康熙六十一年歲貢任黃巖訓導勤於月課學宮明倫堂壞於颶風遇修葺之復建齋舍六楹置興文士穀神祠田六畝知縣劉寬修樊川書院建祠坊及濬河諸事遇咸力勸之而總修縣志尤有功於文獻云〔據乾隆黃巖縣志〕

陶德燾字少如又字斐園會稽人康熙六十年進士授廣東連山廳兼攝曲江篆旋移三水所至皆有聲大吏以循奏調知連州州舊有內外二城防猺風雨摧撼崩壞荒基薺合德燾請於上官撥銷餘鹽卽以其羨爲營城費鳩工給餼不日告成連新改直隸州向屬廣州府府與州相距六百里士子遇歲科試苦於跋涉德燾爲建試院俾使者按臨州城著爲令尋攝理猺同知猺不知理義不解詩書乃延通猺語者爲之師日程

月課猺學始興秩滿推擢吏部稽勳司員外郎旋任粵西鹽運使同知下車條鹽政八則制府嘉納如所行梧素無鹽廒運鹽至𡵓舟候配久則消耗無算民苦之或詭稱遇颶沉其艘又或縱火連檣藉口延燒以自脫德燾蹙然曰繩以法民死矣民死何裨於課吾權之請照商折餘鹽例補運船戶補償僅三之一耳不逾時課完粵西人咸服其籌畫蓋自連山令至司鹺綬凡六易一以廉隅自勵罷官日無積蓄欲踰嶺東歸不可得僦居南雄以卒〔陶堰陶氏譜〕

趙坦字博也會稽人弱冠攜兄弟徙居河南汲縣性倜儻不拘小節機智明捷以入貲需次河南縣令雍正初年投効北路軍營以功擢授西安通判旋謝疾歸岳大將軍思其才復奏起之至軍前凡所贊畫皆中機宜委任特異晚卜居汲邑西北之蔣山以詩酒自娛而終子仕錦入汲庠由歲貢任睢州訓導〔汲縣志〕

沈道遠山陰人雍正中任山西繁峙縣典史遇旱步禱於青龍池即日大雨嘗治下茹越河渠民利賴焉爲勒石記之〔繁峙縣志〕

劉光然山陰人雍正間知陜西寶雞縣愛民養士治行最著丁艱去官攀轅者甚衆〔寶雞縣志〕

朱閑聖字嶧庭山陰人雍正五年任陜西郃陽縣遇事有條理剔奸弊不動聲色最大者邑之里馬歲累民數千金力請於督郵革之採買令下又以民食不足難辦陳於制府制府嘉其誠懇又免之其辦軍需也養駝及騾馬役頗煩而民不知擾一切修舉廢墜不費民間一錢接紳士必以禮任三載清操如水調蒲城去之日郃人咸攀轅號泣如失慈母各憲聞之歎曰不意朱令爲官使民感戴至此後知西安府升廣東糧驛道

〔陝西同州府志〕

趙懋本山陰舉人順天大興籍雍正五年任山西和順知縣存心寬恕接物謙和調襄陵後陞遼陽知州〔和順縣志〕

童邦彥字禹臣會稽人遊幕有名雍正六年由山東東阿驛丞遷觀城典史廉平得士民心上官亦重其才品年八十餘引年去劉蘇村贈以詩云莅政七年惟飲水衈恩百里遍聞歌盖紀實也〔山東觀城縣志〕

陳士俊會稽人雍正八年爲山西石樓典史有廉聲捕緝多方〔汾州志〕

陳思友字式玉山陰人雍正八年援納授山東平度州同知清廉謹恪卒於官囊空不能歸櫬增生毛鵬翔予地葬之子孫入籍〔平度縣志〕

繆文榮山陰人雍正八年任四川璧山縣典史時邑初復設修建衙署督捕盜賊與修邑志均著勞績〔璧山縣志〕

徐錦會稽人雍正十二年任河南輝縣興利除弊不遺餘力曾請免水田錢糧二十七頃零士民立碑百泉以誌功德〔輝縣志〕

沈洪山陰人雍正十年任雲南新平縣典史權楊武壩巡檢猓夷叛堵禦被害〔續雲南通志〕

潘璜山陰人雍正中知湖南寧鄉縣縣有積盜負險爲害更數令不能治璜即其巢穴禽治之民賴以安〔湖南通志〕

祁安期會稽舉人雍正十一年知甘肅山丹縣子諒樂易禮士崇文建書院於署東親督訓課一時士子獲益者衆旋以疾卒於官（甘肅新通志　按據采訪祁安期係山陰梅市人）

唐秉彝山陰人雍正十二年知山東淄川縣適當分撥縣治謂地雖減而糧未少不得於童子試額獨埒中邑請仍舊額邑東南二里許有官壩截堵般水繞城而流爲濬舊淤以資蓄洩民資灌溉咸食其利（山東通志）

金文宗山陰人雍正十二年知雲南霑益州事爲政和平重學校育人材設城鄉經蒙各館籌置館租士民樂頌（霑益州志）

胡仁濟字沛施號省齋山陰人雍正十三年知江蘇寶山縣邑東南北三面環海潮汐不時至舊無隄塘障蔽仁濟倡議築長隄以禦之自顧涇迄虬江袤延四十里五旬而告成慮臨海外塘潮激易潰爲廣栽桑柘根蟠盤固遮護塘身分段設塘長以守民始獲寧居采淘港者通海巨港也明時倭人入寇率由此登岸港身寬二十餘丈横貫土塘潮汐往來有萬馬奔騰之勢仁濟念不堵此港若土塘震烈爲害更甚乃具陳通塞之利害於各憲刻日興築宄奸之販鹽者船出入不便百計阻撓誣揑上控迄不爲動持之愈力適巡撫張閱海塘可其請遂於采淘港口連土塘横截之令内通舟楫外漲泥沙一舉兩得尋慮土塘難以經久議於灘上更築石坡塘内再建石塘爲一勞永逸之計繪圖貼說稟籲巡撫題請動帑乾隆二年允發帑銀十餘萬築護城石塘工成以丈計者一千三百有奇六年七月風潮連四晝夜民恃以無恐縣舊爲嘉定轄地鞭

長不及自雍正三年分治後訟狀猶日以百計仁濟聽斷如神到任五十日審結積案一百六十餘理周情得人稱爲胡青天自後無情者不敢履訟庭徵糧用挂榜法未完者朱籤標識鄉無催科之擾而輸納以時同縣劉正誼寄以詩云九幽可格才眞絶十載難遷事亦奇蓋紀實也在寶山凡八年去之日遠近紳民列炬焚香送者數千人環擁不得前簞食壺漿充牣館舍漏三下猶欷歔不忍去以詩文紀德政者纍纍成帙時有去任榮於到任之謠歸後縣民肖像以祀二十八年正月卒於家年八十有七三十一年寶山民建專祠於城南門外遇風潮必禱焉嘉慶九年江蘇巡撫汪志伊據縣紳侯守仁等呈請題準崇祀名宦祠十一年八月送主入祠仁濟內行醇備事母焦氏備極孝養疾病嘗公刲肱肉以療其生平期許以躬行實踐爲主立言垂後語語由體驗而出所著省齋格言諸編可與儒先語錄相發明（張川胡氏譜　舊志附胡昇猷傳）

周道灃字汝融山陰人雍正十三年任山東掖縣西由場鹽大使地近海彊民頑俗悍灃雖鹽官鎮之以威一時風氣爲之轉易調海豐場大使（掖縣志）

胡學澄字靜涵山陰人其族有居山西繁峙者遂徙家因占籍焉性伉爽重然諾善屬文尤精法家言所至傾動公卿嘗於會城倡立惜字社所費及千緡時人義之子延夔進士由部郎出守順慶（繁峙縣志）

陳至言會稽人雍正八年任江蘇寶山縣主簿時新建縣諸多草創知縣胡仁濟方籌辦海塘牒委至言督其役自八年至乾隆九年在工最久悉心區畫不憚劬勞至石塘告成大工始竣至言左右之力居多（寶山

縣志〕

馬綸華字汝調會稽人雍正庚戌進士十三年任福建古田知縣發伏擿奸吏不能隱而治民不競不絿外肅內慈有時下村民設盛饌止取一肉一羹餘悉令持去曰不持去徒果予從者腹不汝德也惠庶敬儒耐守清苦去官之日歸囊甚瘠僅足爲路費而已〔古田縣志〕

童華字心樸浙江山陰人年未冠爲諸生長習名法家言出佐郡邑治雍正初入貲爲知縣時方修律例大學士朱軾薦其才世宗召見命察賑直隸樂亭盧龍兩縣報饑口不實華倍增其數怡賢親王與朱軾治營田水利至永平問灤河形勢華對甚晰王器之尋授平山知縣邑災不待報遽出倉粟七千石貸民擢眞定知府權按察使以前在平山發粟事部議免官特詔原之怡賢親王奏以華理京南局水利華度眞定城外得泉十八疏爲渠溉田六百畝先後營田三百餘頃滏陽河發源磁州州民欲獨擅其利自春徂秋閉閘蓄水下游永年曲周滴涓不得時改州歸直隸以便控制華建議仿唐李泌明湯紹恩西湖三江兩閘遺規計板放水數縣爭水之端永息華又以北人不食稻請發錢買水田穀運通倉省漕費民得市稷黍以爲食從之調江蘇蘇州會清查康熙五十一年以來江蘇負課千二百餘萬巡撫督責急逮捕追比無虛日華固請寬之巡撫怒曰汝敢逆旨耶對曰華非逆旨乃遵旨也上知有積欠不命嚴追而命清查正欲晰其來歷查其委曲或在官或在役或在民或應徵或應免了然分曉奏請上裁乃稱詔書意今奉行者不顧名思義徒以十五年積欠立求完納是暴征非清查也今請寬三月限當部居別白分牒以報巡撫從其請乃盡釋獄繫

千餘人次第造册請奏時朝廷亦聞江南清查不善下詔切責如華言浙江總督李衛嘗捕人於蘇華以無牒不與衞怒蜚語上聞世宗召見責以沽名干譽對曰臣竭力爲國近沽名實心爲民近干譽上意解命往陝西以知府用署肅州佐經略鄂爾泰屯田事鑿通九家窰五山引水穿渠溉田萬頃以忤巡撫被劾罷官乾隆元年起福州知府調漳州頗好長生術招集方士習丹家言復劾罷歸數年卒華剛而忤時屢起屢蹶在蘇州民德之尤深以比明知府況鍾（清史稿循吏傳　按華所著有清田太湖濱議一卷橐它經一卷九家窰屯工記一卷銅政條議一卷長岐紀聞一卷忠臣傳六卷詩文樂府九卷藏於家見華亭沈大成所撰傳）

魯遐齡原名弘瓚字宗獻號松巖雍正元年順天舉人聯捷成進士初授廣東新興臨高等縣知縣尋調香山香山沿海要缺縣東竹山洲爲萑苻藪遐齡偵知險要情形出入虛實親履其地不旬月而擒獲殆盡外海島嶼有廠子淇澳亦民居所也時有奸人雜入其中粤督誤聽廣守議欲盡殪之飛檄令其協水師統兵三千往勦盡殲毋遺遐齡捧檄駭甚曰果爾是玉石俱焚也星馳入省面陳擇勦之説語言愷切感動制臺得如所請乃以單騎傳諭予其自首從寬人盡悔悟不血刃而面縛自首者千餘繫六百人歸分別魁從懲治有差粤督以爲能欲薦拔之終以忤廣守意沮之不果既而守議以自首諸盜發往烏蒙禦寇每一盜株連三四人牌行又成大獄遐齡不請於守詢株連者釋之守益憾焉遂以諱盗罪之罷職遐齡任香山四年能絕苞苴勤撫字嚴保甲尤加意學校捐俸修儒星門建尊經閣葺鐵城書院延師講課以收譽髦之士邑試

拔前列十名先後登甲乙榜者八人遠近文士服其藻鑑署内築數椽于仁山麓顔曰輕紅舍蓋取輕紅劈荔枝句也公餘賦詩其中瀟然自得有韋蘇州之風去官之日老少遮道至江亭諸生泣别百里外繪岐江送行圖以獻歸田後忘懷得失朝夕奉母訓誨子姪友愛兄弟至老猶同居爨出入謙和族黨交推乾隆甲申年粵撫王謩聘主端溪山長遐齡策杖度嶺六郡文士咸執經焉其教以窮經致用坐言起行爲主士之逐聲氣鶩浮華者無取焉故所造多碩彥著作等身詩詞文藝皆爲世指南有六區合鈔鐫刻行世崇祀廣州香山名宦粵省府邑志皆表彰以傳乾隆丁丑次子楷復宰香山粵中稱佳話焉〔西甫魯氏譜〕

童國松字牖雲號渺渠會稽富盛人祖名洙官大城蒼梧縣尉有惠政國松年四十妻章氏謝世不復娶鄉里有義夫之目雍正四年舉人乾隆元年成進士官江寧高淳縣催科不輕施敲扑惟勤勸諭十年積逋不戒而清八年夏霪雨湖水驟漲居民漂没具文請振復裹糧乘小艇躬履勘偏歷鄉僻躬自下鄉覆覈計口給振淳民慶更生不下數萬邑之固城湖爲七省通衢沙淤水涸行旅苦之國松倡捐二百金閲四月功成開濬積八百餘丈深四尺廣丈五尺有奇民賴之士民感德製萬民裘以獻辭不受士民納之於庫以表德歲久司庫者啓視之已成鞹矣治淳五載引疾歸淳人立碑誌之有詩古文雜著三百餘首未刊乾隆十八年卒年六十有九〔富盛童氏譜〕

徐宏仁字聖木山陰人幼慧能文父歿無以爲殮宏仁以童子號泣姻黨間貸錢無所得乃標其身若將自鬻者宿儒陸先生素器宏仁急與錢六緡始成殮境益困綴紙鐵賣以給食學成始授徒而攻苦益力卒以諸

生食飩貢成均性孝友母孟素病胃當危殆時醫者謝術窮宏仁哭禱於神日夜以手摩撫胸膈母夢見神降而疾瘳又歷十二年而卒兄弟四人伯兄縉之歿後嫂沈氏兄弟欲奪而嫁之宏仁力爭至奮拳不顧事卒止季弟歿於京師恐傷母心私哭於他所不使母知精研宋儒之學制行慤實以毋自欺爲宗所造生徒甚衆雍正三年詔舉孝友端方之士學使王蘭生舉宏仁以應固辭乾隆元年復舉孝廉方正又以老病辭不可遂受六品頂戴歸又五年卒年六十九子三汝翼早卒英廩生芳乾隆十八年舉人〔據茹敦和撰傳〕

劉文煊字紫仙山陰人乾隆元年舉博學鴻詞性峭峻不屑干謁屢中副榜交遊皆一時名士年八十餘卒於津〔續天津縣志〕著有雪柯詩鈔其在津時與李澹宜萬柘坡汪師李等爲文酒之會有逌襟集行於世〔兩浙輶軒錄〕

陳縈杰字慕陵號無波會稽人入籍祁陽爲弟子員後歸本籍學識淹貫早以詩文名乾隆元年以博學鴻詞徵著述甚富近後人居徐渭青藤老屋祀渭於孕山樓以縈杰配焉〔永州厲賢傳　輶軒錄引越風〕無波博學洽聞性疏放縱談古今辟易四座詩格清麗尤工集唐隨題拈韵奏拍天成晚歲客死三楚生平著述蕩然罕存藝林咸惜之〕

鍾煇字玉山山陰人早慧苦學既冠母卒哭幾殉刺舌血寫母像朝夕上食如生時旋病瘵卒年二十有二乾隆二年事〔據蔣士銓撰傳〕

孫鎬原名釗字照遠號兆周別號桐巖山陰人習法家言入安肅道王全臣幕掌軍需事竣有肅州新民爲州

牧激變聚衆圍城先敉鄉長鎬持議勿請兵由王公剴切勸諭新民歡呼卒以鄉長侵蝕錢糧凌辱新民致被毆斃戮首犯一人而事解新民得免駢誅乾隆二年選江蘇崑山縣縣丞六年攝縣事釐清漕弊頌聲大作旋解組歸（陽川孫氏譜）

陳愓字廷敬浙江山陰人監生乾隆元年知武淸縣初河工秫稭臨時采之村落差至如虎弊竇乃滋窮黎且有焚秫稭求免累者愓備陳厥狀請先發價買交之工王慶坨營近三角淀萑苻易爲患立哨船衛民也船毀借自民遂成例始役船繼役民前知縣章正印量工給食困稍甦復集資造哨船如初都司陳元彬詳剔前弊愓恐久後累民永革之裁里書汰幫貼民稱便云（順天府志）

周道濬山陰人乾隆元年任牟平縣（原名寧海州）重修學宫惠政甚多邑人附祀龔公祠咸豐初年移木主於城內遺愛祠（同治山東寧海州志即今牟平縣志）

沈士龍山陰人拔貢乾隆四年任山東黄縣知縣縣志稱其外和內剛防弊最嚴云（黄縣志）

王積祚山陰人乾隆四年任河南滎陽縣知縣慈祥勤愼克修吏事（滎陽縣志）

王希曾會稽人乾隆初知甘肅寧遠縣老成練達愛民如子涖任一十七載多有惠政（甘肅新通志）

章紳會稽人乾隆四年武進士由侍衛歷廣東陸路提督有平匪功（廣州府志）

朱繼序山陰貢生乾隆初年知湖北大冶縣居官以仁慈爲本不事苛察聽訟平允隆學校啓人文和氣可掬藹然良吏風尤善草書（大冶縣志）

朱廷掄字𠠎亭會稽人以進士知山西汾陽縣慈惠明察治獄務虛衷不輕施刑民有因姦殺其本夫者姦婦誣指讐某於五更時呼與共樵遂被害拘至則其人固居饘肆血刃存焉然察婦無戚容密訪之具得其實獲眞犯抵罪一時稱神明嘗值亢旱步禱於介休綿谷山甘雨立沛人有百里隨車之喻居五年去官民謳思之（山西通志　按選舉志朱廷綸雍正八年進士此作掄）

徐弘位字立人號白蕉山陰國子生青藤道人渭之裔孫耽詩酒暇則寫墨梅一枝意灑如也中年客遊燕臺詩壇酒社到處逢迎晚歲寓楓溪與族弟維城及溪上諸詩人相倡和惜無嗣遺稿多散佚僅存得樹軒詩鈔一卷（嘉善縣志）

吳嗣昌字衍慶山陰州山人雍乾間以直隸州判試用廣西借補臨桂縣丞署永福縣事再署西寧州同所至有循聲尋題授奉議州州判奉撫令齎銀撫苗遇賊於石邨被執不屈死之時乾隆五年五月三十日也隨僕王順痛主罵賊亦遇害賊棄其屍於河土人獲之以其母之壽木殮而葬諸桑下爲之守墓逾二十餘日經督撫委官啓視則面色如生目開淚落衆咸驚異事聞照陣亡例賜恤予葬（州山吳氏家譜）

胡國英山陰人監生乾隆六年選授貴州遵義府通判十一月到任葺城垣修街道勸民種橡養蠶請開赤水河商民便之（仁懷廳志）

楊際昌字魯蕃號葭漁山陰人乾隆辛酉舉人截取知縣箸澹齋寧集（家傳略）葭漁自幼歧嶷讀書過目成誦及長敦孝友謹言行博學工文名噪兩浙截取縣令稱疾不赴託迹山林以授徒行醫終（湯紀尙撰越

者舊傳〕楊魯藩名際昌山陰人少就塾動容儼恪師每曰吾坐臥徙倚常媿此兒年二十得鄉薦一試禮部晚得官傷親不及見遂不出葬親後要絰不除人或議其過然所交若高先生亦未有規之者讀書不再覽人問故事指某帙覓無爽少爲古文晚焚之以老壽終

朱紱〔錄湯紀尚撰越耆舊傳〕朱紱字貞木性不習世事混混與世相濁獨其心覿古人自束髮至老惟忍飢讀書朗然自得人莫知其數日不食也或餽之亦不受

龐毅〔錄湯紀尚撰越耆舊傳〕龐孝廉毅字果亭會稽人行誼類楊際昌舉動兀兀偶坐立必厲容每侍親送客出中門必儼告客去必正色面親親歿白頭闇然寂處讀書數十年惟楊〔際昌〕朱〔紱〕諸人至談讌可終日餘無交者後生見之亦避去

章鑣字驥衢會稽人乾隆七年進士授湖北應城縣知縣愛民恤士仕學兼優書法遒勁邑中尙有珍藏者卸事後邑人聘留主講暑夜作大帷篝燈課讀造就多知名士著作甚富天門聘修縣志子學誠別有傳〔應城縣志〕

〔附錄章學誠撰行述略〕先人少孤力學官應城令以疑獄失輕免官窶甚久不能歸士民親附如家人身後徙家京師舊治士商至京師者必訪奠故令君旅殯執土物通問再世不絕先人讀書不爲名聲爲古文辭鑱刻峭削病唐宋野史小說傳記足輔正史而文多蕪漫因以意節之鈔江表志五國故事南唐馬書北夢瑣言凡十數種詩則唐體多於古風遺命勿輕示人故紹興志與越風俱未采今所鈔不及百一然亦可

得其槩焉〔兩浙輶軒錄〕

李光昭浙江山陰人監生武清縣丞乾隆八年遷知東安縣事先是五年之間易知縣凡八如宿郵舍事乃叢脞東安地瘠間有腴壤旗莊十之六永定河自西北逕其東南潦則田爲藪澤民益病光昭下車搔癢櫛垢因勢利導民便之明知縣陸燧所建金臺書院鞠爲茂草又前知縣張拔所建義學亦日就圮光昭捐俸葺之置地爲膏火助十四年纂縣志告成〔東安李志參重建小西街義學碑〕明邑紳李侃墓久爲鑲白旗石姓圈地犂幾及壟光昭檄典史封殖其墓禁耕侵〔東安李志〕〔順天府志〕子浚源另有傳

吳迪琛號梧岡山陰人舉人乾隆十年任石門教諭士風翕然不變嘗曰藥無美惡入吾籠者皆堪充用在治方者得其宜耳以詩法授後進邑諸生之嫺韻者皆其敎也六十辭官寓邑之東河塍時邑令王善櫺亦以謝職僦居東寺與邑之名士日相過從爲眞率會卒寓舍歸葬著有梧岡詩文鈔〔石門縣志〕

陶思深字東溟會稽人乾隆十年進士授禮部主事在部八年遷國子助教爲人狷介廉潔纔地冬日苦寒而思深每晨入太學僅御一羊裘且儆自忘其寒視同官華耀亦未嘗以爲恥也然竟以窮約無聊老於閑散未展其學宗黨惜之〔據陶堰陶氏譜〕

陶以忠字莘如號覺涯乾隆十年進士官陜西山陽知縣地瘠民不聊生甫下車即勸民力本圜廛畝畛不惰而勤俗陋鮮知禮讓又循循善誘俾僞者去觲暴者就仁弟率兄令婦順夫指凡六年大治以撫字心勞成疾逾年卒於官邑路多礫确傾欹難行民聞柩將啓行先爲平治變險爲夷出疆以便亦遺愛之一端也〔

據陶堰陶氏譜）

胡廷俊原名賡盛字載歌號嵐峰晚署樊僊老人山陰張溇人弱冠讀書於駝峰山寺私淑劉蕺山愼獨之旨故爲學一本躬行實踐不爲空言嘗答從弟稻村論心性之學曰尋取下落只在日用應酬事事體認刻刻隄防此正學問省察克治之功然眞命脈要分別爲己爲人如爲己耶則事事體認刻刻隄防惟恐義理之有失意見之多偏心性未融私欲暗滋撲實頭地不求人知似此下工夫三兩年脚根可以立得定如爲人耶則外面體認愈精裡面隄防愈密無非務以悅人色取行違行之自以爲有得而不知其於心實有害何則求理義於人情不知人情之不可概狥也向人情以爲意見不知意見之多失其正也融心性於人情恐心性之斲於欲而未能正以固也絕私慾於人情恐狥人情處卽轉生私慾也爲己爲人似是而非毫釐千里之分總在務名務實喻義喻利之間而已矣南軒謂無所爲而爲之謂義有所爲而爲之謂利一有所爲而爲之則雖外而事事合於義理而此心已不可入堯舜之道夫子告顓孫氏問達緊要在質直好義然後察言觀色慮以下人若非內主忠信所行合宜而遽講審於接物卑以自牧安知不漸爲巧言令色之歸耶又曰前書爲己爲人本誠僞兩字吾弟以人己分合言之引楊墨爲我兼愛誠者非自成己所以成物釋爲已爲人之義疑於吾言有未悉者吾言爲己爲人以舉念愼動發言應事內外表裏實與不實毋求自欺而己非以枯槁放誕專於自守爲爲己不迕世人爲爲人也且就如所言爲己爲人是分己與人而異視之卽如所言爲己亦必須以誠爲人亦必須以誠爲己而誠爲己卽所以爲爲人之地若爲己而不誠雖工於爲

人實所以失己未有不誠於己而能誠於人者也義理深奥吾不能知其大段是非得失則有不能昧者必若吾弟所言竊恐爲己之義不明而爲人之義亦失矣其不驅人工於爲人而短於爲己也幾何哉廷俊與朋儕往來惟以學問相切劘尤喜奬掖後進族孫天游負儁才聲名未立廷俊力爲揄揚天游由是知名晚年品益粹學問益進年逾七十猶作蠅頭細書日有常課自史記漢書至五代史及唐宋八家皆手加刪節繕寫成帙通鑑紀事本末則全錄之自裒輯其文題曰墨莊文集詩曰墨莊幻游集凡忠孝廉節有關於世道人心者表章不遺餘力乾隆元年卒年七十八（據張漊胡氏譜家傳稿）

胡天游字稚威原名騋復取方外天游之意署曰方天游號雲持山陰張漊人生時有五色小鳥羣集於庭迴翔絢彩識者以爲文明之兆五六歲時母杜氏口授昭明文選即能成誦及長天姿英朗負儁才讀書十行俱下面墨而津痘瘢著其頰目雙鬥長不踰中人而胸中睥睨一切氣雄萬夫爲文揮斥百家別具鑪錘性耿介兀傲不求人知人亦無知之者惟後馬村周念山蘭坡二太史暨爰穆孝廉奇其才數折簡往來相推重爲文字交家貧爲童子師年三十餘館會稽王府莊時徐墨汀孝廉庭槐工制舉文名盛一時同館莊中一日詣之値其外出閱案上書皆陸離古籍非目前經見者心嗤之以爲故以艱深文淺陋也異日復往晤之聆其言迥異時好叩其學則無所不貫串搦管揮灑自如不加點竄卓然名家乃大奇之雍正六年如皋沙漢鰲知山陰縣徐爲之先容縣試拔冠軍比院使督學使者王蘭生怪其文幾見擯以其爲縣試第一姑錄取殿郡學明年己酉鄉試溧陽任蘭枝典試浙江置乙榜時天游已負盛名而家益貧困復善病嘗與族

祖廷俊書曰騃寒窘若此更以八煞宮爲養生主奈何然自覺每病一番輒增一番見解尤於生死關頭較有得力處謂非造物假之鍛鍊成就者不可以是益思兢兢徹底打成個鐵漢子將來稍或樹立不沒沒世浪中庶以仰答深期於十載間也又曰世事幻若乾闥婆城思之令人失笑然洞達幾微者終恐非吾輩所能恝置耳騃近於無聊賴中爲窮居釋一篇蓋班揚滑稽之流竊自以變括衆體頗可覽諷且並爲同志解嘲時年四十餘矣十三年詔舉博學鴻詞集闕下乾隆元年殿試取士十五人皆授館職又以未及試者猶多詔明年丁巳補試任蘭枝問士於門下士任編修應烈陳舍人兆崙首舉天游遂登薦牘時天游持服里居是冬徵至京主於任蘭枝邸第首相鄂文端爾泰耳其名欲見之不可强聘焉見其貌寢意輕之問以兩戒形疇九乾鑿度及八十一家文墨天游口汩汩如傾海語深博無涯涘鄂大驚揚言於朝曰是舉必得胡某以榮館閣二年七月御試於保和殿天游鼻衄壹不止血涔涔下乃納卷出天游既不得志於特科遂慨然思歸作秋霖賦以見意三年入北闈復置乙榜六年大清一統志告成將進御鄂相及張文和廷玉屬表於齊檢討召南齊因推天游天游不辭揮灑立就及呈閱二人咸歎服詫爲奇才八年秋高宗至興京謁祖陵禮成羣臣皆爲詩賦紀盛天游擬恭進聖駕謁陵禮成頌一時皆傳誦之十年三月二日仿蘭亭修禊故事集海内知名士馬榮祖夏之瀚朱仕玠士琇等十五人修禊於陶然亭銜杯分韻時謂不減蘭渚風流是年鄂文端卒明年任蘭枝亦卒自二人相繼逝天游益困乃僦居隘巷棲蹤半椽四方求文者輦金幣至門踵相接而天游雖當窘乏性復豪爽歌呼宴會揮霍立盡十四年詔舉經明行修之士大學士史文靖貽直

尚書阿克敦以天游名上充三禮館纂修官九卿中有忌之者蜚語上聞上御正殿問今年經學中胡天游何如史奏曰胡天游宿學有名又問曰得毋奔競否對曰以臣所聞太剛太自愛上默然又曰胡天游似姓方今已改乎因天游兩中副車榜姓方也自後無敢言及之者及三禮義疏告成奉旨開列諸臣職名以天游預纂修之末議叙授直隸州州同天游居京師十餘年嘗一至成都游三楚登岳陽樓往來三晉河潼之間與田侍郎懋有舊田家山西因往依之蒲州守周景柱聘修蒲州府志志成而天游病周來視已病革撤帳拱手曰公來甚佳別矣卽瞑須臾張目曰游不能再生人間爲南人乎爲北人乎惟公籌之周泣曰南人歸南曰然遂卒時二十三年正月二日也年六十三鄉人擬諡文介天游性孝友事父母備盡色養與兄驥驤友愛無間才名亦相埒性地高朗不信祿命之説嘗著命説申昔人知命之旨湛深經術立論多前人所未發而明體達用無經生拘泥之習史學尤精論二十一史窮源溯委銖兩悉稱其爲詩古文每於稠人廣座中洋洋數千言落紙如飛奧衍沈博見者嗟服最喜唐樊紹述家數間爲制義如天馬行空不可羈靮詩餘亦極工嘗言古今人皆死惟能文章者不死雖有聖賢豪傑瑋意奇行離文章則其人皆死時桐城方望溪苞以古文名當世天游極口詆之王貽上士禎朱錫鬯彝尊諸鉅手詩文天游徧摭其疵痏無完者一時士大夫皆服其才而忌其口生平操履端方行法俟命無奔競側媚之態未嘗挾一刺干公卿與豪俊交游重氣誼不爲中道棄天台齊召南曰詞科徵士二百餘人各有專長而言詩文工且敏雄深瓌瑋足與古作者角力首推山陰胡子雲持仁和杭世駿曰雲持藻耀高翔才名爲詞科中第一所作若文種廟銘靈濟廟

碑安頤將先生碑任御史趙總兵兩墓志遜國名臣贊序柯西石宕記皆天下奇作使李文饒權載之執筆不能過也建寧朱仕琇曰稚威氣剛好奇嘗自比管樂詆訶時文摘人所行闕失不避卿相其淪落不偶非盡由數之奇也黄岡萬年茂曰詞科胡稚威天游浙江一人錢塘袁枚曰稚威以曠代才受知於大宗伯任香谷其待之之厚不亞於令狐相公之待玉溪生也作文好爲魁紀公家數如古冢簡荒厓碣得認一字羣儒相揖而賀其駢體直掩徐庾散文恥言宋代一以唐人爲歸詩學韓孟過於澁拗同縣周大樞曰稚威天才挺出詩文揮筆卽成海涵地負無所不有試日鼻血如注瞀不自主蓋造化者終不欲以稚威副是舉也會稽陶元藻曰稚威胸有卷軸而筆足以達之弱冠文過於典贍猶病士衡才多及抵京蘊釀愈深全以灝氣流行自謂當在儲畫山方望溪李穆堂之上其推重名流如此所著有春秋夏正二卷蒲州府志十二卷石笥山房文集六卷文補遺一卷詩集十一卷詩餘一卷詩補遺二卷續補遺二卷雲持居士集若干卷詩餘一卷制義血餘集制義餘唊錄制義家淑集各若干卷二子長元琢乾隆庚午順天舉人河南光山縣知縣次元協候選州判〔據張濮胡氏譜家傳稿　嘉慶山陰志有傳參看〕

曹雲昇〔錄潘汝炯撰傳〕外舅曹公諱雲昇字履平號慕庭先世會稽人也三世祖諱謙者明舉人知廣東高州府宦蹟載府志祀鄉賢數傳至梅西公明諸生以軍功累官紹興衛鎮撫誥授驃騎將軍是公之高高祖也高祖敬梅公諸生曾祖澄海公例封承德郎祖端木公於本朝遷居直隸通州生明遠公大興歲貢除敎諭遷敎授又遷河南遂平知縣後以公仕祖父皆贈如其官而嫡母周繼母周生母王皆贈太孺人公生

而穎悟年六歲讀書日百行明遠公愛之然督課不少貸公熟于經傳以敦行爲先明遠公去世公年十二居喪如禮服闋年十五補博士弟子員出長洲吳公荆山之門遷居于天津授徒養母四壁蕭然雍正丙午科登賢書出大學士常熟蔣文肅公之門乾隆丁巳科成進士出大學士桐城張文和公之門歸班需次仍于天津授徒一時名人多出門下如山東巡撫徐公績翰林積公善武定府知府徐公觀孫其尤顯也甲子年王太孺人去世哀毁甚門人爲之廢蓼莪服闋丁夘年除湖南安化知縣弭盜治民政聲卓卓吳姓兄弟九人以析產訟有暮夜餽金者公曰吾雖不及古人然而曾讀數行書豈忘楊氏四知之言乎却之判令式好如初九人幾泣是年分校鄉闈薦羅公典中第一榜後來見貧不能北上公贈白金四十其後羅公成進士由翰林累官鴻臚寺少卿督學四川戊辰年民大疫施藥丸全活數百人又值亢旱步行求雨民大悅當是時朝廷用兵大金川沿途州縣買馬公捐廉買于民間得馬三十匹以應軍需及大金川平還馬于民而不追其價辛未年量移保靖縣苗疆也自雍正六年改土歸流以後熟苗之黠者多緣胥吏爲奸生苗不識字稍觸法輒文致之當事爲其所誤或置重典公廉得其情矜全數百人修奎星閣建書院課士兼及苗人俾就試癸酉科有易學經中式者保靖發科自此始也乙亥年以疾終于保靖外姑徐孺人扶柩携諸孤舟行至武昌府漢陽關羅公丁憂歸楚邂逅登舟蒲伏柩前大呼恩師放聲痛哭舟中人皆哭失聲臨别餽贐五十金點翠銀小魚一尾蓋師生之誼交篤矣既歸天津子四人皆讀書敦行有登賢書而仕者有入泮者長女予室也〔石舟文牘〕

謝應龍字西舫會稽人乾隆十一年大金川酋沙羅奔作亂應龍以汶川縣典史奉檄駐沃日土司地偵大金川兵事沃日與大金川接壤而土民不及七百戶明年金酋率兵圍之時沃日管事者爲土婦澤爾吉勢弱而孤應龍撫慰番衆力爲防禦金酋不得逞乃遣人請澤爾吉使降應龍使峻拒之既而援兵不至土婦恐欲降金酋爲自全計應龍痛哭責以大義且拔佩刀以誓曰事不濟先殺爾而後自殺土婦悟乃協力堅守五十餘日而救始至圍遂解調應龍辦大營糧運總兵任某率兵數百人深入踰昔領抵九山糧餉道絕應龍冒險出奇以米百餘石往軍乃得濟尙書班第總督張廣泗上其事超擢蓬州知州再補漢州遷寧遠府知府後署甘肅平慶道未赴任卒（四川通志　清史列傳）

周錦字貢甫山陰人錢塘歲貢生事親孝母病消渴衣不解帶者累月父癱老臥床蓐起居溲溺之事必身扶掖之及沒倩畫師寫照貌己於側每一展拜輒號痛絕去所著有明發備鈔宅兆指南數十卷尤潛心性理之學於周易大學中庸皆纂輯成帙惜稿燬於火乾隆十二年宗人建祠有議庶母雖有子不得祔錦作辯力爭時稱其見禮精確云（據後村周氏淵源錄）

鄭嘉忠山陰人乾隆十三年官貴州古州同知愛民重士勤愼廉明（黎平志）

潘時選會稽人乾隆十三年進士授陝西長安知縣陞華州知州在任八年優於治理課最陞鞏昌府知府（據華州志）

孟濤字巨泉山陰人雍正甲辰舉人乾隆十四年授縉雲教諭體度端嚴笑言不苟五經子史無不貫通而尤

精於詩蒼古雄渾風力欲追少陵秉鐸以來勤心造士時以立品敦行諄諄相勸勉十年之中未嘗有異〔一處州府志　按紹興府志附何嘉珝傳〕

茅逸〔錄桑調元撰傳〕茅君名逸字商隱浙之會稽人父兄並諸生少能文不屑屑舉子業好爲詩大言欲濟世人目爲夸不之惜喪父不克葬懇苦謀養母屬兄且課讀供菽水辭家游幕府期以十年歸當羅甘旨盡頤養而營厥考馬鬣之封客中州出入郡邑幕伉直少諧館穀不足糊口浮沈久之旣無所遇念母老兄艱瘁恚無以爲歸計又睨時之爲多不可意輒憤盈辭色欲抒所擘畫無自得效一洩之歌詩作顛草書狂吟中夜旅困數空匱劇悲怨病作良已願窮不自聊益困益病益懟懥數日知死所益鳴聲悲夢囈號其母以歿乾隆十五年六月二日也得年四十不娶無子先篋藏白鏹三金雖絕粒病窘萬狀緘如故託鄉友幷衣裘歸以遺母可哀也已鄉友爲葬於汴城曹門外毋社之墟予大書題其墓刻其詩轉蓬集三卷行於世〔桑弢甫集〕

陶士英字克華號白雲會稽諸生幼卽工詩弱冠遍交名士出遊公卿間一時有小青蓮之目梁文定公〔國治〕觀察粵東聘爲上客嗣是駇歷中外數十年與共晨夕及卒文定爲之含殮送柩歸里生平所作詩古文詞幾于等身文定爲營塋而題其碑曰詩人陶白雲先生之墓著有白雲詩鈔〔兩浙輶軒錄〕

陳承梗〔錄章學誠改訂史蒼言所撰會稽陳君墓碣〕君諱承梗字待融先世自都統諱升有功於宋高宗朝卜居餘姚之歷山明神宗朝按察副使諱謨爲君六世祖封晉州知州諱士嶽爲君高祖順治間府學生

諱鴻烈君大父也恩賜八品諱永堡君考也八品爲甥贅於紹興府城傅氏隸籍會稽故今爲會稽人傅夫人賢明善内治自處儉約雅好推施有人傭胡五數負傅夫人金貧不能償五疾且死囑其妻曰我死若必請爲奴婢以報夫人其妻從之夫人惻然爲之折券善遣其妻君生六七年出就里塾道過石梁失足墮水恍惚間見有自稱禿五者負君出自水中君踉蹌歸傅夫人怪其衣履沾濕詢得其情歎曰禿五果信向夕余夢五語今克償金其以此哉五嘗病禿故相呼爲禿五云君年既長穎異好學應童子試府縣屢最其文皆爲學使所絀體素羸弱至是益發憤攻苦幾於不任父母憐之俾棄舉業從事遊藝以養其生君因縱覽史籍究觀前代興衰治亂之故衡論得失輒中窾要閒或摹畫金石文字圖寫山水人物並有理趣然皆用以自適其意不務成名愼節起居愛惜精氣弱冠體質漸充三十克壯顧凜凜常如抱玉趨步惟恐或蹶嘗曰爲人子身無地不危稍不自治即毀傷憂及父母罪何可贖因自號畏齋以誌警焉君既以養生盡父母歡性本方嚴而對父母則宛轉能盡色養年踰五十鬚髮垂白猶耶當作兒童戲父母有豫色即充然如獲所珍父母繼歿哀毁幾至滅性免喪常忽忽不樂以謂向欲博親歡務爲孩提色笑意去矯飾不免慢於吾親古人以色爲難此亦終身負疚者矣晚節尤謹愼深愛宋五子書手錄古今格言積成卷軸淳風茂德薰於鄉黨知府請爲鄉飲介賓當時以爲得人乾隆四十八年冬十有二月甲子疾終年七十有七

劉鳴玉　〔錄蔣士銓越州七詩人傳〕劉鳴玉字鳳岡號封山山陰人性機警多才藝工制義善詩古文辭蜚聲庠序每試必第一鉅公先達輒以館閣器之乾隆壬申〔十七年〕學使欲拔以充選士與陳法乾同爲郡

守所阻鄉試復薦而不售遂鬱鬱以死時年四十有三時論惜之君幼躭繪事師北苑秀潤獨抱兼善寫梅時里人傳玨工畫蝶有劉梅傳蝶之稱君亦自負可匹劉雪湖云爲人坦直瀟灑有梅芝館集其詩典麗綿邈傳玉溪之格韻焉（忠雅堂文集） 府志附童玨傳

邵豐鍭號萊峯山陰人乾隆十八年任山西崞縣知縣廉明有才政多修舉捐修城鄉義學橋樑公所數十處不以擾民重修邑志尋調鳳臺縣（山西崞縣志）

李浚源山陰人由舉人令南平寬和愛士恬淡恤民在任六載邑人德之（福建南平縣志） 按山陰志選舉源作原乾隆十五年舉人仕至臺灣道子堯棟別有傳

平聖臺字瑤海號確齋山陰人乾隆十九年進士官廣州府同知（李慈銘孟學齋日記曰）平景蓀云傳吾鄉文獻之學者黄氏宗羲毛氏奇齡邵氏廷寀以後其族曾祖瑤海郡丞聖臺族祖寬夫少農恕實爲繼起惜其書皆不傳

汪仁溥號雨亭山陰人乾隆十五年庚午歲貢生卒年八十六有雨亭詩餘一卷陳句山太僕兆崙爲之序又有詩稿二卷孟詩五律杜詩七律注各一卷左評一卷己佚光緒間南海潘嶧琴衍桐視學浙江輯兩浙輶軒續錄卷十一錄其清明客淮揚五絶一首歷代兩浙詞人小傳云雨亭爲明汪青湖先生應軫之後著有雨亭詩餘一卷少與陳句山太僕同學太僕序其詞謂柔情旖旎壯志激昂足爭坡老稼軒之勝（采訪）

汪倫秩號幼湖山陰人弱冠爲文即卓犖不蹈恒蹊後更肆力於先秦兩漢旁及詩古文辭風格日益遒上肆

業蕺山書院方檠如陳兆崙先後主講席皆亟稱之乾隆十二年丁卯鄉試中第十五名舉人官海寧縣教諭保陞知縣授江西新喻縣知縣二十五年到任在任五年民間有汪青天之稱二十九年緣事被議尋奉文開復原官三十四年選授廣東長寧縣知縣七月抵任甫五十日以九月初十日病卒春秋六十有一有官欵數百金貧不能償家屬不得歸里廣州府知府某公慨然曰汪吏清官也代償之乃扶柩歸葬著有幼湖文稿二卷錢塘陳兆崙序稱將以覘立朝風度振清白家聲公歷官以清白著爲克副所期云（采訪）

陳聖修 （錄潘汝炯撰傳）陳岸亭名聖修字念祖山陰人寄籍廣西乾隆庚辰科舉人除湖南桂陽縣知縣調益陽縣丁憂服闋除江西建昌縣知縣調鄱陽縣題廣信府同知入覲途次病歸尋補安徽太和縣知縣調蕪湖縣權知無爲州權知歙縣大計卓異遷雲南府通判未及任卒于安徽岸亭居官前後二十餘年廉而愛民其知益陽也築城闢水門二以通商賈知鄱陽創芝陽書院以鹿洞規條課士士德之及其知太和也六安有節婦楊氏者家富而子幼族人或利其財訟以因奸殺夫且云子非夫所生獄已成矣大吏檄岸亭鞫之寃乃雪否則節婦磔矣其他平反多類此太和大旱以工代賑修城隍閘增築濠洞五以殺水勢至今民賴其利阜陽囚王剛者率三十七人焚獄奪門而逃大吏急檄岸亭往捕獲三十四人皆伏法其知蕪湖也乙巳大饑請于朝得賑岸亭戴星往來親稽戶口吏無敢上下其手者且捐俸以濟勸富人平糶及其在無爲州賑饑民如在蕪湖時戊申在歙隣邑祁門出蛟數百大雷電以風洪水橫流高於雉堞民死以萬計生者哭聲與波濤聲相上下岸亭隨巡撫陳公雨夜馳往開倉庫賑之留祁門一月經理有方民大悅其

他善政多類此生平敦孝友有古人風逮事父母色養無間兄弟怡怡其後改葬父母于楊梅山葬伯兄及兄子于容山擇地多年不辭况瘁從兄雨齋官御史卒于京弟檢菴官縣丞卒于上海岸亭皆歸其櫬待朋友重然諾訓子以義方其見重于鄉黨又如此予與岸亭爲婚媾曾見之貌豐下而善談能詩文著有益善堂文集若干卷詩若干卷選歷朝詩三十卷藏於家所居曰下方橋離予家十五里蓋自壬寅歲之安徽而兩人不復相見矣陳氏簪纓科第著于山陰而岸亭抑然自下不覺其爲貴公子也父明齋公舉賢良方正由軍功起家累官江西廣饒九南道有直聲仲兄名聖傳官臺灣縣丞丙午林爽文之亂嬰城固守罵賊不屈死無子岸亭以子子之〔石舟文賸〕

陶世鳳字威先會稽人乾隆十五年舉人知廣東新興縣有監生趙簡祥者合七邑匪徒歃盟爲不軌世鳳飛檄上聞躬率壯勇猝禽其魁獲逆名簿佯笑曰封官授職是優伶演劇所爲詎可呈上官耶當衆焚之反側乃安縣民立祠報德旋知開平縣賑飢全活甚衆補澳門同知廣西南寧同知遷贛州通判督運糧艘入都杜苞苴除宿弊有趙清獻之稱告歸後厲廣州豪賢街著有雲門脞稿若干卷廣東通志肇慶府志開平縣志均有傳〔耆獻類徵　陶堰陶氏譜〕

商盤〔錄蔣士銓撰傳〕公諱盤字蒼雨號寶意姓商氏其先汴人也世居嵊縣之繼錦鄉四山公始遷郡城代多聞人前明太僕明洲公少廷尉燕陽公皆登進士遂爲邑著姓再傳等軒公位冢宰爲公六世祖曾祖濟川公郡庠生祖頤山公康熙丙子舉人官嘉興教諭考今素公壬午舉人歷仕泰安州達州倅俱以公貴

貤贈如其官康熙辛巳十月二十又四日公生於八士橋尚書舊第五齡就傳讀書於土城山之質園越七載乃出應試年十九補庠生與同學結社著小山叢桂集而髫齡所作新蟬詩紅葉白燕等賦已爲時艷稱雍正元年設特科公年纔二十有三山左何公世璂視浙學拔貢成均明年入京師周公學健任公蘭枝咸目爲國士凡名卿大夫文字之飲得公擊槃刻燭始相引重公灑墨淋漓每成四韻輒傾倒前賢而才子之名赫然布滿於都下己酉舉京兆明年登第廷對列二甲以知縣用次日特旨改庶常習國書散館授翰林編修今上元年公三十五歲迭充八旗館國史館纂修官進經史講義數上封事戊午獻臨雍頌耕籍詩皆爲上嘉納尋以祿養陳情乞外任得廣西新寧州牧上以其親老特改授鎮江郡丞詞臣受恩逾格前所未有也既而權海州牧及南昌令南康守調太平郡丞甲子以督造戰艦居吳門二載丁外憂去服闋補施南郡丞攝守篆壬申分校文武鄉試旋督糧艘北征甲戌擢梧州太守公年五十有四矣既入粵而知梧州者已易官乃權鬱林牧及太平守尋補慶遠府歷四年移守鎮安又三年持繼母服去甲申年六十四再補雲南守丙戌移守元江明年王師進勦緬甸公跋涉戎行夙夜靡逸感觸瘴癘受病日深六月渡清水河霪雨如注公露處馬家檳榔園一晝夜病大作歷旬日猶力疾理事晦日渴甚噉瓜一環痰壅而卒蓋以死勤事者也公游心典籍樹骨風騷馳騁百家弋獵四庫著質園詩幾及萬篇宦跡所歷方幅殆遍凡冠裳禮讓戎馬戰爭之區風月鶯花般樂嬉遊之地以及蠻鄉瘴海鬼國神皐奇詭荒怪之境莫不遐矚曠覽傾液漱潤一發於詩蓋取卷軸精華璀璨洋溢於呼吸吐納中遂併古人諸長使靈源滙心錦機納手故能清新無窮

垂老不竭爲一代有數作者至在事有方人思其政從容馴致不尙刻深是以士女昌逸閭井謳謠公以此得與庶僚賓從廻翔文酒於江山清宴之間以視束隘廹蹙於簿書筐篋中者翛然自遠公好賢愛士天性眞摯見人擅才藻若已有之壇坫風流俊彥景附而舞衫歌扇乞公醉墨霑溉者輒滿其志嗚呼豪矣公詩初學樊南旣而出入杜韓元白蘇陸間歌行尤瓌麗從恣跌宕自喜交友遍海內最善者嚴遂成袁枚王又曾萬光泰程晉芳及戚友吳爚文其子璜幼富文詞特爲舅氏矜寵晚年採國朝郡邑人詩數千首編排品隲題曰越風然而無出公右者　論曰昔人謂位有窮通而名不可滅者文章其著焉經禮樂而緯國家通古今而述美惡非斯莫可誠性情風標神明律呂也商公仕宦三十年身佩十三印列戟專城不廢觴詠有承平士夫之風迨老入師中盡瘁而死文人所遇克有終矣到溉曰有大才而無貴仕於公則何憾焉（會稽商氏譜）參看府志及道光會稽志稿

吳鳳翥（錄茹敦和撰傳）吳青于者名鳳翥別號曉峯乾隆己卯科（二十四年）舉人世居山陰之州山青于當幼時學爲時文卽不肯隨人俯仰涉筆多恢奇張海門編修其母舅也奇愛之海門旣官京師於數千里外督其業青于亦奉其敎惟謹其後虞城李公來守越修蕺山書院而孫虛船方樸山陳句山徐笠山四先生相繼主講席四先生爲海內宿老口講指畫前後相繼垂十年故諸生之著錄蕺山者最爲有師法而青于攘臂出入其間皆稱都講生笠山先生嘗曰吾向者得一青厓不啻足矣今乃又得一青于青厓者卽蕭山周濱也青于酷嗜太史公書自班史以下皆訾謷之弗讀卽讀亦弗竟間亦髣唐宋韓蘇諸家爲古文

得志傳紀序之作數十篇於諸經皆博涉之而尤好三禮謂戴記詳於喪而略於祭儀禮少牢特牲兩篇於大夫士略具而天子諸侯闕焉因欲補天子諸侯祭禮祭禮之散見於他經并漢晉唐儒之說可據依者皆手錄之得十餘萬言凡兩巨册反覆塗乙幾漫漶不可讀與其所爲古文皆藏於家惟所爲制義嘗鏤板以行朋好間皆有之壬辰之二月青于以會試卒於京師年五十有七　論曰青于工時文里中學時文者多從之游風聲及於旁郡邑近歲來者益衆青于賃屋以處之燈火數十舍性落拓不羈每暑月解襪兩手搔爬垢膩滿牀席青于益自喜縱談弗顧人亦樂就之談不厭也其在京師時多酒失予微規之青于唯唯他日當讌集握拳惟謹然而青于死矣（州山吳氏譜）　參看山陰志

俞元珩一名楚玉字荆山住山陰之陡亹乾隆間遊京都由禮部經承役滿議叙選福建霞浦縣柘洋巡司蒞任數月政簡刑清縣俗多溺女設法禁之命里保以產女之家報勞以銀錢匿不報者事洩必笞不半載而是風遂熄境旁山臨海入縣迂迴路將百里由山麓開道直趨可近三分之二乃捐廉俸并勸募殷紳積金數千斬除荆棘開斲巉巖塡海駕溪不二載得康莊三十餘里由是士庶星馳商賈雲集稱巨鎭焉縣有倡邪說誆民財賄大憲風聞其事命偕千總率兵丁百人捕之至則各鳥獸散樓三間遺經懺鐃鈸數事上供神像細察其樓板有夾層啓視之得妖書二一係醫方一載斂錢數目標明某人予某官約七百餘人千總邀功見而喜曰此叛案也當歸稟大員按名誅戮元珩曰此不過愚民假神斂賄爲口食計耳初無大志何必多求千總不可元珩知事難中止乃索其書置兵丁行竈中立爲煨燼曰有事吾自當之千總遂領兵忿

忩歸省元珩徘徊樓下村之殷者知其事咸趨叩哀泣求救元珩曰吾燬書已救爾矣爾亦能救我乎僉曰公吾父母也惟公命乃囑其糾衆捕逆首無何得之深林已自縊遂稟縣檢驗畢赴省覆命大憲以千總先入之言盛氣抑之元珩從容進言曰愚民有叛迹無叛心多殺何爲否則以職一命代愚民千百命亦所甘心也會大學士梁公妹倩李浚源爲八閩糧道與元珩爲中表言於大憲其事遂解元珩在柘洋十八年惠以臨民嚴以疾惡境遂大治嚮藏妖書倡邪說之處改爲義塾延名師教之數年來有登第者將溺之女因其救得生嫁壻成名有登堂叩謝者離任之日士民感泣跪送不下萬人遂以義塾樓上立生祠迄今香火不衰旋升縣丞當調臺以知縣用因年老解組歸〔據陡亹俞氏譜王增撰傳〕

任肇元〔節錄章學誠撰家傳〕字青來會稽湖村人四歲喪母事父至孝父卒哀毁幾於滅性尋北上京師爲戶部令史勞苦先其儕輩以是爲人所重數年得推擇爲郯城典史郯城界南北之衝探囊胠篋之徒出沒無常行旅爲患用法擒治境内以安乾隆二十一年歲祲與襄賑事貧民聞賑來歸數浮牒報者尚百餘戶資無所出急捐廉俸以佐未逮知縣李欲以卓異上聞肇元雅不欲乃止二十四年以失囚罣悞免官郯城人士輸金爲贖秩因謁部注選而厲家郯城郯人又贍其家經年無有匱乏次年再授滕縣典史爲治如在郯五年卒於官〔章實齋文集〕

顧楫字汝濟會稽寺東村人幼孤家貧事母盡孝及長服賈於京師積貲歸里乾隆二十一年邑大饑餓莩累累楫發廩賑濟越二年又饑賑如前知府贈額褒美〔采訪〕

馮兆觀字鏡堂山陰人知樂平縣清慎廉明愛民禮士柏井驛麩草向無定額民苦之乃視馬匹額數通計一年所需酌派發價立有定規俾無科斂重收萬民感悅後調安邑〔山西通志　按輶軒錄兆觀乾隆十七年舉人著有小蓬萊等集〕

鄭傳習字瑞成會稽八鄭人世居稽南九湖之濱九湖田土卑陷恒多水患每歲歉屢請官賑給如是者不一載於是相度地勢按察水道得一要扼之處曰烏石灘江口鎖狹爲水勢出沒之所傍山築石可以禦水喜曰捍患之地其在斯乎第役重工繁非告之當事者不爲功會乾隆二十七年高宗南巡至浙傳習疏陳建閘事宜奉旨下有司董其事未果而傳習以疾卒是年秋復大祲縣令彭奉命履勘過烏石灘見兩山對峙與奏合遂捐俸給資設壩建閘數載而功成水患頓除至今民利賴之〔八鄭鄭氏譜〕

鄭漢仁字樂山會稽八鄭人八鄭之地外則潮汐灌注內則地勢低窪歲比不登所謂患田也漢仁族孫傳習建議建閘議成而傳習卒時縣令彭躬相形勢博訪耆艾衆舉漢仁總理其事經始於乾隆二十八年秋明年春落成其秋大稔至嘉慶六年閘壞漢仁之孫國僑繼爲總理料材課功趣之成期并移建閘屋祠宇越十有九年庚辰秋大雨洚潦屢集而閘又壞國僑復總其事且捐銀二百五十兩未期年告竣當道嘉其義給額奬勵〔同上〕

高士楨字廷三山陰人早孤貧服賈於杭養母母卒還杭幼既失學頗悔恨喜聞人讀書亦能爲詩歌雖詞涉淺俚率皆勉人爲善語有鄰家屋將傾謀以木搘之而正當其門礙出入咸謂不可許笑曰不能助之新更

速其壞耶？脫不虞，安知被壓者非吾與若耶？卒許之。又數爲輕薄子所侮，後其人無俚甚，來稱貸，慨然如所求，而亦無德色，人以是咸呼爲高佛兒云。其初至杭，衣被單寒，嘗雪夜臥破屋中，被上積素二三寸，故後雖豐膴，常舉往事語人，不敢浪擲一錢以自奉，至義所當爲，雖數十百金不吝。早失怙恃，風木之痛不去於心，家人偶爲製一鮮衣，設一美饌，輒揮涕屏去。生平未嘗使人滌溺，曰：奈何以不潔役人？遇老疾者乞食，必手自付與，視他丐獨多，曰：吾敬其老，矜其疾也。或訾以過自貶削，輒操土音曰：我土老得至此，顧不知足耶？乾隆某年卒，年七十有五，無疾終。〔沈赤然五研齋文鈔〕

任汝恩，字周德，號心齋，會稽人。東關無盡菴旁有義葬地，炎暑時行者苦之，汝恩爲置石牆四圍，平屋三間，於葬地西建包公祠，置產施茶。乾隆三十六年卒。〔東關任氏譜〕

陳鶴年，字鳴臯，號松巖，會稽人。乾隆間任河南中牟典史，署鄭州吏目。秉性寬厚，膽識過人。其官中牟時，有欲效徐鴻儒者，歲飢，會千餘人，撫臣獲其籍，下縣責治，令以屬鶴年。鶴年親履其地，徧召喻之，責令悔過，各謀生業，謂今日籍在予手，尚可生汝，衆皆泣誓復爲良，因焚籍而散遣之。謁令與偕，復於撫臣，而以一家保無患，蓋信孚焉。子士謨，仕長興教諭。〔據朱珪撰像贊〕

李正玕，字振玉，山陰人。乾隆二十四年，郡守張廷桂、邑宰萬以敦延請舉鄉飲酒，給送熙朝人瑞匾額。〔采訪〕

胡逑沛，字漢英，山陰胡書源從子也。乾隆初，書源掌教文淵書院，挈之嚴州貿易，遂家焉。爲人敦厚醇樸，人咸推重。尤孝事親，聞母喪，徒跣奔赴，撫棺號慟，數晝夜不絕聲。祖塋在紹五十餘年，悉躬親祭掃，遇父母忌日必卹哀致誠終身不懈居恒樂善好施每多隱德與物無忤而治家綦嚴舉賓筵享年七十六歲卒子九人容松中己卯副車容本字雪塘性慷慨好施遇鄉里貧乏者咸周卹之年五十由太學生報捐府照磨分發江蘇以勞績保升知縣歷任宿遷泰興睢寧縣事卒贈太僕寺卿賜葬銀蔭一子知縣容本次子裕燕別有傳〔據建德縣志〕

周千里字蓴洲山陰人乾隆二十九年知江西德化縣〔今九江縣〕值大水封一封二桑落三鄉濱江長堤潰決時積雨淋漓民無棲所千里督率大小船艘渡人嚴禁舟子索利且令本城廟宇祠堂無須關閉俾民暫棲全活無數先是春夏水漲民不及防麥盡漂浸幾致絕粒千里惻然欲俟詳後始賑則已無及即先開倉撫恤然後具詳封郭三鄉之有賑自千里始也後以報最擢景德鎮同知〔德化縣志〕

龔遜志會稽舉人乾隆二十九年任陝西渭南縣爲政寬仁聽訟細密居官數年未嘗疾言厲色常移公案堂簷下務平兩造曲直遇有當杖者必判定應責罪案命書吏曉之而後杖故受杖亦無稱寃者又捐俸修補文廟並振作書院生童士民感之尋以疾去邑人立德教碑於渭陽書院立去思碑西關路北五賢祠左〔渭南縣志〕

單璉會稽舉人乾隆三十三年任武城知縣城之南關緊逼運河堤內居民危險堪虞令於迎溜處鑲築草工賴以保護又普濟堂養濟院捐設棺木至今經費猶存貧民賴之其惠澤及人遠矣〔事詳運河備覽　山東武城縣志〕

柳國棟字玉粱山陰人性豁達不爲城府以吏曹授江寧府句容縣縣丞國棟笑曰是奚不爲政耶於是至則爬梳積弊中外井井有巨猾十八人蠹於漕爲閭左害先後無慮萬家吏莫敢問國棟曰吾知所以處此矣獨令怯耳夜召被害者授意指摘其姦弊晨詣縣而獨以身當之悉捕十八人置諸獄而以其事驟聞於漕撫痛以法繩之一縣皆愕然曰丞乃能是漕事獲以大理又嘗餉軍衆憚莫敢出聲應國棟毅然凡三往皆如期抵軍前無晷刻爽軍中諸將吏咸以爲能其他行事多類此視事六年遂告歸卜居潞河日夜置酒召故人談笑爲歡樂俾二子異居曰及我之無恙也聽我自爲之予以一老人或歲時偕賓客往來汝兩人家如陸賈故事可耳久之卒年六十有五〔順天府志〕

陶儒襄字師廷會稽人建居室顔曰懷豳卽以自號恢廓有大度料事奇中河帥何恭惠熠獨倚如腹心璠璵寶玩金石欵識一見皆能別其眞贋業鹽筴于揚聲華藉甚當道詢民生利弊知無不言鹽政尤洞悉條議章程公私兼濟族婣南北往來者皆爲飲餞竿牘揄揚供其乏困逋券山積知其力不能償者則火之曰余爲泯迹無使後人口實也曹娥江達五雲門孔道易壞嘗鳩工修葺行旅便之〔陶堰陶氏譜〕

俞應泮又名馨字芹齋山陰斗門人性至孝因父母病危與妻金氏焚禱割股調藥奉親尋二老謝世廬墓山峪間鄉黨稱之〔斗門俞氏譜　乾隆間人〕

孫人傑字亦增別號東皋山陰人生四歲孤事祖母鄭益孝謹家貧甘旨不繼竭力措辦以供常恐祖母爲貧乏故食不下咽必曰係朋友所饋祖母怒輒長跪請罪不命起不敢起或加以箠楚笑顔承受之以是鄉黨

有孝子之稱兼善詩有舒嘯齋稿同邑劉豹君擇其尤者編入越風尤精書法善畫蘭竹山水皆超逸有致乾隆四十五年卒子循燚循燧循煦〔陽川孫氏譜〕

李廷杜字宰臣柳橋人母沈氏病與弟思濟弟婦包氏均刲股和藥以進〔乾隆間人　柳橋李氏譜〕

李漢奎字鳴玉會稽人事親孝母疾篤割股療治〔乾隆間人　雲門李氏譜〕

杜秉和字燮均會稽人年十二遭嫡母喪哀慟若不勝事父鑑湄至孝父病亟與繼母張不謀各刲臂肉投劑家人皆不知及創甚聞者皆太息父卒後兩弟尚幼撫之成立家用不足張氏以奩資濟之〔章學誠撰家傳〕

凌祖讓官名思義字璇五祖藿自有傳祖讓官直隸邢臺縣尉有賢聲令事悉委治之除豪猾及盜賊禁獄中設私刑捐俸賜獄中冬衣夏扇〔會稽凌氏譜〕

沈承業〔錄杜煦撰傳〕公諱承業字勗勤號曉園幼警慧念祖母范氏苦節書苦節二字於書案間晝夜自勵中乾隆庚辰〔二十五年〕舉人丙戌〔三十一年〕大挑一等分發直隸委署正定値滹沱河暴漲城不沒者僅三版民爭奔號公亟募勇士扼四門自駕輕舠出城令曰拯溺者重賞縋出被淹者萬餘人散廪粟以食飢民吏持不可公竟先發後聞卒如所請邑人以中流砥柱扁其堂補懷柔有服毒誣人者獄幾成矣公廉得其實密遣人馳取所服餘藥事遂雪遇蝗災露寢督捕衣不解帶者月餘田稼得無損時宛平缺令府尹裘文達公曰非捕蝗之懷柔令不可也西山煤窰奸猾倚爲利藪訐訟不休公詳悉剖決案定如山侵占

攘奪者不得逞莅宛五年兩辦災賑民咸頌之鰥居無姬侍賓僚不時進見無內外嫌故官事速辦遷東路同知有邑令忤藩司將聽劾公侃侃陳辨制府袁清恪公聞而韙之奏陞保定知府首郡發審繁一月清理七十餘讞多所平反旋擢天津道履任即禁止供應戒商人無得私謁糧艘抵津水勢淺阻楊村額設駁船六百屆自民間胥吏詭以船不堪用買放更換公親行勘驗莫能舞弊值旱河水益淺倉場欲奏添剝船六百公請暫借鹽艘鹽院以鹽漕並重不許公謂秋間漕運已竣運鹽必不誤期或以兩忤鹽漕爲懼答曰吾期紓民困耳他何計乎以親老乞養歸終父母喪方起官而卒年五十五歙人潘刺史應椿作墓表稱其倜儻能任事與人交不設城府性抗直遇事不可行必力爭雖上官不能奪也（會稽沈氏譜）

童鳳三山陰人由廩生於乾隆二十二年南巡進獻詩賦考取一等欽賜舉人授內閣中書二十四年在軍機處行走二十五年會試中式進士改翰林院庶吉士二十六年散館授編修三十年充廣西正考官授湖南學政三十一年丁父艱回籍三十三年服闋赴京旋授廣西學政三十五年廣西舉行庚寅恩科鄉試朱一沛原籍詩經臨場私改易經中式奏聞究訊並請嗣後舉貢生員所籍經書以入學原册爲定由監生應試以上次試册所注之經爲定將改經之例永行停止下九卿議行三十六年回京三十七年奉旨在上書房行走三十八年升左春坊左中允三十九年京察一等充順天鄉試同考官四十年擢翰林院侍講四十一年轉侍讀四十二年充廣東鄉試正考官回京授陝甘學政四十四年御史戈源奏請清釐分省商籍隨陝甘總督勒爾謹奏查寧夏一府設有商學歲科兩試取進文童八名歲試取進武童八名該處承商之家俱

係平涼慶陽二府及寧夏府屬五州縣人並無外省承充當商者今准部議必須外省眞商親子弟姪方許應考若本省夥商帮商俱不准錄應請將寧夏商學原定之額裁汰以清弊源下部議行四十五年升右春坊右庶子回京轉左庶子充日講起居官四十七年晉翰林院侍講學士四十八年轉侍讀學士充武鄉試正考官四十九年升詹事府少詹事五十一年充文淵閣直閣事授山西學政五十二年丁繼母憂回籍五十六年來京奉旨仍在上書房行走補鴻臚寺卿五十七年轉大理寺少卿六十年京察一等嘉慶三年二月升光祿寺卿三月升太常寺卿六月充江西鄉試正考官八月授江西學政四年二月擢內閣學士兼禮部侍郎三月擢工部右侍郎召還京充實錄館副總裁兼署戶部左侍郎十月授吏部右侍郎提督順天學政五年轉左侍郎六年正月按試順德府以病奏請解任命進京調理行至眞定卒〔清耆獻類徵　子名箴字勿齋善畫工詩早卒見沈復燦越中詩系殘本〕

王鎬字介巖會稽人乾隆三十一年知泰州事泰瀕海城庳下可踰牆鎬請帑增築民無盜警又以地廣難理分州境設東台縣自鎬發之重建浴沂亭於學宮修安定書院士多向學〔泰州志稿　揚州府志〕

施誠字我眞原名世華仁瀆人乾隆間任河南知府再權河陝汝道聽訟若神愛民若子年六十餘歸里薦領鄉飲大賓紹興郡守李亨特高畏三恒以吏治就正焉三江星宿閘湮圯茹古香尚書時官修撰創修與平確齋太史徐璧堂司馬參與之增卑培厚郡邑利賴〔仁瀆施氏譜〕

史端士會稽人性友愛父母早逝年十七貧乏不能家居挈同母弟容敬容文持一敝囊盛短布被一赴都謀

食道路艱苦護持兩弟寢則同被食則先啖二弟己嘗不飽有同母兄容合爲小吏於部曹因其引進得稍樹立業漸裕遂有室家撫教二弟恩勤備至二弟亦咸有成立妻金氏賢明有禮法子二長鴻義乾隆四十四年舉人次純義歷沔陽州知州〔據章實齋文集史端士墓誌〕

蔣四洲字南河山陰福泉山人乾隆間邑庠生以孝友世其家兄弟出處必偕衣食與共幼工舉子業授徒自給鄉居遠城市而閭里中非時疾病多不及療遂究方書購藥餌倉猝病者卽施與之多賴以濟鄉里稱爲惠人弟四會字南衢歷膺州縣聘佐刑名游幕三十餘年宅心仁厚嘗夜閱文書有故殺獄而情可矜援筆欲書燭滅至再命燃雙燭火忽吐焰如虹交氣横接四會歎曰是有鬼神不可生也其平時勸死生出入之際尋隙抵罅一有疑似必出其罪死囚賴其全活者不可勝計云〔據家傳〕

金卣〔節錄廖重熙撰墓誌〕先生諱卣字秬一號甃亭其别號也先世氏劉避錢武肅王嫌名改氏金至今仍之世居山陰賢莊王父伯英公遷會稽平水鎮考雨若公妣朱太孺人生母錢太孺人先生性孝友事父母先意承志咸得其歡心喪祭必誠必信無失禮兄時朱太孺人所生長先生二十年先生嚴之猶父事必請命終身勿懈焉其與人慷慨好施和而能斷族黨交戚事有不决多折衷先生先生平心可否諭以大義人人如所欲以去蓋其取信者素也多材藝少而已然書法出入米董間求書者踵接先生樂此不爲疲雅善岐黄施醫藥所治多奇中不望報名載郡志常自言治病如賑饑救火故延之輒往就之輒診絶無難容其貧者幷與以藥餌之資亦絶無德色蔣大史士銓贈先生跋云是非有爲而爲得儒者利濟心窺見隱微矣

平水爲諸暨二邑入郡孔道自鎭至水涯且十里行路苦崎嶇先生鳩工甃石爲坦途費不貲不計也先生之好行其德類如此尤樂振興文學戚里後進資可造者多方引掖曲成之乾隆四十一年知縣事宋公瑞金興復稽山書院五十一年知縣事朱公鍾麟再加修葺先生兩次捐輸襄董其事詳書院碑記邑中文教日上先生有力焉〔下略〕〔按會稽志稿入方技傳〕

孫鳳飛字錫九號桐齋感鳳鄉人義烏縣學教諭精法家言佐治仁恕嘗佐義烏縣幕縣大姓樓氏爲怨家構成巨獄一家百餘口駢繫就考鳳飛察其冤事得白樓氏感其德潔其宗祠正室爲位祀焉及其子步康復官其地樓氏請奠於其祠因述公之全其族也父老猶有感泣者由觀音弄遷居昌安門外永仁里感鳳鄉乾隆五十八年卒著有硯香詞四卷莘洲小詠一卷桐齋學吟一卷〔據昌安孫氏譜〕

周道準字汝和邑庠生幕遊山左最久其條陳事宜數十則講求區處剴切詳明頗爲當道倚重著四此堂稿若干卷兄弟四人友愛無間數十年不析產〔後村周氏淵源錄〕

陸凱一名宗周字緒昌山陰人乾隆間以良田四百三十餘畝稅地一千七百餘畝捐贍本宗且設義塾卽今梅村小學是也復以質庫所存制錢三千貫一修蕭山塘工一置社倉一歸蕺山書院生息以資膏火約共捐貲一萬五千金而遺傳子孫者反不逮其數當時紳董屢擬呈請議叙凱以志不在名堅執未允至宣統間邑人湯壽潛始爲文以傳之〔據梅湖陸氏譜湯壽潛撰傳〕子炳字耀南初選州吏目旋補布政司理問然不屑以殊途進身隱居鵝湖樂善好施其最著者梅湖口無隄防蓄水無多艱於灌溉慨然出金二百餘

築隄建閘以資保障溢則洩之乾則蓄之並引牛嶺外長流之水爲鵝里中不涸之湖旱荒得以無患〔據梅湖陸氏譜〕

陶思聖字理公號存軒山陰人父號中菴有磽确田一區童山百餘畝無生殖皆在蘭亭僻處父歿以腴產讓兄自徙居蘭亭其田土高水無所瀦十日不雨禾立稿山農苦之思聖至本稻人止水蓄水法爲相其形勢築堤防作溝渠委折導溪流以注於畝亢旱無恐村氓效之五十里間化爲沃壤山多青石無所用思聖得宏景術作竈燒之成灰郡之築室者咸資其利焉〔省志稿〕

平奇新字瑤圃會稽人乾隆間由舉人任遂昌教諭恬淡清介不以家累自隨諸生請業歡然相接稍干非分拒弗納或有過當戒飭者亦婉諭使之愧悔未嘗輕加辱詈後以縣累削職士林惜之〔據遂昌縣志〕

金明源字耀庭山陰人乾隆間知山西平定州抵任後百廢俱興州志自乾隆初知州鉅野姚學瑛續修前牧蔡廷弼再修之未脫稿而調署朔州明源披閱其稿刪繁正譌成書十卷〔山西通志〕

徐芬山陰人乾隆中以歲貢考授甘肅秦州吏目官卑無事權然簡重能持大體深於經學州人士多從受業樂爲講肄不疲也會知州公出鄉民有告爭田霸水者芬皆親往履勘南人不習鞍馬至徑狹處輒冒酷日步行勞瘁致疾其卒也囊無一錢官民盡哀之〔甘肅新通志〕

邵無恙〔錄陳文述譔傳〕君姓邵名無恙字夢餘世居浙江山陰之龍尾山以副貢生爲四庫寫書之官繼舉京兆叙勞得江南縣令先後任桃源阜寧儀徵江浦崑山金匱令其在金匱也以事拘博士弟子某會其

人病卒罷官論罪當城旦遇赦免歸卒於家年六十一君能文章尤工詩才力甚鉅而色清遠若司空表聖所稱海風碧雲夜渚月明者尤自珍惜不妄示人時袁大令枚居金陵以詩文雄長海內君以詩示之所論不中肯綮乃不復與談亦不再示人故君詩功力甚深而名不聞于世君與余同娶於仁和龔氏君夫人余內子之姑也故於君爲內媦余初學詩從君問宗法得讀君詩手錄數百篇嗣君道出武林爲胠篋者所罄稿本失其半今與所著易象類通及他未刻書君嗣恩皆携之河南而余所手錄者尚存篋中君初名颿字無恙罷官後疑獄疊起幸以無事乃追感疇昔以布颿無恙爲宦海得餘生也因以字行子一恩女一適同里王某（鏡西閣詩選　按兩浙輶軒錄邵無恙乾隆庚寅舉人著蕉雪齋鏡西閣詩集）

（附錄錢泳履園叢話）邑侯邵公名颿山陰人以中書舍人出宰吾邑去官後改名無恙字夢餘陳雲伯少時嘗從學詩其詩秀骨天成非時輩所能跂及登徐州城樓云霜引邊聲來朔塞日搖河色上城樓北固山看雪云雲痕回合沈諸島雪色中開見大江棲霞放舟云青山入夢成知己明月同舟當故人秋夜云鶴影倦依涼月立鷹聲寒帶夜霜飛皆名句也邵歿後雲伯爲刻其詩

孫家賢字聖三會稽人乾隆三十四年進士授吏部主事擢員外郎山東道監察御史旋遷刑部郎中工科掌印給事中風棱凜凜不可侵犯公暇好弄翰墨與紀河間結文字交高宗九旬萬壽特恩施粥欽派巡視西城夙夜寅恭露宿差次覆旨嘉獎以言事忤和相故尼其官階鬱鬱不得志卒於官橐無餘金子孫窮乏不能自振然其名益彰云（采訪）

陶元藻字龍溪又字篁邨少力學沈浸於古尤工爲詩歌才情富麗風格蘊藉當代鉅公魁士皆折名位輩行願與爲友其在京師朝貴有大著作往往假手聲華藉甚游廣陵盧雅雨運使大會諸名士七十餘人於紅橋分韻賦詩先生頃刻成十章莫不傾倒嘗題良鄉旅舍袁簡齋太史見而和之訪求十八載忽遇於江寧方伯官署大驚且喜郎定交焉顧數奇九試棘闈屢薦不得上屈聲聒人耳歷游燕趙齊魯揚粵甌閩之境懷古登臨豪宕感激得江山之助二子廷珍廷珣相繼掇科遂息影邱園爲東南耆宿著泊鷗山房集沾溉藝林幾於家置一編云生平篤於内行硯田所獲悉奉母氏結縭數十載未嘗爲婦一置羅綺伯兄秋佳少得羸疾慮不起走省郡延醫調藥禱祈醮禳靡不躬親如是者十年兄病瘳乃已嘉慶辛酉三月卒年八十有六〔陶堰陶氏譜〕按元藻長子廷珍字耀川乾隆辛卯科舉人官甘肅肅州州同著有午莊賦草已刊午莊詩草十卷未梓次子廷珣字蘊川號南園乾隆辛丑進士官鉛山縣知縣著有南園詩草八卷曾孫恩培另有傳

平恕山陰人乾隆三十七年二甲一名進士改翰林院庶吉士四十年授編修四十三年二月以四庫館纂修行走勤慎奉旨著以應升之缺列名在前升用四十五年充會試同考官四十六年升翰林院侍講復充會試同考官四十七年升右庶子四十八年轉左庶子提督廣東學政四十九年擢翰林院侍講學士五十一年學政任滿回京五十二年充日講起居注官轉翰林院侍讀學士五十三年充廣西鄉試正考官五十四年充武會試副總裁順天武鄉試正考官五十五年擢詹事府少詹事復充武會試副總裁丁母憂回籍繼

丁父憂服闋赴京嘉慶二年晉詹事府詹事三年擢內閣學士兼禮部侍郎充江南鄉試正考官旋提督江蘇學政四年六月奏言據吳縣甄輔廷禀生員吳三新被控負欠不還恃衿唐突酌予責懲臣按試松江事竣道經省城有吳縣生員馬照糾衆二十三人控稱在學各生均受凌辱心懷不平諠鬧無禮馬照應革去衣頂依生員糾衆扛幫聚至十人以上發遣例擬遣袁仁虎王元辰輾轉糾人唆使上控及聽從扛幫之朱先勳等均屬不安本分分別杖徒黜革奏入諭曰馬照等心懷不甘率衆諠鬧皆由該縣處置乖謬所致著將甄輔廷革職平恕解任質審定交部議議上諭曰其過止於平日不能教導而於詳革時人數較多未經查察以致傳提訊問波及無辜然罪亦不致罷斥著來京以侍講學士降補十月復授詹事府少詹事五年正月署國子監祭酒充文淵閣直閣事三月復授內閣學士兼禮部侍郎六月升兵部侍郎仍兼祭酒六年正月署吏部右侍郎三月充會試副總裁七月復任江蘇學政時御史王蘇奏平恕不應復任江蘇諭曰業經議結之案仍列彈章既無別項劣蹟江蘇學政仍著平恕去御史王蘇著交部議處七年正月調補戶部右侍郎七月轉左侍郎仍留學政之任九年正月在任卒子守緒長蘆候補鹽運司經歷〔清耆獻類徵〕

陸錦字晉侯會稽人纂修實錄議敘判甘肅靜寧州事爲人廉靜寬厚安定縣之初隸也屬草創頗難治委錦涖之催科撫字兩得其善王輔臣叛時有以大逆謀剿州者錦以百口保之其陰德至今在人曰不忘陸公也〔甘肅新通志〕

范國泰會稽人順天大興籍監生乾隆三十七年知江蘇崇明縣政尚嚴明勤於爲治在任久民和歲登陞蘇

州海防同知兩署太倉知州後知海州〔崇明縣志〕

徐達字從先山陰人以京籍聯捷成進士拔侍衞補粵東萬州守備陞潞澤營參將擢花馬池副總兵征噶兒丹有功告歸貧無貲旋里因過山西長治遂家焉〔光緒山西長治縣志〕

淩浩字滄洲紹興人隨宦南海故又爲廣東人乾隆三十七年以中州籍成進士籤分貴州即用知縣歷任修文知縣開州知州貴筑畢節知縣升大定知府卒於貴西道任所至勤政愛民大興文教令貴筑時捐廉刊印貴山書院講義曰四書翼注論文嘉惠士林又嘗葺中秀樓黔靈山諸名勝復守大定創修萬松書院購置羣籍資士講求分巡貴西遽以疾卒士論惜之〔貴州通志稿〕

平世增字思杏山陰人乾隆十七年舉人三十八年知陝西岐山縣才識明遠遇事勤能曾纂修岐山縣志先後蒞岐三次勤恤民隱又多建置岐人至今頌之〔岐山縣志〕

〔附節錄潘汝炯撰墓誌〕公諱世增自號訥齋先世河南人明教諭質軒公始遷山陰〔中略〕初名鳳壇乾隆壬戌補弟子員家徒四壁晏如也辛未之天津主沈藻庭家壬申恩科改名世增以監生應順天鄉試登賢書自乙亥年藻庭官江南公在幕中六年往來吳越辛巳大挑得教職需次藻庭幕中又四年乙酉除太平縣教諭善訓士士德焉越六年巡撫富公以俸滿薦入覲壬辰除陝西岐山縣知縣年五十矣當是時朝廷剿金川自大將軍以下至滿洲兵綠營兵皆道出岐山萬馬雜沓軍裝餉鞘仙於路公以一老書生衣短後衣據鞍顧盼供具咄嗟辦無一兵譁者如是四年金川平以一等軍功加級而髮白矣戊戌奉檄之雲南

採銅庚子𦵏事陸運至廣南之剝溢水次舟運至廣西之百色明年自百色抵商州是役也歷年三行路八千餘里運銅三十七萬有奇癸卯年卓異入覲移涇陽遷山西吉州知州巡撫畢公謂公能奏留涇陽築西安城築既固公與有力焉是秋涇河水暴漲决龍洞渠聲若轟雷公方駭同日仲山大水發壞山下木梳灣民廬數百公嘆曰民其魚乎遂馳勘殺水勢賚錢粟有差民大悅明年戊申修龍洞渠孔固溉四邑田三十萬頃至今旱有蓄潦有洩者公之賜也〔中略〕爲詩宗盛唐七絶學樊南阮亭有詩草十卷藏於家書法摹張瑞圖尤長于漢隸〔中略〕公老屋在酒務橋所購二知草堂在後觀巷葬於龍尾山長漊〔石舟文牘〕

柴模　〔錄茹敦和撰墓誌銘〕予辱與桂東君爲友甲戌之夏桂東君奉部分發河南予送之國門外自後不復相見比予令南樂時則聞桂東君與上官爭獄比彊項甚至動聲色繼又聞桂東君以彊項故得重劾流山東其時有子周旋患難中內外細大皆佈置帖妥俾桂東君遂怡然安之者則君也桂東君短小精悍練於當世之務而加之以勤其爲吏矯闒冗迂謬之習君頗鑒前事稍稍磨礱其圭角然其練於當世之務者則有過之無不及嗚呼桂東君於予五年以長爾使桂東君而在者猶不得八十今君方駸駸向用乃再世不永其年皆不得以發抒其才昔人有言出門而車軸折豈不痛哉君名模字珠山又字絜亭乾隆戊子舉于鄉庚子恩科成進士入翰林爲庶吉士散館後改授內閣中書充文淵閣校閱五十一年以原官軍機處行走予初見君以爲翩翩者殆文賦少年爾近予復來京師君官雖不達然與之上下其議論則見其老成縝密好整以暇始信其器之遠因念桂東君之在萊蕪獨坐窮山中絶無侘傺不平之色固將藉君以自慰

而終不及見其子之成也今年三月中君將赴圓明園應御試時已屬疾猶過予予與之談移晷雖氣稍弱而精采如故迨試歸而疾劇越四日遂不起得年僅四十有三君大父諱麟定縣學生大母姜太安人繼諸太安人父諱瀚壬申恩科舉人授河南西華縣知縣復補湖南桂東縣知縣母陳太安人今並贈如君官娶鍾安人子三兆炳兆煥兆烱皆自立孫三皆幼其餘一切嫁娶具於狀不復詳八月既望兆炳等奉輀車由潞河以歸既得卜則將以某年月日葬君於某原其去桂東君之葬凡若干年以予之世舊備悉其兩世之生平來謁予以銘予安忍不銘銘曰父爲趙廣漢子爲尹翁歸皆古良太守才雖未嘗爲之我心知其能之也越山之崖越水之湄一抔之土遂成崦嵫茫茫千載以寄此悲〔竹香齋古文〕

潘汝烱字石舟會稽人乾隆三十年拔貢歷任江西臨川信豐廣昌等縣陞廣西上思州知州著有石舟文賸子一心字拾珊諸生工詩著有忍樓詩鈔〔采訪　兩浙輶軒續録參看〕

陶煒原名中朗字宗翰尚漢學精研注疏旁通小學說文系傳博涉子史攻詁辨難時主西河毛氏與程朱語録相牴牾其文原本經術與重奇古占籍山左乾隆乙酉〔三十年〕闈卷首藝左右手三句說主上擯房考疑其誤而提調王秉和見其五策條對詳贍亟令薦之主司戴公篔圃大學士文端公父也欲置解首疑非兖青土著列之第三謁見時叩其所主貫串三禮議論風發大相賞歎遂延爲文端師貴游子弟爭受業門下掇巍科位大官者踵相接所與友者新安戴震歷城周永年餘姚邵晉涵蕭山童學濤皆樸學通儒時就考證名動京師累舉不第感憤牢騷晚歲朋輩凋落酒酣輒復罵坐諸弟子宦達歲時餽獻必問所從來戒

毋取不義壞清白以是不敢多餽屢困乏嘗遊梁晉方伯學使皆弟子擁篲郊迎訓如總角受經時一語不合卽促駕歸長踞固留不可牀褥間偏列書籍丹黃塗乙至老不倦乾隆五十五年欽賜國子監學正嘉慶四年欽賜翰林院檢討八十餘卒於京〔據陶堰陶氏譜〕

杜兆基字南遠祖籍會稽寄籍通州乾隆三十三年順天舉人三十八年高宗巡幸天津獻賦行在召試列一等授內閣中書旋直樞庭與桐城方維甸錢唐汪日章同官至契論才地者翕然推之學識鴻遠遇大述作寸晷卽就會朝廷裒四庫書開館繕寫庋文淵閣於永樂大典中纂輯散佚各書河間紀文達夙知其讀書五行俱下薦職分校考正精確又廣採江浙遺書進之館中文達倚若左右手隨蹕灤河尋擢吏部主事員外轉刑部郎中總通州漕務阿文成器重之迨官侍御署給諫時值三楚不靖延及秦蜀陝督請道守於朝毅然思以一麾自效未及揀發因疾乞假南旋而卒〔據杜氏譜〕

田舒祿紹興人〔縣籍未詳〕佐汪時幕遇害於喇嘛寺〔見王昶撰慰忠祠碑陰按乾隆三十八年大學士溫福征金川師潰於木果木文臣先後死事二十有六人汪時錢唐人潼川府通判駐岱多喇嘛寺督站務寺破死之舒祿及於難〕

謝涞字文水會稽人乾隆十八年舉人三十四年任山東淄川知縣諳練吏治慈惠不苛凡政之奉行日久適以擾民者皆力除積弊與人誦之有德政歌刻碑沈張二公祠前其請免挑河民夫捐解耗羨捐免漕米脚價小民尤深感德惠焉三十八年陞膠萊鹽運分司〔乾隆淄川縣志〕

李廷佑山陰縣舉人乾隆三十九年任四川長寧縣知縣性仁慈儉以養廉縣試課士衡鑑不爽手不釋卷因公下鄉必攜經史以隨以安民息訟爲事一時政簡刑清邑號治安〔長寧縣志〕

孫瀚字涵度號鏡漁家素饒瀚倜儻不事生產又好施親友有急難輒傾囊佽助不責其券其有事告貸則有券券凡數十紙計七千餘金後悉焚之家遂漸落乃重理舊業中式乾隆三十五年順天舉人四十年成進士歸班銓選次年卒〔陽川孫氏譜〕

章宗瀛字登之會稽人乾隆四十年進士官翰林院編修性耿介和珅招之不屈三十餘年不遷官〔採訪〕

章宗源字逢之浙江山陰人以兄編修宗瀛官京師遂以大興籍中式乾隆丙午科舉人少聰穎不喜爲時文以對策博贍發科好學積十餘年采獲經史羣籍傳注輯錄唐宋以來亡佚古書盈數笈自言欲撰隋書經籍志考證書成後此皆糟粕可鬻之然編次成帙悉枕中祕本也又言輯書雖不由性靈而學問日以進吾爲此事久之亦能爲古文爲駢體文矣又以今世所存古書版本多經宋明人刪改嘗恨曩時輯錄已佚之書不錄見存諸書訂正異同文字當補成之其已輯各書編次成帙皆爲之敍通知作者體例曲折詞旨明暢古書多亡於北宋故輯書始於王應麟近代惠徵君棟踵爲之四庫全書用其法多從永樂大典寫錄編次刊布甚夥至於宗源則無書不具焉時都門廣慧寺有妖僧明心者誑人以符籙降鬼僊挾而書几言禍福又賄客僕從刺探隱事面發之示神驗京朝官之佞佛者大爲煽惑爭饋貽之僧益豪横或占人墳塋作廟基或權子母取重利事敗僧以罪遣歸南中宗源等以事佛與牽連罷斥不能復與會試僧又潛出遊齊

魯閒就大吏之不潔者網賄遺易姓名捐職丞倅出入詭祕甚而宗源等猶信之持長齋且寓書屬予去所爲三教論者予著三教論時京朝官惑於妖僧日甚因以曉譬之大吏某曾倚上官勢屬予去其文不得及得宗源書戲云君以生平輯錄書付我我卽去此文君必祕愛不忍割是色空之說不足恃也然宗源好學之志終不衰性恬澹不肯干謁亦異乎世之所謂禪鑽者以嘉慶五年某月某日病卒於京邸撰隋書經籍志及雜文若干卷（孫星衍五松園文稿）

趙國正字殿芳山陰夾竈人世習墾種勤樸好義待異母弟國本極友愛雖析居衣食與共嘗赴杭販籽種歸渡錢江遇驟風國正舟纔登岸後舟倏覆渡客飄溺國正疾呼有能拯救者當代酬金并解囊示之爭赴援全活十餘人因罄其販貲隻身歸後漸致饒裕乾隆四十一年西江塘決邑遭大水夾竈一帶塘脚被內外潮浪夾嚙頃刻將出險縣令詣勘卽命國正就近鳩工堵塞晝夜立風日中督理囊畚搶修閱數十日始竣嘉慶五年知府覺羅百善題碩德者英額旌其門壽至七秩子廷億亦慷慨慕義有父風云（采訪）

張鎭華（錄王宗炎撰傳）君諱鎭華字京望姓張氏世居山陰天樂鄉君父次薇公始家蕭山之臨浦生三子君其季也少醇愨不苟言笑比就傳竺志好學次薇公以貿遷起家命伯仲二子繼其業而課君讀書爲文章有法度次薇公歿君年十有五矣以伯兄命受業於山陰李求齡先生之門距所居十里君事兄謹詣塾必告而往目不旁視行不由徑其蹤迹可數也伯兄歿仲兄持門戶事繁資君佽助不能常在塾引例爲歲貢生屢赴省闈不得志仲兄亦老去君不得已輟讀而買坐闤闠中猶手册不置也君質凝重語期期不

出口竺於孝友重然諾能以身任利害臨浦介於山陰蕭山兩縣浦陽江經其閒明時築西江塘建閘以扼江水然後田爲膏腴所謂麻谿閘者也歲久侵壞每盛漲水闌入壞禾稼乾隆四十二年山陰知縣趙公思恭議修之君竦其事董役備材伐石下樁咸中程度半歲而成固於其舊民立石頌趙知縣兼紀君績焉後五年蕭山知縣方公受疇議修西江塘自臨浦至麻谿凡六里以屬君增高培厚佗崇砥平又修完山陰石堡阪土塘以爲外扞水不爲患者垂三十年臨浦後壩貨船所聚民臨岸居舟至不得泊河隘邕閼往往爭鬨君買地河旁使得以次泊而登商旅便之君未嘗自言人亦不知爲君所營度也君寬厚長者待人以誠治生非所長不能無折閱舉倍稱之息破產償之無幾微見顏色人以此益重君然君志意抑鬱不自振素患肝逆時作時止嘉慶丁巳疾革卒年六十〔下略〕〔晚聞居士集〕

章學誠 〔錄譚廷獻撰傳〕章先生學誠字實齋會稽世族生而質魯賦性孱弱少入塾讀書百餘言猶亟亟不赴程已而日親墳籍不樂事章句少長披覽子史識去取久之洞明著作之本末交餘姚邵晉涵氏益推究古近史家之學嘗出游客馮兵備廷丞所與休寧戴震江都汪中皆兵備所敬禮而所學異趣先生學長於史嘗謂六經皆史書與春秋同原詩教最廣太史陳之官禮制作與大易之制憲明時聖王經世之大皆所以爲史也以故秀水鄭虎文推先生爲良史才成乾隆戊戌進士官國子監典籍恒就南北方志之聘創州縣立志科方志立三書議世未能盡用也畢尚書沅總督湖廣延撰湖北通志書成而論者詆諆先生條辨之今所論定和州永清亳州天門諸志或傳或不傳而湖北通志亦非先生之舊矣論課蒙學文法略曰

使孺子屬文雖僅片言數語必成其章當取左氏論事君子設辭熟讀而仿爲之孺子能讀左傳者未必遂能運用今使仿傳例爲文文卽用以論事是以事實爲秋實而議論爲春華矣左氏春秋稱述易書詩禮孺子讀經傳而不知所用則分類而習其援經證傳之文辭擴而充之根柢深厚初學先爲論事繼則論人論事之文明暢疏通知遠本於書敎論人之文含蓄抑揚詠歎本於詩敎纂類左傳人物而學論贊必讀司馬遷書遂使孺子因論贊而略知紀傳之事因紀傳而妙解論贊之文論人之功既畢則於左氏春秋之業思過半矣童孺知識初開甫學爲文必有天籟自然之妙非雕琢以後所能及也譬若小兒初學字畫時或近於篆籀非工楷以後所能爲也迎其機而善導之參之以變化故自論事論人以下諸體迭變復又使之環轉無窮所謂一尺之捶日取其半而終身用之不竭也與友書略曰考論人物向爲同志商定條例曾刊印格標爲讀史年譜旁行十道首行甲子次行紀年凡涉十年年用一板如唐三百年三十板足矣前後空編甲子三數板俾生隋時卒五代時之人皆竟顛末餘史均可類推其人止載姓名生卒年月下注某紀某傳篇名出處則翻閱時一切考證均可照注自尋本文若兼載他事則例不純而功亦難竣外戚列女隱逸才技姦臣佞幸凡見史策中者無一不收至於紀年之法正統偏安均照各史編年如三國志各自爲書各編譜首各分年甲各注本國之人可矣僭竊載紀其國並無本史然後以十六國仍晉年九國仍五代年既以讀史年譜爲名分合之例一以本史爲斷可也先生文不空作探原官禮而有得於向歆父子之傳每一篇成恒寫寄友人人間傳録多有異同所撰通義數十萬言嘉慶辛酉先生卒時曾以稿草寄蕭山王宗炎爲次

目錄道光壬辰次子華紱寫定文史通義內篇五卷外篇三卷校讐通義三卷刻於大梁譚廷獻曰通義寫本得於廈門大梁板刻浙東兵後獻渡錢江訪得於會稽周氏祠堂亦闕佚矣出篋中舊本補刻於杭州書局印行廣州有伍氏叢書本近歲後裔又重刻於黔於是來學日開遺書津逮矣獻所得遺稿一二未刻雜篇要删如右庶幾布之章氏家塾四方承學就傳之士以時興起云爾〔復堂存稿道光會稽志稿有傳〕

〔附錄桐城蕭敬孚穆所記事略及遺書本末〕實齋先生姓章氏世居浙江會稽之道墟其祖父以上嘗客遊 方遂入大興籍父鑣曾登乾隆元年丙辰恩科順天舉人官湖北應城縣知縣先生幼讀書而資極魯鈍其父頗以不能世其家爲慮顧先生資雖魯而好深湛之思隆冬盛夏讀書恒至午夜不倦每有所得輒筆之于書年十六其父官湖北某縣時彼地有柯先生善教學其父延入官齋督之學先生自經柯先生指授學乃大進尤好讀乙部之書常有論說年四十應乾隆四十二年丁酉順天鄉試乃改歸會稽原籍中式舉人戊戌成進士歸班銓選後官國子監典籍又改知縣不到省主講直隸蓮池書院及永平府河南歸德府各處書院中間又應安徽之和州直隸之永淸湖北之天門石首安徽之亳州各州縣聘修志書至乾隆五十六七年兩湖總督鎭洋畢秋帆制軍創修湖北通志特請先生爲總纂又延一時英俊數人爲分纂先生乃別出心裁發凡起例推陳出新爲同事諸人所駭先生于諸分纂中除其老友桐城胡雒渚徵士虔外一概以奴隸視之諸分纂積不能平因先生爲制軍所重無敢誰何一時不敢不唯唯聽命逾年高宗純皇帝特命畢公入覲別委他人署湖督而先生勢孤畢公回任尙遙遙無期一時分纂諸人各於當道讒言蠭

起且指摘先生所筆于例不合籤條百出而諸當道均于修志事不甚了了乃以諸人批駁各條令先生一一覆答先生乃爲駁議一册以復之且力詆分纂諸人一無所知妄肆譏評知勢不能爲乃作書以謝畢公卽以已所總纂各類席捲而去又以年已六旬精力漸衰遂不復應當代名公之聘嘗一訪舊交左良宇胡雒涒于桐城居數月縱觀龍眠之山水顧而樂之將有終焉之志遂回紹興卜居于塔山之下牙籤萬卷明窗淨几乃取笥中逐年所箸分册命鈔胥繕爲清本凡三四十巨册特造蕭山王晚聞太史宗炎家託爲細加編訂王公應命精心鈎稽逾年乃就時在嘉慶六年辛酉書成而先生歸道山享年六十有四王太史乃將所訂本仍歸先生長子華紱數年後華紱力不能刋乃求華亭姚春木徵君椿只就文史通義一種選刻內外篇五六册刋本行世最後章氏子孫于全編力不能守乃歸之鄕人沈霞西沈氏家有四萬金藏書至咸同之閒沈氏家亦漸落乃將四萬金之書悉售之於揚州書賈而章氏之書又爲紹興水澄巷某書坊得之又數年先生族人章小雅以重資向某書坊購出遂挾此書回道墟中途遇大風波舟覆小雅力抱此書躍水而出此書遂一逃于水阨也至光緒甲午年小雅病歿書又歸諸乃兄壽康穆均得時假閱之王太史將書分三十卷前爲文史通義內外篇凡十二册中爲文集內外篇凡十册末爲湖北通志稿凡八册文史通義係論修史各條與唐人劉知幾分道揚鑣劉氏所論爲史法先生所論爲史意劉氏乃論官局纂修先生所論爲一家箸述體大思精遠過劉氏文集多當代名人碑傳及熙朝掌故文筆與文史通義不同卽以古文而論亦不媿爲一代作者竹垞西溟諸公所不及也湖北通志雖未成書而所纂各類及其序例均出

前人意表實在阮文達謝蘊山二公兩廣志之上先生之書大旨如是光緒戊戌章壽康以貧故託穆將此書作押于歸安吳申甫出三百金得之未幾吳氏書坊失火吳君狂奔將此書自火出之乃歸周萊仙此書又一逃于火阨也周萊仙封翁平日素服膺章氏之學將募人照王太史所編分卷繕寫欲爲付梓乃鈔甫完工周君物故其鄉人言周氏子孫欲力要穆代贖日再三催之穆念此書兩遭水火之阨非章先生默自呵護不得兩全擬籌貲且將此書代贖募貲付梓不欲此書自我而亡焉沈子培先生命書原委穆舊有記載及所爲章先生別傳兩文鈔入文集未及攜出乃將兩文大意節錄一篇以應先生之命云癸卯九月二十四日桐城蕭穆草于南昌府署西室之寄舫

沈楙字雪友號石帆會稽人乾隆間游幕湖南聲名藉甚平生務有用之學遇關係國家重大之事莫不究心時有檄令馭苗各廳州縣將峒寨情形查覆楙分別種類管束教育輪將四至風習六條反覆參稽滙爲一帙存其友周介圻家值苗民綏靖人咸視爲不急越十餘年變作倉皇莫知所出當事索其成書按視凡山川遠近夷險峒戶多寡强弱一一瞭如指掌於是堵禦進剿招撫安輯悉中機宜此書與有力焉楙客游吳越滇楚間惟居湖南臬幕最久數十年中平反大獄準之例案酌之經義無不服其平允又甚晰於事機凡可否成敗若燭照數計各大僚值艱鉅事必降心請質以決疑定策督撫書幣交相望然嚴於去就惟義所適有不可者無一毫苟且濡滯心居恒儉約自處楚與越族戚之孤貧及所知困乏者歲資養贍或喪葬賻恤不下數十家嘗渡洞庭見舟覆募人救活十餘口賙以白鏹及衣衾受者無以報立主祝於家著有易書

詩禮心解引證確鑿疏釋精詳惜多散佚今僅存一百五十餘條又有兼山堂詩集及湘夢詞若干卷子昌世另有傳〔據百齡撰傳〕

司馬慤號魯範山陰人乾隆四十一年以川運例報捐州吏目分發山東試用四十三年夏武定府屬灾荒委辦陽信商河青城三縣粥振領給甚均上官才之四十六年魚臺有水灾助邑令辦賑務一如前法存活災民無數後終於樂昌典史任慤在官十九年布衣蔬食清貧自守有廉吏風〔采訪〕

章壽彭字峻峯山陰人乾隆四十四年知廣東歸善縣事以養士便民爲務舉賓興增膏火試士絶干謁務拔眞才邑中錢粮每多以欠戶株累同姓壽彭别白之胥吏不得爲奸東新浮橋向皆因陋就簡遇張輒拘用民船自壽彭捐俸重修至今利賴以卓異薦陞知寧州民爲立去思碑〔廣東通志〕

陳墉字既勤山陰監生乾隆四十四年任貴州黄平州吏目性孝友父游幕西域不憚萬里省視後迎養來署先意承志延師教其弟人以是多之才敏而勤州中興作如平龍丁未等橋及先農壇養濟院咸佐州牧經理不辭勞瘁委審事件悉准情理稱爲平允以憂歸起補陝西吏目〔黄平志〕

李珪〔錄胡壽頤撰傳〕先生姓李名珪字覲王號海蓴其先世居浙江山陰縣界樹村高祖庠先爲粤西恭城令引退後三藩變起守節不屈事平貧不得歸遂寄籍恭城曾祖兆瑚軍功授都司祖祖望康熙壬辰進士山西絳縣知縣行取鑾儀衛經歷父照議叙州司馬居恭城三世經歷公宰絳命司馬公歸祀先隴復居於越司馬公生二子先生爲長敏悟力學有聲士林授徒十數載鄉里稱長者游幕入燕無所遇重至粤西

舉明經以習詩領鄉薦乾隆辛丑登錢棨榜進士歸部銓選同時釋褐者若太傅曹文恭公多致身通顯而經明行脩如先生獨不授一官命也然性耿介雖終身處約未嘗有所干謁中年入蜀掌教者屢比需選入格而先生老矣竟不出卒年口十有口生平著述經寇亂盡付兵火僅存粤西游草一卷片羽吉光彌足珍惜其曾孫泉篤實淵茂儘有祖風與余訂忘年交髮皤皤然猶守遺書嘗舉先生行誼以告余因爲之傳

陳仕林山陰人乾隆四十七年任四川大竹縣知縣遇歲饑先發倉以賑然後自劾請償又設留養局置義學田建辛峯塔修縣志人至今感之（四川通志）

章玉輅山陰舉人乾隆五十一年任山東商河縣知縣政事務持大體尤加意學校月試極盡獎勸雖公務叢集不廢一時科名登進皆所拔萃士挑小支河夏秋水有所洩民咸感之（商河縣志）

邵如椿字莊園紹興人（縣籍未詳）隨父游幕陝西遂占籍咸寧補諸生能世其父業就通渭知縣之聘乾隆四十九年五月甘肅回人田五由鹽城南竄距縣城信宿而近諜者以告知縣將逃如椿曰子宰一邑而使城中生聚皆陷於敵其可乎且逃則死於法守則死於敵與死於法寧死於敵耳縣令許諾然恇怯不任事椿大呼於市應者數千人乃令壯者執刀矛弱者運甓石並集城上而身率猶子曾燮登西墉以當敵衝十一日回人至城下垣庳薄又倉卒不能具火器回蟻附而上如椿手短刀格鬭良久不支被執見敵方屠戮乃曰首議守城者是我也何多殺他人爲回遂斫額批耳斷頤洞腰腹劙左右臂凡十三創而曾燮奮力捍衛亦被十一創罵不絕口以死（莊炘撰傳參觀清史稿溫模（福建人）傳）

史謙字昭和別字牧菴宛平人〔甘肅提督史公墓碑〕父名義茂學早世配同郡沈氏時年二十有五力貧撫其三歲孤側室王年二十有二矢志同心相提抱以成其宗嘉慶間邑人上其事有司詔旌雙節〔史氏雙節合葬墓表〕是爲謙之母謙以兵部則例館效力敍選尉延平之永安官二十年兩攝安沙下淡水巡檢調尉臺灣之鳳山廉而卹下所至民親林爽文起漳化踞諸羅南及鳳山鳳山城自鄭氏築累土數尺耳營兵號千人分防十六七謙度不可守誓以身殉入辭其母曰兒不克終事母矣願母自愛强飲食無復念兒乃屬其子善載曰我死職也大母老矣吾力不能滅賊致震驚老母罪也汝奉大母避寇亟出民吳永芳者其人好義可依恃居又瀕海若乘間北渡庶免於難大母安我死瞑矣處分畢徑出禦賊不復顧賊莊大佃者薄東門謙從知縣湯大奎等開城出擊戰甚利賊郤走至十餘里外俄潛衆右移突傳北門殺千總丁得秋以入謙巷戰不利馳還縣廨與大奎朝服坐堂皇賊大至奮起斫賊不殊瞋目罵不絶遂遇害大奎亦死焉乾隆五十一年十二月十三日也至夜百姓號赴爲義斂與大奎並殯於縣堂大兵檄調未集義民四起擊賊復數縣顧力不及俄又俱陷鳳山之再陷也縱火縣廨謙棺及焉百姓又號赴掇骸骨櫝之揭其官民奉之野廟中五十三年春爽文等伏誅謙族子積内方在軍中先趨護其櫝内渡善載始奉其喪歸事聞高宗褒卹賜祭葬世襲雲騎尉崇祀昭忠祠〔錢儀吉記事續稿〕子善載字叔與別字松舟廕雲騎尉及引見故事當出隸督標善載獨被高宗旨留京營學習京營有世職自善載始繇守備累官至南營參將清操遠度不競不絿境治威肅大駕春秋歲事常從屬車癸酉秋畔民闌入宮禁仁宗自行在旋蹕善載先路淸塵

嚴捕匪黨九門方戒嚴善載言於步軍統領索綽羅請開城便民以安衆心仍檄巡密詗匿賊者罔赦如言事定時論稱焉統領以是數引薦數年間擢中營副將軍政一等又以陸路總兵舉善載德器凝定每應變如平時上又稔知之登極逾月即拜寧夏鎮總兵之命至則嚴紀律除戎器補佚馬練部曲而厚勸賞擡礮之制火器至捷善載始創爲之遂以入奏尋敕下各鎮皆用其法尤善鄉士卒因知其才否良惡怯勇獎拔皆允其任回疆五城陷善載以楊忠武遇春檄帥千人西討始扼守庫車沙爾雅揚威將軍至調隨營統吉林索倫兵爲前敵繼又以糧運將不集委善載爲翼長總後路督運駐第九臺巴爾楚之生地莊冰澌氾濫路絶善載於第十一臺衡阿拉克迤北得沙岡處伐木開道十餘里道通運以無阻和闐大臣死事奏以善載署理並偵緝玉努斯逸匪時所過郡堡大抵空無人有獲者反復訊無從逆跡即釋之先是余步雲斬所獲者將入告邀善載連署名善載謝曰子之功也固言之卒勿署善載處事以誠而性仁讓雖懸軍荒外不易其素守如此和闐城被焚回民畏役四遁善載先張示具詳使者所以勞徠安集之意速歸無恐則葺垣墉勸屯種省徵調民聞風還業歲適有秋運麵十萬斤軍中以繼饟又送絮襖袴各二萬爲冬備尋奉命還鎮復得旨交部議敘己丑春署甘肅提督是冬引疾歸時長子致蕃官刑曹善載京居十年致蕃出守福寧調福州擢江蘇常鎮通海兵備道皆就養善載頎身廣顙爲人厚重坦易其論事言盡而氣益和尚信義一諸死生無變喜爲詩工書法嗜老子道德之旨觀物從容蕭然有以自樂癸夘冬仲書諭其次子致昌大梁謂天寒不得遊金焦二山但看醫書遣日耳數日病遂卒（甘肅提督史公墓碑）案越縵日記言史氏故山

陰人久居於大興道光中故雲南布政椒圃先生致蕃始奉其父故甘肅提督善載還葬山陰遂居郡城錦鱗橋

壽同春會稽人福建名幕客台灣値林爽文之變上萬言書於大府入奏卽授淡水廳同知守城一月無援城陷罵敵死贈太僕寺卿建祠廕子（采訪）

田家賓山陰人乾隆己卯順天中式舉人癸未進士五十二年任湖南鳳凰廳其所轄栗林汎勾補苗人不用命家賓調兵平之戮其渠石滿宜（采訪家賓仕至廣西按察使其自著有平定勾補苗人紀略）

張方理字雩筠山陰人寄籍直隸清苑縣乾隆辛卯舉人癸巳進士選山東利津令調歷城擢兗州府同知署濟南府兼攝歷城縣迭守濟南者三權曹州泰安武定東昌各一所至問民疾苦除苛政興水利振旱潦捕盜賊釋難民籌兵賦蠲鉅工尤長於折獄不設鈎距而世服其神在濟南憫重囚之決而勿掩也置義塚謀棺具遺愛在人每稱之不置（道光濟南府志）五十三年擢湖北荆州府知府甫下車値大水拯患救災活數萬人修潛江縣仙人古月隄以障漢水民賴以安因事降調復遷甘肅慶陽府知府調寧夏請免河中堡積欠錢銀嘉慶元年湖北教匪滋事總督畢沅奏調回荆破當陽城賊釋被脅民數千戊午川匪擾江陵方理招撫流亡建粥廠食民練勇數千分守要隘地民不知兵七年署岳常澧道尋卒（畿輔通志）

朱存仁字樂山號紅圃晚號寄瓢山陰人幼從父掌教鄴中補河南安陽縣學生乾隆五十七年舉人主講黃華書院選沈邱教諭仿湖州遺法立經義治事齋學者稱之告歸後卜居林縣之官莊遂家爲林人愛慕之

咸曰前有黃華老人後有紅圃先生存仁少負才子名能詩尤工書法求者接踵著有黃華日記楚游集得意山房詩草若干卷子玉鼎亦工書存仁著作多散失近人李芳楷搜集其古今體詩定爲紅圃詩鈔二卷〔林縣志〕

吳坦安山陰舉人乾隆五十八年任山東樂安縣善撫煢獨邑無流亡與人推心置腹民無忍欺之者會上官欲其爲枉法事堅不可遂誣以他事革職人皆寃之〔樂安縣志〕

陳灃字五聚號星嶼山陰人乾隆二十五年舉人歷任江蘇泰興上元福建長樂等縣知縣江西袁州瑞州九江四川保寧順慶知府其任長樂日〔乾隆四十七年〕廈門有謀逆大獄逮繫二百餘人株連及千人省檄灃覆按之灃至以饑民罷搶定議上首府某必欲鍛鍊成大獄藉以邀功倖進覆提各犯榜掠備至不得實灃捧牘馳哀臬使臬使曰微君又寃殺饑民千餘人矣遂如灃議外結廈民出罪咸焚香擎跽觀者如堵任保寧日〔乾隆五十七年〕其地民俗刁悍輒干法紀前任悉繩以法梟示城市者無月無之灃加意撫綏感之以德民皆賣刀買犢欣欣向化終任不戮一人任順慶日〔乾隆五十八年〕平唐唐氏等三重獄更生五百餘人先是噶達咱馬地震墨吏侵蝕賑欵數萬金番黎憤激聚衆滋事直抵魚通大府調灃往爲鎭撫假便宜行事灃賫勑即行所經鳥道羊腸過大小相嶺時雖暑月雪猶異常無廨舍屹立風雪中達旦踰飛越嶺天寒甚凍指皸裂冰結髭間既至開城曉喻衆皆懾服解散遂按其實數逐爲給賑莫不歡呼羅拜差竣回署次年噶達咱馬復地震被災奏請撫卹時灃年已七十矣而上官仍以爲此行非灃不可灃卽拜命就

道及抵境番黎聞其至皆踴躍歡迎及事竣進口得旨以二次赴藏撫卹得宜陞署川北兵備道灃以積勞嘔血告病乞代旋回里居於梅山澄港雖衰病猶董理餘鱗大塘協修禹廟文廟西江塘三江閘等工程至嘉慶五年卒〔采訪據行狀〕

葉文麟〔錄孫星衍撰墓誌〕〔上略〕君姓葉名文麟字聖植號星槎先世祖某隨宋南渡居浙東若邪村遂爲會稽人父某移家錢塘生三子君最長少穎異善讀書工楷法入都以兵部則例館議敘選授江蘇呂城司巡檢會巡撫陳文恭公宏謨過境有夫役淩人於途君縛而杖之巡撫目爲强項吏旋以獲盗十七案申部記功丁母艱歸浙江乾隆間高宗南巡督撫奏留君檄濬三江口水利相度地勢凡不便民者悉請大府改道服闋由嘉定南翔司巡檢調淮安稅大使卓異加一級淮安城外市河久淤君創議請依五里津貼之例挑濬不動帑而功速成民田資其灌溉會河漫入淮君悉心賑給嚴懲竊盗民以安業以父年八十有八捐擢府通判博捧檄之喜旋丁母艱歸葬浙中服闋分發安徽奏留江南署江寧北捕通判修治行宫及諸名勝獨以節省浮縻稱予加級是年題署淮安通判議濬城河建滚水壩開文渠溝修橋梁道路安東縣以民便河爲壑大河既淤縣即受水君以疏濬請於守出良田億萬餘畝鹽艘往來尤便之桃源縣知縣以徵稽料涉訟君攝縣平其事總督蒞淮饑民索食甚衆勢洶洶以君得民心檄山陽縣議調劑君請郡守升堂曉諭之衆乃安帖因議賑粥出貲五百兩與邑人立條約收放民皆樂輸復以其有餘散錢米全活甚衆補徐州府通判署江寧南捕通判復辦巡幸工程賜大緞荷包旋署江寧府江防同知調攝通州直隸州知州

沿海有放火搶刼積案沙地千餘人訟莫決君廉得起釁始末罪其豪之爭地者案遂結州治十月不雨前官未報災倉儲復不足君曰吾先宰山陽亦如是因諜之衆衆知公廉相率出錢賑粥君請運穀萬斛由海道購薪葦數百艘令分路開倉日賑人二萬餘最後發倉平糶三月民既蘇時又患疫傳染殆遍君爲文牒神驅除瘟疫之厲病者多愈期年受代攀轅泣送者百五六十里時巡撫某與君不相得因移前數任公過劾君降級君回浙省墓置祭田令昆弟守之搆別墅於金陵寓其拏蒔花種竹翛然自得會大學士總督孫文靖公士毅訪公罣誤事不實遂入告起官降選陜西布政司經歷權孝義川撫民同知孝義川在終南要隘之處設官未久流民爭據曠土開墾禾熟時輒相侵奪君勘定界址議六年已內勿更佃勿加租限滿聽田主自便申上大府並飭五狼廳鎭安縣一帶倣行之衆感德造生祠君爲改祀先賢之有功德者六十年川匪擾及關中君嚴立保甲團練鄉勇隨提帥剿賊於興安雪夜襲破賊營事聞蒙御筆記注今上紀元（嘉慶）之明年補授興安府通判兼攝孝義川同知事賊據鎭安縣光頭山君往斷其糧道賊惶遽夜遁二年賊復擾至孝義時官兵甚少環山無城君設樓櫓拒之會仲子槐以縣丞効力軍營自大營帶兵入援夾擊破賊事聞得旨嘉獎其後二年槐以奉檄赴洋縣防堵遇賊力戰死事君兩攝富平縣値軍書旁午馬上治公牘盡瘁民事創南湖書院延名師課士捐置膏火士多獲雋民有女爲妖所憑爲牒城隍神病以愈因聽民作新廟君以餘力修補破敗休息教化一時望君如歲焉臨潼旱災民苦差徭罷市値官兵過境大吏惶急以君往莅事下車即獲澍雨爲革除縻費撫輯回民邑人安堵尋署乾州直隸州知州臨潼士民詣方

伯乞留乾州人爭曰奈何奪我公其得民如此州驛馬不足常貸之民間君自捐良馬補之歲需芻豆購以時價民不苦擾以勦賊時墜馬傷疾作卒於嘉慶七年四月戊午春秋七十有五君篤於親故以餘祿周恤貧急或爲婚葬教督其子弟持家有善政好撰集格言以勸世妻鄭宜人先君十三年卒事舅姑至孝方淮安城爲巨浸時宜人居高樓樓下水激牆崩民或具舟載宜人宜人計一身渡無復以舟濟鄰人者乃命具載鄰人畢始登舟雖倉卒不忘仁恕如此〔下略〕〔平津館文稿〕

徐大綸字香莊山陰人乾隆五十七年補湖南鳳凰廳五寨巡檢廳治所在地曰鎮筸巡檢亦駐於是其地漢苗雜居六十年貴州苗石柳鄧叛蔓延將及總兵率師出勦大綸居守苗衆四合屢瀕於危某日已與妻子訣登陴力守城幾陷矣會有疾風濃霧苗不得逞支持者將一月而大軍至苗平論功賞六品頂戴及荷包寶刀見當時諭旨〔據宗能徵觀化齋隨錄〕

陳秋水字治峯會稽人乾隆五十八年二甲一名進士登第日名滿都下時和珅柄國欲羅致之屬所親風旨勸往見秋水毅然不赴遂不與館選論者謂其文如秋水品如秋水後仕至內閣中書〔據兩浙輶軒續錄〕

王撫棠字辛甫會稽人讀書有智略年四十猶覔舉不遇後乃以順天鄉試薦卷充楷書官叙勞得州同知發廣西嘗權南寧府同知會安南國內訌大兵聲討底定後阮藩入覲京師道廣西護行送還如禮先是太平南寧鎮安三郡所轄關隘與安南接壤者胥小潛出或挾違禁物亂通市之舊及是議增兵巡守大府以其事掓當申明約束檄撫棠往句當之撫棠至條陳約束具見施行邊事咸理尋署太平府同知駐龍州龍州

者安南貢道所經也理事未久適阮藩以其國嵩陵等七州與雲南開化府密邇向爲莫氏舊人所據及其人面內彼處土民因緣相附而守土官檗征繕之籲請稽覈具表文一通咨呈地圖各一事郵至龍州撫棠按故牒中外界定數十年久相安所請者謾拒不爲之達而縷陳顛末於大府以入告奉溫旨嘉獎賜大緞二乾隆五十七年六月事也方是時阮氏代黎新立既納欵祗受天朝封爵疊拜寵賚漸驕恣又惑於眊隸之言生冀倖心以有是請不虞君閱其牘弗俟申請大僚自以意駁詰而封還之答以書辭嚴而義正且謂是曲說非惟不可上聞亦且不可陳於督撫故阮氏知中朝臣工明大義非可搖動卒氣奪帖然不敢復肆既而太平知府員缺大府以君奏署奉特旨升授於是守太平者四年以兼權左江兵備道視事南寧既復任又五年乃告歸〔據耆獻類徵〕

朱慧昌山陰人由貢生於乾隆間捐納通判補授興化府通判調補漳州府通判升臺灣北路理番同知六十年臺灣陳周全等滋事在鹿仔巷禦敵被戕事聞准照陣亡例賜卹廕雲騎尉世職〔省志稿〕

陳汝器〔節錄孔繼中撰傳〕山陰壽民陳公諱汝器字賜若世居天樂鄉之富家墩生康熙五十四年二月二十五日秉性孝髫齡時遇父病劇藥石罔濟計迫焚香籲天乞以身代不數日父病就愈好讀書嘗終日無倦容後以失怙屬任家政乃改計服賈生平敦品行愼言語克勤克儉見子弟輩輒以謹厚相勸勉使皆知所矜式戚友中有以緩急告者量力以應勿少吝處事任肝膽見不平必竭力排解不使啓釁他若修祠宇輯宗譜築塘賑饑諸義舉類皆踴躍以從乾隆六十一年歲丙辰年八十有一恭遇國恩開千叟宴例召入

都與耆筵獲授八品頂帶並緞疋鳩杖鏹牌諸賜嘉慶十四年復膺粟帛其時精神矍鑠較壯歲無稍間踰九年嘉慶二十三年九月二十七日卒壽百有四歲時當事大憲採聞奏請奉諭恩給帑銀立石旌表以昇平人瑞額其亭今富家墩之西五里許地名倪磨車有亭巋然者即是〔天樂鄉富家墩陳氏譜〕

茹棻〔錄蔣攸銛撰墓誌〕上御極之元年八月十四日兵部尚書茹公卒於邸第有旨褒惜禮臣議卹典上賜祭葬如例明年春三月其孤廕刑部員外郎壽俞將扶公柩歸葬于會稽郵公狀而請攸銛文以誌其墓攸銛與公自甲辰通籍同官詞館厥後雖內外異轍而函牘往返以學問政事相勗或入覲京師流連晨夕爲同譜中交最深故知公最悉不獲以不文辭按狀公諱棻字稚葵號古香世居浙東會稽縣父諱敦和乾隆甲戌進士官至湖北德安同知母氏李祖諱琦邑廩膳生妣氏王曾祖諱世爵妣氏金氏何皆以公故累贈光祿大夫及一品夫人公秉質穎異植品端凝弱冠究心經史靡勿淹貫年二十三舉乾隆丁酉本省孝廉甲辰成進士廷試一甲一名授翰林院修撰習國書丁未散館充三通館纂修兼提調輯六書略七音略均邀褒賞戊申充山東鄉試正考官己酉視學山西壹以拔眞才端風俗爲報稱辛亥丁父憂哀毀盡禮奉諱里居時倡議捐賑及興修三江應宿閘皆有益於民服闋後嘉慶元年入都充辦事官授右贊善復以太夫人憂回籍上葬釋服旋京轉左贊善充山西鄉試正考官明年視學湖北時川楚教匪未靖公於疏報學政事宜外時有敷陳悉可所奏尋遷左右中允司經局洗馬侍講侍讀右庶子講讀學士兼日講起居注官十二年由少詹事簡任奉天府丞兼學政陪都士子向鮮舉優行公疏請允行其後貢成均者皆彬彬有文

之彥十五年受代還京仍任少詹事充文淵閣直閣事晉內閣學士工部侍郎癸酉充江南鄉試正考官是年冬五城編查保甲公以分別造册更換稽查爲請俞允施行十九年擢都察院左都御史二十一年春署經筵講官六月復授內閣學士稽察中書科遷吏部侍郎署兵部侍郎戶部錢法堂充國史館副總裁十一月擢尚部工書二十四年署吏部禮部尚書戶部三庫事務八月充順天鄉試正考官二十五年七月恭遇仁宗睿皇帝遺詔以從一品廕長子壽俞九月特轉兵部尚書道光元年八月公以黃疸疾請假上召詢廷臣諭令安心調理十四日遺疏上聞諭曰兵部尚書茹棻由修撰洊歷正卿宣力有年玆聞溘逝殊爲軫惜所有應得卹典該部察例具奏嗚呼榮己公生於乾隆二十年乙亥十月二十一日子時卒時年六十有七配俞夫人誥封一品夫人子三長壽俞廕刑部員外郎次壽彭奎文閣典籍次壽昀河東候補鹽場大使孫四人孫女五人公起家巍科累官極品歷荷三朝恩遇凡其宅心行政夙夜匪懈以盡厥職者具在國史不復以陳〔茹氏譜　傳載道光會稽志稿〕

徐聯奎　〔錄阮元撰傳〕君姓徐名聯奎字璧堂號訥齋浙江山陰人先世由奉化遷郡城遂入籍祖禹謨父宗元博涉經史有文學以鹽大使借補縣丞罷官歸授生徒以自給君少力學督學于文襄公拔第一人入學試輒高等督學雷公鋐竇公光鼐皆賞拔之食廩餼舉優行中乾隆乙酉科舉人丙戌科進士引見以知縣即用授江西東鄉縣知縣巡撫吳公紹詩知君名即擬調南昌縣君以資淺辭歲餘終以人品端方才猷練達奏調之乾隆三十六年擢南昌府吳城鎮同知四十一年丁母陳憂四十三年服闋江西巡撫奏取督

辦堤工四十五年補景德鎭同知大計卓異保薦四十八年調南昌府同知四十九年以俸深部推陞湖北鄖陽府知府俄因事連累落職君爲同僚分謗絕口不辯恬然歸田不再仕矣君少孤得母教堅苦力學文律深細無所不到入學後迺出佐司道府幕以其資供孝養是以吏治明於未官時及官首縣同知凡省中重案多委君審之大吏章奏亦每就君屬其稿故君以一同知歷署吉安瑞州建昌南康南安袁州各府事而署撫州九江府者再蓋君之德與才有爲列郡守所遠不及者乃甫陞一守卽不復仕命也君雖精於吏事而不輕定讞秉燭披牘夜分無倦所至書大堂楹曰眼前皆赤子頭上是青天其聽訟皆以平心易氣及人所不經意處得之東鄉民甲與乙爭山對簿呈契君曰僞耳焉有雍正年書劵而預避乾隆年御名者永豐生員甲誣乙侵其地擅毀乙屋久不理君詰其據甲以族譜家塾八景圖說爲證君曰圖內有大江環左小江遶右之語大小江亦爾家所有乎且滕王閣詩序有衡陽之浦若藉辭管地則湖南爲江西所屬矣星子民斧荒山柴村人謂其竊墓樹毆之民以斧傷村人手縣令以罪人毆所捕人折傷擬絞君驗契量地地浮二畝有奇斧柴者官地也減其罪廬陵民捕獸置窩弓斃行人縣令謂已如例設望竿及抹眉索免其罪君詢民望竿何物抹眉索何狀民無以應蓋縣胥教之也論以罪臨川民李某寓宜昌時方捕逃兵李某官以其姓同執之擬斬李某訴原籍實臨川父母故惟伯父存湖北移江西其伯父畏累稱無姪君迹得其父母墓碑名氏合移覆得免死與安生員之子娶婦嗔丐者强索食毆斃之辭未定生員死於獄子告縣令枉其父曰丐死在前月某日娶婦在後月某日君檢舊時憲書後月日不吉前月日吉出書示之詐乃破上猶

民婦曾某氏夫久出見河有腐屍遂控素有仇之廖某斃其夫獄久不定君取死者遺物歷檢之於荷包中得典票字曰中姓物知死者姓鍾寫典票者皆省鍾爲中也南昌民有殺人於家者家止夫婦恃無證堅不承君步至其家搜得男子履四二大二小訊有甥同居拘其甥鞫之悉得其殺人狀樂安民甲與乙鬥甲迎面倒拉乙髮辮乙擠甲臂死屢伏屢反君鞫之伏如前然料其必再反驗乙髮脫其半詰曰脫髮安在乙曰獄中薙髮者梳取矣詰薙髮人及禁卒語相符遂不復反其他摘奸發伏盡心無冤者多類此君服官廿餘載所至興利除弊治莠安良修舉普濟育嬰諸堂澤及枯骨去官之日百姓每奔走哭送官南昌時圩堤圮於水君躬勸富戶修築有漳湖者皆貧農君捐俸爲倡市賈從輸得錢兩月工竣萬畝賴之學宮圮苦建費逾萬君倡修上官難之君具牘請曰所慮捐工之弊有三官侵吏擾董事不實也今某尙堪自問亦頗見諒於士民吏胥不涉手董事選得人必無害令下士民樂輸工成焉君素廉儉居官如寒士官俸外不名一錢罷官後無以自給尙以章奏幕應聘如秦晉豫皆至焉元任浙江巡撫初致之幕友不合意次年訪知君在山陰乃禮聘君君亦慨然許相助凡治漕治災賑治倉庫治海盜多得君之益且是時元年方三十七君年七十餘每從君問舊事論世務多聞老成閱歷之言元去浙後巡撫清公安泰蔣公攸銛亦皆延致之君年六十後始舉二子曰之瓚曰寅皆生員道光二年卒於家年九十有三誥授奉政大夫乾隆五十五年萬壽恩賞復原階所箸有筠心堂詩古文蘭亭志熙朝颺言錄暢風軒隨錄宦篋偶存西江政略關中紀要中州陵墓錄晉陽陵墓錄各若干卷〔揅經室續集〕

杜陶〔錄宗稷辰撰墓記〕自范楚公以義田寓周官賙救之意東南民俗多化而篤於其親由南宋迄于元明浙中置義田者所在多有之獨山陰自元趙孟治後罕繼者近乃有杜君家以義田恤族聞於世君諱陶字際華號筠溪爲祁國正獻公二十六葉孫先世皆好行其德父思齋君諱承節〔會稽志稿有傳〕尤好施始置祠義田祀近支之無後而乏祭者又孤嫠癃老給月米有喪則賻其斂葬至君益務學敦行以孝弟稱於宗人初杜氏由剡遷會邑之前郝其七世祖以下十支共祠族繁多中落歲寒每無以禦冬春秋或不遑展其先壟夏日薰臥苦蟲蚋滋疾癘壯者率無室幼者率失教君深念之愀然曰是先子未竟之志也其敢弗勉於是增會稽北西莊祠義田及義山祀田廣而七世以下之宗祊無剝其楹桷者七世以下之塋兆無忽於霜露者義田廣而七世以後之子孫無老而鰥無少而游者無臘腊而嘑號無溽暍而呻吟者義山廣而無土靡弗藏有喪靡弗舉者其定爲歲用之式曰增祭費曰葺祠費曰培塋費曰儲器費曰度歲費曰禦暑費曰備歉費曰助昏費曰勸學費曰勵行費云數十年以來杜氏子姓日益衆矣君暮年嘗殷殷憂義田之未足贍也厥後繼室婁夫人諭三子體其志擴之及千畝而君之施大光嘗過其郝見耕者熙熙然觀其塾見學者勤勤然入其里見煢困者愉愉然過其廟見孝享者油油然莫不謂微君之仁孝不至此迄今君沒既久而稱盛德者猶如君之生也君性好讀儒書不近二氏少日頗吟詠後亦棄去爲上舍生既不獲以文遇乃一意從事於躬行親親之餘推及民物如恤佃農平斗甬捐振濟設渡筏其爲善恒若不足焉授布政司理問以子官贈朝議大夫以孫官累贈至通奉大夫卒於嘉慶八年九月癸卯年僅六十有一是年十

二月權厝於賢莊金家塾以道光十一年辛丑與前室俞繼室婁兩夫人合葬於木柵山義塢之原越四十餘年而志墓之文未刻其孤煦等嘗爲石函於壙南待補納焉君子孫通經可以得高位者爲之文而煦乃屬之先友之子稷辰稷辰不敢辭謹書誼行之犖犖大者餘詳樊敎諭廷緒所作家傳弗著邑人士先以君請祀於鄉校矣部議雖格後世其能舍諸君四子長沅芝次煦次丙杰次春生孫十人長士琛次鈺次鎏次寶辰次璘次滉次璜次寶翿次寶龢次晫曾孫十七人玄孫九人〔躬恥齋文鈔〕

徐南鵬字萬齋其先山陰人遷居建陽乾隆間台灣黄敎之亂南鵬以諸羅千總堵禦笨港斗門擢守備總統北路與民約法十條令自爲戰守賊不敢犯民感其德立石紀功後以都司調防西藏以八十七人獨守營官寨破賊保全後藏高宗嘗兩次召見賞給花翎文綺語近臣曰徐南鵬有用人也嘉慶二年以參將堵禦廣元陞副將修城添兵鑄炮招集流亡分屯五十餘堡賊六至廣元不敢近城積勞成疾卒民會哭嘉陵書院建祠奉祀立碑紀績其志狀墓表守禦紀略載于其子蔭生徐經雅歌堂集〔福建建陽縣志〕

王續〔錄宗稷辰撰石涯王先生三世傳〕正學方子所師事有胡先生其後罹十族之難奔走四散更姓傳王由婺台而入剡越傳姓在明有發解者王姓於國初多舉於京闈杭籍者凡□十□世而至石涯王先生諱曰續字曰銘旂以居越城石池之涯號石涯云其時諸昆多筮仕先生獨力學爲名諸生聚書數千卷坐臥一小樓精璧博覽無所不通與蕺山老宿結文社所箸文字爲一時所重喜讌集嘉客相與嘯歌兼賞奇析疑上下千古日夕不休當時吾郡先進恥無實學而竊浮名耐終身守道淡忘仕進所爲經義每高古有

周秦兩漢之遺先生尤卓然超出於衆也後以長子述周官贈宣德郎湖南桃源縣知縣配朱太孺人爲明文懿公後平時嘗爲女孫述維石堂逍遙樓舊時風景曾聞諸先太夫人也先生□秩壽終三丈夫子先外祖諱述望爲仲字東表師駱盧谷先生介眉以女妻之砥礪學行亦有聲庠序爲學使帥公念祖所知後遊滇佐幕治名法久之卒於滇外祖母生舅氏一人諱鈞字士衡未冠與先府君同入庠則朱文正公所識拔也娶於姜父執息山先生之女以外祖沒家道窶貧姜翁促之出遊爲將母計遂忍淚往北平入直隸提刑房讀律鬱鬱成疾竟以客亡舅母節孝孺人竭力事姑以從子鳳岡爲嗣〔下略〕〔躬恥齋文鈔〕

趙鑮字鼎成號省園會稽人家擅池亭林木之勝在郡城東南曰省園俗稱趙園蔣士銓任承烈等時相過從各有文記之鑮喜吟詩好客鷗社諸老恒集於此著有省園雜咏一卷〔采訪〕

胡龍光原名延灝字蘘川山陰人寄籍河南祥符居中牟乾隆三十年舉人四十年進士歷任山西蒲縣文水陽曲等縣知縣及解州知州潞安澤州府知府其任潞安日〔乾隆五十七年〕先是有富室某闢一園以苑名前守糾其僭越索厚賄某願饋金以解未果而龍光受代某奉金申前請龍光卻其金判曰苑卽園也文雖殊義則一置弗問尋還牧解在解前後十五年重文教勤撫字刑清事簡吏戢民懷嘉慶十四年引疾歸中牟十六年卒年七十六〔張漊胡氏譜〕

李承鴻字雲亭山陰人寓天津以鹽筴起家耽詩好客築寓遊園有半舫軒聽月樓蘘香書屋諸勝一時名士如康達夫郝石臞金野田吳念湖馮崑山皆館其家文酒之會爲一郡提倡姪泉乾隆乙卯進士源乙卯副

榜〔另有傳〕孫雲楣道光乙酉舉人〔續天津縣志〕

李源字春潭山陰人隨其先人游學燕趙間遂家天津乾隆六十年副貢由教習知縣洊升湖北督糧道所至有聲致仕後日以課孫爲事絕跡不入公門平生喜讀書老而彌篤手不釋卷自立課程寒暑無間尤邃易理殫精沈思歷四十年不輟著有周易函書補義十六卷卒年八十孫士瑩舉人陝西商州直隸州州同士珩副榜由教習議敍知縣分發河南〔續天津縣志〕

阮景雲字魯庵號霞軒會稽人業鹺輕財好施尤敦族誼嘗捐置燈田以重報賽布施田贍困窮置贍族公田一百六畝零凡本族十二房鰥寡孤獨貧苦無依不能力食者歲額八十名給口糧以養贍又捐贍宗公田四十畝零爲本房加額二十名又以其餘田周乞丐掩胔骼費萬金不倦復倡捐海塘工數百金改建海會寺古剎顏爲海寧醵貲置寺產以贍僧衆乾隆五十九年歲大祲設倉於社計口授糧以溉族人其他義舉多類是嘉慶八年卒年四十八〔阮元揅經室集〕

胡紀謨字獻嘉號酉峰家郡城大雲橋乾隆三十三年順天舉人四十六年大挑以知縣用分發甘肅歷署秦州知州成縣知縣補鎭原知縣充癸卯陝闈同考官所得皆知名士四十九年回人不靖株連甚衆奉檄治獄釋脅從平反無算五十年署安定縣知縣縣當孔道向設里馬供差民不堪累下車首革除之調繁補中衛縣仍留署任五十二年大旱安定無井惟蓄窨水至是皆涸老稚逃亡餓殍盈路紀謨草牘數萬言備陳民瘼至以官爭之制府福某閱稟至民之憂渴甚於憂飢語惻然動容亟委員勘災并及鄰境具狀奏上皋

蘭金縣等處並得振是冬去安定任百姓哭送者載道曾有句曰三年政績千行淚百里壺觴一片心蓋紀實也將之中衞適鳳翔妖民雷得本等倡立邪教聚衆數萬大府檄其會同所在州縣查辦抵鳳翔人心皇懼乃張樂置酒潛以輕騎往執其元惡十七人而歸獄具僅誅得本餘皆開釋兩省僚屬深服其才量會高宗以涇渭二水傳注未確命西省大臣察視二源紀謨奉檄隨同鞏秦階道李殿圖分查紀謨自華亭西北行九十里至涇河發源之笄頭山三龍潭審視俱瑩澈見底沿流而下清皆可鑑著涇源記繪圖以獻奏上御製涇渭辨一篇正千古傳注之訛明年大兵進勦西藏至西寧一帶辦理軍需五十七年調皋蘭縣皋蘭爲省會首縣事最繁劇案牘如山紀謨晝夜聽斷積案一清次年回民馬亨糾衆諷經圖煽動紀謨偵知即命幹役潛往擒獲爲遣戍三十餘人是案幾興大獄賴不動聲色豫折其萌其先機立斷如此六十年升安西州知州州在嘉峪關外與哈密通爲極邊鎖鑰兼理河渠諸務地最衝要而民風樸厚紀謨一以寬慰撫之一歲之中至無十訟嘉慶五年奉檄督師階州復審辦洮州番案酌定機宜悉符廟算八年冬各省武功底定以歷年勞績列入薦章奉旨以應升之缺升用九年授鞏昌府知府十年引見召對便殿上問及剿撫青海生番事宜紀謨以番地寥闊毗連三省若經用武恐糜帑項暨陳蒙古生番各情形上嘉納焉十一年夏抵鞏昌任邊境遼闊事務殷繁最爲要地兵燹後俗益儉嗇紀謨以鎮靜處之在任四年雨暘時若民和歲豐十三年冬署鞏秦階道以監司爲屬員表率清操益勵時伏羌回民以新舊教互訐興訟好事者附會傳訛謂官兵將至人心騷動知府季某亦惑之紀謨輕騎往查民見其僕隸才十數人羣疑冰釋帖然散去

尋知訛言自郡城至召兩造訊之數言而決親書示諭皆額手相慶曰胡公生我十五年春復輩昌任以疾引退再請始允九月卒年六十八紀讜性高潔早歲常有出世想親亡絶意進取究養生之道入大房山中潛修精進深悟玄妙著下品戒格諸書後夢父以宗嗣爲念幷命出仕乃復應試當官介節自持無淟涊唯阿之習事涉有利者輒引避祿俸有餘分贈僚友無餘則典質繼之事上接下一本至誠事關國計民生者必侃侃力陳雖憲司前不少屈嘗言自早歲聞道後無妄想無幻夢恒訓二子曰宦海風波升沈不定朝在堂廉暮歸犴狴乃事之常汝輩生於安樂當時時惕厲勿以謂我一官爲可恃也又曰聖賢立教勉人收拾身心以幾於道非以干祿汝輩讀書宜先以作人爲要通塞貧富自有數在非可勉强圖求也又曰讀書立志要當追步古人居官三十年服御飲食一無措意自民事外輒寄懷詩酒手鈔文字積案當尺許每日黎明及昏黄必趺坐調息生無疾病不服藥餌以爲去來有數非草木腐朽可以予奪者論詩以性情爲主謂自三百篇後運會乘除詩亦隨之升降有不知其然而然者摹倣蹈襲總優孟衣冠耳著有知足居詩若干卷並雜文甚夥歿之日家無餘財以同官賻助僅能成斂十六年子定生扶櫬返葬於型塘山（據張濮胡氏譜）

紹興縣志人物列傳資料第一編終

第一編校誤表

第頁	第	行	正	誤
二	後幅	一四	跋涉	跋踄
四	前幅	四	提刑膚胄	提刑臏胄
四	前	七	山陰志有傳應加括弧	
六	後	一五	朝廷	朝延
八	後	一一	慈下漏谿字	
一一	後	一	詩曰	詩日
一三	前	二	據	按
一八	後	八	簏	箎
二〇	前	四	巡按	巡撫
三〇	前	八	難行	雖行
三三	前	三	劾公	刺公
三三	後	一〇	迄縣城	城迄縣
三四	前	七	學嚴義利	漏學字

第頁	第	行	正	誤
三五	後	一	存耕公呼邱嫂句漏存字	
三六	前	一一	茫者	芒者
三七	前	一三	京師	景師
四〇	後	一四	以資其	以資一去
四三	前	一四	備兵	兵備
四五	前	四	喞枚	喞杖
四五	後	六	梃擊	挺擊
四六	後	七	薇省	微省
四八	前	一二	自公	自少參
四九	前	三	童欽舜傳在六十一頁此刪	
五一	前	九	己卯	乙卯
五三	後	八	又多	乂多
五五	前	七	凡而之而字衍	
五五	前	八	未甚	未其

第頁	第	行	正	誤
五五	前	一一	援者集	援者疾
五五	前	一四	膞字下漏朗字	
五六	後	一五	鳥銃	鳥銃
五七	後	一三	匡正	匡心
五八	後	三	士英	土英
六〇	後	一三	西南	東南
六一	前	一	客籍	客藉
六二	前	一二	尹曄應入藝術傳此誤編入	
六三	前	一	又以	乂以
六四	前	一〇	曹化龍	口化龍
六四	後	一五	墮臣節	惰臣郎
六五	前	九	丁卯	乙卯
六五	後	一四	四十餘	六十餘
七六	後	一一	所撰	所選

第頁	第	行	正	誤
七八	前	三	經營	繼營
八〇	後	一五	舒人私諡	舒私諡
九一	前	四	乘醉	棄醉
九二	前	一五	不求	之求
九四	前	一二	鄖	隕
一〇二	後	一二	履畝	履軟
一一六	前	一四	焉先世	焉先生
一一八	後	七	曾公之公字衍	
一一九	後	三	巡撫	巡撫
一二一	後	一四	寧齋	齋寧
一三七	前	一二	陸錦傳應在九十三頁李標傳後	
一四八	後	四	工部尙	尙部工